Weiss Adolf

Isabella II. Spaniens entthronte Königin

oder, Das Ende der Tyrannei : illustrierter historischer Roman aus Spaniens

neuester Geschichte

Weiss Adolf

Isabella II. Spaniens entthronte Königin
oder, Das Ende der Tyrannei : illustrierter historischer Roman aus Spaniens neuester Geschichte

ISBN/EAN: 9783743310230

Hergestellt in Europa, USA, Kanada, Australien, Japan

Cover: Foto ©ninafisch / pixelio.de

Manufactured and distributed by brebook publishing software (www.brebook.com)

Weiss Adolf

Isabella II. Spaniens entthronte Königin

Erstes Kapitel

Ein Auto da Fé.

Wenden wir unsere Blicke einmal von dem schönen Spanien nach den noch schöneren westindischen Inseln, wo vor nunmehr fast 370 Jahren der edle Genuese Christoph Columbus landete.

Dort, im Golf von Mexico liegen die Inseln Porto Rico und Cuba, die uns das edle Kraut des Tabaks liefern; liegt Jamaica, dessen Zucker und Rum wir schätzen; liegt Domingo, woher wir Caffee beziehen.

Als Columbus am 12. Oktober 1492 auf Guanahani oder San Salvador das spanische Banner aufpflanzte, nahm er damit den neu entdeckten Erdtheil für dasselbe Volk in Besitz, welches im gleichen Jahre die Herrschaft der Mauren in Europa brach, und Granada, den letzten Hort derselben, eroberte.

Seitdem breitete sich die spanische Herrschaft in Amerika aus und wurde riesengroß — Spanien stand auf der Höhe seiner Macht, von der es allmählig herabsank.

Eine Colonie nach der andern ging verloren, verloren durch die Weiber- und Pfaffenherrschaft im Mutterlande, und nichts ist dem Reiche beider Indien an überseeischem Besitz geblieben, als in Asien die Philippinen und der Suluh-Archipel, in Afrika Presidios, die Guinea-Inseln und die Errungenschaften des Marokkanischen Krieges — in Amerika endlich die Inseln Porto Rico und Cuba, die Perle der Antillen.

Die übrigen spanischen Besitzungen in Amerika sind mehrentheils Republiken geworden, welche sich aber noch keineswegs fest gegründet haben. Innere Zwietracht und Bürgerkriege sind an der Tagesordnung, und fortwährend befehden sich die beiden entgegengesetzten Elemente dieser Staaten, das spanische und das indische.

Das spanische Element, im Bewußtsein und der Erinnerung an

51*

die frühere Herrschaft ihres Volkes in diesen Ländern, kämpft für die Centralisation, für die Bevorrechtung und strebt die Herrschaft an.

Das indische Element, welches in der Zahl das Uebergewicht hat, vertritt die Gleichheit und den Haß gegen eine herrschende Klasse.

Nun fühlen die Weißen sich allein zu schwach, und schielen nach Spanien hinüber, mit welchem sie sich gern vereinigen möchten, um auf diese Weise zur Herrschaft zu gelangen, anstatt sich durch die einheimischen und Mischlings-Racen beherrschen zu lassen.

Der Jesuitismus und die Priesterpartei, für welche Spanien das Paradies bedeutet, unterstützen selbstverständlich mit aller ihrer Macht die Weißen.

Diese Sachlage führte im Jahre 1861 auf der Insel Domingo zu einem wichtigen Ereigniß.

Don Pedro Santana, Präsident der Republik San Domingo, ein Weißer, war nämlich der Meinung, daß der von ihm regierte Staat eines starken, auswärtigen Schutzes bedürfe, und hatte sich schon wiederholt an Spanien, auch einmal an Frankreich gewendet, um eine Annexion herbeizuführen.

Seine Bestrebungen wurden endlich vom Erfolge gekrönt, und am 18. März 1861 konnte er die Königin Isabella als Herrscherin von Spanien ausrufen.

Am 5. April desselben Jahres wurde die Annexion in San Domingo durch allgemeine Abstimmung vollzogen, wobei sich besonders alle Behörden einstimmig für den Anschluß erklärten.

Drei Tage darauf — am 8. April — landete eine spanische Flotille mit 5000 Mann von Cuba her in San Domingo, um im Namen Spaniens von der Insel Besitz zu ergreifen.

Die Königin Isabella von Spanien genehmigte durch Dekret am 19. Mai die Annexion, wie es darin hieß: auf den einstimmig und frei geäußerten Wunsch der Bevölkerung hin.

Nordamerika, Peru und England protestirten gegen den Anschluß, allein vergeblich.

So hatte die Regierung Ihrer katholischen Majestät einen neuen Lorbeer gepflückt, der ihr freilich nicht viel Mühe und Anstrengungen gekostet hatte. Trotzdem ließ sich in der Heimath daraus Capital schlagen, und es gab Stoff zu Posaunenstößen in den ministeriellen Blättern.

Nicht allein das; die spanische Politik setzte sich auf's hohe Pferd und wollte die Großmacht spielen.

Cavour und Garibaldi hatten die Absicht, Rom zur Hauptstadt

Italiens zu machen, und wenn es nicht dazu kam, so lag die Schuld nicht an ihnen. Die dreifache Krone Seiner Heiligkeit saß sehr un= sicher auf dem greisen Haupte des neunten Pius, und es war natür= lich, daß ein Nothschrei durch die ganze katholische Christen= heit ging.

Wo konnte dieser Nothschrei ein willigeres Ohr finden, als in dem damaligen Spanien?

Pater Claret und die Nonne Patrocinio waren wieder in vollem Ansehen bei Ihrer katholischen Majestät, und der Erzbischof von Saragossa, Don Manuel Garcia Gil, befand sich mehr in Madrid, als in Saragossa.

So konnte es Niemand Wunder nehmen, als die Welt plötzlich Kunde erhielt von einer am 28. Mai erlassenen Depesche der spa= nischen Regierung an die französische, worin sie der Letzteren, in Ueber= einstimmung mit Oesterreich, die Mitwirkung Spaniens zum Schutze Rom's gegen Piemont anbot.

Ihre Majestät, Königin Isabella, hatte diesen Schritt ihrer Regierung gebilligt, da sie, die leicht Bewegliche und streng Katho= lische, einem auf den Schutz des heiligen Vaters berechneten Schritte ohne= hin nicht leicht ihre Mitwirkung versagte, und da noch obendrein die Revolten im Süden Spaniens sie mißtrauisch gegen den Liberalismus und seine Regungen machten.

Kaum aber war diese Forderung der Papisten gewährt, so traten dieselben mit einer zweiten hervor, welche, vielleicht minder wichtig, doch recht heikler Natur war, und wohl geeignet, im Volke böses Blut zu machen.

Dennoch wurde sie, da die Umstände günstig waren, durch= gesetzt. — —

Die Königin litt gegen Ende September 1861 an schlechter Ver= dauung und einigen andern kleinen Uebeln.

Der Arzt wurde gerufen, der Puls von demselben befühlt, Rezepte geschrieben, eine genau präzisirte Diät verordnet — aber diese kleinen Störer der allerhöchsten Laune wollten nicht weichen.

In einer Nacht, welche die Königin unter fortwährendem Husten schlaflos zubrachte — es war schon die zweite Nacht dieser Art — ließ sie die „Nonne Patrocinio" rufen, um mit ihr zu beten.

Isabella war ja bigott genug, den Rosenkranz durch die Finger gleiten zu lassen, wenn sie sich einen Dorn in den Arm gestochen hatte, anstatt denselben herauszuziehen.

Also die Königin betete im Verein mit der frommen Schwester Patrocinio lange, lange.

Aber in einer Nacht kann man sehr viel beten, und schließlich davon müde werden.

Es trat eine Pause ein, welche ein Gespräch ausfüllte.

„Was denkt Ihr, meine Mutter," wandte sich die Königin an die Nonne, „wird unser inbrünstiges Gebet zur Jungfrau Maria bald erhört werden?"

„Majestät müssen nicht blos beten mit Worten, sondern auch beten mit der That," antwortete die Angeredete; „es bietet sich eine Gelegenheit, die Gnade des Himmels in ganz besonderem Grade zu erwerben, wenn Euer Majestät eine Bitte des Bischofs von Barcelona erfüllen wollen.

„Es ist im Lande ein Schwarm von schlechten Schriften allerlei Art, welche das Volk verderben und dem Glauben Abbruch thun; Machwerke von Menschen, welche die Bibel nicht lesen und Freigeister sind, an Gott nicht glauben und dem Teufel ihre Seele verpfändet haben.

„Diese Menschen vernichten mit ihrem Geschreibsel, das ihnen vom Satan selber eingegeben wurde, gerade wie den Verfassern der heiligen Schrift die Letztere von Gott, den katholischen Sinn Derer, die es lesen, und werben viele Seelen für die ewige Verdammniß.

„Es ist nothwendig, daß diesem Treiben einmal entgegengetreten wird, daß die heilige Mutter Kirche einmal klar und offen sagt, welches diese teuflischen Machwerke sind — es ist nothwendig, das Volk recht eindringlich vor dieser, diese Seele schädigenden Lectüre zu warnen.

„Der Bischof von Barcelona hat sich entschlossen, in seinem Sprengel diese Warnung und Brandmarkung in einer recht hervortretenden Weise zu vollziehen, anders als die anderen Kirchenfürsten, die nur von der Kanzel herab dem Unwesen der schlechten Bücher entgegentreten.

„Er will, vorausgesetzt, daß er dazu die Bewilligung Ihrer Majestät erhält, ein Auto da Fé*) auf dem Richtplatze von Barcelona veranstalten, und alle von Seiner Heiligkeit dem Papste in Rom als ketzerisch verdammten spanischen Bücher dem Feuer übergeben.

*) Glaubens-Act; früher wurden dabei Ketzer verbrannt.

„Wie reichhaltig die Literatur der Bösen und Abtrünnigen ist, ersieht man am besten daraus, daß die Zahl der dem Verderben geweihten Bücher auf dreihundert angegeben wird.

„Ich meine nun, daß Euer Majestät nicht leicht eine so schöne Gelegenheit finden können, den Segen und die Gnade des Himmels zu verdienen, als gerade durch Bewilligung des Gesuches, welches der Bischof an Sie richtet."

„Mir ist ja noch kein Gesuch vorgelegt worden," antwortete die Königin, „sobald es mir mein Sekretär vorlegt, werde ich es bewilligen."

„Warum soll diese Sache erst durch die Hände des Sekretärs gehen, Majestät," erwiderte die „blutende Nonne", „ich bin so glücklich, vom Bischof beauftragt zu sein, das Gesuch zu überreichen, und wenn meine Königin mir verzeiht, so überspringe ich Dero geheimes Kabinet und lege das Gesuch hiermit zu Ihren Füßen nieder."

Indem Raphaele del Patrocinio dies sagte, zog sie unter ihrem Gewande einen Brief hervor, und überreichte denselben der Königin.

Diese eilte in das Nebenzimmer, wo sie auf das Schriftstück, ohne es auch nur zu lesen, die Worte warf: Bewilligt, Isabella.

Merkwürdiger Weise schlief sie bald darauf, wahrscheinlich wohl vor Müdigkeit, ein, und wenn auch das allerhöchste Unwohlsein noch einige Zeit anhielt, so hatte doch das Einschlafen Gewicht genug für die bigotte Königin, um sie glauben zu machen, des Himmels Wohlgefallen und Zufriedenheit mit ihrer Handlungsweise habe sich sichtlich gezeigt.

Der Bischof von Barcelona ging ohne Säumen an die Ausführung seines Vorhabens, und wir verfehlen nicht, unseren Lesern Bericht zu geben von einem in der zweiten Hälfte des neunzehnten Jahrhunderts in einem europäischen Staate zweiten Ranges noch stattfindenden Auto da Fé, auf welchem freilich keine lebendigen Ketzer, wohl aber die Bücher von solchen verbrannt wurden.

Es war am 9. Oktober des Jahres 1861, einem schönen, klaren Herbsttage, als in der Hafenstadt Barcelona, die ohnehin recht belebt ist, ein reges, emsiges Treiben herrschte.

Unaufhörlich strömte das Volk von allen Richtungen nach dem Thore von Feliu, welches im Westen liegt, und durch dasselbe hindurch, hinaus in's Freie, nach dem Richtplatze der Stadt, dem Monte Retuerto.

Der Galgen, der dort vor Zeiten gestanden, war lange ge=
fallen, und daran, daß der Ort nicht umgegraben und zu Acker ge=
macht oder sonst bebaut war, trug nur der abergläubige Sinn der
Barcelonen Schuld.

Jetzt war ein hoher Scheiterhaufen errichtet — bestimmt, daß
auf ihm die Schriften der Ketzer verbrannt werden sollten. —

Seit etwa einer Viertelstunde ertönten die Glocken von allen
Thürmen der Stadt, als sich aus dem Thore von Feliu ein langer
Zug herausbewegte.

Voran schritt ein Musikchor, welches mit schmetternden Posaunen
und anderen Blechinstrumenten die Melodie eines Kirchenliedes spielte.

Dahinter kamen singende Chorknaben mit den Fahnen der Bar=
celoner Kirchen.

Ihnen folgte, unter einem von vier jungen Priestern getragenen
Baldachin von kostbarer Gold= und Perlenstickerei, der Bischof von
Barcelona, bekleidet mit den Insignien des bischöflichen Amtes,
dem lilafarbenen Mäntelchen, der Bischofsmütze, in der Hand den
Bischofsstab.

Fortwährend streckte er segnend die Hand über das zur Rechten
und Linken auf die Knie sinkende Volk aus.

An den Bischof schlossen sich die Domherren, deren
zweie einen Korb mit den verfehmten Büchern trugen, und
die gesammte übrige Geistlichkeit von Barcelona, Mönche
und zuletzt Nonnen, hinter welchen noch in langer Reihe
Gläubige aus dem Volke einhergingen.

Am Bestimmungsorte angekommen, that der Bischof, was in der
katholischen Kirche bei großen Feierlichkeiten immer geschieht — er las
eine Messe.

Als dieselbe vorüber war, hielt er eine Rede, worin er viel von
der Verderbniß der Welt, vom bevorstehenden Strafgericht des Him=
mels und Anderem mehr sprach, und dann sagte er, während auf ein
Zeichen des Weihbischofs zwei junge Diakonen mit ihren Prozessions=
kerzen den Holzstoß in Brand setzten:

„Die heilige Mutter Kirche hat vordem die Inquisition einge=
setzt, daß sie die Reinheit des Glaubens schütze.

„Sie that es mit eiserner Strenge, und achtete das Leben der
Sünder gering, wenn nur die Seelen gerettet wurden.

„Die heilige Kirche ist noch nie in dem Maße eine kämpfende
gewesen, als gerade heut, wo Ketzer und Teufelsbrüder den Stuhl
Petri bedrohen und daran zu rütteln versuchen, und wo der Ungläubige

nicht blos frei umhergeht, nein, wo er auch das Gift seiner aufklärerischen Satansgesinnung in Bücher niederlegen darf, die den Geist des Volkes vollends verderben.

„Ich überantworte diese Schriften dem Feuer, und spreche das Anathema aus über sie und über ihre Verfasser! Mögen sie ruhelos leben und elend sterben!"

Nach diesen Worten des Kirchenfürsten trat ein Domherr vor, und las mit lauter, vernehmlicher Stimme die Titel der sämmtlichen verurtheilten Bücher und ihrer Verfasser vor.

Unter den Büchern waren einige ohne Angabe des Verfassers erschienen. Der Domherr mußte sehr genau unterrichtet sein, denn er nannte den Autor, und zwar war dies immer: „der Teufel."

Als das lange Verzeichniß vorgelesen war, begannen die Priester endlich, den Inhalt des Korbes den Flammen zu übergeben. Gierig züngelten dieselben an ihrem Raube herum und bald genug flog die Asche hinaus in den Wind. — — — —

Es wurde über das Ereigniß hin und her gesprochen — aber so verschieden auch die gefällten Urtheile waren — eins, welches die That des Bischofs, die Gutheißung derselben durch die Königin billigte, wurde nirgends laut. Im Gegentheil war nicht blos Barcelona, sondern ganz Spanien in bedeutender Aufregung darüber, und die Geistlichkeit büßte viel von ihrem Ansehen ein.

Es ist eben das neunzehnte Jahrhundert nicht mehr geneigt, Hexen und Ketzer schon auf Erden brennen zu sehen.

Zweites Kapitel.

Prim in Mexico.

General Prim, Graf von Reus, war am 17. November auf Cuba gelandet, und hatte vor allen Dingen seinem Rivalen, dem General-Capitain der Armee und von Cuba, Don Franzisko Serrano u Dominguez die Ernennung zum Herzog de la Torre über. Dieser, dadurch mit seinem Mißgeschick — — — — —

buhler mit der wichtigen Leitung der Expedition nach Mexico betraut zu sehen, einigermaßen ausgesöhnt, hatte den Grafen sehr freundlich aufgenommen, und behandelte ihn mit einer Zuvorkommenheit und scheinbar so herzlichen Freundschaft, daß jeder den Ereignissen ferner Stehende unmöglich denken konnte, zwischen den beiden hochgestellten Männern sei eine Rivalität möglich.

Am 24. November 1861 — eine Woche nach Prim's Ankunft in der Habana — stellten der französische und englische Gesandte ein Ultimatum*) an die Regierung von Mexico, worin die Abstellung ihrer Beschwerden gefordert wurde. Juarez, der Präsident der Republik, hielt dieses Actenstück nicht einmal einer Antwort für würdig, und so trat denn der lange vorhergesehene, von Prim sehnlich herbeigewünschte Fall ein — die diplomatischen Beziehungen zwischen den drei Mächten Spanien, Frankreich und England einerseits, und der Republik Mexiko andererseits wurden gänzlich abgebrochen und der Krieg begann.

General Prim schiffte sich am 30. November in Habana mit 6000 Mann ein, ohne die Ankunft der alliirten Streitkräfte abzuwarten.

Am 8. Dezember kam er vor Veracruz an, konnte jedoch erst nach Verlauf von zehn Tagen,. nachdem die Mexicaner die Stadt geräumt hatten, landen.

Er zog in die vom Feinde verlassene Stadt ein, welche mit ihren 16 Kirchen wohl vom Hafen aus einen prächtigen Anblick gewährt, dagegen viel einbüßt, sobald man sie betritt. Einst reich, groß und stark bevölkert, ist sie nun auf eine Einwohnerzahl von 10,000 heruntergekommen, und die Häuserreihen würden noch viel mehr Ruinen zeigen, als dies schon der Fall ist, wenn nicht das Material, aus dem die einst bewohnten Räume erbaut sind, allzufest wäre.

Dennoch ist Veracruz, zumal im Winter, wo die rauhen, berüchtigten Nordstürme wehen, welche auf der See so viel Schaden anrichten, während sie allein den Aufenthalt an den Küstenstrichen von Mexico erträglich machen, noch recht belebt, und die bewohnten Theile der Stadt bilden in ihren Straßen lange Facaden von Palästen, in welchen die reichen Kaufleute von Veracruz, die Besitzer der großen Maiereien im Innern des Landes, und vor Allen die Inhaber der zahlreichen, seit ihrer Eroberung durch Fernando Cortez im Anfange

---

*) Eine Forderung, welcher, wenn sie nicht gewährt wird, gewöhnlich die Kriegserklärung folgt.

des sechszehnten Jahrhunderts noch bis auf diesen Tag uner-
schöpften Silbergruben den Winter zubringen.

General Prim nahm also vorläufig sein Hauptquartier in
Veracruz, wo er gelandet war, und beschränkte seine militärische
Thätigkeit, die sich auch in Folge der fehlenden Transportmittel nicht
gut weiter ausdehnen ließ, darauf, daß er die Küste mit seinen in der
Havannah geschulten Truppen besetzte, welche an das Klima gewöhnt
waren. Dann erließ er einen Aufruf an die Mexicaner, und hatte
einige Scharmützel mit den in der Nähe kampirenden Truppen des
republikanischen Generals Uraga zu bestehen.

Im Uebrigen war der General Prim, durch die Eigen-
thümlichkeit der Verhältnisse, gezwungen, sich der Trägheit, dem
Nichtsthun hinzugeben.

Wie der Soldat, sobald er auch nur eine halbe Waffenruhe hat,
wie die war, in welcher das spanische Expeditions-Corps jetzt lebte,
dieselbe immer gern zu Vergnügungen der verschiedensten Art
benützt, so geschah es auch hier.

Rasch hatten sich die schönen, gluthäugigen Veracruzerinnen
mit den stammverwandten Spaniern ausgesöhnt, obgleich noch kaum
die letzten Fetzen der Proklamation des mexikanischen Gouverneurs der
Stadt von den Ecken der Straßen verschwunden waren, in der er die
Einwohner zur maßlosesten Feindseligkeit gegen die Eindringlinge aufforderte.

Allabendlich klang die Guitarre vor den Fenstern der mexicanischen Schönen — am Tage gingen die spanischen Grenadiere
und Artilleristen Arm in Arm mit den zuerst besiegten Feinden
auf den Promenaden und am Strande spaziren, und schon wurde von
einem großen bevorstehenden Ballfest gesprochen.

Die Offiziere blieben hinter ihren Mannschaften nicht zurück,
und das Herz mancher Spanierin im fernen Heimathlande würde
geblutet, die Hand mancher Donna sich zusammengekrampft,
vielleicht nach dem Dolche gefaßt haben, hätte sie den schönen
Cornet, den eleganten, zarten Lieutenant, dessen Braut sie
war, an den entgegengesetzten Ufern des atlantischen Oceans belauschen
können. —

General Prim, Graf von Reus und Marquis von
Castillejos, hatte sich bei einer reichen Wittwe in der Strada de Jalapa
einquartirt. Die Frau, Besitzerin einer Silbergrube in Guana-
zuato, bewohnte mit ihrer einzigen Tochter Catarina und ihrer
Dienerschaft ein geräumiges, palastähnliches Gebäude, an welches sich ein

großer, terassenförmig nach dem Meeresufer abfallender Garten und
und Park anschloß.

Bei dem ungeheuren Besitz der Donna Ocampo — ihre
Einkünfte wurden, wie man sagt, nach Millionen gezählt — war
es selbstverständlich, daß dem Oberbefehlshaber der Invasions-
Armee jede nur erdenkliche Aufmerksamkeit erwiesen wurde,
schon um die Ehre genügend zu würdigen, welche er durch die
Wahl ihres Hauses der Dame erwiesen hatte.

Am ersten Tage seiner Anwesenheit war Prim noch zu sehr mit
Anordnungen beschäftigt, als daß er die Gunst des Zufalls, die ihn
ganz ohne Absicht dieses Quartier hatte wählen lassen, genügend zu
würdigen im Stande gewesen wäre.

Auch an den beiden folgenden Tagen hatte er noch so wenig
Zeit, daß er der zuvorkommenden Wirthin, als sie durch einen gallonirten Diener ihn fragte, ob er allein speisen werde, oder ihr die Ehre
seiner Anwesenheit an ihrem Tische geben wolle, antworten mußte: er
sei gezwungen, sich den ihm in Aussicht gestellten Genuß noch aufzu-
sparen; sobald aber seine Pflicht es erlaube, werde er nicht versäumen,
das freundliche Anerbieten anzunehmen.

Endlich war er von Geschäften so weit frei geworden, daß er
im Stande war, in voller Gala-Uniform bei der Frau vom Hause sich
melden zu lassen.

Donna Ocampo und ihre Tochter erwarteten ihn in
einem großen, hohen, auf den Garten sehenden Zimmer
mit vielen Fenstern, dessen Wände mit blauen Sammet-
Tapeten bekleidet waren.

Als der General Prim eintrat, erhoben sich die Damen und
gingen ihm einige Schritte entgegen.

„Sie machen mich durch Ihre überschwengliche Güte und Aufmerksamkeit zu Ihrem ewigen Schuldner, gnädige Frau," wandte sich
der spanische Befehlshaber an die Herrin des Hauses, indem er
deren Hand ergriff und küßte. „Wie soll ich je in die Lage kommen,
Ihnen nur schwach Ihre liebenswürdige Freundlichkeit zu vergelten?
In der That, ich muß gestehen, daß ich noch nie in einem Quartier
von einem so vollendeten Comfort umgeben war, als es hier der Fall
ist. Nehmen Sie, meine Damen, meinen herzlichsten Dank, und möge
der gute Wille in Anrechnung gebracht werden, da ich außer Stande
bin, ihn zur That werden zu lassen."

„Ich freue mich, General," antwortete die Mutter, „daß Sie
sich in meinem Hause wohl fühlen und daß es mir einigermaßen ge-

lungen ist, Ihre Anforderungen zu befriedigen — denn in anderem Sinne kann ich Ihre Worte nicht deuten. Ich wünsche nur, daß Sie nie Gelegenheit haben mögen, in meinem Hause über irgend etwas Beschwerde zu führen. Sollte es dennoch geschehen, so bitte ich Sie, sich sofort und ohne Aufschub an mich zu wenden."

„Ich glaube annehmen zu dürfen, daß dieser Fall nie eintreten wird, gnädige Frau. Im Gegentheil könnte ich mich über allzuviel Aufmerksamkeit beklagen, und ich möchte fast fürchten, daß Ihr Haus mein Capua*) werde."

„Das ist wohl unmöglich, General —" fiel jetzt die Tochter ein, nachdem die Mutter sie mit kurzen Worten vorgestellt hatte — „ich bin versucht zu glauben, daß „der neue Cid" selbst in Capua kein Capua gefunden hätte. Erstaunen Sie nicht allzusehr — wir kennen Sie schon besser, als Sie glauben mögen. Mama lies't einige spanische Zeitungen, welche Sie täglich auch erhalten können — und daraus haben wir über Ihre Heldenrolle in Marokko gelesen und wissen, daß das spanische Volk Sie den catalonischen, den neuen Cid nennt."

So bewegte sich das Gespräch noch eine Zeit lang in den Grenzen einer leichten Conversation fort, bis die Stunde des Diners gekommen war.

Prim bot der Mutter den Arm und führte sie nach dem Speisesaal. Auch das Diner ging ohne bemerkenswerthen Zwischenfall vorüber, nur daß den Grafen die geistreiche, gebildete Tochter zu interessiren begann, und er sich zu bemühen anfing, die oft erprobte Unwiderstehlichkeit seiner Augen auf's Neue zu dokumentiren.

Als man sich von der Tafel erhob, rief plötzlich Prim, mit freudiger Erregtheit auf ein bisher nicht bemerktes Piano zuschreitend: „Mein Gott, was sehe ich! Gewiß, Fräulein, Sie spielen — für Sie ist das Instrument bestimmt. Ich bitte Sie, verschaffen Sie mir einen lange entbehrten Genuß, und lassen Sie mich diese Töne hören, die ich so liebe."

„Aber Sie werden kein meisterhaftes Spiel hören," antwortete leicht erröthend die schöne, braunäugige Mexikanerin. „Ich bin, weil ich weiß, wie schlecht ich spiele, schon vor den Herren meiner Bekanntschaft schwer zu bewegen, daß ich mich hören lasse — wo soll ich den

*) Capua, Stadt in Italien, wo die Soldaten des Hannibal in üppiger Schwelgerei ihre Tüchtigkeit einbüßten.

Muth hernehmen, meine schwachen Leistungen einer Prüfung durch Sie, General, zu unterwerfen?"

„Fräulein — ich bin Soldat und nicht Musiker," gab Don Juan Prim zurück — „und ich liebe auch weniger die kunstvollen Compositionen unserer ersten Musiker, als besonders die würdevolle Einfachheit kleiner, lieber Melodien, die sich unmerklich durch's Ohr in's Herz einschmeicheln. Ich bin, mit einem Wort, nicht sowohl ein Kenner, als vielmehr ein Liebhaber der Musik. Also nochmals, ich bitte Sie inständigst: spielen Sie!"

Catarina zögerte noch eine Weile, ließ sich, nach Mädchenart, noch etwas bitten, und setzte sich dann endlich an das Instrument.

Sie warf ihre schwarzen Locken, die ungefesselt über die nackten Schultern herabwallten, zurück, und ließ die Finger über die Tasten gleiten.

Es war die „Riego-Hymne," die sie spielte, und so sehr ließ sich Prim von dem Eindrucke, welchen entweder die Töne oder die, welche sie hervorlockte, auf ihn ausübten, hinreißen, daß er mit seiner schönen, ausdrucksvollen Stimme einfiel und das ganze Lied sang.

„Fräulein," rief er entzückt aus, als der letzte Akkord verklungen war, „Sie haben einen Menschen glücklich gemacht — nehmen Sie meinen herzlichsten, innigsten Dank dafür."

Catarina's schöne, ausdrucksvolle Züge wurden von einem dunklen Roth überzogen, und fast bittend sagte sie:

„Herr Graf! Was ich da spielte, die schwache Leistung einer Dilettantin, wollen Sie, der Sie Meister gehört haben, nicht so hoch anschlagen. Ich würde mich gänzlich geweigert haben, hätte ich mich damit nicht dem Vorwurfe der Prüderie ausgesetzt. Aber kommen Sie — ich hörte sagen, daß Sie unsern Garten wohl schon vom Fenster aus bewundert, aber noch nicht betreten haben. Nehmen Sie mich zur Führerin?"

„Ah, Sie sind reizend, Fräulein," antwortete feurig der General, indem er galant der jungen Dame seinen Arm reichte, und mit ihr durch die von einem Diener geöffneten Flügelthüren hinaus schritt — „Sie lassen es mich ganz vergessen, daß ich in Feindes Land bin. In meiner schönen Heimath hat mich keine so vollendete Freundlichkeit umgeben."

„Wissen Sie, General," nahm mit schelmischem Lächeln, und während sie ihren Fächer wie um sich abzukühlen schwang, die junge Dame das Wort, „wissen Sie, daß ich Sie bitten möchte, Ihre schönen

Complimente jetzt ganz und gar bei Seite zu lassen, und nichts zu thun, als sich dem Einflusse der uns umgebenden schönen Natur hinzugeben?

„Sehen Sie — wir haben schon hier, von der Veranda des Hauses aus, einen Anblick vom Meere; aber ich will Ihnen noch weit= aus Schöneres zeigen. Kommen Sie mit mir nach der Quellen= grotte, dort ist es entzückend.“

Willenlos folgte der General Prim seiner leichtschreitenden Füh= rerin, und bald kamen Beide, nachdem sie zur zweiten Terasse des Gar= tens, der deren fünf zählte, herabgestiegen waren, an eine scheinbar in den lebendigen Fels gehauene Grotte, von deren Seiten muntere, kryftallhelle Wässerchen herabrieselten, welche sich auf dem Boden der Grotte zu einem kleinen Bächlein vereinigten. Letzteres schlängelte sich in einigen anmuthigen Windungen weiter, sprang in raschem Falle, der es zu Staub auflöste, über den Abhang hinab nach der dritten Terrasse und so fort, bis es unten am Ufer der See anlangte und in diese sich ergoß.

Im Innern der Grotte waren Sitze aus Moos angebracht, deren äußerst lebhaftes Grün durch die erfrischende Kühle des Ortes und die Nähe des Wassers erzeugt war.

„Nun setzen Sie sich — hier neben mich, General, und dann blicken Sie auf nach dem Meere da vor uns,“ sagte, am Ziele ihrer Wanderung angekommen, die Dame.

Ein lautes, bewunderndes „Ah — das ist entzückend,“ war die Antwort Prims, als er der Aufforderung nachgekommen war.

Von der Grotte aus war bis zum Ende des Gartens nach dem Meere hin durch die Bäume und Sträucher hindurch eine Aussichts= linie ausgehauen, so daß der Blick über die vor der Stadt liegende, befestigte und mit einem Leuchtthurm versehene Insel San Juan de Ulloa hinaus bis dahin sich verlor, wo Himmel und See in Eins aufgehen und eine Scheidung beider nicht mehr möglich ist.

„Bei Gott, mein schönes Fräulein —“ begann endlich der General, welcher sich von der wunderbaren Schönheit der Umgebung ganz hinreißen und beherrschen ließ — „ich habe in meinem beweg= ten Leben viel gesehen; aber so Bezauberndes wurde mir noch nie geboten. O könnte ich hier mein Schwert vergraben und ein einfacher Bewohner des Landes werden — wie wollte ich glücklich sein.

„Doch meine Gedanken werden fast trüb und ich ertappe mich auf Wünschen, die wohl nie erfüllt werden. Lassen Sie uns ohne

Beimischung eines Schmerzes, eines Bedauerns genießen, was der Augenblick bietet."

Catarina, welcher das, was den General so hinriß, doch nichts Neues mehr sein konnte, war dennoch offenbar ergriffen und sagte, indem sie ihre noch vom Eintritt in die Grotte her in Prim's Hand ruhende Rechte leise frei machte:

„Sehen Sie, General, dieser Anblick hier, sollte man meinen, muß nur zur Freude, zum Glück anregen. Und doch ist dem nicht so. Ich wenigstens werde immer traurig gestimmt, wenn ich das dunkle Meer und seine hohen Wellen sehe, und die Unergründlichkeit und Tiefe der See regt mich immer zu eigenthümlichen Betrachtungen an.

„Wie oft vertraut der Mensch sein Hab und Gut, sein Leben und mehr noch — seine Liebe diesem unsicheren Elemente an, von dem Niemand eine Rechenschaft fordern kann über die Opfer, die es verschlingt.

„Während aber dieses Anvertrauen vom Willen des Menschen abhängt, so ist es ein ganz Anderes mit unserem Geschick. Auch unser Leben — von der Wiege bis hin zum Grabe — ist eine Fahrt auf einer unergründeten, unberechenbaren See, die wir nicht beherrschen können, und auf deren Klippen und Riffe verbergenden Wellen nur Eins, Compaß und Steuer, zugleich sein kann, — das ist die Liebe der Angehörigen. Ach mein guter Vater — daß ich ihn so früh, so schnell verlieren mußte."

Thränen traten in ihre schönen braunen Augen, und schluchzend hob sich der üppige Busen. Schweigend ließ sie Prim gewähren, und erst als ihr Weinen ruhiger geworden war, begann er:

„Ihr Herr Vater ist Ihnen plötzlich gestorben, wie Sie andeuteten. Darf ich es erfahren, wie Sie ihn verloren?"

„Er ist bei einem Ritt, den er in Geschäften von hier nach Cordoba machte, in der Nähe von Tenascal von einer Bande überfallen, beraubt und ermordet worden. Erst zehn Tage nach der That wurde sein verstümmelter Leichnam aufgefunden und in unser Haus gebracht — ach, das waren schreckliche Tage. — — —

„Doch" — fuhr sie nach kurzer Zeit in ruhigem Tone fort, nachdem sie die letzten Spuren der Thränen von den Wangen entfernt hatte — „lassen wir die traurige Erinnerung jetzt schlummern. Erzählen Sie mir lieber aus Ihrem vielbewegten Leben, General."

„Ich kann Ihnen nicht viel erzählen," antwortete Prim; „denn

General-Lieutenant Manuel Pavla y Lacy, Marquis de Novaliches, General-Direkter der Artillerie.

was ich in der Oeffentlichkeit wirkte und that, das ist Ihnen
längst bekannt, wie ich aus Ihrem eigenen Munde erfahren habe,
und mein privates Leben bietet keine sonderlich interessanten Momente.
Daß ich von frühester Jugend an schon jenen Compaß, jenes Steuer

auf dem unsichern Meere des Lebens entbehrte, welches Sie vorhin nannten: die Liebe der Angehörigen, das ist wohl schmerzlich und betrübend, aber für mich, den Mann, war es auch leichter zu ertragen, und es hat mich früh gestählt und selbständig gemacht.

„Nur daß ich bisher noch immer nicht voll und ganz das fand, was ich suchte: ein mich ganz verstehendes, mir ganz sich hingebendes Weib, das ist es, was mich oft recht traurig macht. Ich habe getändelt, gekos't, geliebt — nein, nicht geliebt, nur geliebelt; aber eine volle, mein ganzes Herz ausfüllende Neigung habe ich noch nicht gefunden."

~ Die Reihe der Rührung und Erregung, die freilich nun nicht zu Thränen führte, war jetzt an General Prim, und er hatte Mühe, seine Fassung zu bewahren.

„Es ist nicht meine Sache," begann nach einem längeren Schweigen wieder die Donna, „in dieser Angelegenheit eine Meinung haben zu wollen; aber ich sollte doch denken, daß es Ihnen nicht schwer werden durfte, unter den vielen, geistvollen Damen, mit denen Sie besonders am Hofe der Königin Isabella zusammen waren, eine Frau zu finden, die Ihre Ansprüche befriedigte."

„Sie unschuldige Donna — wie wenig kennen Sie die Welt," antwortete der General, während sein Auge mit liebevoller Theilnahme auf der Gestalt der Jungfrau ruhte, „daß Sie glauben können, die Frauen am spanischen Hofe seien geistreich, oder gar von einer Seelenbildung, daß sie eines Himmelstürmers Herz zu fassen vermöchten. Nein, meine Liebe, am spanischen Hofe wohnt die Langeweile, die Kriecherei, Haschen nach Gunst und nach Sinnenlust. Da hat der Geist keine Stätte; nur der Ehrgeiz, die Intrigue sind in jenen Kreisen heimisch.

„Ich fand einst ein Weib — fern von Madrid — in den schönen Bergen meiner catalonischen Heimath — die, glaubte ich, würde mich fesseln; aber es war nur eine kurze Täuschung. Auch sie, auch Enrica, ist nicht im Stande, in ihrem Busen ein gleiches Feuer zu nähren, wie das ist, welches in mir brennt, und mein Weib — Don Juan Prim's Gattin, kann sie nimmer werden. Sie würde mich hinabziehen in Sinnenrausch und Taumel der Lust, daß ich der hohen Aufgabe vergäße, die das Schicksal mir gestellt hat."

„Graf — mir wird bange," flüsterte Catarina leise, „kommen Sie — wir wollen in's Haus zurückgehen."

„Nein," rief erregt Prim — „ich lasse diese Stunde, welche mir . . . . ."

Da nahten Schritte, und von einem Diener geleitet, der ihm den Weg gezeigt hatte, trat ein Adjutant grüßend in den Eingang der Grotte. General Prim entfernte sich mit ihm einige Schritte, nahm seine Meldung entgegen, und kam dann nur zurück, um der jungen Dame anzuzeigen, daß seine Pflicht ihn zwinge, das Glück der gegenwärtigen Stunde schnell zu enden.

„Aber ich rechne darauf," fuhr der stolze Spanier fort, dessen Sinn schon wieder fast allein von der Mittheilung des Adjutanten und ihren Consequenzen in Anspruch genommen war, „daß Sie, meine Dame, mir bald, recht bald wieder die Ehre Ihrer Gesellschaft geben und mich in Ihrer Nähe Manches vergessen lassen, was mich sonst bedrückt."

Rasch grüßend ging er davon und folgte dem voranschreitenden Adjutanten. — —

Catarina verließ die Grotte nicht, wie sie erst gewollt hatte. Sie hatte ja nur dem Zauber entfliehen wollen, welchen der fremde Mann durch seine Erzählung, durch seinen Blick, die Biegsamkeit seiner Stimme, den tiefen Ernst seines Wesens — durch die Gesammtheit seiner Erscheinung auf sie ausübte.

Heiß drängte es ihr zum Herzen, das Köpfchen begann zu brennen, und ein Gefühl durchbebte ihren ganzen Körper, wie sie es nie ge- kannt hatte, als der hohe Mann von seiner verlorenen Liebe sprach.

War es nur das, dem Gemüthe des Weibes eigenthümliche Ge- fühl des Mitleids mit fremdem Weh, was sie ergriff?

Aber dann hätte sie ja gerade bleiben und trösten müssen — und sie wollte ja fliehen!

Fliehen! war das das rechte Wort? Fliehen! — vor wem, vor was? — — Die Aufforderung, in's Haus zurückzugehen, war eine Aufforderung zur Flucht vor dem ferneren Alleinsein mit dem General gewesen, das mußte sich das Mädchen gestehen und was folgte aus diesem Geständniß?

Sie blieb sich selbst die Antwort auf diese Fragen schuldig. Sie preßte nur die Hand fest auf das Herz, wo noch nie Empfundenes sie bewegte, und eilte zurück zur Mutter, an deren Brust sie sich mit heftigem Schluchzen warf. Aber vergebens forschte Donna Ocampo nach dem Grunde dieses sonderbaren Betragens.

„Laß mich, lieb Mütterchen — frage nicht, jetzt nicht! Ich will Dir später Alles sagen; aber jetzt wüßte ich es selbst nicht, warum ich weine," waren die einzigen Worte, welche Catarina ihrer besorgten Mutter antwortete. — —

52*

Und Prim, von welchen Gefühlen wurde er bewegt?

Als er Catarina verließ, hatte er wenig Zeit, sich mit seinem Herzen zu befassen. Der Dienst rief ihn — die Truppen des Generals Uraga bedrängten seine Leute, und in einem kleinen Scharmützel in den Vorbergen nach dem Innern des Landes zu waren die Mexicaner Sieger geblieben.

Rasch entschlossen, ließ der General sein Pferd satteln und eilte selbst in's Lager, um durch seine persönliche Gegenwart den Muth und Eifer seiner Truppen auf's Neue zu beleben. — —

Wir finden ihn einige Tage nach den geschilderten Scenen in einem Lager in der Nähe von Pueblo Biego, einem in der Richtung von Orizaba am Fuße des Hochplateau's von Mexico, etwa sechs deutsche Meilen von Veracruz, belegenen Dorfe wieder.

Die frühe Tropennacht ist hereingebrochen, und Prim ist allein in seinem, in der Nähe des Lagereinganges belegenen Zelte, dessen ganzes Meublement in einem Strohlager, einer als Stuhl dienenden Tonne und dem Tische besteht, welcher schnell aus rohen Brettern zusammengeschlagen wurde, und jetzt von einer Karte bedeckt wird, in der Stecknadeln mit verschiedenfarbigen Köpfen stecken.

Der General geht, eine Cigarre rauchend, deren Blatt in der nahen Havanna gewachsen ist, im Zelte auf und nieder.

„Ha," beginnt er im Selbstgespräch, während er die kaum zur Hälfte verrauchte Cigarre fortwirft — „was das Mädchen für einen Eindruck auf mich machte! Hätt's bei mir alten Burschen gar nicht mehr für möglich gehalten. Nun — warum sollte ich mich diesem Gefühl nicht hingeben; bin ich doch frei — — — frei? Bin ich das wirklich? Arme Enrica Balpesa, Dein Juan ist im Begriff, Dich preiszugeben.

„Aber —" fährt er nach einer Pause fort, während welcher er eine frische Cigarre entzündet und seinen Gang durch's Zelt wieder aufgenommen hat, „wenn mein Stern mir günstig ist, dann kehre ich ja nie in die Heimath zurück!"

„Mein lieber Freund, das ist die Anrede, deren sich der Kaiser Napoleon in seinen Briefen an mich jetzt schon bedient. Wie erst dann, wenn ich in Mexiko vielleicht eine Stellung einnähme, die mich ihm gleichstellt. — — — — Verrätherische Gedanken ihr! Und doch — und doch; ich lasse diesen Gedanken freien Lauf, sie sollen mich beherrschen und mich zum Handeln treiben.

„Dann brauche ich aber Geld, viel, viel Geld — wer giebt

mir das? Bei Gott, ich wäre ein Thor, wenn ich mir diesen Gold=
fisch nicht sicherte, dessen Eigenschaft als mexikanische Bürgerin
noch dazu in den Augen dieses Volkes mir nur nützen, meine Pläne
nur unterstützen kann! —

„Ich bin klar mit mir selbst," fuhr er nach einer sehr langen
Pause fort, und begann zugleich, sich zu entkleiden, „ich bin klar mit
mir selbst und nun: auf nach Veracruz."

Am folgenden Morgen in aller Frühe ertheilte der General noch
die nöthigsten Befehle, dann bestieg er sein Roß und eilte mit fliegen=
der Hast zurück — dem Ufer des Meeres zu. — — —

Am Abend desselben Tages sehen wir Prim wieder in seinem
Quartier in Veracruz. Er hat die Fenster, die auf den uns bekann=
ten Garten gehen, weit geöffnet, und läßt die erfrischende Kühle, welche
nach Untergang der Sonne mit der kurzen Tropendämmerung sich ein=
stellt, durch die Räume seiner Wohnung streichen — seine aufgeregten
Sinne beruhigen.

„Sei ruhig — Juan —" beschwichtigt er sich selbst — „sei
ruhig und spare deine Gluth! Das Herz mag, scheinbar oder wirk=
lich flammen, der Mund beredt von Liebe sprechen und Glück — aber
der Kopf sei kalt und bewahre die Herrschaft.

„Hm! — ist es denn das erste Weib, mit dem ich es zu thun
habe? Traun, so erregt war ich noch nie, wie heut. — Und doch,
doch will, muß und werde ich siegen."

Nach diesen Worten nahm er eine am blauen Bande über einem
Büchertischchen hängende Mandoline herab, überzeugte sich durch das
Anschlagen weniger Akkorden davon, daß sie richtig gestimmt war, und
verließ — ohne Begleitung — das Zimmer.

Es war eine Nacht unter den Tropen. Hell flimmerte der Mond,
der Mitwisser aller süßen Geheimnisse, durch das Laub der Bäume,
welche leise flüsternd rauschten — dann wieder in geisterhafter Stille
verharrten.

Bunte, glänzende, dem Auge des Europäers fremde Schmetter=
linge schwebten durch den Raum — Laternenträger — Leuchtkäfer mit
eigenthümlichem Surren und Brummen; — Nachtvögel zogen mit
leisem Fluge durch die Luft.

In der Ferne hörte man einen Spottvogel in den süßesten,
melodischsten Tönen klagen, diesen dem westlichen Continent eigenthüm=
lichen Vogel, welcher alle Stimmen und Töne nachzuahmen vermag,
die er hört.

Der General schritt mit festem, sicherem Schritt vorwärts —

der Grotte zu, in welcher er vor einigen Tagen mit seiner schönen Wirthstochter von seiner Herzensarmuth gesprochen hatte.

Er hatte mit Absicht diesen Weg eingeschlagen, denn ein Diener, welchen er durch ein Geschenk von zwei Gold-Dublonen für sich gewonnen, hatte ihm verrathen, daß seine junge Herrin seit dem Ritt des Grafen in's Lager jeden Abend lange Zeit in der Grotte verweile, und sich jede Gesellschaft dabei verbeten habe.

Prim war, die Windungen des Weges abgerechnet, etwa noch zweihundert Schritt von der Grotte entfernt, da mäßigte er seinen Schritt, schlug in die Saiten der Mandoline und begann zu singen:

„Du Mond, der Du flimmernd dort oben ziehst
„Und herab auf die Erde, die Menschen siehst,
„Du verstehest mein leidvolles Weh!
„So einsam, wie Du im unendlichen Raum,
„So einsam bin ich, ein verlassener Baum
„Auf des Berges felsiger Höh'.

„Nicht rankt sich der Epheu zu mir empor
„Kein Weinstock streckt seine Reben hervor,
„Zu umschlingen das traurige Holz;
„Die Blumen blühn unten im grünenden Thal,
„Tief unten erklinget der Lieder Schall —
„Nur ich stehe einsam und — stolz!

„Ich hab' mich vergebens darum bemüht,
„Vergebens erklang mein sehnendes Lied,
„Die Kränze — sie bleiben mir fern;
„Und ob mir auf's Neue ein Frühling winkt:
„Ein Andrer an ihm sich Erquickung trinkt
„Und mir — mir bleibt nur mein Stern!“

Noch einige Akkorde schlug er auf der Mandoline an, — dann stand er vor der durch eine Ampel erhellten Grotte still — Catarinen gegenüber.

Catarina, die seinen Gesang wohl vernommen hatte, war wie festgebannt an dem Orte geblieben, obwohl es sie drängte, denselben zu verlassen. Nur hatte sie sich weiter in das Innere zurückgezogen und blickte von der hintersten Bank, an deren Ende sie sich niedergelassen hatte, halb ängstlich, halb erwartungsvoll nach dem E

„Verzeihen Sie meine Zudringlichkeit, Fräulein,“ begann General Prim, dessen Erscheinung durch die um den Hals gehängte Mandoline im unsichern Mond- und Ampellicht ein mährchenhaftes Aussehen gewann, so daß man leicht sich in irgend eine Scene aus Tausend und eine Nacht verſetzen konnte, „verzeihen Sie meine Zudringlichkeit, die um ſo ungalanter wird, als ich nicht abſichtslos hierher ge= kommen bin.

„Ich wußte, daß ich Sie hier treffen würde — und ich will, ich muß mit Ihnen ſprechen. Seit ich Sie zuletzt geſehen — hier an dieſem Orte geſehen, giebt es für mich, ſelbſt mein Vaterhaus nicht ausgenommen, kein heiligeres, geliebteres Fleckchen Erde, als dieſe Grotte.

„Ich ſprach Ihnen damals von meinem Leben — wie es ſo liebeleer ſei, und wie ich noch nie ein Herz gefunden, das mich ver= ſtünde. Damals mußte ich fort von Ihrer Seite, dem Rufe meiner Pflicht folgen — und doch bin ich die Zeit her nicht allein ge= weſen; denn Ihr Bild begleitete mich, und das Andenken an die hier mit Ihnen verlebte Stunde ließ mir keine Ruhe, bis ich mein Roß beſteigen und zurückſprengen konnte.

„Da bin ich nun — ſuche Ruhe und — finde ſie nicht.“

Er hielt inne und blieb vor Catharina ſtehen, welche noch immer ſchüchtern und zugleich begeiſtert zu ihm auffehend, die gefalteten Hände halb erhoben, auf dem Platze ſaß, wohin ſie bei ſeinem Nahen ge= flüchtet.

Sie ſchwieg.

„Fräulein,“ begann er wieder, und ſeine Augen leuchteten in ver= zehrender Gluth, ſeine Stimme erklang in ſchmelzender Weiche und Biegſamkeit, „Fräulein — ich liebe Sie unſäglich. —

„Ich weiß es, daß auch Sie mich lieben — ich weiß es, ehe Sie mit einer Silbe nur es mir verrathen, denn ich habe in Ihrer Seele geleſen; — aber ich darf Sie nicht mein nennen, wenn Ihr Geiſt nicht die Kraft eines Adlers beſitzt, der ſich aufſchwingt und die Sonne erreicht. —

„Mein grübelndes Hirn läßt mir keine Ruhe — mein Stern leuchtet und fliegt in hohen Bahnen einher — ich darf mich an kein niederes Weib feſſeln, ich darf Sie nicht beſitzen, wenn Sie nicht im Stande ſind, den Mann Ihrer Wahl ver= wegen nach dem Höchſten, und ſei es eine Krone, die Hand ausſtrecken zu ſehen, ohne Bangen vor dem tiefen Falle, den er thun könnte.

„Ich muß Gewißheit haben, ob mein Glück Wahrheit ſei, oder wieder nur ein ſüßer, trügeriſcher Traum. Darum bin ich jetzt hier= her gekommen und ich frage Sie, — vor Gott dem Allmächtigen frage ich Sie — sind Sie stark genug, daß Sie das Weib Don Juan Prim's werden können?"

Seine Stimme war weich und einschmeichelnd, wie die der Nachtigall, die ihre Liebe singt, und aus seinen Augen strahlte ein Blick so mild, so innig, daß nicht ein Weib ihm hätte gegenübersitzen müssen, um jetzt ein „Nein" zu sprechen.

Wortlos — mit einem Strom von Thränen, warf sich Catarina an seine Brust, und konnte lange, lange nicht sprechen.

Dann, als sie sich endlich ermannt, begann ein traulich süßes Geflüster in der Grotte, die wie geschaffen war für solche Scene der Lust — Catarina war Braut.

Am folgenden Morgen warb der General Don Juan Prim Graf von Reus und Marquis von Castillejo bei Donna Ocampo um die Hand ihrer Tochter, und einige Tage später wurde die Verlobung gefeiert. — — —

Der mexikanische Feldzug an sich bietet nichts von Interesse. Die spanischen Truppen hatten noch zu keinem größeren Gefecht kommen können, als Prim bemerkte, daß der Befehlshaber der inzwischen eingetroffenen französischen Armee vom Kaiser Napoleon Auftrag erhalten hatte, für die Erhebung des Erzherzogs Maximilian von Oesterreich zum Kaiser von Mexiko zu wirken. Sogleich trennte er sich von seinem Verbündeten und brach, nachdem er schon vorher, im Verein mit den Engländern, einige Schritte des französischen Generals Lorencez nicht gebilligt hatte, definitiv mit demselben. Der Commandeur des englischen Geschwaders that dasselbe und fortan waren es die Franzosen allein, welche gegen Mexiko kämpften.

Freilich gab damit Prim seine weitsehenden Pläne auf, mit denen er sich trug, als er den mexikanischen Boden betrat, dafür aber nahm er eine Gemahlin mit, deren Schönheit und unermeßlicher Besitz ihn zu einem vielbeneideten Gatten machte.

Am 25. April 1862 wurden die ersten spanischen Truppen in Veracruz eingeschifft und am 2. Mai verließ Prim mit dem Rest derselben und — mit seiner jungen Frau die Heimath der Letzteren.

Drittes Kapitel.

Der Günstling Don Mencos im Schloß Escorial.

Wir wissen, daß der Major von der Garde, Don Mencos, welcher mit Prim zugleich im November 1861 nach Mexiko ging, kurz vorher von der Majestät der Königin Isabella ausgezeichnet und begünstigt worden war.

Als er bald nach seiner Rückkehr im Anfang Juni 1862 bei seiner hohen Gönnerin sich zum ersten Mal wieder vorstellte, geschah dies im großen Audienzsaale des königlichen Schlosses von Madrid mit Prim zugleich, und hier war es, wo die Königin, die auf's Neue einer noch im selben Monat erwarteten Niederkunft entgegensah, den Major mit zuvorkommender Artigkeit behandelte, ihn zum Obersten ernannte und für die erste Hälfte des Juli zu einem Besuche in Escorial einlud.

Am 23. Juni 1862 wurde die Königin abermals von einer Infantin entbunden, welche in der Taufe die Namen Maria de la Paz und außerdem nach uns schon bekannter spanischer Sitte eine große Menge anderer erhielt.

Im zweiten Drittel des Monats Juli sehen wir an einem trüben, regnerischen Morgen den Obersten Don Mencos auf dem Nord= bahnhofe von Madrid im Begriff, dieselbe Reise anzutreten, welche wir vor länger als Jahresfrist den ritterlichen Don Juan Prim haben machen sehen — nur daß sich Don Mencos in einen Regen= mantel hüllt, und von der Königin wohl kaum in der Mooshütte dürfte empfangen werden.

Nachdem ihn das Roß, welches wieder ein Diener auf dem Bahnhofe in Escorial bereit hielt, zum Schlosse getragen, warf er rasch den Gummimantel von sich, und nahm, ehe er sich bei Ihrer katholischen Majestät melden ließ, noch eine schnelle aber ein= gehende Revision seiner Toilette vor.

Don Mencos, kaum Mann geworden, und durch die königliche Gunst schon so hoch gestiegen, ist ein gewiß schöner Offizier, wenn man nämlich die Schönheit weniger in geistvollen Zügen des Antlitzes, als vielmehr in einer solchen Gesammtheit der Erscheinung sieht, welche den Eindruck körperlicher Stärke und Kraft und der höchsten Fähigkeit zu jeder Art von physischer Anstrengung macht.

Wir sehen in ihm einen großen, schlanken, aber nicht schmächtigen Mann. Die hohen Reiterstiefel — die weißen Lederhosen liegen so dicht an, sind so sehr nach dem Körper gemacht, daß alle Muskeln sich voll ausprägen und sichtbar werden.

Der frackartige Waffenrock, um die Taille durch eine silberne Schärpe zusammengehalten, ist mit reicher Goldstickerei versehen, und am Halse wird der blendend weiße Hemblragen sichtbar.

Don Mencos hat lockiges Haar, einen niedlichen Schnurrbart und ein noch niedlicheres Händchen. —

Endlich hat dieses Händchen dem Barte die gewünschte Kräuselung gegeben — das Toupé der Locken ist vollendet, und mit einem Ruck noch die Schärpe und den Waffenrock in die rechte Lage bringend, steht der vollendete Adonis vor dem Spiegel.

„Jetzt melden Sie mich, Miravete," wendet er sich an einen augenscheinlich diesen Befehl erwartenden Kammerdiener, welcher rasch verschwindet.

Die Flügelthüren öffnen sich und: „Der Oberst von Ihrer Majestät Garde, Don Mencos!" ruft der vorantretende Diener.

Es war das Empfangszimmer, worin der junge Oberst jetzt mit der Majestät allein war.

Die Letztere, noch angegriffen und bleich, aber gerade dadurch sehr interessant, war bekleidet mit einem einfachen weißen Unter= kleide, über welchen ein eleganter Morgenrock, von hellgelber Seide in malerischen Falten bis auf die Füße herabfiel. Dieser Morgenrock war nur bis zur Taille lose zugeknöpft, während die auseinandergehenden Flügel das weiße Unterkleid sichtbar machen. Am Halse ist derselbe etwas ausgeschnitten, und den darunter wogenden Busen, welcher jetzt üppiger als je ist, bedeckt ein feines Spitzenchemisett, dünn und zart genug, um zu verrathen, anstatt zu verhüllen.

Durch das in einem einfachen weißen Morgenhäubchen zum Theil geborgene Haar schlingt sich ein Seidenband von derselben Farbe, wie des Morgenrocks.

Sonst ist an der königlichen Frau kein Schmuck sichtbar — ein= fach, wie eine reiche Bürgersfrau, empfängt sie den Obersten, der auch keine Ahnen hat — wie sein Vorgänger in der Gunst Isabellens, Don Juan Prim.

Sie will einfach sein, um den Mann, auf den schon lange ihr Auge mit Aufmerksamkeit und Wohlwollen gerichtet ist, nicht durch die Entfaltung königlicher Pracht und königlichen Auf= wandes zurückzustoßen, zu blenden und einzuschüchtern.

Aber Don Mencos ist nicht mehr schüchtern. Seit er aus
Mexico zurückgekehrt ist, hat er schon genug Neckereien seiner Kameraden
auf der Wachtstube, dem Exercierplatz und im Casino hinnehmen müssen,
hat er schon genug Zeit gehabt, über die wesentlichsten Eigenschaften eines Freundes und Rathgebers Ihrer katholischen
Majestät von Spanien nachzudenken, um sich darüber klar zu
werden, daß nur ein gnädiger Blick aus den königlichen Augen, wie
er deren schon viele auf sich ruhen sah, zu den kühnsten Hoffnungen und zur verwegensten Handlungsweise berechtigt.

„Ew. Majestät unterthänigster Diener giebt sich die Ehre, Ihren
Befehlen nachzukommen, und erlaubt sich zugleich, bei Gelegenheit der
Geburt der Infantin Maria de la Paz, seinen ebenso ergebenen,
als tiefgefühlten Glückwunsch darzubringen" sind die Worte, womit er
die hohe Frau begrüßt.

„Ich danke Ihnen und freue mich, Sie auf meinem Schlosse zu
sehen, lieber Oberst," antwortet ihm Isabella. „Es ist nur bedauerlich,
daß das Wetter so schlecht ist, daß wir es nicht wagen dürfen, in den
Garten zu gehen. Freilich würden sich dem vielleicht schon die Aerzte
widersetzen. Aber kommen Sie — Sie sollen wenigstens in so fern
etwas vor den Herren Ministern, Präsidenten 2c. voraushaben, als
ich Sie in mein geheimes Cabinet führen will. Auch bin ich selbst
dort mehr bequem — **ich fühle mich da mehr heimisch, als hier,
in diesen Räumen der Grandezza.**"

Isabella schritt voran, öffnete selbst die Thür, schlug die Portiére
zurück und — wir stehen in dem geheimen Cabinet der Königin
von Spanien.

Graue Seidentapeten bedecken die hohen Wände, von dünnen
Goldleisten in schiefliegende Felder getheilt — vor den beiden
Thüren, deren eine nach dem Audienzzimmer, die andere in das Vorgemach des Schlafzimmers führt, bauschen sich schwere Portiéren aus
blauem Damast mit langen, schweren Silberfranzen.

Der Ueberzug einer schwellenden Causeuse, auf welcher Isabella
eben Platz nimmt, sowie des davor befindlichen Fußkissens und der
Armstühle am Fenster bestehen aus demselben Stoff, und den runden,
von einer Krystallkaraffe und Wassergläsern besetzten Tisch bedeckt eine
ebensolche schwere Decke.

Die Möbel sind aus Polisanderholz geschnitzt und vielfach ver-
goldet. Die reiche Bildhauer-Arbeit des Marmorkamins wird jetzt
durch die grünen Zweige einer üppigen Orangerie fast ganz versteckt
und verräth sich nur wenig.

Der parkettirte Fußboden ist unbedeckt.

Hinter der Causeuse, auf welche sich die Königin mehr gelegt, als gesetzt, erhebt sich auf einem vergoldeten Ständer ein Blumentopf, dessen saftig=grüne, dicke Blätter und fremdartige Blüthen aus fernen, heißen Zonen stammen. Von der Decke hängt in goldenen Ketten eine Ampel aus matt geschliffenem Glase herab.

Wenig, aber gute Nachbildungen klassischer Gemälde — Jupiter in einer Wolke — Leda mit dem Schwane — zieren die Wände; eine einfache Uhr läßt ihr leises Tick=Tack hören.

„Nehmen Sie einen Sessel, Oberst," beginnt Isabella mit mehr als leutseligem Lächeln — „und rücken Sie recht nahe an mich heran. Wenn ich mich möglichst bequem mache, so werden Sie das erklärlich finden. Ich muß Sie aber bitten, auch Ihrerseits jeden Zwang gänzlich verbannen zu wollen. Wir sind ungestört; ich habe meinen Dienern und Dienerinnen befohlen, uns allein zu lassen, um eine lästige Unterbrechung zu vermeiden."

Don Mencos, der sich mit überraschender Leichtigkeit in seine Rolle fand, und dadurch das Wohlgefallen der Majestät in noch höherem Grade erwarb, als er es schon besaß, kam dem Befehle nach.

„Ah — so ist's recht, Don Mencos — noch etwas näher — so, hierher, daß Sie mein Arm erreichen kann," flüsterte Isabella.

Dann, als der Offizier Platz genommen, faßte die Königin ohne Weiteres seine Hand und sagte:

„Sollte man doch kaum glauben, daß diese nette, kleine Hand auch den Degen zu schwingen versteht! Freilich — in Mexico haben Sie nicht viel Gelegenheit gehabt, Ihre Tapferkeit in das rechte Licht zu setzen."

„Ich bin kaum aus Veracruz herausgekommen und habe von jenem schönen Lande nur den häßlichsten Theil, die Küsten, gesehen," antwortete Don Mencos. „Es war da sehr wenig zu thun für uns Soldaten, und kein Wunder, wenn unser Ober=Befehlshaber seine schwach besetzte Zeit mit andern Dingen ausfüllte."

Durch die bleichen Züge der Königin flog bei diesen Worten ein leichtes Roth — sie fühlte, daß der Oberst auf Prim's Heirath und — auf seine frühere Stellung zur Majestät anspielte. Doch unterdrückte sie bald eine sie überkommende Aufwallung, und sagte mit scheinbar vollkommener Ruhe:

„Ja — Don Prim hat sich eine reiche Gattin aus Mexico mitgebracht, wie ich mir sagen ließ. Das mag den Ehrgeizigen

darüber trösten, daß der Lorbeeren, die er pflücken konnte,
so wenige waren."

„Ich glaube annehmen zu dürfen," begann in vorsichtigem Tone
Don Mencos, während er die Züge der zum Stuckatur-Plafond empor-
sehenden Herrscherin aufmerksam betrachtete, — „ich glaube annehmen
zu dürfen, daß der Marschall in Mexico weniger Ruhm, als vielmehr Macht zu erobern suchte — seine Pläne waren, wie man
sich in Veracruz in's Ohr flüsterte, sehr weitsehender Natur, und
er wäre vielleicht, wenn die Umstände ihm günstiger waren, nicht abgeneigt gewesen, die Früchte des Sieges seiner erhabenen
Herrscherin zu entreißen."

„Wie verstehen Sie das?" fragte, verwundert ihn anblickend die
Königin. „Drücken Sie sich deutlicher aus, und sprechen Sie nicht in
Räthseln, wir sind hier unter uns und Sie dürfen offen sein."

„Nun denn, Majestät, es ging das dunkle Gerücht, Kaiser
Napoleon habe in Vichy dem ehrgeizigen General in der
Ferne die mexicanische Kaiserkrone gezeigt, und dieser sei
darüber nichts weniger als entrüstet gewesen. Noch mehr — man
glaubt sogar in seiner Heirath mehr Berechnung, als Aeußerung
des Gefühls zu sehen."

„Bei Gott!" rief zornsprühenden Blickes die Königin — „ich
glaube, dieser Mann berechnet selbst in den Armen der Liebe noch!
In ihm ist Alles, Alles Ehrgeiz — nein — Ehrsucht,
Herrschsucht, Ruhmgier — mir ekelt vor ihm.

„Lassen Sie uns von ihm nicht mehr sprechen — ich mag ihn
nicht mehr sehen, nichts von ihm hören, er soll für mich nicht vorhanden sein.

„Aber Sie, mein lieber Oberst — Ihre Zeit war doch nicht
stärker besetzt, als die des Commandirenden — haben Sie nicht
im fernen Westen auch ein galantes Abenteuer bestanden? Ich höre
gar zu gern dergleichen erzählen und ich glaube fast, Sie müssen so
etwas recht hübsch in Worte zu kleiden und ansprechend wiederzugeben
wissen. Also erzählen Sie nur — nicht wahr? — eine schöne Vera-
cruzerin trauert um ihren geliebten Don Mencos, der sie treulos verlassen hat und seinem General nicht gleichen wollte, welcher doch wenigstens
sein Lieb' mitnahm!"

Isabella war während dieser Rede fast liebenswürdig zudringlich
geworden, und in dem Ton ihrer Stimme lag etwas Einschmeichelndes,
Bittendes.

Aber der schlaue Offizier merkte recht gut, daß die Königin

ihn nur aushorchen wollte, und indem er die Hand treuherzig auf's Herz legte sagte er, den Ausdruck biederster Ehrlichkeit im Gesicht: „Majestät! Ich versichere Sie auf mein Ehrenwort als Offizier, daß mein Herz so frei nach Spanien zurückkehrte, als es dieses schöne Land verließ. Ich weiß es, daß in diesen Worten ein doppelter Sinn liegen kann und — er liegt vielleicht auch darin; aber soviel geht doch aus denselben klar und deutlich hervor, daß ich in Veracruz die Langeweile eines Garnisonlebens — mehr war es nicht — getragen habe, ohne leichte Zerstreuung zu suchen. Eben weil ein doppelter Sinn in meinen Worten liegt, durfte ich jene Zerstreuung nicht suchen."

Die Augen Isabella's leuchteten hell auf in sichtlicher Freude und Genugthuung, als ihr Ohr gierig diese Worte einsog, und indem sie plötzlich sich aufrichtete, und, vor den Obersten hintretend, seine beiden Hände erfaßte, rief sie mit freudiger Erregtheit:

„Oberst! Ist das wahr, was Sie da eben sagten? Schwören Sie — ist das wahr? Wort für Wort wahr, wie ich es gierig von Ihren Lippen gesogen habe? — —

„Doch, vielleicht ist meine Freude eine unzeitige gewesen," fuhr sie, plötzlich ihn loslassend, fort, „jener Doppelsinn Ihrer Worte, von dem Sie sprachen — wie soll ich ihn deuten. Doch nicht anders, als daß Sie in Spanien schon gefesselt waren, als Sie sich ein- schifften, das heißt also, Sie sind verlobt — nicht wahr? Wie heißt Ihre — heimliche Braut? — denn von einer öffentlichen Verlobung müßte ich Kunde haben — was ist sie, wo lebt sie? Erzählen Sie mir Alles, Alles?"

Isabella hatte diese Worte mit fliegender Hast gesprochen, und Aug' in Auge standen sich die Beiden — Mencos war, als sich die Königin erhob, auch aufgesprungen — gegenüber.

„Majestät!" rief erregt der schöne Mann — „foltern Sie mich nicht; denn ich darf es Niemand sagen, wem meine Liebe geweiht ist! Auch gehen Sie schon zu weit, wenn Sie selbst nur von einer heim- lichen Verlobung sprechen — ich liebe wohl, liebe heiß, glühend, mit verzehrendem Feuer; aber die Angebetete steht so hoch und unerreichbar über mir, daß selbst mein kühnster Wunsch sich nie, nie in ihre Sphäre wagen darf.

„Da haben Sie Alles, Alles was dieser Mund sagen darf — und nun, Majestät, seien Sie nicht so grausam, weiter zu forschen, mehr noch wissen zu wollen."

Er hatte bei den letzten Worten, wie bittend und um Gnade

flehend, seine Hände halb erhoben und verharrte in dieser Stellung, selbst, als die Königin ihm zuflüsterte:

„Ich muß es wissen — ganz wissen und ich will es wissen, ich, die Königin. Ich befehle Ihnen hiermit, Oberst Mencos, mir den Namen der Donna zu nennen, die sie lieben — sie sei, wer sie sei, und wenn es — — die Königin von Spanien wäre. Bei meiner Ungnade, die Ihnen augenblicklich eine Verbannung zuziehen kann: sprechen Sie! Meine Verzeihung für Ihre Liebe sichere ich Ihnen im Vorhinein zu."

„Nun denn," sprach der Offizier, und ließ, wie geschlagen, die Hände sinken, trat einen Schritt zurück und sah zu Boden — „Sie haben es gewollt und so sei es. Ich liebe — Sie selbst sagten es — Isabella, Spaniens hohe Königin. Nun machen Sie . . . ."

Der Busen der Königin wogte schon lange in bedeutender Aufregung auf und nieder.

In ihrem immer noch schönen Antlitz war während der letzten Worte des Obersten eine merkwürdige Veränderung vorgegangen — der erwartungsvolle und zugleich bangende Zug war verschwunden, und helle Freude, jubelndes Siegesbewußtsein brach leuchtend aus ihren Augen.

Sie ließ den Offizier, der eben solch verwegenes Wort gesprochen, nicht ausreden, sondern fiel ihm schnell in's Wort:

„Nun — ich habe Ihnen im Vorhinein Pardon zugesichert, und ich darf mein königliches Wort nicht zurücknehmen. Ihre Königin verzeiht Ihnen Ihre Liebe — und nicht blos das — sie ist beglückt und stolz, daß einer Ihrer Unterthanen ihr die Treue bewahrt hat, ohne zu wissen, wie sie für ihn fühlt.

„Ich will Ihnen den Lohn für diese Treue nicht vorenthalten, Don Mencos — den besten, den ich Ihnen jetzt geben kann. — Sie sollen es wissen, daß ich schon lange mein Auge mit Wohlgefallen auf Sie gerichtet habe — daß Sie lange zum würdigsten Gegenstande meiner königlichen Gunst auserlesen sind — Sie sollen es wissen, Geliebter, daß das Herz einer Königin Ihnen gehört." — —

Ihre Augen wurden feucht, und vielleicht hätte der kühne Soldat jetzt genommen, was ihm gewiß gern gewährt worden wäre, wenn nicht Isabella plötzlich die Glocke in Bewegung gesetzt hätte, um die Dienerschaft herbeizurufen.

„Ich kann jetzt nicht länger mit Ihnen allein sein, Oberst," begann sie darauf, „meine Aufregung möchte zu groß werden und mir schaden. „Darum rufe ich; aber Sie kommen bald wieder und dann will ich Ihnen zeigen, wie eine Königin liebt."

Der Diener kam, und Isabella befahl, die Herzogin von Alba zu rufen.

Als die Herzogin erschien, entließ die Königin mit gnädigstem Lächeln den Obersten, und zog sich, unter dem Vorgeben eines leichten Unwohlseins, zurück.

Don Mencos, der Glückliche, dem eine Königin von Liebe gesprochen hatte, bestieg sein Roß — fühlte nicht den immer noch strömenden Regen — er rechnete, schmiedete Pläne.

Viertes Kapitel.

Der Verein der „Unsichtbaren."

Wir haben die Königin wieder einmal — wie schon so oft — in der Gluth einer neuen Neigung entbrennen gesehen, und es wird uns nicht schwer, zu der Ueberzeugung zu kommen, daß ein Mann von des Don Mencos Verwegenheit und unternehmendem Sinn es recht weit in der Gunst seiner hohen Gebieterin gebracht haben muß, um so mehr, als er kalt genug war, da noch zu berechnen, wo der Königin die Fähigkeit der kalten Ueberlegung längst abhanden gekommen war.

Don Mencos war bald nach jener, im vorigen Kapitel geschilderten Unterredung im Schlosse Escorial — jetzt der Lieblingssitz der Königin — als der erklärte Günstling der Majestät aufgetreten.

Er wurde — selbst ohne angemeldet zu sein — jederzeit bei Isabella vorgelassen, und sogar das Ankleidezimmer der Letzteren war ihm kein fremder Ort mehr.

Aber er mußte seinen soeben gewonnenen Einfluß, auf dessen Ausnützung er sich schon lange mit Eifer und Aufmerksamkeit vorbereitet hatte, auch zu handhaben.

Der General Prim — sein Vorgänger in der Gunst der Majestät

— hatte jenen Bruch mit dem Befehlshaber des französischen Expeditionscorps in Mexilo auf eigene Faust gewagt, und war, ohne einen dahin gehenden Befehl erhalten zu haben, von Veracruz aufgebrochen. Er mußte also seine eigenmächtige Handlungsweise vertheidigen und zu rechtfertigen suchen.

Wäre noch der Marschall O'Donnell am Ruder gewesen, wie zur Zeit, da er Spanien verließ, so wäre ihm dies leicht geworden — denn O'Donnell war, wenn er auch vielfach den am Hofe maßgebenden Strömungen nachgab, doch im Grunde seines Herzens liberal und suchte, wo es sich irgend thun ließ, für seine Ueberzeugung zu wirken.

Und in der That war der Abzug der spanischen Expedition aus Mexilo ein Strich durch die Rechnung der Herren von der Kutte gewesen — denn Spanien's Bajonnete sollten in jenem Lande nur den Einfluß der Geistlichkeit stützen und der wankenden Reaktionspartei zum Halt dienen.

Freilich hatte der Kaiser der Franzosen die Rolle eines Beschützers der Religion mit vielem Eifer aufgenommen, und führte sie durch, so lange es gehen wollte — aber das hinderte nicht, daß die spanische Hierarchie lebhaft bedauerte, ihrerseits nichts dazu thun zu können.

Also Prim's Stellung bei seiner Rückkehr aus Mexilo war, ungeachtet die Stimme des Volkes, das ihn jubelnd begrüßte und dessen Liebling er mehr als je war, sich für ihn erklärte, der Regierung gegenüber eine recht unangenehme, und es war nicht unwahrscheinlich, daß das Cabinet Posada Herrera, dem O'Donnell zur Zeit der höchsten Frömmigkeit Ihrer katholischen Majestät — bald nach dem Tode ihres Kindes — hatte weichen müssen, dem „neuen Cid" die Billigung seiner selbstständigen Handlungsweise versagen würde — ja daß er vielleicht in eine Untersuchung verwickelt werden möchte, deren endliches Resultat keineswegs ein für ihn günstiges gewesen wäre.

Aber obgleich die nunmehrige Abneigung der Königin gegen den Helden von Marollo nur geeignet war, diesen Befürchtungen eine noch größere Wahrscheinlichkeit zu geben, so trat doch der entgegengesetzte Fall ein: die Regierung erklärte ihre Uebereinstimmung mit der Handlungsweise des General Prim in Mexico.

Woher kam das? Ganz einfach daher, daß der Geheimsekretär Ihrer Majestät — Don Mencos nahm bald nach seiner Rück-

lehr diese Stellung ein — den Liberalismus begünstigte. Zwar gehörte er nicht der radikalen Partei an — er war noch jung genug,
um sich dem Wahne hinzugeben, die Freiheit könne im Schatten des
spanischen Thrones gedeihen und es sei eine Versöhnung zwischen den Interessen eines mittelalterlichen Absolutismus und denen der Volkswohl-
fahrt möglich, d. h. also: er war constitutionell; — aber gerade dadurch
war er geeignet, wenigstens einigermaßen die Bahnen für den unauf-
haltbaren Schritt der Zeit zu ebnen, und Sprünge in der Entwick-
lung zu verhindern, die immer erst vernichten, ehe sie segnen und heilen.

Aber Don Mencos, so sehr er auch im geheimen Kabinet der
Königin mit unumschränkter Gewalt herrschte, und Dekrete
und Verfügungen schreiben durfte, ohne je befürchten zu müssen, daß
Isabella sie lesen oder wohl gar nicht unterzeichnen werde, handelte
darin doch nicht selbstständig.

Er glaubte freilich, selbstständig zu sein; aber er hatte seit seiner
Rückkehr von Mexiko einen alten Freund aus der Zeit seiner Studien-
jahre wiedergewonnen — die Leser werden ihn bald erkennen — und
dieser Freund war es, der wesentlich die Handlungen des neuen
Günstlings beeinflußte.

Um jedoch von dem ganzen, geheimnißvollen Getriebe, welches am
Hofe so viel in Bewegung setzte, und doch selbst einem jeden der Bewegten ein Geheimniß war, ein rechtes Bild geben zu können, ist es
nöthig, daß der Leser uns an einen Ort folge, an welchem er zur
Zeit unserer Erzählung schwerlich Zutritt erhalten haben dürfte. — —

Im Westen von Madrid, jenseits des Manzanares und etwa eine
Viertelstunde von der Stadt entfernt, liegt ein einsamer Bauernhof,
mit halbverfallenen Scheuern und Wirthschaftsgebäuden, kaum mehr
bewohnbarem Wohnhause, auf einer dürren, steinigen Hochebene.

Das Gut gehörte einem Rechtsgelehrten, Namens Rufino Tomasa,
welcher in Madrid wohnte, und, wie man sagte, für einen Spottpreis
dasselbe an sich gebracht hatte. Dennoch gab es Leute, welche behaupteten, auch umsonst sei dieser Besitz zu theuer erworben; denn
Niemand konnte absehen, wie sich aus der verwahrlosten Wirthschaft
auch nur der geringste Nutzen ziehen ließe.

Aber Rufino Tomasa hatte nun einmal das Gut erworben, und
zur Bewirthschaftung desselben einen alten Diener seines Hauses eingesetzt, gewissermaßen, um diesem einen Ruheposten zu geben.

An einem Abend in der dritten Woche des Juli — kurze Zeit
nach des Don Mencos erstem Besuche in Escorial — die

Sonne ist schon geraume Zeit untergegangen und tiefe Finsterniß liegt auf den Umgebungen der Hauptstadt — entwickelt sich ein merkwürdiges Leben in der Nähe der Besitzung des Tomasa.

Dunkle, vermummte Gestalten, theils in Mönchsgewändern, theils in Arbeiterblousen, einige auch mit Uniformen bekleidet, huschen wortlos vorüber, und verschwinden in dem rings das Gut umgebenden Gebüsch.

Folgen wir zwei solchen Gestalten.

An einer Thür, die aus dem verfallenen Wohnhause direkt in's Freie führt, halten sie an und klopfen.

Von drinnen wird des alten Pedro Muro Stimme laut, welche fragt, wer Einlaß begehre.

„Die Söhne des Stahls und die Kinder der Nacht!" tönt mit gedämpfter Stimme von draußen die Antwort.

Die Pforte thut sich auf, und mit einer kleinen Blendlaterne versehen, tritt der alte Diener Pedro Muro hervor.

Er beleuchtet die Ankömmlinge, und wir sehen zwei Mönche in den Kutten der Dominikaner, das Gesicht von schwarzen Sammetmasken verhüllt.

„Wie beweißt Ihr, daß Ihr die Söhne des Stahls seid und die Kinder der Nacht?" fragt der Pförtner, nachdem er mißtrauischen Blickes die Beiden gemustert.

Stumm zog jeder der Gefragten unter seiner Kutte einen kleinen Dolch hervor, dessen Klinge gewunden war, wie die Lohe eines Feuers, und auf dessen Griff in vertiefter Arbeit ein Todtenkopf mit zwei darunter sich kreuzenden Knochen angebracht war.

Befriedigt nickte der Pförtner mit dem Kopfe, trat einen Schritt zurück, und ließ die Mönche ein.

Hinter ihnen schloß sich wieder die Pforte.

Die Beiden wurden von einem kräftigen, in eine Arbeiterblouse gekleideten Manne in Empfang genommen, und ihnen die Augen verbunden.

Darauf ergriff der Arbeiter ihre Hand und führte sie eine Treppe von vielen Stufen hinab in einen Raum, der unter der Erde liegen mußte, wie man aus der plötzlich auf die Männer eindringenden Kälte schließen durfte.

Nach einer längeren Wanderung mit Biegungen nach rechts und links, so daß die Gefährten nicht im Stande gewesen wären, allein den Rückweg zu finden, blieb ihr Führer stehen, und nahm ihnen die Binde von den Augen.

Der Raum, in dem sie nun standen, war ein nach allen Seiten vollständig verschlossenes Gewölbe. Auf keiner Seite war ein Ausgang sichtbar, und wer so, wie die Mönche, den Ort betreten hatte, konnte glauben, er sei dahin gezaubert worden.

Von der Mitte der Wölbung hing ein schwarzer, eiserner Kronleuchter herab, auf welchem dicke Wachskerzen brannten.

In der Mitte des Raumes, senkrecht unter dem eisernen Kronleuchter, war ein mit rothem Tuch verhangener, runder Tisch angebracht, um welchen herum auf rothen Sesseln sieben kräftige Männergestalten saßen, von deren Schultern Talare von rothem Sammet herabrollten.

Eine schwarze Sammetmaske verhüllte das Antlitz der Männer. Vor ihnen auf dem Tische standen Dintenfässer, und Federn und Papierstreifen lagen dabei.

Im Hintergrunde des Gewölbes war ein schwarz verhangener Altar angebracht, auf welchem ein Crucifix stand, und ein vollständiges Geripppe, dessen einzelne Knochen kunstvoll durch Drähte zusammengehalten wurden. In den Händen des Gerippes waren zwei Leuchtereinsätze befestigt, so daß das Skelett als Leuchter für den Altar diente.

Die Wände des Gewölbes waren mit Todtenköpfen garnirt, und von den Leuchtern hingen ebenfalls fleischlose Schädel herab.

Es war ein Anblick, wie geschaffen, um das Grauen und die Furcht zu erregen, und eiserne Nerven mußten die Männer haben, die da so ruhig und kalt in ihren rothen Gewändern um den Tisch saßen. —

Als die beiden Mönche ihr von der Binde befreites Auge in dem Raume hatten umherschweifen lassen, begann der Eine der Sieben mit dumpfer, durch die vorliegende Maske undeutlich werdender Stimme:

„Ihr seid vor das Tribunal der „Unsichtbaren" gefordert, um Rechenschaft abzulegen über den Stand der Euch anvertrauten Gelder. Wie steht es mit dem Don Juan de Bourbon — sind alle auf ihn lautenden oder von ihm ausgestellten Wechsel in Euren Händen?"

Der Aeltere der Beiden in den Dominikanerkutten trat einen Schritt vor, und legte ein zusammengerolltes Papier auf den Tisch.

Die Sieben lasen der Reihe nach das Papier durch, und Jeder schrieb einige Worte darunter. Dann ging der Letzte, nachdem auch er gethan, wie die andern, auf den Altar zu, und legte die Rolle darauf.

Kaum saß er wieder auf seinem Platz, so vernahm man ein Geräusch vom Altare her — das darauf gelegte Papier war verschwunden.

Eine Weile später ertönte eine Klingel, wieder ließ sich das Geräusch auf dem Altare hören — das Papier lag wieder auf
seinem Platze.

Die Sieben ließen es um den Tisch wandern, und endlich begann
wieder Einer von ihnen:

„Es fehlt noch ein auf 10,000 Gold=Doblonen lautender, bei
der Bank von England domizilirter Wechsel, welcher bis übermorgen
im Besitz der Unsichtbaren sein muß. Hier ist eine Anweisung zur
Erhebung des nöthigen Geldes — Ihr seid entlassen."

Der Arbeiter legte wieder die Binde um ihre Augen und führte
sie hinaus, wie sie sie gekommen. Wir sehen dabei, daß ein Theil der Mauer
des Gewölbes, aus einem einzigen, kolossalen Steine bestehend, ver=
schiebbar ist. Auf einen mäßigen Druck an einer durch einen der rings
hängenden Todtenköpfe verborgenen Feder öffnet sich lautlos die unsicht=
bare Pforte, und ein Tritt auf einen draußen vor der Oeffnung in
den Fußboden scheinbar zwecklos eingefügten Stein macht sie wieder
schließen.

Nun folgten dieselben Kreuz= und Querzüge, wie vorhin.

Doch kehren wir zurück in das Gewölbe, wo das Tribunal der
„Unsichtbaren" tagt, wie sie sich selbst sich genannt haben.

Ein zweiter Führer bringt einen neuen Ankömmling, dessen Antlitz
frei ist von einer Binde.

Wir blicken in ein uns bekanntes, liebes Gesicht — Don
Eduardo de la Seda, der Neffe des alten Alar, der Gatte der
Jeronima de Lucar steht vor uns.

Da beginnt wieder Einer der Sieben:

„Eduardo de la Seda! Ihr habt die Bekanntschaft des Don
Mencos, Oberst von der Garde und Günstling der Königin Isabella,
die Gott verderbe, gemacht, wie Euch befohlen ward?"

„Ich habe es, Ihr Unsichtbaren; und wie ich es gelobte, treu
den Weisungen dieses Tribunals nachzukommen, sobald sie nichts gegen
Ehre und Gewissen Gehendes verlangen, so habe ich all' meine
geistige Kraft und Gewandtheit zusammengerafft, um einen Erfolg zu
erzielen.

„Ich besitze das vollständige Vertrauen des Don Mencos, und
er hat mir Vieles erzählt von den süßen Geheimnissen, die er mit
unserer Herrscherin hat.

„Weil ich glaubte, das Alles könne vielleicht einmal wichtig und
brauchbar werden, so habe ich es niedergeschrieben, und überreiche diese
Schrift hiermit dem Tribunal der Unsichtbaren.

„Was nun das augenblicklich Wichtigste anbelangt, so ist Don Mencos für den constitutionell regierten Staat; und getreu den mir gewordenen Auftrag ausführend, habe ich bei ihm dahin zu wirken gesucht, daß er seine Macht dazu benützt, liberale Fortschritte auf der durch die Verfassung vorgezeichneten Bahn einzuleiten.

„Er ist selbstverständlich als Isabella's Günstling für die Beibehaltung der gegenwärtigen Dynastie und erklärt, weder zu den Carlisten noch zu dem Montpensier Vertrauen haben zu können.

„Von Wichtigkeit ist die Mittheilung, daß Juan de Borbon, augenblicklich der Chef des Carlistischen Zweiges der Bourbonen, mit der Königin in Unterhandlungen getreten ist, und auf all' seine Ansprüche zu verzichten beabsichtigt.

„Aber Don Mencos behauptet und ich, wenn ich hier an diesem Orte eine Meinung haben darf, stimme ihm bei, daß die eingefleischten Carlisten seinen ältesten Sohn, den am 30. März 1848 geborenen Don Carlos Maria von Bourbon, für das Haupt der spanischen Bourbonen und folglich für Spaniens rechtmäßigen König erklären werden, sobald der Vater auf seine Rechte verzichtet.

„Isabella soll nicht abgeneigt sein, Juan de Borbon's Schulden zu bezahlen.

„Der Einwirkung des Don Mencos ist die Anerkennung der Handlungsweise Prim's in Mexico zu verdanken.

„Jetzt ist er dabei, ein königliches Dekret durchzusetzen, durch welches der Verkauf der Häuser, Ländereien und übrigen Besitzthümer der auf der Insel Cuba aufgehobenen geistlichen Orden verfügt werden soll.

„Nach diesem kommt, wie Don Mencos sagt, die Amnestirung Derjenigen an die Reihe, welche bei dem vorjährigen Aufstande in Andalusien sich betheiligt haben, und von denen ein Theil noch im Auslande lebt, ein anderer in den Gefängnissen schmachtet.

„Endlich steht eine Reise der Königin nach den südlichen Provinzen Spaniens bevor, wobei Don Mencos auf bedeutende Demonstrationen von Seiten der Bevölkerung rechnet.

„Was die Frage anbelangt, die von den Unsichtbaren an mich gerichtet wurde, ob ich glaubte, daß der Oberst Mencos auch genügend fest auf dem glatten Parkettboden des Boudoir's der katholischen Majestät stehe, so kann ich ein von ihm allerdings vielleicht mit einiger Ueberhebung, aber darum nicht geringerer Sicherheit, gesprochenes Wort anführen, welches wohl geeignet ist, jeden Zweifel in dieser Richtung niederzuschlagen.

„Don Mencos sagte vor einer Stunde erst zu mir die stolzen, selbstbewußten Worte: „Ich lenke die Geschicke Spaniens!" Eduardo schwieg.

Das Klingeln vom Altar her ließ sich wieder vernehmen, und der Eine der Sieben unter dem eisernen Kronleuchter ging und holte einen Streifen Papier hinweg.

Nachdem er gelesen, was darauf stand, richtete er an Eduardo die Frage:

„Könnt Ihr durch einen Eid bekräftigen, daß Don Mencos wirklich die Worte gesprochen, die Ihr eben sagtet?"

„Ich kann es," antwortete Eduardo und schritt auf den Altar zu.

„Halt!" rief eine Stimme hinter dem Skelett aus der Wand hervor: „es ist genug — Ihr sollt nicht schwören — die Unsichtbaren glauben Euren Worten. Fahret fort, den Don Mencos zu bestärken, daß er auf dem eingeschlagenen Wege liberaler Reformen verharre. Eure Instruction liegt auf dem Altar, holt Euch dieselbe selbst."

Als die Stimme sich vernehmen ließ, hatten sich die sieben Rothen von ihren Sitzen erhoben, und nahmen dieselben erst jetzt wieder ein.

Eduardo schritt vor nach dem Altar, und nahm von demselben ein beschriebenes Blatt Papier hinweg. Dann setzte er wieder die Maske auf, bewegte durch die Feder den Mechanismus des Ausganges und verschwand.

Als er hinaus war, erklang wieder die Stimme vom Altare her.

„Wie denken die sieben Obersten über die Politik, welche jetzt von den Unsichtbaren befolgt wird?"

Die Sieben hatten sich wieder erhoben und Einer begann:

„Wir können uns nicht gut vorstellen, daß die ergriffenen Maß= regeln den gehofften Erfolg haben werden. Ein Günstling der Königin kann durch seinen Einfluß nur einen matten Liberalis= mus herbeiführen und der ist den Ideen der Freiheit am ge= fährlichsten.

„Die große Masse glaubt, sie habe Alles, was sie nur wünschen kann, und hört auf, sich eingehend mit den öffentlichen Angelegenheiten zu bekümmern.

„Die Presse wird — das sehen wir aus des Eduardo de la Seda's Mittheilungen, keineswegs von dem auf ihr lastenden Drucke befreit, und bekommt durchaus nicht mehr Gelegenheit, als bisher, auf das Volk zu wirken, und dasselbe zum Denken über seine Lage an= zuregen.

„Wir erleichtern uns durch all' das Geschehene durchaus nicht die Inscenirung einer Revolution mit republikanischer Tendenz.

„Außerdem ist die Verbindung mit einem Günstling an und für sich schon unmoralisch und kann darum zu nichts Gutem führen."

Der Rothe schwieg.

Nach einer längeren Pause hörte man vom Altare her die Worte: „Die Unsichtbaren haben beschlossen, auf dem eingeschlagenen Wege vorläufig zu verharren. Ein Jeder thue seine Pflicht an seinem Platze. Es ist hoch Mitternacht und Zeit, die Arbeit zu schließen." .

Drei Hammerschläge ertönten — die Rothen entzündeten kleine Laternen, die sie unter ihren Talaren trugen, löschten die Kerzen aus und verschwanden. — — — —

In einer der nächsten Sitzungen konnte Eduardo noch eine Meldung von Interesse und Wichtigkeit machen.

„Der Verkauf der Kirchengüter," sagte er, „ist eine von den Unsichtbaren längst als nothwendig anerkannte Maßregel, und wenn sie noch nicht vollzogen wurde, so trägt nur der schwer zu brechende Einfluß der Geistlichkeit Schuld daran.

„Don Mencos hat Ihre Majestät, die Königin Isabella, zu veranlassen gewußt, daß jetzt Verhandlungen mit dem päpstlichen Nuntius, Monsignore Lorenzo Barili, Erzbischof von Tiana in partibus angeknüpft sind, um eine Einigung mit dem Stuhl Petri über die Art und Weise des Verkaufs herbeizuführen."

Die Folgen dieser geheimnißvollen Zusammenkünfte wurden bald genug sichtbar.

Am 29. Juli 1862 wurde der Verkauf der geistlichen Besitzthümer auf Cuba verordnet — am 4. September erließ die Königin Isabella eine Amnestie für die durch ihre Theilnahme an der vorjährigen Revolution in Andalusien Compromittirten — Anfang Oktober verkündeten die Organe der Regierung, daß Ihre katholische Majestät Isabella von Spanien eine Reise in die südlichen Provinzen ihres Reiches anzutreten gedenke.

Fünftes Kapitel.

König Franz d'Assis überrascht die Königin Isabella in ihrem geheimen Kabinet.

Spanien war erstaunt über die plötzlich liberalen Neigungen seiner Regierung, von der man so bedeutende Anstrengungen gar nicht mehr erwartet hätte. Aber leider waren die Folgen dieses Liberalismus nicht die, welche die Geheimbündler von der Besitzung des Tomaso erwartet hatten. Das Volk begann wohl hie und da, sich mit etwas mehr Interesse an den Ereignissen des öffentlichen Lebens zu betheiligen — man sprach sogar von dem im Dezember bevorstehenden Zusammentritt der Cortes — aber die gleichgiltig Gewesenen blieben es, und die leicht Aufgerüttelten schliefen auch leicht wieder ein.

So kam es denn auch, daß man sich wenig Mühe gab, wie es zuerst in jenen Räumen besprochen worden war, der Königin auf ihrer Reise durch Südspanien allenthalben einen festlichen Empfang durch das Volk zu bereiten. Was die Einwohner der Städte und Dörfer nicht aus eigenem Antriebe oder auf Veranlassung der Behörden thaten, das blieb ungethan — die Demokraten sahen sich, die Hände in den Taschen, ruhig Alles an und schwiegen.

Nur als die Königin in Malaga sich befand (am 17. Oktober 1862) und ein Gesandter des Kaisers von Marokko — des durch spanische Waffen unterworfenen und gedemüthigten Kaisers von Marokko, welcher am 26. April desselben Jahres den letzten Rest der im Friedensvertrage bestimmten Entschädigungssumme von zwanzig Millionen Piaster an Spanien gezahlt hatte — sie im Namen seines Herrschers zu begrüßen kam, und damit gewissermaßen die Oberhoheit Spaniens über Marokko anerkannt wurde, da loderte noch einmal die Begeisterung in hohen Flammen empor und durch ganz Spanien ging ein Jubel der Freude.

Am 29. Oktober kehrte Isabella von dieser ihrer Reise, auf welcher sie natürlich ihr neuer Geheimsekretär Don Mencos begleitet hatte, zurück, und zugleich verkündete eins der Regierungsblätter, Diario, daß die Königin sich wiederholt in interessanten Umständen befinde.

Nun ging ein Zischeln und ein Raunen, ein Klatschen und Kichern und Wispern durch alle hohen und niedern Adelskreise in Spanien, und am Hofe wurden gar absonderliche Dinge erzählt.

Am Uebelsten kam dabei der Gemahl der Königin weg, welcher von den Neckereien seiner Verwandten viel zu leiden hatte.

Wir wissen, daß der Vater des Königs, Infant Franz de Paula, Herzog von Cadix, mit der hohen spanischen Geistlichkeit bisweilen in recht intimem Verkehr stand, und es ist nicht zu verwundern, wenn die Herren von der Tonsur und Kutte eine sich ihnen darbietende Gelegenheit, den ihnen unbequemen, aber leider nur bei der Königin in gar zu bedeutendem Einfluß stehenden Geheimsekretär Don Mencos aus dem Sattel zu heben, nach Kräften zu benützen strebten.

Die Königin hatte sich, als sie von ihrer Reise zurückgekehrt war, bald wieder nach Schloß Escorial begeben, und ihr Geheimsekretär war ihr dahin gefolgt, während der königliche Gemahl es vorzog, in Madrid zu bleiben.

Eines Tages — es war in der ersten Novemberwoche — erhielt der Letztere Besuch von seinem Vater.

„Wie kommt es," lenkte im Laufe des Gesprächs der Herzog auf den Gegenstand hinüber, um dessen willen er allein die Majestät besuchte, „daß mein königlicher Sohn in Madrid bleibt, während seine Gemahlin im alten Königsschlosse von Escorial die erfrischende Luft der Sierra de Guadarrama athmet?"

„Was soll ich im Escorial, mein Vater," antwortete gleichgültig der König. „Sie wissen es selbst recht gut, daß die Königin, meine Gemahlin, sich am wohlsten fühlt, wenn ich sie allein lasse und daß es nur Zank und Zwistigkeiten hervorruft, wenn ich ihren Vergnügungen und launenhaften Wünschen entgegenzutreten versuche."

„Ja das ist eben das Unglück, mein Sohn," erwiderte der Herzog von Cadix, „daß Sie es immer nur dabei bewenden lassen, einmal die Geltendmachung Ihrer Rechte bei Ihrer katholischen Majestät zu versuchen, und ich begreife nicht, wie ein Grand von Spanien von seiner Gemahlin, und ob sie gleich eine Königin ist, sich das bieten lassen kann, was Sie ertragen. Sie sind ja schon zum Kinderspott geworden, und ich habe die traurige Erfahrung machen müssen, daß man den Namen meines Sohnes gebraucht, wenn man eine gewisse Klasse von Ehemännern bezeichnen will, welche sich gerade nicht dadurch auszeichnen, daß sie die treue Liebe ihrer Frauen besitzen.

„Mag es nun auch in den höheren Ständen, welchen durch die Etikette so schwere Fesseln auferlegt sind, häufiger vorkommen und leichter verziehen werde, daß neben der legitimen Verbindung noch eine

persönliche Neigung sich geltend macht, so ist es doch durchaus unstatthaft, daß dies in einer Weise geschieht, wie in Ihrem Falle. Es giebt
ja ein öffentliches Aergerniß und untergräbt das Ansehen
der Krone — ja es kann geschehen, daß ein Aufstand der Carlisten
oder der Republikaner die Königin vom Throne stößt und Sie,
mein Sohn, würden dann mit Ihrer Gemahlin das Exil
theilen müssen.

„So theilen Sie lieber den Aufenthalt im Escorial mit ihr —
treten Sie entschieden und entschlossen auf, und machen Sie im Noth-
falle Gebrauch von Ihrem Degen.

„Gelingt es Ihnen, die Königin im rechten Augenblicke
zu überraschen, dann ist keine Macht der Erde im Stande, Sie
Mörder zu nennen oder als solchen zu verfolgen, wenn Sie auch das
Leben eines Menschen geendet. Also Energie und Entschlossenheit!"

Der König überlegte sich die Sache hin und her. Auch sein Adjutant und der Pater Claret hatten ihn schon kürzlich um seine eigenthümliche Stellung zur Königin fast gehöhnt, und so wurde er nachdenklich und zuletzt, als sein Vater Tags darauf wiederkam, ärgerlich.
Er verständigte sich mit dem Herzog von Cadix, daß dieser im Escorial die nöthigen Spione halten wollte, und man besprach einen Besuch des Königs bei seiner Gemahlin.

Doch sehen wir, was diese machte.

Sie war im Besitze eines so tüchtigen, fähigen Sekretärs, wie
sie ihn in Don Mencos gefunden hatte, durchaus und vollendet
glücklich. Hatte sie doch gar nicht nöthig, sich mit den Sorgen der Regierung zu plagen. Don Mencos las alle einlaufenden Aktenstücke
durch, schrieb die königliche Entscheidung dazu, und Isabella ergriff
dann nur die Feder und setzte ihren Namen darunter.

War diese schwere Arbeit gethan, dann war dieser unschätzbare
Sekretär auch wieder der liebenswürdigste Gesellschafter von
der Welt, und sie suchte keine Zerstreuung, wenn er um sie war.

So sehen wir denn auch am Abend des 8. November die Königin
mit ihrem Sekretär im Park des Schlosses Escorial lustwandeln. Es
ist Herbst — auch in Spanien — das Laub der Bäume hat sich gelb
gefärbt und deckt zum Theil schon den Boden. Isabella schlendert
gedankenvoll an Don Mencos' Seite durch die vielverschlungenen Gänge
der Anlagen.

„Sehen Sie, Mencos," unterbricht sie ihr träumerisches Sinnen
und zeigt mit dem Finger nach Westen, „sehen Sie, wie die sinkende

Sonne den Gipfeln der Sierra de Guadarrama goldige Ränder giebt, die an den Bergen herum nach Norden zu immer mehr purpurfarben werden. Ach, es ist ein köstlicher Anblick! Dazu der rosige Schimmer der Wolken, der uns für morgen einen eben so schönen Tag verspricht, als der heutige war — und meinen Liebling an meiner Seite, sagt, was verlange ich noch mehr von meinem Geschick?"

„Die dauernde Liebe Ihrer Unterthanen, Majestät," antwortet der Angeredete, welcher gewandt jede Gelegenheit, seinen Einfluß geltend zu machen, zu benützen weiß. „Ich meine, die ist ein sehr hohes, werthvolles Gut — doch was rede ich da; wir wollten ja die Politik im Arbeitszimmer lassen und nur der Natur leben, von der Anstrengung des Tages uns erholen.

„Aber, Majestät, ich kann es nicht hindern, daß ich mit einer nicht geringen Freude daran denke, daß am heutigen Tage die Verordnung betreffs des Verkaufs der Kirchengüter in Spanien erlassen wurde."

„Was Sie mit Ihren langweiligen Regierungssorgen haben, Sie böser Mann," antwortete die Königin; „wenn ich etwas an Ihnen auszusetzen habe, dann ist es das, daß Sie bisweilen mit aller Gewalt mein Sekretär und vortragender Rath sein wollen, wenn ich in Ihnen nichts Anderes, als nur meinen Gesellschafter und Freund zu sehen wünsche.

„Also lassen Sie Ihre Verordnungen, Dekrete ꝛc. jetzt einmal laufen und wenden Sie Ihren Blick auf die Klosterkirche da. Haben Sie schon einmal einen Anblick gehabt, wie der, welchen jetzt das große bunte Fenster in der Gluth der Abendröthe gewährt? Bei Gott, ich glaube, das Fenster ist von seinem Meister speziell für diese Beleuchtung geschaffen worden, und wäre ich nicht durch meinen lieben Sekretär etwas gottlos geworden — ich könnte hier am Wege niederknieen und beten."

Da erscholl vom Thurm der Klosterkirche San Lorenzo del Escorial ein schnelles Glockenläuten in die milde Abendluft hinaus — das Ave-Maria-Läuten.

Isabella sank nun am Orte, wo sie eben war, thatsächlich auf ihre Knie nieder, faltete die Hände und betete lange und inbrünstig; und ihr Begleiter? — er blieb zwar stehen, aber auch seine Hände falteten sich und betend bewegten sich seine Lippen.

Es war eine schöne Gruppe — das üppige, volle Weib und die schlanke, kräftige Gestalt des Mannes in der Garde-Uniform, die er trotz seiner Erhebung zum Geheim-Sekretär noch immer trug — da unter den uralten Bäumen des Parkes in der Abendgluth knieen und beten zu sehen.

Als sich Isabella erhob, standen Thränen in ihren Augen, und indem sie dieselben mit einem hohen Ausdruck der Liebe zu ihrem Be= gleiter aufschlug, sagte sie:

„Kommen Sie, Don Mencos, wir wollen in's Schloß zurück= gehen. Ich könnte mir eine Erkältung zuziehen und — ich sehne mich nach einer traulichen, süßen Stunde."

Sie nahm seinen Arm und eilte den Weg zum Schlosse hinab.

Als Beide im Schlosse ankamen, befahl die Königin, in ihrem ge= heimen Kabinet ein Souper aufzutragen, und als das geschehen war, erklärte sie, allein sein zu wollen.

Wir kennen das geheime Kabinet im Escorial bereits — jenes Zimmer mit den grauseidenen Tapeten und den Möbeln in blauem Damast, in welchem der jetzige Geheimsekretär die erste Audienz bei seiner Gebieterin hatte.

Heut ist es dasselbe, wie damals, und nachdem das Souper, dessen Speise und Getränke nur allzusehr geeignet waren, die Sinne aufzuregen, eingenommen, die letzten Reste von der durch die Glocke herbeigerufenen Dienerschaft entfernt waren, nimmt Isabella auf einem schwellenden Divan an der in der Richtung nach ihrem Schlafzimmer belegenen Wand Platz.

Sie war bekleidet mit einem weiten, bauschigen Gewande aus blauer Seide, dessen tief ausgeschnittene Taille den unbedeckten, üppigen Busen auch ohne die Zusammenpressung durch das Mieder verführerisch genug würde haben erscheinen lassen.

Der Taillen-Ausschnitt wurde von einer feinen Silber-Spitze ein= gefaßt, in welche kleine Perlen eingewirkt waren.

Um den Hals lag ein Perlen-Collier, und das linke Handgelenk umwand ein Perlen-Armband von großem Werth.

Das blaue Sammetband, welches sich durch die dunklen, in Locken niederwallenden Haare wand, war mit Diamanten übersät, welche wie Thautropfen funkelten und glänzten, und eben solche Steine hingen in reicher Fassung in den Ohren.

„Sie wollten mir ja heut etwas vorlesen, Don Mencos," begann die Königin, die sich in verführerischer Stellung auf den Divan niederge= lassen und neben welcher auf einem niedrigen Armstuhl Don Mencos ohne Weiteres Platz genommen hat — „was war es doch?"

„Ach ja, Majestät — ich hatte wohl ein Buch bereit gelegt, welches eine nette französische Erzählung enthält, in die ich mich fast verliebt habe. Es handelt von dem Unglück weicher Herzen und vielleicht ist es das Thema, welches einen bedeutenden Eindruck auf mich hervorgebracht hat.

„Sie müssen nämlich wissen, Majestät, daß ich thatsächlich an das Unglück weicher Herzen glaube, und daß ich darum, weil mein Herz sehr weich und zart ist, auch oft ein ahnendes Bangen, ein Gefühl der Furcht nicht unterdrücken kann, welches mir sagt, daß auch meiner noch recht viel Weh und Schmerz wartet.“

„Was fürchten Sie denn aber nur, Don Mencos,“ entgegnete die Königin —. „was können Sie nur fürchten, Sie, den eine Königin liebt und ehrt und zu beschützen wissen wird. Sagen Sie mir doch nur ein einziges Mal, auf welchem Gebiete Ihnen etwas zustoßen könnte, das ich nicht abzuwehren und zu hindern im Stande wäre.“

„Majestät wollen mir verzeihen,“ begann wieder Don Mencos, „daß ich vielleicht nur thöricht bin mit diesem Gefühl; aber ich kann es nicht los werden. Und Hand auf's Herz —; sind Sie immer in einem solchen Grade Ihre eigene Herrin, daß nie der Fall eintreten dürfte, wo die Verhältnisse Sie zwingen, mich fallen zu lassen?

„Sehen Sie, Majestät — ich liebe die Frau Isabella; aber ich bin aufrichtig genug, auch in Berechnung zu ziehen, daß diese Frau eine Königin ist, und ich habe als Mann genug politische Ueberzeugung, um dieselbe auch zur Geltung bringen zu wollen.

„Majestät wissen es ja, daß ich, wenn ich die sich mir darbietende Gelegenheit, auf den Gang der spanischen Politik bis zur Entscheidung einzuwirken, benützte, doch unendlich weit davon entfernt war, Isabella von Bourbon zu lieben, nachdem ich mir gesagt, daß sie ja eine Königin sei. Majestät wissen das und Majestät verzeihen mir darum auch meine politische Wirksamkeit, die auf Sie, nach den schon gemachten trüben Erfahrungen, gewiß nur einen übeln Eindruck hervorbringen würde.

„Aber — meine Königin — wenn diejenigen, welche durch mich ihren Einfluß geschmälert und untergraben sehen, sich vereinigen und das Herz meiner hohen Gebieterin vielleicht mit Erfindungen und bösen Nachreden belagern — wenn sie auswärtige Mächte zu irgend welchen Schritten zu bewegen wissen — wenn mit

einem Wort irgend ein Wichtiges, Bedeutsames eintritt, wodurch, nach
den Vorschriften der Etikette oder sonst irgend welcher Gesetze, mein
Bleiben am Hofe eine Unmöglichkeit wird — — was dann?"

„Ich weiß nicht, Don Mencos, wie Sie sich in so erfindungsreicher
Weise selbst zu quälen vermögen," antwortete die Königin, indem sie
eine bequemere Lage suchte, wobei die den Taillenausschnitt vorn zu-
sammenhaltende goldene Spange aufsprang und die Spitzen-Garnirun-
gen des kostbaren Hemdes zwischen Busen und Corsett sichtbar wurden. — „So lassen Sie doch diese dummen Geschichten sein, welche
mich langweilen und durch welche, wie Sie sehen, eine Verwüstung in
meiner Toilette angerichtet wird. Jetzt sollte ich nun eigentlich meine
Kammerfrau rufen, damit sie mein Kleid schließt. Aber ich bin dazu
zu — zu wenig schüchtern. Auch ist's ja dunkel geworden — so
dunkel, daß ich Sie fast bitten möchte, die Ampel anzuzünden." — —

Inzwischen, während die Königin sich bemühte, ihren Sekretär
aufzuheitern, hatte der König, ihr Gemahl, bei sich selbst beschlossen,
der Majestät von Spanien durch seinen Besuch eine Ueberraschung zu bereiten. — — —

Gegen Abend — um dieselbe Zeit, als Isabella im Schloßpark
von Escorial lustwandelte, fuhr vom Palast des Königs in Madrid
eine verschlossene, mit zwei Apfelschimmeln bespannte Kutsche in raschem
Trabe nach dem Nord-Bahnhofe. Die Fenstervorhänge waren vor-
gezogen, so daß man die Insassen des Wagens nicht sehen konnte, und
selbst als sie am Ziele anlangten, stiegen sie so schnell aus und verschwanden — zwei in ihre Soldaten-Mäntel gehüllte Männergestalten — in der rasch von dem Einen von beiden geöffneten Thür
des Warte-Saales erster Klasse, daß sie von Niemandem erkannt
wurden.

Im Warte-Saal, wo sie ganz allein sind, lassen sie die Mäntel
herabgleiten, und wir sehen Seine Majestät den König Don Franzisko d'Assis mit seinem zweiten Adjutanten, General-Major
Joaquimo Fitor-y-Alvarez, Beide in voller Uniform, der König
mit dem Ordensstern eines Comthur's von Calatrava geschmückt.

Die Beiden haben wenig Zeit zum Warten — die Glocke er-
llingt bereits zum dritten Mal, und nur ein Wort, das der Adjutant
dem Bahnhofs-Inspektor in's Ohr flüstert, hält noch den Zug zurück,
bis der König mit seinem Begleiter in dem nächsten Coupée erster
Klasse Platz genommen haben.

Don Franzisko hielt es für nöthig, seinen Aufbruch nach Escorial
bis zum letzten Augenblick geheim zu halten, um zu verhindern, daß

irgend Jemand seiner Gemahlin direkt oder indirekt durch den Tele=
graphen von seinem Vorhaben Kunde gebe.

Selbst der General=Major Fitor=y=Alvarez wußte nicht, wohin
er den König begleiten sollte, als ihn dieser zu sich berief. Erst, als
Beide in dem Wagen saßen und schon ihrem Ziele entgegendampften,
als er freilich schon errathen konnte, was der König wollte, theilte ihm
der Letztere mit, daß er die Königin in Escorial zu über=
raschen beabsichtige, so zwar, daß er im Stande wäre, von den
letzten Consequenzen seiner Eigenschaft als Gemahl Gebrauch zu machen.

„Sie werden mir dabei," fuhr Franzisko d'Assis darauf fort,
„sowohl durch Ihre Gegenwart und Ihr späteres Zeugniß über das,
was wir sehen werden, als auch, wie ich besonders hoffe und erwarte,
durch Ihre thatkräftige Unterstützung, wenn ich in die Lage kommen
sollte, dieselbe in Anspruch zu nehmen, zur Seite stehen.

„Ich mache Sie zugleich darauf aufmerksam, daß wir ebenso im
Interesse der Sittlichkeit, als besonders der heiligen Mutter Kirche
handeln, welcher in der letzten Zeit viel Abbruch geschehen ist.

„Sie können also, auch wenn Sie sich die Ungnade der Königin,
meiner Gemahlin, zuziehen sollten, doch auf die Erkenntlichkeit der
Kirche und ihrer Diener rechnen."

„Majestät!" entgegnete der Offizier, „ich thue nichts um Lohn,
sondern aus Pflichtgefühl, und Sie wissen, daß ich ein guter Katholik
bin. Wenn ich außerdem noch mit besonderer Lust und Freude an
die Erfüllung einer Aufgabe, wie die eben gestellte ist, gehe, so hat
das seinen Grund in einer privaten Zwistigkeit zwischen mir und dem
Geheimsekretär Ihrer katholischen Majestät, diesem Menschen ohne
Namen und Ahnen, welcher es wagt, den Forderungen der Generalität
entgegenzutreten.

„Ich bin wenigstens fest überzeugt, daß die Verweigerung der
allerhöchsten Bestätigung für von uns vorgeschlagene Beförderungen,
wie schon aus der Form derselben ersichtlich ist, von ihm ohne Zu=
thun unserer allergnädigsten Herrscherin vollzogen wurde, daß die
Königin das Schriftstück vielleicht unter einer Masse anderer unter=
zeichnet hat, ohne seinen Inhalt zu kennen." — —

Es war noch nicht sieben Uhr Abends, als der König und sein
Adjutant in San Lorenzo del Escorial ankamen. Sie bestiegen
zwei durch Veranstaltung des Herzogs von Cadix dort ihrer harrende
Rosse, sprengten nach dem Schloß, übergaben die Thiere dem ersten
besten Diener, und nun eilte der König, ohne zu fragen und sich um=
zusehen, nach dem geheimen Kabinet der Königin.

Die vom Audienzzimmer nach demselben führende Thür stand offen, und der eine Flügel der Portière war halb gerafft.

Man sah die Königin auf der Causeuse sitzend, in der Linken ein Buch haltend — jenes Buch, aus welchem Don Mencos hatte vorlesen wollen — und mit der Rechten den sich zu ihr niederbeugenden Sekretär umfassend.

Mit einem unnachahmlichen Ausdruck der Liebe, Zärtlichkeit und Hingebung ruhte ihr Auge auf dem schönen Manne, der, mit der Linken sie umschlingend, so daß seine Hand auf ihrem Busen ruhte, eben eine Stelle aus dem aufgeschlagenen Buche zu erklären schien.

Sein Hut lag vor ihm auf dem Parkett — ein Zeuge vielleicht vorangegangener heißer Scenen.

Don Franzisko konnte, im Rahmen der halbgeöffneten Portière stehend, welche der Arm seines hinter ihm stehenden Adjutanten noch mehr zur Seite schob, die Scene ungestört belauschen, denn Isabella und Don Mencos waren so sehr in den Gegenstand vertieft, mit welchem sie sich gerade beschäftigten, daß sie das Geräusch der Schritte, welches zudem noch durch Teppiche gedämpft wurde, nicht vernommen hatten.

„Mein geliebter Rodrigo," lispelte soeben die Königin —

Da trat Don Franzisko mit festem Schritt auf den teppichlosen Fußboden des geheimen Kabinets — die Hand am Gefäß des halb aus der Scheide gezogenen Degens und rief:

„Königin! was sehe ich! Ich befehle Ihnen, General-Major Fitor-y-Alvarez, den Günstling meines Weibes gefangen zu nehmen!"

Don Mencos hatte sich, als er den ersten Schritt des Königs hörte, hochaufgerichtet und würde den Degen gezogen haben, wenn nicht die Königin, blitzschnell und mit majestätischer Würde sich erhebend, seine Hand gefaßt hätte.

„Wer hat hier zu gebieten? Wer darf es ohne meine Erlaubniß nur wagen, meine Gemächer zu betreten? Ich bin die Königin von Spanien und ich befehle Ihnen, Majestät, sofort, bei Androhung meiner königlichen Ungnade und augenblicklicher Verbannung aus meinem Reiche, dieses Zimmer und diesen Palast zu verlassen und in den Appartements Ihres Schlosses zu Madrid meiner weiteren Befehle zu warten.

„Sie, General-Major Fitor-y-Alvarez, geben Ihren Degen diesem Herrn, dem General-Major Don Mencos ab und lassen sich von demselben vorläufig nach der Palastwache bringen. Sie sollen auf dem Donjon von Puigcerda in den Pyrenäen noch Gelegenheit und Muße haben, darüber nachzudenken, ob ich über Spanien herrsche — oder mein Gemahl!

„General-Major Mencos, Sie erstatten mir sofort Bericht über den Vollzug meiner Befehle!"

Stolz wie eine echte Spanierin rauschte Isabella an den Männern vorüber in das Vorgemach ihres Schlafzimmers.

Don Franzisko, welcher wahrscheinlich geglaubt hatte, seine Gemahlin werde vor ihm zittern und vielleicht um Gnade flehen, stieß zornig seinen Degen in die Scheide, drehte sich um und verließ mit einem Fluche das Zimmer und den Palast. Unten warf er sich auf sein Pferd und jagte von dannen.

Sein Adjutant, welcher sich auf diese Weise schutzlos sah, übergab zähneknirschend seinen Degen an den durch die königliche Gunst auf der Stufenleiter der militärischen Ehren soeben wieder um eine Sprosse höher gestiegenen Kameraden, und schritt demselben voran nach der Palastwache.

Die Hellebardiere der Königin waren nicht wenig erstaunt, plötzlich einen so hochgestellten Offizier zum Gefangenen zu erhalten. Don Mencos hielt sich nicht lange mit Erklärungen des delikaten Zusammenhanges auf. Dem Ober-Commandanten des Hellebardier-Corps, Marschall Herzog San Miguel überbrachte er nur in kurzen Worten den Befehl der Königin und eilte zurück.

Isabella, zornglühend und bebend vor Aufregung, weinte vor Aerger, und ihre getreue Marietta bemühte sich vergeblich, sie zu beruhigen.

„Laß mich allein," befahl sie der Besorgten, als Mencos eintrat.

Dieser hatte seinerseits mehr Glück, die Thränen des schönen Weibes zu stillen, und es dauerte nicht gar lange, als schon wieder Beide im traulichsten Flüstertone mit einander verkehrten.

Da klang Stimmengewirr und Lärm aus dem Schloßhofe herauf.

„Was gibt es da unten?" rief der Geheimsekretär der Majestät, welcher schnell ein Fenster geöffnet hatte, hinab.

„Seine Majestät Don Franzisko ist zwischen dem Kloster und dem Bahnhofe vom Pferde gestürzt und hat den Arm und die Schulterknochen gebrochen!" klang eine Stimme herauf.

Isabella lachte hellauf: „Bravo, mein eifersüchtiger Herr Gemahl! Sie haben sich selbst eine köstliche Lektion geholt und werden hoffentlich nicht sobald wieder Luft verspüren, sich um Dinge zu bekümmern, die nicht zum Fischfang gehören.

„Lieber Mencos — veranlassen Sie doch, daß mein theurer Gatte im entgegengesetzten Flügel des Schlosses untergebracht wird, und beschreiben Sie mir dann, was er sich eigentlich gethan hat."

Don Mencos verschwand, und kehrte bald mit der Nachricht zurück, daß der König zwar nichts gebrochen, dagegen sich den Arm ausgefallen habe, was denselben wohl auf längere Zeit an's Lager fesseln dürfte. Uebrigens habe schon ein Mönch des benachbarten Klosters den Arm wieder eingerichtet.

Sechstes Kapitel.

Don Mencos verfällt in Ungnade bei der Königin Isabella II.

Wenige Tage nach den eben geschilderten Vorgängen in Escorial fand in den unteren Räumen der Besitzung des Rufino Tomasa eine Sitzung der „Unsichtbaren" statt, in welcher beschlossen wurde, zu versuchen, eine reaktionäre Wendung in der Politik der spanischen Regierung Platz greifen zu lassen.

„Wir sehen es täglich nun schon seit vier Monaten," rief im Laufe einer längeren Rede einer der sieben Rothen, „daß der Liberalismus, welcher sich in den Maßnahmen unserer Regierung zeigt, durchaus das Gegentheil von dem hervorbringt, was wir durch die Veranlassung desselben hervorbringen wollten.

„Wo, ich frage Euch, meine Brüder, wo haben sich die Vereine mit ausgeprägt demokratischer oder sozialistischer Tendenz gebildet, von denen einige unter uns, als wir über die Beeinflussung der Königin noch debattirten, sagten, sie würden wie Pilze aus der Erde wachsen, das Volk zum politischen Denken wecken und die Regierung zu neuen reaktionären Maßregeln drängen.

„Nein, meine Brüder, auf diese Weise erregen wir den Zorn der Spanier über ihre schlechte Regierung nicht! Dieses Volk muß gepeitscht werden und mit Skorpionen gezüchtigt — des Spaniers Töchter müssen von der Klerisei und dem Adel mißbraucht — die

Möglichkeit, selbst seine geringen Bedürfnisse zu befriedigen, ihm genommen werden, und wenn dann sein Magen knurrt und noch mehr seine Ehre gekränkt wird — erst dann wird er sich aufbäumen, und das unwürdige Joch abschütteln, das ihn drückt.

„Darum ist die Reaktion — die krasseste, ungeheuerlichste Reaktion der Ruf, den ich erhebe, um Spanien zu retten, und deßhalb muß die Königin Isabella von ihrem Günstlinge Don Mencos getrennt werden."

Dieser feurig gesprochenen Rede, welche noch viel länger dauerte, war denn auch ein Beschluß der „Unsichtbaren" hinter dem Altare gefolgt, dessen Hauptinhalt besagte:

„Die Königin Isabella soll dadurch, daß man ihr das Wort hinterbringt, welches Don Mencos einst zu Eduardo de la Seda gesprochen: „Ich lenke die Geschicke Spaniens," gegen ihren Geheimsekretär erzürnt, und dadurch den Herren von der Geistlichkeit, welche nur auf eine Gelegenheit warten, ihre verlorene Macht wieder zu erwerben, Gelegenheit gegeben werden, sich bei Ihrer katholischen Majestät einzunisten." — — — —

Man erwartete von dieser Maßregel den besten Erfolg und — hatte ihn auch.

Der zweite Adjutant des Königs, Fitor-y-Alvarez, welchen wir im vorigen Kapitel haben gefangen fortführen sehen, wurde dazu ausersehen, der Herrscherin die Nachricht von der stolzen Aeußerung ihres Günstlings Don Mencos zu überbringen.

Don Fitor-y-Alvarez erhielt am Tage nach jener Sitzung in seinem Gefängniß durch einen bestochenen Soldaten von der Wache einen anonymen Brief, in welchem ihm von den Worten des Don Mencos Kunde gegeben wurde.

Don Eduardo de la Seda, hieß es darin, müsse im Nothfall die Wahrheit der Mittheilung bestätigen.

Der Adjutant war entzückt von der sich ihm darbietenden Aussicht, nicht blos seine Freiheit wieder zu erlangen — denn die zu erwartende Dankbarkeit der Königin mußte das bewirken — sondern sogar, was dem in seiner Ehre gekränkten Spanier noch viel mehr galt, den verhaßten Emporkömmling, den Namen- und Ahnenlosen ihm jetzt gleichstehenden Don Mencos von seiner Höhe zu stürzen.

Sofort ging er an die Abfassung eines Audienzgesuches an Ihre katholische Majestät, Isabella II. von Spanien.

Noch an demselben Tage expedirte er dieses, unter der Bezeichnung als sehr dringend, nach dem Escorial, und zwar an die Adresse

des ihm befreundeten Ober-Commandanten des Hellebardier-Corps der
Königin, Marschall Herzog San Miguel, dem er zugleich in einem
Begleitbriefe über den Charakter des Schreibens Aufschluß gab mit der
Bitte, persönlich das Gesuch abgeben und den Zweck der Audienz
dabei durchblicken lassen zu wollen.

Don Mencos besaß wenig Freunde unter den hochadligen Offizieren in der Umgebung der Königin, und auch der Marschall Herzog
San Miguel war ihm abgeneigt genug, um die Bitte des Adjutanten
zu erfüllen, welcher in der Zeit seiner Haft im Escorial nicht versäumt hatte, ihm die Ursache der königlichen Ungnade recht ausführlich
zu erzählen.

Die Folge davon war, daß der Adjutant Don Fitor-y-Alvarez
nach Schloß Escorial befohlen wurde.

In demselben Bahnzuge, den er benutzte, saß in Folge einer
Weisung der Unsichtbaren Don Eduardo de la Seda. —

Am Ziele angekommen, mußte der Adjutant des Königs volle sechs
Stunden warten, ehe Ihre Majestät geruhten, ihn vorzulassen.

„Sie haben um eine Audienz gebeten, General-Major," begann
in strengem Tone die Königin, „und sprechen in Ihrem Gesuch von
der Wichtigkeit der mir zu machenden Mittheilung, welche nur ich
allein entgegennehmen könne, da sie sich auf eine hochgestellte Person meiner nächsten Umgebung beziehe; — was haben Sie mir zu
sagen?"

„Majestät," erwiederte in vorsichtigem Tone der Offizier, „meine
Mittheilung ist sehr heikler Natur, und kann mir unter Umständen so
übel gedeutet werden, daß das Maß der bereits auf mir ruhenden
königlichen Ungnade voll wird.

„Aber ich kann nicht anders, als das, was ich durch einen
anonymen Brief weiß und wofür als Bürge der Name eines Ehrenmannes, Don Eduardo de la Seda, genannt wird, Ew. Majestät
berichten und sei die Folge, welche sie wolle."

„Sie sprechen von Don Eduardo de la Seda," fiel dem Sprecher
die Königin in's Wort — „kennen Sie denselben? Ist er in Madrid?
Wissen Sie Näheres über ihn?"

„Ich kenne den Genannten nur wenig," antwortete der Adjutant;
„aber so viel ich aus dem erhaltenen Berichte weiß, befindet er sich
augenblicklich nicht blos in Madrid, sondern sogar in San Lorenzo
del Escorial, um im Falle der Noth persönlich für die Richtigkeit
meiner Mittheilung eintreten zu können."

„So kommen Sie doch endlich zu dieser Mittheilung!" begann

ungeduldig die Königin, als Fitor-y-Alvarez wieder eine Pause machte und auf irgend einen Befehl zu warten schien.

„Nun denn, Majestät," fuhr der General-Major wieder fort, „Don Mencos, der Geheimsekretär Ihrer katholischen Majestät, unserer allergnädigsten Königin, hat sich unterfangen, das mehr als kühne Wort zu sprechen: „Ich lenke die Geschicke Spaniens."

Isabella wurde nach diesen inhaltsschweren Worten bleich wie eine Wand. Dann plötzlich fuhr eine dunkle Zornesröthe in ihre Wangen, und sie begann mit keineswegs verhehlter Erregung:

„Gut, General-Major, haben Sie die Wahrheit gesprochen, so sollen Sie auf den Dank Ihrer Königin nicht vergebens gerechnet haben. Stellt sich dagegen heraus, daß diese Aussage auf Erdichtung beruht — dann sollen Sie auch meinen Zorn in seiner ganzen Größe kennen lernen."

Die Königin klingelte, und befahl dem eintretenden Kammerdiener, Don Eduardo de la Seda zu einer Audienz in's Schloß zu bescheiden.

Mit edelstem Anstande und in vollendetster männlicher Haltung trat der Gerufene nach kurzer Zeit ein.

„Sie wissen, weshalb ich Sie hierher befohlen habe," redete ihn die Königin an, und ein halb freundliches, halb verlegenes Lächeln spielte um ihre üppigen Lippen.

„Ich kann es errathen, Majestät," antwortete Eduardo — „und bedaure nur, daß die Veranlassung, welche mir nach so langen Jahren das Glück verschafft, meine Königin wiederzusehen, keine angenehmere ist."

„Es ist Ihre Schuld, Don Eduardo," erwiederte die Königin; denn wer hätte Ihnen gewehrt, schon früher wieder an meinen Hof zu kommen? Ich hätte Sie immer gnädig aufgenommen.

„Doch — wir handeln jetzt von der Aeußerung meines Geheimsekretärs: „Ich lenke die Geschicke Spaniens." Können Sie dieselbe als wahr verbürgen — mit Ihrem Ehrenwort als Hidalgo (Edelmann) als wahr verbürgen?"

„Das kann ich, Majestät," gab der Gefragte zurück; „denn ich selbst war es, dem gegenüber sich Don Mencos der Worte bediente, welche Ihre Majestät eben aussprachen."

„Mehr brauche ich nicht zu wissen!" entschied Königin Isabella. „Die Sache mag unter uns bleiben — Sie, General-Major, gehen in Ihre Haft zurück, und ich glaube annehmen zu dürfen, daß dieselbe bald ihre Endschaft erreichen wird.

„Sie, mein lieber de la Seda, nehmen wohl bald einmal an einer Tertulia (Abendunterhaltung) Theil, und lassen sich überhaupt öfter bei mir blicken. Es ist ja wohl schon sechszehn Jahre her, daß ich Sie zuletzt sah. Da werden Sie mir viel zu erzählen haben."

Mit einer gnädigen Handbewegung entließ die Königin die beiden Männer, und verschwand in der Thür ihres geheimen Kabinets, das wir schon kennen.

Am selben Tage noch verfügte ein königliches Handschreiben die Amtsenthebung des Geheimsekretärs Ihrer apostolischen Majestät, Don Mencos, und die Versetzung desselben in ein Grenadier-Regiment, welches einen Theil der Besatzung derselben Festung Puigcerda in den Pyrenäen ausmacht, wohin die Königin den General-Major Fitor-y-Alvarez verbannen zu wollen gedroht hatte.

Die Untersuchung gegen Letzteren wurde durch Dekret brevi manu niedergeschlagen.

Eduardo de la Seda, auf dessen Rückkehr die Königin Isabella mit Zuversicht gerechnet hatte, war spurlos aus Escorial und Madrid verschwunden, und alle Mühe, ihn wieder aufzufinden, erwies sich als nutzlos. Don Fitor-y-Alvarez wußte so wenig, wie Andere über seinen Verbleib, und beinahe hätte er durch diesen Umstand die kaum erworbene königliche Gunst wieder verscherzt.

An seiner Stelle ließ sich ein anderer Besuch melden: Der Erzbischof von Toledo, Cardinal Cyrill de la Alameda y Bréa.

Die Verbindungen des Vereins der „Unsichtbaren" mußten sehr gute sein, daß eine solche Pünktlichkeit im Eintreffen der rechten Person am rechten Orte möglich war. Von Toledo über Aranjuez und Madrid nach San Lorenzo del Escorial braucht man per Bahn etwa sieben Stunden.

Der geistliche Würdenträger wurde unverzüglich vorgelassen, und die Königin, welche vor Zorn und Aerger über den Verrath ihres liebsten Dieners schon einige Thränen vergossen hatte, war, wie immer zu Zeiten irgend einer Aufregung oder Beschämung, dem vom Cardinal gespendeten geistlichen Troste sehr zugänglich.

An diese Tröstungen reihten sich dann Gespräche über die Politik, und die Königin gestand, daß sie über die Art und Weise, wie ihr Land augenblicklich regiert würde, gar nichts wisse. Sie empfand Scham und Reue, gelobte, morgen noch ihrem Gewissenrath, dem Pater Claret, beichten zu wollen, und gestattete dem Erzbischof, eine oberflächliche Durchsicht der in ihrem Kabinet angehäuften Schriftstücke aus der Feder ihres bisherigen Geheimsekretairs vorzunehmen.

Dieser ging sofort an das Werk der Vernichtung — Anderes that er nicht — und brachte nach etwa einstündiger Arbeit ein beschriebenes Blatt vor die Herrscherin, welches den Entwurf einer Thronrede zur bevorstehenden Eröffnung der Cortes enthielt.

„Wissen Majestät auch über den Inhalt dieser Rede nichts?"

„Nein, hochwürdigster Herr," antwortete mit niedergeschlagenen Augen die Königin.

„Nun — ich will Sie nicht mit der Vorlesung derselben langweilen," gab der Kirchenfürst zurück. „Sie mögen nur soviel wissen, daß darin von einer in Aussicht stehenden Anerkennung des Königreichs Italien durch Ew. Majestät Regierung die Rede ist, und daß es mir scheinen will, als habe Ihr sauberer Herr Geheimsekretär nichts Geringeres beabsichtigt, als die Einführung der Freimaurer in Spanien."

„Um Gottes und der heiligen Jungfrau willen," rief erschreckt die Königin, „ich bitte Sie, Hochwürdigster, wie verdiene ich ein so ungeheures, namenloses Unglück. In meinem Reiche geschieht so Schreckliches? O, ich Bedauernswerthe!"

„Des Himmels Schickungen sind unerforschlich, aber gerecht," antwortete mit Salbung der Erzbischof — „Sie haben seinen Zorn auf sich herabgerufen und müssen dafür büßen, daß Sie so viel Macht in die Hände eines Ketzers und Freigeistes legten. Wollen Sie den zürnenden Gott versöhnen, so müssen Sie vor allen Dingen dieses Blatt vernichten und seinem Inhalt einen wesentlich verschiedenen substituiren.

„Ich bitte Sie, meine im Herrn geliebte Tochter, wohin soll das führen, wenn Sie unser theures Spanierland, das durch die Gnade des Himmels seither vom Gifte der Aufklärung und Freigeisterei unberührt geblieben ist, der Bruderschaft der Freimaurer überantworten wollen, deren oberster Herr und Gebieter der lebendige Teufel ist."

Die Königin war ganz entsetzt und zerknirscht, und ließ willenlos Alles mit sich geschehen.

Noch am selben Tage wurde die blutende Nonne Raphaele del Patrocinio nach dem Schlosse von Escorial berufen, und die Königin betete mit ihr lange und eifrig bis spät in die Nacht hinein.

Der Pater Claret mußte auch erscheinen, und erhielt im Beichtstuhl ein langes Sündenregister, mit vielen Thränen und Seufzern untermischt, und die Majestät mußte wohl eine recht schwere Buße auferlegt bekommen haben, denn sie weinte so unaufhörlich, daß selbst das eifrigste Rosenkranz=Beten nichts fruchten, die Thränen nicht stillen wollte.

Am folgenden Morgen hielt der Cardinal=Erzbischof in der Kloster= kirche von Lorenzo del Escorial ein Hochamt ab mit allem Pomp und aller Feierlichkeit, wie er sich nur in der katholischen Kirche entfalten läßt, und die königliche Büßerin kniete, so lange es dauerte, auf den kalten Steinfliesen des Gotteshauses, mit dem Haupte tief am Boden, und auswendig gelernte Meßgebete murmelnd. — — — — — —

Isabella verließ nach Verlauf einer Woche ihren ländlichen Lust= sitz und ging nach Madrid zurück — angeblich, um ihren Pflichten als Regentin nachzukommen; denn die Eröffnung der Cortes war vor der Thür.

In Wirklichkeit wollten es die Herren von der Geistlichkeit bei der Beeinflussung und Leitung Ihrer Majestät nur bequemer haben.

Unter der Begleitung der Herrscherin fehlte bei der Rückkehr nach der Residenz außer Don Mencos, auch die gute Marietta.

Sie hatte in der Umgebung der Königin durch so lange Zeit zu viel gesehen, und war allmählig zu selbstständig geworden — sie ließ sich, was ihr hauptsächlichster Fehler war, durch die Herren von der Geistlichkeit nicht zu beliebigen Spionagen und ähnlichen Dingen ge= brauchen — und so war ihr der Abschied gegeben worden.

Auf Empfehlung der Nonne Patrocinio war die dadurch ent= standene Lücke durch eine schöne, junge, unschuldige Donna ausgefüllt, die sie aus Madrid mitbrachte.

Diese Donna — Gregoria war ihr Name — jetzt Kammer= kätzchen der Königin Isabella, entstammte einem alten, aber armen Adelsgeschlecht aus Estremadura, war in einem Kloster ihrer Heimath erzogen, und für die Stellung, die sie jetzt einnahm, eigens ge= schult worden.

Der Glanz und das üppige Leben am Hofe, das Putzen und Nichtsthun behagte ihr so ausnehmend, daß ihr Herz vor Dank= barkeit gegen ihre geistliche Beschützerin sich gar nicht lassen konnte, und freudig erfüllte sie die einzige Aufgabe, die man Arbeit nennen konnte: täglich einen Bericht über das abzufassen, was die Königin und die Personen ihrer nächsten Umgebung gethan.

Die Eröffnung der Cortes erfolgte am 1. Dezember, und die Thronrede Ihrer katholischen Majestät ließ an Deutlichkeit über die katho= lische und reaktionäre Gesinnung der Sprecherin nichts zu wünschen übrig.

Siebentes Kapitel.

Im Kabinet des Herzogs von Montpensier.

Es ist lange her, seit wir zuletzt den orleanistischen Zweig des alten Königshauses der Bourbonen in unserer Erzählung auftreten sahen. Damals, als der Prinz von Asturien das Licht der Welt erblickte, glaubte sich die Königin Isabella und ihr Anhang durch die Sicherstellung der männlichen Nachfolge so vollkommen vor allen Intriguen des Herzogs von Montpensier und seiner Gemahlin Louise, Schwester der katholischen Majestät von Spanien, geschützt, daß man selbst nicht anstand, noch im selben Jahre den Schwager der Königin zum spanischen General-Capitän der Armee zu machen.

Herzog Anton von Montpensier war der jüngste General-Capitän der spanischen Armee noch im Augenblicke unserer Erzählung, und blieb es lange Zeit.

Aber ein Zweites änderte sich bald nach der Geburt des Prinzen von Asturien, das war der damals noch die Familie des neugeschaffenen General-Capitäns als ungefährlich erscheinen lassende Umstand, daß bisher nur zwei Töchter dieser Ehe entsprossen waren.

Nur ein und ein halbes Jahr nach dem Infanten Alfons, Prinz von Asturien, erblickte ein männlicher Sprößling der Montpensier, der Prinz Ferdinand Maria Heinrich Carl, das Licht der Welt — am 29. Mai 1859.

Seitdem hatte sich freilich in dem Benehmen und öffentlichen Verhalten des Gemahls der Schwester der Königin nichts geändert — er schnitt seine Coupons in Sevilla nach wie vor und hielt Paraden über die Truppen ab — auch bei Gelegenheit des andalusischen Aufstandes im Jahre 1861, der rings um ihn herum tobte, war er sogar energisch für die Wahrung der königlichen Rechte seiner hohen Schwägerin eingetreten — freilich wohl nur, weil dieser Aufstand eine ausgesprochener Maßen republikanische Tendenz hatte — aber im Geheimem geschah doch Manches, was, wenn es bekannt geworden wäre, am Hofe von Madrid viel böses Blut gemacht haben würde.

Wir wissen, wie schon die Gräfin Berengaria Villaflor bei Gelegenheit der Beleidigung ihres geliebten Primulto durch die Verwandten Isabella's, auf den dermaleinstigen Einfluß ihrer Freundin, der Herzogin Louise von Montpensier, spekulirte, und wie Alle, denen das herrschende Regiment unbequem war, und welche doch dabei sich nicht entschließen konnten, mit den Carlisten zu gehen, im Hause des schlauen, in bürgerlicher Einfachheit lebenden Orleans gern gesehene Gäste waren.

Freilich — das Familienleben dieses im Verborgenen blühenden Kronprätendenten war auch mit dem der Königin, seiner hohen Schwägerin, nicht im Entferntesten nur in irgend einen Vergleich zu stellen. — War schon Prinz Anton selbst ein treu-bieder angelegter Charakter, so vollendete die strenge Sittsamkeit und Tugendliebe seiner Frau den vollendeten Gegensatz zu der Ehe ihrer so hoch gestellten und — so niedrig stehenden Schwester.

So kam es denn, daß seit der Geburt des Prinzen Ferdinand insonders bürgerliche Elemente, Leute, die etwas besaßen, der Revolution und Republik abgeneigt, dafür der Ordnung des modernen Constitutionalismus zugethan waren, Leute, die Beinige ildung besaßen, und die moralische Versunkenheit des ganzen Bourbonengeschlechtes aus der Geschichte und Erfahrung sattsam kannten, so kam es, daß alle Moderados (Altliberale), ja selbst Mattconservative und Progressisten (Fortschrittler) für den Fall eines Dynastiewechsels, eine Candidatur der Linie Montpensier mit keineswegs ungünstigen Augen ansahen. — — —

Es war nicht zu verwundern, daß ein Mann von des Don Mencos constitutionellem Glaubensbekenntniß, tief gekränkt durch die ihm von der Majestät zu Theil gewordene Behandlung, von derselben Majestät, die nach seinem Willen zu leiten wie ein schwaches Kind er lange genug sich gewöhnt hatte, sich plötzlich daran erinnerte — was ihm zur Zeit einer schwungvollen Rede mit Eduardo de la Seda nicht eingefallen war — daß außer den Carlisten ja noch die Orleans da seien, um möglichenfalls den spanischen Thron zu besteigen.

Nach den Pyrenäen zu gehen, wo die Winde gar zu kalt wehten, keine Café's und Promenaden, dagegen ein langer, rauher Winter und recht viel Einsamkeit zu haben sind, war der noch junge Mann, dessen Ehrgeiz recht erwacht war, durchaus nicht gesonnen.

Er hatte also, sobald er die Ordre seiner Versetzung erhielt, nichts Eiligeres zu thun, als durch ein ärztliches Attest über irgend eine schnell erfundene Krankheit, die ihn plagte, den Befehl zur sofortigen Abreise illusorisch zu machen.

Dann reichte er, gleich hinter dem Zeugniß seines Arztes, ein

Gesuch um seine Entlassung ein, da sein körperlicher Zustand ein solcher sein, der ihm die Ehre, ferner Ihrer katholischen Majestät treuergebenster Offizier zu sein, verbot.

Alsbald kam sein Gesuch zurück — am Rande waren von der Hand der Königin die Worte geschrieben: „Entlassen, Isabella."

Don Mencos zog mit wehmüthigen Gefühlen seine schöne Uniform eines General-Majors von der Garde aus und legte sie bei Seite. Dann packte er seine Koffer, machte die wenigen Abschiedsvisiten, die er zu machen hatte, und reiste dann dahin, wohin er vor wenig Monden seine hohe Gönnerin zu reisen veranlaßt hatte, nach dem schönen Süden des schönen Spanierlandes, nach Andalusien.

In Sevilla angekommen, miethete er eine Wohnung, unweit der Ufer des schönen Rio Guadalquivir — aber auch recht nahe an dem Palaste des Herzogs von Montpensier, und traf Anstalten, sich in der Nähe der Stadt anzukaufen.

Dann, sobald er sich nur einigermaßen eingerichtet, zog er seinen besten Frack an, schmückte sich mit keinem der Orden, welche die Gunst der Herrscherin von Spanien ihm zu verleihen geruht hatte, und gab dem gallonirten Diener in der Livree derer von Montpensier an der Thür des herzoglichen Schlosses eine duftende Karte ab, auf welcher geschrieben stand: „Don Rodrigo Mencos, General-Major a. D."

Er wurde nach wenigen Minuten von dem Diener durch eine längere Reihe von einfach und schmucklos ausgestatteten Zimmern nach einem kleinen Kabinet geführt, wo er den General-Capitain, in einfacher, bürgerlicher Kleidung, an einem Pulte sitzend, und mit der Erledigung seiner Correspondenz beschäftigt, fand.

„Verzeihen Sie, Herr General-Major, daß ich Sie in meinem Arbeitszimmer empfange," redete den Ankömmling der Herzog an und legte seine Feder bei Seite — „aber ich liebe diese feierlichen Audienzen mit obligater Langerweile nicht und lasse mich ungern aus meinen Gewohnheiten herausreißen.

„Sie sind ja auch kein Grand von Spanien, und werden es sicherlich mit den Vorschriften der Etikette nicht so genau nehmen.

„Setzen Sie sich, mein Lieber — dort sind Stühle — und erzählen Sie mir von Madrid; denn ich hörte gestern durch die Gräfin von Villaflor, mit deren Gatten Sie ja wohl im Café Morino zusammengetroffen sind, daß Sie direct von der Hauptstadt kommen."

„Es ist so, wie Sie sagen, Durchlaucht," antwortete der ehe-

malige Günstling der Königin. „Ich habe die Residenz vor
kaum einer Woche verlassen und bin nach Sevilla gekommen, um
mich im schönen Andalusien anzukaufen und zur Ruhe zu setzen."

„Ei, ei!" erwiederte der Herzog, „so jung und schon zur Ruhe
setzen? Sie sind ja doch blühend, frisch und gesund — was kann
Sie veranlassen, den Dienst zu quittiren und dem Staate eine Kraft
zu entziehen, die ihm gewiß noch nützen konnte?"

„Pardon, Durchlaucht," gab Mencos zurück — „ich habe meine
besondere Ansichten über Dienste, die man dem Staate weiht und
solche, die nur dazu dienen, eine bestimmte Regierung zu
stützen — ich . . ."

„Papa, Papa," tönte auf einmal eine helle Kinderstimme, „ein
Federball von Tante Villaflor."

Zugleich kam ein allerliebster kleiner etwa dreijähriger Knabe mit
prächtigem, lockigem Haar aus dem Nebenzimmer hereingelaufen, und
— die Händchen, die einen neuen Federball hielten, hoch emporgehoben
— auf den glücklichen Vater zu. Erst, als er schon mitten im Zimmer
war, bemerkte er, daß Papa nicht allein sei und wollte nun, mit er=
staunten Blicken den Fremden musternd, wieder zurück gehen, da sagte
der Herzog:

„Kannst hier bleiben, Ferdinand, Papa erlaubt Dir's. Der
fremde Herr wird Dich auch nicht fortjagen. Geh, gieb ihm die
Hand und mache ein Compliment."

Der Kleine sprang mit freudigem Jauchzen wieder vorwärts, that,
wie ihm befohlen worden, und konnte nun nicht genug den schönen
neuen Federball preisen.

Als ihn der Vater wieder entfernt hatte, sagte Don Mencos:

„Warum ist es dem unglücklichen Spanien nicht beschieden,
einem Herrscher zu gehorchen, dessen Familienleben schon die
Garantie giebt, daß Zucht und Sitte am Throne herrschen,
wie sie in der Hütte des Geringsten im Volke wohnen sollen — warum,
Durchlaucht, ist die Krone bei den Bourbonen und nicht bei
den Orleans?"

„Das ist eine sehr schwer zu beantwortende Frage,
mein lieber Freund," antwortete der Herzog. „Ich muß gestehen, daß
ich meinerseits durchaus nicht geneigt bin, mich in irgend einer Weise
aktiv an dem Treiben der politischen Parteien zu betheiligen. Ich
habe in meiner Familie und für dieselbe zu schaffen und zu sor=
gen genug.

„Dazu noch hat mir die königliche Gnade vor nunmehr fünf

Jahren die Würde als General-Capitän der Armee verliehen, was den Kreis meiner Obliegenheiten bedeutend erweitert hat, und so bleibt mir, selbst wenn ich Interesse daran hätte, wirklich keine Zeit zu Conspirationen und dergleichen.

„Auch müssen Sie sich selbst sagen, daß ich schon den Schein jeder politischen Thätigkeit meiden muß, will ich mich nicht am Hofe in Mißkredit bringen und vielleicht gar meine Verbannung aus Spanien bewirken.

„Also ich selbst kann in dieser Angelegenheit nichts, gar nichts thun. Dagegen wüßte ich in der That nicht, was meine Freunde hindern sollte, dafür zu wirken, daß das, was sie wünschen, auch zur Wahrheit werde. Thun sie das mit der gehörigen Vorsicht und vermeidet man es besonders, meine Person dabei zu compromittiren, so habe ich selbst nicht das Geringste dagegen einzuwenden, und werde gewiß nur im Falle der dringendsten Noth diejenigen, welche in dieser Weise wirken, desavouiren.

„Sollte es durch Gottes Rathschluß dermaleinst geschehen, daß mir oder meinem Sohne die Krone Spaniens vom spanischen Volke angeboten wird, so werde ich zwar ungern die Zwanglosigkeit meines fast bürgerlichen Familienlebens opfern; aber ich bin Spanier genug, um meine eigenen Wünsche denen der Nation unterzuordnen.

„Doch brechen wir ab von diesem an sich etwas unerquickliche Thema — ich hörte, Sie beabsichtigen, sich in der Nähe von Sevilla anzukaufen. Haben Sie schon ein Gut in Aussicht genommen?" —

Und nun bewegte sich das Gespräch in den Grenzen der üblichen Visiten-Conversation weiter und bot Nichts von Interesse.

Aber der schlaue Mencos hatte den Wink wohl verstanden, welchen ihm der noch schlauere Herzog gab, und nahm sich vor, nach Kräften für den Montpensier zu wirken.

Doch was macht die Königin Christina und ihr edler Gemahl Munnoz, Herzog von Rianzares, wird der Leser schon lange mit Verwunderung über unser so langes Schweigen von dieser Frau gefragt haben.

Sie lebt zur Zeit noch in Paris. Im Westen dieser ungeheuren Stadt, deren Bevölkerungszahl die von Madrid um das Neunfache übertrifft, liegt das berühmte Bois de Boulogne.

Im Südwesten des Boulogner-Hölzchens, am Ende der Stadt fast, aber noch innerhalb der Befestigungen, liegt der frühere Flecken Auteuil in reizenden Umgebungen.

Der Herzog von Rianzares hat die schönste Straße dieses schönen Stadttheils sich ausgesucht. Am Quai d'Auteuil, mit der Aussicht auf die von Schiffen belebte Seine und das Quartier latin am andern Ufer, ist das Hôtel, welches die spanische Ex-Königin bewohnt.

Sie besucht fleißig das Théâtre-Français, die Oper und Andere, fährt bisweilen nach Versailles oder Fontainebleau, studirt täglich die spanischen Zeitungen, und hat bisweilen, weil es sich doch einmal nicht gut vermeiden läßt, große Gesellschaft.

An einem solchen Abende, wo Christina grand cour hält, betreten wir ihre Salons.

Es strahlt nur so ringsum im ganzen Hause von einem Meere von Licht — die Gascompagnie macht heut ein gutes Geschäft.

Karosse auf Karosse fährt die Rampe herauf und immer mehr uniformirte und befrackte, besternte und nicht besternte Herren und Damen in Toiletten so mährchenhaft elegant und wieder so unglaublich unsinnig und geschmacklos, als sie sich nur denken lassen, steigen aus und werden von den gallonirten Dienern in Empfang genommen.

Doch treten wir ein in die glänzenden Räume des Hôtel Rianzares.

Auf dem glatten Parquet, bestrahlt von dem in Krystallglas-Prismen und an den hohen Trumeaus sich brechenden Licht der Kronleuchter, wogt eine Elite der haute volée von Paris, ebenso wie Verbannte, Glücksritter und Parvenu's auf und nieder. Zärtliche Worte werden gewechselt, boshafte Bemerkungen fliegen von Lippe zu Ohr, süße Blicke und vieldeutige Händedrücke lassen sich austauschen.

Hier findet man den Börsenspekulanten, den Banquier neben dem Prinzen oder Herzog ohne Mittel, den Schriftsteller neben dem Minister und Gesandten, und Gräfinnen, Baronessen, Herzoginnen jeden Alters und jeder Schattirung des Ranges.

In einem kleinen Nebenkabinet, welches durch zwei Ampeln in halber Dämmerung erhalten wird, und dessen Blumenflor süße Düfte verstreut, sitzen an einem kleinen runden Marmortische, den einige spitze Gläser und ein Eiskühler mit der Champagnerflasche bedecken, zwei Personen, die für uns interessant sind.

Der Eine, ein schlanker, schmächtiger, ältlicher Mann mit eckigen, harten Gesichtszügen und glattrasirtem Kinn trägt auf seinem nach der neuesten Mode geschnittenen Frack den spanischen Orden vom goldenen Vließ und das Comthurkreuz des Militärordens des heiligen Ferdinand — spärliches Haar bedeckt sein Haupt.

Wir kennen ihn von alten Zeiten her, obgleich wir ihn lange nicht gesehen haben, den eisernen Herzog, den Marschall Ramon Marria Narvaez, dem die soldatische Disciplin und Strenge so sehr in Fleisch und Blut übergegangen sind, daß er selbst hier im Salon seiner ehemaligen Herrscherin einen militärischen Anstrich nicht verläugnen kann.

Ihm gegenüber sitzt ein, weniger in seiner Persönlichkeit, als vielmehr durch seinen einst klanglosen Namen dem Leser schon bekannter Mann. Er hat schon gealtert, aber dem vollen, durchaus dunklen Haar, der kräftigen Figur mit dem weichlichen, unmännlichen Gesichtsausdrucke, hat das keinen Eintrag gethan, und schön — was eben Frauen, wie die Königin Christina allgemach eine geworden ist, so nennen, schön ist er noch immer, der ehemalige Sergeant Munnoz, der nunmehrige Herzog von Rianzares, seit dem 13. Oktober 1844 anerkannter Gemahl der Königin Christina von Spanien.

Doch lauschen wir dem Gespräch der Beiden.

„Nun, Sie wissen, Marschall," nimmt der Herzog von Rianzares das Wort, „daß ich in Madrid und besonders am Hofe der Königin gute Spione habe, und jederzeit mich in Besitz der neuesten und sichersten Nachrichten befinde.

„Also ich weiß bestimmt, daß die Königin wieder einmal vollständig unter dem Einflusse des Pater Claret und der ganzen wohllöblichen Klerisei sich befindet, und daß die dickste Reaktion im besten Gange ist.

„Nicht allein das — von der jetzt allmächtigen Geistlichkeit wird sogar eine Vereinigung aller legitimistischen und reaktionären Elemente in ganz Spanien angestrebt, und man beabsichtigt, ganz allmälich zu den alten Regierungsmaximen zurückzukehren, deren vornehmster und energischster Vertreter Sie, mein lieber Herzog Narvaez, sind.

„Um es mit einem Worte zu sagen: über kurz oder lang werden Sie nach Madrid an den Hof der Königin Isabella II. zurückberufen werden, und die Königin wird Sie ersuchen, die Bildung eines Ministeriums zu übernehmen.

„Wie denken Sie über diese Sachlage, Marschall? Freuen Sie sich nicht auf Ihren siegreichen Einzug in die Ihnen schon bekannten Räume des Staatsministeriums?"

„Sie sagen mir da gerade nichts Neues", begann mit großer

Nodriguez Topete, Contre-Admiral im berathenden Marine-Comité.

Ruhe der Herzog von Valencia, „ich habe schon lange Wind von der Aussicht, die sich mir eröffnet, aber ich glaube, daß es nicht so bald geschieht.

„Wenn ich auch gerade nicht in Madrid und am Hofe der Isa=
bella Spione unterhalte, so erfahre ich doch Manches. Kürzlich war ich
beim Erzbischof von Paris, der mir bekanntlich ebenso geneigt ist,
wie alle Herren von der Geistlichkeit.

„Er erzählte, daß die Kaiserin der Franzosen, Eugenie,
beabsichtige, eine Reise nach ihrer spanischen Heimath anzutreten,
und bei dieser Gelegenheit, sagte er, würde die hohe Frau nicht ver=
fehlen, gelegentlich der Königin Isabella meinen Namen in's
Gedächtniß zurückzurufen. Also für Empfehlung ist gesorgt.

„Wenn ich dann am Ruder bin — Sie wissen, Herzog, ich habe
immer treu zur Königin=Mutter gestanden, und die Energie und That=
kraft Ihrer Gemahlin ist mir lieber, als die schwächliche Biegsamkeit
ihrer leicht lenkbaren Tochter — also wenn ich nur einmal am Ruder
bin, dann soll eine meiner ersten Handlungen die Zurück=
berufung Ihrer Gemahlin aus der Verbannung sein.

„Haben wir den langen Aufenthalt in der Fremde mit einander
redlich getheilt, so wollen wir auch die Heimath und den Besitz der
Herrschaft gemeinsam genießen, und dann — dann soll erst das
rechte Leben losgehen.

„Ha — ich will dieses Demokraten= und Progressistenpack,
all dieses liberale und sozialistische Gesindel, welches allein daran
Schuld hat, daß ich jetzt in dem verdammten Paris leben und
mich langweilen muß, schon zu Paaren treiben und wenn die
spanischen Kerker inzwischen sollten etwas leer geworden sein,
so werde ich nicht versäumen, denselben die nöthige Füllung
zu geben."

Die beiden Männer verließen nach diesem Gespräch das Kabinet
und begaben sich zur Gesellschaft zurück. — Herr Munnoz machte den
galanten Wirth, und der eiserne Herzog, der zu steif war, um den Damen
süße Schmeicheleien sagen zu können, ließ bald seine Equipage vor=
fahren, um in sein Hôtel zurückzukehren.

Achtes Kapitel.

In den Salons des Erzbischofs von Toledo.

Der Cardinal-Erzbischof von Toledo war wieder einmal mehr in Madrid als in Toledo, und wiederum war es der Palast des päpstlichen Nuntius am spanischen Hofe, in welchem er Wohnung genommen hatte.

Es war im Anfang Februar des Jahres 1863. Der Sturm fegte durch die Straßen der Hauptstadt, warf die Ziegel von den Dächern und zertrümmerte die Fenster, und es war ein Wetter, so schlecht und grausig, wie es Madrid noch nicht gesehen hatte.

Selten wagte es ein kühner Madrilene, in dichter Umhüllung über die Straße zu springen, und von den sonst selbst im Winter üblichen Ständchen vor den Fenstern der schönen Sennorita's war heut nirgends etwas zu hören.

Der Sturm pfiff seine Melodie, und alle Wetterfahnen, undicht schließenden Fenster und Thüren, knarrten und schlugen sie nach.

Desto traulicher war es in den warmen, von mildem Kerzenlicht erhellten Räumen des päpstlichen Nuntius-Palastes, welche der Cardinal-Erzbischof von Toledo bewohnte.

Heut nahm er nicht Theil an der Tertulia in dem königlichen Residenzschlosse — heut betete er nicht mit der bigotten Isabella um des Himmels Hülfe zur Unterstützung der streitenden Kirche — heut war er der Hausherr, der in seiner schmucklosen, aber behaglichen Wohnung seine hohen Amtskollegen zu Gaste gebeten hatte, um mit ihnen sich über die Verwerthung des neugewonnenen Einflusses am Hofe zu besprechen und zu verständigen.

An einer schwarz verhangenen Tafel sitzen, in der provisorischen Bibliothek des Hausherrn, außer diesem noch vier Priester, deren einer noch die rothe Kleidung des Cardinals trägt.

Dieser Letztere ist der päpstliche Nuntius, Monsignore Lorenzo Barili, Erzbischof von Tiana in partibus.

Ihm zur Rechten sitzt der Erzbischof von Saragossa, zur Linken der von Toledo. Diesem folgen der Pater Claret, der Beichtvater der Königin, und endlich der General-Vicar der spanischen Armee und Flotte, Pro-Caplan, Groß-Almosenier und Patriarch von Indien, Monsignore Iglesias y Barcones.

Ein Diener hat eben ein Porzellan=Brett hereingebracht, auf welchem Flaschen und Gläser stehen, und ist eben so still und stumm gegangen, als er hereinkam.

„Meine Brüder," beginnt der Cardinal=Erzbischof von Toledo, nachdem sich die Thür hinter dem Diener geschlossen — „wir haben uns hier im Namen der heiligen Mutter Kirche versammelt, um zu berathen, wie wir den Einfluß, den wir gewonnen haben, befestigen, sichern und mehren können.

„Ich flehe den Segen des Höchsten auf uns herab, daß er unsern Geist und Sinn erleuchte und uns die rechten Wege weise."

Die fünf Männer falteten die Hände und beteten.

Dann begann der toledanische Cardinal auf's Neue:

„Die liberale Regierung ist gestürzt, und wenn auch der Name O'Donnell noch an der Spitze des Ministeriums prangt, und manches Ketzers und Revolutionär's Ohr durch seinen freisinnigen Klang er= götzt, so wissen wir selbst doch am besten, daß der durch und durch reaktionäre und klerikale Posada Herrera, welcher ein Laien= bruder und geheimes Mitglied der Gesellschaft Jesu ist, die Seele des Kabinets vorstellt, und daß immer nur das durchgeht und vom Minister= rath beschlossen wird, was er beantragt.

„Aber so gut das ist, so können wir es doch besser haben.

„Die Maske — denn ein Anderes ist der Name O'Donnel nicht — muß fallen, und selbst an der Spitze muß ein Anhänger unserer Partei stehen, um der Welt keinen Zweifel mehr über unsere Inten= tionen zu lassen.

„Darüber sind wir einig — sowie wir auch schon übereinge= kommen sind, wenn irgend möglich, ein Kabinet Miraflores an die Stelle zu setzen.

„Doch über das „Wie" wollten wir berathen, und über die sich daran knüpfenden weiteren Schritte."

„Der heilige Vater," begann darauf der päpstliche Nuntius, „bedauert es tief, daß der Befehl zum Verkauf der Kirchengüter ge= geben wurde, und daß man die Ausführung desselben so sehr be= schleunigt hat, daß sich jetzt nichts mehr dagegen thun läßt.

„Aber vielleicht thut ein späteres Ministerium — das Ministerium, welches wir schließlich als das einzig rechte an's Ruder bringen können und müssen, die nöthigen Schritte.

„Vor der Hand können wir nur auf einen leichten Minister= wechsel wirken, denn es ist im Sinne des heiligen Vaters gehandelt, und die Klugheit gebietet es, daß wir nur langsam und sehr all=

mählig die immer krassere Reaktion einführen, bis wir Schritt für Schritt, aber um so sicherer, dahin gekommen sind, den nackten Ultramontanismus in der Person unseres alten Freundes, des Herzogs von Valencia, wieder zurückzuführen.

„Mein Amtsgenosse in Paris, der apostolische Nuntius für den Hof der Tulerien, Mr. Chigi-Albani, hat mir berichtet, daß der eiserne Herzog, welcher sich in dem ungeheuren Paris langweilt, mit Sehnsucht und Erwartung dem Augenblicke entgegen sieht, wo er endlich im Stande sein wird, in seine Heimath zurückzukehren.

„Wir haben also nur Alles auf diesen Augenblick vorzubereiten, und müssen vor allen Dingen die Sehnsucht der Majestät nach Liebe so lange unbefriedigt lassen, bis sie durch die lange Entbehrung empfänglich genug für neue Eindrücke ist, um einem Günstling von unseren Gnaden keine seiner Forderungen zu verweigern.

„Ich habe dabei mein Augenmerk auf einen Mann gerichtet, welcher für die Stellung eines Favoriten so geeignet ist, wie vielleicht keiner.

„Der Name ist vielleicht meinen im Herrn geliebten Amtsbrüdern schon bekannt — ich meine den Schwager und Landsmann des eisernen Herzogs Narvaez, den aus der Skandalgeschichte der Verheirathung des Marschalls von Valencia bekannten Marfori.

„Dieser lebt jetzt mit seinem hohen Verwandten in Paris, wo er im Bal mabille und der Closerie des Lilas sich auf seinen Beruf am Hofe von Madrid vorbereitet.

„Ich bin auch hierüber durch meinen Amtsgenossen in Paris unterrichtet.

„Dann muß auch der Herzog von Rianzares wieder in Spanien einziehen. Er ist ein spekulativer Kopf und versteht zu rechnen. Das Madrider Bankhaus, welches ihn hier vertritt, hat neuerdings bedeutende Ankäufe von Aktien der Andalusischen Bahnen gemacht — wie mir im Vertrauen versichert wurde — für Rechnung des Herzogs.

„Auch hat einer der Patres von der Gesellschaft Jesu, der im Hause des Herzogs Zutritt hat, mit ihm conferirt wegen der Uebernahme der von den Cortes neu beschlossenen Eisenbahnlinien Merida-Sevilla und Merida-Cordova-Malaga.

„Es steht bei diesen Bauten ein großer Gewinn zu erwarten, und wenn Sie, Pater Claret, es verstehen, die Majestät in ihren Entschlüssen zu lenken — wenn die ehrwürdige Schwester Raphaele del

Patrocinio ihre Schuldigkeit thut, so kann es nicht fehlen, daß wir dem Herzog von Rianzares die Bahnen in die Hände spielen.

„Er hat sich für diesen Fall verpflichtet, dreißig Procent seines Gewinnes der heiligen Kirche zu opfern, wodurch der Verlust der Kirchengüter wenigstens theilweise gedeckt würde.

„Also, Pater Claret — thun Sie Ihre Schuldigkeit, und erwerben Sie das Wohlgefallen des heiligen Vaters und des Ordensgenerals in Rom!"

„Aber wie steht es denn mit Isabella, der Tochter der Königin," nahm nun der Patriarch von Indien das Wort. „Das Kind ist der Mutter sehr, sehr ähnlich, und es ist nur zu bedauern, daß die spanische Königskrone dermaleinst nicht ihr, sondern ihrem Bruder gehören soll.

„Dennoch meine ich, daß es gut ist, bei ihr den alten Grundsatz in Anwendung zu bringen: „von der Sünde zur Reue, von der Reue zur Buße, und von der Buße zum Gehorsam gegen die allein seligmachende Kirche."

„So sei es," antworteten die vier Andern wie aus einem Munde.

„Omnia ad majorem Dei gloriam," fügte der Patriarch mit Salbung hinzu, indem er mit frommem Blick auf die getäfelte Decke des Gemaches sah.

„Darüber ließe sich aber vielleicht noch vortheilhafter beschließen," hob mit schlauem Lächeln der Pater Claret an.

„Wie denn, meine Brüder, wenn es dem Herrn gefällt, den Prinzen von Asturien dermaleinst nach seinem unerforschlichen Rathschlusse kinderlos sterben zu lassen?

„Es ist gut, für alle Fälle zu sorgen und das Nöthige zu thun, damit in einem solchen Falle, der allerdings vielleicht durch Gottes Gnade eintritt, weil er seiner heiligen Kirche von Nutzen ist, für eine Nachkommenschaft aus dem Geschlechte der spanischen Bourbonen gesorgt ist.

„Darum befürworte ich einen Vorschlag, den mir die ehrwürdige Schwester Maria Raphaele del Patrocinio gemacht hat.

„Die königliche Mutter, unsere folgsame Tochter Isabella, sträubt sich gegen den Gedanken, das Kind Isabella, wie sie die Prinzessin immer bezeichnet, bald zu verheirathen.

„Aber es giebt Mittel und Wege — besonders bei der stark entwickelten Anlage zur Sinnlichkeit, welche die Infantin besitzt — um die Mutter Isabella zu zwingen, daß sie in die baldige Vergebung der Hand ihrer Tochter willigt.

„Für den Fall nun, daß die Königin sich einst veranlaßt sehen sollte, die Hand der Prinzessin jedem Prinzen zu verschenken, der nur um sie wirbt, könnte man einen italienischen Fürsten aus dem Hause des vom Throne seiner Väter durch den ruchlosen Räuberhauptmann Garibaldi vertriebenen Franz II. von Neapel veranlassen, nach Madrid zu kommen, und die Hand der Infantin zum Bunde für's Leben zu verlangen.

„Auf diese Weise bekäme die neapolitanische Königsfamilie neuen Einfluß in Spanien — vielleicht gefällt es dem Könige der Könige, den Prinzen von Asturien nicht zur Regierung kommen zu lassen, und so hätten wir dann einen neapolitanischen Prinz-Gemahl von Spanien, der es schon möglich zu machen suchen wird, daß Spanien einen Krieg mit dem verruchten Victor Emanuel beginnt, um das Teufelswerk des Königreichs Italien zu vernichten."

„Bei der heiligen Jungfrau —" rief ganz entzückt der Nuntius. — „Pater Claret, Sie erwerben die ewige Seligkeit, und die fromme Schwester verdient, daß der heilige Vater sie heilig spreche.

„Dieser Plan ist Goldes werth, ist so gut, wie keiner je; denn — wir müssen es uns gestehen — auf andere Weise bekommen wir keinen neapolitanischen Prinzen zum Gemahl der Infantin Isabella.

„Sie nehmen doch den Grafen von Girgenti in Aussicht, Pater Claret — den dritten Sohn des Königs Franz. Sie wissen, meine Brüder, von wie abschreckendem Aeußern dieser Prinz ist.

„Ah — auf diese Weise kann er doch Gemahl der Prinzessin von Asturien, und, so Gott es will und die heilige Jungfrau, Nach= folger des Königs Francisco d'Assis werden."

„Wohl, der Plan ist gut," fällt der Erzbischof von Toledo ein — „aber wir dürfen in keiner Weise als die treibende Macht sichtbar sein — das müssen Alles Personen zu leiten und zu dirigiren scheinen, welche uns fern stehen."

„Da weiß ich wohl Rath," beginnt der Patriarch von Indien, indem er behaglich sein Glas leert — „ich habe meine Verbindungen in Paris mit der alten Königin Christina noch immer in guter Ordnung, und vielleicht kann die Großmama die Puppe sein, welche wir an unseren Drähten lenken."

Der Vorschlag wurde angenommen und auch besprochen, daß man durchaus kein Geld sparen wolle, um etwaige Launen der Infantin zu befriedigen, damit sie nur ja ihrer Mutter in jedem Stücke gleiche, und später eine Königin sei nach dem Herzen des Jesuiten= Generals in Rom.

„Doch um nun wieder auf unseren Ministerwechsel zu kommen"
nahm darauf der apostolische Nuntius das Wort, „so ist es vortheil=
haft, durch das in Aussicht genommene Ministerium Miraflores ein
neues Wahlgesetz schaffen zu lassen.
„Dabei fällt vielleicht Miraflores — was thut's? Die Cortes
werden aufgelöst und Neuwahlen ausgeschrieben.

„Das neue Ministerium legt dann den neuen Kammern einen
Gesetz=Entwurf wegen Verfassungs=Aenderung vor; denn die Reformen
von 1858 müssen unter jeder Bedingung erst fallen, und wir müssen
zur reinen Verfassung von 1854 zurückkehren.

„Sollten einige Ministerien gehen müssen — sollten Kravalle
entstehen — nun, wir werden uns zu salviren und dennoch unseren
Willen durchzusetzen wissen.

„Und ist nur erst der eiserne Herzog von Valencia
wieder am Ruder, haben wir die Königin=Mutter in's Land
gerufen, und — was die Hauptsache ist — steht Isabella in
ihrem Boudoir nicht mehr allein, dann — dann wollen wir
diesem Aufklärlicht schon die Wege weisen!"

„Das ist Alles recht gut und schön, lieber Amtsbruder," versetzte
der Erzbischof von Saragossa, welcher bisher wenig gesprochen, aber
um so mehr getrunken hatte. „Aber wäre es nicht gut, unsere liebe
Schwester, die blutende Nonne, hierherzubescheiden, damit sie auch
an unserer Berathung theilnehme, und die nöthigen Instructionen
für die Behandlung der Königin entgegen nehme.

„Ich hatte überhaupt gedacht, sie hier zu finden — unsere heutige
Zusammenkunft war doch eine schon längst in Aussicht genommene, und
die Blutende konnte also so gut benachrichtigt sein, wie wir."

„Die Nonne hat eine Andachtsübung mit der Königin
zu verrichten gehabt," gab der Pater Claret zurück — „darum
ist sie nicht hier. Aber ich glaube," er blickte dabei auf die Uhr über
dem Kamin — „daß sie jetzt im Stande sein würde, zu kommen."

„Dann halte ich dafür, daß wir die Nonne rufen lassen," entschied
rasch der Cardinal=Erzbischof von Toledo.

Er eilte an die Thür, setzte den Glockenzug in Bewegung, und
befahl dem eintretenden Diener, sofort einen Wagen nach der „bluten=
den Nonne" abzusenden.

„Man wird dieselbe," fügte der Pater Claret hinzu, „im Vor=
gemach der Königin auf dem Betschemel finden. Ich gebe hiermit
Absolution für die Sünde, die der begeht, der sie im
Gebet stört."

Der Diener eilte davon, bald hörte man das Gerassel eines im raschen Trabe davonsausenden Gespannes, und als dasselbe nach Verlauf von etwa einer kleinen halben Stunde wieder zurückgekehrt war, öffnete der Diener die Flügelthüren mit den Worten:

„Die Mutter Raphaele del Patrocinio."

„Gelobt sei Jesus Christus!" war der Gruß, mit welchem die Angemeldete dem Diener auf dem Fuße folgte.

„In Ewigkeit Amen!" antworteten die fünf Prälaten mit dem üblichen Gegengruße.

„Geliebte Schwester im Herrn!" begann darauf mit salbungsvollem Tone der Nuntius, nachdem der Cardinal-Erzbischof sie zum Sitzen eingeladen hatte — „Ihr seid durch die Gnade Gottes und seiner heiligsten jungfräulichen Mutter zu einem besonderen Werkzeuge seines Ruhmes und seiner Ehren ausersehen.

„Ihr verdient aber auch das Lob, ein würdiges Werkzeug zu heißen, und Ihr dient der heiligen Sache der Religion mit seltenem Eifer und vieler Umsicht.

„Daß dem so sei, davon hat uns unser lieber Bruder, der hochwürdigste Pater Claret, soeben einen vorzüglichen Beweis gegeben, indem er uns Eure Ansicht über die Erziehung der Infantin Isabella und deren in Aussicht zu nehmende spätere Verheirathung mit dem Grafen von Girgenti mittheilte.

„Ich freue mich, daß die Kirche in Spanien so treue und sorgsame Dienerinnen hat, und werde nicht verfehlen, dem heiligen Vater und dem Präfekten der apostolischen Paläste, Cardinal-Diakon Giacomo Antonelli von Eurem Eifer Kunde zu geben, damit Euer Thun nach Gebühr gewürdigt werde.

„Aber nun sagt uns, liebe Schwester, wie geht es der Königin, unserer Tochter, um deren Seelenheil wir täglich und stündlich in Sorge sind."

„Ach meine Väter," erwiderte mit einem frommen Aufschlag der Augen die blutende Nonne, welche vorher von dem ihr vorgesetzten Rebensafte herzhaft genippt hatte — „die königliche Majestät ist wie alle schwachen, fehlbaren Erdenkinder: Der Geist ist willig, aber das Fleisch ist schwach.

„In dem Herzen dieser, der heiligen Kirche so theuren Tochter herrscht eine große Leere und Oede, und es ist ein tiefes Sehnen nach Theilnahme in ihr.

„Dieses Sehnen nach Theilnahme und Verständniß geht jedoch oft in ein unheiliges Begehren nach weltlicher Zerstreuung über, woraus man recht klar erkennen mag, wie der Satan sich auch den Heiligsten und Frömmsten naht und sie in Versuchung führt.

„Die Königin wird beschlichen von der Erinnerung an genossene Sinnenlust — sie ist unruhig, und vielleicht wäre es gut, dem Fleisch sein Recht werden zu lassen, damit der Geist dann wieder um so sicherer herrsche.

„Die Geißelungen und Bußübungen und sonstigen geistlichen Exercitien, die ich theils auf Anordnung der Väter, theils getrieben vom Geiste Gottes, mit Isabella vornehme, haben schon seit einiger Zeit bedeutend ihre Wirksamkeit eingebüßt, und da der Schatz der Gnaden groß ist, so daß noch immer eine leichtere Sünde Entsühnung finden mag, so möchte ich wünschen, daß man der Königin wieder einen Günstling zuführe.

„Doch ich bin nur ein schwaches, kurzsichtiges Weib und meine Meinung kann eine irrige sein. Die geweihten Priester des Herrn, auf welchen der Geist des Höchsten ruht, werden gewiß den rechten Weg finden."

„Wir haben über diesen Punkt schon gesprochen, Schwester Patrocinio," nahm der Cardinal=Erzbischof von Toledo das Wort. „Es ist besser, wenn die Sehnsucht der Königin ungestillt bleibt und wir können daher Eurem Wunsche nicht willfahren.

„Die Königin soll einen neuen Freund erhalten — aber nicht eher, als bis die Sache der heiligen Kirche in der Regierung Spaniens völlig gesiegt hat — nicht eher, als bis alle Feinde der Religion niedergeworfen sind.

„Das ist es, Schwester, was Ihr andeutungsweise in das Ohr der Majestät könnt gelangen lassen.

„Aber um ein Wichtigeres handelt es sich jetzt.

„Das Kabinet O'Donnel muß noch in diesem Monat sinken — es fordert das die heilige Kirche durch den Mund ihrer Diener.

„Ihr, Schwester Patrocinio, seid dazu ausersehen, die Königin zu bewegen, daß sie, sowie O'Donnell seine Entlassung einreicht, dieselbe sofort und ohne Weiteres genehmigt, und — habt Acht auf das, was nun kommt — daß sie zur selben Stunde noch den Senator Marquis de Miraflores mit der Bildung eines neuen Kabinets beauftragt.

„Daß O'Donnell seine Entlassung einreicht, soll unsere Sache sein, Schwester Raphaele — die Eure ist es, zu bewirken, daß diese Entlassung angenommen wird, und daß sich besonders in der Umgebung

— 875 —

der Königin kein Einfluß geltend macht, der sie veranlassen könnte, eine andere Persönlichkeit, als den Marquis de Miraflores mit der Neubildung des Kabinets zu betrauen.

„Ihr könnt dabei bequem die Sehnsucht der Majestät nach Liebe als Waffe benutzen, einen andern Bewerber abzuwehren — zeigt ihr in der Ferne die Gewährung ihrer Wünsche."

Die blutende Nonne versprach, den erhaltenen Weisungen streng nachzukommen, und entfernte sich mit demselben Gruße, mit welchem sie gekommen. — —

Am 26. Februar 1863 reichte das Ministerium O'Donnell seine Entlassung ein, und noch am selben Tage übernahm Miraflores das Ruder der Regierung.

Neuntes Kapitel.

Die Kaiserin Eugenie in Madrid.

Das leicht erregte Madrid ist wieder einmal in Bewegung.

Nicht treibt ein lebhafter Verkehr die Männer durch die Straßen, nicht rauchen die Schlote der Werkstätten, in denen die Industrie die Wunder des Jahrhunderts erzeugt — Madrid ist nur die Hauptstadt eines einst mächtigen, jetzt verkommenden Reichs, die Residenz der Könige — weiter nichts.

Und doch sträubt es sich gegen die ihm zugewiesene be= scheidene Rolle: kann es nicht durch Betriebsamkeit glänzen, will es der Brennpunkt des politischen und wissenschaftlichen Lebens sein. Aber auch diesen Charakter vermag es nicht zu behaupten.

Der Heerd von Tumulten ist diese eigenthümliche Stadt zwar hin und wieder; aber bald vergißt sie alle ihre Freiheitsbestrebungen und giebt sich einer leichtsinnigen Vergnügungssucht und Schaulust hin.

So war es auch heute.

Die Menge fluthete die großen Straßen, namentlich die Hortalera= straße, auf und ab, auf den Balkonen, über deren eiserne Geländer bunte Teppiche hingen, neben welchen vielfarbige Bänder flattern, leuchtete, schimmerte und glitzerte es von brillanten Damentoiletten und feurigen Augen.

Man wartete gespannt auf die Haupt- und Staatsaktion, die da kommen sollte.

Es ist bekannt, daß die Kaiserin Eugenie, die Gemahlin des dritten Napoleon, eine Spanierin von Geburt, ebenso in Frankreich die Geistlichkeit bevorzugt, wie es Isabella zur Zeit ihrer Herrschaft in Spanien that.

Diese Uebereinstimmung der beiden hochgestellten Frauen in Sachen der heiligen Kirche, hatte schon lange in Jeder von Beiden den Wunsch erregt, die Andere zu sehen und zu sprechen.

Isabella wäre wohl gern nach Paris gegangen. Aber einmal existirt ein altes spanisches Gesetz, welches dem Herrscher (oder der Herrscherin) verbietet, ohne Einwilligung der Cortes das Land zu verlassen.

Diese hätten wohl die Erlaubniß ertheilt — aber es gab unter den spanischen Staatsmännern und Würdenträgern nicht Wenige, welche behaupteten: „In dem Augenblicke, wo die Königin die Grenze überschreitet, bricht in Spanien die Revolution los, und Isabella sieht ihr geliebtes Volk nie wieder.“

Aber noch ein anderes Hinderniß stand dem Plane eines Besuches in Paris entgegen: Die fortwährende Schwangerschaft der spanischen Königin. Sie war kaum aus einem Wochenbett heraus, so verkündeten die Organe der Regierung schon wieder die frohe Aussicht auf ein neues, und die Geburten von Infantinnen wollten kein Ende nehmen.

So hatte sich denn die französische Kaiserin entschlossen, ihr geliebtes Paris, ihr theures Volk auf eine Woche zu verlassen, um in ihrer Heimath dieselben Interessen zu vertreten, für die sie in Frankreich so glorreich wirkte: den Papismus.

So waren denn heut die Madrilenas — alt und jung, hoch und niedrig, schön und häßlich — auf den Beinen, um die Kaiserin der Franzosen und Königin aller Damentoiletten zu sehen, um ihre Robe zu bewundern und sich in's Gedächtniß einzuprägen, behufs getreulicher späterer Nachahmung.

Die Donnas und Duennas und Sennoritas von ganz Madrid waren in ungeheurer Aufregung, und die Herren Väter und Ehemänner, Novios und Bräutigams hatten den letzten Maravedi daran wenden müssen, um erstens die Toilette mit den entsprechenden Thorheiten des neuesten Mode-Journals auszustatten, und um zweitens auf den Straßen, welche die Kaiserin passiren sollte, einen Fensterplatz zu erhalten.

Die Kaiserin Eugenie kam von Saragossa und Alkala her, traf auf dem uns schon bekannten Bahnhofe vor dem Alkalathor ein, und wurde von der Königin Isabella empfangen.

Trompetengeschmetter und Trommel- und Paukengewirbel verkündeten die Ankunft der hohen Dame.

Durch die Ehrenpforte an der Ecke der Alkalastraße und der Puerta del Sol zog eine Schwadron Gardereiter in blinkenden Stahlhelmen und Panzern, welche den Zug eröffneten.

Viel tausend schwarze Gluthaugen, mit und ohne Lorgnetten und Operngläser, richteten sich auf die Ankommenden.

Da wurde sie sichtbar — sie — Eugenie de Montijo y Guzman, Gemahlin Napoleon III. und Kaiserin der Franzosen.

Ihr galt die Aufregung von Madrid — um sie zu bewillkommnen, hatte sich beinahe die gesammte Bevölkerung eingefunden. Denn wohl schmeichelte es dem spanischen Volke, der großen Nation eine Herrscherin gegeben zu haben.

Und nicht einmal war es eine Infantin, sondern nur eine Adlige, aus alter Familie zwar, jedoch nicht ohne die Mischung bürgerlichen Blutes, welche das Herz des mächtigen Napoleon allein durch Schönheit und Geist gefesselt hatte.

Unter den Vivas, Händeklatschen und Fächerschwenken rollten die reich vergoldeten Staatskarossen daher, von denen jede mit sechs, acht, zehn andalusischen Rossen, mit wallender Mähne und wogigem Schweife, oder mit hellgrauen Maulthieren bespannt war. Wie bäumten sich die edlen Rosse, wie schwankten die bunten Federbüsche auf den Köpfen der Maulthiere.

In einer offenen Kalesche à la Daumont saßen die Königin Isabella und ihre Freundin, die Kaiserin Eugenie.

In zwanzig Galawagen folgten die Hofchargen und großen Würdenträger. Die Musik und die Trommeln der auf beiden Seiten der Straße in Spalier aufgestellten Infanterie spielte das Partant pour la Syrie, den von der Mutter des Kaisers Napoleon, der Königin Hortense, komponirten Lieblingsmarsch des zweiten Kaiserreichs.

So pflanzte sich der Jubel von Straße zu Straße bis zum Residenzschlosse fort, und noch lange, nachdem die letzte Equipage in den Schloßhof verschwunden war, wogte die Menge auf den Calles (Wegen) und Plazas, von dem wichtigen Ereignisse plaudernd.

Sobald sich die Schaulust gelegt und das Feuer des leicht erregten Enthusiasmus verraucht, hörte man ruhigere Urtheile über den Besuch, welcher Alle beschäftigt.

Eine Gruppe von Caballeros lungerte in dem großen Kaffeehause an der Ecke der Alkalastraße und der Puerta del Sol. Einige drehten Papelitos in ihren bräunlichen Fingern, andere hüllten sich in dichte Rauchwolken.

Spöttische Stimmen wurden laut:

„Es ist nicht zu leugnen,“ meinte der Eine, „unsere Lands= männin macht uns bei den Franzosen, die sie beherrscht, alle Ehre. Wir können stolz auf dieselbe sein. Sie hat sich nicht nur die Liebe und Verehrung der Pariser erworben, sie übt einen ge= wissen Einfluß auf die Staatsangelegenheiten, sie giebt auch den Ton bei allen Moden an, sie ist auf diesem Gebiete die Herrscherin von Europa.“

„Mag sein,“ entgegnete ein Anderer, der zur radikalen Partei gehörte, „aber ich kann nun einmal die Franzosen nicht leiden. Sie haben Spanien niemals Glück gebracht. Zweimal sind sie in unser Land eingefallen und als Unterdrücker aufgetreten. Und wenn ich auch der schönen blonden Kaiserin mit dem Schwanenhals, der liebenswürdigen Dame, die größte Hochachtung zolle, mich über ihre hohe Stellung im mächtigen Nachbarreiche freue, so will es mir doch scheinen, als ob ihre allzugroße Frömmigkeit, ihre Vorliebe für den Klerus, der Freiheit und Aufklärung Schaden brächte. Ihre Anwesenheit in Spanien wird ohne Zweifel zur Stärkung der reaktionären Partei beitragen.“

„Was thut's,“ versetzte ein Dritter, „mögen es doch diese Neo= katholiken männlichen und weiblichen Geschlechts versuchen, den Fort= schritt zu hemmen und ihre lichtscheuen Pläne spinnen, „los amigos de la libertad,“ (Freiheitsfreunde) wachen über Spaniens Geschicke.“

„Habt Ihr neuerdings Etwas von ihnen gehört?“ hob ein statt= licher junger Mann mit lecken schwarzen Augen und emporgedrehtem Schnurrbart an.

„Nein,“ erwiederte der Dritte, mit seinem Gefährten einen Blick des Einverständnisses wechselnd.

Beide schwiegen, es trat überhaupt eine Pause ein, die mit dem betäubenden Lärm auf dem Platze grell kontrastirte. Bald darauf ent= fernten sich die beiden Freunde unmerklich aus der Gesellschaft, während die übrige Gesellschaft schon längst das Gespräch von der Politik

ab auf die bevorstehenden Lustbarkeiten, die Damen und sonstige gleich=
gültige Dinge, gelenkt hatten.

Die beiden Verschwundenen schienen in einem vertrauten Ver=
hältnisse zu einander zu stehen. Unweit der Puerta bogen sie in eine
menschenleere Gasse, und spähten um sich, ob Niemand sie beobachtete.

„Der Tag der Freiheit nahet," flüsterte der vorhin Befragte dem
Andern zu.

„Wann?"

„Ich kann es noch nicht bestimmen; die Unsichtbaren haben den
Zeitpunkt des Losbruchs noch nicht festgesetzt; aber alle Vorkehrungen
sind getroffen, die Finsterlinge und Weibergünstlinge vom spanischen
Boden wegzufegen."

„Wenn der Aufstand nur nicht wieder mißlingt, wie schon oft,
und wir die Zeche bezahlen müssen."

„Bist Du denn auch so kleingläubig, lässest Du auch Deine
Heimath im Stich? Wie soll unser Vaterland jemals gedeihen, wie
soll es aus den Händen seiner habsüchtigen Staatsmänner befreit
werden, wenn seine edelsten Söhne verzagen?"

„So war es nicht gemeint, aber wird man nicht entmuthigt,
wenn Emeute auf Emeute folgt und nichts ausrichtet? Die Besten
in's Exil fliehen und man jeden Augenblick fürchten muß, mit Ketten
beladen nach den Presidios unter die brennende Sonne Afrika's oder
nach den Philippinen an das Ende der Welt deportirt zu werden?"

„Der ist kein ächter Patriot, der sich durch eine solche Strafe
davon abschrecken läßt, seinem Vaterlande zu dienen. Harrt denn des
Soldaten im Kriege nicht ein herberes Loos, und gehen denn nicht Hundert=
tausende bei der Vertheidigung des Vaterlands gegen den äußern Feind
freudig in den Tod?

„Denke an Saragossa, wie viele opferten sich dort für die Unab=
hängigkeit. Wer wird auch gleich das Aergste fürchten. Muth ge=
faßt, mein Freund, komm heute Abend in die Versammlung, Du wirst
dort über unsere Zwecke das Nähere erfahren."

„Por Dios denn, wir sehen uns dort, ich bin vor wie nach mit
Leib und Seele Euer eigen."

Mit einem herzlichen Händedrucke schieden die Freunde. — —

Ein kühler Abend folgte auf den heißen Tag, frische Lüfte und
Düfte von Myrthen, Rosen und Jasmin lockten nach dem Prado, in
dessen Puseos das lustige Völkchen in bunten Massen auf und ab
wandelte.

Da sah man Manolas und Mozas (Landmädchen der Provinzen) im bunten mit seidenen Franzen besetzten Röckchen, die Mantille vom Hinterkopf herabhängend, neben ihren Majos und Novios (Anbetern), ebenso stattlich in ihren mit blitzenden Knöpfen, Schmelz und Gold- und Silberschnüren aufgeputzten Jacken schäkern und tanzen, singen und schwatzen.

In dem durch bunte Lampen und Papierlaternen erleuchteten Prado sollte ein großartiges Feuerwerk abgebrannt werden, während eine Spazierfahrt der Königin Isabella in Begleitung der Kaiserin Eugenie von Frankreich durch die Hauptalleen veranstaltet wurde.

Das Alles war endlich vorüber, und die Königin Isabella hatte sich mit der Kaiserin Eugenie nach Aranjuez, dem spanischen Versailles, zurückgezogen. Nach dem schönen Aranjuez, von dem es in Schiller's „Don Carlos" heißt: Die schönen Tage von Aranjuez sind vorüber. — — — — — — —

Im japanischen Salon des Lustschlosses, dessen Wände mit Porzellanplatten d. h. mit Porzellanreliefs bedeckt sind, welche menschliche Gruppen, Thiere, Blumen in halber Rundung aus farbigem Grunde hervortretend und durch das seltsamste Schnörkelwerk mit einander verbunden darstellen, war eine Tertulia (Abendgesellschaft).

Der Salon und die anstoßenden Gemächer waren gefüllt mit den Granden, Diplomaten und ausgezeichneten Fremden.

Der Kronleuchter im Salon, ebenfalls aus Porzellan, strahlte im Kerzenlicht, welches die Ranken und phantastischen Gestalten aller Art, die sich an ihm in den sonderbarsten Windungen hundertfach verschlingen, in ihrer ganzen Wunderlichkeit hervortreten ließ.

Das Deckengemälde, klassisch von Belasquez al fresco gemalt, leuchtete mit seinen Göttergestalten wunderbar auf die zahlreiche Schaar der Gäste hernieder.

Ueberall waren Alabasterwerke, Krystallgefäße, Broncen, kostbare Mosaiken mit verschwenderischer Pracht aufgehäuft.

Die Thüren der Gemächer standen weit offen; sie führten auf eine prächtige Blumenterrasse, und über dieselbe hinweg in den reizenden Inselgarten, der von den Windungen des Tajoflusses gebildet wird.

Die Fluthen dieses Stromes, der einen großen Theil von Spanien durchfließt, stürzen sich in der Nähe des Schlosses in einem zwanzig Fuß hohen Wasserfall herab.

Unter den dichtbelaubten Platanen zwischen dem Schlosse und dem Tajo erging sich ein Theil der Gesellschaft, dem es in den Sälen zu heiß war.

Die Königin selbst hatte sich, nachdem sie ihren Gästen mit aller Huld entgegengekommen war, mit der Kaiserin Eugenie und einigen Vertrauten in ein mit Gold, Seide und Gobelin's ausgeschlagenes Kabinet zurückgezogen.

Dort hatten die hohen Frauen auf einem Diwan Platz genommen, während der Erzbischof von Toledo, der Pater Claret, die Nonne Patrocinio und einige Generale ehrerbietig umherstanden.

„Santissima Virjen de Dios," begann die Königin Jsabella, „die Gottlosigkeit wird doch immer ärger in der Welt. In Italien, dem Wohnsitz des heiligen Vaters, der Urstätte der Kirche, sind von dem Atheisten Garibaldi meine Vettern verjagt und die Altäre be- sudelt worden. Ja selbst der Thron war wider den Altar; der König von Sardinien bot zu diesen Greueln die Hand, er nahm dem heiligen Vater, gesegnet sei sein Name für und für, einige Theile seines Landes."

„Ew. Majestät haben Recht," entgegnete die Kaiserin, „obwohl es in meinem schönen Frankreich der Kirche nicht so gar schlecht ergeht Trotzdem, daß von dort aus sich die verruchten Hände der Freigeister zuerst an allem Heiligen vergriffen, die Gesalbten Gottes dem Tode geweihet wurden, ist es im Laufe der Zeit besser geworden.

„Es blühen dort viele Bruderschaften; die Bischöfe des Landes wahren eifrig das Interesse des heiligen Glaubens, das gläubige Land- volk unterstützt sie, und was man dem Klerus in der schweren Zeit der Unterdrückung genommen, das wird ihm durch manche mildthätige Hand wieder erstattet. Klöster entstehen aus den Trüm- mern, bedeutende Güter fallen der Geistlichkeit zu, und was meinen hohen Gemahl und mich betrifft, so geben wir Gott und seinen Heiligen reichlich, was ihnen gebührt."

„Auch in Spanien halte ich Gottes Ruhm," bemerkte Jsa- bella, „so weit es in meiner Macht steht, mit starker Hand aufrecht. Ich habe erst jüngst die Ketzerei, die ihr Haupt erhob, niedergeschlagen, wie Ew. Majestät wissen werden.

„Aber Gott sei es geklagt, es rühren und regen sich die Feinde der Kirche überall. Ich kann es nicht hindern, daß die Güter der Kirche verkauft werden; und was hilft alle Buße, alle Kasteiung, wenn das unvernünftige Volk immer weniger auf die Lehren seiner Priester, immer mehr auf Diejenigen hört, die zu seiner Selbst- sucht, seiner Weltlichkeit sprechen."

„So ruhig freilich, wie in Frankreich," meinte die Kaiserin, „ist es in Spanien nicht; so ungestört wie dort kann hier die Kirche nicht gedeihen. Die Umsturzpartei ist in diesem Lande rührig, wie beinahe in keinem Andern, sie bedroht fortwährend den Thron und verschont auch nicht den Altar.

„Ich habe unter heißen Thränen zur heiligen Jungfrau gefleht, das Herz meiner Landsleute zur Frömmigkeit zu lenken, aber die Verstocktheit ist zu groß.

„Was für eine Ansicht über unsere heiligsten Angelegenheiten haben Sie, ehrwürdiger Vater?" wandte sich die Kaiserin gegen Pater Claret.

„Man muß den Gottlosen mit der größten Strenge entgegentreten, man muß den Unterricht der niederen Klassen und der Bauern nicht aus den Händen lassen, man muß ihre Gemüther mit dem Glauben an unsere heiligen Satzungen erfüllen, das Gift der neuen Lehren von ihnen fern halten. Vor Allem muß die Glaubenseinheit in Spanien aufrecht erhalten werden, in deren Besitz Spanien einen Vorzug vor Frankreich hat.

„O die Kirche hat noch eine gewaltige Macht. Sie hält mit tausend Fäden die Welt umspannt, die Throne bedürfen ihrer, das höchste Gut des einfachen Mannes ist sein Glaube, und wer den antastet, ist sein Feind. Wir brauchen nicht zu verzagen, so lange die Menge noch an uns hängt.

„Die Minderheit der sogenannten Gebildeten wird uns nicht stürzen, sie ist unseren Freunden gegenüber zu schwach.

„Aber geben wir uns selbst nicht auf, stellen wir nur immer die rüstigsten Streiter der Kirche auf die einflußreichsten Posten, und sie werden für das Beste des Thrones und Altars sorgen."

„Mit Ihren tröstenden Worten, Ehrwürden, erfreuen Sie mein Herz," sprach die Kaiserin, dem Pater die Hand drückend.

„Ihre Rathschläge," rief begeistert Isabella, „sollen stets die Richtschnur meines Handelns sein!"

„Und müssen wir auch eine Zeitlang der Zeitströmung nachgeben, den Widersachern Gottes Zugeständnisse machen, so wird sich wohl eine Gelegenheit finden, ihnen das Gewährte zu entreißen," mischte sich der Erzbischof von Toledo in's Gespräch. „Bleiben Eure Majestäten nur stark im Glauben, Sie werden mit Erfolg für die Religion kämpfen, und die Kirche wird vor allem Uebel bewahrt sein."

„Alles für den Glauben und zur größeren Ehre Gottes selbst den Märtyrertod!" riefen beide Majestäten wie aus einem Munde.

„Und Ihr werdet," schloß die Nonne Patrocinio salbungsvoll, „dermaleinst die Wunder Gottes und seiner Heiligen
schauen und in den Gefilden der Seligen wandeln."

„Wie denn aber nun," nahm wieder die Kaiserin das Wort,
„wenn Ew. Majestät, ebenso wie Sie zur Einwilligung in den Verkauf der Güter unserer heiligen Mutter Kirche gezwungen waren, auch
durch die Verhältnisse sich genöthigt sähen, eine Anerkennung des sogenannten Königreichs Italien auszusprechen.

„Sie wissen doch, daß Sie sich damit des Rechtes, die augen-
blickliche Sachlage im Guten oder im Bösen umzuändern, begeben. —
Wie denken Sie darüber?"

„Ich weiß es, meine liebe Freundin," antwortete Isabella, „daß
es Ihnen vor allen Dingen darum zu thun ist, daß dem abtrünnigen
Victor Emanuel ja nicht der Rechtsboden einer allseitigen Anerkennung
zu Theil werde.

„Aber ließe sich nicht etwas arrangiren, um den heiligen Vater
wieder in seinen Besitz einzusetzen, und das Patrimonium Petri in
in seinem früheren Umfange wieder herzustellen?"

„Ich habe darüber schon viel nachgedacht, und möchte wohl die
Meinung meiner hohen Freundin darüber hören."

„Meine Ansicht hierüber," begann Eugenie, „ist die, daß der
heilige Vater, um zu seinem Rechte zu kommen, der Hilfe
unseres eifrigsten Gebetes bedarf, und daß wir ihn und seine
Getreuen reichlich mit Geldmitteln ausstatten müssen.

„Außerdem aber müssen wir auch dahin wirken, daß sich in der
heiligen Roma schnell eine bedeutende Zahl von glaubensstarken
Kämpfern sammelt.

„Wie gehen denn in Spanien die Anwerbungen zur Armee
des heiligen Vaters?"

„Darüber können Sie ja die beste Auskunft geben, Cardinal,"
wandte sich die Königin Isabella an den Erzbischof von Toledo.

„Die beste Auskunft wohl, aber leider keine gute," erwiderte
der Angeredete in dem Tone des tiefsten Bedauerns. „Nicht nur, daß
sehr wenig Spanier sich bereit finden lassen, auf den Nothschrei der
Kirche zu hören und sie mit Blut und Leben zu unterstützen — nein —
die Gottlosigkeit hat sogar so weit um sich gegriffen, daß eine
Klasse von Menschen der verworfensten Art, besonders in den Hafen-
städten, ein Gewerbe daraus macht, sich anwerben zu lassen, Handgeld
zu nehmen und dann davonzulaufen.

„O, die Kirche ist schwer bedrängt und bedarf des kräftigen Schutzes aller Gläubigen, und vor allen Dingen ist es nöthig, daß die Fehler, die durch frühere liberale Maßregeln in der Regierung begangen worden sind, ausgetilgt werden.

„Ich schmeichle mir, meine erhabene Herrscherin vor einigen schlimmen Schritten rechtzeitig gewarnt und der heiligen Kirche eine große Niederlage erspart zu haben, die ihr in dem schönen Spanierlande bevorstand."

Der Kirchenfürst hatte diese, die Königin demüthigenden Worte mit einer gewissen Salbung und dem Aufscheine der höchsten Hingebung an die Interessen des Glaubens gesprochen.

Isabella, die wohl verstand, daß er auf die Freimaurer anspielte, deren Einführung, wie man ihr vorgeredet, Don Mencos vorgehabt hatte, sagte:

„Ja, ich muß es gestehen, daß ich mich einst verirrte und glaubte, allein den richtigen Weg finden zu können. Aber ich bin rechtzeitig gerettet worden durch die Hand der Streiter des Herrn, und ich werde gewiß nie, nie in meinem Leben mehr etwas thun, ohne vorher die hochwürdigen Väter um ihren Rath gefragt zu haben.

„Wenn die Schritte meiner Regierung noch bisher nicht energisch genug zurücklenkten in die Bahnen des Glaubens und des historischen Rechts, so trägt eine Säumigkeit meinerseits keine Schuld daran.

„Sie selbst, Cardinal, und Sie hochwürdiger Pater Claret widerriethen mir ja eine zu plötzliche, gründliche Wendung."

„Verzeihung, Majestät," erwiderte der Gewissensrath der Königin — „mein hoher Amtsbruder und ich, haben uns nur erlaubt, Sie darauf aufmerksam zu machen, daß ein Wechsel leichter ertragen wird, wenn er ein langsam vor sich gehender ist.

„Damit ist keineswegs gesagt, daß er nicht ein gründlicher sein soll — o nein — er muß sogar recht sehr gründlich sein.

„Ich bin sogar, wenn die Majestäten mir erlauben, meine Meinung auszusprechen, für eine allmälige Herbeiführung der Verhältnisse vor dem Vicalvaristen-Aufstande."

„Sie meinen also," begann die Kaiserin, „daß es von Vortheil wäre, dem Herzog von Valencia die Rückkehr nach Spanien zu gestatten?"

„Nicht blos das," antwortete der Pater — „es wäre vielleicht auch vortheilhaft und läge im Interesse der heiligen Kirche, dem eiſernen Herzog auch wieder die Zügel der Regierung in die Hand zu legen.“

„Mir hat kürzlich der hochwürdigſte Erzbiſchof von Paris, Mr. Darboy, von dem Herzog von Valencia geſprochen,“ erwiederte Eugenie — „und er hat nur Gutes von ihm geſagt, und lebhaft bedauert, daß ein ſo tüchtiger Mann fern von ſeiner Heimath iſt, der er ſo viel nützen könnte.“

„Wenn Sie meinen,“ hob Jſabella, zu dem Prälaten gewendet an, „daß es der guten Sache Nutzen bringt, ſo laſſe ich den Herzog ſofort zurückrufen. Jch bin jeden Augenblick bereit, ein darauf bezügliches Dekret zu unterzeichnen.“

„Noch nicht, Majeſtät,“ fiel der Cardinal-Erzbiſchof von Toledo ein, „Sie können in der That nur langſam vorgehen. Laſſen Sie erſt das neue Wahlgeſetz in Kraft treten — ſchaffen Sie die Verfaſſungsreformen ab — veranlaſſen Sie einen mehrfachen, ſchnell auf einander folgenden Miniſterwechſel — und dann, dann rufen Sie den Marſchall in's Land.

„Die gottloſen Demokraten fühlen ſchon, daß die Stunde ihres Unterganges gekommen iſt — ſie nehmen, im Bewußtſein ihrer Nichtigkeit, keinen Antheil mehr an den Wahlen, ſo daß die neuen Cortes gut ſind, und von dieſer Seite kein Hinderniß zu erwarten ſteht.

„Ebenſo ſind die Schwierigkeiten mit den Descendenten des Don Carlos durch die Entſagung des Don Juan de Borbon beſeitigt, und Ew. Majeſtät Regierung kann ſich jetzt in ihrer Stärke zeigen.

„Ew. Majeſtät guter Wille iſt durchaus anzuerkennen; aber Sie müſſen bedenken, daß das, was Sie für die heilige Mutter Kirche ſchaffen, von ewiger Dauer ſein ſoll und ſein muß.

„Ob wir, die wir leben, die Früchte von dem noch ſehen, deſſen Samen wir mit emſiger Hand ausſtreuen, oder nicht, das gilt dem Ewigen gleich, und kann unſere Freude am heiligen Schaffen nicht beeinträchtigen. Wir wirken nicht für uns, nicht für ein Geſchlecht, nein, für die ganze Zukunft und darüber hinaus noch für die Ewigkeit.

„Daß wir es recht thun, beſonnen und bedachtſam, mit Eifer, aber ohne Haſt, und mit Sorgfalt — das ſei unſere Aufgabe, um deren rechte Erfüllung ich den himmliſchen Vater, die heiligſte Mutter Gottes und alle lieben Heiligen täglich und ſtündlich im heißen, inbrünſtigen Gebet anflehe.

„Daß Sie, meine in Gott geliebten Töchter — omnia ad majorem Dei gloriam — ſtets den rechten Weg, die rechten Mittel

und den rechten Geist finden, darum flehe ich den Segen des Himmels
auf Sie herab. Amen!"

Das war der 18. Oktober 1863.

———

Zehntes Kapitel.

Ein Ball zu Ehren der Kaiserin Eugenie.

In den Festräumlichkeiten des königlichen Residenz-Schlosses zu
Madrid herrschte heut ein reges, bewegtes Leben.

Es war der Tag vor der Abreise der hochgestiegenen Tochter
Spaniens, der Kaiserin der Franzosen, und die liebenswürdige
Königin Isabella, ohnehin bemüht, das Mögliche zu thun zur Unter-
haltung der Herrscherin im Launenreich der Mode, hatte für diesen
Tag einen großen Hofball angesetzt, auf welchem alle Hofchargen,
Generale und Granden von Spanien, sowie alle geistlichen Würden-
träger, soweit sie in Madrid anwesend waren, oder mit Hilfe der
Telegraphie und des Dampfes noch schnell herbeigerufen werden konnten,
erscheinen sollten.

Auch der Hofschneider Ihrer katholischen Majestät von Spanien,
hatte ausnehmend viel zu thun, um die kostbaren, direkt aus Paris
verschriebenen Stoffe, nach den neuesten Mustern zusammenzusetzen.

Obgleich schon der Kaiserin Eugenie zu Ehren während der
acht Tage ihres Aufenthaltes in Madrid verschiedene Festlichkeiten
veranstaltet waren — auch schon ein Ball stattgefunden hatte, den
die Stadt Madrid der Kaiserin zu Ehren gab, so wurde doch dieser
gegenwärtige Hofball angesetzt, um dadurch zu bewirken, daß
Eugenie bei ihrem Abgange nach Paris einen ganz besonders
empfehlenden Eindruck von der Hauptstadt ihres Vaterlandes mitnähme.

Darum war auch Alles daran gewandt, die Festräumlichkeiten in möglichst prächtigem Schmucke prangen zu lassen, und
eine feenhafte Eleganz und Verschwendung zeigte sich allerwärts
den Blicken.

Vor Allen war es der große blaue Saal, welcher für den Tanz

bestimmt war, deffen Ausstattung an Pracht und Prunk nichts zu
wünschen übrig ließ. Die ovale Form des Raumes bietet dem Auge
durch die rundum gehenden Marmorsäulchen ohnehin schon einen
großen Reiz.

Auf diesen Marmorsäulen ruht eine Gallerie, von der aus man
bequem, von der Anstrengung des Tanzes ausruhend, die unten wogende
Menge beobachten kann.

Sämmtliche Sessel sind mit blauem Sammet überzogen, und an
der Nordseite steht ein erhabener Thron, auf welchem reservirte Sitze
für den Hof angebracht sind.

Besonders zeichnen sich zwei blauseidene Thronsessel aus,
deren einer das spanische, der andere das französische Wappen
trägt. Sie sind für die Königin und die Kaiserin bestimmt.

Diesem Thron gegenüber scheint eine ungeheure Muschel in die
Wand eingelegt zu sein. Die Mauer ist nämlich in Form einer
solchen Schale zurückgedrängt, um den Raum für das Orchester zu
gewinnen.

Dieser Raum ist es, welcher sich zuerst füllt.

Die Capelle des Hellebardier=Corps der Königin genießt die
seltene Ehre, vor den Majestäten zu spielen.

Nächst der Capelle erscheint der General=Intendant des
königlichen Hauses, J. Goicerrotea, und der Majordomus des
Palastes, Herzog de Bahlen, welchen bald die Gesandten=Einführer
und Ober=Ceremonienmeister Diego de Biedma=y=Fonseca und sein
College Marquis de Heredia=y=Carrion folgen.

Die vier Herren vom Hofe sind beauftragt, an Stelle der
Königin die ankommenden Gäste zu empfangen.

Die Einladungen sind zahlreich nach allen Richtungen der Wind=
rose ergangen, und selbst an die mit dem Hofe schmollenden Führer
der Progressisten=Partei, an Olózaga und Serrano, gerichtet
worden.

Nur zu einer Einladung des Generals Prim hatte sich Isabella
durchaus nicht entschließen wollen.

Sonst war wohl unter den hervorragenden Größen beiderlei Ge=
schlechts Niemand, der vergessen worden wäre, und allmälich fanden
sich denn die Geladenen ein.

Wir sehen da vor Allen — natürlich immer mit ihren respectiven
Gemahlinnen und Töchtern — das gesammte Staatsministerium er=
scheinen. In voller Uniform, die Brust mit Orden bedeckt, der Präsi=

dent und Minister des Auswärtigen, Marquis de Miraflores, und seine Collegen von den verschiedenen Aemtern: Rafael Monares, Moreno Lopez, Florencio Rodriguez Baamonde, Alonzo Martinez, Franzisko Permanyer, General=Lieutenant Franzisko de Mata=y=Alos, General=Lieutenant und Kriegsminister José Gutierrez de la Concha, Marquis de la Havana, die alle zugleich Senatoren sind.

Ebenso waren Einladungen ergangen an die Gesandten der fremden Mächte.

Der Hofstaat der Königin, des Königs und sämmtlicher Infanten und Infantinnen war vollzählig versammelt.

Ebenso die gesammte Generalität, die Ober=Präsidenten und General=Capitäne, die Admiralität, Granden von Spanien, die Cortes=Präsidenten und Senatoren, die Chefs der Civil=Verwaltung, die Behörden der Residenz und — Erzbischöfe, Bischöfe, Aebte und Kutten. —

Wir sehen den Pater Claret, die Erzbischöfe von Burgos, Santiago de Compostella, von Granada, Saragossa und Toledo, sowie die von Valencia, Valladolid, Sevilla und Tarragona. Darunter sind vier Cardinäle in ihren rothen Gewändern, während die übrigen in Violett prangen.

Die Provinzialen der verschiedenen geistlichen Orden Spaniens, die Aebte und Prioren der Klöster von Madrid bieten eine Sammlung aller nur erdenklichen Kutten und Trachten.

Die Gesandten der fremden Mächte zeigen die Uniformen aller Länder.

Der Frack in allen Farben und Schnitten, mit blanken und matten Knöpfen, der Degen des Infanteristen, der Schleppsäbel des Kavalleristen, der Dolch des Marine=Offiziers werden zwischen den verschiedenartigsten Damentoiletten sichtbar.

Orden aller Grade und aus allen Ländern, die solche vertheilen, prangen auf der Brust verdienter und unverdienter Staatsdiener.

Alle, Alle sind sie erschienen auf den Ruf der Königin von Spanien. — —

So hat sich allgemach der blaue Saal und die daranstoßenden Salons gefüllt, und in dem Flüstern der hin und her wogenden Menge wird bisweilen die Frage laut:

„Wo bleiben die Majestäten, wo bleibt der Hof?"

Die zur Eröffnung des Balles angesetzt gewesene Stunde war schon geraume Zeit verstrichen, und noch immer ließen die Haupt= personen des Festes auf sich warten.

Schon waren die Gäste etwas unruhig geworden, als plötzlich da, wo die Sitze für die königlichen Herrschaften angebracht waren, die Flügelthüren aufsprangen, und unter dem Schalle eines schmetternden Trompeten=Tusches vom Orchester her die lange Ersehnten endlich eintraten.

Nun begann ein Begrüßen der Majestäten von Seiten der Hoffschranzen und der Vertreter der fremden Mächte, und die erste Rolle unter den Gästen spielte nun — natürlich erst hinter den geistlichen Würdenträgern — der französische Bot= schafter Adolphe Barrot.

Doch sehen wir uns einmal die Hofball=Toiletten etwas näher an.

Die Kaiserin Eugenie trug ein Unterkleid von schwerer, giftrother Lyoner Seide, in welches mit gediegenem Golddrath Paradiesvögel von kostbarer Arbeit eingewirkt waren.

Ueber dieses Unterkleid fiel in aufgesteckten Bogen ein Brüsseler=Spitzenüberwurf. Jeder der Bogen dieses Ueberwurfs war mit einer dunkelrothen Rose geschmückt, in deren Kelche kostbare Diamanten die Stelle von Thautropfen vertraten.

Den Taillenabschluß bildete eine Schnur von großen echten Korallen, zusammengehalten durch ein Brillantschloß, welches in seiner Fassung rundum das Bild der französischen Bienen zeigte.*)

Die Taille war buchstäblich mit Diamanten übersät, zwischendurch schimmerten Rosen, welche denen des Ueberwurfs voll= ständig glichen.

Um das Haupt und sein hochblondes Haar wand sich ein Dia= dem, dessen goldene Fassung vor der dichten Fülle von Edel= steinen, die es bedeckten, nicht sichtbar war.

In der Mitte der Stirn prangte eine große dunkle Rose von der kostbarsten und kunstvollsten Juwelierarbeit, über welcher sich ein eben solcher Schmetterling auf dünner Goldspirale wiegte.

Zur Rechten und Linken von dieser großen waren immer kleiner werdende Rosen, die an den Schläfen aufhörten, und einem reichen Rosenblattwerk Platz machten, das sich nach hinten wand, und dort

---

*) Wie die Bourbonen die Lilien als Wappenzeichen führten, so hat Napoleon I. für seine Dynastie die Bienen eingeführt.

durch eine Diamantenschleife zusammengehalten wurde, so daß das ganze Diadem das Ansehen eines frischen Rosenzweiges hatte. — —

Das Kleid Ihrer katholischen Majestät von Spanien war ungleich komplicirter, es war eine unentwirrbare Zusammensetzung aus Streifen des schwersten Moirées, mit tausendfältigen Volants von Brabanter Kanten, Schleifen und Schleifchen, Rosetten, Blumen und Edelsteinen.

Das funkelt und glitzert und schimmert im Glanze von tausend Kerzen, und der Busen des üppigen Weibes Isabella wogt und drängt unter dem zusammenpressenden Mieder, daß die Näthe zu platzen drohen.

Auf den Busen fällt ein Collier aus mächtig großen Perlen herab, und ein eben solches Armband umschlingt das Handgelenk.

Das Haupt schmückt ein Diadem von Blumen und Weintrauben, welche aus Diamanten kunstvoll zusammengesetzt sind.

Von diesem Diadem fällt graziös ein Schleier bis an's Ende der ungeheuren Schleppe herab.

Das sind die beiden ersten Frauen des Abends, sowohl was ihren Rang, als was ihre Toilette anbelangt. Als diese Haupt= personen genügend begrüßt waren, kam endlich der Augenblick der Er= öffnung des Balles.

Die Kaiserin, in ihrem Wesen die Grandezza der Spanierin mit der feinen Tournüre der Franzosen vereinigend, hat ihren blendendweißen, mit einem kostbaren Brillant=Bracelet geschmückten Arm dem Gemahl Isabella's gereicht, welch Letzterer sich unsäglich glück= lich fühlt in dem Bewußtsein, vor der Welt und den hohen Gästen von seiner schlauen Gemahlin heut als Herr und Gebieter anerkannt zu sein.

Denn Königin Isabella hat natürlich, nach dem Sturze ihres ge= liebten Mencos, welcher in Sevilla schmollt, und im geheimen Kabinet zu Escorial und Madrid bis jetzt keinen Nachfolger erhielt, es vor= gezogen, die Rolle einer versöhnlichen Gattin aufzunehmen.

Sie hat ihrem theuren Francisco seine Uebereilung, die sich ohne= hin durch den Sturz vom Pferde schwer genug selbst bestrafte, ver= ziehen, und ist schon seit längerer Zeit bisweilen Arm in Arm mit ihm gesehen worden, so daß es selbst dem schlimmsten Lästermunde schwer geworden wäre, zu behaupten, die schöne Eintracht zwischen dem königlichen Paare sei nur der hohen Besucherin wegen zeitweilig zu Stande gekommen.

Also Eugenie ging am Arme des Francisco d'Assis, und eröffnete mit ihm die Polonaise.

Das zweite Paar machten die Königin Isabella und der französisch gebildete, geschmeidige Gesandten-Einführer und Ober-Ceremonien-Meister am spanischen Hofe, Don Diego de Biedma y Fonseca. Ihr folgte, geführt von dem Bruder des Königs, dem Infanten Enriquez Maria Ferdinand, Herzog von Sevilla, die älteste Tochter der Königin, Maria Isabella, die nachmalige Gräfin von Girgenti.

Sie ist ein früh gereiftes Kind, die nicht gerade schöne, und, wie man in den dem Hofe näher stehenden Kreisen sich in die Ohren zischelt, schon nicht mehr von aller Schuld und Fehle freie jugendliche Prinzessin, die einst die Hoffnung gehabt hatte, den Thron ihrer Väter besteigen zu können.

Diese Hoffnung ist ihr fehlgegangen, und es hat sich in dem Herzen des ehr- und herrschsüchtigen Mädchens, die bei der Geburt ihres einzigen Bruders nichts behielt, als den Titel einer Prinzessin von Asturien, eine düstere Unverträglichkeit und Zanksucht, Rechthaberei und — Sinnlichkeit eingenistet.

Prinzessin Isabella war die echte Tochter ihrer königlichen Mutter.

Heut, am Abend des Festes, wollte auch sie strahlen, wie alle Andern, wollte auch sie durch ihre Toilette schon zeigen, daß sie den Schmelz der Kindlichkeit gänzlich abgestreift habe.

Ihr tief — zu tief für die kaum entwickelte Brust eines Kindes — ausgeschnittenes Kleid besteht aus einem jener Phantasiestoffe, deren Kostbarkeit und Extravaganz nur zuläßt, daß die Damen der spanischen Höfe sie tragen können.

Dieses weiße, duftige Kreppkleid, mit den abenteuerlichsten Figuren, Vögeln und Sternen aus Silber durchwirkt, wurde an der linken Seite durch eine mächtige Schleife gerafft, während es sich hinten, um nur die eingewirkten Narrheiten recht zur Geltung zu bringen, als Schleppe ausbreitete.

Den Busen bedeckte, ohne ihn zu verbergen, ein leichtes Tüll-Fichu.

Hals und Ohren schmückten Käfer aus Edelsteinen, die an einer goldenen Kette befestigt waren.

Ein gleicher Putz prangte in dem dunklen, vollen Haar.

Nun folgten der ganze Hof und die sämmtlichen übrigen Gäste.

Es war ein bezaubernder Anblick, in dem festlich geschmückten Saale die beiden Majestäten und den Hof an

sich vorüber gehen zu sehen, und um so bezaubernder war
es, als die Majestäten sich in ungezwungenster Weise be=
wegten.

Vor Allem war es Königin Isabella, welche durch die heitere,
zwanglose Weise, wie sie an dem Tanze Theil nahm und in keiner
Weise sich zurückzog, allgemein gefiel.

Wohl ruhte ihr Auge manchmal forschend — vielleicht begehrend
auf manchem schönen Offizier oder besternten Diplomaten, dessen wohl=
gebaute Gestalt und feine Tournüre ihn zu einem gesuchten Tänzer
machte, — und oft mußte der Ober=Ceremonienmeister diesen oder
jenen Gast herbeirufen, um ihn der Königin vorzustellen.

Ach, keiner der Vorgestellten war ein Primulto — keiner ein
Mencos — keiner sprach ihr von Liebe und Besitz — keiner
behandelte sie als Weib — sie war Allen nur die Königin.

Und ob auch im Herzen manches Mannes ein Gedanke sich regte:
„Das Weib Isabella möchte ich mein nennen;" denn sie war ver=
führerisch schön an diesem Abend — Niemand durfte es wagen,
der Königin jetzt in dieser Weise zu nahen.

Wie eine unübersteigliche Mauer umgab sie der Einfluß der
Geistlichkeit, und die Nonne Patrocinio, der Pater Claret ließen
es jetzt noch nicht zu, daß ein neuer Günstling das Herz Isabella's
gewann.

Zudem war ja auch die Tochter der Königin da — die junge
Isabella — und man mußte gestehen, daß sie der Erscheinung ihrer
Mutter erfolgreich Concurrenz machte, nicht durch körperliche
Schönheit; denn schön ist die Prinzessin von Asturien nicht; aber durch
ihre Koketterie und Erfahrung in Sachen der Toilette.

Während sich der Hof in ungezwungenster Weise bewegte, die
Kaiserin und die Glieder der königlichen Familie am Tanze Theil
nahmen, stand bisweilen in den Nischen und Ecken eine einsame Gruppe,
welche ihre Bemerkungen austauschte.

„Was sagen Sie zu den glänzenden Toiletten unserer
Königin und ihrer Tochter?" sagte im Flüsterton ein hoher Offi=
zier, dessen Brust mit einer Menge von Orden bedeckt war, zu einem
anderen, der ihm in eine Fensternische des großen blauen Saales ge=
folgt war.

Es war der Civilgouverneur von Madrid, Graf de Ezpeleta, mit
seinem Freunde, dem General=Capitän der Flotte, Admiral Francisco
Armero y Penaranda.

„Was ich dazu meine, Graf?" entgegnete der Angeredete. „Nun, daß die Majestät noch immer versteht, Geld zu schaffen, wo andere Menschenkinder sich keinen Rath mehr wissen würden. Ich habe mir sagen lassen, daß das Ministerium der katholischen Majestät kurz vor dem Eintreffen der hohen Besucherin einen Vorschuß von mehreren Millionen Realen ausgezahlt hat."

„Sie kennen die Verhältnisse am Hofe von Madrid schlecht," gab der Graf zurück, „freilich, Sie können sich um derlei Angelegenheiten nicht gut kümmern.

„So laffen Sie sich denn von mir belehren, der ich Gelegenheit hatte, die Sachen und Personen lange genug in der Nähe zu betrachten und hören Sie aufmerksam zu.

„In Spanien kommt, seit nach dem Bicalvaristen-Aufstande die sogenannte Ordnung wieder hergestellt ist, kein Ministerium mehr an's Ruder, welches sich nicht von vornherein verpflichtet, an die Königin außer der gesetzlich festgestellten Civilliste noch eine extraordinäre Summe zu zahlen, von deren Höhe es gemeiniglich abhängt, ob das Kabinet lange oder kurze Zeit am Ruder bleibt.

„Woher die Herren das Geld nehmen, das ist Ihrer Majestät ganz gleichgültig — nur ist es für das Ministerium vortheilhaft, nicht die ganze Summe auf einem Brett zu zahlen.

„Die zwanzig Millionen Realen, welche Isabella am 10. Oktober erhielt, sind die letzte Rate vom Ministerium Miraflores gewesen — paffen Sie auf, bald macht dieses Kabinet einem anderen Platz."

„Ich bitte Sie um Himmels Willen, Graf," rief ganz erstaunt der Admiral aus — „Sie scherzen doch nur?"

„Leider nicht," antwortete dieser — „meine Worte enthalten die reinste, nackteste Wahrheit. Doch kommen Sie — man könnte es schlimm auffassen, wenn wir die Damen vernachläffigen. Nach dem Contre wollen wir wieder plaudern, und ich kann Ihnen noch manche pikante Geschichte versprechen." — — —

Die Königin, deren Ehrenhaftigkeit einer ihrer hochgestellten Beamten soeben auf so scharfe Weise angegriffen hatte, war inzwischen mit der Kaiferin, auf deren anderer Seite der Herzog von Cadix, der Vater des Königs, ging, in einem an den blauen Saal stoßenden Kabinet verschwunden, welches durch die Fülle der darin aufgestellten Topfgewächse in ein grünes, blühendes Gärtchen umgewandelt war.

Ueber das Gesicht der Königin flog ein leiser Schatten des Unmuthes, als sie, von dem Fauteuil, auf welchem sie mit der

Kaiserin Platz genommen hatte, einen Blick in das Gewühl des Saales werfend, ihre Tochter am Arme eines blutjungen Garde-Lieutenants promeniren sah, den die Prinzessin heut Abend augenscheinlich bevorzugte, und auf welchem doch selbst das Auge der Königin mit Wohlgefallen ruhte.

„Ich beglückwünsche Sie übrigens noch nachträglich, Majestät," begann die Kaiserin zu Isabella gewendet, „wegen der nun endlich erfolgten Unterwerfung Ihres carlistischen Vetters Juan de Borbon."

„Ich danke Ihnen," antwortete Isabella. „Es ist das eine Un-terwerfung durch sehr friedliche Waffen gewesen. Der Infant befand sich in fortwährender Geldverlegenheit, ich denke, daß ich damit alle Intriguen der Carlisten auf einmal los bin."

„Wenn ich vielleicht auch meine Meinung auszusprechen mir er-lauben darf," fiel der Herzog von Cadix ein, „so haben Ew. Majestät damit nicht viel gewonnen. Die Kinder des Infanten leben in Oester-reich, und sein ältester Sohn ist es jetzt, welchen die eingefleischten Carlisten immer vorschieben."

„So lassen Sie doch diese eingefleischten Carlisten machen, was sie wollen," antwortete die Königin, „so viel steht fest, daß ihre Zahl gering ist und — nun, die Polizei meiner Regierung ist noch immer gut bedient gewesen."

„Wohl, Königin," nahm wieder Eugenie das Wort — „aber es ist nöthig, daß alle gutgesinnten Regentenhäuser unter sich in enger Verbindung bleiben, um sich gegenseitig warnen und unterstützen zu können. Sie wissen, daß das Gift der Aufklärung und Revolution selbst die Besten ansteckt, und die treuen Anhänger des Bestehenden nie vor einem Angriffe der dunklen Mächte sichert, die seine Gegner sind."

Während die beiden Majestäten also mit einander verkehrten, war die Prinzessin Isabella mit jenem jungen Lieutenant von der Garde nach der Gallerie des Saales gegangen, und in der Gesellschaft er-laubte man sich schon einige spitzige Bemerkungen über die Prinzessin fallen zu lassen.

Die neue Zofe der Königin, Gregoria, hatte sich mit außer-ordentlicher Leichtigkeit in ihre neue Rolle gefunden und bald genug herausgefühlt, worauf es in ihrer jetzigen Stellung ankam.

Es hatte einer gar nicht langen Zeit bedurft, um ihr das unumschränkte Vertrauen der Majestät zu erwerben; denn sie verstand die Kunstgriffe der Toilette wie noch keine ihrer Vorgängerinnen, und

ihre Kenntniß der Farbenlehre hätte einen Professor der Physik in
Entzücken versetzt. Vertraute sich Isabella ihrer kunstgewandten Hand
an, so war sie sicher, daß jeder ihrer Fehler durchaus verborgen,
jeder ihrer Vorzüge in hervorragender und unübertrefflicher
Weise zur Geltung gebracht wurde.

Selbstverständlich blieb es nicht aus, daß in der stillen Zurück-
gezogenheit des Ankleidezimmers auch Vieles geplaudert wurde,
was sonst schwerlich über die Lippen der Königin gekommen wäre.

So war es auch heute gewesen. Isabella hatte der gewandten
Zofe gegenüber sich nicht enthalten können, ihrem Aerger über ihre
Tochter Luft zu machen.

Dieses Gespräch unterließ Gregoria nicht, heut Abend dem Cardinal-Erzbischof von Toledo zu berichten, sobald sie nur einen Augenblick erspähte, um von der Seite ihrer Gebieterin sich hinwegzu-
schleichen.

Sie folgte dem Kirchenfürsten, der auf einer der vier Wendeltreppen
nach der Gallerie emporstieg. Diese letztere ist in viele von einander
vollständig abgetrennte Logen getheilt, deren Zwischenwände aus ge-
täfeltem Holz bestehen.

„Hochwürdigster Herr," begann Gregoria — „die Majestät ist
sehr ungehalten über Dero älteste Tochter, die Prinzessin von
Asturien. Die Forderungen, welche die Infantin für ihre Ball-
garderobe gestellt, sind so überschwenglich gewesen, daß die Königin
sich genöthigt sah, mehr als die Hälfte zu streichen. Dennoch erscheint
die Prinzessin nun genau in derselben Garderobe auf dem Balle,
deren Anschaffung die königliche Mutter verweigert hatte.
Die Eintracht zwischen Mutter und Tochter, wie sie auf dem Balle
zu Tage tritt, ist eben nur eine scheinbare. In Wirklichkeit sind Beide
arg entzweit, und ich fürchte eine schlimme Scene, sobald die Kaiserin
abgereist sein wird."

„Weiß meine liebe Tochter nicht," hob nun der Kirchenfürst an,
„woher die Infantin die Mittel zu solcher Garderobe haben könnte?"

„Ich weiß darüber nichts, hochwürdigster Herr," antwortete
Gregoria. „Aber ich glaube mit einigen Vermuthungen nicht Unrecht
zu haben.

„Sie wissen, daß die Aja der Prinzessin, die Marquise Novaliches,
nur allzusehr geneigt ist, die extravaganten Neigungen der Infantin
zu unterstützen. Sie allein war im Stande, Mittel zu finden, die
Forderungen des halben Kindes zu erfüllen, und ich glaube, daß die
Stoffe zur Garderobe des Letzteren, welche aus Paris sind, dort

aus der Chatulle der Großmama Christina großmüthig ge=
deckt wurden."

„Wie kommen Sie auf diese Vermuthung?" forschte der Kirchen=
fürst weiter.

„Wollen Hochwürden einen Blick durch diese Lücke werfen!" er=
widerte Gregoria, indem sie dem Cardinal einen Ritz in dem Holz=
getäfel der Zwischenwand zur nächsten Loge rechts zeigte.

Der Cardinal blickte durch und sah — die Infantin in einer
eigenthümlichen Stellung in den Armen des jungen Garde=
Lieutenants.

„Was soll das bedeuten?" fragte der Cardinal mit gedämpfter
Stimme, indem er schnell zurückfuhr.

„Nun — jener Offizier, welcher der Infantin auf Schritt
und Tritt nachfolgt, war als Attaché unserer Gesandtschaft in Paris,
und die Kammerzofe der Prinzessin, mit welcher ich mich vertraut ge=
macht habe, sagte mir unter dem Siegel der Verschwiegenheit, daß
er von der Königin Christina Auftrag erhalten habe, eine
Heirath der Infantin nothwendig zu machen. Ich weiß nicht,
warum das ist — aber Hochwürden werden darüber sich das beste
Urtheil selbst bilden können."

Der Kirchenfürst empfahl dem Mädchen nun noch, ja recht auf=
merksam auf Alles zu lauschen, was sie beobachten könne, und entließ
sie dann. Er selbst stand noch lange an jenem Ritze in der Zwischen=
wand, und riß sich nicht eher los, als bis er in seiner Nähe
Schritte hörte.

Der Civil=Gouverneur von Madrid, Graf de Ezpeleta, und
sein Freund der Admiral waren es. Sie gingen vorbei, ohne den
Cardinal zu bemerken, und traten in eine entfernter liegende Loge.

„Was meinen Sie, Graf," begann im Laufe des Gesprächs, als
sie an der Brüstung der Gallerie angelangt waren und hinabsehen
konnten, der Admiral — „wo mag denn unsere tugendsame
Königin sein? Ich vermisse sie schon seit geraumer Zeit, und auch
jetzt bemühe ich mich vergeblich, ihre umfangreiche Figur da unten zu
erspähen.

„Ob vielleicht wieder einer der Herren Offiziere
einigen Eindruck auf das leicht empfängliche Herz der
Majestät gemacht hat?"

„Das glaube ich nicht, Admiral," gab der Angeredete zurück.
„Soweit mein Einblick in die Verhältnisse am Hofe reicht, soweit ich
im Stande bin, zu berechnen, werden wir nicht eher den unver=

geßlichen Don Mencos erfetzt fehen, als bis der eiferne Herzog Narvaez von Valencia wieder am Ruder ift." Was!" rief ganz erftaunt der Admiral. „Der ift ja in Paris." „Aber er kommt wieder nach Madrid, entfchied der Graf. „Die Majeftät will nicht recht in feine Zurückberufung willigen, und doch fetzen es die Herren von der Geiftlichkeit durch. Sie laffen die Königin einfach nach Liebe fchmachten, der Pater Claret macht ihr im Beichtftuhl die Hölle heiß, und — eines fchönen Tages fteht in der Gazeta official ein Zurückberufungsdekret. Paffen Sie auf, ich behalte Recht!"

Da erfcholl vom Orchefter her die Melodie des beliebten Liedes Marlborough s'en va-t-en guerre, welches das Lieblingslied und faft eine Nationalhymne der Franzofen ift. Der Capellmeifter des Hellebardier=Corps hatte daraus einen Galopp gemacht und nicht lange, fo fchwangen fich die Paare nach dem Takte der Mufik durch den Saal, die Kaiferin am Arme des Botfchafters von Frank= reich, die Königin in feltener Eintracht mit ihrem Gemahl, und — als Alles fchon im beften Tanzen war, mifchte fich auch die Infantin Ifabella unter die Paare, gefchwenkt vom vielbe= neideten Lieutenant.

So war unter fortwährendem Wechfel der Bilder und Scenerien Mitternacht vorübergegangen und die zweite Stunde herangekommen. Die Majeftäten zogen fich in ihre Gemächer zurück, und felbft die Infantin, die gern geblieben wäre, fah fich durch die Etikette gezwungen, zu gehen.

Als fie fort war, fah man den jungen Lieutenant noch etwa eine Viertelftunde mit gelangweiltem Geficht hin und her fchlen= dern, bis auch er plötzlich verfchwand, was zu mancherlei Gloffen An= laß gab, da die übrigen Gäfte jetzt erft in zwanglos werdender Heiter= keit noch lange blieben.

Am folgenden Morgen nahm ein Extrazug die Kaiferin und ihr Gefolge auf, und brachte fie zurück nach ihrem lieben Paris. Die Königin begleitete ihren hohen Gaft bis nach Alagon, wo fich rechts die Bahn nach Saragoffa, links die nach Pamplona und Frankreich abzweigt.

Der franzöfifche Botfchafter Adolphe Barrot begleitete feine Herrfcherin bis an die Grenze nach Sebaftian und Fuenterrabia, Orte, welche zur Zeit der Entfernung Ifa= bella's eine wichtige Rolle fpielen.

Elftes Kapitel.

Das Progressisten-Bankett am 3. Mai 1864 in Madrid.

Von den spanischen Ministerien schien keins mehr auf festen Füßen zu stehen. Auf O'Donnell war Miraflores gefolgt, diesem folgte das Kabinet Arrazola, das nur sieben Tage am Ruder blieb, und hinter Arrazola kam Mon.

Alle diese hatten das Gemeinsame, daß sie darauf ausgingen, die Verfassungsreformen von 1858 aufzuheben und die Verfassung von 1854 wieder in Kraft treten zu lassen. Mit Hülfe verschiedener Manöver, Auflösung der Deputirten-Kammer, Dekretirung eines neuen Wahlgesetzes, Neuwahlen und Pairsschub hatte man es endlich dahin gebracht, daß am 25. April 1864 die Einführung der Verfassung von 1854 als Gesetz proklamirt werden konnte, und die Progressisten (Fortschrittspartei) waren in arger Bedrängniß.

Das zeitliche Haupt dieser Partei, der dem Leser schon bekannte energische Sallustiano Olózaga, hatte schon Verschiedenes versucht, um den hereinbrechenden Reaktionssturm zu beschwören, aber vergebens. Als die Wahlversammlungen beschränkt worden waren, hatte er die Führer der Progressisten in seinem Hause versammelt.

Nun, da die Herrschaft der Geistlichkeit schon so weit vorgeschritten war, hatte er sich mit diesen Führern dahin geeinigt, ein Bankett in Madrid unter dem Scheine des Vergnügens und der Unterhaltung abzuhalten, auf welchem man sich nebenher, mit Umgehung der Polizei, über die Mittel zum Zustandekommen eines freisinnigen Regimentes berathen wollte.

Unter diesen Führern der Progressisten nimmt General Prim eine hervorragende Stellung ein.

Nachdem er, von Mexiko mit seiner Frau zurückgekehrt, vor den Cortes seine selbstständige Handlungsweise vertheidigt und mit Hülfe des damaligen Günstlings Mencos gegen die Priesterpartei gesiegt hatte, war er in seine Catalonische Heimath, nach Reus gegangen und machte sich vermittelst der Silberbarren aus den mexicanischen Bergwerken mit seiner Gemahlin das Leben recht angenehm.

Nun ist er nach Madrid zurückgekehrt und bekleidet die Stelle eines Senators.

Er ist noch immer der Liebling des Volkes und wenn auch jetzt am Hofe nicht mehr gern gesehen, so bewahrt doch das Heer dem Helden von Tetuan ein treues, ehrendes Andenken.

Als das Progressistenbankett beschlossen worden war, ließ er an alle seine alten und neuen Freunde, deren er viele mit Hülfe seines Geldes gewonnen hatte, vertrauliche Einladungen ergehen und selbstverständlich wurden José Martinez, Eduardo de la Seda, der alte Alar und der dicke Pedro de Sequanilla nicht vergessen.

Letzterer warf, als er durch einen vertraulichen Boten Prim's Einladungsschreiben erhielt, die eben angezündete Papier-Cigarre in die Luft und rief: „San Madre de Dios de Villanueva del duque! Das ist doch einmal ein gescheidter Gedanke. Juliane, himmlische Juliane, Du Prachtexemplar unter den Weibern Spaniens, komm 'mal herein!"

Als diese, ganz erstaunt über die plötzliche Freude ihres Gemahls, herbeikam und nach der Ursache fragte, fiel er ihr um den Hals und rief:

„Da lies den Brief! Der alte Fuchs, der Prim, weißt Du, der zur Zeit des Vicalvaristen-Aufstandes auf unserem Maurenneste war, hat wieder einmal einen feinen Faden gesponnen und ich soll den Knoten knüpfen helfen. Weiß der Kukuk, fast drei lange Jahre hat man gefaullenzt und hier auf der Bärenhaut gelegen; es ist eine Schande für einen echten Demokraten.

„Lege mir nur schnell etwas Wäsche zusammen und pack' den Mantelsack, ich reite heut noch davon, um mich mit meinem Herzensjungen, dem Alar, zu besprechen."

Vergebens sträubte sich Juliane gegen einen so urplötzlichen Aufbruch — es half nichts — in Pedro schien Quecksilber gefahren zu sein und er ließ sich nicht halten.

Da ertönte das Horn des Thurmwarts, welches einen heran-nahenden Gast ankündigte, der Einlaß begehrte. Juliane, die schneller als ihr umfangreicher Gatte zum Fenster gesprungen war, rief mit einem jubelnden Freudenschrei:

„Du bleibst zu Hause, Pedro — der Enriquez, der Sohn vom alten Alar sprengt eben auf schaumbedecktem Rosse in den Schloßhof."

„Na, da sollen mich doch die Schwarzen von Domingo lebendig fricassiren," jubelte der alte Haudegen und riß das Fenster auf. „Herzensjunge, Blitzbube, komm herauf, daß ich Dich umarmen kann!

„Juliane, Julchen, Weibchen, mach, eil', schaff' herbei, was Küche und Keller hergeben mag. Solch' junges Blut hat ein gutes Gefäll

57*

und immer gesunden Appetit. Dazu der Ritt — der Rappen schwitzt ja wie ein Braten. Laß das Thier nur sofort in den Stall führen und gut pflegen!"

Währenddessen war er schon beschäftigt, Gläser aus dem Schrank zu holen und Cigarren zurecht zu stellen.

„Guten Tag, Onkel Pedro — guten Tag, Tante Juliane!" trat jetzt der Ankömmling ein. „Vater und Mutter lassen Euch herzlich grüßen und ich bin nur vorausgeritten, der Vater wird auch bald hier sein. Es ist wegen des Bankett's, welches in Madrid stattfinden soll!"

Nun ging der Jubel des alten Sequanilla erst recht los, und er konnte sich nicht genug freuen. Juliane hatte freilich falsch gerechnet, wenn sie annahm, er werde nun zu Hause bleiben.

Nach zwei Tagen schon verließen die Drei: Juan, Enriquez und Pedro das Sloß des alten Ben Habab el Motaleb und ritten gen Madrid.

Dort quartirten sie sich in demselben Gasthause ein, wo auch Eduardo de la Seda und José Martinez abgestiegen waren und der dicke Pedro konnte den Tag des Bankett's gar nicht erwarten.

Endlich war er gekommen, und in dem großen Garten, der für das Fest von den Theilnehmern gemiethet war, begannen sich die Letzteren zu sammeln.

Da war der General Pierrad, der edle Republikaner mit dem prächtigen Vollbart und dem geistvollen, blitzenden Auge, der spanische General Ros de Olano und General Prim, der Bürger Miranda, Castarica, der kühne Sarmiento, der redegewandte Antequera, der spöttische Espanna — der Republikaner und Schriftsteller Garrido, welcher dem Leser von dem Aufstande in Barcelona her bekannt ist, sowie die ebenfalls damals genannten Emilio Castelar, Herrera, der Bekenner des Propheten; Sylveira, der Jude — Gutierrez und der alte Capitano Stella.

Der Tag war ein ausnehmend schöner und so war es nicht zu verwundern, daß in dem Garten, der doch einmal den Charakter eines öffentlichen Lokales hatte, auch andere Gäste sich einfanden und ihren Kaffee oder ihre Limonade schlürften. Wohl fiel mancher zornige Blick auf die Fremden, die Niemand geladen hatte und die sich eindrängten und die vorübergehenden, fast an die Fremden anstoßenden Progressisten ließen laut manches Wort von Schurken, Spitzeln und Verräthern fallen — aber die schienen sehr schlecht zu hören und blieben sitzen.

Das Bankett begann, nachdem die Geladenen erst eine lange Zeit im Garten hin und her gezogen waren, den Rauch ihrer Cigarros und Papelitos in die milde Frühlingsluft hinausblasend und sich unterhaltend, mit einer Eröffnungsrede des Sallustiano Olózaga.

Er sprach vom Frühling und vom schönen Wetter, daß der Wein gut gedeihen werde, wenn er weder zu viel noch zu wenig Sonne bekäme, von der schweren Arbeit des Essens und Trinkens, die man nun vorhabe und anderen Dingen, denen man es anhörte, daß die ganze Rede Schein sei. Andere Redner thaten desgleichen.

Endlich, nachdem man lange dinirt und auch schon mit dem Pokuliren fast zum Ende gekommen, als es schon dunkel geworden war und die Kerzen in großen Kelchgläsern, welche sie vor dem Winde schützten, brannten, da verlor sich ganz allmälich Einer der hervorragenden Führer nach dem Andern. Sie drückten sich herzlich die Hände und schienen Abschied von einander zu nehmen, wie wenn das Fest vorüber sei, und nur noch die eingefleischten Zechbrüder beim Glase Wein zurückbleiben wollten.

Aber sie gingen nicht nach Hause — nicht Einer verließ das Lokal, und wenn uns der freundliche Leser folgen will, so findet er sie alle in einem ziemlich großen, behaglich eingerichteten Zimmer, der Wohnstube des Wirthes, wieder.

Dieses Zimmer geht auf den Privatgarten des Wirthes hinaus und wird nur bisweilen, bei besonderen Gelegenheiten, den Gästen eingeräumt.

Nach und nach sammeln sich alle Führer der Progessisten in dem Gemache und der greise General Pierrad eröffnet die Versammlung indem er spricht:

„Meine Freunde aus Nah und Fern! Sie wissen, warum wir hier versammelt sind. Die Regierung wird alle Tage unerträglicher, und der auf uns lastende Druck des Pfaffenthums nimmt zu. Spanien geht unter diesem Regiment seinem Ruin entgegen. —

„Wir haben schon oft gefochten für die Freiheit und sind zuletzt immer geschlagen worden, weil wir niemals die Ziele und Wege vorher bestimmt und festgesetzt haben, die eine revolutionäre Regierung sofort in's Auge fassen und einschlagen sollte.

„Heut, wo wir mit der ausgesprochenen Absicht, die Revolution auf's Neue zu erwecken, zusammengekommen sind, gilt es nicht blos, den Plan zur Insurrection aufzustellen und zu verabreden, sondern auch das bisher Versäumte einzuholen, um endlich einmal diese Bourbonen, die das Land aussaugen und schänden, diese Königin, die eben so bigott, als sinnlich, und in den Händen der Pfaffen ein leicht lenkbares Werkzeug ist, zu vertreiben.

„Was nun die Insurrection selbst anbelangt, so wollen wir heut nur die Hauptzüge der Erhebung entwerfen und den Provinzial=Comité's die weiteren Arrangements überlassen.

„General Prim — Sie hatten sich verpflichtet, in Catalonien den Aufstand zu organisiren, was haben Sie zu melden?"

„Vor allen Dingen das Eine," begann der Angeredete, „daß ich für den Aufstand und die provisorische Regierung aus meinen Privat=Mitteln die Summe von hunderttausend Realen hier=mit zur Verfügung stelle."

Er zog bei diesen Worten aus der Seitentasche seines Rockes ein Packet Banknoten hervor und legte dasselbe auf den Tisch, wobei ein allseitiges „Bravo" — „Sehr gut" laut wurde.

Prim, der Graf von Reus, war augenscheinlich erfreut von dem Beifall, den seine That fand, und mit heiterer Miene fuhr er fort:

„Geld ist die Hauptsache beim Kriege und bei der Revolution, das weiß ich als alter Soldat sehr gut. Darum werde ich zusehen, ob sich, wenn wir nur erst im Zuge sind, nicht noch mehr thun läßt.

„Für den Augenblick jedoch freue ich mich, mittheilen zu können, daß Catalonien durch meine rastlosen Bemühungen vollständig unter=minirt ist. Ich habe meine Vertrauensmänner durch das ganze Land hindurch in jeder Stadt und in jedem größeren Dorfe, und außerdem stehen mir altbewährte treue Freunde der Sache mit Eifer und Rüstig=keit zur Seite.

„Mit Waffen bin ich ebenso reichlich versehen und Cata=lonien ist mit einem Worte so vorbereitet, daß wir, thut es Noth, in zwei Wochen schon losschlagen können.

„Ich bitte daher um Einsetzung eines Revolutions=Comité's für Catalonien — für mich allein wird die Arbeit zu schwer. Darf ich, als im Lande bekannt, Vorschläge machen, so lenke ich Ihre Blicke auf meinen Freund José Martinez, auf den alten Astronomen Gutierrez, den Capitano Stella und Don Juan Alar."

„Wie steht's denn mit den Truppen in Catalonien?" fragte eine vorlaute Stimme, die dem dicken Pedro angehörte, welcher in der Rede des Generals einen Bericht über diesen Punkt vermißt hatte.

„Ich danke dem Frager für seine Erinnerung," nahm Prim

wieder das Wort; „aber ich glaubte, es sei bekannt genug, daß meine Person eine bei den spanischen Soldaten beliebte ist. In Catalonien hat die Sache der Freiheit die besten Waffen, die kühnsten Vertheidiger und die wenigsten Gegner."

„Gut," begann wieder der General Pierrad, „so richte ich an die Freunde die Frage, ob . . . . . ."

„Im Namen der Königin! Oeffnet oder wir schlagen die Thür ein!" tönte plötzlich eine rauhe Stimme von draußen, Kolbenschläge dröhnten gegen die verschlossene Thür, Stimmengewirr wurde laut und Waffengerassel.

Entschlossen schwangen sich die Nächsten zu den geöffneten Fenstern hinaus und verschwanden im Garten. Die Lichter wurden ausgelöscht, General Prim steckte sein Packet Noten wieder ein, und als die Thür den gewaltigen Schlägen der Soldaten wich, waren nur etwa noch zwanzig von den Verschworenen im Zimmer, darunter Olózaga, der dicke Pedro und Eduardo.

Sie Alle wurden als des Hochverraths verdächtig ge= fangen genommen und fortgeführt, und wieder war es der Regierung gelungen, eine drohende Revolution, welche leicht der Bourbonenherrschaft ein Ende gemacht hätte, im Keime zu ersticken. — —

Durch einen der im Garten umherschleichenden Spitzel, welcher mit einem Kellner des Lokals vertraut war, hatte die Polizei von der geheimen Versammlung im Wohnzimmer des Wirths Nachricht erhalten und in Folge dessen wanderten die verhafteten Patrioten — Viele unter ihnen zum zweiten und dritten Male — in den Kerker.

Die durch's Fenster Entkommenen schwangen sich über die niedrige Gartenmauer — auch Juan de Alar und Enriquez, sowie José Martinez und General Prim waren gerettet.

———

Zwölftes Kapitel

Prim's Verhaftung und Verbannung nach Oviedo.

In einem abgeschiedenen Gemach des Café de los Basilios auf der Puerta del Sol waren Prim, Lujan, der Redakteur der Iberia, Roberts und einige andere in den ersten Tagen des August 1864 versammelt.

Die Fenster, hier Glasthüren, welche auf eine Gallerie führten, die auf den marmorgepflasterten Patio (Hof) hinabsahen, waren geöffnet, denn der Augusttag war sehr schwül gewesen, und jetzt labte der kühle Abend mit seinem Zephir die erhitzten sorbet= und eisschlürfenden, Papelitos (Cigarren) rauchenden Herren.

Draußen aber plätscherten einige Springbrunnen und warfen einen erfrischenden Sprühregen auf; berauschende Düfte drangen herein von den Myrthen, Reseda und Jasmin, mit denen der Hof geziert war.

„So schwül wie die Augustluft,“ hob Prim an, „ist es jetzt auch in Spanien. Man fühlt, daß ein Ungewitter naht, das Ministerium Mon steht auf schwachen Füßen; es ist überhaupt nur ein Uebergangsministerium, das dem Herzog von Valencia und der Königin Christine den Weg zur Herrschaft bahnen soll.“ —

„Mit der Freiheit ist es für's Erste vorbei,“ bemerkte Roberts, „ich hoffte viel von dem Aufschwunge, den die Fortschrittpartei im Mai nahm, das Bankett war prächtig, aber welchen Eindruck hat es auf die herrschende Partei gemacht?“

„Zunächst einen gewaltigen,“ entgegnet Lujan, „es hat nach oben hin eingeschüchtert, aber die Furcht vor uns war nicht von langer Dauer. Wir selbst haben dieselbe durch unsere Zwistigkeiten geschwächt. Da ist zwischen Salustiano Olozaga und Espartero ein arger Streit über die Verfolgung der nächsten Zwecke entbrannt, die Partei hat sich gespalten, man schimpft und schmäht einander, als wären es Christinos und Carlisten.“

„Ich bereue es fast,“ nahm Prim, Graf von Reus, das Wort, „mich mit den Herren Progressisten zu tief eingelassen, mich ihretwegen kompromittirt und meinen Feinden eine Handhabe zur Anklage gegeben zu haben. Mir schwant nichts Gutes, ich befürchte, ich werde die Zeche für Euch Alle bezahlen müssen. Die Königin grollt mir, Ihr wisset wohl, aus welchen Gründen, seit ich verheirathet bin. Jüngst war ich bei Hofe, was für ein Empfang war das! Es fand gerade große Cour statt.

„Die Kammerherren und die Hofdamen, die sonst sich bis an die Erde vor mir verneigten, trugen den Nacken steif und mieden mich, wenn ich sie anreden wollte. Ja, die Herren Bischöfe und Patres, von denen es dort mehr als jemals wimmelt, zeigten höhnische Gesichter. Ihre ganze Haltung ließ den bevorstehenden Triumph ahnen.

„Als die Nonne Patrocinio mich gewahrte, machte sie ein bitterböses Gesicht und bekreuzigte sich, als hätte sie den Gottseibeiuns erblickt.

„Ei da sind Sie ja,“ meinte Ihre Majestät Isabella kalt, indem sie auf mich zu trat, „haben Sie Sich auch einmal hierher verirrt. Der Boden, auf welchem Ihre Königin wandelt, scheint Ihnen seit manchen Tagen fremd geworden zu sein.

„Ja, ja, ich weiß. Bei Euren Gelagen, Ihr Liberalen, führt Ihr gar schlimme Reden gegen mich. Ihr verbündet Euch mit Mazzini, dem Chef der Thronräuber und Königsmörder. Wir in Spanien sind zu Schlachtopfern ausersehen, aber die heiligste Jungfrau sei gebenedeit, noch stehen Thron und Altar fest.

„Wir werden Euch bald zeigen, daß Ihr Euch in Euren Anschlägen getäuscht; wartet nur ein Wenig. Aber daß Sie es, mein Tapferer, mit diesen Verschwörern hielten, dessen hätte ich mich von Ihnen nicht versehen.“

„Ich stammelte einige Worte zu meiner Rechtfertigung, aber die katholische Majestät hörte nicht auf mich, sondern wandte mir schmollend den Rücken und rauschte davon. Wohl erblickte ich auf den Gesichtern der zahlreichen Anwesenden ein schadenfrohes Lächeln, nirgend ein Zeichen der Theilnahme. Verdrossen wandte ich mich von den Hofschranzen fort, und verließ, sobald als schicklich, den Palast.“

„Das dauert mich nicht allein um Ihretwillen,“ versetzte Don Lujan, „sondern auch im Interesse unserer Partei. Wir streben ja nur auf verfassungsmäßigem Wege nach der Freiheit, wir beabsichtigen ja nichts Ungesetzliches. Aber dort oben werden alle Freisinnigen verdammt; Progressisten, Demokraten, Republikaner gleichen sich dort, wie ein Ei dem andern.

„Unsre klerikalen Feinde sind sehr schlau, die Herren verkappten Jesuiten; denn Eingebungen der Jünger Loyola's beherrschen die spanische Geistlichkeit insgesammt. Umsonst ist Spanien nicht die Urstätte des Jesuitismus, die Heimat Loyola's, und wahr ist die Behauptung, daß die Jesuiten die schlauesten Menschenkinder des Erdballs sind; sie deuten jedes freie Wort gleich als ein staats= gefährliches. Wie schützen wir uns dagegen?"

„Indem wir handeln;" rief Prim feurig, „dies Parlamentiren, dies Zaudern der Herren Olozaga und Espartero mißfällt mir ganz und gar. Da soll die Freiheit durch Reden, Gesetzvorschläge, Abstim= mungen gewonnen werden, was kömmt denn dabei heraus?

„Spanien hat die schönsten Constitutionen gehabt, sind sie jemals gehalten worden? Unsre Gegner lachen über die Freiheits=Phrasen; wenn die Cortes (Kammern) ihnen unbequem werden, schickt man sie nach Haus und regiert nach Gutdünken. Wir werden bald wieder ein solches Schauspiel erleben.

„Aber mich reize man nicht zu sehr; ich werde nicht rasten, nicht ruhen, als bis ich den Pfaffen und Absolutisten ihr Grab gegraben und Spanien befreit habe."

„Aber was werden Sie vorläufig beginnen?" fragte der Redakteur der Iberia.

„Mich den gegen mich getroffenen Anordnungen fügen," er= wiederte Prim.

„Und wir armen Männer der Presse," klagte der Redakteur, „wir haben für Alle gebüßt und werden noch härter büßen müssen.

„In uns sehen die Pfaffen, die Antichristen und Gottesleugner, Verbreiter der Unsittlichkeit, sie strafen uns, wie sie können, selbst mit dem Tode, denn wir sind es ja, welche den Aberglauben und damit ihren Einfluß auf das Volk bekämpfen."

„Wahrlich, Ihr Männer der Presse seid Märtyrer," nahm Prim das Wort, „stille Dulder. Vielleicht ist der Beruf des Soldaten vor= zuziehen, der sich muthig in die Schlacht stürzt und sich dort Tod und Wunden holt. Aber was grübeln wir, was hängen wir trüben Ge= danken nach, ich hab's satt; Champagner her! stoßen wir an auf den Ruhm und die Freiheit des Vaterlands."

Und die Genossen zechten bis an den hellen Morgen.

* * *

Einige Tage später war in der Wohnung des General Prim eine Abendgesellschaft versammelt.

Die jungen Leute lachten und scherzten, sangen zur Zither, die

Schönen schäkerten mit den Caballeros, die älteren Männer vertieften sich in ernstere Gespräche.

Unter den letztern befand sich Prim, der sonst der Fröhlichste von Allen, den Schönen hofirte, von Witz übersprudelte, kurz der Unterhaltung eine solche Munterkeit verlieh, daß sein Haus zu den gesuchtesten von Madrid gehörte.

Heute war er so ernst, daß es seiner Gemahlin auffiel, und sie bemüht war, die finstern Wolken von seiner Stirn zu verscheuchen.

„Was hast Du nur, Juan, wo ist denn heute Dein Frohsinn, mit dem Du alle Welt bezauberst," fragte die Gräfin Reus ihren Gemahl.

„Ich weiß es selbst nicht, Catarina, mir ist den ganzen Tag über so bange ums Herz gewesen, als ob mir heute noch ein Unglück begegnen sollte."

„Was kann Dir denn geschehen, hast Du Deinen Gegnern eine Blöße gegeben, welche sie zu Deinem Verderben benutzen könnten?"

„Keine andre, als daß ich es mit den Progressisten halte, daß ich bei ihrem Bankette gewesen, deshalb zürnt man mir, und von Tag zu Tag mehrt sich der Einfluß der Reaktion an unserem Hof, und sie scheut sich immer weniger mit ihren lichtscheuen Plänen hervorzutreten. Natürlich nehmen die Verfolgungen der Freisinnigen ihre Thätigkeit insbesondere in Anspruch, ich bin der hervorragendste Ihrer Feinde, folglich werden ihre Blitze mich zuerst treffen."

„Aber Du hast ihnen doch keinen Grund gegeben, Dir gewaltsamer Weise entgegenzutreten?"

„Sicherlich keinen," entgegnete Prim, „aber einen Vorwand findet man bald, wenn man einen Unbequemen bei Seite schieben will."

„So weit man mir versichert, ist die Königin Isabella Dir sehr gewogen, sie wird nicht zugeben, daß man arg mit Dir verfahre."

„Baue Jemand auf die Freundschaft der spanischen Königin," rief Prim, „Verleumdung, Zuflüsterung, Entstellung der Wahrheit vermögen viel. Der Geistlichkeit, die bei Ihrer Majestät im höchsten Ansehn steht, bin ich ein Stein des Anstoßes, sie wird mir gewiß schaden, wo sie nur kann."

„Du bist im Heere und im Volke beliebt, man wird Dich schützen," erwiderte Catharina.

„Volksgunst, blauer Dunst. Das Volk ist auch zu schwach,

einer Gewaltthat entgegenzutreten, es hat sich in fehlgeschlagenen Auf=
ständen erschöpft und duldet jetzt lieber, als daß es handelt. Was das
Heer betrifft, so giebt es Regimenter, welche der Regierung blindlings
ergeben sind, und sie wird auf diese zählen, wenn sie gegen mich
anstritt."

„O sollte unsere junge Ehe schon von solchem Unheil betroffen
werden, ich kann's mir nicht denken, ich kann's nicht fassen," seufzte
Catarina, sich zärtlich an den schönen Mann schmiegend und ihn fest
umfassend, als ob die ganze Welt nicht stark genug sein könnte, ihn
aus ihren Armen zu reißen.

„Das Weib eines Soldaten und Parteiführers muß auf das
Schlimmste vorbereitet sein; in Deiner Heimat Mexiko ist es ja auch
nicht anders. Vielleicht trügt mich jedoch meine Ahnung,
vielleicht läßt das schwere Blut finstere Träume in mir
aufsteigen. Noch ist ja Nichts verloren. Jedenfalls ver=
laß Dich darauf, mein Schatz, ich bin ein Mann, der sich
zu helfen weiß, der manche Fährlichkeit bestanden, aus dem
wirrsten Labyrinthe den Ausweg gefunden. Verliere den Kopf
nicht, wenn's eintrifft, was mir schwant. Meine Klugheit hat
mich nie verlassen."

Zu diesem Augenblick vernahm man in den Vorgemächern ein
außergewöhnliches Geräusch.

Der Adjutant Prims trat mit verstörter Miene zu seinem Ge=
neral und brachte demselben eine Botschaft, über welche dieser erbleichte.

Prim eilte zu seiner Gattin, flüsterte ihr einige erklärende, und
wie es schien, tröstende Worte zu, und verschwand mit dem Offizier.

Donna Catarina machte Anstrengungen, ihre Ruhe zu bewahren;
aber als sie das Klirren von Waffen und das Aufstoßen der Gewehr=
kolben vernahm, fiel sie in Ohnmacht.

Die Nachricht: General Prim ist so eben verhaftet wor=
den! brachte eine gewisse Verwirrung in der Gesellschaft hervor.

Diejenigen, welche der Regierung ergeben waren, oder sie fürch=
teten, konnten nicht schnell genug ein Haus verlassen, auf dem der
Fluch der königlichen Ungnade lastete; sie machten sich innerlich
Vorwürfe, gekommen zu sein, es war ja stadtbekannt, wie schlecht der
General mit dem Hofe stehe, sie konnten am Ende noch in den Prozeß
mit diesem abenteuerlichen Intriguanten verwickelt werden.

So dachten Viele, sie flohen die verlassene Catarina, und wür=
digten sie kaum eines tröstenden Wortes!

Die Gräfin Reus hatte sich von ihrer Ohnmacht inzwischen er=

holt, sie war aber nur zu neuem Elend erwacht, der geliebte Mann, wähnte sie, sei von ihrer Seite gerissen, um dem Tode entgegenzugehen, denn in Spanien war es nichts Neues, daß ein mißbeliebiger General erschossen wurde.

Es galt vor Allem, sich Gewißheit über das Geschick des Verhafteten zu verschaffen.

Ein zuverlässiger Freund übernahm diesen Auftrag, und eilte zunächst nach dem Militärgefängniß, wo General Prim gefangen gehalten wurde. Man wollte ihn dort nicht zu dem Gefangenen einlassen, oder sonst irgend eine Auskunft geben.

Der Treue lenkte seine Schritte nach dem Kriegsministerium, und begehrte eine Audienz bei dem Kriegsminister Marcheffi.

„Was wünschen Sie?" fragte ihn dieser mit gerunzelter Stirn.

„Excellenz gestatten mir eine Frage: Warum hat man Prim, den Grafen Reus, verhaftet?"

„Ich habe nicht nöthig," entgegnete der Minister mürrisch, „dem ersten Besten von den Maßregeln der Regierung Rechenschaft zu geben."

„Nun denn, ich komme im Namen seiner trostlosen Gemahlin, um Auskunft über sein ferneres Loos zu erhalten.

„Haben Sie Mitleid mit einer beinahe zu Tode geängstigten Frau. Verhehlen Sie mir das Schlimmste nicht, wenn es meinem Freunde widerfahren sollte."

„Wenn Sie in diesem Tone reden," meinte der Minister milder, „will ich Ihnen gern Antwort ertheilen. Zu hart wird man mit dem General nicht verfahren. Vorläufig wird er in nicht zu strenger Haft gehalten."

„Aber, Excellenz, es ist doch nichts Schlimmeres über den General verhängt."

„Valgame Dios! (So wahr mir Gott helfe!)" betheuerte der Minister, „ich habe die Wahrheit gesagt."

Erleichtert verabschiedete sich der Freund Prims, und kehrte mit dieser trostvollen Nachricht zur Gräfin Reus zurück.

Dieser that die hinterbrachte Kunde wohl.

Nach dieser Kunde pflog sie mit den zahlreichen Freunden des Generals Rath, wie man ihm zu helfen und ein trübes Verhängniß von ihm abzuwenden vermöge.

Denn nicht Alle waren so gesinnt, wie viele der davoneilenden Gäste. Der tapfere Held, der liebenswürdige Mann, der für seine

Bekannten stets eine offene Börse und ein gastfreies Haus hielt, hatte die Herzen gewonnen; nicht in allen Kreisen fürchtete man die Regierung, man suchte vielmehr eine Ehre darin, ihr zu opponiren.

In Spanien war viel Freisinnigkeit, und wenn von oben der Druck mittelalterlicher Einrichtungen schwer auf dem Volke ruhte, so war der Gegendruck von unten das Streben nach freisinnigen Institutionen nicht minder stark, nicht minder zäh und nachhaltig.

Zunächst schlug Einer der Heißsporne vor, das Volk aufzuwiegeln, einen Aufstand zu erregen, und die über die Verhaftung des vergötterten Generals erbitterte Menge zur gewaltsamen Befreiung desselben aufzumuntern.

Dieser Vorschlag schien indessen den meisten zu gefährlich, besonders wollte Donna Catarina nichts davon hören.

Sie entschied sich, in's Schloß zu fahren und die Königin um eine Audienz zu bitten.

Nach langem Hin- und Herreden über das voraussichtlich Vergebliche dieses Versuchs stimmte man dem Entschlusse der Gräfin bei.

Die Gräfin von Reus säumte nicht, am andern Tage ihr Vorhaben auszuführen, nachdem sie vorher bei der Oberhofmeisterin Gräfin von Altamira schriftlich um eine Audienz eingekommen, und dieselbe ihr gewährt worden war.

„Sie kommen wohl Sennora," höhnte die Königin ihrer glücklichen Rivalin ins Angesicht, „um für Ihren strafbaren Gatten eine Fürbitte zu thun, den Weg hätten Sie sich ersparen können, meine Beschlüsse über ihn sind unwiderruflich."

„Vergeben Ew. Majestät Ihrer demüthigsten Dienerin," entgegnete die tiefgebeugte Gattin, „ich weiß nicht, was mein Gemahl verbrochen hat."

„Was er verbrochen hat?" wiederholte zornig die Königin Isabella, „Hält er es nicht mit meinen Feinden. Hat er nicht erst vor Kurzem mit ihnen getafelt, nicht gegen die ergebensten meiner Diener Schmähungen ausgestoßen. Und wäre es dabei geblieben! O! ich habe gute Nachrichten.

„Wenn anderwärts die Wände Ohren haben, so haben sie in Madrid Zungen, die mir die Geheimnisse meiner aufrührerischen Unterthanen zuflüstern. Ihr Gemahl intriguirt fortwährend wider mich, er erregt selbst die Soldaten zur Meuterei, das darf ich nicht dulden."

„Ew. Majestät sind falsch berichtet," betheuerte die Gräfin, „mein Gemahl rebellirt nicht, er ist eben so loyal, wie seine Verläumder.

Hat er nicht in zahlreichen Gefechten mit den Carlisten für Ew. Majestät gekämpft, hat er dadurch nicht genugsam seine Treue bewiesen? Hat er nicht bei Tetuan für Königin und Vaterland gefochten, nicht Ihren und des Vaterlandes Ruhm gemehrt. Können jetzt Ew. Majestät einen solchen Helden in's Elend schicken, können Sie ihn, den von Heer und Volk vergötterten, einem Unbekannten, unverdienten Manne opfern, ich meine den General Marchessi, denn dieser beneidet den General um seinen Ruhm und dieser hat die Strafe über ihn verhängt."

„Wer sagt Ihnen das?" rief die Königin, „Sie beschuldigen meine treuesten Diener ohne Grund. Kompromittirt sich Prim nicht selbst durch seine Handlungen, braucht man ihn noch zu verläumden, hat er nicht jüngst erst die Unteroffiziere zweier hier liegenden Regimenter festlich bewirthet. Wozu das? Ist doch wohl um die Soldaten für sich einzunehmen und gegen mich zu gebrauchen? Man darf diese Umtriebe nicht ferner gestatten. Ich, die Königin, ich dulde es nicht."

Eine Handbewegung deutete der Gräfin an, daß sie entlassen sei.

Sie wußte nicht, ob Groll oder Trübsinn in ihrem Herzen vorherrschte, als sie in ihr verwaistes Heim zurückkehrte. — —

Mit Gedankenschnelle verbreitete sich die Neuigkeit durch Madrid, General Prim sei verhaftet, er werde vor ein Kriegsgericht gestellt werden.

Es bildeten sich in der Toledostraße, auf der Puerta del Sol, und namentlich vor dem Militärgewahrsam und Kriegsministerium, Volksgruppen.

Da gestikulirte der leichtfüßige Krämer aus Valencia mit dem Gallego (Wasserträger) und Kalessero (Droschkenkutscher), der Pferd und Wagen verlassen hatte, um dem wichtigen Ereignisse seine Worte, und wenn es später noththun sollte, seine Hände zu leihen.

Caballeros von der Puerta del Sol, Madrids goldene Jugend mischte sich unter die Volkshaufen, und bald ertönten die Rufe: „Viva Prim, muera Isabella mueran los moderados!" (Es lebe Prim, Tod der Königin.)

„Man nimmt uns unsre besten Generale, man erschießt sie!" schrie ein Gallego voll Wuth vor dem Kriegsministerium, „nur die Unfähigen bleiben."

„Ihr habt Recht, Mann," rief ein Caballero, „das Vaterland

verstümmelt sich selbst; in anderen Ländern werden solche Helden wie Prim mit Ehren überhäuft, in Spanien läßt man sie im Kerker schmachten."

„Die Männer, die ein Herz für's Volk haben, werden wie Verbrecher behandelt," warf ein Catalonier ein, „das ist unerhört, die Aristokraten sind oben auf!"

„Dies ist nur ein Vorspiel für die Tragödie, die kommt," schrie José Martinez, der Republikaner, „über kurz oder lang, ja in wenigen Wochen wird man uns den letzten Rest der Freiheit nehmen, die wir noch besitzen."

„Ich weiß davon," entgegnete ein Anderer, „Christina, die Spanien schon so viel Unheil gebracht, kehrt zurück."

„Ihr vermuthet doch nur?"

„Mein kleiner Finger sagt's mir, beweis't nicht die Ungnade Prim's, daß die Geistlichkeit und die Absolutisten triumphiren."

„Die Freigebigen gehen, die Blutsauger bleiben," schrie ein Bettler, der an das reiche Almosen dachte, das er immer vom General Prim erhalten.

„So ist es," schrie aus einem großen Haufen ein Chor. „Prim ist unser Wohltäter, wir lassen das Leben für ihn, wir gehen für ihn durch's Feuer."

Es war bekannt, daß Prim keinen Armen unbeschenkt von sich ließ, und Madrid hat der Bedürftigen mehr, als die meisten großen Städte. Es kam selbst vor, daß der General, wenn seine Börse erschöpft war, von seinem Begleiter oder dem nächsten Bekannten, dem er begegnete, Geld entlieh, um milde Gaben zu spenden.

Es flogen jetzt Steine gegen das Minister-Hôtel, die Scheiben wurden zertrümmert und der Aufstand wuchs, so daß Militär herbeigeholt werden mußte.

Ein Cazadores- (Jäger-) Bataillon rief: Viva Prim el heroe (Held) de Tetuan, mueran sus enemigos (nieder mit seinen Feinden.

Die Regierung stutzte.

Schon zeigten sich bewaffnete Milicianos (Bürgersoldaten). Da wurde eine Proclamation an die Ecken geschlagen, worin es hieß:

„In einem, heute im Kriegsministerium abgehaltenen Ministerrath ist der Beschluß gefaßt worden, dem General Prim die Stadt Oviedo in Asturien als Wohnsitz anzuweisen. Ihre Majestät, die Königin hat diesen Beschluß bestätigt. Der General Prim ist in Folge dessen aus

Ch. Marfori, General-Intendant des königlichen Hauses und letzter Günstling der Königin Isabella.

seiner Haft entlassen und im Begriffe, nach seinem Bestimmungsorte abzureisen.

Zugleich wurde in dem Volkshaufen eine Stelle aus der Iberia, dem Organ der Progressisten vorgelesen, in welcher der General die Proclamation der Regierung bestätigte, bei seiner schleunigen Abreise seinen Freunden Lebewohl sagte und eine baldige Rückkehr verhieß.

Unter stürmischen Viva's auf Prim trennte sich die Menge, die Straßen leerten sich, die Truppen kehrten in die Kasernen zurück und bald erhielt die Stadt ihr gewöhnliches Ansehen wieder.

Dreizehntes Kapitel.

Die Rückkehr Narvaez'.

Das Kabinet Mon, seit dem 2. März 1864 am Ruder, hatte sich nach Kräften bemüht, die Forderungen zu erfüllen, welche die Geistlichkeit an dasselbe stellte.

Dennoch war die Letztere mit dem Kabinet nicht zufrieden, und zwar aus uns schon bekannten Gründen.

Die Herren Bischöfe und Patres hielten es jetzt, im Herbst 1864, an der Zeit, mit der Durchsetzung ihres alten Planes, einer Rückberufung des Marschall Narvaez, vorzugehen.

Kurze Zeit nach Prim's Verhaftung, in der letzten Woche des Monats August, als die Königin in ihrem lieben Ildefonso weilte, ließ sich der Erzbischof von Toledo bei Isabella melden und wurde sofort vorgelassen.

„Was bringen Sie mir, hochwürdigster Herr!" redete die Königin den Kirchenfürsten an.

„Vor allen Dingen meinen Segen, meine in Gott geliebte Tochter," antwortete Cardinal de la Alameda y Brêa, „und dann eine etwas unerquickliche Neuigkeit.

„Sie wissen, daß Ew. Majestät Regierung leider genöthigt ist, in den Palästen der englischen Gesandtschaft zu Madrid protestantische Geistliche zu dulden.

„Diese Geistlichen celebriren nicht blos den fluchwürdigen Gottesdienst der Ketzer, sondern sie unterstehen sich auch bisweilen, Mischehen einzusegnen.

„Neuerdings ist ein solcher Fall vorgekommen, und nun untersteht sich das Ministerium Mon, zu beantragen, daß der katholische Bräutigam, ein Spanier, seine Heimathsrechte behalten dürfe.

„Ich bin darüber maßlos unglücklich. — Majestät, wie soll das werden, wenn die Kinder der Kirche ungestraft mit den Anhängern der Ketzerei Ehebündnisse eingehen dürfen, die von den Priestern des Teufels eingesegnet sind?"

„Aber hochwürdiger Herr," antwortete Isabella — „wie können Sie glauben, daß ich einem solchen Antrage Folge geben werde?"

„Das glaube ich allerdings nicht,". gab der Cardinal zurück; „dazu ist Spaniens Königin zu fromm.

„Aber ist es nicht schon ein Unglück, daß ein solches Ministerium an der Spitze der Regierung steht, und wenn es auch nur dem Andrängen der fremden Gesandten nachgiebt?"

„Sie haben Recht, Cardinal," versetzte die Königin. „Was läßt sich dagegen thun — ich entlasse das Ministerium.

„Aber wen soll ich mit der Neubildung des Kabinets beauftragen? — —

„Ah — da fällt mir ein — die ehrwürdige Mutter Patrocinio hat mir heut erst wieder den Narvaez in's Gedächtniß zurückgerufen und die Energie und Thatkraft des Herzogs gerühmt.

„Auch Sie, Eminenz, sprachen ja immer davon, wie wünschenswerth es sei, dem eisernen Herzog die Zügel der Regierung in die Hand zu legen.

„Halten Sie es jetzt endlich an der Zeit, daß ich das Verbannungsdecret widerrufe?"

„Ich sehe keinen andern Ausweg, Majestät," erwiderte der Cardinal, indem er mit den Achseln zuckte, wie wenn er vergeblich nach einer andern Lösung der vorliegenden Frage gesucht hätte.

„Aber es würde sich vielleicht empfehlen," fuhr er darauf fort, „wenn Ew. Majestät den Herzog erst einige Zeit hier sein ließen und nicht sofort nach seiner Ankunft ihn zum Ministerpräsidenten ernennen wollten.

„Es würde dann seine Begnadigung absichtslos und seine Ernennung zum Minister zufällig erscheinen."

„Ich füge mich in jeder Beziehung Ihrer besseren Einsicht, Eminenz," antwortete die Königin.

„Vielleicht entwerfen Sie sofort das betreffende Begnadigungs-Dekret, damit ich bald unterschreiben kann."

„Zu Befehl, Majestät," erwiderte der Kirchenfürst und trat an ein Schreibpult, an welchem er auf einem mit dem Wappen und Namenszug der Königin versehenen Briefbogen das Dekret niederschrieb.

Isabella setzte, ohne zu lesen, ihren Namen unter das Schriftstück.

Dann rief sie durch den Glockenzug einen Diener herbei, und befahl ihm, das Dekret sofort zu expediren.

„Wird denn aber der Herzog auch kommen?" wendete sie sich nun besorgt an den Erzbischof. „Vielleicht schmollt er und will von mir und Spanien nichts wissen.

„Und wenn er auch nach Spanien und selbst nach Madrid käme, wird er sich geneigt finden lassen, ein Portefeuille anzunehmen?"

„Das lassen Sie meine Sorge sein, Majestät," beruhigte sie der Prälat. „Sollte der Herzog Bedingungen stellen, was ich nicht glaube, so werden es gewiß solche sein, die sich leicht erfüllen lassen."

― ― ― ― ― ―

Einige Tage darauf hatte sich auf dem Bahnhofe von Madrid eine bedeutende Menschenmasse versammelt, welche auf den von Alcala und Pamplona herkommenden Zug wartete.

„Was giebt's denn heut zu sehen?" fragte ein untersetzter Eisenbahn=Arbeiter, welcher von der andern Seite des Bahnhofes über die Schienen herüber kam, einen jungen Mann in der blauen Baumwollen=Bluse. „'s ist doch kein Feiertag und kein hoher Empfang!"

„Na das müßt Ihr doch zuerst wissen," antwortete der Angeredete. „Ihr seid ja hier auf der Bahn und solltet doch die besten Nachrichten haben."

„Da weiß ich so viel, wie zuvor," brummte der Erste. „Denkt Ihr, unsereiner kann sich um jeden Lump kümmern, der nach Madrid kommt? Ich bin hinten bei den Güterspeichern und komme nur selten hierher auf den Perron."

„Das ist freilich was Anderes," erwiderte der Zweite. „Aber Ihr braucht auch nicht gleich so ungebehrdig zu werden." Dann neigte er seinen Mund zum Ohre des Andern und sagte:

„Aber Recht habt Ihr, wenn Ihr von Lumpen sprecht — nur müßt Ihr's nicht so laut thun. 's giebt zu viel Ohren um uns herum, und wer weiß, ob nicht ein Wort an das unrechte kommt. In unseren Staatsgefängnissen wäre noch Platz für uns Beide."

„Aber zum Kuckuk," knurrte wieder der Erste — „so sagt mir

doch endlich, wer kommt, wer erwartet wird. Ich bin ja schon ganz neugierig."

„Niemand anders, als Seine Excellenz der Marschall Narvaez, Herzog von Valencia," erwiderte der Blusenmann.

„Was?" rief ganz erstaunt der Bahnarbeiter und prallte zurück. — „Aber Ihr wollt mich nur foppen. Der — der eiserne Herzog? Ach — geht weg, das glaube ich nicht!"

„Doch, doch," fiel ein Dritter ein, der stolz, wie ein Hidalgo (Edelmann), sich in seine Capa hüllte, und mit dem Blusenmanne bekannt zu sein schien. „Habt Ihr nicht in den Zeitungen das Begnadigungsschreiben von der Isabella gelesen?"

„J— ich lese die Lügenblätter von der spanischen Regierung nicht," antwortete der Erste. „'s ist ja aber auch gar zu unwahrscheinlich. Er war so lange weg und ist fast schon vergessen."

„Ihr scheint ein sehr kurzes Gedächtniß zu haben," gab der Hidalgo zurück, „wenn Ihr Euch nicht mehr an die Gräuelscenen zu erinnern vermögt, die der rohe Narvaez verübt hat. Denkt an die Märztage von anno 1848."

„Aufgepaßt, der Zug kommt," rief der Blusenmann, und machte damit dem Gespräch ein Ende.

Gleichzeitig that sich die Thür des Warte-Salons erster Klasse auf, und der Majordomus des königlichen Hauses, Herzog de Bahlen, trat heraus.

„Seht Ihr — seht Ihr," sagte der Hidalgo — „der da ist gewiß von der Königin abgeschickt, daß er den Herzog bewillkommnen soll."

„Das wird schön werden!" meinte sein Freund, der Blusenmann. „Wenn die Isabella den Marschall schon von vornherein so aufmerksam behandelt und gar den Majordomus zum Empfange abschickt, dann kann man sich das Uebrige an den Fingern abzählen."

„Wundert mich nur," gab der Hidalgo zurück, „daß die Königin nicht selbst auf dem Bahnhofe ist mit der gesammten hohen Klerisei. Paßt auf — der Mon ist am Längsten Minister gewesen!"

Nun begann ein arges Drängen, und die zahlreich vorhandenen Alguazils hatten Mühe, den Perron frei zu erhalten.

Aus einem Coupée erster Klasse stieg Narvaez — der Allen bekannte Narvaez, um dessen Willen das Volk nach dem Bahnhofe geeilt war. Aber so groß auch die schaulustige, neugierige Menge war —

unter Allen fand sich nicht Einer, der ein Hoch, ein Viva ausgebracht hätte. Stumm, wortlos empfing das Volk den Eisernen; denn er war nur gefürchtet, aber nicht geliebt.

Der Herzog de Bahlen war ihm, als er aus dem Waggon trat, entgegengekommen, und hatte ihn mit scheinbarer Freundlichkeit begrüßt. Man konnte nicht verstehen, was die Beiden sprachen. Sie verschwanden in der Thür des Warte-Salons und kamen auf der andern Seite des Bahnhofes wieder zum Vorschein, wo sie Beide in einen auf der Rampe wartenden königlichen Wagen einstiegen und abfuhren — nach dem Schlosse zu.

„'s ist doch großartig," flüsterte unter der jetzt den Bahnhof verlassenden Menge ein Aguadero einem neben ihm schreitenden Grünzeughändler zu. „Der fährt ja vom Bahnhofe direkt nach dem Schlosse zu einer Audienz bei Ihrer katholischen Majestät."

„Das Beste kommt erst noch," erwiederte der Angeredete. „Jetzt ist's mit der Freiheit in Spanien wieder ganz aus, und Gnade Gott einem Jeden, der nicht tanzt, wie die Regierung pfeift."

„Ja, ja, Gevatter," fiel eifrig der Aguadero ein — „der Prim ist glücklich verbannt und die Andern sind auch unschädlich gemacht, und nun haben die Herren von der Kutte freies Spiel. Da werden wohl die spanischen Gefangenwärter wieder einmal Arbeit bekommen." —

Inzwischen war die Hof-Equipage, in welcher Narvaez saß, im Schlosse angekommen.

Mit entschlossenen Schritten eilte der Herzog, vom Majordomus geleitet, die altbekannte, lange nicht gesehene Treppe hinan — der Diener schlug die Portière zurück — und da stand er, der Eiserne, vor seiner nicht mehr zürnenden Königin.

„Ich freue mich, Sie in Madrid zu sehen, Herzog," redete ihn Isabella voller Leutseligkeit an, „es ist lange her und ich habe Sie oft schmerzlich vermißt.

„Aber Sie wissen es ja selbst, daß auch einer Königin die Hände gebunden sein können, so daß sie nicht im Stande ist, so zu handeln, wie sie gern möchte.

„Vergessen wir Alles, was gewesen ist, und wovon ein Schatten störend zwischen uns treten könnte, und lassen Sie sich von mir ebenso herzlich willkommen heißen, wie es wohl Alle thun, die mir nahe stehen."

„Res ita se habeat" (so sei es), sagte salbungsvoll der neben der Königin stehende Pater Claret, während die Nonne Patrocinio ihre Augen zum Plafond erhob und die Hände faltete. „Gottes Segen sei mit ihrem Wiedereintritt in Spanien und in dieses Schloß!"

„Ich bin glücklich über den mir von Ew. Majestät zu Theil gewordenen Empfang," hob nun der Marschall an, „und ich danke gehorsamst für die mir durch die Absendung des Herzogs de Baylen zu Theil gewordene Ehre der Abholung vom Bahnhofe.

„Differenzen, die früher bestanden haben, will ich auf Ew. Majestät Wunsch gern vergessen und ich hoffe nur, daß deren in Zukunft keine mehr erwachsen werden

„Sollten Ew. Majestät außerdem noch einen Befehl für mich haben, so stehe ich gern zu Diensten."

„Einen Befehl habe ich nicht, mein lieber Herzog," antwortete mit gewinnender Herzlichkeit die Monarchin; „aber eine Bitte, die zu erfüllen Sie hoffentlich nicht anstehen werden.

„Uebernehmen Sie das Kabinets-Präsidium! Mit Mon komme ich nicht aus, und ich muß ihn entlassen.

„Wir sind ja hier unter uns — keiner der Minister stört oder belauscht uns, und so kann ich's Ihnen sagen, daß ich in der größten Verlegenheit um einen Mann bin, den ich an Mon's Stelle setzen soll. Sie allein, Herzog, Sie sind der lebendige Ausdruck dessen, was ich will — Sie können der Regierung geben, was ihr so lange gefehlt hat — Energie und Entschlossenheit.

„Ich kann Ihnen nicht so ausführlich Alles sagen und erklären — Sie wissen ja, Herzog, daß zu meinen Ohren das Wenigste von Dem dringt, was geschieht. Wäre dem nicht so, so hätte ich Sie längst zurückgerufen und mit der Leitung der Regierung betraut.

„Darum lassen Sie sich das Einzelne Alles von meinem hochwürdigen Pater Claret, oder auch von Seiner Eminenz, dem Erzbischof von Toledo, sagen. Aber erklären Sie sich bereit, das Portefeuille des Minister-Präsidenten zu übernehmen, und ich entlasse heut noch das Ministerium Mon."

„Majestät," begann der Marschall und strich sich seinen Schnurrbart mit bedächtiger Miene, „das kommt etwas plötzlich und ist viel auf ein Mal. Aber ich finde mich sofort in die neue Situation und will Ihnen bald mit kurzen Worten sagen, wie ich darüber denke.

„Sie wissen vielleicht noch von alten Zeiten her, daß ich stets gerade und — entschieden bin. Also, was ich sage, gilt, und daran wird nichts geändert.

„Wenn ich die mir soeben von Ew. Majestät gemachte Pro=
position annehme, so geschieht es nur unter folgenden Bedingungen:

„Erstens muß mir gestattet sein, die Cortes aufzulösen, wenn
sie mir entgegentreten und Neuwahlen auszuschreiben.

„Zweitens muß ich darauf bestehen, daß ich ermächtigt bin, Ihrer
Majestät der Königin=Mutter Christina die Rückkehr nach
Spanien zu gestatten. Haben früher Differenzen zwischen mir
und der alten Majestät bestanden, so sind dieselben beigelegt, und ich
kann den Nutzen nicht ersehen, welchen die Fernhaltung der alten
Majestät haben soll. Sie allein bietet das beste Gegengewicht gegen
gewisse sich, wie ich aus Zeitungsberichten weiß, kundgebende Strömun=
gen am Hofe, welche gegen meine hohe Königin gerichtet sind.

„Endlich drittens möchte ich wünschen, daß ich nicht sofort mein
Amt antrete, um damit mißliebigen Deutungen aus dem Wege zu
gehen. Trete ich es aber einmal an, dann muß mir auch eine
schrankenlose Vollmacht in die Hand gegeben werden, und keine
Fessel, sie sei welcher Art sie wolle, darf meine Entschließungen
hemmen.

„Spanien ist versumpft und verkommen durch eine Reihe
von tendenzlosen Ministerien und ich muß Vieles wegräumen, was
jetzt noch besteht, soll meine Thätigkeit eine heilbringende sein.

„Das ist es, was ich über das Anerbieten zu sagen habe, welches
Ew. Majestät so gnädig waren, mir zu machen — ich bitte um Ihre
Entscheidung.“

Der eiserne Herzog hatte diese Worte mit eiserner Ruhe ge=
sprochen. In seinem Auge hatte es geblitzt, als die Königin die
Worte sprach: „Ich habe eine Bitte an Sie“ und ein Aufleuchten
der Freude, des Siegesbewußtseins, schien durch seine kalten Züge zu
gehen — aber rasch hatte er die ihn überkommende Wallung nieder=
gekämpft und stand da, den Hut unter dem Arm, die Hand am Degen=
gefäß wie ein Diktator, der zu befehlen gewöhnt ist.

Die Königin hatte sich leise verfärbt, als der Marschall von
Bedingungen zu reden begann, und mit einer Ruhe und Sicherheit,
als wäre er der Gebietende und sie die Gehorchende, diese
Bedingungen aufzählte.

Sie antwortete dem Herzog auch nicht direkt, sondern ihr Auge
suchte hilfeflehend erst die blutende Nonne und dann den Beichtvater
Claret, und zu Letzterem gewendet, sagte sie in fast kleinlautem Tone:

„Wie denken Sie darüber, hochwürdiger Herr? Was meinen
Sie zu den Forderungen des Marschall's?

„Ich kann nicht anders," begann der Pater, „als dieselben gut=
heißen. Es ist augenblicklich schwieriger als je, die Zügel der Regie=
rung zur Hand zu nehmen.

„Sie müssen bedenken, Majestät, daß der Herzog aus dem Aus=
lande kommt, und unsere inneren Verhältnisse einerseits von einem we=
niger parteiischen Standpunkte aus betrachtet, als der unsere ist, während
es ihm andererseits schwer werden muß, sich in die gegebene Sachlage
zu finden.

„Lassen Sie ihn diese Sachlage nach seiner bessern Einsicht um=
ändern, und gestatten Sie ihm vor allen Dingen, die eventuelle Auf=
lösung der Cortes, welche, wie der Herr Herzog ganz richtig bemerk=
ten, keineswegs der Ausdruck des spanischen Volkswillens ist."

„Ja, aber meine Mutter," fiel die Königin erregt und ungeduldig
zugleich ein, „die — — Herzogin von Rianzares — — warum soll
ich denn die in's Land kommen lassen?"

Der Herzog hörte diesen Ausbruch der königlichen Ungeduld
mit stoischer Ruhe und Gelassenheit an, und nicht eine Miene seines
ehernen Antlitzes verzog sich. Nur mit dem Pater Claret wechselte er
einen Blick des Einverständnisses; denn die Beiden schienen von vorn=
herein sehr gut zu stimmen. —

In einer Ecke des Audienz=Zimmers stand die Zofe Gregoria im
eifrigen, flüsternd geführten Gespräch mit der Aja der königlichen Kin=
der, der Marquise Novaliches. —

„Auch in diesem Punkte," versetzte geschmeidig der Pater Claret
auf die ungeduldige Frage der Königin, „kann ich dem Herzog nicht
gut Unrecht geben, wenn auch meine Gründe dafür von den Seinen
vielleicht etwas verschieden sein mögen, welche ich trotzdem billige…"

Ein Diener trat ein und meldete den Cardinal = Erzbischof von
Toledo.

Die Flügelthüren öffneten sich und der Gemeldete erschien. Er
begrüßte die Königin und mit scheinbar freudigem Erstaunen den Her=
zog, welchen er, wie er sagte, durchaus nicht erwartet habe, hier
zu treffen.

Der schlaue Priester — er wußte recht gut, wie die Sachen
standen, und war ja nur gekommen, um dem Pater Claret beizustehen.

„Ah das ist gut, daß Sie kommen, Eminenz," redete ihn die
Königin, von seinem Erscheinen offenbar erfreut, an. „Sie wissen ja
immer Rath und zwar den besten, da Gottes Geist auf Ihnen ruht."

Und nun erzählte sie ihm in kurzen Worten das eben geschil=
derte Gespräch.

Des Cardinals Gesicht nahm einen sehr nachdenklichen Ausdruck an, und, wie überlegend, begann er mit zögernder Stimme:

„Ich bin mit meinem Amtsbruder einverstanden, was die erste Bedingung des Herzogs anbelangt.

„In Betreff der zweiten muß ich gestehen, daß ich schon längst mit dem Gedanken einer Aussöhnung zwischen Ew. Majestät und hochdero Mutter mich beschäftige, und von meinem Standpunkte als Priester der Religion der Liebe kann ich nur für die Forderung des Herzogs eintreten.

„Bedenken Ew. Majestät doch nur das Glück und den Segen eines eintrachtsvollen Familienlebens, welches ja ohnehin von den Lehren unserer heiligen Kirche vorgeschrieben wird. Das giebt, wenn es an höchster Stelle stattfindet, ein gutes Vorbild für alles Volk, und bringt des Himmels Segen über Sie und Ihr Haus.

„Versöhnen Sie sich mit der Königin-Mutter, welche gewiß mit Freuden ihre lang entbehrte Tochter in die Arme schließen wird. Nicht wahr, Herzog, ich habe Recht?"

„Allerdings," erwiederte der Herzog — „die Königin Christina ist jetzt alt und wer weiß, wann ihre letzte Stunde schlägt. Soll sie in der Ferne sterben, fern von Spanien, fern von ihren Angehörigen?"

„Nein! nein!" rief leidenschaftlich die leicht erregte Königin, indem sie mit den Händen ihr Gesicht bedeckte und heftig zu weinen anfing. „Machen Sie, was Sie wollen, Herzog! Rufen Sie meine Mutter zurück, thun und lassen Sie, was Ihnen gut dünkt — ich bewillige alle Ihre Forderungen und gebe Ihnen die ausgedehnteste Vollmacht.

„Aber nun lassen Sie mich allein — ich bin zu sehr aufgeregt und muß meine Nerven erst zur Ruhe kommen lassen. Nehmen Sie, wenn Sie können, Wohnung im Schloß bis auf Weiteres, damit ich Sie immer zur Hand habe.

„Herzog de Baylen wird das Nöthige für Ihre Logis veranlassen, und nun komm, Gregoria, laß uns gehen.".

Die Gerufene näherte sich flüchtigen Fußes, öffnete die Thür zu den Gemächern der Königin, schlug die Portièren zurück, und Beide entschwanden den Blicken der Zurückbleibenden, die sich bei den letzten Worten Isabella's verneigt hatten, und nun in ehrfurchtsvoller Stellung verharrten.

„Ich gratulire Ihnen zu Ihrem soeben errungenen Siege," brach zuerst der Cardinal-Erzbischof das Schweigen, als sie allein waren. „Derselbe ist so vollständig, als Sie nur immer wünschen können."

„Wohl nicht durch meine Kraft errungen," gab der Herzog zurück, indem er in die dargebotene Hand des Kirchenfürsten und des Pater Claret einschlug. „Aber gleichviel — er ist errungen, und ich will schon dafür sorgen, daß er auch genügend ausgenützt werde."

Zugleich wendeten sich die Drei zum Gehen, während die blutende Nonne vom Pater Claret Auftrag erhielt, Abends in seiner Wohnung zu erscheinen.

„Sie sind gewiß von der Reise sehr müde, Herzog, und wollen sich jetzt etwas erholen?" begann im Gehen der Pater Claret. „Vielleicht ist es gut, Eminenz, wenn wir unsere erste Besprechung auf den Abend vertagen. Die Mutter Patrocinio könnte dann auch Theil nehmen."

„In der That bin ich etwas angegriffen von der langen Fahrt. Ich komme heut direkt von Bayonne — eine bedeutende Strecke von der französischen Grenze über die Pyrenäen durch ganz Navarra und Arragonien nach Madrid. Dort kommt ja auch der Herzog de Bahlen, der mich in meine Logis führen soll."

Die Männer trennten sich — der eiserne Herzog, um zu rasten, die beiden Priester, um weiter zu intriguiren. —

Inzwischen war Isabella in ihrem Boudoir angekommen. Sie warf sich auf's Fauteuil, preßte ihr Gesicht in das schwellende Polster und schluchzte lange, lange.

Dann, als sie sich satt geweint hatte, begann sie zu ihrer Zofe gewendet:

„Gregoria, hast Du es gehört? Meine Mutter soll wieder nach Madrid kommen, an meinen Hof — sie, die — die — Herzogin von Rianzares!

„Aber Du weißt es ja nicht, was das heißt — Du kennst ja die Herzogin gar nicht — ach, ich bin recht unglücklich. Aber sage, konnte ich anders handeln, als einwilligen?"

„Majestät haben ganz recht gethan," gab die Zofe zurück, welche auf dem Teppich vor der Monarchin kniete, und erst bei deren heftigem Schluchzen ganz ängstlich gewesen war.

„Majestät haben ganz recht gethan, und ich begreife überhaupt nicht, wie Sie so erregt sein können. So lassen Sie doch ganz ruhig Ihre Mama zurückkommen. Ich weiß nicht, was Sie mit ihr haben, und ich kümmere mich auch nicht um die alten Geschichten, die die

Herzogin de Alba und die Marquise de Novaliches, und wie sie alle heißen, sich erzählen.

„Aber wenn ich mich in Ihre Lage versetze, so kann ich nur sagen, ich würde mich freuen, meine Mutter wiederzusehen. — Ach, ich habe sie so lange nicht gesehen!"

„Du sollst nächstens Urlaub erhalten, um nach Hause reisen zu können, Kind," erwiederte Isabella, „aber erst, wenn meine Mutter schon eine Weile da ist. Ach, Du weißt nicht, wie intriguant sie ist."

„Aber Sie sind ja doch die Königin und haben zu gebieten," versetzte Gregoria.

„Du hast Recht, Kind!" entschied sich die Monarchin. „Ich bin die Königin von Spanien, und ich werde meine Rechte zu wahren wissen."

Vierzehntes Kapitel.

Narvaez löst die Cortes (Kammern) auf.

Das Ministerium Mon war entlassen, Narvaez hatte das ihm von der Königin Isabella von Spanien angebotene Minister-Portefeuille angenommen, und befand sich wieder einmal an der Spitze der Geschäfte.

Unser alter Herzog, in allen Praktiken gewiegt und in allen Sätteln gerecht, betonte diesmal besonders, daß er streng verfassungsmäßig regieren wollte.

Er hatte zu oft erfahren, daß ein rasches Handeln, ein gewaltsames Eingreifen in die Staatsmaschine in Spanien nicht zum Ziele führe, sondern oft zum Unheile derer ausschlage, die sich solchen Beginnens erkühnt.

Dazu hatte er zwei schwierige Aufgaben zu lösen. Es galt vorerst nicht die Kerker, sondern die leergewordene Staatskasse Spaniens zu füllen, den Credit des Landes aufzurichten und Spaniens durch Kriege in Südamerika gestörte Verhältnisse zu ordnen.

Daher zog der Tiger für den Augenblick die Krallen ein und zeigte Sammetpfoten; daher umgab er sich mit dem Glorienschein des streng redlichen, gesetzlichen Mannes.

„Ueberlegen wir," meinte er zu seinen Ministercollegen, „wie wir unsern Gegnern einen Streich spielen, an den sie für lange denken sollen, Sennores."

Weder die Minister Gonzales Bravo, noch Llorente, ein weißer Rabe unter diesen Moderados, ein Mann, dem die Freiheiten des Volkes mehr am Herzen lagen, als manchem sogenannten Demokraten, antworteten.

Jedoch der Finanzminister Barzanallana entgegnete:

„Es kömmt darauf an, gegen welche Fraktion unserer Gegner wir unsere Angriffe zu richten beabsichtigen."

„Doch wohl nur gegen O'Donnel und Genossen, die Anhänger der liberalen Union, das sind unsre jetzigen Gegner."

„Es giebt doch noch andere Feinde," warf Gonzales Bravo ein.

„Keine gefährlicheren," antwortete Narvaez. „Die Progressisten haben die Waffen gestreckt, sie enthalten sich der Wahlen, der alte Espartero, ihr Chef, will ruhig zusehen, wie man bei uns blindlings dem Abgrunde zutaumelt. Er meint natürlich seine Königin mit dem „man"; ein schöner Patriot, der über die bestehenden Zustände zwar erbittert ist, aber nichts weiter thut, als die Faust in der Tasche ballt. Ein gemüthliches Stillleben mag ganz angenehm sein, aber es ist nicht nach meinem Geschmack."

„Und doch haben Excellenz reichliche Zeit gehabt, die Genüsse eines solchen Daseins bis auf die Hefe auszukosten," meinte Llorente.

„Das hab' ich, aber es war eine wahre Hölle für mich, hundert Mal war ich im Begriff, meine Unthätigkeit von mir zu werfen, mich nach Madrid zu wagen und in den Strudel der Begebenheiten zu stürzen, meine Feinde zu bekämpfen und mich an den höchsten Platz zu drängen.

„Aber ich besann mich und wartete. Fortwährend gelangten ja an mich die Nachrichten, daß man meiner bald bedürfe; und jetzt bin ich hier.

„Wehe den Widerspänstigen, ich werde sie zermalmen."

„Nicht so hitzig, Herr Marschall," meinte Barzanallana, „wir sind noch lange nicht am Ziele."

„Wer stellt sich uns denn in den Weg?" fragte Narvaez.

„Demokraten und Republikaner; sie haben einen starken Anhang in Andalusien und Catalonien, und zahlreiche Verbindungen im Heer; sie sind immer schlagfertig.

„Ihr Anführer wird der verbannte General Prim sein, der doppelt grollend auf Verrath und Unheil sinnt."

„Larifari, nichtsnutziges Gesindel," entgegnete Narvaez. „Das macht wohl Emeuten, schreit, lärmt, bildet Räuberbanden, macht das Land unsicher, aber Tüchtiges hat es noch nicht ausgerichtet, Spanien hat noch einen gesunden Kern, ist noch nicht von moderner Kultur angefressen.

„Ich verachte die Nadelstiche, die mir diese Umsturz= männer beibringen können, sie geben nur Stoff zum Füsiliren, ich fände ein wahres Behagen darin, diese Brut auszurotten.

„Und dieser Prim, ein Intriguant, ein kopfloser Mensch, tollkühn in jeder Hinsicht, kann unsere Stellung niemals ernstlich in Gefahr bringen. Er wird tausend Mal den Aufruhr in's Land tragen, aber sich stets verrechnen. Mit dieser Sorte werde ich bald fertig."

„So blieben denn noch die vicalvaristischen Generale O'Donnel und deren Gefolge übrig," meinte Gonzales Bravo.

„Freilich, auch diese haben sich von der freiheitlichen Blässe des Gedankens anrinkeln lassen; sie scheinen auch auf schwachen Füßen zu stehen. Aber weiß Gott, so oft sie auch gefallen sind, sie sind immer wieder emporgekommen. Wie sie's gemacht haben, ist mir stets ein Räthsel gewesen gewesen."

„O! ich habe die Lösung in Händen, Excellenza," rief Barzanallana.

„Was wissen Sie davon?"

„Glauben Excellenza, ich lebte ins Blaue hinein, ich kümmerte mich nicht weiter um die Angelegenheiten meines schönen Vaterlandes? Ich habe redlich nach allen Seiten geforscht, den Schwächen unsrer Gegner nachgespürt; und da habe ich denn gefunden —"

„Und was haben Sie gefunden?"

„Diese Herren Liberalen stehn mit sehr einflußreichen Personen des Hofes: mit Claret, Patrocinio, dem Leibarzt Corral, Bazalete, Tenorio, dem Günstling Ihrer Majestät, und Anderen, in Verbindung."

„Das ist ja unmöglich; das sind ja Absolutisten; wie reimt sich das zusammen?"

„Hier spricht man von Volks=, dort von Herrscherrechten; hier bekämpft man die Königin, dort betet man sie an."

„Und doch haben sich diese Liberalen am Hofe den Rücken gedeckt," erwiederte Narvaez.

„Der Herr Salaverria," entgegnete der Finanzminister, „mein Vorgänger im Amt, und Liberaler vom reinsten Wasser, besorgt die

Geldgeschäfte sehr hoher Personen, und nicht zu deren Ungunsten."

„Das könnte man ja benutzen," rief Narvaez, „um diese Herren in den Augen des Volks und der europäischen Capitalisten zu ver-nichten. Mir ist zwar die öffentliche Meinung gleichgültig, aber wenn man einem Gegner schaden kann, ist mir jedes Mittel recht. Diese Liberalen stützen sich ja auf das Volk, und wenn man ihnen diese Stütze nimmt, so sind sie trotz ihrer Verbindungen bei Hofe verloren.

„Barzanallana, greifen Sie dieselben also in einer der nächsten Cortessitzungen an. Unsere Feinde am Hofe werde ich allgemach be-seitigen, die Schlangen zertreten, die ihr Gift an unsrer wundesten Stelle verspritzen."

„Sie sollen sich über mich nicht zu beklagen haben, Excellenza," antwortete der Finanzminister.

Der Ministerrath trennte sich. — — —

An einem der nächsten Tage fand eine außerordentliche Cortessitzung statt.

Die Budgetdebatte, welche auf der Tagesordnung stand, nahm einen stürmischen Verlauf; man suchte vergebens nach Mitteln, die traurige Finanzlage zu verbessern.

Die Opposition gegen Narvaez war in der Majorität.

Da stürmte der Finanzminister Barzanallana auf die Tribüne und sprach:

„Sie klagen, meine Herren, über die Geldverlegenheiten, in welcher sich der Staat befindet.

„Sie haben recht, wir sind in einer verzweifelten Lage; wer hat uns in diesen Abgrund gestürzt?

„Die schlechte Verwaltung, die seit vielen Jahren in Spanien die Hülfsquellen des Landes ohne Nutzen erschöpft. Wie hat noch mein Vorgänger Salaverria gewirthschaftet!

„Hat er nicht Staatsgelder verschleudert? Weiß er von verschiedenen Summen Rechenschaft zu geben, die unter den Ausgaben figuriren, ohne daß genauer gesagt wäre, zu welchem Zwecke sie verwendet sind? Ich will ihm diesen Zweck andeuten.

„Es wurden die Kassen verschiedener Personen gefüllt, die auf die Geschicke Spaniens einen nur zu unheilvollen Einfluß haben. — Die Herren Liberalen buhlten um die Gunst von Leuten, die ganz entgegengesetzter Gesinnung sind. Liberale und Absolutisten reichen sich die Hände. Ist das nicht spaßhaft? Hohngelächter der Hölle!

„Was thut man nicht, um ein Ministerportefeuille zu be-

halten, um ein Ansehen, eine Stellung zu behaupten, die man unfähig ist, auszufüllen? Herr Salaverria muß vor den Schranken der
Cortes als Angeklagter erscheinen, wie er im Jahre 1859 Esteban
collantes vor dieselben Schranken gestellt hat."

„Schändliche Verleumdung," brüllte der Angeklagte. „Hat
man diese teuflische Beschuldigung ersonnen, die Männer der Freiheit
zu verderben? Glauben Sie nicht ein Wort davon, meine Herren."

„Haben denn die Herren Moderados (Partei Narvaez) so reine
Hände," fragte Posada Herrera, „daß sie ihre Gegner durch so plumpe
Erfindungen besudeln dürfen?"

„Wo sind die Beweise?" schrie ein Andrer.

„Salaverria und seine Freunde haben so vorsichtig gehandelt,
daß ich keine Belege beibringen kann. Aber leugnen wird er nicht,
daß er eine ansehnliche Summe aus der Staatskasse an den
jungen Verschwender, den Grafen Casa Blanca ausgezahlt."

„Natürlich habe ich das, aber für Grundstücke, die der Graf zu
öffentlichen Bauten dem Staate überlassen hat."

„Der Graf hat ja längst," rief Einer, „seine Güter an seine
Gläubiger abgetreten."

„Der Verkauf geschah vor dieser Zeit," erwiederte Salaverria.

Die Freunde Salaverria's überschrieen jetzt das Verhör, das, wie
sie wohl wußten, für die Betheiligten übel ablaufen konnte, Barzanallana
verstummte. Da mischte sich Narvaez hinein und sagte:

„Die Herren Liberalen fühlen sich schuldig, sie wollen es nur
nicht eingestehen. Ich sehe wohl, ich muß ein anderes Verfahren einschlagen, um die Ehre des Landes zu retten.

„Meine finanziellen Vorschläge finden nicht Ihren Beifall, nur
weil sie von mir ausgehen. Tadeln wir das, was unsere Gegner gethan, so setzen Sie unseren Beschuldigungen Spott und Hohn entgegen. Das muß anders werden; ich mag mit Ihnen nicht mehr
verhandeln.

„Und wenn ich meine Unlust auch bezwänge, so wüßten Sie mir
keine Mittel anzugeben, den Staatshaushalt zu ordnen. Neue
Steuern wollen Sie nicht, neue Anleihen auch nicht, was soll geschehen?"

„Sparen, sparen!" rief der Eine.

„Das Heer vermindern!" der Andere.

„Aufhören, Krieg zu führen!" der Dritte.

„Die Interessen und die Ehre Spaniens ungestraft verletzen
lassen, das kann nur ein schlechter Patriot rathen," warf Narvaez ein.

„Wir lieben unser Vaterland eben so sehr, wie Sie, Marschall; es ist gar nicht schwer, für Beleidigungen auf friedlichem Wege Genugthuung zu erhalten."

„Nieder mit Narvaez!" ertönte es jetzt von allen Seiten, nieder mit dem Kerkermeister Spaniens. Mag er dahin zurückkehren, wo er hergekommen ist."

Der Tumult steigerte sich von Minute zu Minute, und auf der Straße wurde es lebendig.

Auf der Plaza de la Cortes drängte es sich Kopf an Kopf; hin und wieder tönte das Geschrei, aber es legte sich. Man wartete gespannt auf den Ausgang der Sitzung.

Narvaez bot indessen im Sitzungssaale seinen tobenden Feinden eine eherne Stirn. Sie umdrängten ihn, hielten ihm die geballten Fäuste vor, schienen thätlich werden zu wollen; aber der strenge Blick des Ministerpräsidenten wies sie in gebührende Schranken.

Endlich trat eine Pause ein.

Narvaez bat um's Wort, und verlas eine königliche Botschaft, durch welche die Cortes aufgelöst und die Ausschreibung von Neuwahlen auf den 22. November verkündigt wurde.

Dann entfernte er sich durch eine Thür, die aus dem Cortes-Palaste nach der balle del Sordo, einer Hinterstraße, führte. Hier stand sein Wagen, und im weiten Umwege durch den Salon del Prado (Hauptallee des Prado) erreichte er den königlichen Palast.

Die Cortes trennten sich unter dem Höllenlärm: „Abajo Narvaez! Viva la libertad! Mueran los enemigos del pueblo!" welcher von der auf dem Cortesplatze und der Correra San Geronimo auf- und abfluthenden Menge noch vergrößert wurde.

Man eilte nach den Ministerhotels, brach die Thüren ein, und begann das Innere zu demoliren, als eine bedeutende Truppenmasse anrückte.

„Bauen wir Barrikaden," schrie Dominguez, ein Torrero (Stierkämpfer) mit einer Herkulesgestalt, der Anführer der niedern Klassen und erste Volksredner.

„Holen wir Waffen," schrie der Doktor Ochoa, der gegenwärtig unter den Republikanern eine große Rolle spielte.

„Werfet Alles hinaus, was nicht niet- und nagelfest ist," befahl der reiche Juwelier Iriarte, der sich durch seine Wohlthätigkeit beim Volke beliebt gemacht, ein glühender Freiheitsmann, der beinahe sein ganzes Vermögen der Volkssache opferte.

„Wir wollen diesem brutalen Militär zeigen, daß bei

den Madrilenos noch nicht alles Freiheitsgefühl erstorben ist, der General stellt sicherlich die Kuttenherrschaft her und fördert die Wirthschaft der Weiber in unserem unglücklichen Lande."

Betten, Spiegel, Tische, Stühle, Schränke flogen auf die Straße, und aus ihnen baute man eine stattliche Barrikade.

Aber von der Plaza Mayor rückte Infanterie durch die Calle Mayor. Am Schloßplatze stellte sich Artillerie auf, und vom Prado her sprengte Cavallerie heran. Die Menge zerstäubte nach allen Seiten.

Dominguez, Ochoa und Iriarte wurden von den jetzt kühner gewordenen, vorher eingeschüchterten Alguazils, theils auf der Straße, theils in ihren Häusern gepackt, und in der Richtung nach dem Gefängniß geschleppt.

Aber so leichten Kaufes sollten die Polizisten ihre Beute nicht bekommen; die zahlreichen Freunde der Gefangenen rotteten sich zusammen, und von allen Seiten fiel man ihr bewaffnetes Geleit an.

Ein heftiges Handgemenge entstand, in welchem Navaja und Stilet, Dolch und Messer sich mit Säbel und Revolver kreuzten. Verwundete wälzten sich und ächzten am Boden; die Volksführer wurden zweimal den Händen der Häscher entrissen, aber beide Male wieder ergriffen.

Die herbeieilenden Truppen verschafften der Polizei den Sieg, sie feuerten unbarmherzig unter das Volk, und arg zugerichtet wurden die Verhafteten in die Kerker abgeliefert.

Fünfzehntes Kapitel.

Die Entfernung des Günstlings Tenorio durch Narvaez.

In einem mit allem Luxus und Comfort ausgestatteten Boudoir des Residenzschlosses von Madrid ruhete die Königin Isabella auf schwellendem Divan.

Ihr gegenüber auf einer blauseidenen Causeuse lehnte ein junger, hübscher Mann von offenem Gesicht und regelmäßigen Zügen, Don Miquel Tenorio, ihr Privatsekretär, ein junger Stutzer aus San

Ildefonso, der den dortigen Schönen als ein Ideal der Männlichkeit und eleganter Tornüre erschienen war, und auch die Augen der liebe= sehnenden Königin auf sich gezogen hatte.

Von Liebe trunken schauete die Königin auf ihren gegenwärtigen Liebling, der ihre Hand gefaßt hielt, und ihre Zärtlichkeit mit gleichem Feuer zu erwiedern schien.

„Und lieben Sie mich wirklich so heiß, Tenorio, wie ich Sie," fragte Isabella.

„Können Ew. Majestät noch daran zweifeln? Als mich Ew. Majestät Ihres Blickes würdigten, war ich ein Nichts. Sie haben mich zu einem angesehenen Mann gemacht, ich muß Ihnen ewig, ewig, ewig dankbar sein."

„Aber ich will keine Erkenntlichkeit, das ist nicht Liebe, Ihr Herz will ich ganz und gar."

„Und es ist Ihr eigen, bis zum letzten Athemzug, Majestät," be= theuerte der junge Mann, indem er vor ihr niederknieete und ihre Hände mit tausend Küssen bedeckte.

„Und Sie lieben keine Andere, haben niemals eine Andere geliebt?"

„Gott versenke mich in den tiefsten Abgrund der Hölle, wenn ich Ew. Majestät täusche."

Und Isabella schaute ihm in die ehrlichen Augen, die so ergeben zu ihr aufleuchteten, dann zog sie den Geliebten sanft an ihre wogende Brust.

Das Pärchen kos'te und tändelte und verbrachte eine vertrau= liche Schäferstunde, wie sie die Königin liebte. Vergaß sie doch in diesen schönsten Augenblicken des Lebens die Sorgen um des Reiches Wohl und die Bürde der Regierung.

Und jetzt gab sie sich diesem traulichen Verhältniß um so leichter hin, da sie Alles in die Hände Narvaez' gelegt, der das Staatsschiff so wohl zu leiten verstand.

O, es war so lauschig im trauten Gemach, als sich der letzte Strahl der herbstlichen Abendsonne durch die schweren, seidenen Vor= hänge stahl, und die Geliebten, die sich innig umschlungen hielten, be= leuchtete, und durch die halbgeöffneten Fenster dufteten die milden Lüfte herauf aus den der südlichen Blumenpracht noch nicht beraubten Gärten.

„O, Königin," begann nach einer Weile Tenorio, „könnte ich doch ewig in Ihren Armen ruhen. Ich fürchte, diese Zeit der Wonne wird nur kurz sein, denn mir ist so bange um's Herz."

„Sie ängstigen sich ohne Grund, Tenorio."

„Mag sein, aber jüngst hatte ich einen Traum, darin erschienen Sie mir, Sie Götterweib; ich streckte meine Arme nach Ihnen aus, da entschwanden Sie wie ein Schemen meinen Blicken, ich aber wurde von rohen Händen fortgerissen, wie Kerkerluft umwehte es mich."

„Vor wem fürchten Sie sich denn, Tenorio?"

„Vor Narvaez, dem Allgewaltigen, der jedes zarte Band löf't, wenn's ihm die kalte Klugheit gebietet."

„Sind Sie denn ein Hinderniß für seine Pläne."

„Ich glaub's, denn jüngst wurde mir die Kunde, der Marschall habe geäußert, am Hofe wären Viele, die noch fort müßten; er wolle reinen Tisch mit Allen machen, die er als seine ergebenen Freunde nicht erkannt."

„Nun, bei der heiligen Mutter Gottes, nicht er, sondern ich bin die Herrscherin, es soll ihm schlecht bekommen, wenn er Sie mir nehmen will. Ich schütze Sie mit meiner ganzen Macht, so wahr ich Isabella heiße. —

In diesem Augenblick vernahm man in dem Vorzimmer ein lautes Geräusch. Es begehrte Jemand Einlaß, die treue Zofe Gregoria wollte ihn nicht gewähren.

„Ich bin die Mutter der Königin, ich habe zu jeder Zeit Zugang zu meiner Tochter," tönte eine scharfe, schneidende Stimme.

„Und ich soll Niemand vorlassen," entgegnete Gregoria entschieden, „ich komme den Anweisungen meiner Gebieterin nach, ich ersuche Ew. Majestät unterthänigst, sich ein anderes Mal herzubemühen." —

Noch wurden einige Worte gewechselt, dann schien die Königin Christina, welche Einlaß begehrt hatte, sich zu entfernen.

Die Liebenden waren verstummt. Als es aber draußen wieder still geworden, lachte Isabella laut auf, und das unterbrochene Gespräch wurde wieder aufgenommenen. — —

Der Zorn der Königin Christina loderte hell auf; eine solche Demüthigung war ihr von der Tochter bereitet, die sie so streng erzogen; sie konnte es nicht fassen.

Als man sie zur Rückkehr einlud, da war ihr von ihren geistlichen Freunden versichert worden, daß Nichts zwischen ihr und ihrer Tochter stehe, daß diese sittig sei, wie die ehrbarste Bürgersfrau, daß am Hofe ein Leben geführt werde, woran der Himmel sein Wohlgefallen habe. Und nun war Alles, wie früher.

Sie hatte gehofft, auf das reuige Gemüth ihrer Tochter mit Erfolg einzuwirken und sie zu einem willigen Werkzeug der Kirche machen zu können; sie fand die lebenslustige Isabella wieder, die Pfaffen hatten sich und sie getäuscht.

Unter diesen Betrachtungen schritt sie durch die Gänge des Madrider Schlosses, da begegnete ihr die Hofdame, Marquise von Novaliches.

„Wohin so schnell, Majestät?" fragte diese, eine alte Freundin und Vertraute, mit allen Vorgängen im Palaste bekannt, „Majestät schauen ja so mißmuthig drein?"

„Meine Tochter, die Königin, ist für Niemand sichtbar, sie hat, wie ihre Zofe sagt, eine heftige Migräne."

„Die arme Majestät," gab die Marquise zurück, aber ein iro= nisches Lächeln umzuckte den Mundwinkel, „wird sich gestern bei dem Ballfeste erkältet haben; sie sah heute auch so bleich aus."

„Auch Sie, Marquise, eine Heuchlerin? das hätte ich nicht ge= dacht; Sie wollen mir doch nicht einreden, daß meine Tochter eine so schreckliche Migräne hat, daß sie mich nicht empfangen kann; glauben Sie denn, ich wisse nicht, was vorgeht?

„Entsetzlich ist es, wie die heilige Majestät sich hier entweiht. Was habe ich nicht in der Fremde Alles hören müssen, und nicht leugnen durft' ich, nicht widersprechen, wenn alle Welt zu dem Treiben hier am Hofe den Kopf schüttelt. Und jetzt, da ich wähne, es werde Buße gethan für die alten Sünden, die Besserung sei vollständig, da finde ich Alles wie in früherer Zeit. Welch' Ende soll das nehmen!"

„Wenn Ew. Majestät denn Alles wissen, so will ich nicht hinter dem Berge halten. Dem Urtheil, das Ew. Majestät über eine höchst= gestellte Person fällen, kann ich nur beistimmen," meinte die gegen die Huldigungen der Männer nicht eben unempfindliche Marquise, die hier aber die Spröde spielte, weil sie der Königin=Mutter gefallen wollte, „man bricht im In= und Auslande über uns den Stab, und wir müssen Alles ohne Zucken hinnehmen."

„Seit wann hat meine Tochter solche Anfälle von Migräne?"

„Seit ihrem Sommeraufenthalt in San Ildefonso."

„Nun das muß anders werden, die arme Frau darf sich an ihrem Uebel nicht zu Tode quälen, ich kenne einen vortrefflichen Arzt, der unfehlbar für solche Uebel die geeignetsten Mittel kennt, den werde ich konsultiren, und er wird ihr eine Arzenei verschreiben, wo= nach sie sicherlich gesundet.

„Adieu theuere Marquise." — — — — — — —

Narvaez befand sich in seinem Arbeitskabinet. Seit frühester

Morgenstunde hatte er sich unaufhörlich mit den Staatsangelegenheiten beschäftigt.

Er hatte zunächst den Vortrag seines getreuesten Offiziers, des Generals Pavia, über die Stimmung des Heeres angehört, in Folge dessen so und so viel Unteroffiziere, Lieutenants, Hauptleute, Majors, Obersten, Generale entweder verabschiedet, oder zu anderen Truppen= theilen und in andere Garnisonen versetzt, unzuverlässige Regimenter unter ergebene gemischt, kurz das Nöthige bewirkt wurde, um jeder Meuterei vorzubeugen.

Dann hatte er den Polizeichef empfangen, der ihm, gleich wie der hinkende Teufel von Lesage, die Dächer von ganz Madrid abhob, und in die innersten Geheimnisse der Familien blicken ließ.

Es wurden einige geräuschlose Verhaftungen und Ausweisungen verfügt, andere Verdächtige unter Aufsicht gestellt, die Schließung anrüchiger Kaffeehäuser dekretirt, oder der besondern Aufmerksamkeit der Polizei empfohlen, geheime Gesellschaften bezeichnet, deren Versamm= lungsorte für Spielhöllen galten, die Losungsworte und Erkennungs= zeichen anderer Verschwörer aufgedeckt.

Narvaez hatte seine geheime Polizei, deren Namen und Organi= sation nur sein verschwiegener und verschlossener Privatsecretär Gomez kannte. Der Polizeichef, der sich für den größten Pfiffikus hielt, be= kam da Dinge zu hören, von welchen sich seine Weisheit nichts träu= men ließ.

Dann war der Finanzminister gekommen; das war die böseste Tagesstunde für den alten Krieger gewesen, überall sollten Mittel herbeigeschafft werden.

Da waren Beamtengehälter zu zahlen, Belohnungen für gute Dienste auszutheilen, die Bedürfnisse des Heeres zu befriedigen, welche noch durch die Kriegführung in fernen Gegenden vermehrt wurden.

Aber Narvaez hatte für Alles gesorgt, er hatte mit seinem Moses= stabe an manche Felsen geschlagen, und sieh da, es waren Geldquellen hervorgesprudelt. Narvaez war ja ein Pfeiler der Kirche, und diese ließ ihre Stütze nicht untergehen.

Zwar strengte sie sich nicht selbst zu sehr an, aber sie verwandte ihren Einfluß auf ihre Freunde zu Gunsten des Ministers.

So war dem Sorgenvollen der Tag vergangen; er athmete eben auf von der gehabten Mühe, und wollte sich einige Mußestunden gönnen.

Da beschied ihn ein Bote in den Palast der Königin Christina. Der Marschall Narvaez folgte widerwillig.

„Unfer Regiment ift gefährdet," rief diefe ihm in höchfter Auf=
regung entgegen.

Narvaez prallte zurück.

„Was ift denn vorgefallen?" fprach er beftürzt, denn die Auf=
wallung der Königin=Mutter hatte den fonft fo feften Soldaten außer
Faffung gebracht.

„Die Königin, meine Tochter, fchmiedet Ränke hinter unferem
Rücken; ich war im Schloffe, um ihr einen Befuch abzuftatten, fie
unferen Zwecken gefügig zu machen, andere Einflüffe fern zu halten;
man wies mich unter einem nichtigen Vorwande zurück.

„Meine Tochter handelt rückfichtslos, ich, die frühere
Regentin diefes Landes, die Gemahlin, Schwefter und
Tochter von Königen, werde von den niedern Dienern
meiner Tochter behandelt wie ein läftiges Bettelweib.
Ift das nicht unerhört?

„Und dazu die höhnenden Mienen des Hofgefindes, als ich durch
die Gemächer und die Corridore zu meinem Wagen zurückfchritt. O,
es ift unerträglich, fchaffen Sie Rath, Narvaez."

Diefer nahm eine bedauernde Miene an, und fagte:

„In tieffter Seele fchmerzt mich die Kränkung, die Eurer Ma=
jeftät widerfahren. Hätte ich vorausfehen können, daß fo Ungeziemendes
gefchehe, ich würde es verhindert haben, bei'm ewigen Gott.

„Aber den Grund der Zurückweifung ahne ich, ein traulich
Plauderftündchen wird Ihre Majeftät gefeffelt haben, nachdem fie
die Qual und Mühe der Regierung von fich abgewälzt, und Ihre
Majeftät wollte fich nicht ftören laffen.

„Wohl hörte ich, daß ein gewiffer Tenorio, der Privat=
fekretät Ihrer Majeftät, das Ohr und die Huld der gnädigften
Frau befitze. Da mir dies Verhältniß harmlos erfchien, ich fonft nur
Gutes von dem jungen Mann vernahm, fo wollte ich, mit aller Ehr=
furcht, die einem loyalen Unterthan geziemt, mich nicht in die Privat=
angelegenheiten der erhabenen Dame mifchen."

„Sie fehen die Folgen Ihres Verfahrens, Marfchall. Wie nun,
wenn jener Mann, durch unfere Feinde aufgeftachelt, mit Verheißungen
von Ehren und Reichthümern überfchüttet, mir und Ihnen das
Anfehen raubt, in welchem wir jetzt bei meiner Tochter
ftehen, wenn er uns in das Exil zurücktreibt, von wo wir eben erft
gekommen?

„Die Zahl unferer Widerfacher ift groß, fie tragen kein Beden=

ken, haben keinen Skrupel jegliches Mittel anzuwenden, wenn es zu unserm Sturze führt."

„O, ich begreife, auf wie schlüpfrigem Boden ich mich befinde. Wie hab' ich mich gemüht, dies widerspenstige Volk unter meine Zucht zu beugen, und nun, da ich die feste Zuversicht hege, auf Jahre hin Ruhe und Ordnung in dem durchwühlten Staate aufrecht zu erhalten, hat so ein Mensch es in seiner Gewalt, mich von dem Sockel meiner Macht zur Erde zu schmettern.

„Hier gilt ein rasches Handeln, Tenorio muß fort, er darf nicht länger in der Nähe der Königin Isabella verweilen. Verlassen Ew. Majestät sich auf mich; Sie kennen mich."

„Das habe ich erwartet, Herr Herzog von Valencia, gehen Sie mit meinen besten Wünschen, ich flehe unterdeß zur heiligen Jungfrau und allen Himmelschaaren, daß sie das Herz meiner Tochter zum Guten wenden, und Ihre Bemühungen gelingen lassen mögen. Ich spende Kirchen und frommen Stiftungen reiche Gaben, wenn Ihr Beginnen glückt. A Dios, Sennor.

Noch träumte die Königin Isabella von den Freuden des vergangenen Abends, sie gedachte ihres geliebten Tenorio.

Wie ganz anders war dieser Günstling als ihre früheren Anbeter, wie bescheiden, wie anspruchslos, wie zufrieden mit seiner Stellung! Und jetzt fielen ihr seine Besorgnisse ein; er hatte von baldiger Trennung gesprochen.

Ein solches Kleinod sollte sie von sich werfen? Nun und nimmermehr! Wer wollte es ihr entreißen; Narvaez, der war ja doch nicht allmächtig, sie hatte ihn zu dem gemacht, was er war, sie konnte ihn in sein Nichts zurückschleudern, wenn er sich erkühnte, an sie ein unziemendes Ansinnen zu stellen.

Sie erinnerte sich der Beleidigung, welche sie ihrer Mutter bereitet, sie durchschaute die Arglistige. Himmel und Hölle würde die erfahrene Intrigantin in Bewegung setzen, um ihr ihre Lust zu stören. Sie war aber die Herrscherin, wehe dem, der ihr entgegentrat.

Sie wappnete sich mit der größten Willenskraft für die Stunde der Audienzen.

Die Minister kamen.

Narvaez hielt über Regierungsmaßregeln Vortrag, dieselben wur-

den rasch erledigt, und die Königin schickte sich an, in ihre Privat-
gemächer zurückzukehren.

Da bat der Marschall noch einmal um Gehör. Die Königin
schleuderte ihm einen drohenden Blick zu.

„Mein Vorgänger," begann der Marschall mit stockender Stimme,
„hat eine Institution bestehen lassen, die mit der Verwaltung des Landes unverträglich ist; ich meine das Privatkabinet Eurer Majestät. Ew. Majestät treffen privatim Anordnungen, die
den meinen schnurstracks zuwider laufen. Dadurch entsteht ein
Wirrwarr, unter welchem der Staat leiden muß, ich lege also Eurer
Majestät mein unterthänigstes Gesuch zu Füßen, die Einrichtung ab-
zuschaffen, ich werde die Männer, aus welchen dieses Kabinet besteht,
durch reiche Aemter in den Provinzen entschädigen."

„Sie wagen Viel, Herr Marschall, ich gestehe Niemandem das
Recht zu, sich in Angelegenheiten zu mischen, die nur mich angehen;
ich billige Ihr System, was auch Ihre Neider gegen Sie vor-
bringen mögen, ich habe Ihnen eine schrankenlose Gewalt zugestanden; aber dieses Gesuch gewähre ich nicht."

„Und doch erregt es mein innigstes Bedauern, daß ich auf meinen
Wunsch bestehen muß, ich darf nicht von meinen Ansichten abgehen.
Bei dem Fortbestande des Geheimkabinets Eurer Majestät ist eine
gedeihliche Verwaltung meinerseits unmöglich."

„Nun so berufe ich andere Männer in meinen Rath."

„Ich bin der gehorsamste Diener Eurer Majestät, und füge mich
unweigerlich dero Anordnungen. Doch gestatten mir Ew. Majestät
vielleicht einige Bemerkungen?"

„So reden Sie!"

„Das Land ist jetzt ruhig; ich mache mich anheischig, diesen
Frieden zu bewahren, so lange ich das Steuer des Staates lenke.
Und wahrlich, das seit drei Jahrzehnten von inneren Zwistigkeiten zer-
rüttete Land bedarf dieser Erholung, es hat keine Zeit gehabt, seine
reichen Hülfsquellen zu entwickeln: Handel und Industrie liegen darnieder, der Staatsschatz ist leer. Der Bürgerkrieg hat zu viel Unheil
und Verderben gestiftet. Haben die andern Rathgeber Eurer Majestät
vermocht, dasjenige Gedeihen zu erzeugen, dessen das Land so sehr
bedarf?"

„Ich kann das nicht sagen," gab die Königin kleinlaut zurück.

„Glauben Ew. Majestät, daß ich an meinem Versprechen zum
Lügner werde, das Land in Zucht und Gehorsam gegen Eure Majestät zu erhalten?"

„Ich habe Sie als den thatkräftigsten Mann Spaniens erkannt."

„Ew. Majestät wünschen also, daß ich bleibe?"

„Von ganzem Herzen."

„Nun denn, so schicken Ew. Majestät Ihren Privat=
sekretär Tenorio fort, nur unter dieser Bedingung bleibe ich."

„Ich möchte Ihre Unterstützung nicht entbehren, den mir so zu=
gethanen Tenorio lasse ich nicht von mir."

„Ich habe meine Bedingung gestellt, Majestät, entweder geht er,
oder ich."

„Giebt es kein Mittel, ihn in meiner Nähe zu er=
halten?"

„Keins."

„Nun so gebe ich Ihrem Begehr nach, aber verhehlen darf ich
Ihnen nicht, daß Sie mich in meinen zartesten Gefühlen verletzt."

„Ich möchte lieber die schwerste Ungnade auf mich geladen, als
das verschuldet haben; aber Sie dürfen kein Herz haben."

„Ich habe Ihre Behauptung schon hundertmal als eine Wahrheit
empfunden, wollen Sie mich noch weiter quälen?"

„Nein."

„Dann sind Sie entlassen." — — —

Die Königin stürzte in ihre Gemächer. Thränenfluthen entström=
ten ihren Augen, sie tobte, warf Alles durcheinander, zerriß ihr Taschen=
tuch vor Wuth.

Die arme Gregoria hatte einen schlimmen Stand.

Endlich legte sich der Sturm der Gefühle. Tenorio wurde zu
seiner Gebieterin gerufen, sie kam ihm mit ausgebreiteten Armen ent=
gegen, preßte ihn unzählige Male an ihren wogenden Busen, hing und
weinte an seinem Halse. Endlich faßte sie sich.

„Tenorio, wir müssen scheiden," sagte sie.

„Meine Ahnung!"

„Trösten Sie sich, es kommen bessere Zeiten."

„Wer bringt darauf, daß wir uns trennen müssen, Majestät."

„Narvaez."

„Und Sie entlassen ihn nicht?"

„Es ist für den Augenblick unmöglich, meine wärmsten Anhänger
würden von mir abfallen, wenn ich es thäte, meine Dynastie ist in
Gefahr."

„So gehe ich, Majestät."

„Aber ich gebe Ihnen mein Wort, Tenorio, zu lange soll Ihre
Abwesenheit nicht dauern. Ich bin des hochmüthigen Mannes über=

drüſſig und warte nur auf den Moment, wo ich ſeine Hülfe nicht mehr brauche." — —

Noch einmal wurden die letzten Abſchiedsküſſe gewechſelt; dann ſchieden ſie, die Königin ein bitteres Weh im Herzen; wer weiß, ob ihr Günſtling Gleiches empfand.

Sechszehntes Kapitel.

Im Kerker.

Mit Noth und Mühe hatten ſich an jenem denkwürdigen Bankett= tage im Mai 1864 Juan de Alar mit ſeinem Sohn vor Verfolgung gerettet und den Rückweg angetreten.

Daheim angelangt, hatte ſich Alar ſofort aufgemacht, um die Gattin ſeines Neffen Eduardo von deſſen Gefangennehmung zu be= nachrichtigen, während Enriquez zur Tante Juliane reiten mußte, um dieſer die Kunde von ihres dicken Gemahls Unglück zu über= bringen.

Beide Frauen waren äußerſt unglücklich und entſchloſſen ſich, auf den Rath des Juan de Alar, nach des Letzteren Behauſung zu kommen, wo ein großer Kriegsrath gehalten werden ſollte.

Geronima war eher da, als Juliane. Nachdem die Letztere auch eingetroffen war, wurde noch derſelbe Abend zur Berathung angeſetzt, an welcher auch Martinez Theil nahm.

„Bis jetzt weiß ich ja nur," begann thränenden Auges des dicken Don Pedro's liebe Juliane, „daß mein Mann verhaftet iſt. Ich habe keine Idee, wo er iſt, und ob er überhaupt noch lebt. Vielleicht hat man kurzen Prozeß mit ihm gemacht und ihn erſchoſſen, oder gehangen oder geköpft."

„Ich weiß am beſten," ſagte weinend die vielgeprüfte Geronima, „was das heißt, den Mann in Gefangenſchaft wiſſen. Da ſtecken ſie ihn wieder in einen ſolchen dumpfen Keller, wo Molche und Salamander, Ratten, Schlangen und Ungeziefer hauſen, und wenn er gar kein Tageslicht ſieht, und nur die Laterne des Unholdes von Schließer ihn beleuchtet, — und wenn dann die Gedanken kommen in der Einsamkeit und der ewigen Nacht, wenn Krankheit ihn erfaßt und der Fieberfrost seine Glieder schüttelt, dann wird er mir wieder wahnsinnig, wie er einmal war, und dann ade Glück, Frieden und Ruhe. Wer zum zweiten Mal wahnsinnig wird, den macht nichts mehr klar und gesund, und er bleibt geistig todt sein Leben lang. Ach ich arme, unglückliche Frau!

„Der gute Pedro hat ein so heiteres Temperament, und er verliert niemals seinen Humor. Mit dem können sie machen, was sie wollen, so weiß er seiner Lage immer noch eine gute, launige Seite abzugewinnen, und sein Frohsinn verläßt ihn nie. Ich glaube, der bringt den teuflischen Gefangenwärter selbst zum Lachen.

„Aber mein Eduardo nimmt sich gleich Alles zu Herzen und wird tiefsinnig und melancholisch, und ist's erst so weit, dann ist's vorbei."

Und nun weinten die drei Frauen um die Wette, und der alte Juan de Alar konnte mit seinem Freunde José Martinez getrost in's Nebenzimmer gehen und allein berathen, während die Frauen sich in Wehklagen über den Leichtsinn der Männer ergingen, welche von ihren politischen Verschwörungen trotz aller Bitten nicht lassen wollten, und sich und die Ihrigen immer auf's Neue in's Unglück stürzten.

Inzwischen beschlossen die Männer erstens: von jeder der beiden betheiligten Frauen ein Gnadengesuch unterschreiben zu lassen, und zweitens: den jungen Enriquez mit wohlgespickten Taschen nach Madrid zu schicken, um dort bei der Polizei den Kerker auszukundschaften, in welchem die beiden Märtyrer untergebracht sein mochten.

Dieser Beschluß wurde sofort ausgeführt. Aber während Enriquez nach Verlauf von vierzehn Tagen mit der Nachricht zurückkam, daß Eduardo und Pedro in Sevilla seien, blieb das Gnadengesuch unbeantwortet.

„Da habt Ihr die Bescheerung," knurrte der alte Juan de Alar. „Haben sie meinen dicken Freund und den guten Jungen, den Eduardo, doch richtig in das alte Nest Sevilla gesteckt, welches ich von anno 48 her noch kenne. Damals hatte ich Nummer 37.

„Und die beiden Gnadengesuche, die wir abgeschickt haben, sind in irgend einen Papierkorb gewandert, ohne daß die Königin sie gesehen hat, darauf will ich wetten. Denn an den Namen de la Seda würde sie sich doch noch erinnern, zumal Eduardo zu Zeiten des Don Mencos sich ihr wieder in's Gedächtniß zurückgerufen hat."

„Vater, ich habe einen Plan," fiel Enriquez seinem murrenden Alten in's Wort, welchem Frau Sikula vergeblich gut zuredete.

„Du hast mir von dem Direktor der Gefängnisse ir Sevilla erzählt, in deſſen Zimmer Du geführt wurdeſt, als Du glaubteſt, es ginge zum Tode.

„Weißt Du — der hat damals zu Dir geſagt: „Ich ehre Eure Anſichten." — Das Wort iſt genug, und ich wette darauf, wenn man ihm gut zuredet und vielleicht" — er machte die Pantomime des Geld= zählens — „warm die Hand drückt, ſo bringen wir möglichenfalls die Gefangenen frei."

„Junge, Du biſt ein Brauſekopf und mußt erſt noch ruhig wer= den," antwortete der Vater. „An eine Befreiung iſt nicht zu denken; aber was meinſt Du, Sikula, wenn die beiden Frauen auf dieſe Weiſe bei den Gefangenen Eintritt zu erlangen ſuchten?"

„Freilich, Juan," antwortete die Angeredete. „Begleite Du ſie; Du kennſt ja auch den Gefängnißdirektor."

„Wenn's nämlich noch der Alte iſt," gab Juan zurück. „Es iſt eine geraume Zeit darüber vergangen, und er müßte oben ſchlecht genug angeſchrieben ſtehen, wenn er nicht weiter gerückt wäre. Es gilt eine Erkundigung. Weißt Du, Frau, packe unſerm Jungen etwas Wäſche zuſammen und er kann wieder auf Kundſchaft gehen. Auf dem Rück= wege mag er die Tante Juliane und die Geronima, wenn er Alles nach Wunſch findet, benachrichtigen, und ich mache mich mit den Frauen auf den Weg. Aber vorher müſſen Beide wieder Begnadigungs= Geſuche abfertigen — vielleicht kommt doch einmal Eins an den rech= ten Ort."

Wie Juan de Alar entſchieden hatte, ſo geſchah es.

Enriquez reiſte ab und brachte bald die Nachricht zurück, daß noch derſelbe Direktor die Gefängniſſe von Sevilla verwalte, welcher ſchon vor zwanzig Jahren dieſen Poſten bekleidet habe.

Drei Tage ſpäter — es war an einem ſchönen Tage im Juli — ſtanden zwei Frauen und ein Herr vor der Thür des ſchmucken Häuschens außerhalb der Kerkermauern von Sevilla.

Die Frauen bewahrten mühſam ihre Faſſung, während der Mann — Juan de Alar iſt es — die Glocke in Bewegung ſetzte, um Ein= laß zu begehren.

Die Thür öffnete ſich und ſie traten ein — Geronima's Augen füllten ſich mit Thränen, als ſie den ihrer Erinnerung in ſo ſchmerz= licher Weiſe eingeprägten Raum wiederſah.

Der Direktor, welchen Juan ſogleich erkannte, obgleich der brave Mann ſehr gealtert hatte, reichte ihm freundlich die Hand, und lud ihn und die Damen zum Sitzen ein.

„Womit kann ich den Herrschaften dienen?" fragte er mit gewinnender Freundlichkeit. —

„Der Herr Direktor kennt mich wohl nicht mehr?" gab Juan
zurück — „ich war vor langen Jahren — nach den achtundvierziger
Kravallen, Euer Gefangener, Sennor, mein Name ist Alar."

„Ach — Ihr seid Juan de Alar!" rief erstaunt der Direktor,
und fuhr sich mit der Hand über die Stirn.

„Seht, seht — ich hätte Euch beinahe nicht mehr gekannt.
Freilich, wir sind inzwischen Beide alt geworden, und Ihr habt Euch
pflegen können und seht anders aus, als damals, wo Ihr zum Tode
zu gehen glaubtet. Wie ist's Euch denn in der Zeit ergangen?"

„Mir ging's und geht's ganz gut," antwortete Juan. „Nur
habe ich neuerdings wieder recht schweren Kummer um meinen Neffen,
der damals mit mir hier eingesperrt war und wahnsinnig wurde.
Das ist seine Frau — Ihr müßt sie ja auch noch kennen; denn sie
hat den Eduardo ja aus dem Gefängniß abgeholt.

„Diese Dame" — er zeigte auf Juliane — „ist die Frau
meines dicken Busenfreundes Don Pedro de Sequanilla. Beide, Pedro
und de la Seda befinden sich hier unter Eurem Regiment, und wir
sind gekommen, um von Euch, Sennor, Einiges über ihr Schicksal zu
erfahren."

„Ah — ich weiß, ich weiß," antwortete mit gutmüthiger Miene
der Direktor.

„Nun, ich will Ihnen, Sennorita's, bald einen Stein vom Herzen
nehmen. Die beiden Gefangenen wohnen in demselben Zimmer, welches
Don Eduardo de la Seda vor Jahren inne hatte, nachdem er schwer-
sinnig geworden war.

„Der Arzt, es ist ein neuer, welchem ich von den früheren Vorfällen Nachricht gab, verlangte das, und aus demselben Grunde hat
man den Don Eduardo Pedros Gesellschaft gegeben.

„Beide sind munter und gesund, und besonders der korpulente
Herr ist immer launig und gut aufgeräumt. Ich habe ihn selten
kopfhängerisch gesehen."

Die Frauen jauchzten auf vor Freuden und die Thränen, welche
nun flossen, waren Thränen des Dankes. Juan kam nicht mehr zu Worte.

„Tausend Dank, Sie edler Mann," riefen Beide — „Sie haben
zwei arme, vergrämte Frauen glücklich gemacht. Aber machen Sie
Ihre Güte voll und lassen Sie uns unsere Gatten wiedersehen! Ah
— und wenn's nur auf eine Viertelstunde wäre! Ja, gestatten Sie es?"

„Eigentlich soll es nicht sein," erwiderte der Direktor, indem er lächelnd sein graues Haupt hin und her bewegte. „Aber wenn zwei so schöne Sennoritas dringend bitten, dann darf ich wohl nicht ungalant sein und nein sagen. So lassen Sie uns denn gehen."

Er griff nach einem großen Bunde Schlüssel, die über seinem Schreibpulte hingen, setzte ein leichtes seidenes Käppchen auf und ging voran.

Schon im Corridor, auf welchen die Thür des Zimmers mündete, worin sich Eduardo und Pedro befanden, hörte man den Letzteren mit Eduardo sich unterhalten. Durch das Rasseln der Schlüssel und Oeffnen der Thür ließ er sich darin nicht stören. Er blickte mit Eduardo durch das Fenster auf's Meer hinaus.

„Eduardo!" — „Pedro!" klangs da auf einmal von zwei weiblichen Stimmen hinter den Beiden, und mit einem Aufschrei lag Eduardo in seiner Geronima Armen, während der dicke Pedro, der nicht so flink war, wie sein leichtfüßiger Mitgefangener, zu einem „heiliges Kreuz von Granada!" ansetzte. Aber er kam damit nicht zum Schluß; denn die Küsse, womit ihn Juliane überschüttete, hinderte ihn, weiter zu sprechen.

Nun ging's an ein Fragen und Erkundigen — der Direktor hatte die Thür geschlossen und war draußen auf dem Corridor zurückgeblieben — die Freude wollte kein Ende nehmen.

„Na, alter Schlaukopf," wendete sich Pedro an Juan, als der erste Bewillkommnungsrausch vorüber war — „hast Du nichts herausgegrübelt, um uns aus diesem alten Mauerloche zu erlösen? Ich glaube, ich habe schon zehn Pfund an meinem Gewicht verloren."

„Du hast's ja zum Zusetzen," gab lachend Juan zurück. „Kannst Dir noch gratuliren, in diesem brillanten Raume zu sein."

„Lieber guter Pedro," tröstete Juliane — „halt's nur noch eine Weile aus. Wir haben zum zweiten Male Begnadigungs-Gesuche abgeschickt."

„Die werden auch viel helfen," antwortete ganz trübsinnig Pedro.

Eduardo, der ganz glücklich war, seine Geronima wiederzusehen, rief: „Pedro, hast Du mich so lange getröstet und mir gut zugesprochen und wirst nun auf einmal allen Humor verlieren!"

„Du hast gut reden," knurrte Pedro, „Du bist das Festsitzen schon gewöhnt; aber ich!"

Eduardo und Juan mußten unwillkürlich lachen, und auch Julianen's Lippen zuckten über die Bemerkung ihres Gemahls.

So blieben die Fünf noch eine gute Weile allein; aber die Zeit war ihnen mit Plaudern und Fragen so schnell vergangen — es gab so viel zu erzählen und zu erkundigen, daß sie Alle ganz erstaunt waren, als der Direktor anklopfte, eintrat und erklärte, daß die Stunde, die er ihnen allerhöchstens bewilligen könne, verstrichen sei.

Noch wurde schnell verabredet, daß die Frauen bald wiederkommen und die Kinder mitbringen sollten, und dann schieden sie thränenden Auges. Selbst dem dicken Pedro liefen einige Thränen über die Wangen.

Die Thür schloß sich wieder — die Gefangenen waren allein.

„Sagen Sie mir nur, meine Donna," wendete sich im Gehen der Director der Gefängnisse an Geronima — „wie konnten Sie zugeben, daß Ihr Herr Gemahl sich an dem dummen Bankett betheiligte? Es ist unverzeihlich, so eine schöne junge Frau und noch obendrein Kinder zu haben, und doch solche Dummheiten zu begehen, zumal er schon Pech hatte. Ich sag's immer und ich bleibe dabei — das heutige Geschlecht ist's gar nicht werth, daß man sich darum müht, ich lebe für mich und kümmere mich um Nichts."

„Da hört Ihr's, Alar," riefen die beiden Frauen wie aus einem Munde. „Aber das Conspiriren und Geheimbündeln steckt den Männern eben in den Gliedern und alles Predigen hilft nichts."

„Laßt's nur gut sein," beschwichtigte sie Juan, „haben wir nur diesmal die beiden Burschen da oben aus dem Eisen wieder herausgeholt, so wollen wir in Zukunft schon wieder friedfertige Ehemänner sein."

„Ja, so lange bis Ihr wieder einmal den Raptus kriegt," schmollte Juliane. „Mein Pedro braucht blos so ein geheimnißvolles Schreiben zu erhalten — und aus ist's mit der Friedfertigkeit."

Sie verabschiedeten sich von dem gutmüthigen Gefängniß-Direktor, und gingen mit leichterem Herzen, als sie gekommen waren.

Dieser Besuch wurde noch einige Male wiederholt — die Kinder der Gefangenen kamen mit nach Sevilla, und zuletzt miethete sich Geronima in der Stadt ein Stübchen.

Aber die Aussichten auf Befreiung waren mit der Zeit immer trüber und hoffnungsloser geworden.

Während ihres Aufenthaltes in Sevilla erfuhr Geronima Manches, was nur geeignet war, ihren Muth niederzudrücken.

In den Kerkern lebten Gefangene, die noch seit dem Aufstande von 1848 auf ein Urtheil oder ein Verhör warteten. Jahrelang hatte ihnen der Schließer Tag um Tag ihre Speise gebracht; aber nie war ein Richter gekommen, der sie um ihre Thaten befragt hätte, und der menschenfreundliche Direktor hatte sich durch seine Bemühungen, solchen Gefangenen zu ihrem Rechte zu verhelfen, schon ganz und gar die Gunst seiner Vorgesetzten verscherzt.

Das war aber Alles noch nicht so schlimm, als ein anderer Fall, der sich bald nach Narvaez' Rückkehr ereignete, als Geronima eben nach Sevilla übergesiedelt war.

Ein Gefangener hatte schon sieben Jahr lang ohne Verhör und Urtheil ein Thurmgemach des Kerkers bewohnt, und war vor drei Jahren gestorben. Jetzt, da er schon lange unter dem kühlen Rasen schlummerte, kam ein Rescript vom obersten Gerichtshofe, welches den Transport des Gefangenen nach Madrid verordnete, wo er vernommen werden sollte.

Als Geronima von diesem Vorfall Kunde erhielt, und der Direktor ihr noch dazu sagte, daß dergleichen schon oft dagewesen sei, wurde sie ganz außer sich.

Sofort reiste sie erst zu ihrer Schicksalsgefährthin Juliane, und mit dieser dann zu Alar.

„Ja," sagte der ganz kühl, als er die Geschichte gehört hatte — „das ist mir gar nichts Neues — das weiß ich lange. „Aber laßt mich nur machen, ich glaube, ich bin jetzt auf dem rechten Wege."

Und nun setzte er den Frauen auseinander, daß der einzige Weg, die Freunde zu befreien, ein Immediat = Gesuch an Ihre katholische Majestät sei.

„Dasselbe darf aber nicht durch die Kanzlei gehen," fuhr er fort — „da bleibt es wieder liegen. Ich kenne die Praxis in derlei Fällen und werde es jetzt so machen:

„Ich reise mit meiner Frau nach Madrid. Dort sucht Sikula die Bekanntschaft der Kammerzofe der Königin zu machen, welche, wie Sikula aus eigener Erfahrung weiß, oft mehr ausrichten kann, als alle Minister.

„An diese wird, mit einem guten Geschenk natürlich, das Gesuch abgegeben, und hat die Zofe nur ein Bischen Geschick und Takt, so wird sie schon den rechten Augenblick zu finden wissen, wo sie wagen kann, dasselbe der Majestät vorzulegen."

Der Plan wurde von den geängstigten Frauen gebilligt, und unverzüglich reisten Juan und Sikula ab. Geronima und Juliane ließen es sich nicht nehmen, sie zu begleiten.

In Madrid war es bald ausgekundschaftet, daß die gegenwärtige Kammerzofe der Königin Gregoria heiße, und durch ihre Bekanntschaft

60

mit einem alten Kastellan vom Schlosse erreichte es Sikula, daß Gregoria mit ihr in's Gespräch kam.

Es brauchte nicht viel Worte — Gregoria begriff augenblicklich, warum es sich handelte, sie nahm den Brief und versprach die getreue Bestellung desselben, ein Versprechen, welches um so lieber gegeben wurde, als Sikula ein Armband, das sie trug, und welches sehr schön war, abnahm und der Zofe überreichte.

„Das Armband wird Ihnen sehr gut stehen, Donna," sagte Alar's Frau — „nehmen Sie es als Andenken an mich."

Und Gregoria nahm es, weil sie fand, daß es schön sei und sie wirklich kleiden werde.

Das war am Tage nach des eisernen Herzog's Rückkehr.

Aber Gregoria fand bei ihrer Gebieterin lange nicht die rechte Stimmung, um das Gnadengesuch zu überreichen, und erst, als Narvaez so energisch aufgetreten war, und eine melancholische Stimmung die Königin beherrschte, weil ihr geliebter Tenorio hatte weichen müssen, suchte sie das Gnadengesuch hervor.

Isabella war in ihrem sogenannten Arbeitszimmer allein.

Leise machte die Uhr über dem Kamin ihr regelmäßiges Tick-Tack, und die Gedanken der Königin spannen sich zurück in die Vergangenheit.

An ihrem geistigen Auge zogen die Gestalten Derer vorüber, denen sie einst ihr Herz geweiht hatte, und ihre Namen traten im träumerischen Selbstgespräch auf die Lippen des einsamen, verlassenen Weibes, die eine Königin war, und doch keine Seele hatte, die ihr gehörte — selbst nicht einmal eine Mutter.

Von dem Letzten, der eben hatte weichen müssen, zog sich eine lange Kette zurück — durch mancherlei Schicksale — und Isabella schauderte, als sie an Isolabella dachte und an die schöne, wahnsinnig gewordene Elvira. —

Sie war bei ihrem ersten Günstling angekommen, bei dem Ersten, dem sie mit reiner, fleckenloser Liebe ihr Herz geweiht, und der sie nur ohne Sünde hatte besitzen wollen. Ach — die Andern hatte sie alle besessen, aber die Liebe, die sie Allen geweiht hatte, war nur ein Abglanz gewesen von der Hingebung, mit welcher sie einst zu ihm emporblickte, zu Eduardo de la Seda.

„Wo mag er jetzt sein?" flüsterte die Königin, und eine Thräne stand in ihrem dunklen Auge, wie ein Diamant auf schwarzem Emaille-Grunde. „Eduardo — wo weilst Du?"

Gregoria war schlau und — dankbar für das erhaltene Geschenk.

Sie lauerte schon seit vielen Tagen auf den passenden Augenblick, und trug das ihr von Sikula übergebene Schreiben in dieser Zeit fort während bei sich. An der Thür, hinter der Portière, hatte sie dem Selbstgespräch ihrer Herrscherin gelauscht, und nun trat sie hervor und überreichte, ohne nur ein Wort zu sprechen, das Gnadengesuch.

Isabella, die nicht wußte, was sie davon denken sollte, erbrach das vom Herumtragen zerknitterte Schreiben und — mit einem Auf schrei sank sie auf den Divan zurück.

Erschreckt eilte Gregoria nach scharfen Essenzen — aber als sie zurückkam, war Isabella schon aufgesprungen und an den Schreibtisch getreten. Noch eine Minute, und sie überreichte der erstaunten Gregoria einen Briefbogen, der folgende Worte enthielt:

„An das Direktorium des Staatsgefängnisses von Sevilla.

„Ich befehle, daß die beiden Gefangenen, Don „Eduardo de la Seda und Don Pedro de Sequanilla „sofort und ohne Weiteres entlassen und die Unter „suchung gegen dieselben niedergeschlagen werde.

„Ich, die Königin."

„Trage das zu dem, der Dir das Gnadengesuch gegeben hat," befahl Isabella.

Gregoria eilte zu Sikula, diese brach mit Alar, Juliane und Geronima augenblicklich auf, und am Tage darauf langten sie in Sevilla an.

Der Direktor der Gefängnisse behielt keine Zeit zum Staunen und Verwundern. Seine bedächtige Prüfung des Schriftstückes dauerte den Frauen viel zu lange.

Endlich nahm er das wohlbekannte Schlüsselbund zur Hand, setzte das seidene Käppchen auf, und nun ging's hin in die einsame Zelle der beiden Leidensgefährten, denen die Liebe die Erlösung brachte.

Der Jubel des Wiedersehens wollte kein Ende nehmen, und bei einer guten Flasche Madeira wurde die Geschichte besprochen, auch der Beschluß gefaßt, sich künftig um Politik und Staatsangelegenheiten nicht mehr kümmern zu wollen.

Siebenzehntes Kapitel.

Wer bleibt: Minister oder Günstling?

Der Sturm wäre abgeschlagen, hatte Narvaez gerufen, als er aus dem Schlosse zurückgekehrt war, meine vornehmsten Widersacher bin ich zwar los, aber Schwierigkeiten thürmen sich noch hinreichend vor mir auf.

Die Königin zürnt mir, weil ich Tenorio von ihr entfernt; statt meine Stütze gegen die Parteien zu sein, wird sie sich bestreben, mich zu stürzen, wenn sich eine günstige Gelegenheit dazu bietet.

Bleibe ich meinem Charakter treu und übe unerbittliche Strenge nach allen Seiten? Fast hätte ich Lust dazu.

Aber ich brauche Geld, ich habe den Krieg mit Peru und San Domingo auf dem Halse; ein von mir geführtes Schreckensregiment würde mir die Capitalisten des Auslandes entfremden, sie würden an dessen Bestand zweifeln.

Aber mein Schatz darf nicht leer sein; ich muß die Geldmänner anlocken, nicht zurückschrecken. Ueberdies ist die Camarilla am meisten zu fürchten, die Parteien sind mehr oder minder ohnmächtig, ich imponire der Hofpartei, wenn ich mich auf das Volk stütze.

Spielen wir also eine Zeitlang den Liberalen, die Comödie macht mir Spaß; ich mache durch Milde meine Feinde sicher, und fange sie desto leichter. —

Und es geschah, wie er gedacht.

Die Wahlen waren zum 22. November 1864 ausgeschrieben, eine Amnestie für Preßvergehen erlassen, gegen die Presse selbst wurden die größten Rücksichten beobachtet, Versammlungen gestattet, von denen eine progressistische im Prinzencirkus stattfand; natürlich war das Ergebniß derselben null, die Herren wollten sich nicht an den Staatsangelegenheiten betheiligen.

Narvaez spottete weidlich darüber.

„Sind die Herren denn mit Blindheit geschlagen," lachte er zu Gonzales Bravo, „daß sie uns das Feld ohne Schwertstreich räumen?"

„So scheint es," entgegnete dieser, „ich bin neugierig, wie lange sich das Volk von diesen Phrasenhelden narren lassen wird; sie träumen von Aufständen und Revolutionen."

„Dergleichen läßt sich nicht alle Tage in's Werk setzen," erwiderte Narvaez, „und mißlingt fast immer; vor Allem müssen wir das Heer auf unserer Seite haben."

„Das dächte ich, vermöchten Sie doch mehr, als jeder Andere, tapferer Marschall." — —

Die Folgen dieser Unterredung ließen nicht auf sich warten.

Zunächst wurden die gegen Prim und seine Freunde, darunter Don José Maria Diaz, ausgesprochenen Verbannungsdekrete zurückgenommen, und dieser Gnadenerlaß ihnen telegraphisch gemeldet. Sie avancirten um eine Rangstufe, als Schmerzensgeld für das erlittene Ungemach.

Zur Feier des Geburtstages der Königin Isabella am 11. Oktober wurden sodann viele Offiziere des Heeres und der Flotte mit einer höheren Stellung bedacht.

Endlich wurde der Sold der Unteroffiziere und Soldaten am 29. Oktober um zehn Realen erhöht.

Narvaez schien die Güte selbst zu sein.

Am 22. November fielen die Wahlen zu Gunsten Narvaez' aus; die Opposition hielt sich fern, und erleichterte den Moderados den Sieg.

Während Narvaez so auf dem Gipfel seiner Macht zu stehen schien, wollte ein böses Geschick nicht aufhören, Prim heimzusuchen.

In Oviedo, seinem Exil, erkrankte er schwer, und siechte lange Wochen dahin trotz der sorgfältigsten Pflege seiner Catarina. Endlich erschien er in Madrid, kaum der Schatten seiner selbst. —

Aber wie ging es Isabella?

Trübe schlich ihr Tag auf Tag hin, sie konnte die Trennung von ihrem Tenorio nicht verschmerzen; hätte man ihn ihr gelassen, sie wäre seiner vielleicht überdrüssig geworden, aber jetzt!

Die Königin sollte nicht einmal Herrin im eigenen Hause sein, dachte sie, ihre liebste Neigung opfern. Das wurmte sie bis in den Tod, dem hochmüthigen Marschall wollte sie es vergelten.

„Warum ist Ew. Majestät so trüb und bleich?" fragte eines Tages die Nonne Petrocinio.

„O, ich bin unaussprechlich elend, ich weiß nicht, woher es kommt," seufzte die Königin, „meine Nächte sind schlaflos, ich fühle eine Langeweile, eine Leere des Herzens, wie nie zuvor. Das Dasein erscheint mir so fade, so arm an Freuden, ich kann's nicht sagen."

„Ew. Majestät hegen sündige Gedanken, die bösen Geister treiben in Ihrem Gemüth ihr Wesen. Ew. Majestät müssen mehr beten, sich kasteien, zum heiligen Jago wallfahrten, das ist ein gar wunderthätiger Heiliger, der wird Ihnen Ruhe des Gemüths und Heiterkeit der Seele geben."

„Wohl möchte ich das, aber darf ich es auch? Bin ich noch Königin dieses Landes, bestimmt nicht ein Anderer meine Schritte, wird es Narvaez leiden? Soll ich mich etwa erniedrigen, bei ihm dieses Gesuch zu stellen?"

„Wahr, wahr, ich gestehe," entgegnete die Nonne, „in diesem Manne hatte die Geistlichkeit, als auch ich, mich getäuscht, wir hielten ihn für einen eifernden Streiter der Kirche, und nun ist er um kein Haar gläubiger, als alle Anderen."

„Aber rücksichtsloser gegen mich," eiferte die Königin.

„Ich wähnte," entgegnete die Nonne, „er solle für den heiligen Vater das Schwert ziehen, Spaniens wehrhafte Jugend nach Italien schicken, diese Räuber und Kirchenschänder von Italienern zu Paaren treiben, die geraubten Provinzen mit dem Kirchenstaat wieder vereinen, und den rechtmäßigen König Franz von Neapel, Ihren leibeigenen Vetter, in seine Lande wieder einsetzen. Nichts von Alledem geschieht."

„Ich soll," entgegnete die Königin, „mit dem Gegner unseres heiligen Glaubens, der unser Haus aus unserem Stammsitze, dem schönsten Fleck der Erde, vertrieben; ich soll mit Viktor Emanuel Friede und Freundschaft hegen, gebeut mir der Abscheuliche."

„Und Sie dulden's," rief die Nonne, „sind Sie nicht Herrin hier im Reich! Den, der mir solches Ansinnen stellte, würd' ich auf ewig aus meiner Nähe verbannen. Ist Narvaez denn unersetzlich?"

„In diesem Augenblick glaube ich's," antwortete die Königin. „Soll ich die Liberalen wählen, sind sie nicht noch ärger; soll ich mit den Männern des Fortschritts paktiren, die das Kainszeichen des Unglaubens an der Stirn tragen, Republikanern und Demokraten die Hände reichen, die wohl Narvaez, aber auch mich, aus den schönen Gauen meiner herrlichen Heimath verjagen möchten."

„Das nicht, Majestät, sind nicht Biluma da, nicht Novaliches, nicht Pezuela, die an seine, des Abtrünnigen, Stelle treten können, der die englischen Ketzer seine Freunde nennt?"

„Wohl sind es wackere Männer, die Sie mir genannt, aber haben sie den weiten Blick, den Anhang im Heer und Volk, die Thatkraft, die Narvaez auszeichnet? Sind doch die Wahlen zu seinen Gunsten ausgefallen."

„Die heilige Jungfrau wird Ihnen die nöthige Kraft verleihen,

Majestät, die Dämonen dieses Volks zu beugen und niederzuhalten; lieber muß man Noth und Tod ertragen, als die Schädigung der heiligen Kirche gestatten.

„O wie leuchtend und hehr stand die Größe Spaniens vor meinem Geiste, wie hell strahlte der Glorienschein des Glaubensstreiters um das Haupt der mächtigen spanischen Königin. Das spanische Amerika, durch Bürgerkrieg zerrissen und von den Ketzern, diesen Yankees, bedroht, sollte unter das fromme Scepter des Mutterlandes zurückkehren, wieder sollten die Silbergallionen über die Meeresfluth eilen nach dem Strand, von dem aus ihre heimischen Berge aufgefunden, um Noth und Elend hier zu lindern; von Neuem sollte Spaniens Volk die Gegenden besiedeln, in dem die Gluth des Wendekreises brennt, und Schätze heben, die weit größer noch, als zu Cortes Zeit sind, um sie zum Heile der Nation und zur größeren Ehre Gottes zu verwenden, und Glaubensbrüder fänden sich zu uns, die Irländer, die so treu noch an der Kirche hangen und wegen ihres Glaubens von des Belzebubs Macht bedrängt sind. Millionen von ihnen haben den Wunsch ausgesprochen, sich mit uns zu vereinen. Und endlich, wenn wir diese Macht erlangt, sollten wir den heiligen Vater nicht schützen können gegen die ganze Welt der Bösen, seine Macht nicht herstellen, sollten Spanier nicht den heiligen Boden schirmen, worauf der Fels Petri sich erhebt.“

„Sie rollen ein hehres Bild vor meinen entzückten Augen auf, ehrwürdige Mutter. Aber Narvaez ist nicht der Mann, solche Thaten zu vollführen.“

„Nun, so ist es Persunbi! Der Herr der Heerschaaren wird seinen Arm stärken.“

„Und wie beginnen wir,“ fragte die Königin, „den Kampf mit dem so mächtigen Minister Narvaez?“

„Der, der unsern Geist lenkt, wird zu gelegener Zeit uns den richtigen Gedanken eingeben,“ erwiderte die Nonne Petrocinio, „lassen Sie uns die heilige Jungfrau anrufen, und ihren heiligen Beistand erflehen.“ —

Lange, lange beteten die Königin und die Nonne Petrocinio.

*   *   *

„Der englische Gesandte, Sir John Crampton hat sich also über unsern Kampf auf Domingo so mißgünstig ausgesprochen,“ sagte Narvaez zu Llorente, dem Minister des Auswärtigen.

„Er hat gesagt, das beste Geschäft, das Spanien mit San Domingo machen könne," antwortete dieser, „sei die Insel zu verlassen, und sich mit den Dominikanern abzufinden. Seit die Hauptstadt im vorigen Jahre kapitulirt, sei wenig Aussicht, die Kolonisten je zu bezwingen."

„Mir wäre der Vorschlag wohl genehm," versetzte Narvaez, „aber ich weiß nicht, wie ich die Königin zu meiner Meinung bekehren soll. Die Camarilla hat sich schon seit Jahren mit hohen Plänen getragen. Sie hat die Monarchin ganz in ihrem Netz, die es mir niemals vergiebt, daß ich ihr Privatkabinet aufgelöst."

„Versuchen Excellenz es jedenfalls, der Gesandte ließ nicht undeutlich durchblicken, daß England die Dominikaner unterstützen wolle."

„Es sei," entgegnete Narvaez. — — —

Als am nächsten Morgen die Stunde des Vortrags bei der Königin gekommen, leitete der Marschall das Gespräch mit den Worten ein:

„Ich bedauere sehr, Ew. Majestät Aufmerksamkeit auf eine Angelegenheit lenken zu müssen, die mir äußerst zart erscheint."

„Was ist's?" fragte Isabella.

„Es betrifft San Domingo, Majestät."

„Ha," rief Isabella, „Sie rathen zum Aufgeben der Insel, nicht wahr?"

„Sicherlich, Majestät."

„Ist denn das Reich beider Indien," fragte Isabella, „in dem die Sonne vor Zeiten nicht unterging, nicht stark genug, in fernen Himmelsbreiten einen winzigen Flecken Landes zu behaupten?"

„Wir wären es schon," erwiderte Narvaez, aber England dringt auf die Beendigung des Krieges."

„Das neidische Albion, das meinem Ahn, Philipp II. den Todesstoß versetzte, will auch uns demüthigen."

„Und das, Majestät, ist's nicht allein, ganz Südamerika verbindet sich, uns zu bekämpfen. An einem Congresse zu Lima, an welchem die meisten Staaten dieses Continents theilnahmen, ist der gemeinsame Kampf gegen Spanien beschlossen worden."

„Aber Mercier, der französische Minister, räth zum Ausharren im Kampf, er sagt, es sei schimpflich, die spanische Fahne vor den Rebellen zu senken."

„Das ist wahr, Majestät, und als General stimme ich dem Franzosen bei, aber ich bin der Minister dieses Landes und für dessen Wohl und Wehe verantwortlich. Millionen hat dieser Krieg verschlungen, dem armen Spanien das beste Mark entzogen, Tausende seiner edelsten Söhne düngen den fernen Boden, mehr von dem Fieber als dem Schwert weggerafft. San Domingo ist die Ader, Majestät, der Spaniens bestes Blut entströmt."

„Ich dachte, Herr Marschall, Sie wären der Mann, die Fahne Spaniens fleckenlos zu halten."

„Das bin ich auch," rief Narvaez, „aber der Gewalt der Verhältnisse muß man weichen."

„Und ich kann mich zur Nachgiebigkeit nicht entschließen," entgegnete die Königin.

„Dann muß ich Eure Majestät um meine Entlassung aus dem Amte bitten, denn im Vertrauen auf die Einwilligung Eurer Majestät, hab' ich dem Engländer zugesagt, bei der bevorstehenden Eröffnung der Cortes das Aufgeben der Insel San Domingo feierlich zu verkünden."

„Und ich kehre mich an Ihre Zusage nicht, Sennor, wenn Sie meine Willensmeinung nicht beachten wollen, so werden sich Andere finden, meine Pläne auszuführen."

„Ich muß demnach aus dem Amte scheiden? Majestät."

„Wenn unsere Ansichten nicht übereinstimmen, gewiß."

„So wünsche ich Eurer Majestät bessere Rathgeber, die dem Wohl Spaniens mehr Weisheit widmen, als ich."

Mit den Worten:

„Lang lebe Eure Majestät und regiere glücklich!" empfahl sich Narvaez, und die Königin rief ihn nicht zurück.

„Narvaez ist fort," jauchzte Isabella, „und mein Tenorio kommt wieder, nichts soll ferner meiner Liebe Zwang anthun, nichts mich in meiner Häuslichkeit stören. Weg mit dem bösen Menschen, der gleich die arge Politik in die unschuldigsten Genüsse mengt!

„Und nun wollen wir uns schmücken zum Empfang des heiß Ersehnten; ich kann ihn kaum erwarten, vor seliger Lust möchte ich laut jubeln."

An Tenorio wurde ein Diener abgeschickt, und seine Rückkehr geschah bald.

Die Königin empfing ihn in strahlendem Glanze, ihre üppigen Reize quollen aus dem engen Mieder hervor, ihr Busen wogte stürmisch, auf ihrem Antlitz thronte das süßeste Lächeln, ihre Augen sprühten vor Wonne und Liebe.

Das Herzen, Küssen, Umarmen nahm kein Ende.

„Sie haben sich wohl recht nach mir gesehnt, Tenorio," flüsterte sie liebeglühend, als der erste Ausbruch der Freude vorüber war.

„Ew. Majestät kennen mein treues Herz, das keine andere Gebieteria kennt, als meine allergnädigste Königin."

„Und nichts soll uns jetzt trennen, das verspreche ich Ihnen, Tenorio."

„Das ist der heißeste Wunsch meines Herzens, Majestät," erwiderte feurig der Anbeter.

Und das Paar suchte das Versäumte nachzuholen. — — —

Wenn sonst die Königin ihre Liebesabenteuer den Blicken ihrer Umgebung möglichst verschleierte, so schien sie diesmal jede Rücksicht vergessen zu haben.

Das war im Palaste ein unaufhörliches Zischeln, ein Höhnen, ein Spotten, der Ajas (Kinderwärterinnen), Duennas und Camerieras.

„Das ist doch zu arg, begann eine alte Dame, aus Christina's Zeiten, die dem lustigen Leben ihrer frühern Herrin nicht gerade unempfindlich zugeschauet, „es geht ja hier wie in einem Hause zu, das man nicht nennen darf, ohne sich zu bekreuzigen."

„Hat Sie die unzählige Schaar Ihrer Anbeter als schüchterne Täuberiche stets umgirrt, haben Sie denn immer in unbefriedigter Liebe, wie eine Nonne und Büßerin geschmachtet?" fragte sie eine junge, lebensfrohe Zofe mit Naserümpfen.

„Naseweises Ding," brau'te die Gefragte auf, „was sich das nicht alles herausnimmt. Aber es ist nutzlos, sich mit solcher Clique einzulassen." Damit rauschte sie wüthend davon.

Die andere lachte hinter der Davoneilenden hell auf.

Aber die leidigen Staatsgeschäfte schreckten die Königin aus dem Liebestaumel auf.

Narvaez hatte abgedankt, das Reich bedurfte eines Steuermannes; die Banknoten wurden werthlos. An der Börse rotteten sich eines Tages viertausend Personen zusammen und verlangten für ihr Papier klingende Münze. Sie konnten sie nicht erhalten.

„Da sitzen wir in einer argen Klemme, Tag für Tag arbeiten wir schwer," meinte ein kleiner Handwerker, mit Zehn=Escudos=Noten in der Hand, „und nun ist der für unsere Mühe erhaltene Lohn werthlos."

„Der Narvaez taugt zwar nicht viel," meinte ein anderer, „aber er weiß doch, das Staatsschiff flott zu erhalten, jetzt geht Alles darunter und darüber."

„Und ich weiß bestimmt," meinte ein Dritter, „daß Barzanallana noch kurz vor seinem Sturz eine gute Menge französischer und englischer Gold- und Silberbarren zu unserm Nutz und Frommen in's Land bringen wollte. Nun hält man sie in ihrer Heimath zurück."

„Das Ausland hat zu Narvaez Vertrauen," sprach ein Börsenmann.

„Der Kaiser Napoleon hält große Stücke auf ihn," erwiderte ein Anderer.

„Aber die Klerikalen wollen ihn nicht!"

„Sie sollen uns ungeschoren lassen diese Frommen, sie bringen uns kein Geld, sie nehmen es uns."

„Was soll aus dieser Wirthschaft werden; wir rennen in ein Chaos von Anarchie." (Gesetzlosigkeit.)

Man begann jetzt einige hochgestellte Personen unehrerbietig zu behandeln. Die Polizei nahm eine drohende Haltung an, und diese Eigenthümer von kleinen Fonds waren bald eingeschüchtert, sie zogen sich unmerklich zurück.

Zur Bildung eines Ministeriums berief zunächst die Königin den Marquis von Novaliches, den tapfern General, der dereinst im letzten Entscheidungskampf an der Brücke von Alcolea bei Cordova sein Blut für sie verspritzen sollte.

„General," sprach sie, „ich bedarf Eures Kopfes, nicht Eurer Hand, als obersten Rathgeber meiner Krone."

„Ich stelle meiner erhabenen Herrscherin meine Kraft bis zum letzten Athemzuge zur Verfügung."

„Nun denn, so berufe ich Sie in meinen Rath, wählen Sie Ihre Kollegen!"

„Das macht mir keine Mühe, ich habe sie bald, aber wir stellen eine Bedingung:

„Daß keine Einflüsse vom Hofe uns in der Verwaltung des Reichs behindern, daß alle Personen, welche wir als gefährlich bezeichnen, aus der Nähe Eurer Majestät entfernt werden."

„So meinen Sie auch wohl mein Privatkabinet und dessen Chef."

„So schmerzlich es mir wird, so muß ich doch Eurer Majestät eröffnen, daß alle Parteien an dieser Institution Anstoß nehmen, und daß ich nicht die Geschäfte zu führen wage, wenn Eure Majestät sich nicht entschließt, den Miquel Tenorio fern von sich eine Stellung in der Provinz anzuweisen."

„Das ist also die Treue und Hingebung gegen mich, deren Sie sich rühmen."

„Fürwahr! ich werde sie zu jeder Zeit bewähren, aber meine Amtsführung würde fruchtlos sein, wollt' ich in Ihrem Sinne handeln."

„So wird's ein Anderer thun."

Der General wurde verabschiedet.

Und in erregter Leidenschaft eilte die Königin zu dem Günstling Tenorio.

„Die Grausamen wollen uns durchaus trennen, mein Tenorio, aber ich lasse Sie nicht. Wer soll mir Sie ersetzen, der manche schöne Stunde hindurch mich die Sorgen der Regierung vergessen läßt. Wie kann ich Sie entbehren, an dessen Brust ich wonnetrunken geruht, der durch sein Feuer meine Leidenschaft bis zur hellsten Gluth angefacht hat. Es waren schöne Stunden, die wir zusammen verbracht; sie sollten vorüber sein? Nein, nein, ich scheide nicht von Ihnen!"

Und sie begrub den Geliebten unter ihren Küssen, der sie mit gleicher Gluth erwiderte. Und längere Zeit wurde nichts gehört, als Liebesseufzer, die der keuchenden Brust entstiegen.

Der Günstling betheuerte wiederholt der Königin seine Treue bis an den Tod, sie aber schwur tausend Eide, ihn nimmer zu verstoßen.

Es ward ein Zweiter zur Königin beschieden, der General Lersundi, ein schroffer Soldat, geradeaus mit dem Wort, der aber von aller Welt für den geeignetsten Mann gehalten wurde, jede Revolution, jede Meuterei in ihrem eigenen Blute zu ersticken, und für willfährig genug, der Königin blindlings zu gehorchen.

Sie legte ihm ihr Begehren vor.

„Ich bin bereit," entschuldigte er sich, „die Wünsche Eurer Majestät zu erfüllen, aber allein kann ich nicht in Ihrem Namen den Staat verwalten, und wie ich auch suche und spähe, ich finde Niemand, der diese Bürde mit mir theilt, falls Eure Majestät Ihren Hofhalt nicht nach den Wünschen auch der Gemäßigsten einrichten."

„Hat denn Alles sich wider mich verschworen, gönnt denn Keiner mir die unschuldige Freude, deren das ärmste Weib theilhaftig wird," rief die Königin, als sie wieder allein war. „Und soll' ich meine Krone verlieren, Sie bleiben bei mir, Tenorio, mein Theuerster, mein Geliebtester auf dieser Erde."

Und wieder überhäufte sie ihn mit ihren Liebkosungen, wieder schlürfte sie den Becher der Wollust bis auf die letzte Hefe aus. Der Widerstand, den sie bei ihren loyalsten Unterthanen fand, hat ihre Leidenschaft für ihren Anbeter bis zur Raserei gesteigert.

Der Marquis Biluma wurde von ihrer Majestät zum Minister erkoren, lehnte aber gleichfalls ab.

Nach ihm noch mehrere Andere. Die Monarchin zauderte, sie schwelgte Tag und Nacht in jenen Freuden, die die Gesellschaft Tenorio's ihr gewährte, sie geizte mit jedem Augenblick, der ihr noch blieb bis zur Scheidestunde, als wäre es die erste Liebe, der sie entsagen sollte.

Da drang man von allen Seiten in sie, sich zu entscheiden, selbst die Camarilla machte bescheidene Vorstellungen, sie wurde nicht gehört.

Da ward sie ungeduldig, der Pater Claret und die Nonne Patrocinio schrieen beide in einem Tone: die Sündfluth nahe, die Dynastie sei gefährdet.

Mit zuckendem Angesicht, vor Wuth knirschend berief die Königin Narvaez, der nach einigem Sträuben die zur Versöhnung gebotene Hand annahm.

Seine harten Bedingungen mußten erfüllt werden.

Noch einmal weinte Isabella sich an der Brust des treuen Freundes Tenorino aus, noch einmal stillte sie die Gluth ihrer Liebe in stiller Nacht und weihte dem Scheidenden die letzte Wehmuthsthräne.

Achtzehntes Kapitel.

Die Verbannung des Infanten Enriquez.

Der geneigte Leser wird sich von der Geburt des Prinzen von Asturien her noch des Bruders des Königs erinnern, des Infanten Enriquez Maria Ferdinand, Herzogs von Sevilla.

Derselbe glich seinem königlichen Bruder nur wenig, und hätte Francisco d'Assis seine Thatkraft und noch mehr seinen Ehrgeiz besessen, es würde am Hofe von Madrid Manches Anders gewesen sein.

Dieser Infant nun, seit dem 29. Dezember 1863 Wittwer, stand noch mehr, als sein Vater, der Herzog von Cadiz, fortwährend stoßend, drängend und treibend hinter dem Könige, und conspirirte mit allen der Königin abgeneigten, ihr häusliches Leben mißbilligenden Parteien, gleichviel, ob dieselben conservativ oder liberal waren.

Zur Zeit des Don Mencos hielt er es mit der Geistlichkeit, und nun, als diese ihr Ziel erreicht hatte, conspirirte er mit den Fraktionen der Unione liberale und der Progessisten, Alles, um den Einfluß der Königin zu schmälern und seinen Bruder vorzuschieben.

Wir wissen aber auch, daß der eiserne Herzog, ergriff er einmal das Ruder der Regierung, seinem Namen Ehre zu machen und mit eiserner Faust jede Gegenströmung, jedes Hinderniß, das ihm in den Weg trat, niederzuwerfen gewöhnt war.

Bald nachdem die Königin=Mutter Christina aus der Verbannung zurückgekehrt war, hatte Infant Enriquez dieselbe besucht, und mit dem Herzog von Rianzares sich lange und angelegentlich unterhalten.

Dann war er zu seinem Bruder, dem Könige, gefahren, mit welchem er folgendes Gespräch hatte:

„Ich bedaure lebhaft, daß mein königlicher Bruder sich wieder einmal wenig genug um die Staatsaktionen bekümmert, um es zu= zulassen, daß ein Mann, wie der Herzog von Valencia, Dir das Heft aus der Hand windet.

„Du mußt es doch einsehen, Francisco, daß Du als Gemahl der Königin und von Rechts wegen ihr Herr und Gebieter die Ge= schicke Spaniens lenken solltest.

„Ich habe Dir's schon immer gesagt und sage Dir's noch, Du bist ein Schwächling, und verstehst Dich nicht zur Geltung zu bringen."

„Ja, aber was soll ich denn eigentlich wieder thun," begann träge gähnend der von seines Bruders Rede offenbar gelangweilte König, „was ist denn eigentlich wieder passirt, daß Du so aus dem Häuschen bist?"

„Da frägst Du noch, was passirt ist?" antwortete verwundert der Herzog von Sevilla, und schlug die Hände über dem Kopf zu= sammen. „Allmächtiger Gott, nein, das ist stark!

„Hast Du's nicht gehört, Narvaez, der Herzog von Valencia, ist wieder in Madrid und ist Ministerpräsident, und die alte Königin, die Christina hat mit ihrem Munnoz wieder Einzug gehalten."

„Das weiß ich schon lange," gab der König zurück. „Sie haben mir beide Visite gemacht, der Herzog und die Königin, und wenn Du weiter nichts weißt, so begreife ich den Lärm nicht, den Du machst.

„Laß die dummen Staats = Geschichten und komm, trink eine Flasche Wein mit mir. Hast Du schon die neu engagirte Tänzerin von der Oper gesehen? Sie trat gestern zum ersten Mal auf, eine allerliebste Wade, sage ich Dir."

Dabei setzte der König den Klingelzug in Bewegung, und befahl, Champagner zu bringen.

Des Infanten Gesicht sah indessen ganz verärgert aus, und in= dem er die Unterlippe zwischen die Zähne klemmte, lief er erregt im Zimmer auf und nieder.

Als endlich der Diener den Wein gebracht, und die beiden Brüder wieder allein gelassen hatte, trat Enriquez dicht vor den König hin, und sagte mit vor Zorn bebender Stimme:

„Francisco! Du bist wahrhaftig ein König, wie sich ihn Die= jenigen nicht besser wünschen können, die im Trüben fischen und uns verdrängen wollen. Ich bitte Dich um Himmels willen, wohin soll das führen. Wenn Du selbst nicht im Stande bist, Dir klar zu machen, warum ich außer mir bin, so höre wenigstens zu, es ist ja gar nicht nöthig, daß Du selber Deinen Geist anstrengst. Ich will ja gern für Dich denken, wenn Du Dich nur zum Handeln aufzu= raffen vermagst.

„Also Narvaez, der Herzog von Valencia, nimmt jetzt in Spanien dieselbe Stelle ein, welche von Rechts wegen Dir gebührte, d. h. er ist thatsächlich König, und Du thust, was ich ihm nicht verwehren würde, zu thun, nämlich, Du fängst fleißig Fische und interessirst Dich lebhaft für die Damen unseres Ballets.

„Ich sage Dir nun hiermit, wenn Du's bisher noch nicht ge= wußt oder wieder vergessen hast, daß das eine ganz unwürdige Rolle ist, die Du spielst, und daß das anders werden muß.

„Narvaez verfügt Verhaftungen und Verbannungen, erläßt Begnadigungs=Dekrete, schickt erprobte Beamte und Staatsdiener fort — Alles, wie wenn er Regent von Spanien wäre. Es ist ja in Spanien kein Mensch mehr sicher, seit Narvaez wieder zurück ist. Ich glaube, er ist im Stande und schickt selbst einen In= fanten in die Verbannung, hat er es doch sogar durchgesetzt, daß der Tenorio gehen mußte.

„Das geht nicht länger, Francisco. Das muß im Guten oder im Bösen anders werden, und der einzige Mensch, der's ändern kann, das bist Du. Du mußt Deine Rechte als Gemahl jetzt geltend machen, und hast die beste Gelegenheit dazu, da der Tenorio fort ist. Paſſiren kann Dir dabei nichts, denn ich wüßte nicht, wie Dich die Königin entbehren könnte, und ſollteſt Du ihr auch blos — 's iſt ſchmerzlich — zum Deckmantel dienen müſſen."

„Alſo Du meinſt, ich ſoll mich wieder einmal um die Beſetzung der Miniſterien kümmern?" fragte König Francisco zögernd und faſt ſchüchtern ſeinen energiſchen Bruder.

„Allerdings meine ich das," antwortete dieſer mit einer gewiſſen Gereiztheit. „Du mußt es bei Deiner Gemahlin durchſetzen, daß der Narvaez wieder einmal nach Oeſterreich geſchickt wird, um Archive zu ſtudieren, und die alte Chriſtina, oder vielmehr ihren Munnoz, von dem ich eben komme, würde ich am liebſten auf den Canaren*) ſehen. Dieſer Herzog von Rianzares thut, als ob er nun der Herr von Spaniens Geſchicken wäre, und von ihm und dem Herzog von Valencia in letzter Inſtanz Alles abhinge."

„Aber ich bitte Dich, Enriquez, ſoll ich mich wieder in Ungelegen-heiten ſtürzen! Du weißt noch die Geſchichte vor zwei Jahren in Escorial, wo ich vom Pferde ſtürzte und doch nichts ausrichtete," gab mit beſorgter Miene König Francisco zurück.

„Ich will Dir was ſagen, Francisco," erwiderte der Infant, „heut iſt das eine ganz andere Geſchichte.

„Damals handelte es ſich um die Entfernung eines Günſtlings und Du ſtimmteſt obendrein ſchlecht mit der Königin. Darum habe ich auch den Plan des Vaters nicht gebilligt und mich bei der ganzen Geſchichte in der Entfernung gehalten.

„Heut ſtehſt Du mit der Königin ausgezeichnet gut, wie jedes-mal, wenn ſie ihren — Du weißt ſchon — verloren hat, und dafür iſt ſie dem Narvaez im Grunde ihres Herzens gram wie einer Spinne, weil er die Urſache von ihrem Verluſt iſt.

„Alſo es iſt ein Leichtes, ſie zu einer ſolchen Meinung über den Narvaez zu bringen, daß er fort muß. Haſt Du das erreicht, dann iſt Dein Spiel gewonnen.

„Darum aufgepaßt, Francisco. Laß einmal die ſchöne Tänzerin laufen und ſpare Dein Feuer für einen Sturm auf das Herz Deiner Gemahlin, die mir, recht betrachtet, immer noch zehn Mal lieber iſt, als alle anderen Damen vom Ballet.

„Menſch — dort haſt Du ihr Bild über dem Schreibtiſch.

---

*) Die Canariſchen Inſeln, ſpaniſche Beſitzung an der Weſtküſte von Afrika, woher die Canarien-Vögel ſtammen.

Don Rubio, hervorragender Führer der demokratischen Partei im Jahre 1868.

Sieh Dir diese Büste an, diesen üppigen Wuchs, dieses Feuer im Blick, diese Wölbung der Lippen — ich bitte Dich, wie kannst Du so sein, wie Du bist? So wach doch endlich auf!"

Der Infant hatte mit Feuer und Ueberzeugung gesprochen, und wenn auch nicht eine einzige derartige Unterredung genügte, den König zu überzeugen, so brachte es doch des Infanten Ausdauer und unablässiger Eifer endlich dazu, daß der König, welchen die Aussicht auf eine Schäferstunde mehr kitzelte, als alle anderen Gründe und Ueberlegungen und Hoffnungen zusammengenommen, sich entschloß, einen Sturm auf das Herz und — den Willen Isabella's zu wagen. — —

Es war lange her, seit König Francisco zuletzt im geheimen Kabinet seiner Gattin war, und die Anhänger des Narvaez muthmaßten sofort nichts Gutes, als er sich melden ließ. In Folge dessen wurde die Herzogin de Alba abgesandt, daß sie das Gespräch des öniglichen Ehepaares belauschen sollte.

Neben dem geheimen Kabinet der Königin Isabella im Schlosse zu Madrid befindet sich das Ankleidezimmer der Majestät, welches durch einen Vorhang von dem ersteren Gemache getrennt wird.

Hinter den schweren Falten dieser seidenen Portière stand die Herzogin de Alba, welche von der andern Seite durch eine Tapetenthür in das Ankleidezimmer gelangt war.

Der König trat ein und begrüßte seine Gemahlin, indem er ihr die Hand küßte.

„Mein Gemahl hat mir lange nicht die Ehre seines Besuches gegeben," begann Isabella mit schelmischem Lächeln. „Was führt Sie hierher, Majestät?"

„Nichts Anderes, als die Sorge um das Wohl meiner Gattin," entgegnete Francisco, indem er sich in einen Schaukelstuhl gleiten ließ, der neben dem Divan stand, auf welchem die Königin lag, „und die Sehnsucht, mit ihr zu plaudern, zu tändeln und allein zu sein."

„Sie spielen ja den verliebten Schäfer, Majestät," rief Isabella mit einem Anfluge leiser Ironie; „haben Sie dabei etwa wieder den Hintergedanken einer Haupt- und Staatsaktion, wie es bei Ihnen schon so oft vorgekommen ist?"

„Ich bin mit keiner derartigen Absicht hierhergekommen, Isabella," sagte der König, während er die Hand des auf dem Divan liegenden schönen Weibes ergriff und an seine Lippen preßte, „lassen wir jetzt diese Sachen sein. Ich will genießen, will Dein Gatte sein und Du mein Weib und dann vielleicht — dann laß mich König sein und sei Du Königin."

„Also doch!" rief Isabella, und entzog scheinbar schmollend dem vor dem Divan auf ein Knie gesunkenen königlichen Gemahl die Hand. Dann fuhr sie, mit dem Finger drohend, fort:

„Jetzt gestehst Du mir gleich, Francisco, was Du wieder im
Schilde führst und wer Dich dazu überredet hat. Denn aus eigenem
Antriebe zu handeln, dazu ist mein hoher Gemahl viel zu — wie
sage ich doch schnell — viel zu — zu gutmüthig, nicht wahr?"

Don Francisco, ganz verblüfft durch die Sicherheit seiner Ge=
mahlin, die, wie er annahm, sofort Alles durchschaut hatte, während
sie doch nur auf den Strauch schlug, senkte seinen Blick.

Die Herzogin lauschte in ihrem Versteck mit Anspannung aller
Nerven.

„Nun, wie ist's, nicht wahr, ich habe Recht," begann wieder
Isabella, als sie die Verlegenheit des Königs bemerkte.

„Weil Du's denn einmal errathen hast, Isabella," begann der
Letztere endlich mit stockender, verlegener Stimme, „so will ich Dir's
sagen, wenn Du mir versprichst, daß es die gegenwärtige Stunde
nicht trüben soll. Thust Du das, ja?"

Isabella nickte mit dem Kopfe.

„Mein Bruder, der Enriquez, hat mir in die Ohren getuschelt,
daß der Narvaez fort müsse und die Christina auch. Da weißt Du's."

„Das ist ja weiter nichts Schlimmes und wäre ganz nach meinem
Sinne," sagte ganz ruhig, oder vielmehr nachdenklich werdend, die
Königin Isabella. — — —

Aber die Herzogin hatte genug gehört, und war mit leisen Schrit=
ten zur Tapetenthür wieder hinausgeschlichen, um sofort den Marschall
zu benachrichtigen.

Leider konnte dieser nicht sofort bei Ihrer Majestät Eintritt
erlangen — Isabella hatte befohlen, man solle sie unter jeder
Bedingung allein lassen. Auch als der König fort ging, wurde er
noch nicht vorgelassen; sondern erst erhielt der Infant Enriquez eine
Audienz.

Das war zu viel. Offenbar war ein Complott im Werden, um
den Herzog von Valencia zu stürzen.

———————

Endlich wurde Narvaez vorgelassen.

Die Audienz, welche nun folgte, war etwas stürmischer Natur.

Die Königin, welche sich in ihre ganze Hoheit und
Majestät hüllte und sehr kühl war, redete ihren Premier=
Minister folgendermaßen an:

„Sie scheinen es sehr eilig zu haben, Herr Herzog von Valencia,
daß sie selbst ein Tête à tête zwischen mir und meinem Gemahl
zu stören wagen."

61*

„Verzeihung, Majeſtät,“ erwiderte lächelnd und mit überlegener Miene Narvaez — „wie konnte ich ahnen, daß die Beziehungen zwiſchen Ihnen und Ihrem hohen Gemahl plötzlich ſo in= timer Natur geworden ſind.

„Freilich, wohl darf ich mir einen Theil des Verdienſtes zu= ſchreiben, welches in der Herbeiführung eines guten Einvernehmens zwiſchen dem hohen Herrſcherpaare Spaniens liegt.“

Die Königin verfärbte ſich und biß ſich vor Aerger über die erfahrene Demüthigung auf die Lippen.

„Sie führen eine ſehr kühne Sprache, Herzog von Valencia,“ begann Iſabella nach einer Weile des Schweigens, „und ſcheinen ganz zu vergeſſen, daß Sie vor Ihrer Königin ſtehen!“

„Ich weiß, daß ich vor Ihrer Majeſtät, der Königin Iſabella von Spanien ſtehe,“ antwortete Narvaez mit eiſiger Ruhe — „vor derſelben Königin Iſabella, welche mich gebeten hat, das Amt eines Miniſter=Präſidenten zu übernehmen — vor derſelben Königin Iſabella, welche meine Bedingungen bewilligte und mir unum= ſchränkte Vollmacht gab, zu thun und zu laſſen, was ich wolle, wenn nur meine Regierungsmaßregeln Spanien die lange entbehrte Ruhe, den Frieden und den Wohlſtand wiederzugeben vermögen.

„Nun, Majeſtät, das iſt ein königliches Wort geweſen, und die vom Glorienſchein der Majeſtät umwallten Herrſcher der Erde halten ihr Wort hoch.

„Wie kommt es nun, daß ich bei jeder Maßregel, die ich für heilſam erkläre, erſt bitten — ja Stürme beſtehen muß, um ſie nur bei meiner Gebieterin durchzuſetzen?

„Ich appellire an Ihr gegebenes Wort, Majeſtät — an Ihr königliches Wort — finde ich Gehör bei meiner Königin?“

„Sie müſſen ſich doch ſelbſt ſagen, Herzog von Valencia,“ hob nun etwas kleinlaut und unſicher Iſabella an, „daß das Alles keinen Bezug hat auf die Art und Weiſe, wie Sie ſtürmiſch eine Audienz begehrten.“

„Doch, doch, Majeſtät,“ fiel der Marſchall ein. „Wenn ich auch nicht meine, daß dieſelbe mir hätte ſollen gewährt werden, ſo lange Seine Majeſtät der König Don Francisco Sie gefeſſelt hielt, ſo durfte ich doch annehmen, daß die Audienz des Herzogs von Sevilla hätte vertagt werden können.

„Doch fort mit allen Winkel= und diplomatiſchen Schachzügen — eben dieſer Herzog von Sevilla iſt es, um deſſen Willen ich kam. Er con= ſpirirt fort und fort — nicht blos gegen mich, ſondern immer und ſtets gegen den jeweiligen Miniſter - Präſidenten, — er iſt ein Störenfried der gefährlichſten Art, denn er iſt es aus Grundſatz und — er muß fort von **Madrid** — **fort aus Spanien.**"

„Ich bitte Sie, Herzog von Valencia," rief erſchreckt die Königin. „Sie haben mich an mein Verſprechen gemahnt und es iſt gewiß, daß ich daſſelbe halten werde. Aber Sie können doch unmöglich verlangen, daß ich einen Infanten, einen Prinzen von kö- niglichem Geblüt, **der noch dazu der Bruder meines Gatten, alſo mein eigener Schwager, iſt, in die Verbannung ſchicken ſoll? Das geht nicht!**"

„Thut mir leid, Majeſtät," verſetzte der Miniſter. — „Ent- weder ſchicken Sie den Infanten in die Verbannung oder — mich. Ich bin bereit, zu gehen, allerdings mit dem Bewußtſein, daß auch das Wort einer Königin..."

„Nein! der Infant geht!" fiel ihm Iſabella in's Wort. — —

Das Verbannungsdekret, welches den Infanten Enriquez nach den Canariſchen Inſeln ſchickte, wurde am 12. November von der Königin unterzeichnet, und Don Ramon Maria Narvaez, Herzog von Valencia hatte wieder einen gefährlichen Gegner aus dem Sattel gehoben.

Neunzehntes Kapitel.

Die Schenkung der Königin Iſabella.

Das Volk wogte auf den Straßen, gruppirte ſich auf den Plätzen von Madrid.

Ein Winterſonnenſtrahl glitzerte auf den Häuſern und erhellte die düſtern Mauern zahlreicher Klöſter, die in das Meer von Paläſten und Wohnungen der Weltluſt eingeſtreut waren.

Und ſie war freudig bewegt, dieſe ſo oft zornige Menge. Gab es eine Schauſtellung, — eine Stierhetze? — Diesmal nicht.

Erwartete man den Einzug eines ſiegreichen Heeres, eines frem- den Monarchen? — Keineswegs.

Der Grund dieſes Jubels war ein menſchlicher, ein von beinahe allen Parteien getheilter.

Kein Betrübter, dem das so hoch aufgenommene Ereigniß Thränen gekostet, schlich scheu unter den Massen oder hielt sich zu Hause im abgeschiedenen Kämmerlein.

„Das war eine wackere That", sprach ein Arbeiter zu einem andern.

„Es war aber auch Zeit, daß etwas geschah, welches uns Armen Muth einflößte; trüb genug sieht es im Staat aus, unsere Papierzettel, die wir für Geld nehmen müssen, sind beinahe werthlos. Wer weiß, ob die Schenkung, welche die Königin mit drei Vierteln ihrer Krongüter dem Staate gemacht hat, etwas hilft."

„Man soll an einer guten That nicht mäkeln, die Königin Isabella zeigt ein Herz für's Volk. Viva la reyna, viva Donna Isabel."

Es folgte ein Mark und Bein erschütternder Widerhall auf der Plaza del Oriente und auf den nahe am Schloß liegenden Plätzen und Straßen.

Aber man fürchtete sich nicht vor diesem Volksgebrüll in der königlichen Residenz.

Da hielten weder zum Schutz des mächtigen Baues die Caballeros (Reiter) aus der nahen Kaserne, noch die Infanterie aus den Barraken von San Gil. Die Schloßthore standen weit auf, und man strömte ungehindert durch dieselben ein und aus. Die Infanten und Infantinnen sahen gar fröhlich von den Galerien in das Getümmel herein, und Ihre Majestät zeigte von Zeit zu Zeit ihren guten Madrilenen ihr strahlend Antlitz, immer von rauschendem Beifall und donnerndem Zuruf empfangen.

Eine solche Harmonie hatte lange nicht zwischen Regentin und Volk geherrscht, und zum ersten Male seit Jahrzehnten war für den Augenblick jeglicher Mißton verschwunden.

Am 20. Februar hatte Narvaez einen Gesetzentwurf in den Congreß (Abgeordnetenhaus) eingebracht, durch welchen das Ministerium ermächtigt wurde, alle Krongüter bis auf den Palacio Real, (königlichen Palast) in Madrid, die Schlösser Buen Retiro ebendaselbst, Escurial, La Granja, die in Barcelona, in Valladolid, San Ildefonso, Palma und das Belver sowie die Alhambra in Granada zu veräußern, und drei Viertel des gelösten Ertrags in den Staatsschatz, ein Viertel in die königliche Chatoulle zu zahlen.

Diese Nachricht hatte in Madrid den Freudensturm hervorgerufen.

Man schätzte den Belauf der Schenkung für's Volk auf 400 bis 800 Millionen Realen. — — —

Was mußte vorgefallen sein, ehe Narvaez sich entschloß, zu dieser Maßregel zu rathen?

Narvaez hatte wieder einmal eine seiner liberalen Anwandlungen, wie gewöhnlich, wenn der Staatswagen auf seiner unwegsamen Bahn stecken blieb und nicht von der Stelle wollte.

„Mir ist ganz unbehaglich, Majestät," sagte Narvaez eines schönen Tages zu seiner Monarchin, „da fehlt das Geld an allen Ecken, ich weiß nicht mehr, wo ein noch aus."

„Ich dächte, Marschall, Sie wären um Mittel nicht verlegen," erwiderte die Königin Isabella.

„O, deren giebt es genug, aber sie werden sich nicht ausführen lassen, besorge ich. Gern möchte ich den Herren Liberalen und sonstigem Gelichter die Verlegenheiten der Staatskasse auf den Hals schieben, ihnen eine sehr heilsame Buße für ihre sträflichen Gedanken und Unterfangen in Form erhöhten Steuerbetrags auferlegen. Wie aber es anfangen, ohne das unschuldige Volk mitzutreffen?

„Wider Willen seh' ich mich sogar gezwungen, mit ihnen zu liebäugeln, da ihre Umtriebe meine Lage noch schwieriger machen könnten."

„Sie haben doch die Vorauserhebung der Steuern beschlossen, Sennor?"

„Barnazallana hat den Vorschlag bei der Kammer eingereicht. Er unterstützte ihn mit den Worten: Spanien müsse zeigen, daß es Lebensfähigkeit genug besitze, selbst seine eigene Schulden zu decken, dann werde das Ausland zu unserer Zahlungsfähigkeit Vertrauen fassen."

„Und haben unsere gutgesinnten Stände ihm nicht beigestimmt?" fragte Isabella.

„Im Gegentheil, unter den sonst so willfährigen Leuten brach ein Sturm aus, Herr Barnazallana bittet um seine Entlassung."

„Sie sei dem Unvorsichtigen gewährt, der so loyale Männer gegen uns aufgereizt, Sie haben doch einen andern an seiner Statt?"

„De Castro, bisheriger Chef der Finanzkammer, wird die Bürde auf sich laden, Majestät."

„So legen Sie mir die Dekrete zur Unterzeichnung vor," gebot die Königin.

Die Schriftstücke wurden unterzeichnet.

„Wie ist das Land gestimmt, Marschall?"

„Nicht sonderlich, Majestät, ist's doch, als ob die heilige Jung-frau ihr gnadenvolles Antlitz von uns Spaniern abgewandt, als ob die Freigeister auf unserm Boden den Zorn des Himmlischen herabge-rufen und wir für sie mitgestraft werden.

„Da ist der Garten Spaniens, die Provinz Valencia (La huerta de Valencia) durch Sturmesfluthen verheert und seine reichen Be-wohner sind um einen großen Theil ihres Habes gebracht.

„Da leidet das unfruchtbare Kastilien Mangel an den nothwen-digsten Lebensbedürfnissen.

„Da sind Catalonien und Andalusien durch Parteiungen zerrissen und von Freiheitsmännern unterwühlt; nur zwangsweise erfüllen sie die Pflichten gegen den Staat.

„Und in Arragonien und dem Lande der Basken, da zuckt noch hin und wieder die Flamme bürgerlicher Zwietracht empor, geschürt von den ruchlosen Händen der Carlisten.

„Ein neuer Stoff zu Streitigkeiten ist über das Land gekommen, als ob es am alten Hader nicht genügte, ich meine die Encyklika, Majestät, ein Rundschreiben des Papstes an die katholische Geistlichkeit aller Länder der Welt, worin die priesterliche All- und Obmacht über die weltliche Behörde feierlich verkündet, und die Aufklärung sowie An-dersgläubige in den Bann gethan werden."

„Und das sagen Sie Marschall," rief die Königin, „den ich für so gläubig hielt, Sie, der noch eben klagte, daß unsre Sünden den Zorn des Himmels auf uns herabgerufen? Sind nicht die Don-nerworte, die der Papst in dieser Schrift der frevelnden Menschheit zuruft, Nothschreie gegen die Gewalt des Satans, der sein Reich auf Erden gründet?"

„Aber das Dekret des Papstes schmälert unsre Hoheitsrechte," erwiderte Narvaez.

„Ich trete gern dem Papste etwas von meinen Rechten ab, er ist ja Stellvertreter Christi auf Erden."

„Wenn wir der Kirche zu viel Recht einräumen, erregen wir den Unwillen vieler sonst loyaler Männer im Lande, wir geben ganz Eu-ropa ein Aergerniß, denn selbst die katholischen Völker wollen von der geistlichen Allgewalt, die in früherer Zeit bestand, nichts wissen.

„Auch wird das Ansehen Eurer Majestät noch mehr erschüttert, als es schon der Fall ist."

„Nun so will ich unterliegen," antwortete die Königin, „will meine Krone opfern. Geht auch der Leib zu Grunde, wird die Seele doch gerettet."

„Das darf nicht sein. Will Ew. Majestät der Kirche nicht entgegentreten mit offenem Visier, so brauchen Sie es nicht. Wir lassen die Geistlichkeit gewähren, sie mag die Encyclica öffentlich verbreiten, dem Volke die päpstliche Lehre einprägen. Andrerseits gestatten wir den Zeitungen, daß sie ihre Galle über das päpstliche Schriftstück ausgießen. Machen sie es zu arg, dann schreiten wir ein.

„Majestät müssen der Zeit schon Zugeständnisse machen, Sie stehen nicht allein, Sie sind für die Existenz der Dynastie verantwortlich."

„Ungern entschließ' ich mich dazu, doch mag es so sein, wie Sie sprechen. Unsre Bischöfe sind eifrige Streiter der Kirche, wenn wir sie walten lassen, ist unser Heil wohl besorgt."

„Und nun hätte ich einen Vorschlag zu machen, der, wenn ausgeführt, Eurer Majestät große Gunst verschaffen und doch Ihre Majestät nicht so sehr beeinträchtigen würde, als es den Anschein hat."

„Was ist es?" fragte Isabella.

„Ihre Majestät möchten geruhen, einen Theil Ihrer Krongüter dem Staate zu schenken. Wir könnten durch die Veräußerung derselben unsre Kassen füllen, und die nothwendigsten Schulden bezahlen."

„Ich soll mein Vermögen mindern, die von meinen Ahnen überkommene Erbschaft zum Schaden meiner Kinder weggeben, nun und nimmermehr!"

„Aber die Grundstücke, welche Eure Majestät abtreten sollen, haben für die Krone wenig Werth. Ihre Unterhaltung kostet mehr, als sie einbringen."

„Dann mache man sie einträglicher, beute sie aus, wie die moderne Zeit es versteht, Sennor."

„Es ist unter der Würde der Krone, industrielle Unternehmungen zu betreiben. Auch findet man nicht leicht Männer, welche den Willen und die Fähigkeit haben, die ihnen anvertrauten Güter zu unserm Vortheil zu bewirthschaften."

„Das ist ein wichtiger Schritt, den ich thun soll, ich muß ihn mir überlegen."

Durch eine Handbewegung entließ die Königin Narvaez.

***

Es war die Zeit der Vesperandacht.

Vor dem silbernen mit Edelsteinen übersäeten Crucifix, das auf einem herrlich verschnörkelten Altar von Marmor stand, der noch aus der schönsten Blüthe mittelalterlicher Bildnerei herrührte, kniete die Königin auf einem sammtbezognen golddurchwirkten Schemel in stiller Beschaulichkeit versunken.

Sie ließ die wohlriechenden Kügelchen ihres Rosenkranzes durch die rosenfarbenen Finger gleiten, und betete im Verein mit der Nonne Patrocinio, die sich neben ihr, auf bloßer Diele, mit dem Antlitz zur Erde geworfen.

So lispelten die Lippen das Ave Maria, während die Augen gegen die Decke gerichtet waren, auf welcher eine Kreuzigung Christi dargestellt war, ein Meisterstück der alten spanischen Schule.

Die Stunde verrann, die frommen Beterinnen erhoben sich endlich von den wunden Knieen, und nachdem sie in frommer Demuth sich gebeugt, verließen sie, geläutert und erhoben, die Kapelle.

Nachdem sie sich gesammelt in dem Wohngemach, hob die Königin nach langer Pause an:

„Vergeben Sie mir, ehrwürdige Mutter, wenn ich Sie mit weltlichen Angelegenheiten beläftige."

„Leider ist es nothwendig, auch die irdischen Dinge zu bedenken," entgegnete die Nonne Patrocinio, „wir können nicht all' unser Dichten und Trachten nach des Himmelshöhen richten, wir schwachen Erdgebornen."

„So hören Sie denn," sagte Isabella, „Narvaez verlangt von mir, daß ich einen Theil meiner Güter hingebe, um die Schulden meines Landes zu tilgen. Ich bin nicht gewillt, es zu thun. Geben Sie mir Ihren Rath, ehrwürdige Mutter."

„O, wäre es doch für fromme Zwecke, geschäh das Opfer zur größeren Ehre Gottes, Majestät."

„Ohne Bedenken hätte ich eingewilligt, aber um ein widerspenstiges Volk zu verpflichten, das scheint mir nicht angemessen."

„Die Kirche schreibt vor, Majestät, gute Werke zu üben, die Bedürftigen zu unterstützen, das Elend zu lindern; nun ist es nicht immer gesagt, daß man sein Gut zu Gunsten frommer Stiftungen verwenden soll.

„Wenn Sie daher von ihrem Eigenthum abgeben, thun Sie ein gutes Werk, Majestät. Ich rathe daher, dem Wunsche des Ministers nachzukommen."

„Aber das, was die Krone Jahrhunderte lang besessen, zu verschleudern und dafür etwa Undank zu ernten, ehrwürdige Mutter."

„Wir müssen die Leiden dieses Lebens mit Geduld hinnehmen, Majestät, und wenn wir eine gute Handlung verrichten, die uns mit

Bösem vergolten wird, so ist dereinst der Lohn dafür im Himmel zwiefach.

„Zeigen Sie sich hochherzig, meine Tochter, Sie gewinnen die Herzen um so sicherer. Können wir uns das Volk in Güte geneigt machen, so ist das tausend Mal besser, als wenn wir dasselbe mit Gewalt darnieder halten.“

„Die That Eurer Majestät wird von einem Ende des Landes zum andern widertönen, und eine Begeisterung für Sie erzeugen, die wir für uns benutzen können.“

„Ich fühle mich überzeugt, ehrwürdige Mutter,“ erwiderte die Königin, „so will ich denn das schmerzliche Opfer bringen.“

Narvaez konnte am andern Tage den jubelnden Cortes die königliche Selbstverleugnung mit gehörigem Pomp verkünden, und die huldreiche Gnade Ihrer Majestät mit gewaltigem Wortgepränge des Breitern auseinander setzen.

Und der Eindruck war im Lande ein gewaltiger, so hatte noch nie ein Herrscher gehandelt, man mußte denn bis in die Zeiten des gothischen Königshauses zurückgehen, als die Mauren das christliche Land bedrängten.

Es hätte nicht einmal des offiziellen und officiösen Lobpreisens bedurft, ein Jeder empfand die Güte der Handlung. Hätte Isabella sich in diesen Tagen bei der ihr gespendeten Volksgunst entschlossen, fortan ehrlich und redlich zu regieren, so wäre die Zeit einer langen glücklichen Regierung angebrochen.

Die Uneigennützigkeit Isabella's leuchtete um so mehr hervor, als die Habsucht ihrer Mutter, Maria Christina's, mehr als einmal das Land erbittert hatte. — — —

Die Cortes eröffneten den Reigen des dankenden Volkes.

Sie legten die tiefste Erkenntlichkeit der Nation, in Ehrfurcht ersterbend, der Königin zu Füßen, noch nach Jahrhunderten würde diese That unvergessen bleiben, und so lange ein Spanier auf dem weiten Erdenrund athmete, würde er das Andenken der edlen Königin segnen.

„Nichts kann mir angenehmer sein,“ antwortete die Königin, „als die Glückwünsche, die die Kammer mir sendet. Sie können der Bevölkerung versichern, edle Herren, daß ihre Herrscher stets für das Wohlergehen der Nation besorgt sein werden.“

Und dem Senate, der den Cortes folgte, erwiderte die Majestät:

„Ich bin entzückt über die Dankbarkeit meines Volkes, daß ich so sehr liebe, das Glück der Nation ist mein einziger Wunsch.“

Und vom Lande und von den Städten kamen Deputationen auf Deputationen, namentlich aus Kastilien, Leon, Estremadura und andern getreuen Provinzen, um Ihrer Majestät die unaussprechlichen Empfindungen ihrer Bevölkerungen auszudrücken.

Und in Madrid brannte man an manchem Abend zu Ehren der Provinzialen und eigener Lust auf allen öffentlichen Plätzen Freudenfeuer ab, stellte die Bildnisse der Majestät, der Infanten und Infantinnen lorbeerbekränzt unter bunten Thronhimmeln und bestrahlt vom Glanz der Kerzen aus.

Stierhetzen, Tänze, Illuminationen ergötzten das lebensfrohe Volk, das bald aus seinem Taumel schmerzlich erwachen sollte, denn die durch die Schenkung gewonnene Geldsumme war wie ein Tropfen im Meer, man kam aus den Geldnöthen nicht heraus.

Ihre Majestät schwamm aber in einem Meer von Entzücken, sie konnte sich an den Beweisen der Volksgunst nicht sättigen.

Unzählige Mal fuhr sie durch den Prado und die belebten Straßen der Stadt, um sich in dem Taumel der Zurufe zu berauschen.

So war sie nicht gefeiert worden, so lange sie regierte.

———

Zwanzigstes Kapitel.

Der Studentenaufstand in Madrid.

Fast sieben Monate waren seit der Rückkehr des eisernen Herzogs vergangen.

Was hatte sich in der Zeit ereignet und wie dachte das Volk darüber?

Es verkündete seine Meinung in einer Weise, daß den herrschenden Personen in den höheren Regionen kein Zweifel bleiben konnte.

Narvaez hatte, wie wir wissen, die Cortes aufgelöst. Die am 22. November 1864 stattgefundenen Neuwahlen waren zu seinen Gunsten ausgefallen, da die Union liberal, die Moderados und Progressisten sich der Wahl enthielten und schmollten.

Mit dieser neuen gefügigen Kammer, welche am 22. Dezember

1864 von der Königin in Person eröffnet wurde, machte der Herzog von Valencia, was er wollte.

Aber was nützte aller guter Wille von Seiten der sogenannten Volksvertreter, wenn die Staatskassen erschöpft und sogar insolvent waren? Ein Anlehen konnte die spanische Regierung nicht mehr contrahiren; denn alle Börsen von Europa verweigerten die Annahme der spanischen Papiere.

Am 16. Januar 1865 hatte der Finanzminister*) den Kammern einen Gesetzentwurf vorgelegt wegen Vorauserhebung der Steuern. Nach vielen Verhandlungen herüber und hinüber wurde dieser Entwurf, welcher einen Vorschuß von 300 Millionen Realen gewährte, doch am 24. März 1865 als Gesetz verkündigt, trotzdem die Königin am 20. Februar dem Staate drei Viertel ihrer Krongüter zum Geschenk gemacht hatte.

Aber alle Finanzmaßregeln waren fruchtlos. — Die Verwaltung der mit politischen Gefangenen überfüllten Kerker und das Kriegsministerium verfügten allein über Geldmittel.

Alle anderen Staatskassen blieben leer, und die Beamten wurden nicht bezahlt. Wagte es ein Staatsdiener, seinen monatelang rückständigen Gehalt sich einzumahnen, so wurde das als ungeheure Frechheit behandelt und der Betreffende seines Amtes entsetzt.

Das waren traurige Zustände, um so mehr als sich bald genug herausstellte, daß die Königin nur zweifelhafte Anrechte auf das Patrimonium geltend machen konnte, welchem sie zu Gunsten des Staatssäckels entsagte, und das Ministerium Narvaez stand auf gar sehr schwachen Füßen, so daß Viele ihm ein nur noch sehr kurzes Dasein verhießen.

Was nützten alle strengen, eisernen Maßregeln? Was nützte es, daß Narvaez den Besitz von Domingo aufgab und den Streit mit Peru beendigte, Dinge in die Isabella sich, berauscht von Großmachtsträumen eingelassen hatte und die dem Staate vollends sein Mark aufzehrten?

---

*) Das gegenwärtige Ministerium besteht aus folgenden Personen: Präsident des Ministerraths ohne Portefeuille Marschall Ramon Maria Narvaez, Herzog von Valencia; Minister des Auswärtigen Alejandro Llorente; Minister der Gnade und Justiz Lorenzo Arrazola; Minister der Finanzen José Garcia Barnazallana; Minister des Innern Gonzales Bravo; Minister der öffentlichen Arbeiten, des Handels und Unterrichts Alcala Galiano; Kriegsminister General-Lieutenant de Cordova Marquis de Mendigorria; Marineminister Admiral Francisco Armero y Penaranda; Minister der Colonien Seijas Lozano.

Die Nichtanerkennung des Königreichs Italiens, die Veröffent-
lichung der päpstlichen Encyclica vom 8. Dezember 1864 in den Re-
gierungsblättern, der Erlaß eines beschränkenden Preßgesetzes am 14.
März 1865, gegen welches am Tage nach seinem Erscheinen zwei und-
zwanzig Madrider Zeitungen von allen Farben Protest einlegten —
Alles das sprach wohl klar und deutlich genug für den conservativen
und klerikalen Charakter des Kabinets, aber um so weniger zu seinen
Gunsten im Volke.

Dazu kam die gerichtliche Verfolgung der Redner eines
am 5. März 1865 in Madrid stattfindenden, von 84 Personen besuchten Progressistenbanketts, und als gar am 30. März der Kriegsminister
de Cordova, ein gerader Charakter, seine Entlassung einreichte, und
der General-Lieutenant Francisco de Lersundi y Ormaechea die Ehre,
sein Nachfolger zu sein, ablehnte, da durchliefen allerlei dunkle Gerüchte die Stadt und das ganze Land.

„Der General de Cordova ist nur gegangen, weil er zu ehrlich
war, in einen Umsturz der Verfassung, einen Staatsstreich zu willigen,
welchen Narvaez in Scene setzen will," so zischelte man sich im Vorübergehen auf den Straßen von Madrid in die Ohren — denn zu
drei Mann stehen zu bleiben und sich zu unterhalten, durfte Niemand
wagen, ohne eine Arretirung zu riskiren.

Ganz Spanien war in ungeheurer Aufregung. In den Kammern
bemühten sich die verschiedenen Minister vergeblich, die Gerüchte von
einem bevorstehenden Staatsstreich zu beruhigen — General Rivero,
der das Kriegsministerium übernahm, war wenig geachtet und auf einmal — in den ersten Tagen des April — ging ein Gerücht durch
die Caffeehäuser an der Puerta del Sol und auf der Alcalastraße:

„Der General Prim hat von der Regierung die Erlaubniß verlangt, in's Ausland reisen zu dürfen."

„Wohin will er reisen?" fragte man weiter.

„Nach Deutschland!" lautete die geheimnißvolle Antwort.

Das Gerücht wurde widerrufen, bestätigte sich aber hinterdrein
durch Prim's Abreise, und nun waren alle großen und kleinen Po-
litiker darin einig, daß etwas im Werke sei; denn General Prim
das stand fest, that nichts ohne sehr triftigen Grund, und
alle seine Gründe bezogen sich auf die spanische Politik.

So standen die Sachen, als ein anderes, schon lange umgehendes
Gerücht eine unerwartet schnelle Bestätigung erhielt.

Unter den Professoren der Madrider Universität, welche zu den
besuchtesten des Landes gehört, befand sich der dem Leser von dem

Aufstande im Jahre 1848 in Barcelona her noch bekannte Emilio Castelar*) als Lehrer der Geschichte.

Derselbe war bei dem eisernen Herzog arg in Verruf, besonders, da er neben seinem Amte noch die regierungsfeindliche Zeitung Demo= cracia, ein vielgelesenes, beliebtes Blatt, redigirte.

Diesen Professor, hieß es, wolle die Regierung absetzen und sein Gehalt einziehen, und wenn es bisher noch nicht geschehen sei, so habe man es nur dem Rektor der Universität, Montalvan, zu danken, der selbst freisinnig war und sich der Regierung widersetzte.

Am Freitag den 7. April nun brachte die Gazeta offizial ein Dekret, welches die Absetzung des Rektors Montalvan verfügte und an dessen Stelle den Marquis von Zafra aus Granada berief, welcher Letztere reaktionär war.

Noch an demselben Tage wurde in einer über tausend Köpfe zählenden Studentenversammlung beschlossen, am Sonnabend den 8. April dem abgesetzten Rektor eine Serenade darzubringen und durch eine Deputation ihm ein Geschenk überreichen zu lassen.

Zehn Abgeordnete der Studentenschaft holten beim Civil=Gouver= neur José Gutierrez die Erlaubniß hierzu ein und erhielten sie.

Als der 8. April anbrach, verbreitete sich das Gerücht, die Re= gierung habe Befehl gegeben, den Aufzug der Studenten polizeilich zu verhindern.

Eine merkwürdige Stille, wie vor dem Ausbruch eines Sturmes, herrschte in der ganzen Stadt.

Da kam der Abend und sobald er anbrach, durchzogen Tausende von Studenten und Bürgern die Stadt mit dem lauten, fortwährend wiederholten Rufe:

„Viva Montalvan! Abajo el Ministerio! Mueran Narvaez! Viva Prim!"

Kam ein solcher Trupp, der gewöhnlich etwa hundert bis zwei= hundert Personen stark war, vor die Wohnung eines Ministers oder einer andern unbeliebten Persönlichkeit, so wurde Halt gemacht und — nicht etwa die Fenster eingeschlagen, o nein — man verhielt sich sehr loyal und hütete sich, irgend etwas wirklich Strafbares zu thun. Man begnügte sich mit Zischen und dumpfem Brummen.

Das ging eine Weile so fort, bis ein größerer Trupp von etwa 500 Mann vor dem Ministerium des Innern ankam und dort zu zischen und zu brummen anfing.

*) Siehe Seite 389 im 2. Bande.

Als die erſten derartigen Laute ſich hören ließen, commandirte der Offizier der vor dem Miniſterium aufgeſtellten Wache den Bajonett-Angriff, die Truppen, ohne vorher zum Auseinandergehen aufzufordern, chargirten in Pelotons nach Rechts und Links und verwundeten eine bedeutende Anzahl der wehrlos Zurückweichenden, während ein anderer Theil verhaftet wurde.

Die Menge, welche an Widerſtand gar nicht gedacht hatte und auch gänzlich unbewaffnet war, hatte ſich ſofort zerſtreut und die Ruhe ſchien hergeſtellt zu ſein.

Aber das war nur ſcheinbar der Fall; denn am folgenden Tage, einem Sonntage, welcher ohne jede Störung verlief, fanden ohne Wiſſen der Polizei mehrere Sitzungen der ſtudentiſchen Clubbs ſtatt.

Der freundliche Leſer wolle uns in eine dieſer Sitzungen begleiten, welche am 9. April in einem großen Weinkeller auf der Straße del Carmen ſtattfand.

Es war Nachmittags, und gegen vierhundert Studenten und ſogenannte „alte Herren" hatten ſich allmählig zuſammengefunden. Der Wein, welcher reichlich floß, hatte die Gemüther ſchon erhitzt und es ging ſtürmiſch zu.

Der Präſide, ein kräftiger, ſtarker junger Mann, ſchlägt mit ſeinem Stock auf den Tiſch und ruft: „Silentium!" (Ruhe).

Die Ordner verſchafften dieſem Rufe mit Mühe Geltung, und nun beginnt der erſte Redner, ein ſtarker Jüngling, dem man an der Sprache den Basken anhört, und deſſen ſchwarze Augen Blitze ſchießen:

„Commilitonen! Unerhörtes iſt geſchehen! Bürgerblut iſt vergoſſen worden, vergoſſen von einem Miniſterium, welches der Finſterniß und Tyrannei dient und an deſſen Spitze ein Mann ſteht, den wir nur verachten können.

„Commilitonen! Ein ſolches Miniſterium iſt nur möglich unter den Bourbonen, und ſo lange dieſes fluchwürdige Geſchlecht über Spanien herrſcht, wird es nicht anders.

„Ich weiß nur eine Löſung der brennenden Frage des Tages — ich kenne nur eine Genugthuung für den der ganzen Studentenſchaft angethanen Schimpf, das iſt die Revolution mit dem Rufe: Abajo los Borbones! Viva la republica!"

„Abajo los Borbones! Viva la republica!" tönte es durch den von Gaslampen erhellten, durch Tabacksrauch geſchwärzten Raum. Die Gläſer klangen an und wurden geleert auf das Wohl der Freiheit.

Als ſich der Sturm etwas gelegt hatte, nahm ein Anderer das

Wort, welcher für die Iberische Union (Vereinigung Spaniens und Portugals) unter einem freisinnigen Fürstenhause sprach.

Auch ihm wurde zugejauchzt, und so ging es eine Weile fort, und alle Redner waren darin einig, daß die Bourbonen fort müßten.

Das Resultat der Versammlung faßte endlich der Präside in folgende Worte zusammen:

„Commilitonen! Morgen Nachmittag um 2 Uhr soll die In= stallation des neuen Rektors stattfinden. Von seiner Wohnung muß er durch die Straße San Bernardo. Dort stellen wir uns auf und empfangen ihn mit dem üblichen Zischen. Läßt die Regierung wieder das Militär einschreiten, so lautet die Losung „zu den Waffen!" und der Barrikadenbau beginnt."

Eben wollte ein Ordner diesen Beschluß einer andern Studenten= versammlung überbringen, als José Martinez, den fast alle kannten, eintrat und zu einem Dringlichkeits=Antrage um's Wort bat.

Nachdem er es erhalten hatte, begann er:

„Akademische Bürger von Madrid! Ihr seid im Begriff, eine große Thorheit zu begehen, zu welcher Ihr Euch durch das in Euren Adern rollende heiße Jugendblut hinreißen laßt.

„Ihr wollt der bewaffneten Gewalt Widerstand leisten und seid waffenlos — Ihr wollt organisirten Truppen entgegen= treten und habt keine Organisation — Ihr rechnet auf die Theil= nahme einer ganzen Bevölkerung und habt Niemand aus dem Volke um seine Zustimmung befragt — Ihr wollt die Regierung und die Dynastie stürzen und seid noch nicht einmal einig über das, was an deren Stelle zu setzen sei.

„Wollt Ihr denn, ohne Waffen, ohne Organisation, ohne Theilnahme, ohne Ziel und noch obendrein ohne Geld eine Revolution beginnen, blos weil Euer Rektor abgesetzt ist? Das ist kopflos, ist sinnlos!

„Wohl, zeigt der Regierung, daß ein Beginnen wie das, womit sie Euch jetzt entgegengetreten ist, Eure Billigung nicht findet. Zischt den neuen Rektor aus, zieht in Schaaren durch die Straßen und gebt durch Rufe Eure Gesinnung kund — aber hütet Euch, Widerstand zu leisten!

„Noch ist der Tag der Rache nicht gekommen, noch ist das Maß der Schuld nicht voll! Glaubt es mir, dem Veteranen der Freiheit, daß es Männer giebt, die mit Aufmerksamkeit die Schritte unserer Tyrannen beobachten und jeden Fehler vermerken, den sie sich zu Schulden kommen lassen, glaubt es aber auch, daß diese Männer allein, die Euch freilich unsichtbar sind, den rechten Augenblick werden zu erfassen wissen, um dem viel= geprüften spanischen Vaterlande die Freiheit zu erringen.

„Dringt von diesen einst, es sei früher oder später, der Ruf hervor: „Auf, Spanier, zu den Waffen! Dann haltet auch Ihr Euch bereit, der neuen Freiheit die Feuertaufe zu geben.

„Bis dahin aber spart Euer Blut und Euer Leben und gebt am allerwenigsten einer rechtlosen Regierung durch Unruhen und Erhebun= gen, die doch nur verpuffen können, einen Schein von Berechtigung zur Unterdrückung und Knechtung!"

Die zum Theil vom Wein berauschten Studenten hatten lautlos dieser mit energischer, klangvoller Stimme vorgetragenen Rede ge= lauscht, und als der Sprecher geendet, ließ sich zwar kein Viva hören, aber manch' Einer fuhr sich nachdenklich mit der Hand über die Stirn, wie wenn er jetzt erst die Thorheit dessen einsähe, was er hatte thun wollen.

In einer andern Versammlung hatte Emilio Castelar, die un= schuldige Ursache aller dieser Ereignisse, ähnliche Worte gesprochen, und so geschah es denn, daß am Montag den 10. April sich nur eine „Auszischungsverschwörung" wie die Regierungsblätter später sich aus= drückten, bemerkbar machte.

Aber diese Auszischungsverschwörung war keineswegs so unschul= dig, wie das Wort aussieht. Die Studenten= und Volksmassen — denn das Volk blieb dem Allen nicht fern — welche nach der Straße San Bernardo ziehen wollten, um den neuen Rektor auszu= zischen, fanden die Zugänge zu dieser Straße und zur Universität mit einigen Schwadronen Cavallerie besetzt.

Als die Menge nicht weichen wollte, rückten die Truppen vor und zerstreuten die Massen.

Inzwischen wurde der Rektor installirt. Es waren nur wenig Professoren, noch weniger Studenten und fünf Journalisten zugegen.

Als der Rektor seine Rede, in welcher er sagte, daß er ein mildes und unpartheiisches Regiment führen wolle, und daß er Granada un= gern verlassen habe, beendet hatte, antworteten ihm die wenigen An= wesenden mit Zischen.

Alles das war aber erst Vorspiel. Die Menge, welche vor der anrückenden Cavallerie fliehen wollte, gerieth, ohne es zu wissen und zu beabsichtigen, nach der Puerta del Sol.

Von dort suchten die Einzelnen, ohne Vereinigung zu Trupps, in die umliegenden Straßen und nach ihren Wohnungen zu gelangen.

Aber umsonst. Die Cavallerie und Infanterie, welche alle Zugänge besetzt hielten, ließen Niemand durch, und hatten gemessenen Befehl zum Angriff, sobald Jemand versuchen sollte durchzudringen.

„Was soll das heißen?" rief man. „Es wird uns verwehrt, zur Ruhe zu kommen! Die Regierung provocirt den Aufstand."

„Der Narvaez verräth uns! Er vergießt das Blut unschuldiger Bürger!" schrie ein Student, indem er auf einen Steinhaufen an einer Ecke des Platzes San Jaime sprang. „Ergreift die Waffen und verjagt die Königin Isabella! Den Bluthund, den Narvaez, hängt an einen Laternenpfahl! Auf, auf zum Kampfe!"

Rasch hatte sich um den Redner eine Zuhörerschaft gesammelt; aber er kam mit seiner Rede nicht weit.

Von der Straße von Sevilla her kamen Reiter gesprengt, auf dem Platze schwärmten sie aus, der Student wurde durch zwei Säbelhiebe getödtet und zahlreiche Verhaftungen vorgenommen, welche sofort nach dem Gefängniß Saladero abgeführt wurden.

Daß die Truppen blind auf Jedermann Feuer gaben, wird dadurch bewiesen, daß auf der Straße von Sevilla einen friedlichen Beamten vom Ministerium des Innern eine Kugel ereilte und seinem Leben ein Ende machte.

Gegen Abend durchzog der General-Capitän von Madrid, der dem Leser bereits bekannte Graf de la Cannada, an der Spitze einer Schwadron berittener Jäger die Stadt, und als er an der Puerta del Sol ankam, befahl er: „Schließen der Hausthüren!"

Die Puerta, der einzige Zufluchtsort der von der Stadt Abgesperrten, war vollgepfropft mit Menschen, die weder aus noch ein wußten. Zwischen den Männern liefen selbst Frauen und Kinder umher.

Da ließ der Graf de la Cannada die Reiterei sich in Pelotons theilen, und, unbekümmert darum, ob Jemand niedergeritten wurde oder nicht, chargiren.

Eine wehrlose Frau wurde niedergehauen, und von der entgegengesetzten Seite gerieth ein Kind unter die Hufe der Rosse.

Jammergeschrei und Flüche schallten durch die Luft, die Säbel blitzten, Rosse wieherten, von den Straßen del Carmen und Carrera San Geronimo her hörte man Peloton-Feuer. Es ist heut noch unbegreiflich, wie die Madrilenen so ruhig, ohne sich zur Wehre zu setzen, sich konnten hinschlachten lassen.

Dafür trifft aber Narvaez, welcher all' diese Gräuel

62*

auf dem Gewissen hat, ein ungeheurer Vorwurf und die Nachwelt wird ihn richten.

Um sieben Uhr Abends hatten die ernstlichen Angriffe des Militärs begonnen, und um neun Uhr herrschte in Madrid die Ruhe eines Kirchhofs.

Von den mehr als fünfzig Verwundeten, welche allein in öffentlichen Lazarethen untergebracht waren, waren zwei Tage später, am 12. April, schon sechs gestorben und dreizehn Andere lagen schwer darnieder.

Unter den Letzteren befanden sich bedeutende Persönlichkeiten, und zum Theil solche, denen man nicht nachrühmen konnte, daß sie regierungsfeindlich seien, wie z. B. ein Sohn des Herzogs von Abrantes ein Graf de las Navas und ein Marquis de la Florida.

Von den hervorragenden Führern der demokratischen Partei befindet sich darunter Predas y Avecella.

Verhaftungen wurden im Ganzen 125 vorgenommen, und eine Proklamation des Gouverneurs vom funfzehnten verhieß strenge Bestrafung.

Von den Studenten wurden sehr viele relegirt, und als am 21. April die Absetzung Emilio Castelar's erfolgte, verhielten sich die Uebrigen sehr ruhig.

Einundzwanzigstes Capitel.

Die Militär-Verschwörung von Valencia.

Zwei Monate waren seit den geschilderten Ereignissen in's Land gegangen, ohne daß sie Wichtiges gebracht hätten.

Spanien glich in der Zeit einer See, welche frei von Stürmen ist, aber unter deren Oberfläche — tief, unergründlich tief unten auf dem Meeresgrunde, ein Vulkan liegt, welcher jeden Augenblick anfangen kann, seine Feuer- und Lavaströme zu entleeren, und den Schiffen die auf dem Wasserspiegel schwimmen, Verderben zu bringen.

Was nützte die scheinbare Ruhe, die trügerische Windstille?

Prim, auf welchen der größte Theil des spanischen Volkes mit einer gewissen Scheu sah, war in's Ausland gegangen, nachdem er vorher am 21. April im Senat das ominöse Wort gesprochen:

„Wir müssen uns wieder mit Eifer um das politische Leben kümmern, denn die Tage der Regierung sind gezählt!"

Das Wort gab den großen und kleinen Politikern, allen spanischen Kannegießern zu denken, und in lautloser Erwartung verging der Rest des April und der Mai.

Die Prinzessin Friedrich Carl von Preußen reiste in der Zeit incognito in Spanien und besuchte die Königin im Escorial; der Civil-Gouverneur von Madrid José Gutierrez, der die Gräuel in der Nacht vom 10. zum 11. April kommandirt hatte, reichte seine Entlassung ein und erhielt einen unbekannten Nachfolger, Namens Martino Belga — man beachtete es nicht; Staatsminister Benavides wurde krank und erhielt schnell hintereinander zwei Nachfolger — kein Blatt brachte eine Kritik darüber; ja es kam sogar so weit, daß die Partei des Marschall's O'Donnell, die Unione liberale, welche doch an conservativen Neigungen selbst die Moderados fast noch übertraf, am 31. Mai die Erklärung abgab, auch sie wolle aus Senat und Deputirten-Kammer austreten, und um die Maßnahmen der Regierung sich nicht mehr kümmern.

Die Regierung war ohne Opposition — die Ruhe vor dem Sturme, dessen leises Grollen bald genug hörbar wurde. — — —

Südwärts von Valencia, wo das Mittelmeer haffartig der Stadt sich nähert, steht am Nordende der Bucht, wo Pinien und Kastanien in einem Wäldchen zur brandenden Fluth herniedersteigen, unter den leise rauschenden Bäumen versteckt ein stilles Jagdschloß.

Es ist ein zierlicher Bau, von Marmorsäulen getragen, und umrahmt von den grünen Zweigen eines Epheubaumes, dessen Stamm eine dem Nordländer ungewöhnte Stärke hat.

Vor der nach der See blickenden Vorderfront des Hauses steht eine einsame Palme, aus dem unfernen Afrika durch Zufall oder Absicht hierher verpflanzt, wo das Klima warm genug ist, um sie im Freien gedeihen zu lassen.

Hier war es, wo in der Nacht vom 9. zum 10. Juni 1865, wie schon an mehreren Abenden vorher, sich eine Anzahl von Männern sammelte, die mehrentheils Uniformen trugen.

Es war Nacht — 11 Uhr vorüber — und dunkel und schwarz lag's über dem Küstenwäldchen und der See.

Die Wogen schlugen leise und gleichförmig an's Ufer — die Luft war still, und kaum rauschten die Bäume.

In einem geräumigen Erkerzimmer des Jagdschlosses, welches dem früheren Garde=Offizier Oberst Alemannh von dem in Valencia gar= nisonirenden Infanterie=Regiment Bourbon gehörte, saß der Haus= herr mit dem zweiten Kommandanten, zwei Oberst=Lieutenants, zwei Majoren, mehreren niederen Offizieren und einem Sergeanten seines Regiments um einen Tisch, an welchem noch einige Stühle, darunter besonders der an der Spitze der Tafel, frei waren.

„Wo bleiben denn die Federfuchser?" begann der Oberstlieute= nant Montemar zum Oberst Alemannh gewendet, indem er sein Glas leerte. „Ist doch bald 12 Uhr — Zeit daß wir anfangen, zum Schlafen bleibt uns ohnehin wenig genug."

„Um die habe ich am wenigstens Sorge," gab der Angeredete zurück. „Die kommen schon noch zurecht und wir könnten auch ohne sie beginnen. Aber der General — wenn Der nur bei der Finster= niß den Weg findet. Ich möchte fast die Spiegellaterne anzünden und auf die See richten, daß er wenigstens sein Ziel erkennt und nicht etwa auf eine Sandbank geräth."

„Aber nicht auf den Wasserspiegel, Oberst," fiel der Major Lehnas ein, „denn sonst verlegen wir ihm den Weg, und er kann in den hellen, beleuchteten Streifen sich nicht wagen. Richtet den Spie= gel so, daß die Strahlen in die Luft gehen."

Der Oberst Alemannh nahm nun eine ungeheure Laterne aus einem kaum bemerkbaren Wandschrank, und schob in der Mauer des Erkers eine mit Tapeten überkleidete Thür zurück, so daß eine Nische sichtbar wurde, in welcher ein sehr großer Hohlspiegel angebracht war, den man durch eine Vorrichtung in beliebigen Winkeln verschieben konnte.

„Fünfunddreißig Grad über der Horizontale," rief ihm der Oberst= Lieutenant zu.

Alemannh steckte nun die Laterne, welche aus sechs im Kreise stehenden Flammen bestand, an, und befestigte sie im Brennpunkt des vorher gerichteten Spiegels, so daß sich ein Strahlenbündel hinaus, durch die geöffneten Erkerfenster in die laue Nachtluft verbreitete, ohne den Boden oder die See zu treffen.

Nur einzelne Spitzen der nächsten Bäume — besonders der Gipfel der Palme, waren grell erleuchtet.

„Aha, sie kommen," rief der Major Lehnas, während gleichzeitig die Hunde unten anschlugen.

Bald wurden Tritte auf der hölzernen Treppe hörbar, und ein eigenthümliches Klopfen ließ sich vernehmen.

„Herein!" rief der Hausherr.

Die Thür that sich auf, und mehrere Männer in bürgerlicher Kleidung traten ein, denen ein in in einen Soldatenmantel gehüllter Offizier folgte.

Der Letztere nimmt den in die Stirn gedrückten Hut ab, wirft den Mantel von sich und vor uns steht — der General Prim, Graf von Reus.

„Gott sei Dank, daß Ihr da seid," rief der Hausherr. „Ich kann Euch jetzt nicht bewillkommnen, denn ich muß nur schnell wieder die Lampe fortnehmen, daß kein Verdacht entsteht, nehmt Platz, ich bin auch bald fertig."

„Wir haben eine kleine Spazierfahrt auf meiner Segeljolle im Hafen gemacht," begann zur Erklärung einer der Civilisten, der ein untersetzter Mann mit Vollbart und intelligentem Gesicht und der Redakteur des in Valencia erscheinenden progressistischen Blattes Los dos Reinos war, „und wir sind auf der englischen Brigg gewesen, welche unsern General Prim beherbergt.

„Nach zehn Uhr kam er mit uns in die Jolle, und wir sind an der Küste entlang, und um die Gola de Albufera herum gefahren. Wenn wir nicht so schlechten Wind gehabt hätten, daß wir fortwährend laviren mußten, so wären wir schon geraume Zeit hier. Als Ihr die Laterne ausstecktet, stiegen wir gerade an's Land."

General Prim hatte am obern Ende der langen Tafel Platz genommen, und als nun der Wirth vom Erker zurückkam und mit den Worten: „Und nun willkommen, meine Freunde, bedient Euch der Gläser und Flaschen und laßt uns anfangen," seine Gäste begrüßt hatte, begann er (der Graf von Reus) folgendermaßen:

„Meine Freunde! Wieder einmal, wie schon so oft, sieht uns die dunkle Nacht, die Vieles in ihrem Schoße birgt, zu geheimnißvollem Thun versammelt.

. „Ich habe, wie Ihr wißt, von der Regierung die Erlaubniß verlangt, im Auslande reisen zu dürfen, um ungestört, unter dem Schutze des Geheimnisses und der Verschwörung von Stadt zu Stadt zu eilen und den Aufstand zu organisiren.

„Die Regierung glaubt, ich sei in Paris, während wir hier überein gekommen sind, die Fackel des Bürgerkrieges auf's Neue anzuzünden und eine Regierung zu vertreiben,

welche blutig und verbrecherisch genug ist, um ein schnelles
Hereinbrechen des Strafgerichtes zu Stande zu bringen.

„Wir stehen nicht allein! Der edle Sallustiano Olózaga, befindet sich in diesem Augenblicke in Bayonne, um von da aus die baskischen Provinzen, Navarra, Aragonien und Catalonien zu revolutio-
niren und zu übermorgen — Sonntag den 11. Juni — ist der
allgemeine Losbruch angesetzt.

„Die Führer der Truppen sind überall auf unserer Seite — die
Bürgerschaft wird sich, dafür stehen uns unsere Freunde von der Presse,
mit uns vereinigen, und wenn sich so die herrschende Partei ohne Waffen,
ohne Unterstützung sieht, dann wird man im Schlosse von Aranjuez und auf den andern Lottersitzen der Trägheit, Sinnenlust und Niedertracht in Spanien nichts Eiligeres zu
thun haben, als die Koffer zu packen.

„Alle liberalen Parteien, gleichviel, welcher Färbung sie angehören, haben sich vereinigt und haben den Beschluß gefaßt, um allem
Zwiespalt, allen falschen Deutungen, aller Befehdung aus der eigenen
Mitte aus dem Wege zu gehen, an Stelle der herrschenden Dynastie
eine andere, bessere zu setzen.

„Das Herrscherhaus des Nachbarlandes, das Haus
Braganza-Bourbon ist es, welches wir auf den Thron
setzen, und wenn übermorgen hier in Valencia und zur selben Stunde
in Madrid, Barcelona, Toledo, Saragossa, Cadix, Sevilla, Malaga,
Burgos, Pamplona, Santiago und den andern Städten und Garnisonen: viva Ludovico primo gerufen wird, so meinen wir damit
nicht etwa eine Personal-Union.

„Nein, fortan sollen die beiden Reiche Spanien und Portugal in
Eins vereinigt werden, und der Traum der iberischen Union wird endlich, endlich zur Wahrheit.

„Euer Vertrauen, meine Freunde, hat mich zum Gouverneur von
Valencia gemacht.

„Ich habe heut Depeschen von den Revolutions-Comité's in Andalusien und Murcia erhalten, worin diese Länder mich ebenfalls an
die Spitze stellen.

„So bin ich denn der Leiter der Bewegung in ganz Süd-
Spanien, und ich hoffe, daß Ihr alle, ein Jeder an seinem Platze,
Eure Pflicht thun werdet.

„Oberstlieutenant Montemar — ich hatte Euch gebeten, eine
Uebersicht des Insurrectionsmaterials in Valencia zu sammeln, wollt
Ihr dieselbe vorlegen?"

„Die ist kurz genug und braucht nicht erst zu Papier gebracht zu werden," begann der Oberstlieutenant, indem er seinen langen, vollen Knebelbart durch die Finger gleiten ließ. „Das Arsenal gehört uns von vornherein — die Truppen sind ohne Frage auf unserer Seite, denn es fehlt seit einiger Zeit am Solde, und unser valencianischer General-Capitän, der Villalonga, der thut, wie wenn er eine dicke Binde vor den Augen hätte.

„Wenn wir nur erst irgend einen kleinen Vortheil errungen haben, wenn unsere Sache halbwegs gesichert ist, dann hält er auch zu uns und giebt die Sache der Königin und des Narvaez auf."

„Ja, das ist's eben — Erfolge haben," begann der Oberst Alemanny, der Hausherr. „Wenn wir erst welche hätten! So lange die Sache noch nicht im Gange ist, können wir noch gar nichts sagen.

„Der König von Portugal, das ist recht schön; aber wenn die ganze Sache verrathen wird, und wir sitzen drin bis über die Ohren, so hilft er uns nicht mit einem Finger. Ich bin einmal ein verbissener Republikaner, und wenn ich mich für die Freiheit und zwar für die republikanische Freiheit schlage, so weiß ich, wofür ich leide, wenn's schief geht.

„Na aber — 's ist wirklich die einzige Form, um alle Parteien zu einigen und besonders die Truppen auf unsere Seite zu bringen, und so füge ich mich.

„Aber wer übernimmt das Commando in Valencia? Nicht wahr, Sie, General?"

Er wendete sich mit den letzten Worten an Prim.

„Ich weiß nicht, ob ich am Tage des Aufstandes hier sein werde," antwortete der Graf von Reus. „Ich muß meine Aufmerksamkeit dem ganzen südlichen Spanien widmen, und kann mich mit meiner Thätigkeit nicht auf einen einzelnen Punkt beschränken.

„Daher habe ich beschlossen, mit Eurer Uebereinstimmung, meine Freunde, an jedem der Hauptpunkte einen Stellvertreter für meine Person zu ernennen, welcher, sobald ich am Platze erscheine, in meine Hände seine Gewalt niederlegt. •

„Für Valencia habe ich dazu den Obersten Alemanny, unsern freundlichen Wirth, der ja mit den lokalen Verhältnissen ebenso Bescheid weiß, wie er in der Sphäre des Hofes bekannt ist, ausersehen.

„Sie nehmen doch an, Oberst?"

„Gewiß," gab der Gefragte zurück, „und ich freue mich Eures Vertrauens zu mir, General."

„Und Ihr Andern seid einverstanden damit?" fragte der General weiter. —

„Ja, ja," tönte es rings um den Tisch herum.

„Wie viel Geld haben wir denn in unserer valencianischen Kasse?" fragte der Verleger von Los dos Reinos. „Es machte sich recht gut, daß wir für die Ueberschwemmten scheinbar sammeln konnten. Auf die Weise brauchte es nicht heimlich zu sein."

„Sie haben ja die Kasse, Herr Redakteur," wandte sich der Graf von Reus an diesen.

„Es ist eigentlich wenig genug," antwortete der Angeredete. „Zwölftausend Realen, was wollen wir mit denen anfangen?"

„Nur Muth, Muth," gab der Hausherr zurück. „Haben wir erst losgeschlagen, so wird's rasch mehr."

„Nur nicht den Kopf sinken lassen!" ermahnte der Major Leynas. „Und wenn die ganze Geschichte schief geht, was kann da weiter passiren?"

„Freilich," rief der Oberstlieutenant Montemar dazwischen — gedeckt sind wir; denn die Truppen ahnen wohl, daß etwas im Werke ist, aber sie wissen's nicht. Kaum daß wir die Unteroffiziere und Korporalschaftsführer in's Vertrauen gezogen sind."

„Wie denn aber, wenn unter den Unteroffizieren, die von dem Plane Kenntniß haben, ein Schurke ist?" fiel der Wirth ein. „So ein Verräther wird durch die allerhöchste Gnade und eine Beförderung belohnt, und wir kommen in die Klemme."

„Jedenfalls darf dann Niemand etwas davon gewußt haben," entschied Prim. „Wer verhaftet wird, der wird verhaftet und nennt unter keiner Bedingung seine Genossen.

„Wer entkommen kann, der rettet sich zu mir — ich werde mit meinem Schiffe immer in der Nähe der Küsten bleiben, und geschieht mir ein Unglück, so hat mein Kapitän Ordre, alle Flüchtlinge aufzunehmen."

„Und nun — die Stunde des Losbruch's, General," mahnte der Oberst Alemannh.

„Das ist keine andere, als die Stunde der Parade nach dem Gottesdienst," gab Prim zurück. — — — — —

Nach etwas mehr als einstündiger Berathung trennten sich die Verschworenen, um auf verschiedenen Wegen — die Einen zu Wasser, wie sie gekommen, die Andern zu Fuß oder zu Roß — in die Stadt sich zurück zu begeben.

Am folgenden Tage rückte am frühen Morgen, schon um sechs
Uhr, das Regiment Bourbon, dasselbe, dessen Führer wir in der
Nacht vorher sich mit Prim haben berathen sehen, aus zur Feld-
dienstübung.

Es war neun Uhr Morgens geworden, als nach einem forcirten
Marsche das Regiment ein Rendezvous machte, in welchem es mit
einer Batterie des in Valencia garnisonirenden Artillerie-Regimentes
und zwei Schwadronen Kavallerie zusammentraf.

Der General-Capitän von Valencia, von Villalonga, war auch
zugegen.

Er ritt an den Commandirenden des Regimentes Bourbon heran
— es war der Oberst Alemanny, der Besitzer des schönen Jagdschlosses
— und flüsterte ihm zu:

„Kamerad — rühren Sie sich nicht von der Stelle, und machen
Sie keinen Fluchtversuch. Ich bin gezwungen, Sie und die andern
Offiziere von Ihrem Regimente zu verhaften. Ich kann nicht anders
handeln.“

Dann ritt er vor die Front des Regimentes, welches eben im
Begriff war, sich zu lagern. Hinter ihm kam eine lange Suite verschiedener Offiziere aus Valencia.

„An die Gewehre!“ kommandirte er.

Als erstaunt die Soldaten dem Befehl Folge geleistet, rief er
weiter:

„Stillgestanden! Gewehr an!“

Die wohldisciplinirte Truppe hatte tadellos alle Kommando's
ausgeführt. Nun zog der General-Capitän seinen Degen und begann:

„Soldaten! Unter den Offizieren Eures Regimentes ist eine
Verschwörung, welche die Vertreibung unserer Königin bezweckt.

„Ich bin, gleichviel wodurch, hinter das Geheimniß
dieser Verschwörung gekommen, und fordere Euch hiermit
auf, Diejenigen zu verhaften, welche ich nennen werde.
Viva Isabel!“

„Viva Isabel!“ antworteten mit Begeisterung die Truppen und
nun ging es an eine Verhaftung Derjenigen, welche an der Versammlung am Tage vorher Theil genommen hatten.

Zur gleichen Stunde wurden in der Stadt elf Civilisten, darunter der Verleger der Zeitung Los dos Reinos, verhaftet.

Der zweite Commandant des Regimentes Bourbon, welcher in
Valencia zurückgeblieben war, sowie der Redakteur jener Zeitung und
einige seiner Freunde war entkommen — wohin, das wußte Niemand.

Vom General Prim gingen dunkle Gerüchte um, daß er in der Nähe, wohl gar in der Stadt selbst sei. Aber Niemand wußte Gewisses. —

Wohl ahnte die Regierung, daß er an Allem zum großen Theile Schuld habe, und daß sie gesicherter sei, wenn er sich in Spanien befinde. Darum erschien am 14. Juni ein Regierungsdekret, durch welches er nach Madrid zurückberufen wurde.

Nun jagten sich die Gerüchte. Daß die Verschwörung sich über ganz Spanien erstreckt habe, darüber war man einig. Man ging sogar noch weiter.

Während die Regierungsblätter meldeten, Prim habe sich zur Zeit des Putsches von Valencia in Paris befunden und sei unterwegs nach Madrid oder schon dort angekommen, zischelte sich das Volk in die Ohren:

„Er ist in Marseille, und wartet nur auf eine Gelegenheit, herüber zu kommen."

„Nein, er ist nach Caprera gegangen zu Garibaldi," sagte ein Anderer. „Paßt auf, er kommt mit dem alten Freischaarenführer zusammen nach Spanien zurück, und klopft den Pfaffen die Kutten aus."

„Und der Isabella ihre Garderobe," fiel ein Dritter ein. „Aber laßt Euch nichts vorreden, ich habe ganz sichere Nachrichten. Er ist in Marseille gewesen, und von da hat er sich nach Constantinopel begeben, um seinen alten Freund Omer Pascha zu besuchen."

So verdrängte immer ein Gerücht das Andere, und Niemand, die Regierung am wenigsten, wußte, wo Prim sei.

Ebenso ging es mit Olózaga, dessen Aufenthalt auch überall sein sollte.

Inzwischen mußte Prim gut bedient sein, ebenso wie die anderen Chefs der Verschwörung, denn es kam nirgends zu einem voreiligen Losbruch.

Der General-Capitän von Valencia, Villalonga, wurde am 15. Juni abgesetzt, wie die Regierungsblätter sich ausdrückten, weil er der Verschwörung zu spät auf die Spur gekommen sei.

Die Geflüchteten wurden nach Verlauf eines Monats in England sichtbar, und Diejenigen, welche das Unglück gehabt hatten, gefangen zu werden, wurden zu langwieriger Festungshaft verurtheilt.

Das war die Militär-Verschwörung von Valencia, welche der Regierung wieder einen ungeheuren Schreck einjagte und schwerwiegende Folgen hatte.

Zweiundzwanzigstes Kapitel.

Der Sturz des eisernen Herzogs.

Das Volk von Spanien hatte noch gar nicht Zeit gehabt, über die soeben geschilderten Ereignisse zur Ruhe zu kommen, als schon eine andere Nachricht in's Publikum drang, und mancherlei Kopf= schütteln veranlaßte.

Daß ein Regierungs=Decret erschien, welches die Schließung aller Casino's in ganz Spanien und überhaupt aller Gesellschaften, welche sich in irgend einer Weise mit der Politik befaßten und gefährlich werden konnten, befahl, darüber wunderte sich gerade Niemand.

Aber als die Zeitungen vom 20. Juni — und zwar nicht blos die Regierungsblätter, sondern alle, alle die Nachricht brachten, der Marschall Narvaez habe seine Entlassung eingereicht, sie sei angenommen worden, und der Marschall O'Donnell habe Auftrag erhalten, ein neues Kabinet zu gründen, da schlug alle Welt erstaunt die Hände über dem Kopfe zusammen.

Ja, es gab Heißsporne, die meinten gar, der Pater Claret und die Nonne Patrocinio würden auch bald gehen müssen, und es sei mit der Herrlichkeit der Pfaffen in Spanien vorläufig aus.

Aber wie war das möglich?

Wir wissen, daß Narvaez schon seit geraumer Zeit auf schwachen Füßen stand — weniger am Hofe von Madrid, als gegenüber der verschiedenen politischen Parteien.

Die Krawalle im April in Madrid hatten nur dazu dienen kön= nen, sein Ansehen, wo er dessen noch besaß, zu untergraben, und als der im Keime erstickte Aufstand von Valencia vollends in die klaffende Tiefe einer durch das ganze spanische Heer verzweigten Verschwörung zur Vertreibung der Dynastie blicken ließ, da drohte das Portefeuille gänzlich seinen Händen zu entgleiten. —————

Am Hofe befand sich damals, in der nächsten Nähe der Königin Isabella, der dem Leser schon bekannte Graf de Ezpeleta, welcher zur Zeit, als die Kaiserin Eugenie in Madrid war, die Stellung eines Civil=Gouverneurs der spanischen Hauptstadt inne gehabt hatte.

Dieser Mann, welcher zugleich Senator war, billigte durchaus nicht die Maßnahmen des damaligen Kabinettes, und folglich noch viel weniger die des eisernen Herzogs.

Ein persönlicher Hader hatte ihn mit dem Marschall-Minister entzweit. Sehr angesehen bei der Königin, weil sie in ihm mit Recht einen ihrer treuesten Diener erkannte, wurde er deshalb noch mehr von Narvaez angefeindet, und als Ezpeleta einst sich um ein einträgliches Amt für einen Verwandten bewarb, schlug es ihm der Marschall, der es zu vergeben hatte, rundweg ab.

Er gehörte zur rein absolutistischen Partei, war aber ein Ehren-mann, und tadelte als solcher in heftigster Manier das Schreckensystem, das Narvaez in einem Anfalle des ihm angeborenen Jähzorns über eine ganze Nation verhängte. Natürlich fürchtete Narvaez, daß ein solcher Mann in der nächsten Umgebung ihrer Majestäten seine Stel-lung untergraben und ihn über kurz oder lang nach Hause schicken werde.

Ezpeleta war einer der hervorragendsten Führer der Opposition im Senat, und der Ministerpräsident mußte sich manche wenig ange-nehme Kritik von ihm gefallen lassen.

Als der Majordomus und erste Stallmeister des Prinzen von Asturien, Marquis de Alcanices, seines Gesundheitszustandes wegen, in den ersten Tagen des Juni seine Entlassung erhielt, wollte die Königin durchaus diesen Grafen von Ezpeleta an des Entlassenen Stelle setzen.

Der Herzog von Valencia hörte davon, und machte sich sofort auf nach Aranjuez, wo die Majestäten seit dem 18. Mai weilten.

„Majestät," begann er, als er bei der Königin auf seine drin-gende Meldung vorgelassen worden war, „wie ich höre, soll der Graf de Ezpeleta zum Majordomus des Prinzen von Asturien ernannt werden."

„Allerdings, lieber Herzog," antwortete Isabella. „Ich habe die Absicht, das zu thun. Haben Sie etwas vorzubringen, oder meine Wahl auf einen Andern zu lenken?"

„Das habe ich, Majestät," erwiderte der Herzog. „Der Graf de Ezpeleta ist einer der eifrigsten Gegner der Regierung, und die Verhandlungen des Senats, an welchen er mit Pünktlichkeit theilnimmt, geben davon Kunde, daß er nicht blos am Hofe und in Madrid als mein politischer Widersacher bekannt ist, sondern das ganze Land hat durch die Zeitungen hiervon Kunde."

„Was thut denn aber das zu seiner Ernennung, die ich vor-habe?" fragte wie erstaunt die Königin. „Soll ich denn selbst in der Wahl der Diener für meine Kinder durch politische Rücksichten beschränkt sein?"

„Bedaure, Majestät, leider ist es nicht anders," sagte Narvaez

und zuckte mit den Achseln. „Wenn Sie den Grafen zu dem ge=
nannten Posten bestimmen, so wird man nicht verfehlen, daraus poli=
tisches Kapital zu schlagen.

„Man wird sofort sagen, daß zwischen dem Ministerium und der
Monarchin eine Meinungsdifferenz bestehe, womit man Recht hätte,
und wird daraus allerlei Consequenzen ziehen...."

„Womit man Unrecht hätte," fiel ihm die Königin in's
Wort. „Und deswegen sind Sie extra von Madrid nach Aranjuez
gekommen? Weiter hatten Sie keinen Grund?"

„Sonst keinen, Majestät," betheuerte der Marschall. „Aber ich
behaupte, daß er wichtig genug ist."

„Nun, Sie werden doch nicht etwa starr genug sein, daraus schon
wieder eine Kabinetsfrage zu machen?" fragte etwas ungnädig Isa=
bella. „Sie mißbrauchen meine Geduld."

„Majestät," rief Narvaez und seine Augen blitzten — „ich thue
nur, was meine Pflicht gebietet, und wenn ich Ihnen hiermit sage, daß
Umstände eintreten können, welche mich und meine Collegen zum Rück=
tritt allein um der Ernennung des Grafen de Ezpeleta willen zum
Majordomus des Prinzen von Asturien zwingen, so werden Sie meinen
Worten Glauben schenken."

„Nun, nun, werden Sie nur nicht gleich so heftig," lenkte die
Königin wieder ein, da sie sah, daß ihr Premier Ernst machen wollte.
„Die Fesseln, welche auf mir lasten, kommen mir zwar gewöhn=
lich lächerlich vor, und ich streife sie entweder leicht ab, oder ich füge
mich. Aber bisweilen werden sie auch recht lästig und ich
möchte sie zerreißen.

„Die Reise nach Aranjuez konnten Sie sich auf jeden Fall er=
sparen. Ich komme in den nächsten Tagen mit meinem Gemahl zu=
rück nach Madrid."

„Aber wie ist es mit der Ernennung des Majordomus für seine
königliche Hoheit, den Prinzen von Asturien?" drängte Narvaez.

„Damit habe ich es nicht so eilig," antwortete Isabella beschwich=
tigend. „Ich werde mir die Sache überlegen und vorläufig von der
Person des Grafen de Ezpele ta Abstand nehmen.

„Haben Sie sonst noch etwas geschäftlich zu erörtern?"

„Nein, Majestät."

„So bleiben Sie zur Tafel — wir sind ganz unter uns." —

Der Hof war nach Madrid zurückgekehrt — die Stelle eines
Majordomus des Prinzen von Asturien noch unbesetzt.

Zur Erklärung des Folgenden müssen wir dem Leser sagen, daß

das spanische Präsidial-Ministerium nicht in einem besonderen Gebäude untergebracht ist, sondern sich in den Räumen des königlichen Residenz-schlosses befindet, ein Umstand, welcher der in Geldfragen sehr geschickten Königin Veranlassung gegeben hatte, aus dem Staatsseckel eine jährliche Summe als Miethszins für das Ministerium zu beanspruchen.

Nun hatte man es so eingerichtet, daß der Ministerpräsident gewöhnlich an dem Frühstück der Majestät Theil nahm, und bei dieser Gelegenheit — so etwas nebenher, wie es bei Isabella Sitte war — seinen Vortrag über die vorliegenden Geschäfte hielt.

Am Morgen des 19. Juni, es war ein Montag, fand wie gewöhnlich das gemeinsame Frühstück statt.

Als der Marschall seinen Vortrag beendet hatte, welchen er kurz machte, weil Isabella offenbar zerstreut war — auch seit ihrer Rückkehr von Aranjuez ihm ungnädig zu sein schien — sagte die Königin mit nachlässigem Tone, wie wenn es eine ganz nebensächliche Angelegenheit beträfe:

„Noch Eins habe ich Ihnen mitzutheilen, lieber Herzog! Die Ernennung eines Majordomus und Oberstallmeisters für meinen Sohn, den Prinzen von Asturien, ist vollzogen!"

„Und wen haben Majestät dafür ausersehen?" fragte gespannt der Herzog.

„Den Grafen von Ezpeleta," antwortete die Königin, indem sie sich in ihrem Stuhle hin und her wiegte.

Der Herzog sah die Majestät mit dem Ausdrucke des maßlosesten Erstaunens an.

„Habe ich recht gehört, Majestät," begann er endlich, nachdem er sich von seiner Verwunderung etwas erholt hatte — „der Graf de Ezpeleta? Sagten Sie nicht so? Derselbe Graf de Ezpeleta, von welchem wir kürzlich in Aranjuez sprachen?"

„Derselbe, Herzog," gab Isabella zurück, welche ihren Minister von Zeit zu Zeit scharf musternd und prüfend ansah.

„Nun, Majestät!" begann wieder der Marschall, indem er sich erhob — „Sie erinnern sich doch wohl noch an meine damals geäußerte Meinung, daß eine solche Ernennung möglichen Falls den Rücktritt des Ministeriums zur Folge haben könnte."

„Ich weiß," erwiderte Isabella mit lächelndem Munde und nickenden Hauptes — „aber das ist wohl nicht so ernst gewesen. Um solcher Lapalie willen werden Sie doch nicht Ihre Demission einreichen.

„Oder sollten Sie die Tyrannei, welche Sie über mich ausüben, weit genug treiben, mich selbst in Entschließun-

gen beeinfluffen zu wollen, welche doch nur meine Fami=
lienverhältniffe betreffen?"

„Ich weiß nicht, ob das eine Thrannei genannt werden kann,"
gab der Ministerpräfident zurück und zuckte mit den Achseln, „aber ich
weiß, daß Sie, die Königin, einen schrankenlofen Willen haben, wo
wir uns demüthig beugen müffen, während Sie in Dingen, die wir
zwanglos und frei nach eigenem Gutdünken erledigen könnten, der
Etikette und taufend anderen Rückfichten Rechnung tragen müffen, die
Ihren Willen und Ihre freie Entschließung lähmen und illuforisch
machen."

„Gut, Excellenza," fagte Ifabella, indem auch fie fich erhob —
„Sie mögen Recht haben. Aber bisweilen müffen diefe Rückfichten
doch der abfoluten Freiheit des Willens der Majeftät weichen.

„Vorläufig ift die Ernennung des Grafen de Ezpeleta eine voll=
endete Thatfache, die fich augenblicklich nicht ändern läßt und die ich
— — vielleicht auch nicht Luft habe, zu ändern.

„Ihnen fteht es dagegen frei, mit Ihren Herren Kollegen im
Ministerium fich zu berathen, und das Refultat diefer Berathung mir
dann mitzutheilen."

„Und Majeftät würden es wirklich darauf ankommen laffen?"
fragte nochmals der Herzog, „Majeftät würden lieber den Grafen
behalten und mich gehen laffen?"

„Rufen Sie den Ministerrath zufammen, Herzog," befahl die
Königin — „und theilen Sie mir heute noch die Befchlüffe deffel=
ben mit.

„Ich hoffe, daß fie fich eines Andern befinnen werden — der
Graf de Ezpeleta bleibt unter allen Umftänden."

Mit einer Handbewegung war der allmächtige Minifter entlaffen
und — er fühlte es — von der Höhe feiner Macht herabgeftürzt.

„Endlich hab' ich meinen lang verhaltenen Grimm gekühlt,"
dachte die Königin, als fie im traulichen Boudoir nach der Entlaffung
des Minifters fich allein befand, „endlich hab' ich dem Unverfchämten,
vermeintlich Unentbehrlichen den Weg gewiefen, den er hätte längft
fchon gehen follen.

„Lange habe ich gezaudert. Man hat mir fo viel von feiner
Unerfetzlichkeit vorgefchwatzt, daß ich felbft daran glaubte, und wie ein
ohnmächtig Weib in feinen Netzen lag. Das ift Rache für
meinen Tenorio, den der Graufame mir zwei Mal ent=
riffen. Wie fehne ich mich nach ihm! Wie wird er fich
freuen, zu mir zurückzukehren.

„Welch' Glück in seinen Armen zu ruhen, von seinen Lippen Seligkeit zu trinken, in dem Schweigen der Nacht?

„Und noch hätte ich nicht die Kraft gefunden, dem ehernen Mann zu trotzen, wenn nicht Ezpeleta mir Muth eingesprochen, wenn Claret und Patrocinio nicht den Herrischen zu lau befunden in dem Streit für Gottes Sache.

„Hat denn der Unerbittliche vermocht, den Aufruhr auszulöschen in diesem Lande? Ist nicht die fluchwürdige Flamme der Widersetzlichkeit in Valencia erst hoch aufgeflackert?

„Er hat es nicht vermocht, wie er verhieß, die Stille des Gehorsams, wenn nicht die Liebe für mich, in diesem Lande zu erzwingen, er hat es nicht vermocht, wie wir gehofft, den Heiligen Vater vor Kränkungen zu schützen, die derselbe von Freund und Feind empfängt und den alten Glanz dem Haus Bourbon in Italien zu verleihn.

„Da ist mir O'Donnel lieber, er ist schmiegsamer, das hat er stets bekundet, er wird nicht jeglich' Thun seiner Königin beschränken; er wird, wenn auch scheinbar meinen Gegnern mehr als mir zugethan, den Thron seiner Monarchin nicht umstürzen. Also getrost, beharren wir bei unsrer Willensmeinung.

————————————

Der Ministerrath wurde zum Abend zusammengerufen.

„Ich habe meinen Herren Kollegen eine etwas unerquickliche Mittheilung zu machen," begann der Präsident Narvaez.

„Ich habe Sie gebeten, hier zu erscheinen, um über die Einreichung unserer Entlassung zu berathen."

„Was?" rief erstaunt der Justizminister Arrazola, welcher seit dem 11. Juni auch interimistisch das Staatsministerium verwaltete — „Entlassung? Warum denn?"

„Wegen der Ernennung des Grafen de Ezpeleta zum Majordomus und ersten Stallmeister Sr. Königlichen Hoheit, des Prinzen von Asturien, an Stelle des verabschiedeten Marquis de Alcanices," sagte trocken der Präsident.

„Aber das ist ja gar kein Grund," fiel der Kriegsminister, General Rivero ein, welcher erst seit dem 30. März seinen Posten inne hatte und noch kaum warm geworden war. „Der Graf ist zwar immer im Senat mit einer gewissen Gehässigkeit unser Gegner gewesen — aber seine Ernennung ist doch mehr eine Familienangelegenheit, als eine Staatsaktion.

„Das sollte doch, meine ich, nicht im Stande sein, uns unsere Ruhe zu rauben, Herzog."

„Darüber habe ich denn doch eine andere Ansicht," begann der uns schon bekannte Finanzminister Barzanallana. „Unter anderen Verhältnissen, als die augenblicklich obwaltenden, dürfte uns diese Marotte der Majestät freilich nicht die Ruhe rauben.

„Aber unter anderen Verhältnissen wär's auch gar nicht dazu gekommen. Da hätte unser Herzog von Valencia schon seinen Willen durchgesetzt, und es ist ein sehr böses Zeichen, daß er, der einen Tenorio zum Fall bringen und einen Infanten Enriquez in die Verbannung schicken konnte, jetzt bei solcher Kleinigkeit unterliegen muß."

„Ich glaube, seit dem Valencianer Aufstande herrscht in den höchsten Kreisen eine sehr ungünstige Stimmung gegen uns, und man mißtraut unserer Kraft — man bezweifelt unsere Lebensfähigkeit."

„So ist es," stimmte der Marineminister Amero y Penaranda bei — „wir haben versprochen, die Ruhe herstellen zu wollen — und Kraball folgt auf Kraball — wir können's nicht hindern.

„Das hat das Vertrauen der Königin erschüttert, und ich glaube die Königin will es prvociren, daß wir unsere Entlassung einreichen. Der Mohr hat seine Schuldigkeit gethan, der Mohr kann gehen."

Zornblitzend schaute der Sprecher um sich und begegnete — lauter verblüfften, rathlosen Gesichtern.

„Mein Herr College von der Marine hat mehr Recht, als uns lieb sein mag," nahm nach einer Weile des Schweigens Narvaez endlich das Wort.

„Man will uns los sein — das ist die Moral von der Geschichte. Und wenn wir den erhaltenen Wink nicht rechtzeitig verstehen so könnte es leicht geschehen, daß man bei nächster Gelegenheit uns gehen heißt. Wollen die Herren mir Ihre Meinung mittheilen?"

Es folgte eine Berathung, in welcher beschlossen wurde, die Entlassung des gesammten Ministeriums einzureichen.

„Was nützt alles Sträuben —" hatte der eiserne Herzog seinen Collegen gesagt, und seine Meinung gab den Ausschlag. „Die Finanzen können wir nicht bessern, die Unruhen nicht hindern und aufheben — die Schwierigkeiten wachsen aus dem Boden und uns zuletzt über den Kopf — so gehen wir.

„Verhehlen können wir's uns nicht, daß die Dynastie auf schwachen Füßen steht, und die Regierung mit ihren Maßnahmen nur aus der Hand in den Mund lebt — so retten wir uns wenig-

63*

stens vor dem allgemeinen Zusammenbruch und überlassen wir die letzte Verantwortung dafür Anderen.

„Schließlich können wir uns noch gratuliren, einen so plausiblen Vorwand gefunden zu haben, und sollte sich wider Erwarten das Blatt wenden und die Chancen der bourbonischen Dynastie in Spanien sich bessern — so kommen wir wohl immer noch einmal an's Ruder." — — — — — — — — — —

— — — — — — — — — — — — — — — — — —

Es war Abends neun Uhr am 18. Juni 1865, als sich der Premier-Minister und Marschall Ramon Maria Narvaez, Herzog von Valencia, bei Ihrer katholischen Majestät Isabella II. von Spanien zu einer außerordentlichen Audienz in dringender Angelegenheit melden ließ.

„Er soll eintreten!" befahl die Königin dem meldenden Diener.

Und er trat ein, verbeugte sich und blieb schweigend stehen.

„Nun, Herzog," redete ihn Isabella an, während sie mit den Augen aus seinem Antlitz die Kunde von Dem zu lesen versuchte, was er bringen mochte — „ist der Ministerrath zusammengewesen, und was haben sie beschlossen?"

Das eckige Gesicht des Ministers bewahrte die ihm eigenthümliche, immer gleiche Ruhe, und keine Miene sprach von der Entscheidung, die er zu fällen eben bereit war.

„Der Ministerrath hat beschlossen," begann er, „Euer Majestät um seine Entlassung zu bitten, und ich bin beauftragt, diesen Entschluß Ihnen zu melden."

„Und Ihre Gründe, Herzog," drängte Isabella.

„Darin, daß trotz meiner Gegenansicht, welche ich von vornherein geltend zu machen suchte, der Graf de Ezpeleta, ein Gegner des gegenwärtigen Kabinets im Privatverkehr und im Senat, zum Majordomus und Ober-Stallmeister Seiner Königlichen Hoheit, des Prinzen von Asturien, ernannt worden ist, sieht das Gesammt-Ministerium die Bestätigung einer zwischen ihm und der Person Ihrer Majestät bestehenden Meinungsdifferenz und — bei entstehenden Differenzen kann das Ministerium nur zurückweichen und seiner hohen Gebieterin die Wahl neuer Räthe, welche besser auf die Intentionen allerhöchster Personen einzugehen verstehen, anheimgeben."

„Also entweder soll Ezpeleta gehen, oder Sie?" fragte auf's Neue die Königin.

„Allerdings," antwortete der Minister — „und meine Collegen insgesammt mit mir."

„Giebt es keinen Weg, der zwischen diesem „Entweder — oder" hindurchführte?" fuhr Isabella fort zu fragen.

„Ich weiß keinen," erwiederte Narvaez.

„Doch —" fuhr er nach einer Weile fort, während Aerger und Zorn plötzlich durch die sonst so eisernen Mienen zuckten und eine bedeutende Aufregung verriethen — „doch, Majestät, sprechen Sie noch nicht Ihr letztes Wort — lassen Sie mich erst noch sprechen.

„Eine Erinnerung möchte ich in Ihnen wach rufen, Majestät, eine Erinnerung an ein Wort, welches Sie sprachen, als ich auf Ihre Bitten das Präsidium des Kabinets annahm.

„Sie sagten damals, als ich meine drei Bedingungen gestellt und begründet hatte: „Ich bewillige Alles, Alles."

„Zu diesem „Alles" gehört auch mein Wunsch, daß Sie den Grafen de Ezpeleta nicht annehmen möchten."

Der Herzog hatte seinen letzten Trumpf ausgespielt — er hatte die Königin, wie schon einmal bei Gelegenheit der Verbannung des Infanten Enriquez, an ihr königliches Wort gemahnt.

Aber die Mahnung verfing nicht mehr.

Die Augen der Königin schossen Blitze, und während sich ihre Stirn in krause Falten legte, sagte sie zornigen Tones:

„Sie haben mich mit diesem Worte lange genug tyrannisirt, Herzog, da ich es doch nur in der Erregung des Augenblickes gegeben habe.

„Aber ich erinnere mich noch gerade zur rechten Zeit daran, daß Sie mir Ihrerseits das Gegenversprechen machten, Spanien beruhigen und glücklich machen zu wollen.

„Wo ist die versprochene Ruhe, das versprochene Glück?

„Sehe ich die Ruhe in den April-Kraballen der Hauptstadt?

„Oder in dem Militär-Aufstande von Valencia?

„Liegt das Glück in der Rückkehr der Königin-Mutter?

„Oder in der Verbannung des Infanten Enriquez?

„Oder gar in der Auflösung meines Privat-Kabinets?

„Nun, Herzog, antworten Sie!"

„Majestät," begann mit unsicherer Stimme der also geschlagene Herzog — „ich konnte nicht annehmen, daß Sie die Früchte von Regierungsmaßregeln, welche zu ihrem Heranreifen Jahre erfordern, in der kurzen Frist weniger Monate würden zu sehen verlangen.

„Sie sind unzufrieden mit Ihrem ergebenen Diener — und er bittet nochmals um seine Entlassung."

„Ich genehmige dieselbe," antwortete Isabella.

„Meine Collegen von den verschiedenen Aemtern bitten ebenfalls um ihre Entlassung," fuhr Narvaez fort.

„Auch diese genehmige ich," gab Isabella zurück.

„Doch warten Sie einmal, Herzog," rief sie plötzlich, als der Letztere sich zum Gehen anschickte — „bleiben Sie heut noch meines Rufes gewärtig — ich will sofort die Neubildung des Kabinets veranlassen."

Der Herzog von Valencia verneigte sich und ging, um seinen Collegen die Nachricht von ihrer Entlassung zu bringen, eine Nachricht, welche denn doch einige Verblüffung verursachte.

Die Königin ihrerseits rief nach Narvaez' Entfernung den Grafen de Ezpeleta, die unschuldige (?) Ursache des Zwistes, herbei und fragte ihn um Rath.

„Ich weiß nur einen Weg, der Spanien aus aller Verlegenheit befreien kann," begann dieser — „und das ist ein milderes Regiment mit solchen Personen an der Spitze, welche dem Volke, und, was besonders wichtig ist, dem europäischen Geldmarkte Vertrauen einflößen."

„Wen meinen Sie damit?" fragte die Königin.

„General Prim — oder Olózaga — zum Wenigsten O'Donnell," erwiederte der Graf.

Die Königin entschied sich nach kurzer Ueberlegung für den Marschall Leopoldo O'Donnell, Grafen de Lucena und Herzog von Tetuan.

Derselbe befand sich in Madrid und wurde durch einen Offizier des Hellebardier-Corps der Königin zu einer sofortigen Audienz bei der Majestät befohlen. — — —

Es war inzwischen spät geworden — elf Uhr Abend. Auf den Straßen, in den Caffeehäusern, im Prado herrschte nach der Gewohnheit der Südländer noch reges Leben, und vom Frühstück bis jetzt war Zeit genug gegeben, ein Gerücht von Dem, was am Hofe vorging, in's Publikum dringen zu lassen.

Es bildeten sich Gruppen, und auf dem Platze vor dem Schlosse wurde eifrig politisirt.

Da fuhr die mit zwei andalusischen Hengsten bespannte Equipage des Herzogs von Tetuan vor dem Palaste vor, und O'Donnell, der Mann mit dem nichtssagenden, gleichgültigen Gesichte, stieg aus.

„Viva O'Donnell! Abajo Narvaez!" schrieen die leicht erreg-

ten Residenzler, und nun erging man sich in Muthmaßungen über Das,
was im Schloffe geschehen möchte.

Aber die Neugier der Harrenden wurde auf eine harte Probe
gestellt. Volle drei Viertelstunden blieb der Marschall bei der Königin, und schon hatte sich der größte Theil des Volkes zurückgezogen,
als um Mitternacht der Wagen des Justizministers Arrazola vorfuhr,
welch' Letzterer berufen worden war, um das Ernennungsdekret des
neuen Ministeriums zu unterzeichnen.

Am Tage darauf enthielt die Gazeta offizial in ihrem amtlichen
Theile folgende Minister Ernennungen:

Präsident und Kriegsminister: O'Donnell; Finanzen: Alonso
Martinez; Justiz: Calderon Collantes; Inneres: Posada
Herrera; Aeußeres: Manuel Bermudez de Castro; Bauten:
Marquis Vega de Armijo; Marine: Zavala; Colonien: Cano-
vas del Castillo. Außerdem war Serrano zum General-Capitän
von Madrid ernannt.

Dreiundzwanzigstes Kapitel.

Die Nonne Patrocinio und Pater Claret verlaffen den Hof.

Im Schloffe zu Madrid herrschte eine gewisse Unruhe, während
manches patriotische Herz auf den spanischen Fluren freudiger schlug,
und die eingeschüchterten Märtyrer einer neuen Zeit ihr von vielen
Schicksalsschlägen gebeugtes Haupt muthig erhoben.

Das Stück Mittelalter, das in Spanien seinen letzten Schlupfwinkel behauptete, war wieder auseinander gefallen, das unnatürliche
Joch vergangener Zeiten war geschwunden.

O'Donnell hatte die Zügel des Staats ergriffen.

Narvaez, der zweideutige Pfaffenfreund, der ihnen
jedoch nie mit ganzer Seele gehörte, der die Stille des
Kerkers und des Todes durch Pulver und Blei für die Ruhe
ausgab, war gegangen.

Nicht die Gewalt der öffentlichen Meinung, nicht eine Niederlage
in der Kammer, sondern höfisches Ränkespiel hatte ihn gestürzt, und

Herr O'Donnell, der schmiegsamste der Generale, welche über das Land den Scepter führten, war an seine Stelle getreten.

Er bekannte sich jetzt zur Fortschritts-Partei; seinen Verheißungen nach gab es keinen freisinnigeren Mann auf spanischer Erde, als ihn.

Er versprach der Presse, den Fortschrittsmännern goldene Berge. Mit wie viel Zuckerbrot sollte das spanische Volk gespeist werden! Er hätte den Bettler gern zum König gemacht, sollte man meinen, wenn man die Schriften las, in welchen er sein Regierungssystem entwickelte.

Aber man traute ihm nicht, dem Fuchs.

Hatte er doch nicht viel besser gehandelt, als Narvaez, nur weniger schroff, unter glatteren Formen, hatte er die Rechte der Nation angetastet und geschädigt. Aehnliche Gräuel, wie Narvaez sie verübt, waren auch unter seinem Regiment vorgefallen.

Die liberalen Parteien hatten schon im Volke mehr und mehr Boden gewonnen, der Haß gegen die Dynastie war sichtlicher hervorgetreten, Narvaez hatte daher zu Zeiten mit den Liberalen geliebäugelt.

O'Donnell, der sich ihnen diesmal ganz in die Arme geworfen zu haben schien, regierte wie der rotheste Progressist. Seinen Worten folgten die freisinnigsten Maßregeln auf dem Fuße, er wollte auch die Ungläubigsten von seiner Aufrichtigkeit für die Sache der Freiheit überzeugen.

Daher das Heulen und Zähneklappern in gewissen Prunkgemächern der königlichen Residenz.

Auch Isabella schlich niedergeschlagen einher, es war, als ob ihr ein Alp auf der Brust läge, die schönen Augen waren vom langen Weinen geröthet, matt lehnte sie auf dem Divan; auf die Fragen der Hofdamen antwortete sie lakonisch, stundenlang war sie in Sinnen versunken.

Wo war die Lebenslust, wo der Leichtsinn?

Sie sollte sich von ihren liebsten Freunden trennen, dem Pater Claret, ihrem Beichtiger, dessen Ohr so manche Sünde, so manche Schwäche der hohen Frau vernommen; in dessen Brust sie so oft ihr bekümmert Herz geschüttet, der für so manche Herzenswunde ein Heilmittel gewußt, der so schöne, die Sinnlichkeit aufregende Reden hielt, und so bereitwillig Ablaß ertheilte, wenn das Gewissen der leichtfertigen Dame ihr über ihre Handlungen Vorwürfe machte.

Der gute Pater verstand es so schön, unangenehme Ge=
fühle in den Schlaf zu lullen; und scheiden sollt' er jetzt
von ihr!

Und die Nonne Patrocinio sollte sie fortschicken, jenes geheim=
nißvolle Wesen, die wahre Heilige, die aus dem Jenseits herüberragte in
das irdische Treiben, die sie so oft von den Schlacken der Erde ge=
reinigt, sie einem ewigen Leben zugeführt, ihr die Freuden des Para=
dieses verheißen, diese Frau, die eine unmittelbare Verbindung unter=
hielt mit den Ueberirdischen.

Den himmlischen Freuden, wie Claret und Patrocinio sie der
Gebieterin bereitet, mußte entsagt werden.

Isabella zermarterte sich das Hirn, wie sie den
Treuesten unter den Treuen, die scheinbare ihr aufgezwun=
gene Ungnade, verkünden sollte.

Endlich war sie des peinlichen Grübelns satt. Sie beschied ihre
geistlichen Berather in ihr Gemach.

„Sparen Sie Ihre Worte, Majestät!" begann die Nonne Patro=
cinio, „ich kenne Ihre Gedanken. Vergangene Mitternacht, als
Alles still im Schloß und traulich düster ringsum seine wohlthätigen
Schatten verbreitete, da lag ich schlaflos auf dem Dornenlager,
wie ich seit langer Zeit gewohnt, um das sündige Fleisch des Leibes
zu kasteien und sündigen Empfindungen eitlen Wohllebens die Bahn
zu meinem Herzen zu versperren.

„Da erschien ein Engel Gottes im blendenden Lichtgewand an
meinem Lager, und himmlische Sphärenmusik erscholl.

„Du mußt von hier scheiden, Du des Himmels theuer=
stes Werkzeug, sprach der Sendling aus den höheren Regionen,
Deine Sendung führt Dich an einen anderen Ort, wo Du für die
Sache der Kirche mehr wirken kannst, als an diesem Wohnsitze der
Mächtigen, in dem in diesem Augenblick die Kinder der Finsterniß ihr
Wesen treiben. Dein bleibt aber das Herz der frommen Kö=
nigin, das Reich der Bösen wird vernichtet, und wiederkehrst Du, Du
von den Heiligen Geliebte, die Du des Heilands blutende Male an dem
Körper trägst.“

„Die ehrwürdige Mutter hat von sich ausgesprochen, was auch
von mir gilt,“ sprach der Pater Claret. „Wir müssen von Ihnen
Abschied nehmen, Majestät; aber wenn wir auch fern von Ihnen wei=
len, so beten wir nicht minder für die Seligkeit unsrer er=
habenen Tochter, so arbeiten wir nicht minder für des Himmels

Reich, das wir mit Ihrer Hülfe, Majestät, in diesem Lande für ewige Zeiten aufzurichten gedenken.

„Seien Sie getrost, meine Tochter, wir kehren wieder, und nach langem Kampfe mit des Satans Herrschaft werden wir zur ewigen Ruhe gelangen; das Panier der Kirche wird obsiegen, über die Thorheiten dieser Welt, und Christus tausendjähriges Friedensreich wird alle Völker des Erdballs unter seinem Glauben vereinigen."

Erleichtert ergriff jetzt die Königin das Wort:

„So wissen Sie denn schon, meine Getreuen, weßwegen ich Sie rufen ließ. Ihnen, ehrwürdige Mutter, bleibt ja Nichts verborgen, die Zukunft ist für Sie ein aufgeschlagenes Buch.

„O, ich Ohnmächtige, die ich meinen Vertrautesten nicht einmal den Schutz zu gewähren vermag, den ich in tiefster Seele wünschte, ihnen zu leihen.

„Was ist der Krone Glanz, wenn sie keine Macht besitzt!

„Wie unglücklich ist mein Land, daß es dem Bösen verfallen, jenen unseligen Neuerungen, die es zerreißen. Und seine Königin kann es nicht aus den Netzen reißen, mit denen die Gottesleugner es umstrickt haben, sie kann ein Reich der Gottesfurcht nicht gründen, in welchem die Gesalbten des Herrn vor allem Volk gesegnet sind, und nicht den Dienern irdischer Herrlichkeit weichen müssen."

So jammerte die Königin; ihre beiden Freunde beruhigten sie mit milden Worten, wenn sie auch im Innersten die Qualen von gefallener Größen empfanden.

So wurde denn unter Thränen und Hoffnungen auf bessere Zeiten geschieden. — — — — — — — —

Sor Maria Raphaele del Patrocinio machte sich zunächst auf den Weg nach dem Kloster des heiligen Pascal in Aranjuez, worin sie weilte, wenn sie nicht am Hofe war.

In ihre düsteren Gewänder gekleidet, die braunen Kutten um den Leib, als Gürtel einen härnen Strick, Sandalen an den nackten Füßen, die Kapuze über das Haupt, bis tief ins menschenfeindlich starrende, von Hohn und Grimm verzerrte unschöne Antlitz gezogen, mit dem Stapulier und dem Kreuz um den Hals, das Brevier in der Hand, so stieg die blutende Nonne auf einen elenden Wagen, der mit vier ungeschmückten Eseln bespannt war.

Es war, als ob eine Armensünderin auf den Weg zum Richtplatz geschleift wurde.

Aeußerlich demüthig und zerknirscht, wallte doch innerlich ihr Hochmuth auf, und versteckt im Herzen regte sich ein Gefühl, als ob ihre Gegner über sie triumphiren würden, wie auf der letzten Flucht, im Jahre 1852. —

Auf dem Schloßplatze, der Plaza del Oriente, in der Calle Mayor und der Calle de Baibe hatten sich die Madrilenen in hellen Haufen zusammen gerottet, denn das Gerücht war durch die Stadt geeilt: die so viel Unheil stiftende Pfaffen am Hofe haben den Laufpaß erhalten, und nicht nur Neugierde hatte die Massen der Bevölkerung herbeigelockt, sondern die Besorgniß, daß wie bei andern derartigen Gelegenheiten ein blutiger Skandal entstehen könnte.

Die Polizei hatte deshalb alle Mendigos und Coseones, Bettler und Bummler, die sich in der Nähe blicken ließen, bei Seite geschoben und unschädlich gemacht. Der aufgestachelte Pöbel sollte der blutenden Nonne nicht wieder seine Huldigung darbringen, wie schon früher.

Als daher Maria Raphaele in dem Gefährt Platz genommen und vom Schlosse den Triumphzug anzutreten wähnte, zuerst gar mürrisch und nicht Segen spendend, wie sie ihn den Frommen zu ertheilen pflegte, da pfiff und zischte man von allen Ecken, nur wenige Verehrer trachteten, den allgemeinen Unwillen zu dämpfen.

„Sieh da, die gute Mutter macht eine Spazierfahrt," lachte ein dicker Gastwirth.

„Die frische Luft wird ihr wohl bekommen, es ist so drückend und nicht geheuer in den schwülen Räumen des Palastes," setzte ein Tahonero (Brotverkäufer) hinzu.

„Die Dame ist von Jugend auf an Land- und Gebirgsluft gewöhnt, sie wird die Sommerfrische ganz behaglich finden," bemerkte ein Valencianer.

„Die Kraft des Wunderthuns ist ihr ausgegangen unter den rauschenden Lustbarkeiten des weltlichen Hofes, sie muß in die Einsamkeit zurück, um im Stillleben mit dem Ueberirdischen sich für die Mission zu stärken, eine Welt zu bekehren," warf ein Andalusier ein.

„Das Zuschauen und die Enthaltsamkeit mag unerträglich sein, wenn man fortwährend sieht, wie tausend schöne Cavaliere mit ebenso viel Sennoritas kosen," spottete ein Mayo.

„Die ist doch über die Jahre weg, wo man nach Liebe sich sehnt," meinte ein Artesano, der aus seiner Werkstatt herbeigeeilt und im Schurzfell dem seltsamen Zuge zuschauete, der an ihm vorbeizog.

„Quien sabe, (wer weiß"), spottete der Erste, „wie viele Seufzer nach den Freuden der Liebe in dem verschwiegenen Busen dieser Heiligen sich schon geregt haben und noch regen mögen." —

Aber jetzt kam der Klosterschwester Hilfe.

Schaaren von Mönchen kamen von den nahen Klöstern, um der frommen Märtyrerin in ihren Nöthen beizustehen. Sie gruppirten sich vor, hinter und zu beiden Seiten des Wagens, ordneten sich militärisch, und eskortirten so seltsamlich den Eselswagen.

Es war ein possierliches Schauspiel, Kapuziner und Benediktiner, Franciskaner und Dominikaner in ihren braunen und weißen Kutten baarhäuptig und glatzköpfig, wo die Julisonne auf ihre Tonsur unbarmherzig herniederbrannte, in Reih' und Glied einhermarschiren zu sehen; da schwitzte mancher feiste Mönch mit dem Schmerbauch und im wollenen Gewand.

Die Bürger schwiegen und lachten, bekrittelten jeden einzelnen Pater, der pustend von dannen trabte.

Aber jetzt machte sich besonders unter den Frauen, Bäuerinnen, wie Städterinnen, Vornehmen wie Geringen, die Entrüstung bemerklich über das Benehmen der Männer.

„Seht, wie die Ruchlosen das Heilige entweihen," schrie eine Aldeana (Landfrau) vom Escurial, „dafür werden ihre Seelen auch ewig im Fegefeuer brennen."

„Eine makellose Seele, die als Zeichen ihrer Reinheit die Male des Heilands trägt, soll man mit frechem Spott verletzen," schrie eine Mercadera (Kaufmannsfrau) aus Burgos. „Das ist unerhört."

„Nun Gevatterin, über harmlose Späße entrüstet sich die Himmlische doch nicht zu sehr. Ihr Beruf ist der einer Dulderin, sie muß die Langmuth selbst sein," lachte ein Arriero aus Barcelona.

Freie Damen warfen sich in den Straßenstaub trotz der schleppenden Seidenroben, mit denen sie bekleidet waren. Und ein unmerklicher Zug der Genugthuung offenbarte sich in den verschlossenen Mienen der Nonne Sor Patrocinio, als sie die weiße abgehärmte Hand hob, um den Segen zu ertheilen.

„Die beschmutzen sich ihre Kleider, um eine Sache, die keinen Pfifferling werth ist," rief ein Escribano (Schreiber), „die Nonne ist ja doch nur von Fleisch und Bein, und sündigt wie andere Menschenkinder."

„Ruheloser Wicht," tönte es aus den Reihen der Mönche, „der Teufel hat Deine Seele schon in seinen Krallen; die himmlischen Strafgerichte werden Dich bald treffen."

„Meinetwegen Fegefeuer und Höllenpfuhl, mag dort braten und schmoren, wer da will. Ich werde es abwarten," antwortete der Escribano.

„Ist denn kein Glaube mehr in diesem Ketzer," donnerte ein Jesuit im weltlichen Ordensgewand, den schiffsförmigen Hut auf dem Kopf, „ich wollte, daß Gottes Blitze auf diese Häupter herniederfahren."

Die Bürger lächelten und der Himmel blieb blau.

Ein Trupp von Studenten kam jetzt im vollen Rennen durch die Calles San Bernardo und de Bailen von der Universität her.

„Das ist köstlich," spottete ein eifriger Zuhörer Emilio Castelar's, als er die Nonne auf dem Wagen, umgeben von der Mönchsschaar sich mühsam durch die Calle von Atocha in der Richtung der Puerta (Thor) zu bewegen sah, die nach Aranjuez führte.

„Das ist köstlich," brummte ein Musensohn, „da sind ja die Figuren lebendig geworden, die in den mittelalterlichen Meisterwerken der alten spanischen und italienischen Schule als Prachtstücke prangen."

„Und keine Scham fühlt Ihr, Ihr lose Brut, daß Ihr solch weltliche Reden hier verführet, statt anzubeten," brummte ein Pfarrer der Kirche San Ildefonso, ein Fanatiker von echtem Schrot und Korn.

„Zollen wir Euch und Euren Genossen nicht genug Bewunderung, wenn wir das Bild, das sich vor uns aufrollt anstaunen?"

„Derartiges Lob wollen wir nicht, nur Glauben und Verehrung von ganzer Seele."

„Nun verehren wir denn nicht, wenn wir beim Anblick der heiligen Patres und der berühmten Klosterschwester in Extase gerathen?"

„Ihr spottet nur, Ihr Höllengezücht, wo ist die Furcht vor allem Heiligen, seitdem die heilige Inquisition dem fluchwürdigen Geist der Neuerung hat weichen müssen!"

„Da sehe einer den Ehrwürdigen, möchte er uns nicht gleich auf den Scheiterhaufen führen? Pah, die Zeiten kommen nicht wieder."

„Den Heiligen sei es geklagt!" schloß der Geistliche und wandte sich ab.

Und das lustige Chor drängte mitten in die Menge, welche jetzt immer dichter um den Wagen wurde, worauf die Nonne fuhr. Man gaffte sie an, und selten bezeigte einer seine Ehrfurcht.

Die Mönche wurden seitwärts geschoben, und man stichelte fortwährend.

„Wie eine Armesünderin nimmt sie von Macht und Glanz Abschied, und Armensünderlohn hat sie um Spanien verdient, denn Schlimmes genug hat sie dem Lande gethan. Wie bescheiden sitzt sie in ihrem Wägelchen."

„Sie demüthigt sich nicht vor Euch, sondern vor Gott," sprach eine andächtige Seele.

„Ich glaubte, ein klein wenig Angst und Verdruß mischt sich in alle ihre Frömmigkeit. Sie möchte uns tödten, wenn sie könnte."

„Weil Ihr böse seid, schreibt Ihr der Frommen gar schlimme Anschläge zu, sie denkt nicht an das Irdische, sie nimmt den Kelch des Leidens geduldig von Euch hin. Sie fühlt sich erhaben als Märtyrerin."

„Ich denke, die Unglücklichen, die auf ihren Rath in schauerliche Kerker geworfen, dort jämmerlich verschmachteten, sind eher Märtyrer als diese Scheinheilige."

„Das Eselsgespann," meinte ein Musensohn, „welches die Equipage der Nonne zieht, hat auch seine Deutung."

„Wie meinen Sie das Sennor?" fragte neugierig ein Obréro (Arbeiter).

„Das Gespann, mein' ich, stellt das dumme Volk vor, welches an dem Triumpf der Pfaffen zieht?"

Die Umstehenden lachten.

Sor Maria Raphaele del Patrocinio barg unter ihrem starren Gesicht, in welchem sich keine Muskel regte, ganz andere Gefühle.

Eine unbeschreibliche Bitterkeit erfüllte ihr Inneres. Was hatte sie nicht Alles gelitten, um ihre Macht zu begründen, wie vielen Opfern sich unterworfen, wie seit frühester Jugend um jeden Preis gerungen, sich Verehrung unter den Menschen zu verschaffen.

Und nun, nachdem es ihr geglückt, unter ihren Anhängern eine Königin zu zählen, nachdem sie aus dem Kerker in die Nähe des Thrones gelangt, um dort zu rathen und zu wirken, war sie gesunken wie noch nie; sie stand am Pranger, als Zielscheibe des Spottes für die Ungläubigen.

Rächen wollte sie sich an Denen, die sie in diese wenig beneidenswerthe Lage versetzt. Alle, alle sollten büßen, wenn sie im Stande war, ihren Einfluß auf die lenksame Königin wieder geltend zu machen, und an den Hof würde sie zurückberufen werden, das schien ihr gewiß.

Aber jetzt unterdrückte sie jeden Schmerz, sie wollte ihren Peinigern nicht zeigen, daß sie Verdruß empfand, daß sie menschliche Gefühle hegte, und wenn sie ihr keine übernatürliche Kraft zugestanden, sollten sie wenigstens ihre göttliche Geduld bewundern.

Nur langsam, und nachdem die Fahrt vielmals gestockt, hatte die Nonne Patrocinio das Thor erreicht.

Die Menge war es endlich müde, die Nonne zu verhöhnen. Mit dem tausendstimmigen Rufe:

„Möge sie nimmer wiederkehren!" lichtete sich das Gewühl allmälig.

Als man in das Freie gelangte, da änderte sich die Scene. — Hier standen Gläubige zu Hauf, die andächtig den Segen empfingen, es waren die Elenden, die Bedürftigen, die Mühbeladenen, die Bewohner des platten Landes, die nach den Tröstungen der Kirche dürsteten.

Unmerklich erhellten sich die Züge der arg gequälten Nonne, und nun ging es den Orangenhainen von Aranjuez, dem wasserreichen Tajo und der stillen Klause entgegen.

Endlich hielt man vor dem Kloster des heiligen Pascal, dessen altersgraue Mauern im Strahl der Abendsonne roth erglüheten.

Die Schwester Pförtnerin öffnete, und neigte sich zur Erde vor der wunderthätigen und mächtigen Nonne. In der Verehrung versteckte sich die Ueberraschung der Dienerin.

Und die Nonne schritt durch die gewölbten Kreuzgänge des gothischen Baues zur Aebtissin, um vom neuen Leid der Kirche zu erzählen, das die heilige Jungfrau über sie verhängt.

In ernstes Gespräch versanken Beide und überlegten, wie der verlorene Boden wieder zu gewinnen sei.

Die heiligen Schwestern aber dachten anders. Manch' Ave Maria und manch' Pater Noster wurden an diesem Abend vergessen, die Lippen murmelten die Worte, die Gedanken weilten bei der Nonne Patrocinio und ihren Erlebnissen.

Was mochte vorgefallen sein, um die Mächtige in diese stillen Mauern zurückzuführen.

So streng die Klosterregel war, die Schwestern fanden Gelegenheit, flüchtige Bemerkungen auszutauschen, als man am Abend sich im Refektorium zum kargen Mahl versammelte.

„Die Hofluft war für unsere liebe Schwester in Christo Maria

Raphaele jetzt zu schwül," hauchte Schwester Schwester Sixta der Schwester Beata zu.

„Ach nein," spottete die Letztere, „die fromme Dulderin sehnte sich aus dem Geräusch der Welt zurück in ihre Zelle, ihre Seele von den Schlacken zu reinigen, die im irdischen Treiben an ihr haften geblieben."

„Sich in den lustigen Hofkreisen eine Zeit lang zu zerstreuen, mag ganz hübsch sein," murmelte eine muntere, junge Nonne, die an ihrem abgeschiedenen Leben noch wenig Geschmack fand.

„Welch' sündiger Gedanke," flüsterte die Tischgenossin.

„Maria Raphaele bewegte sich doch dort?"

„Die hat Dispens (Erlaubniß) von den Obern, sie ist ausersehen, als gewaltiges Rüstzeug der Kirche, zur größeren Ehre Gottes, in der Welt zu wirken."

„Ich möchte auch solch' ein Rüstzeug sein," kicherte die kleine Nonne. „Ich hab' so wenig von der Welt gesehen, ich möchte ihre Freuden kennen lernen."

„Beten Sie, fasten Sie, kasteien Sie Ihren Leib," mahnte die Tischgenossin, „damit Sie solche Anfechtungen des Teufels verscheuchen, die Ihren Sinn verwirren."

Betroffen schwieg die Geschmälte, aus ihren Mienen konnte man indessen schließen, daß sie nicht gewillt war, die geistlichen Exercitien (Bußübungen) an sich vorzunehmen, die man ihr angerathen hatte. —

„Das stille Klosterleben wird unserer lieben Schwester Patrocinio nicht behagen, nachdem sie lange im Geräusch des Hofes gelebt," sprach eine ältere Nonne.

„Sie beobachtete streng die Ordensregel. Es war für sie so einsam dort, wie hier bei uns," entgegnete eine andere.

„Aber sie griff thätig ein in das Getriebe des Staates, sie setzte ein und ab, sie sah die Höchsten vor sich in dem Staube liegen, das ist ein erhabenes Gefühl. Ich möchte auch eine solche Rolle spielen."

Wir sind demüthige Mägde Gottes, bestimmt der heiligen Jungfrau in alle Ewigkeit zu dienen, wir sollen unsre Sinne auf das Himmlische richten. Die Kirche hat in ihren Nöthen der frommen Schwester Patrocinio einen andern Wirkungskreis angewiesen, als uns.

Die im Kloster entstandene Unruhe legte sich endlich.

Die Patrocinio war wieder die gewöhnliche Nonne, sie betete und büßte mit den Uebrigen.

Don Leopoldo O'Donnell, Graf de Lucena und Herzog von Tetuan, General-Capitän der Armee.

Pater Claret war indessen schlauer gewesen, er hatte auf die Abreise seiner Bundesgenossin gewartet.

Ihre Behandlung von Seiten des Publikums belehrte ihn, nicht
gleichsam in Parade durch die Stadt zu fahren.

Am Abend begab er sich zu Fuß nach dem nahen Nordbahnhof, und ein Diener trug sein Gepäck hinter ihm her. Da er in die Tracht der gewöhnlichen Geistlichen gekleidet war, erkannten ihn die Meisten nicht. Erst unter den auf dem Perron befindlichen Passagieren machte Einer auf den verhaßten Prälaten aufmerksam.

„Seine erzbischöfliche Gnaden werden wieder Zollbeamter," spottete ein Kaufmann.

„Der Herr Erzbischof geht ohne Zweifel nach unserer nordischen Grenze ab," meinte ein Anderer. „Da ist der Schmuggel gar zu arg. Unsre dürftigen Finanzen leiden gewaltig darunter, die Zolleinnahmen kommen spärlich ein, wir brauchen dort geschickte Beamte, und über die Befähigung Seiner Gnaden herrscht sicherlich kein Zweifel."

„Der Staat hat gewiß mehr Nutzen von einem Zöllner, als von einem Beichtiger," höhnte ein Advocat.

„Der Staat wohl. Aber es giebt Andere, schöne Leiber und schöne Seelen, die mit diesem Berufswechsel sehr unzufrieden wären. Wie manches feurige Auge einer Schönen blickt sehnend nach dem scheidenden Diener Gottes. Wie fesselnd waren seine Predigten, wie glatt flossen die Worte aus dem beredten Munde, wie regten sie die Sinne auf, in welch' himmlische Empfindungen versenkten sie die bedürftigen Herzen."

„Unsre Sennoritas werden sich zu trösten wissen, wenn früher nur die Worte ihre Sinne gereizt, so werden sie sich durch Handlungen in den entbehrten Wonnetaumel versetzen. Aber wie wird der Pater Claret die verlorene Macht verschmerzen?"

„Glauben Sie, daß er für immer beseitigt ist? Der kommt wieder, sage ich Ihnen, ehe des Sommers Hitze den kühleren Lüften des Herbstes weicht."

„So schnell schon?"

„Unsere jetzige Freiheit ist wie ein Kartenhaus, berührt es ein rauher Lufthauch, stürzt es zusammen."

„Wann wird Spanien endlich nach staatsmännischen Grundsätzen regiert werden?"

„Dann, wenn die Wurzel alles Uebels ausgerottet."

„Ich versteh', das mag noch lange dauern."

„Nicht allzulange. Der wahren Freiheit Lüfte wehen stärker."

„Wollen's hoffen."

Der Pater hörte wenig von diesen Gesprächen, aber an den schadenfrohen Mienen, an den Blicken, die sich spottend auf ihn richteten, an den einzelnen Ausrufen, welche die ihn Umgebenden

ausstießen, merkte er, wie wenig willkommen er in dieser Gesellschaft war.

„Landverderber, Scheinheiliger, Heuchler," so tönte es hier
und da.

Er war rasch zu einem Coupé geeilt, das nur ihm ergebene
Priester einnahmen.

Er hatte die Thür zugeschlagen, Fenster und Vorhänge geschlossen,
trotzdem es eine drückende Hitze war; aber die Schmähungen erschollen
dicht vor seinem Fenster, er vernahm mehr als zu viel, um beinahe
vor Wuth zu bersten.

Endlich ging der Zug ab in die stille Nacht hinaus. Er konnte
die kühlen Lüfte einlassen, und, in eine Ecke gedrückt, seinen keineswegs
freudigen Gedanken nachhängen.

An seinem Bestimmungsort, dem Kloster zu Vich, angekommen, wurde Pater Claret von allen Ordensbrüdern
mit wahrhafter Trauer empfangen; sein Fall war ein
wahres Unglück für die Jesuiten, welches Geschick stand
ihnen bevor?

Der Pater Claret nahm sogleich von seiner Zelle Besitz, um sich
von der erhaltenen Niederlage und den Mühseligkeiten der Reise zu
erholen.

Der folgende Tag wurde zu einer Berathung bestimmt.

Vierundzwanzigstes Kapitel.

Im Kloster zu Vich.

Im Kloster zu Vich, dem Schmollwinkel des vertriebenen
Pater Claret, war mit demselben ein reges, bedeutsames Leben und
Treiben eingekehrt.

Täglich und stündlich kamen und gingen Mönche aller in Spanien
vorhandenen Orden die Klosterpforte aus und ein, und besonders zur
Nachtzeit war der Verkehr ein äußerst lebhafter.

Natürlich — die frommen Väter sahen nur mit blutendem Herzen die Gottlosigkeit in Spanien zur Herrschaft kommen, und ihr Zorn

64*

war auf's Höchste gestiegen, als am 14. Juli der Minister des Innern, Bermudez de Castro, in einer Depesche an die italienische Regierung definitiv die Anerkennung des Königreichs Italien ausgesprochen hatte.

Acht Tage nach der Verbannung des Paters vom Hofe theilte der Minister des Aeußeren dem Gesandten des Königs Franz II. beider Sicilien, Grafen San Martino, mit, daß von nun an die offiziellen Beziehungen zu ihm aufhören würden.

Das war zu viel — die geistlichen Herren hatten im Geheimen immer noch gehofft, daß man Anstand nehmen werde, diesen letzten Schritt zu thun — und doch, und doch. Da mußte Rath geschafft werden.

Die Erzbischöfe und Bischöfe des Landes hatten gegen die Anerkennung Italiens, welche sie die Gutheißung des Kirchenraubes und der Tempelschande nannten, Einer nach dem Andern protestirt — hatten mit Bann und Interdikt gedroht — umsonst.

Die Scheiterhaufen der Inquisition waren längst verraucht — der Bannfluch war an der Krone des „Räuberkönigs" Victor Emanuel abgeprallt, und wie sollte da das Drohen mit demselben am Hofe von Madrid verfangen, an diesem Hofe, der sich dem Liberalismus, dem Teufel und allen Gegnern der heiligen Kirche so in die Arme geworfen hatte! — — — —

Mitternacht war vorüber, als vor der Pforte des Klosters zu Vich vier vermummte Gestalten stehen.

Mönchskutten verhüllen ihre Glieder, und eine Kaputze ist über die Ohren der Vier gezogen, daß von den Gesichtern kaum Nase und Augen sichtbar werden.

Der Eine, eine große, kräftige Gestalt, den man hätte für einen Kriegsmann halten können, zieht die Glocke, daß ihr dumpfer Ton schaurig durch die weiten, nächtlich öden Klosterräume hallt.

Die Pforte hat ein Schiebfenster, welches sich jetzt öffnet.

Ein grell mit dem sonst ringsum herrschenden Dunkel contrastirender Lichtstrahl fällt auf die Einlaß Begehrenden von einer Blendlaterne, die der dahinter kaum sichtbar werdende Bruder Pförtner in der Hand hält.

„Gelobt sei Jesus Christus," tönt wie aus einem Munde der Gruß der vier Mönche.

„In Ewigkeit Amen," antwortet die heisere Stimme des Pförtners, während er die Harrenden schläfrigen Auges mustert. Dann fährt er fort:

„Wer seid Ihr, Brüder im Herren, und welches ist Euer Begehr?"

„Wir sind die Reisige der streitenden Kirche, und suchen die Rache des Herrn für die Missethat der Welt," antworten die Vier.

„So gehet ein, und der heilige Geist leuchte Eurem Pfade, daß Ihr die Rache finden möget," krächzt die Stimme des Pförtners.

„Omnia ad majorem Dei gloriam," spricht wie betend der Große, welcher vorhin die Glocke in Bewegung gesetzt hatte, während ein schweres Schlüsselbund drinnen klirrt.

Die Pforte geht auf, und die Vier treten ein.

Sie halten sich nicht auf mit Fragen, wie oder wo — sie schreiten ohne Weiteres auf dem Wege nach der Klosterkirche vorwärts — ohne Leuchte, ohne Führer, denn sie kennen den Weg.

An der hohen Kirchenthür halten sie an, denn sie ist verschlossen.

Aus den Fenstern des Gotteshauses dringt ein matter Schimmer hinaus in das Dunkel der Nacht — er kommt von der „ewigen Lampe," welche am Altare brennt.

Sie klopfen.

„Quis?" (Wer?) tönt von drinnen eine kräftige Stimme.

„A Deo missi," (die von Gott Gesandten) antwortet der Chor der Viere.

Die Pforte öffnet sich und springt hinter ihnen wieder rasselnd in's Schloß, daß einige Eulen, die auf einem Vorsprung der Kirchen= mauer gesessen, mit Gekreisch auffliegen.

„Ihr kommt spät, meine Brüder," redete die Ankömmlinge der an, welcher sie eingelassen hat, und dessen längliches Gesicht uns be= kannt erscheinen mag, nachdem von beiden Seiten der übliche katholische Gruß ausgetauscht war.

„Ihr kommt spät — wir warten schon lange auf Euch."

„Wir konnten nicht eher kommen," antwortet der Große — „wenn wir ungesehen bleiben wollten."

Sie schreiten darauf wortlos vor nach dem Hochaltar zu, wo die „ewige Lampe" brennt, indem sie vor den mancherlei Cruci= fixen, Heiligenbildern und Reliquien, die in den Gängen und Nischen verstreut sind, die Knie beugen, das Zeichen des Kreuzes machen, und die Lippen im Gebete bewegen.

Hinter dem Altar ist ein Stein aus dem Boden gehoben, und in der dadurch entstandenen Oeffnung wird eine Treppe sichtbar, die nach unten führt.

Die fünf Männer gehen dieselbe hinab, mit vorsichtigen Schritten, denn die Stufen sind feucht und glatt, in einen unterirdischen Raum, aus welchem ein Lichtschimmer zu ihnen herauf dringt.

Unten angekommen, wenden sie sich nach rechts, woher das Licht kommt, und treten in einen von Wachskerzen erhellten Raum, in welchem ein roher Tisch steht, an dessen einem Ende ein Crucifix aufgestellt ist.

Um den Tisch herum stehen etwa zehn Stühle — an den Wänden sieht man Gerippe und andere Insignien des Todes.

Fünf der Stühle sind schon besetzt, und wir erkennen nun, da das Licht der Kerzen ein gewisseres Licht giebt und auch die Männer die Kapuzen zurückschlagen, in den Ankömmlingen: den Cardinal= Erzbischof von Toledo, Cyrill de Alameda y Bréa; den Erzbischof von Saragossa, Manuel Garcia Gil; den Cardinal=Erzbischof von Burgos, Fernando de la Puente, früherer Erzieher des Prinzen von Asturien; und den Pro= Caplan und Groß=Almosenier, General=Vicar der Armee und Flotte Monsignor Iglesias y Barcones, Patriarchen von Indien.

Der, welcher ihnen die Kirchenthür geöffnet hat, ist der Beicht= vater der Königin, der Pater Claret.

Die schon Versammelten sind Ordensgeistliche, Aebte, Prioren und andere Kuttenträger.

Sie tauschen den katholischen Gruß aus, und nun beginnt der Cardinal=Erzbischof von Toledo, welcher älter ist, als der Cardinal= Erzbischof von Burgos, und folglich unter den Anwesenden die erste Stelle einnimmt, mit gefalteten Händen folgendermaßen:

„Meine geliebten Brüder und Mitstreiter für die Glorie der Kirche und unseres theuersten, heiligsten Glaubens!

„Ein verdienstliches Werk ist es, welches wir thun wollen — aber auch ein schweres, und die Unterstützung durch den Geist des Herrn thut uns Noth.

„Um diese Unterstützung laßt uns bitten, ehe wir an unsere Be= rathung gehen."

Und nun hebt er die Hände empor, schickt den betenden Blick zur feuchten, niedrigen Steindecke, und spricht ein Gebet, welches viel weniger um den Segen Gottes fleht, als vielmehr seinen Fluch auf die sündenbeladene Welt herabbeschwört, und insonders auf alle Die= jenigen, welche die heilige Mutter Kirche in so große Bedrängniß und Bekümmerniß gebracht haben.

Das Gebet ist beendigt, und nun ergreift er das Crucifix und führt es an den Mund. Dann giebt er es seinem Nachbar, welcher es ebenfalls küßt und weiter giebt, bis es die Runde um den Tisch gemacht hat.

„Meine Brüder", beginnt nach der Ceremonie der Pater Claret, „wir haben uns versammelt, um den Geist Gottes aus unserer Mitte sprechen zu lassen, welcher allein uns den rechten Weg weisen mag.

„Die heilige Kirche ist bedrängt, und ihre Diener sind von der Berathung des Thrones in Spanien ausgeschlossen, also daß unser Herz trauert und unsere Seelen betrübt sind in dem Herrn.

„Aber ich freue mich der neuen Gelegenheit, mit doppelter Freudigkeit für den Weinberg des Herrn zu arbeiten, und ich meine, daß die Arbeit heilsam sein wird, wenn wir sie also thun:

„Ihr wißt, daß das Herz der katholischen Majestät Isabella II. von Spanien, unserer geliebten Tochter, nicht verstockt ist und dem Glauben abgewendet.

„O nein — sie hat sich nur verirrt und Satanas hat nur eine Weile Macht über sie gewonnen, doch nicht ganz, so daß wir mit eifriger, emsiger Arbeit und den rechten Vorkehrungen sie recht wohl wieder erwerben mögen.

„Nun giebt es ein Mittel, das wir schon oft angewendet haben, und welches noch immer den Erfolg für sich hatte, das ist: die Erweckungen der Geister der Verstorbenen.

„Meine Brüder, lassen wir wieder von den Todten Einen auferstehen und Zeugniß ablegen, damit die auf Irrwege gerathene Seele der Königin Isabella wieder auf den rechten Pfad zurückgeführt werde, und wir wieder an den Hof zurückgerufen werden."

„Der Geist des Herrn ist es", nahm jetzt der Cardinal-Erzbischof von Burgos das Wort, „der meinen geliebten Bruder Claret solch weises und bedachtsames Wort sprechen ließ. Der Geist des Herrn ist es, welcher noch immer mit seiner heiligsten Kirche und ihren unwürdigen Dienern ist, und Ihre Wege ebnet und bahnt, denn in meinem Herzen hat er ein gleiches Wort gesprochen und zu derselben That gerufen.

„Ja, lasset die Todten reden, die man hören muß und nicht bannen kann, da man die Lebenden fortgeschickt hat und ihren Rath und Weisung verschmäht."

„Fiat — et crescat recenti gloria Deus!" (Es geschehe und wachse Gott durch neuen Ruhm!) antwortete das dicke Vollmondsgesicht eines würdigen Abtes vom Orden der Redemptoristen.

„Die ehrwürdige Mutter Sor Raphaele del Patrocinio,“ begann nun der Erzbischof von Toledo, „welche ich gestern in ihrem Kloster in Aranjuez in's Sprechzimmer rufen ließ, sprach ebenfalls von einer Erweckung der Todten.

„Die heiligen Wundenmale der Himmelsbraut bluten wieder in neuer Fröhlichkeit. Sie hat Verzückungen und Traumgesichte, und in einem solchen sah sie sich im königlichen Residenzschlosse von Madrid.

„Es war Nacht — aber eine himmlische Helligkeit strömte durch alle Räume, und eine Musik ließ sich hören, die war so mild und zart, wie die Musik der Sphären im Himmel.

„Und die Erde that sich auf unter dem Klingen der Musik, und daraus stieg hervor ein Englein zart und weiß, mit einem Lilienstängel in den Händen und einem hellen Schein um das Haupt.

„Sie sah aber an den Engel und der Herr schärfte ihren Blick, daß sie erkannte das verklärte Kind der königlichen Mutter Isabella — die vor noch nicht ganz vier Jahren verstorbene Infantin Maria de la Concepcion.

„Das ist der Traum der seligen Mutter Sor Maria Raphaele del Patrocinio. Der Himmel hat gesprochen und kundgethan seinen Willen — an uns ist es, denselben zu erfüllen, auf daß der Name des Herrn gepriesen werde von nun an bis in Ewigkeit, Amen.“

„Wahrhaftig — das ist sehr gut und ich kann nur zustimmen,“ fiel jetzt der Erzbischof von Sarragossa ein, „aber wer übernimmt die Leitung und Ausführung der ganzen Angelegenheit?“

„Das werde ich wohl thun müssen,“ begann der Patriarch von Indien, denn meine Stellung am Hofe ist glücklicher Weise eine solche, daß man mich füglich nicht gut verbannen oder fortschicken kann.

„Also ich übernehme die Leitung der Angelegenheit im Schlosse. Der hochwürdigste Cardinal de Alameda von Toledo wird wohl den äußeren Theil in die Hand nehmen.“

„Es bietet das Alles eine große Schwierigkeit,“ sagte mit nachdenklicher Miene der Letztere, „und das ist folgende.

„Wer soll Ihrer katholischen Majestät den Sinn der Erscheinung ihres Kindes deuten? Wer soll ihr sagen, weshalb der kleine Engel aus seiner Ruhe aufgeschreckt ist, und was die Mutter zu thun habe, um ihm die Ruhe wiederzugeben?

„Es ist wohl möglich, daß die Königin bald auf den Gedanken verfällt, es sei gut, den Rath ihres Beichtigers oder der

Mutter Raphaele zu hören; aber wird sie, ohne Unterstützung, auch die nöthige Energie in der Aeußerung dieses Wunsches entwickeln?

„Die Umgebungen der Majestät sind, wir wissen und beklagen es, durchaus anti-klerikaler (gegenkirchlicher) Natur, und man wird rationa-listische Deutungen anwenden und die Königin an der Ausführung ihres Willens hindern.

„Darum ist es nicht blos wünschenswerth, nein, dringend nöthig, daß wir Jemand haben, der unsern Dollmetscher macht."

„Ja, lieber Bruder im Herrn," nahm wieder der Pater Claret das Wort — „haben Sie denn ganz vergessen, daß im Boudoir der Königin die Zofe Gregoria ist? Die haben wir ja von vornherein mit Rücksicht auf unsere Zwecke in diese Stellung hineingebracht."

„Sie hat uns aber schon einmal einen Schaden zugefügt, Pater," gab der Cardinal-Erzbischof von Toledo zurück. — „Ich bin dahinter gekommen, daß sie bei der Befreiung des Don Eduardo de la Seda aus den Kerkern von Sevilla eine bedeutende Rolle gespielt hat."

„Ich weiß, ich weiß," fiel der Pater Claret ein; „aber auch ein goldenes Armband hat damals eine große Rolle gespielt, welches die Frau des alten Juan de Alar ihr zum Geschenk machte.

„Ein goldener Esel übersteigt alle Mauern. So geben wir doch der Zofe unsererseits einen ganzen Schmuck!"

„Das ist das Beste," entschied der Cardinal-Erzbischof von Toledo.

„Das nöthige Geld dazu wird das Kloster zu Bich schon stellen können," sagte Pater Claret.

„Ihr werdet ja sehen, hochwürdiger Vater, wie Ihr die Summe dem Kloster wieder erstatten könnt."

„Das ist natürlich," rief der Erzbischof von Saragossa. „Wenn der hochwürdige Vater Claret nur erst wieder unserer lieben Toch-ter Isabella die Sünden abhört, dann wird er schon mehr als blos die tausend Realen seinem Kloster zuzuwenden verstehen."

„Gewiß, gewiß," bestätigte Pater Claret.

„Das ist aber nur eine Maßregel, freilich die Hauptmaßregel," begann jetzt wieder der Cardinal-Erzbischof von Toledo — „und über diese sind wir also einig. Jetzt handelt sich's noch um ein Anderes.

„Im Beichtstuhle gilt es, an alle unsere Beichtkinder, besonders aber an die aus dem Volke, auch die rechte Parole auszutheilen.

„Das Volk muß über die Vertreibung der heiligen Mutter Raphaele außer sich gerathen, und besonders müssen wir es unter die Leute bringen, daß ihre Wundermale auf's Neue zu bluten anfangen. **Das giebt Aufregung und Lärm."**

Auch dieser Vorschlag fand die allseitige Billigung der frommen Priester, und es wurde noch obendrein beschlossen, die für solche Zwecke sehr leicht verwendbaren Bettelmönche zur Aufreizung des Volkes zu benützen.

Als diese Beschlüsse gefaßt waren, wurde wieder gebetet, wie beim Beginn, wieder wanderte das Crucifix von Lippe zu Lippe, dann löschte Pater Claret die Kerzen aus bis auf eine, bei deren Schimmer man die feuchte Treppe wieder hinanstieg. Die Patres blieben im Kloster, und die vier hohen Weltgeistlichen verließen es wieder, wie sie gekommen waren.

Das war die Berathung im Kloster zu Vich.

Fünfundzwanzigstes Capitel.

Geistererscheinungen im Schlosse zu Madrid.

Im Schlosse von Madrid war es recht unbehaglich.

Wir wissen, die lebenslustige, vergnügungs- und noch mehr putzsüchtige Königin war Narvaez los, den kalten, eisernen Tyrannen, von dem sie behauptete, er würde zuletzt selbst so weit gegangen sein, ihr vorzuschreiben, welches Kleid sie tragen dürfe und welches nicht.

Und doch — ihr Herz war leer und öde — kein Strahl der Liebe erhellte und erwärmte es.

Dazu kam noch, daß es hoher Sommer war, und wenn derselbe schon in einer Residenz des nördlichen Europa wie Blei auf den armen Menschenkindern lastet, die ihn aushalten müssen und nicht in die grüne Landeinsamkeit fliehen können, wie viel mehr erst drückt er in dem heißen, glühenden Madrid.

Die Majestät sehnte sich hinaus — fort von Madrid.

Diesen Wunsch zu unterstützen kam ihr ein Umstand zu Hilfe, welcher sie mit Macht drängte, die Koffer zu packen und davon zu eilen.

Im Schlosse spukte es wieder einmal — gerade wie zur

Zeit, als Don Pedro de Sequanilla Palast=Gouverneur war, und gerade wie damals ließ sich das Gespenst durch keinerlei Maßregeln, die reichlich dagegen getroffen wurden, bannen oder ergreifen. — Es war in einer Nacht in der Mitte des Juli.

Gregoria, das vielgewandte Kammerkätzchen aus der Schule der Pfaffen, hatte bei der unruhigen Königin wachen müssen. Sie las vor aus einem französischen Roman — aber Isabella nannte die Geschichte fad und langweilig.

Die Fenster des königlichen Schlafzimmers wurden geöffnet und wieder geschlossen, die Zofe kniete mit der Königin nieder am Betaltar und betete — alles umsonst.

Endlich war der ersehnte Schlummer gekommen — die Königin hatte ein Glas Limonade genommen, und war dann bald eingeschlafen.

Die Zofe, im Negligee, saß noch am Bett und bewachte den un= ruhigen Schlummer der Gebieterin.

Diese stöhnte und ächzte — dazwischen bewegte sie die Lippen, und unverständliche Laute und Worte stieß sie hervor, daß der rath= losen Gregoria ganz Angst und Bange wurde. Sie wußte nicht, sollte sie ihre Herrin aus dem lange gesuchten, endlich gefundenen Schlafe stören — oder sollte sie dieselbe in unruhigen, offenbar beängstigenden Träumen weiter schlummern lassen.

Gregoria war noch mit dieser Ueberlegung beschäftigt, als sich auf dem Corridor, welcher an die Rückwand des Schlafgemachs Ihrer katholischen Majestät stößt, und mit demselben durch eine wenig bekannte, fast unsichtbare Tapetenthür in Verbindung steht, ein son= derbares Geräusch vernehmen ließ.

Es war ein Rumoren und Rasseln, ein Schütteln und Klirren, wie von schweren Ketten und Gewichten, dazwischen drang ein Stöhnen und Aechzen — noch ärger, als das, welches die Schlummernde neben ihr im Bett hören ließ.

Was war das?

Mitternacht war vorüber — die gesammten Bewohner des Schlos= ses längst zur Ruhe — nur die Wachen hatte sie mit gleichmäßigen ruhigen Tritten schon lange in den Corridoren und unten im Hofe auf und ab gehen hören — wo konnte der ungewohnte, sonderbare Lärm her= rühren?

Erst waren die Töne fern gewesen und unsicher, undeutlich.

Jetzt kommen sie näher und näher, und nehmen an Deutlichkeit zu.

Jetzt scheinen sie sich wieder zu entfernen.

Heilige Mutter Gottes, was ist das?

Entsetzt war die Zofe an den Betaltar geflüchtet, und hatte sich vor dem Bilde der heiligsten Jungfrau Maria auf die Knie geworfen. Sie versuchte, das Ave Maria zu beten, brachte es aber nicht zu Stande. Aus dem Ave kam sie ins Vaterunser, und aus diesem in den Segen und Glauben — ihre Gedanken waren weg, und ihre Besinnung verwirrt.

Da verstummte plötzlich das Ketten-Gerassel, und die Brust, auf der es wie Centnerlast lag, wollte sich eben in neuer Hoffnung wieder heben.

Umsonst — ein Anderes, wenn auch nicht so Schreckliches, begann. Leise, leise im zartesten Pianissimo, und zugleich im weichsten Moll, ließ sich, wie vom letzten Ende des Corridors her, ein Klingen und Singen und Tönen vernehmen, und eine einschmeichelnde Musik ertönte.

Sie kam näher, und wie sie heranschritt, wuchs sie an Kraft, ging ins Piano, und zuletzt ins Forte über, und plötzlich, als sie sich schon ganz dicht an der Tapetenthür vernehmen ließ, so daß Gregoria glaubte, jetzt werde die Letztere aufgehen und der Spuck ins Zimmer treten, da drang ein Ton durch die Luft, wie wenn die sämmtlichen Saiten von zehn verschiedenen Streichinstrumenten auf ein Mal sprängen, und aus war's mit der Musik.

Die Zofe war keines Wortes, keiner Ueberlegung, keiner Bewegung fähig.

Sie hatte ihre Gebieterin wecken wollen, als das Kettenrasseln aufhörte, aber so, wie sie da vom Betaltar aufgestanden war, stand sie noch. Die Augen hielt sie weit aufgerissen auf die Stelle in der Wand gerichtet, wo die Tapetenthür sich befand.

Die Hände streckte sie vor nach derselben Stelle hin, wie wenn sie Jemand abwehren wollte, den Mund hatte sie in sprachlosem Erstaunen geöffnet.

Inzwischen war Isabella bei dem letzten gewaltsamen Geräusch dicht vor der Tapetenthür und in der nächsten Nähe ihres Bettes erwacht.

Sie rieb sich die Augen und war verschlafen. Von der Ursache ihres Erwachens hatte sie keine Ahnung.

Mit der Hand schob Isabella die reichen Vorhänge des Bettes zurück, und wollte eben ihre Zofe rufen, als sie dieselbe in der beschriebenen Haltung, ein Ausdruck des Schreckens und Erstaunens, stehen sah.

Das ungewisse Licht einer in der Mitte des Gemachs von der

Decke niederhängenden Ampel aus mattgeschliffenem Glase trug nur noch dazu bei, das Abenteuerliche - und Spukhafte der Erscheinung zu vermehren.

Isabella starrte ihre Zofe erst eine Weile in wortlosem Erstaunen an, dann rief sie:

„Aber Gregoria! Was ist Dir denn passirt? Was hast Du denn? Komm doch her zu mir!"

Die Angeredete war beim Klange dieser bekannten Stimme, die ihren Namen rief, zusammengefahren. Dann strich sie sich mit der Hand über die Stirn und schien sich zu besinnen.

„Majestät," begann sie endlich, unsicheren Schrittes nach dem Bette der Königin vorschreitend — „ich weiß nicht, was passirt ist. Ich weiß nur, so etwas ist mir noch nicht widerfahren. Majestät waren eben eingeschlafen, als" — und nun erzählte sie der erstaunt zuhörenden Königin, was wir schon wissen.

Aber sie kam mit dieser ihrer Erzählung nicht zum Ende. Noch ehe sie fertig wurde, ertönte draußen wieder das räthselhafte, unerklärliche Geräusch der rasselnden Ketten, wie es Gregoria gehört hatte.

„Sehen Sie, Majestät, ach, da ist es schon wieder. Ich fürchte mich so sehr."

Damit drückte sich die Zofe dicht an das Bett, dessen Vorhänge sie schnell übergeschlagen hatte, und zitterte schon wieder wie Espenlaub.

„So beruhige Dich doch, Gregoria," redete sie die Königin an, welche sich selbst zu fürchten begann — „beruhige Dich und kleide mich an. Wer soll mir denn beistehen, wenn Du den Muth verlieren willst? Rasch, raffe Dich zusammen und mach', daß ich halbwegs angekleidet bin."

Zitternd, unter fortwährendem Verwechseln der Kleidungsstücke, kam Gregoria diesem Befehle nach.

Als sie fertig war, befahl Isabella weiter:

„Und nun ziehe die Glocke, damit noch Jemand zu mir kommt, und lasse uns in's Vorzimmer gehen. Du könntest ja auch einmal sehen, was es giebt, es hat ja wieder aufgehört."

„Majestät, ich fürchte mich!" wagte die geängstigte Zofe einzuwenden.

„Du gehst jetzt gleich und siehst nach, was es giebt, ich befehle Dir's," antwortete mit strenger Miene die Königin.

Dann fuhr sie milder fort: „Du kannst ja einen Soldaten von der Corridorwache fragen, und mit ihm einmal durch den Corridor hindurch gehen, bleibe aber nicht zu lange."

Was blieb der armen Gregoria Anderes übrig, als zu gehen! Sie griff mit unsicherer Hand nach der Thür, stürzte aber wieder zurück, da der Lärm sich auf's Neue hören ließ.

Erst, nachdem er wieder geendet hatte, brachte der Zorn Isabellens sie dazu, den erhaltenen Befehl auszuführen. — — —

Zur selben Zeit, als die Königin und ihre Zofe in dem von ihnen bewohnten Theile des Schlosses das sonderbare Geräusch hörten, war auch der Sohn der Königin, der noch nicht achtjährige Prinz von Asturien, durch dasselbe aus dem Schlafe gestört worden; denn es rumorte im ganzen Schlosse, wenn auch nirgends so laut und intensiv, wie in der Nähe der Zimmer ihrer katholischen Majestät.

Die Soldaten, welche als Posten in den langen, unheimlichen Corridoren aufgestellt waren, hatten sich erst erstaunt nach der Ursache des Lärms umgesehen, dann war ein Theil, als sich weder etwas Verdächtiges, noch etwas Unverdächtiges sehen ließ, davongelaufen nach der Schloßwache zu; ein anderer, welcher aus den Muthigen und Aufgeklärten bestand, blieb und nahm sich vor, mit doppelter Aufmerksamkeit Wache zu halten.

Also auch der Prinz von Asturien war aus seinem Schlummer aufgeschreckt worden, und rief mit ängstlicher Stimme nach seinem Majordomus, dem Grafen von Ezpeleta, welcher mit ihm im selben Zimmer schlief.

Der Graf lauschte, hörte auch die sonderbaren Töne, und beschloß, selbst nachzusehen, was es gäbe.

Schnell weckte er einen der im Vorzimmer schlafenden Diener und befahl ihm, bei dem Prinzen zurückzubleiben, während er selbst ging.

Als er hinaus trat in den Corridor, wehte ihn ein scharfer Luftzug an; denn an den beiden Endfenstern waren ein paar Scheiben eingeschlagen. Abends waren sie noch ganz gewesen, und jetzt lagen sie in Scherben am Boden.

„Himmelelement, was ist das für eine verdammte Geschichte," fluchte der Graf mit verbissener Miene. „Wenn ich dahinterkomme, dann Gnade Gott dem, der's veranlaßt hat.

„Aha! Dort kommt ja eine solche weiße Gestalt mit unsicheren Schritten. Wart', Dich wollen wir kriegen."

Und er drückte sich in den Rahmen einer Thür, um die Gestalt herankommen zu lassen..

Da fuhr ein Windstoß durch den langen Corridor und löschte

alle Lichter aus. Die weiße Gestalt schrie: „Heilige Mutter Gottes!" und dann war's still.

Rasch entschlossen sprang der Graf hervor, auf die Gestalt zu, und packte sie mit festem Griff am Arme.

„Hilfe! Hilfe! Räuber! Diebe! Mörder!" zeterte nun das Weib, denn ein solches war es, das er gefaßt hatte und mit eiserner Faust festhielt.

„Schrei Du und der Teufel," höhnte der Graf. „Erst Farbe bekennen, mein Täubchen.

„Wer bist Du und was hast Du zur Nacht so spät auf den Corridoren zu suchen! Ich werde Dir die Gelüste zum Spuken schon vertreiben!"

„Ach Sie sind es, Herr Graf!" flötete nun die Gefangene in den süßesten Tönen, „lassen Sie mich doch los, ich habe gewiß Flecken am Arme, wie können Sie so ungalant sein?"

„Wer sind Sie, meine Sennorita?" fragte der Graf ruhig weiter ohne loszulassen, „erst muß ich das wissen."

„Kennen Sie mich denn nicht, Sie Unbarmherziger, ich bin ja Gregoria, das Kammermädchen Ihrer Majestät."

„Ach so!" antwortete in gedehntem Tone der Graf, welcher in dem Wahne gewesen war, er habe das Gespenst gefangen. „Ja aber meine Theuerste, wie kommen Sie denn zu so ungewohnter Stunde in den Corridor hier? Sie begreifen, daß ein Irrthum leicht mög= lich war."

„Ach, ich bin so furchtbar erschrocken und ich fürchtete mich ohne= dies schon so sehr," lispelte Gregoria, „ich kann kaum sprechen.

„Die Majestät hatte mich ausgeschickt, um nachzusehen, was im Schlosse denn los sei, und da habe ich mich wohl in der Angst meines Herzens verlaufen, und bin in den unrechten Corridor gerathen."

Dem Grafen kam ein eigenthümlicher Gedanke — er erinnerte sich sehr wohl der Zofe der Königin, und er erinnerte sich auch, daß sie schön sei.

„Wahrhaftig, das könnte ein ganz interessantes Abenteuer mit gar nicht unangenehmen Folgen abgeben," sagte er zu sich selbst.

Er überlegte nicht lange, sondern begann:

„Wenn Sie sich verirrt haben, schöne Sennorita, so kann ich als galanter Ritter nicht verfehlen, Ihnen meinen Arm zu bieten und Sie zurück zu geleiten."

Als Gregoria mit der Antwort zögerte, fuhr er fort:

„Oder habe ich Sie mit meinem barschen, unsanften Betragen

so sehr beleidigt, daß Sie nun zürnen und nichts von mir wissen wollen? Ich bitte Sie eben so herzlich, als inständig um Ihre Ver=zeihung!"

„Ich zürne Ihnen nicht, Herr Graf," antwortete Gregoria; „aber ich muß aus einem anderen Grunde Ihre Begleitung zurück=weisen. Erst jetzt fällt es mir ein, woran ich vorher in meiner Angst gar nicht gedacht hatte, daß ich ja nur in das allerdürftigste Negligee gekleidet bin.

„Nein nein, Herr Graf, Sie dürfen mich nicht begleiten, bleiben Sie nur zurück — ich finde schon meinen Weg.

„Ach, und doch fürchte ich mich so sehr!"

„So nehmen Sie doch meine Begleitung an, Sennorita," drängte auf's Neue der Graf. „Sie haben sich ja gar nicht zu fürchten oder zu geniren; ich bin Ehrenmann, und zum Andern fallen die üblichen Schicklichkeitsregeln unter gewissen Verhältnissen von selber zusammen."

„Ach, ich schäme mich so sehr," flüsterte Gregoria und kreuzte die Arme über der Brust, wie wenn sie ihren Busen bedecken und ver=stecken wollte. Zugleich aber schmiegte sie sich doch wieder dicht an den Grafen an, wie vor Angst und Furcht und in der Hoffnung, an ihm einen Schutz zu finden.

„Sennorita, kommen Sie," drängte wieder der Graf. „Sie erkälten sich auf den Tod, wenn Sie noch lange hier stehen bleiben, kommen Sie, ich führe Sie auf Ihr Zimmer."

Gregoria sträubte sich, und der Graf redete ihr gut zu; und das Endresultat des eigenthümlichen Flüstergespräches im dunklen Corridor war: daß der Majordomus des Prinzen von Asturien den Arm des Kammerkätzchens Ihrer katholischen Majestät unter den seinen schob, und Beide so davongingen — beleuchteten Räumen zu.

Der Graf war Sieger — und zwar vollständiger Sieger. Denn unterwegs hatte er seine schöne Schutzbefohlene, welche, wie wir dem Leser verrathen wollen, schon lange mit heimlichem Wohlgefallen ihr Auge hatte auf des schönen Mannes wohlgebauter Gestalt ruhen lassen, zu überzeugen verstanden, daß sie sich unbedingt erst in ein wärmeres Kleid einhüllen müsse, und daß sie so im dürftigsten Negligee nicht bleiben könne, ohne sich furchtbar zu erkälten.

Er hatte also Gregoria erst auf ihr Zimmer begleitet, vor wel=chem er anfangs, wie sie sich ausgemacht hatte, warten sollte, bis sie wieder heraus käme.

Aber es war ja zu ungeheuer da draußen — auf den Corridoren fing es wieder zu rumoren an — da konnte er unmöglich bleiben. —

„Kommen Sie, Herr Graf — ich lasse Sie nicht allein im Corridor," hatte sie mit besorgtem Tone gesagt, und wenn eine weiche, zarte Damenhand schiebt und drängt, wer sollte da nicht folgen?

Der Graf hatte sich nicht zwei Mal bitten lassen, und war eingetreten in das trauliche Stübchen, welches Gregoria bewohnte.

Leider war sein Aufenthalt nicht von langer Dauer, konnte es nicht sein, daß Gregoria schon zu lange von Ihrer katholischen Majestät entfernt war und vielleicht schon vermißt wurde.

Aber wir können dem Leser immerhin das Geheimniß anvertrauen, daß Graf de Ezpeleta den soeben zurückgelegten Weg noch oft fand, und daß sich auch Gelegenheit bot, länger bei Gregoria zu verweilen.

Inzwischen war das ganze Schloß aufrührerisch geworden, denn der Spuk hatte sich wiederholt. Man lief und rief, fragte und schimpfte, und kein Mensch wußte Rath, wo aus oder ein.

Die Königin, welche erst dem Ganzen mit mehr Aerger als Angst zugesehen hatte, verlor bald genug ihren Muth.

Aber in demselben Maße, wie die Königin von Tage zu Tage, oder vielmehr von Nacht zu Nacht mehr ihren Muth verlor, gewann ihn das Zöfchen wieder.

Die Ursache hierfür war eine doppelte: einmal hatte Gregoria in den düstern, unheimlichen Corridoren des königlichen Residenzschlosses seit jener verhängnißvollen Nacht, in welcher der Spuk begann, gewöhnlich Gesellschaft — treue, starke, männliche Gesellschaft; zum Andern war sie am Tage nach jener Nacht durch einen Famulus in das Palais des päpstlichen Nuntius beschieden worden.

Dort hatte sie der Cardinal-Erzbischof von Toledo erwartet, und in's Gebet genommen. Er habe gehört, sagte er, daß in der vergangenen Nacht die Bewohner des Schlosses durch ein umgehendes Gespenst in ihrer Ruhe gestört worden seien.

Offenbar könne der Geist einer der Person Ihrer Majestät nahe stehenden verstorbenen Person keine Ruhe finden, und das müsse seinen Grund haben.

Diesen Grund nun sähe er — der Cardinal — in nichts Anderem, als darin, daß der Pater Claret und die Nonne Patrocinio den Hof hätten verlassen müssen. Diese Beiden wären immer wie zwei gute, Ruhe und Frieden spendende Geister um die

Person der Monarchin gewesen, und sicherlich würde der unruhige
Geist wieder zur Ruhe kommen, wenn man die Verbannten wieder
an den Hof zurückrufe.

Und nun erhielt Gregoria ihre Instruktion, welche dahin ging,
die Königin bei „etwaigem Wiederauftauchen des Spukes dahin zu
beeinflussen, daß sie sich entschlösse, den Pater und die Nonne
wieder zurück zu rufen.“

Gregoria hatte dieser sonderbaren Belehrung mit viel Ruhe und
scheinbarer Glaubensseligkeit zugehört und versprochen, in dem ange-
deuteten Sinne zu wirken, besonders, da der geistliche Herr ihr einen
schönen Schmuck gezeigt und den Besitz desselben für den Fall
in Aussicht gestellt hatte, daß sie recht eifrig und pünktlich den
erhaltenen Weisungen nachkommen sollte.

Aber im Grunde ihres Herzens lachte Gregoria über die ganze
Geschichte, und ihre Furcht war verschwunden, denn sie durchschaute
den klugen Cardinal sofort.

Dennoch kam sie ihrer übernommenen Pflicht nach — denn die
Zuneigung der Geistlichkeit sich zu verscherzen war nicht
rathsam, und — am Hofe von Madrid lebte sich's doch gar zu gut.

Als sich nun am Abend darauf das sonderbare Geräusch wieder
hören ließ, und als sogar in der dritten Nacht sich die Dielen des
Vorgemachs zum Schlafzimmer Ihrer katholischen Majestät zu öffnen
schienen, und das Bild eines die Händchen bittend empor-
hebenden Kindes sehen ließen, in welchem eine erhitzte
Phantasie allenfalls das Bild des verstorbenen Töch-
terchens der Königin, der Infantin Maria de la Concepcion konnte erkennen wollen — da begann sie die Majestät
zu bearbeiten.

Sie sprach davon, wie sie von Situla, der früheren Kammerfrau
der Königin-Mutter, gehört hätte, daß schon früher dergleichen im
Schlosse vorgekommen sei, und daß der Himmel auf solche Weise einen
Willen, den er habe, auszudrücken pflege. Das stimmte denn auch
mit den Lehren der frommen Mütter vom Herzen Jesu überein, bei
denen sie erzogen worden sei.

Das Alles verfehlte nicht seine Wirkung auf die bigotte Königin,
welche am liebsten den Pater Claret und die Nonne Patrocinio sofort zurückgerufen hätte.

Aber Marschall O'Donnell gab es nicht zu. „Lassen Majestät
den Pater nur noch eine Weile vom Hofe weg,“ hatte er gesagt,

„bis die Welt zu meinem Liberalismus Vertrauen gewonnen hat, und dann mag er ja wiederkommen. Inzwischen aber verreisen Sie doch, dann sind Sie den Spuk los."

Isabella befolgte seinen Rath und begab sich nach Ildefonso.

- - - - - - -

Sechsundzwanzigstes Kapitel.

Die Verlobung der ältesten Tochter der Königin Isabella II., Isabella, mit dem Grafen Girgenti.

Die Königin Isabella genoß den Sommer in San Ildefonso.

Sie hatte alle Sorgen und Kümmernisse in Madrid zurück gelassen.

Wie schön war es hier unter den Orangen- und Lorbeerhainen, in den Anlagen, wo Blumen aus den heißen Himmelsstrichen unter den heimischen in tausend Farben blüheten, mit tausend Düften die Lüfte schwängerten.

In den köstlichen Lustgehölzen, unter den prächtigen Zierpflanzen zwitscherten, pfiffen, trillerten die gefiederten Sänger des Waldes ihre Liebeslieder, und die bunte Schmetterlingsschaar, die in den Sonnenstrahlen glänzte, ergötzte das Auge der Lustwandelnden.

Besonders, wenn die lauen Abendlüfte durch Gärten und Parks säuselten und einen Blüthenregen herniederstreuten, wenn die Fontänen sprudelten und die Bäche plätscherten, lud Alles in den von Myrthen und Rosen, Geisblatt und Epheu überzogenen, schattigen Lauben zum Liebesgenusse ein.

Und an dem üppigen Hofe spielten sich unzählige Liebesscenen ab.

Da schäkerten die Damen und Kavaliere mit einander, da suchte manch' glänzender Offizier der Leibwache im Genusse der derben Reize eines frischen Landmädchens seine Kurzweil.

Ob die Königin bei all' dem neckischen Spiel der Liebesgötter kalt und gleichgültig blieb? quien sabe (wer weiß es.)

Hier war es, wo eines schönen Abends die Königin Isabella in höchster Aufregung ihr von Wohlgerüchen durchströmtes Gemach auf und ab schritt.

Bald stampfte sie mit den Füßchen auf die weichen, türki-

65*

ſchen Teppiche, die den Eſtrich bedeckten, bald biß ſie ſich auf die
Lippen, dann zerknitterte ſie das Taſchentuch, das ſie in den zarten
kleinen Händen hielt, ihre Augen funkelten.

Alles an ihr verrieth den höchſten Zorn.

War eine aufregende Nachricht aus dem Auslande in dies para=
dieſiſche Aſyl gedrungen, woraus alle Sorge verbannt war?
Keineswegs. Ruhe und Friede herrſchten überall.

„Marquiſe von Lerma,“ herrſchte Königin Iſabella ihrer dienſt=
habenden Palaſtdame zu, die auf ihr Klingeln ins Zimmer getreten
war, „verfügen Sie ſich doch ſofort zu Ihrer Majeſtät, meiner Mut=
ter, der Königin Chriſtina, und fragen Sie dieſelbe, ob ich mit ihr
ſchleunigſt eine Unterredung haben könnte.“

Die Königin Mutter lebte wunderbarer Weiſe jetzt in ſcheinbar
größter Eintracht mit ihrer Tochter.

Sie hatte ſich ſogar eine prächtige Villa in San Ildefonſo er=
bauen laſſen, und bewohnte dieſelbe mit dem ſchönen ehemaligen
Sergeanten Munoz, Herzoge von Rianzares und ihren
Töchtern aus zweiter Ehe.

Dennoch war ſie überraſcht, als die Hofdame ſie erſuchte, zu ihrer
Tochter zu kommen.

Es mußte eine bedeutſame Veranlaſſung ſein, welche die=
ſelbe bewog, nach ihr zu ſchicken. Das hatte ſie lange nicht gethan.

Die Freundſchaft Iſabellas für ihre Mutter war keine ſo innige,
wie ſonſt eine Tochter für ihre Mutter hegt. Sie zog ſie keineswegs
in vertrauter Weiſe bei aller und jeder Angelegenheit zu Rathe, viel=
mehr beſchränkte ſich der Umgang Beider auf die Theilnahme Chriſti=
nens an den Hoffeſtlichkeiten und den Abendgeſellſchaften der regieren=
den Königin. — —

Bald darauf trat Marie Chriſtine, die Matrone mit den
welken Wangen und der gefurchten Stirn, aber mit den von
Jugendfeuer ſprühenden Augen bei ihrer Tochter Iſabella ein.

„Was begehreſt Du, meine Tochter,“ fragte die Königin Chriſtine
geſpannt, während ſie mit einem Ausdruck von Befremden ihre Blicke
auf die aufgeregte Königin richtete, „die Sache muß ſehr wichtig ſein.“

„Das iſt ſie auch, aber nicht erfreulich,“ grollte Iſabella.

„Was iſt geſchehen? Ich nehme mit Verwunderung die Auf=
regung der Majeſtät wahr,“ fragte erregt die Königin Chriſtina.

„Etwas, das mich raſend macht,“ rief Iſabella.

„Iſt eine erſchütternde Nachricht von Madrid gekommen?“ fragte
Chriſtina.

„Nun, das fehlte auch noch,“ erwiderte Isabella, „daß man mich hier mit solchen leidigen Sachen plagte.“

„Nun, ich errathe nicht, was Deinen Grimm erregt.“

„Haben die gnädigste Mutter wohl schon ein beobachtendes Auge auf meine älteste Tochter, die Infantin Isabella, gelenkt?“ fragte die Königin.

„Sicherlich, wer sollte einer so lieblich aufblühenden, sich rasch entwickelnden Schönheit nicht seine Aufmerksamkeit schenken!“

„Und weiter haben Sie nichts an ihr bemerkt?“ spottete die Königin

„Auch habe ich sie zuweilen überrascht, wie ihre Blicke verlangend und mit Wohlgefallen auf schönen Männern weilten. Ich sah nichts Arges darin, ich wähnte, es wäre ein unschuldiges kindliches Spiel.“

„Wenn es bei den Blicken nur geblieben wäre,“ entgegnete die Königin, „so würde ich mich nicht weiter darüber erhitzen.“

„Was sagst Du,“ rief Christina, „meine Enkelin wäre hinaus= gegangen über das unschuldige Anschauen der Männerwelt? Unerhört!“

„So ist es. Meine Tochter hat vielleicht zu viel schon von dem süßen Trank der Liebeslust gekostet, der Weiberherzen zu ihrem Verderben berauscht. Sie wird vielleicht die bittere Hefe der Reue bald widerwillig leeren müssen.“

„Das ist unglaublich,“ seufzte Christina, „sie ist ja kaum den Kinderschuhen entwachsen, denn noch vor Kurzem spielte sie mit ihrer Puppe.

„Und jetzt hat sie ein anderes, minder unschuldiges Spielzeug sich erkoren. Ihr Spiel kann größere Schande über uns bringen, als wir gewillt sind, zu ertragen.“

„Darf ich das Genauere über den Liebeshandel wissen?“ fragte Christina.

„Weshalb,“ sagte die Königin, „sollte ich es meiner Mutter ver= hehlen; gerade um mit Dir zu berathen, wie diese Schmach von uns abzuwenden, habe ich mich an Dich gewandt.“

„Und dafür meinen besten Dank, daß meine Tochter in ihrer Mutter endlich ihre beste Freundin erkannte; früher war es nicht so.“

„Vergangenes sei vergessen und vergeben, nichts mehr davon! Wir haben Wichtigeres zu bedenken.

„Meine Tochter Isabella liebt einen französischen Edelmann vom ältesten Adel, einen Mann von untadelhafter Schönheit und Manieren, den ich auf eine Empfehlung der Kaiserin Eugenie unter meine Gar= den aufgenommen habe. Das Verhältniß ist schon so weit gediehen, als es zwischen zwei Liebenden nur kommen kann. —“

„Durch wen hast Du davon erfahren?" fragte gespannt Christina.

„Eine meiner vertrautesten Dienerinnen erzählte mir, sie habe die Liebenden in einer Myrthenlaube im zartesten Zwiegespräch belauscht. Schon in Madrid habe sie Aehnliches bemerkt, habe aber gezögert, es mir zu entdecken, weil sie üble Folgen ihrer Plauderei für sich besorgte.

„Jetzt habe aber ihr Gewissen sie gedrängt, mir diese zarte Sache mitzutheilen. Sie bat zugleich um meinen Schutz gegen etwaige Feinde, die sie sich durch ihre Aussagen zuziehen könnte.

„Ich wollte meiner Zofe nicht glauben, obwohl sie mich noch nie getäuscht. Da erbot sie sich, mich zu gelegener Stunde an einen versteckten Ort zu führen, von wo ich das Stelldichein des Paares überwachen könnte. Ich willigte ein.

„Ich fand die Liebenden, und was ich sah, vermag ich Dir nicht zu schildern, Mutter; ich wollte meinen Augen nicht trauen.

„Ein Jähzorn ergriff mich; hinstürzen wollte ich, um den Liebhaber meiner Tochter mit diesen, meinen Händen, zu erdrosseln, doch meine Dienerin hielt mich zurück.

„Wir hatten uns aber durch Geräusch verrathen, und das aufgeschreckte Paar floh nach verschiedenen Seiten; meine Tochter in's Schloß, der Lieutenant nach einer andern Richtung.

„Ich wollte ihr nach, das Schloß in Alarm setzen; aber meine wackere Zofe bat, beschwor, flehte mich an, es nicht zu thun. Beruhigen sollte ich mich und überlegen; ich bezwang mich.

„Und jetzt habe ich in meiner Rathlosigkeit zu Dir, Mutter, meine Zuflucht genommen."

„Du hast also noch keine Anordnungen getroffen?" fragte Christina.

„Noch keine; ich wollte zuvor Deine Meinung hören, Mutter, da Du mir die nächste bist, wenn es sich um Familienangelegenheiten handelt."

„Das war weise gehandelt, meine Tochter, eine Unbesonnenheit konnte das Unheil noch vergrößern.

„Wo waren denn die Ajas und Duennas, und die Oberhofmeisterin der königlichen Kinder, daß die Infantin sich solche Freiheit nehmen konnte?"

„Das schlaue Mädchen scheint die Einen überlistet, die Andern für sich gewonnen zu haben. Ich möchte gern den Herrn Lieutenant dahin schicken, wo der Pfeffer wächst, und die ganze fahrlässige Dienerschaft sofort vom Hofe jagen."

„Das ist übereilt, meine Tochter, durch ein solches Verfahren würde man den Skandal noch ärger machen."

„Was rathest Du mir nun, theure Mutter?"

„Die Sache zu vertuschen ist das Beste," entgegnete Christina. „Das heiße Blut, das in unsern Adern rollt, entschuldigt die Infantin, ihre frühe Reise hat die schlummernden Triebe zum Ausbruch gebracht. Das üppige Hofleben hat das Mädchen zu früh entwickelt und das ist Alles."

Vor Scham und Reue schlug die Königin Isabella die Hände vor's Gesicht.

„O diese Atmosphäre ist vergiftet," jammerte sie! „Eine gerechte Vergeltung straft uns in unsern Kindern. Ich bin an Allem schuld, ich habe das Beispiel ihr gegeben, meinen Leidenschaften keinen Zügel angelegt?"

„Keine vergebliche Klage, meine Tochter, hier gilt es zu handeln!" ermunterte Christina.

„Was soll ich denn thun, theure Mutter," rief Isabella außer sich.

„Zunächst muß man weitere Zusammenkünfte der Liebenden hindern; eine zuverlässige Person darf Deine Tochter nicht aus den Augen lassen; sodann mußt Du allmälig die Dienerinnen und Damen entlassen, die die Umgebung Deiner Tochter bilden und sie durch andere ersetzen.

„Schließlich muß der Herr Lieutenant unter irgend einem schicklichen Vorwande in ein entferntes Regiment versetzt werden, wo es ihm unmöglich wird, zu einer Prinzessin seine Augen zu erheben."

„Wenn die Leidenschaft nur nicht schon zu weit gediehen ist, und unsere Maßregeln nur noch fruchten!" warf die Königin Isabella ein.

„So muß die junge Infantin an einen ebenbürtigen Prinzen auf das Schnellste verheirathet werden; das ist unter allen Umständen sehr rathsam."

„Ich bin mit Dir völlig einverstanden, Mutter," antwortete freudig Isabella, denn in ihrem Herzen stieg die Hoffnung auf, eine lästige Zeugin ihrer eigenen Liebeshändel los zu werden.

„Wen werden wir zu unserem Eidam ausersehen?"

„Vergebens halte ich Umschau" erwiderte nachdenkend Christina, „unter allen fürstlichen Geschlechtern Europa's; ich finde keinen geeigneteren für uns als den Stiefbruder Seiner Majestät des Königs Franz II. von Neapel, Don Gaëtano Maria Federigo, Grafen von Girgenti, meinen Neffen.

„Er wird es sich zur Ehre rechnen, sich mit dem verwandten

Hause zu verschwägern, und eine reiche Mitgift macht die Zu=
kunft unserer Kinder zu einer sicheren und glänzenden.

„Unter dem Vorwande, den theuren Verwandten kennen zu lernen,
ladest Du den Prinzen ein, an unsern Hof zu kommen, Alles weitere
wird sich finden.

„Vor Allem Ruhe, Isabella, und nach meinem Rathe gehandelt!"
Noch einmal wollte Isabella aufwallen.

Die Kaltblütigkeit Christinen's errang den Sieg, und zufrieden
mit einander schieden Mutter und Tochter. — — — — —
— — — — — — — — —

Kein Unberufener erfuhr etwas von dem eben erzählten Vorfalle. —

Die Infantin Isabella hatte gefürchtet, ihr Herzens=Geheimniß
sei verrathen, ein Ungewitter werde über sie und den Geliebten
ausbrechen.

Sie hatte Tag und Nacht gebangt und sich gehärmt, aber es
war nichts erfolgt, kein Mensch kümmerte sich um sie; nicht ein vor=
wurfsvoller Blick der Mutter deutete ihr an, daß diese um ihre Be=
kanntschaft mit dem Offizier wisse.

Nur zeigte ihr in den nächsten Tagen die Königin an, daß die
alte Donna Manuela Garcia, eine im Dienst des königlichen Hauses
ergraute Dienerin von großer Sittenstrenge und von scharfem
Blick, ihr als Gesellschafterin zugetheilt sei.

Durch Straflosigkeit kühn geworden, wollte das junge
Mädchen den Liebeshandel fortsetzen; aber eine eherne Mauer schien
sie von dem Geliebten zu trennen. Vergebens schrieb sie Briefe an
ihn, sie wurden aufgefangen; vergebens suchte sie ihn auf, wie ein
Schatten folgte die Duenna Manuela ihren Schritten.

Nach einigen Tagen war der Geliebte von dem Hofe geschwunden,
sein Oberst hatte sich sehr anerkennenswerth über seine Verdienste und
Fähigkeiten ausgesprochen, er war durch besondere Gunst der Königin
zum Hauptmann befördert, aber zu einem entfernten Regimente ver=
setzt worden. — — — — — —

Am Himmel des Hofes aber stieg ein neuer Stern auf, der Ab=
wechselung in das ewige Einerlei brachte.

Plötzlich lief die Nachricht durch die höchsten Kreise, daß ein
Prinz aus dem Hause der italienischen Bourbons, der
Graf von Girgenti, nach San Ildefonso käme, um seiner könig=
lichen Cousine seine Aufwartung zu machen.

Das gab den müßigen Höflingen willkommnen Stoff zu viel=
fältigen Gesprächen, welchen Grund ein solcher Besuch haben könnte.

Man rieth hin und her, und traf natürlich den Nagel auf den Kopf.

Ein blutjunger, heirathsfähiger Prinz und eine noch viel jüngere Infantin, die zwar dem Alter nach noch ein halbes Kind war, deren Formen aber sich zu einer vollkommenen Jungfräulichkeit, ja Ueppigkeit, entfaltet hatten, in deren Augen man das süße Sehnen nach Be= friedigung las, wie eine reife Jungfrau es bekundet.

Alles dies vorausgesetzt, konnte der Besuch des Prinzen nur mit einer Heirath in Zusammenhang stehen.

Der junge Prinz erschien.

Man hatte sich zu Viel von ihm versprochen, er war kein Adonis, der Frauenherzen im Sturm eroberte.

Von unbedeutender Gestalt, von bräunlichem Teint, un= regelmäßigen Zügen, aber doch von ritterlichem Wesen, das Blut der Bourbonen nicht verleugnend, war der zwanzigjährige Prinz am wenigsten im Stande, den bildschönen, stattlichen französischen Edelmann aus dem Herzen der Prinzessin zu verdrängen. — —

Festlichkeiten auf Festlichkeiten fanden zu seinen Ehren statt.

Unser Prinz sah die schöne Königstochter, und sie machte auf sein leicht empfängliches Herz einen gewaltigen Eindruck. Er wäre ihr gern zu Füßen gefallen, und hätte ihr seine Liebe vor aller Welt ge= standen, hätte ihn die Etiquette und die eigene Schüchternheit nicht gehindert.

Er war stets an ihrer Seite ein echter galanter Cavalier, jedem ihrer Wünsche begegnend, sie mit Zuvorkommenheiten überhäufend, er unterhielt sich nur mit ihr, war verstimmt, wenn sie abwesend war, kurz, tausend Anzeichen verriethen die Neigung des Grafen von Girgenti zu der sechszehnjährigen Infantin Isabella.

Die Infantin Isabella nahm zwar die Huldigung ihres An= beters mit Wohlgefallen auf, sie wies aber dieselben, wenn sie inniger wurden, mit einer eisigen Kälte zurück.

Der junge Graf war verzweifelt, er klagte sein Mißgeschick allen Bekannten. —

Da riethen ihm der Cardinal=Erzbischof von Toledo, und Pater Claret, sich förmlich um die Hand der Infantin in feierlicher Audienz bei der Königin Isabella II. zu bewerben, er werde keine abschlägige Antwort erhalten, sie bürgten ihm dafür.

Dem Prinzen schien die Sache bedenklich, er sträubte sich, die

Prälaten munterten den Jüngling auf, den Schritt zu wagen. Es kostete aber viele Mühe, den schüchternen Grafen dazu zu überreden.

Indessen war die Königin Christina eifriger als je in dieser Angelegenheit thätig.

Die Vermählung ihrer Enkelin mit ihrem leiblichen Neffen behagte ihr ungemein. Wurden dadurch doch die Interessen beider Linien auf's Engste mit einander verschmolzen, die eine noch regierende Linie der spanischen Bourbonen wurde genöthigt, der unglücklichen neapolitanischen eine kräftigere Unterstützung zuzuwenden, als bisher.

Der Glanz des ganzen Geschlechts wurde dadurch erhöht und konnte die alte Herrlichkeit nicht dereinst einmal wiederhergestellt werden?

Das Gesicht der Königin Christina strahlte daher von Genugthuung, als ihr Neffe, Graf von Girgenti, zu ihr kam und um einige Minuten Gehör bat.

Er hatte eine ernste, feierliche Miene angenommen:

„Geliebte Tante," sprach der junge Graf von Girgenti in höchster Erregung zu Christina mit stockender Stimme, „Sie errathen wohl, was mich zu Ihnen führt?"

„Keineswegs, theurer Neffe," scherzte die Königin=Mutter, die sich an der Verlegenheit des Prinzen zu weiden schien.

„Ich glaubte doch, man hätte Ihnen davon gesprochen?" sagte schüchtern der junge Graf von Girgenti.

„Kein Mensch, mein Prinz. Aber bedarf es denn zwischen uns Beiden* fremder Vermittler, sind wir nicht nahe genug befreundet. Was ist es denn?"

„Ja, Tante, so Etwas läßt sich doch nicht so leicht sagen," erwiderte der Prinz verlegen.

„Warum denn nicht", entgegnete Christina, „die Sache bezieht sich vielleicht auf den heutigen Hofball?"

„O nein, deswegen würde ich nicht zu Ihnen gekommen sein, es ist eine andere Angelegenheit, die meinen Besuch bei Ihnen veranlaßt, liebe Tante!"

„Nun denn, so wollen Sie von meiner Tochter, der Königin Isabella, etwas für sich erbitten, etwa eine Anstellung in der Armee oder eine sonstige Gnade und Sie haben mich dabei zu Ihrer Fürsprecherin erkoren."

„Eine Gnade ist es allerdings, um die ich Ihre Majestät die Königin Isabella anflehe, aber eine solche, von der mein Lebens=

glück abhängt. Und Sie, geliebte Tante, sollen meine Vermittlerin in dieser Angelegenheit sein."

„Ah so, Sie sind verliebt," bemerkte Christina schalkhaft.

„Endlich haben Sie es errathen, theure Tante," erwiderte der Graf von Girgenti, und eine Purpurröthe färbte sein blasses Antlitz.

„Seit ich meine Cousine die Infantin Isabella sah, hat eine tiefe Neigung für sie mein Herz ergriffen. Ich widmete mich dem Minnedienst, wie nur je ein Ritter aus alter Zeit; durch tausend Zeichen gab ich meiner Angebeteten zu erkennen, daß sie mein Herz erobert, und höflich nahm sie meine Huldigung auf; doch wenn ich ernster wurde, mich zu erklären im Begriff war, wich Isabella mir aus und setzte eine Eiseskälte mir entgegen, so daß ich von weiteren Schritten Abstand nahm.

„Sie sollen nun bei Mutter und Tochter für mich werben; von ihnen hängt es ab, ob ich in Verzweiflung von dannen ziehe, oder mein höchstes Glück erreiche."

„Das soll geschehen, lieber Neffe, und wie ich hoffe mit Erfolg. Was meine Enkelin betrifft, so ist ihre Kälte gegen Sie nichts weiter, als jungfräuliche Scheu, sie ist ja noch beinahe ein Kind; wie soll sie da den Liebesbetheurungen eines jungen Mannes ein willig Ohr leihen.

„Hoffen Sie das Beste, Neffe! Werben Sie getrost um die Hand meiner Enkelin; die Königin, meine Tochter, wird Ihren Heirathsantrag willfährig aufnehmen, und die junge Infantin werde ich für Sie schon günstig stimmen.

„Also noch einmal! Fassen Sie Muth und reden Sie, wie Ihnen ums Herz ist."

Entzückt und hoffnungsvoll verließ der Neffe die Tante. — —

Am andern Tage wurde der Graf zur feierlichen Audienz bei der Königin Isabella eingeladen.

In höchster Galauniform, die Brust mit Orden bedeckt, so zierlich aufgeputzt als möglich, erschien der Graf von Girgenti mit glänzendem Gefolge.

Ihre Majestät die Königin Isabella hatte ihrerseits Alles aufgeboten, dem ersehnten Eidam zu gefallen.

In tief ausgeschnittener mit Diamanten übersäeter Seidenrobe, aus deren Mieder die üppigen Reize ihrer Majestät hervorquollen, das volle schwarze Haar mit Perlen und Brillanten durchflochten, die entblößten vollen Arme mit Geschmeide von unendlichem Werthe umwun-

den, die strahlenden Augen mit verwirrender Herausfor-
derung auf den jungen Mann gerichtet, so erschien die Majestät in dem tête-à-tête, das sie dem Prinzen gewährte,
der natürlich sein Gefolge im Vorzimmer gelassen.

Kein Wunder, daß der Graf, von der imposanten Erscheinung geblendet, im ersten Augenblick sein Anliegen vergaß, und
beinahe vor Ihrer Majestät niedergesunken wäre, und sie um Gegen-
liebe angefleht hätte.

Die Königin Isabella ergötzte sich einige Augenblicke an der Befangenheit des Jünglings. Im innersten Herzen that es ihr wohl, daß sie noch
fähig war, die Sinne des Jüngsten zu berücken, obwohl sie
schon eine heirathsfähige Tochter besaß.

Da der Prinz sie zwar begrüßt, dann aber stumm geblieben war
und wie im Nachdenken verloren dastand, so hob sie mit freundlicher
Miene an:

„Seien Sie nicht schüchtern, lieber Vetter, ich bin von Ihrem
Vorhaben durch meine Mutter unterrichtet."

„Verzeihen Eure Majestät," begann der Prinz seine wohl ein-
studirte Rede, „wenn ich mich vermesse, zur ältesten Tochter Eurer
Majestät, der Infantin Isabella, die kühnen Blicke zu erheben und um
ihre Hand hier förmlich anzuhalten. Eine wahrhafte Neigung hegt mein Herz für die Erkorene, und ich hielt für meine Pflicht,
die erhabene Mutter der Infantin von dieser meiner Liebe in Kenntniß zu setzen, und Sie um Ihre Einwilligung zu dieser
Verbindung und um Ihr Fürwort bei Ihrer Tochter an-
zuflehen."

„Ihr Antrag schmeichelt mir, mein Vetter," entgegnete die Königin Isabella mit ihrem gewinnendsten Lächeln, „und gereicht unserm
Hause zur höchsten Ehre.

„Ich gebe demselben gern meine Zustimmung und verbürge mich
dafür, daß meine Tochter Sie nicht zurückweisen wird, wenn Sie
dieselbe um ihre Hand bitten.

„Ich werde die Infantin sofort rufen lassen."

Sie schellte und gebot der eintretenden Hofdame, die Tochter zu
ihr zu befehlen.

–––––––––––––––––––––––––––––––––––––––

Eine aufregendere Scene spielte sich während dieser Zeit in einem
anderen Theile des Schlosses ab.

Die Großmutter, die Königin Christina, war gekommen, mit der
Enkelin ein ernstes Gespräch über ihre Verheirathung zu pflegen.

„Haſt Du Dich vom geſtrigen Balle ſchon erholt, Iſabella?" fragte ſie harmlos.

„Wie Du ſiehſt, liebe Großmama," lächelte die Prinzeſſin, „bin ich ſo friſch, als ob ich die ganze Nacht geſchlafen hätte, ich könnte heut Abend wieder tanzen."

„Ueber Dein Wohlſein bin ich ſehr erfreut," ſprach Chriſtina, „aber nun von etwas Anderem!

„Wie fandeſt Du den Grafen von Girgenti?"

„Er iſt ein flotter Tänzer, das iſt wahr, aber ſonſt kenne ich ſchönere Männer," antwortete die Infantin Iſabella.

„Du mußt mir das nicht übel nehmen, Großmama, ich bin ihm gut, als nächſtem Verwandten, er iſt ein herziger Menſch, den man wohl leiden kann, aber wärmere Gefühle empfinde ich nicht für ihn."

„Und er erklärt," entgegnete Chriſtina, „daß er nicht leben kann, ohne Dich ſein eigen zu nennen."

„Seine Huldigung läßt mich kalt," antwortete Iſabella, „mag er ſie an Andere richten!"

„Iſabella," ſprach ernſt die Königin Chriſtina, „die Zeit iſt da, wo Du Dir einen Lebensgefährten wählen mußt, und er ſcheint mir der Paſſendſte für Dich zu ſein."

„Ich bin ja noch ſo jung, Großmama, ich brauche jetzt noch nicht an's Heirathen zu denken!"

„Iſabella, Du weichſt mir aus, Deine Abneigung gegen den Grafen Girgenti hat eine andere Urſache."

„Ich wüßte nicht, Großmama; ich habe noch nicht Luſt, mich in das Joch der Ehe zu ſchmiegen."

„Nun denn, Iſabella, wenn Du nicht offen ſein willſt, will ich nicht länger hinter dem Berge halten," betonte Chriſtina.

„Wäre es der franzöſiſche Edelmann, und nicht der Prinz, der um Dich würbe, Du würdeſt Dich nicht ſträuben, ſeine Hand anzunehmen."

Die Infantin wurde todtenbleich, ſie war einer Ohnmacht nahe, ſie hielt ſich mit Mühe aufrecht. Dann brach ſie in einen Strom von Thränen aus.

„Was mir längſt ſchon ahnte," ſchluchzte ſie, „iſt alſo wahr, darum mußte der Arme aus meiner Nähe fort, darum wurde ich unter die wahrlich unerträgliche Aufſicht der Manuela Garcia geſtellt.

„Mein zarteſtes Geheimniß, das ich im verſteckteſten Winkel meines Herzens geborgen wähnte, iſt verrathen; meine Liebe wird mit

Füßen getreten, mein Herz an einen Mann verschenkt, für den ich nicht die geringste Neigung empfinde. O heiligste Jungfrau, Du strafst mich hart," schluchzte die junge Infantin Isabella händeringend.

„Wähnst Du, Dein Verhältniß konnte verborgen bleiben?" fuhr Christina auf. „Hätten wir, Deine Mutter und ich, es nicht so geschickt angefangen, die Vögel auf den Dächern hätten von unserer Schmach geredet.

„Du triebst ein Spiel, wie es sich nicht einmal für ein Mädchen niederen Standes ziemt; die Tochter einer Königin, kaum den Kinderschuhen entwachsen, wird die Geliebte eines simplen Lieutenants.

„Er darf sich aller Orten ihrer Gunst rühmen. Ist der spanische Hof noch nicht genug verrufen? Muß ein neuer Standal alle Tage uns auf's Neue zum Gespött der Welt machen?"

„Mein Geliebter hat meine Ehre sicherlich nicht an den Pranger gestellt," warf Isabella ein.

„Das hat er nicht gethan; aber durch Eure Unvorsichtigkeist ist Euer Verhältniß an den Tag gekommen.

„Das Beste, was Du thun kannst, um die Vergangenheit vergessen zu machen, ist, Du heirathest den Grafen von Girgenti."

„Ich kann von meinem Geliebten nicht lassen, er hat meine Schwüre, ich bin die seinige vor Gott," rief Isabella.

„Der Makel, der an Dir haftet, muß aus der Welt geschafft werden."

„Ich liebe den Grafen von Girgenti nicht," erwiederte trotzig die Infantin Isabella.

„Haben wir, Deine Mutter und ich, uns nicht auch fügen und die uns bestimmten Männer heirathen müssen?"

„Aber Ihr —"

„Schweig'," fiel hier die Königin Christina aufgebracht ein, „es schickt sich nicht für Dich, gegen Dein eigen Blut zu reden, Diejenigen zu schmälen, denen Du kindliche Verehrung schuldest, was auch geschehen sein mag!" — — —

Hier wurde die Unterhaltung durch die Hofdame unterbrochen, die die Infantin zur Königin Isabella berief.

Die Infantin verbarg ihr Gesicht in ihr Taschentuch, um ihre verweinten Augen nicht sehen zu lassen, und wandte sich ab.

Die Großmama antwortete an ihrer Statt, die Enkelin würde bald erscheinen.

„Nun schmück' Dich, Isabella, zu dem Ehrentag, verbirg den Gram in Deiner tiefsten Brust!" sprach sie milder zur Enkelin.

„Ich möchte lieber Trauer um mein gebrochenes Herz anlegen,"
sagte weinend Isabella.

„Was nützt die Klage, Du mußt Dich fügen, es ist für Dein und
unser Heil, kein Wort mehr!"

Und Christina begleitete die Enkelin in ihr Toilettenzimmer,
ließ sie unter ihren Augen ankleiden und tilgte alle Spuren, welche
der eben stattgefundene Auftritt auf dem Antlitz der jungen Infantin
zurückgelassen.

Dann ließ sie sie in den Salon der Königin gehen, während sie
sich hinter einen Vorhang barg, von wo aus sie die im Zimmer Anwesenden belauschen konnte.

Die Infantin betrat ziemlich gefaßt den Salon ihrer Mutter.

Der noch anwesende Graf von Girgenti eilte ihr
entgegen und ließ sich in edler ritterlicher Weise auf ein
Knie vor ihr nieder, indem er ihre kalte, bebende Hand
ergriff.

„Himmlische Cousine," begann er mit bewegter Stimme, „der
Augenblick, wo ich Sie zuerst sah, entschied über das Geschick meines
Lebens, eine tiefe Leidenschaft für Sie verzehrt mich; machen Sie
einen Unglücklichen glücklich. Mit der Erlaubniß Ihrer Majestät, der Königin, Ihrer allergnädigsten Mutter — — —

Hier stockte er, denn um den Mund der Infantin zuckte es, ihre
Augen schleuderten Blitze des Unwillens.

Der Befangene war außer Fassung gerathen.

Es trat eine peinliche Stille ein.

Die Prinzessin hatte ihre Hand sanft aus der des Grafen von
Girgenti gezogen, ein stummer Wink deutete dem in seiner Liebes-
erklärung verunglückten Freier an, sich aus seiner knieenden Stellung
zu erheben.

Der Graf Girgenti stand beklommenen Herzens auf.

Die Infantin Isabella war noch immer stumm, sie fuhr mehrmals mit der Hand an die Augen, um hervorquellende Thränen ab-
zuwischen.

Das wurde der Königin Isabella, die einen Augenblick überrascht
die Gruppe angeschaut, zu arg. Sie trat herzu, nachdem sie der Tochter vergebens drohende Blicke zugeworfen und sie durch Zeichen an
ihre Pflicht gemahnt.

„Entschuldigen Sie, Königliche Hoheit," sprach sie zu dem Grafen
von Girgenti, „daß ich mit meiner Tochter einige Worte allein spreche.

Es ist lediglich kindliche Schüchternheit, die sie Ihren Antrag so stumm und kalt aufnehmen ließ."

Darauf trat die Königin Isabella mit ihrer Tochter, der Infantin Isabella, in eine Seitennische.

Der Graf, wegen seiner Unbeholfenheit mit sich selbst höchst unzufrieden, war mit seinem eigenen Ich zu sehr beschäftigt, um über das Benehmen der Infantin gegen ihn nachzudenken.

Der Graf näherte sich einem mächtigen Spitzbogenfenster, und überschaute von dort das wundervolle Gemälde, welches sich über Gärten, Parks und Gebirge, seinen Blicken aufrollte.

Sicherlich freute er sich des Genusses nicht, denn all' sein Sinnen war auf die bevorstehende Entscheidung gerichtet, nur mechanisch ruheten seine Augen auf die Landschaft draußen.

Mit verbissener Wuth redete die Königin indeß auf ihre Tochter ein:

„Kannst Du Dir denn die alte Liebschaft noch nicht aus dem Sinn schlagen? Hast Du mir noch nicht genug Herzeleid bereitet? Wie schonend bin ich mit Dir umgegangen? Hat die Königin Christina, Deine Großmama, denn nicht Alles enthüllt?"

„Sie hat es leider nur zu sehr gethan und mein Herz mit rauher Hand zerrissen."

„Siehst Du nicht ein," fragte die Königin Isabella, „daß Du frevelhaft gehandelt und durch Gehorsam das Vergangene sühnen mußt?"

„Nein," entgegnete die Infantin Isabella, „ich erkenne meine Schuld nicht, ich bin nur den Trieben meines Herzens gefolgt."

„Verstockte," rief die Königin, „für solche Reden möchte ich Dich strafen; gleich willigst Du ein und reichst dem Grafen von Girgenti Deine Hand."

„Ich kann an der Seite eines ungeliebten Mannes mein Leben nicht vertrauern."

„Du wirst es lernen," antwortete die Königin, „wie so viel Andere, Du wirst Dich trösten, wie so Viele es gethan; ich kann nicht mehr zurück. Der Graf Girgenti hat um Dich geworben, ich habe ihm Deine Hand zugesagt. Der ganze Hof wartet in den Nebenzimmern auf die Verkündigung der Verlobung, die Königin Christina, Dein Vater, der König Franz, sind in der Nähe. Komm also und willige ein."

„Ich kann nicht, Mutter."

„Du mußt, ich wäre fähig, Dich zu erwürgen, wenn Du noch länger widerstehst."

Das leise geführte Gespräch verstummte.

Die Infantin kämpfte noch einige Augenblicke mit sich. Endlich erlahmte ihre Willenskraft, ihr Gemüth war im Verlauf weniger Stunden von so vielen Erregungen bestürmt worden. Sie mußte das begangene Unrecht eingestehen. Der bis zur Raserei gesteigerte Zorn der vor ihr stehenden Königin, die sie mit den Blicken tödtete, ließ das Schlimmste befürchten.

Und endlich stahl eine leise Hoffnung sich in ihr bekümmertes Herz, welche die Worte der Mutter: Du wirst Dich zu trösten wissen, in ihr hervorgerufen hatte. Sie zwang ihre Züge zum Lächeln, und wandte sich zu dem am Fenster stehenden Cousin.

Die Königin ergriff ihre Hand, und führte sie zu dem Grafen Girgenti.

Er aber ward durch das Geräusch der Schritte aus seinem Sinnen erweckt. Seine Züge hellten sich auf, als die Infantin ihm mit den Worten die Hand reichte:

„Nehmen Sie mich, ich bin die Ihre, Vetter!"

Er preßte die holde, verschämte Braut feurig an sein Herz, und überhäufte sie mit heißen Küssen, ihre Kälte belebte sich an seiner Gluth. Die Königin aber stand dabei; noch eben einer Furie ähnlich, lag sanfte Rührung jetzt auf ihren Zügen, die Augen nach oben gewandt, sprach sie mit salbungsvoller Stimme: „Ich flehe zur heiligen Jungfrau und allen Heiligen des Himmels, daß sie über dieses glückliche Paar ihren reichsten Segen ausschütten und daß sie ihm immerdar ihren Schutz gewähren mögen für und für."

Dann füllte sich auf ein von der Königin Isabella mit der Klingel gegebenes Zeichen das Gemach mit den Mitgliedern der königlichen Familie im höchsten Festesschmuck.

Als nun der König an der Seite der Königin, das Brautpaar zur Rechten derselben, die königlichen Kinder neben ihm, die Infanten und Infantinnen in gebührender Rangordnung um die Monarchin Platz genommen hatten, da ertönte ein zweites Signal.

Die Flügelthüren der anstoßenden Gemächer thaten sich auf, und der ganze Hof erschien in höchster Gala, ein Meer von Ordenssternen, goldener Stickerei und blitzenden Brillanten.

Nun trat die Königin Isabella hervor, und verkündete mit lauter feierlicher Stimme, auf das Brautpaar weisend, das im Vordergrunde Hand in Hand die ihm gebührende Stellung einnahm:

„Erlauchte Herren und Damen! Eine große Ehre ist unserm Hause widerfahren. Seine Königliche Hoheit, mein leiblicher Vetter, Don Gaetano Maria Federigo, Graf von Girgenti, Bruder Seiner Majestät Franz des Zweiten, Königs beider Sicilien, hat um die Hand Ihrer Königlichen Hoheit der Donna Isabella, Infantin von Spanien, meiner ältesten Tochter angehalten. Ich und meine Tochter haben seine Werbung gebilligt.

„Ich erkläre hiermit feierlichst Seine Königliche Hoheit Don Gaetano Maria Federigo Grafen von Girgenti als den verlobten Bräutigam meiner Tochter Donna Isabella, der Infantin von Spanien."

Und im feierlichen Zuge schritten die Granden und höchsten Würdenträger, die Gesandten, die Palast- und die Hofdamen, endlich die Generale und alle hervorragenden Männer des Reichs an dem hohen Brautpaare vorüber, ihre mehr oder minder aufrichtigen Glückwünsche in den überschwänglichsten Worten, mit unterwürfigsten Mienenspiel und in demüthigster Gebehrde abstattend.

Draußen aber donnerten Kanonensalven, rollten Trommelwirbel, die Musikchöre der Garnison spielten, die Gebäude nah und fern waren festlich beflaggt und mit Teppichen behängt.

Aus den umliegenden Orten strömten in langen Zügen die Landleute mit Fahnen und Musik herbei, um ihre Glückwünsche dem Brautpaar darzubringen und das freudige Ereigniß zu feiern.

Sie waren der Königin treu ergeben, welche sie mit freigebigen Spenden beglückt hatte, und jetzt harrte ihrer reichlich Speis' und Trank. Sie tummelten sich auf dem Platz vor dem Schloße, und gaben ihrer Freude durch Tänze und Hochrufen freien Lauf.

Und drinnen im Schlosse fand ein fröhliches Bankett statt, bei welchem die Königin Isabella die Fröhlichste unter den Fröhlichen war, denn sie hatte eine dunkle Geschichte in tiefe Vergessenheit begraben, und nicht mehr hatte sie die reife Jungfrau als lästige Nebenbuhlerin und Späherin des eigenen Treibens zu fürchten.

Siebenundzwanzigstes Capitel.

Iſabella und das franzöſiſche Kaiſerpaar.

Ihre katholiſche Majeſtät von Spanien reiſte in den nördlichen Provinzen ihres Reiches. Sie hatte Burgos berührt, wo der Cardinal= Erzbiſchof Fernandez be la Puente, der bisherige Erzieher ihres Soh= nes, reſidirte, und war von demſelben nicht begrüßt worden; denn die geiſtlichen Herren ſchmollten und waren wenig erbaut davon, daß ſich Iſabella durch die Reiſe der Einwirkung des Spukes im Schloſſe von Madrid entzogen hatte.

Die neueſten Nachrichten aus Madrid beſagten, daß indeſſen das unerklärliche Geräuſch in den Corridoren des königlichen Schloſſes fort= dauere, ein Umſtand, welchen Gregoria — die über das Zurückbleiben des Grafen de Ezpeleta in Madrid untröſtliche Gregoria — zu be= nutzen wußte, um die Majeſtät in Angſt zu erhalten.

Die Königin war ferner in Santander, dem altkaſtiliſchen Hafen mit dem regen Verkehr, und war von bewimpelten Schiffen und pa= radirenden Seeſoldaten begrüßt worden.

Dann kam ſie nach Bilbao im Baskenlande — nach Pamplona im Navarreſiſchen, und endlich nach San Sebaſtian, welches faſt in der hinterſten Ecke des Biscay’ſchen Meerbuſens liegt, und nur drei ſpa= niſche Leguas von der franzöſiſchen Grenze entfernt iſt.

Suchte Iſabella dieſen Ort auf in einer Vorahnung der Bedeu= tung, welche er einſt für ſie gewinnen ſollte? Ihre letzten Tage auf ſpaniſcher Erde im Jahre 1868 brachte ſie dort zu.

O nein — Iſabella, das Weib, welches eine Krone trug und nur dem Augenblicke lebte, welches zufrieden war, wenn es von heut zu morgen gedeckt war, welches als höchſtes Glück nur den Genuß der Liebe kannte — dieſes Weib hatte keine Ahnung, weil es keine Berechnung hatte.

Sie dachte, es müſſe immerfort ſo gehen — etwas Aerger mit den Miniſterien — etwas Verdrießlichkeit in den häuslichen Angelegen= heiten — und zuletzt in aller Noth doch immer noch Geld genug, um alle königlichen Marotten befriedigen zu können.

Woher das Geld kam, das galt ihr gleich — wenn ſie es nur hatte. Und wenn ſie es heut hatte, ſo gab ſie es heut noch aus, ohne zu fragen, wie es morgen damit ausſehen werde.

66*

Das war das Weib, welches auf einem Throne saß, und ein Land, ein Volk hätte glücklich machen können.

Aber sie verstand es nicht, sie war dessen nicht fähig — und ihr sinnloses Regiment führte endlich die Katastrophe herbei, welche sie unter ihren Trümmern begrub.

Isabella hielt sich in San Sebastian auf, und da diese Stadt durch die Thatsachen der Geschichte berufen ist, am Schlusse unserer Erzählung eine so bedeutende Rolle zu spielen, so wird der geneigte Leser eine kleine Beschreibung des Ortes gerechtfertigt finden.

. San Sebastian, an der Eisenbahn gelegen, welche Spanien mit Frankreich — Madrid mit Paris — verbindet, ist befestigt.

Im Süden erhebt sich das Gebirge von Guipuzcoa und die Vorberge mit ihren zackigen Felsen reichen bis an das Meeresufer — hinein in die Fluth, daß sich die Wogen an den Klippen brechen, wenn einer der Stürme, die im Biscay'schen Meerbusen keine Seltenheit sind, die See bis zum Grunde aufwühlt, und Masten und Schiffe zerbricht.

Im Osten steigt die gigantische Felsenmauer der Pyrenäen empor, und am Rande des Horizontes zeichnen sich die schneebedeckten Gipfel des Almando und des Pic de Pinto ab.

Zwischen diesem und der See, wo sich das Gebirge ein Wenig abdacht und verflacht, ist dem Dampfrosse ein Weg gebahnt, und, auf schwindelnden Viaducten über die Klüfte, in Tunnels durch das Innere der Berge hindurch, führt der Schienenstrang.

San Sebastian liegt auf einer nach Westen in die See sich vorstreckenden Landzunge. Die Straßen sind, wie wohl in jeder Festung, 'krumm, eng und schmutzig, durch die Bodenverhältnisse uneben und fallen nach Westen zu, wo die See in die Stadt hinein kommt und der Hafen sich befindet, steil ab.

Am nordwestlichen Ende der Landzunge, auf welcher die Stadt liegt, ist ein Leuchtthurm in die See hineingebaut, und sendet seine Strahlen weit in die See, den Schiffen, die zur Nacht hier eine gefährliche, schwere Fahrt haben, den Weg zu weisen.

In dieser Stadt ist Isabella in den letzten Tagen des August angekommen und denkt sich längere Zeit daselbst aufzuhalten.

Die arme Königin — es war ihr wieder bange gemacht worden durch eine am 21. August in Ulcedona in Catalonien stattgefundene karlistische Demonstration, und sie sah es nun ein, daß die mit ihrem Vetter Don Juan de Bourbon getrof= fene Vereinbarung ihr nichts nutze.

Am selben Tage, wo diese Demonstration stattfand, war der Minister=Präsident O'Donnell zu einem Besuche des Kaisers der Fran zosen im Lager von Chalons gewesen, und hatte von dort an Ihre katholische Majestät von Spanien die frohe Botschaft von einem be vorstehenden Besuche des Kaisers und der Kaiserin in San Sebastian mitgebracht.

Nun galt es, sich würdig auf den Empfang so hoher Gäste vorzubereiten, und der Telegraph spielte von San Sebastian nach Madrid, um schleunigst noch die Garderobestücke zur Stelle zu schaffen, und für die üppige, gewichtige Gestalt der Königin Isabella in der Toilette auch die würdige Folie zu finden.

Gregoria hatte sehr viel zu thun. Ihrer kunstgewandten Hand vertraute sich die Königin ohne Widerstreben an, und in Sachen des Ankleidens war sie durchaus die tonangebende Persönlichkeit.

Inzwischen war der 7. September herangekommen, an welchem Tage der Gesandte des Königs Victor Emanuel von Italien, Marquis Camillo di Bella Caracciola, zum ersten Mal von Isabella empfan= gen wurde.

Es war ein frostiger, steifer Empfang, und der arme Marquis mußte es empfinden, daß die spanische Königin sich noch immer nicht mit dem „kirchenräuberischen italienischen Fürsten" ausgesöhnt hatte.

Aber auf die Unannehmlichkeit dieses Empfanges, welcher Isa= bella viel Ueberwindung und dem Marschall O'Donnell viel Zureden und Bitten kostete, folgte ja zwei Tage später der Besuch des französischen Herrscherpaares.

Es war am 9. September 1865, einem Sonnabend, an welchem die Majestäten in San Sebastian ankamen.

Auf dem Bahnhofe des Städtchens hatte sich eine ungeheure Menschenmenge versammelt, um den Lenker der europäischen Geschicke zu sehen.

Auf den Straßen und Plätzen war grüner Schmuck von Reisig — bunte Blumen in allen Farben sprangen in Guirlanden über die Straße, geziert in der Mitte mit kunstvoll geflochtenen französischen Adlern, Orden und Kronen, und mit manchem französischen oder spa= nischen Sprüchlein in Transparentschrift.

Teppiche und Fahnen in den baskischen, spanischen und französi= schen Farben hingen aus den Fenstern, und schöne Gesichter gluthängiger Südländerinnen blickten heraus — auf manchen Hidalgo, der da unten

schritt mit stolzen Mienen und stolzem Sinn — auf die Seeleute und
Schiffsoffiziere aus aller Herren Ländern mit den sonnverbrannten Gesichtern und den fremdartigen Gesichtszügen — der gelenkige Franzose,
der phlegmatische hellblonde Schwede, der berechnende Yankee, der
gleichgiltige Muselmann, der unerforschliche Mohr.

Sie alle zogen dahin — nach dem Bahnhofe zu, wo am Thore
von Fuenterrabia eine große Ehrenpforte erbaut war, und die Ayuntamiento (Magistrat) von San Sebastian hoch zu Roß die Gäste
erwartete.

Der Bürgermeister, eine untersetzte, kräftige Gestalt mit kleinen
blinzelnden Aeuglein, saß erwartungsvoll auf seinem lammfrommen
Gaule, in der Hand den hohen Cylinder haltend, der heut sein wich-
tigstes Kleidungsstück war.

Im Innern des Hutes, auf dem Grunde, war nämlich das
Concept einer französischen Begrüßungsrede an das hohe
Kaiserpaar säuberlich angeheftet, und dem Bürgermeisterlein
graute, ihn drohte eine Ohnmacht zu überfallen, wenn er an die Möglichkeit dachte, daß er durch des Schicksals Tücke von seiner Rede getrennt werden könnte.

Mit klingendem Spiele kamen die in der Festung stationirten
Regimenter Bataillonsweise angerückt, und ein langes Spalier von Ba-
jonetten wurde gebildet, welches sich vom Bahnhofe bis zu dem im
Mittelpunkte der Stadt befindlichen königlichen Schlosse erstreckte.

Zwei Schwadronen Kürassire mit blinkenden Helmen und Panzern und wehenden Federbüschen, voran die Musik mit den vielbewun-
derten Kesselpauken, welche der Tambour mit beiden Händen schlug,
während er mit den Füßen sein kluges Rößlein lenkte, waren auf dem
Bahnhofe aufgestellt, und bestimmt, das Ehrengeleit zu bilden.

Da kamen die Königlichen Karossen in stiebendem Galopp vom Schlosse daher gesaust. Voran, von einem muthigen,
untadelichen Viergespann gezogen, der Wagen der Königin Isabella, vorn, auf hohem, erhabenem, mit Sammet verhan-
genem Sitz der Kutscher.

Er trug die Livree der Könige von Spanien, und ein wallender,
grüner Federbusch nickte auf dem dreieckigen Hute, der sein Haupt
bedeckte.

Auf jedem der beiden Sattelpferde saß ein Jockei, in dichtanlie-
gendes Ziegenleder gekleidet, und mit seinem Rosse wie verwachsen

Hinten auf dem Bedientenbrett standen zwei reich gallonirte Diener, welche sich an den silbernen Schnüren festhielten.

Dann kamen die Wagen der Hofleute, des Ceremonienmeisters, des Majordomus, des Oberstallmeisters, der Camarera-Major, des General-Intendanten des königlichen Hauses, des Ober-Kammerherrn und wie die hohen Chargen alle heißen.

Es war eine reiche, gold-, silber- und edelsteinblitzende Suite, allein schon ein würdiger Gegenstand der Neugierde und Klatschsucht der Menge.

Dazu kamen die sämmtlichen höheren Offiziere der Besatzung, der Kommandant der Festung, mehrere Majore, Obersten, Oberstlieutenants und General-Majore — auch der General-Capitän von Navarra und den Baskischen Provinzen, General-Lieutenant Martin Iriarte y Urdaniz war aus Pamplona herbeigeeilt, und tummelte sein Rößlein neben dem Wagen der Majestät.

Es war nur ein Augenblick, daß die Menge diesen Anblick genoß; denn viel schneller, als es sich hier lesen läßt, war die ganze Suite vorbeigebraust — durch die Ehrenpforte durch, zum Thore von Fuenterrabia hinaus, nach dem Bahnhof.

Dieser letztere war ebenfalls reich geschmückt und verziert. Ueber den ganzen Perron spannte sich, vom Empfangssalon aus, ein Baldachin, um die Sonnenstrahlen abzuhalten und den zarten Teint der Kaiserin und der Königin zu schützen.

Die Königin hatte nicht lange zu warten. Kaum fünf Minuten waren vergangen, seit sie ihren Wagen verlassen hatte, als sich in der Ferne der eigenthümliche dumpfe Pfiff einer französischen Courirzug-Locomotive hören ließ.

Der Zug brauste heran — die Schaffner bremsten — der Zug stand.

Aus dem kaiserlichen Salon-Wagen stieg Napoleon III. mit seiner Gemalin, der ehemaligen Gräfin von Theba de Montijo y Guzman und der kaiserliche Prinz Eugen — das Kind von Frankreich, damals im zehnten Lebensjahre stehend.

Ein rauschender Tusch erklang vom Musikchore der beiden Kürassier-Schwadronen, und: Viva Napoleon! Viva Isabel! Viva Espanna! Viva Francia! klang es in tausendstimmigem, endlos wiederholtem Jubel durch die Luft.

Die hohen Herrschaften dankten durch gnädige Handbewegungen, ja, der Kaiser, welcher in Civil gekleidet war, zog sogar den Hut.

Das konnten ihm viele aus dem Volke nicht hoch genug anrechnen.

„Da sieht man doch Leutseligkeit und Erkenntlichkeit!" jubelte
ein stämmiger Matrose, welcher eben Viva geschrieen hatte und nun
seine in die Luft geworfene Mütze geschickt wieder auffing.

„Ja, der Kaiser weiß das Volk noch zu schätzen," antwortete
sein Nebenmann — „der ist auch in der Verbannung gewesen."

„Was sagst Du, Bruder?" fragte ein Dritter, welcher um
Politik sein Lebtag sich nicht gekümmert hatte — „der Kaiser ist in
der Verbannung gewesen?"

„Ich sage Dir," hob der Vorige wieder an, „er war sogar im
Gefängniß zu Hamm."

„Nun, das ist ja gut für Spanien," hob nun der Dritte
wieder an, „wenn Napoleon mit unserer Königin spricht und
gute Freundschaft hält."

Und nun fing er aus Leibeskräften zu schreien an: Viva Isabel!
Viva Napoleon!

In einer entfernten Ecke des Bahnhofes, wo das Gewühl nicht
so groß war, klangen die Worte des im Flüstertone geführten Gesprächs
aus einer ganz anderen Tonart.

Ein Musensohn stand bei einem älteren Herren. Unmuthig
waren die Augenbrauen Beider zusammengezogen, und unmuthig mur=
melte der Student zwischen den Zähnen:

„Da seht mir 'mal die platten Bursche! Wie sie die Thyrannin,
die Isabella, leben lassen, als gäb's keine bessere Fürstin.
Daß Du erstickst an dem Viva, Bestie!"

„Ja, Miguel," sagte achselzuckend der Aeltere — „Es ist wohl
traurig, aber es ist einmal nicht anders, und wir müssen zufrieden sein
und uns auf bessere Zeiten vertrösten. So lange das spanische
Volk seiner Königin noch jubelnd zujauchzt und den Stock
küßt, mit dem es geschlagen wird — so lange wird es nicht
anders und jede Bewegung verpufft."

„Aber es ist schwer," murrte wieder der Student, „die Thor=
heiten seiner Mitmenschen einzusehen und ihnen nicht abhelfen zu
können, ich könnte diese gedankenlosen Schreier ohrfeigen."

„Nur nicht so hitzig, Miguel," beruhigte wieder der Alte.
„Jeder, der seiner Zeit auch nur um eine Nasenlänge voraus ist, ist
ein Märtyrer und muß seine bessere Einsicht mit manchem Schmerz
bezahlen. Aber tröste Dich — der Tag der Befreiung naht, und sein
Morgenroth steigt schon über Spaniens schönem Himmel auf.

„Hab' Acht, alle Diejenigen, welche jetzt noch gedankenlos Viva rufen, werden bald genug von der Tyrannei gesättigt sein, und sie sind es dann, welche am Eifrigsten arbeiten, den alten Wust hinaus zu schaffen und auf den Trümmern ein neues Gebäude zu errichten."

„Wollte Gott, es wäre bald so weit," seufzte der Student.

„Inzwischen läßt sich die Menge noch vom Schein-Liberalismus blenden, und könnten wir Großmachts-Politik treiben, sie gingen mit der Regierung durch Dick und Dünn."

„Lieber Junge," sagte in ruhigem, überlegenem Tone der Alte, „die Massen machen auch nicht die Weltgeschichte. Eine kleine, intelligente und thatkräftige Minderheit giebt den Ausschlag und reißt im rechten Augenblick die Massen mit sich fort. Glaube mir's, ich bin alt, kenne die Welt und habe Vieles gesehen und erlebt." — — —

Inzwischen war das kaiserliche Paar mit der Königin schon in den Wagen gestiegen. Die beiden hohen Frauen saßen im Fond, während der Kaiser mit seinem Sohne den Rücksitz eingenommen hatte.

So brausten sie davon — voran und zur Seite die beiden Schwadronen Kürassire, und hinterdrein der lange Schweif der Hofchargen und Offiziere.

An der Ehrenpforte wurde Halt gemacht, und die Majestäten stiegen aus. Der Bürgermeister, vor Aufregung roth bis hinter die Ohren, hielt ohne Stocken seine wohlstylisirte Rede, welche mit einem Viva schloß, in das Musik und Volk jubelnd einstimmte.

Dann sprach der Kaiser einige Worte des Dankes und der Belobigung, und ließ durchblicken, daß er nicht unterlassen werde, erkenntlich zu sein.

Die kaiserliche Erkenntlichkeit ließ auch nicht lange auf sich warten. Vierzehn Tage nach dem Besuch Napoleons in San Sebastian war der Bürgermeister zum Ritter der Ehrenlegion ernannt, worauf er sich nicht wenig zu gut that.

Im Schloß angekommen, wurden vor allen Dingen Erfrischungen eingenommen, und der kaiserliche Besuch zog sich in die für ihn reservirten Zimmer zurück, um sich von der Anstrengung der Reise zu erholen.

Um so bessere Gelegenheit hatte das beiderseitige Hofpersonal, sich zu begrüßen, und etwaige alte Bekanntschaften aus der Zeit des Besuchs der Kaiserin Eugenie in Madrid wieder aufzufrischen.

Die vielgewandten, raschen, galanten Franzosen eroberten gar schnell die Herzen der leicht entzündlichen Spanierinnen, und wie der Soldat kommt, sieht und siegt, so erwarb mancher Franzmann an jenem Tage die Gunst einer brünetten Südländerin im höchstmöglichen Grade.

Die Rast der kaiserlichen Herrschaften währte nicht lange; denn ihr ganzer Besuch sollte nur die Dauer eines Tages haben.

Da galt es denn, auf dem Platze zu sein, um auch alle Feierlichkeiten, welche angeordnet waren, mit dem gehörigen Eifer durchkosten zu können.

Zuerst gab's ein kleines déjeuner à la fourchette (Gabel-Frühstück) mit obligater Unterhaltung über die Politik.

„Sie haben eine gründliche Aenderung in der Politik Ihrer hohen Regierung eintreten lassen, Majestät," begann der Kaiser der Franzosen.

„Ach ja," seufzte Isabella; „es blieb mir wohl kein anderer Ausweg übrig. Der Narvaez tyrannisirte mich. Sie haben keinen Begriff, Majestät, was das für ein störrischer, eigensinniger Charakter ist."

„Ich habe mir davon erzählen lassen," fiel Eugenie ein. „Ach, es mag wohl recht schwer sein für eine Frau, wenn sie so, wie meine hohe Landsmännin, die Last der Regierung allein tragen muß."

„Gewiß ist's das," gab Isabella zurück, „und oft möchte ich verzweifeln und glauben, daß ich der Aufgabe nicht gewachsen sei, welche die Vorsehung mir gestellt hat."

„Nun, Majestät haben ja immer kluge und weise Rathgeber um sich," tröstete der Kaiser. „Der Marschall O'Donnell, welcher jetzt an der Spitze Dero Regierung steht, ist ein sehr tüchtiger Mann, er besuchte mich ja vor einigen Tagen in Chalons."

„Er gefällt mir auch nicht recht," antwortete Isabella. „Er ist zu liberal, hat er mich doch veranlaßt, den Gesandten des Königs von Italien zu empfangen."

„Ja, leider," seufzte die fromme Kaiserin Eugenie — „er ist sehr liberal, und sucht der heiligen Kirche zu schaden, wo er weiß und kann."

„Hat er mich doch," fiel Isabella ein, „gedrängt, daß ich meinen Beichtvater entlassen mußte."

„Ach, den hochwürdigen Pater Claret," sagte Napoleon. „Ja, ich weiß, daß er in sein Kloster nach Vich zurückgegangen ist. Und auch die Mutter Patrocinio hat den Hof verlassen, wie ich gelesen habe. Ja, Majestät — die auf dem Throne sitzen, können nicht so unbeschränkt ihren Privatwillen zur Ausführung bringen, wie die Bürger, welche sie beherrschen.

„Wir unterliegen eben tausend Rücksichten, und sind vielfach gebunden — müssen unserer Stellung Opfer bringen.

„Aber lassen Sie das gehen — es wird schon wieder anders werden. O'Donnell ist gut, und augenblicklich vielleicht nothwendig.

„Doch lassen wir die leidige Politik — sie beschäftigt mich ohnedies genug. Gehen wir zu Anderem über. Was macht Ihre Königliche Hoheit, die Infantin Isabella und wie geht es Ihrem Sohne, dem Prinzen von Asturien, Majestät?"

Bei der Erwähnung ihrer Tochter unterdrückte Isabella einen Seufzer — sie war mit der Infantin durchaus nicht zufrieden.

Und nun bewegte sich das Gespräch im Kreise gleichgiltigerer Dinge. Auch dauerte es nicht mehr lange — das Dejeuner war zu Ende, und man brach auf.

Die gesammte Besatzung von San Sebastian, und die Mannschaften der im Hafen befindlichen Kriegsschiffe von Ihrer katholischen Majestät Marine, sollten vor der Königin und ihrem hohen Besuche Revue passiren, und das war viel Arbeit.

Die Revue der Landtruppen wurde auf dem östlich von der Stadt belegenen Exercierplatze abgenommen.

Die hohen Herrschaften waren nicht zu Wagen, sondern, wie ihr ganzes Gefolge, zu Roß, und erregte besonders die trotz ihrer fast vierzig Jahre immer noch zu den ersten Schönheiten zählende Kaiserin Eugenie als Amazone die allseitige Bewunderung.

Truppenrevuen sehen einander so ähnlich, wie ein Ei dem andern, und sind alltäglich genug, daß Jeder schon eine gesehen haben kann — der Leser erspare uns und sich die Beschreibung derselben.

Die Soldaten fluchten und schimpften über den Dienst, die Offiziere waren ärgerlich und bekamen von ihren Vorgesetzten Nasen, die sie wieder ihren Untergebenen austheilten, und schließlich ging und klappte Alles ganz leidlich, und der Kaiser Napoleon sprach seine allerhöchste Befriedigung über die Leistungen der spanischen Armee aus, von welcher einen Theil begrüßen zu können, ihm jetzt das Glück zu Theil wurde.

Im Hafen war's anders. Da standen auf den Raaen sämmtlicher über und über mit Flaggen behangener spanischer Kriegsschiffe, die Mannschaften in Parade aufgepflanzt, und ein imposanter Anblick war es, welcher sich den Augen der in zahllosen Gondeln auf dem Wasser schwimmenden und am Ufer auf und ab wogenden Menschenmenge darbot.

Die Königin Isabella bestieg mit ihren Gästen eine kleine, eigens für den Gebrauch der königlichen Familie bestimmte Dampfjacht, und fuhr hinaus — bis an's Ende des Hafens, wo ein französisches Linienschiff vor Anker lag.

Salutschüsse begrüßten die Jacht.

Manöver mit dem colossalen Fahrzeuge wurden ausgeführt, daß die kleinen Bote, Jollen und Gondeln schleunigst ausweichen mußten, um von den hochaufsteigenden Wellen nicht verschlungen zu werden.

Eine winzig kleine Gondel, eine reine Nußschale, mit welcher unser guter Freund vom Vormittag, der Student, sich zu nahe an die Breitseiten des französischen Colosses gewagt hatte, wurde bei einer plötzlichen Wendung des Letzteren, welcher sie nicht zu folgen vermochte, umgeworfen, und schwamm umgekehrt auf dem Wasser.

Der Student, gezwungen, ein kaltes Bad wider Willen zu nehmen, rettete sich geschickt durch Schwimmen an Bord des Linienschiffes, von welchem ihm ein Matrose ein Tauende zuwarf, daß er geschickt erfaßte.

Was an Zuschauern auf dem Wasser war, lachte unbändig, während einige von den zarten Dämchen schwache Versuche machten, in eine Ohnmacht zu fallen.

Da stand er nun, der Musensohn, naß wie ein in's Wasser geworfener Pudel, auf fremdem Grund und Boden, und sah sich erstaunt um.

Leider blieb ihm nicht viel Zeit zum Besinnen. Die königliche Dampfjacht legte an, die Landungsbrücke wurde hinüber geworfen, und die hohen Herrschaften kamen herüber auf das Linienschiff.

Da stand er nun, der verlassene, triefende Demokrat, unter der Masse der hohen und höchsten Herrschaften und des ihnen nachdrängenden Gefolges, und suchte nach einem Ort, wo er sich verbergen könnte.

Aber des Kaisers Luchsauge, welches Alles sieht, hatte ihn schon erblickt, und mit Leutseligkeit in Blick und Wesen ging er auf den Armen, welchen er hatte in's Wasser fallen sehen, zu, und redete ihn freundlich an, so daß Miguel ganz verwirrt und verblüfft wurde, und nichts zu antworten wußte.

Aber der Kaiser ging weiter — die beiden hohen Frauen waren in ein Gespräch vertieft, und bemerkten ihn nicht, und vor den neugierig ihn musternden Blicken der Hofschranzen flüchtete er sich nach Weisung eines mitleidigen Matrosen in den Raum, wo er bei'm Feuer der Maschine seine durchweichten Kleider konnte trocknen lassen.

Bald darauf verließen die hohen Herrschaften das Fahrzeug, und er wurde in einer Barke an's Land gerudert.

Die Schiffs-Parade war auch vorüber, und man fuhr zum Diner, bei welchem außer einer reichen Sammlung von Offizieren und dem inzwischen eingetroffenen Minister-Präsidenten O'Donnell auch der französische Consul von San Sebastian, Monsieur Didier Petit de Meurville die Ehre hatte, zu erscheinen.

Nach dem Diner promenirten die Majestäten noch im Schloß- garten, und athmeten die erquickende Frische der Seeluft ein, dann stieg man in die bereit gehaltenen Wagen, wieder ging's im Carrière durch die Stadt und die Ehrenpforte an der Puerta de Fuenterrabia, dies- mal ohne zu halten und nach dem Bahnhofe.

Derselbe Zug, welcher die französischen Majestäten gebracht hatte, stand wieder bereit zu ihrer Aufnahme — ein flüchtiges Verabschieden, ein Nicken und Grüßen, Viva-Rufen der wieder wie am Morgen ver- sammelten Menge — der dumpfe Pfiff — und davon braust der Zug, dem Nachbarlande, dem unruhigen Frankreich zu.

Da standen die edlen Sebastianer und sahen sich gegenseitig an. Der Kaiser der Franzosen war im Städtchen gewesen, und es war wirklich jetzt wieder Alles beim Alten. Aus den Pflastersteinen war kein Pfefferkuchen und aus den Zaunpfählen kein Elfenbein geworden, und am meisten hatten noch die Donnas und Sennoritas dabei ge- wonnen; denn sie hatten die Kaiserin gesehen, und es gab nun Stoff, zu Unterhaltungen über die neueste Mode.

Doch nein — die Männer erhielten ebenfalls Stoff zu Unter- haltungen.

Ein königlicher Bedienter, welcher bei Tafel aufgewartet hatte, plauderte es aus, das große Geheimniß.

„Die Königin hat den französischen Majestäten das Versprechen gegeben, ihnen einen Gegenbesuch machen zu wollen," hatte der Lakai gesagt.

„So?" fragte eifrig der, welchen er seines Vertrauens für wür- dig erachtet hatte — „wenn denn und wo denn?"

„Sogleich," antwortete der Bediente. „Die Majestät von Spanien wollen morgen schon abreisen. Sie wären bald mitgefahren, aber es schickt sich nicht, habe ich gehört. Der Kaiser muß doch erst bei sich angekommen sein, damit er unsere Königin dann empfangen kann, wie sie ihn empfangen hat."

„Ganz Recht," bestätigte der Vorige; „aber wo werden denn die Majestäten zusammentreffen?"

„In Biarritz, hörte ich sagen," gab der Bediente zurück. „Das soll ein wunderschönes Bad sein, wo der Kaiser alle Jahre lange Zeit verweilt."

Die Nachricht war in's Publikum gedrungen, und hatte sich sehr schnell verbreitet.

Sie fand bald genug — am folgenden Tage — ihre Bestätigung durch die Abreise Isabella's, welche am 11. September in Biarritz den französischen Majestäten ihren Gegenbesuch machte.

Ihr Empfang dort und die ihr zu Ehren veranstalteten Feierlichkeiten sind nicht viel verschieden von den eben beschriebenen, und wir übergehen sie.

Achtundzwanzigstes Capitel.

Pater Claret's Rückkehr.

Die Königin war noch nicht nach Madrid zurückgekehrt, als am 2. und 3. Oktober blutige Auftritte in Saragossa von dem fortwährend unter der Asche weiterglimmenden Brande der Unzufriedenheit mit der Regierung und allem Bestehenden Kunde gaben.

Der Aufstand wurde mit blutiger, eines Narvaez würdiger Strenge vom General-Capitän von Saragossa, General-Lieutenant Joaquimo del Manzano unterdrückt, und die Regierungsblätter brachten die üblichen Beruhigungs-Artikel.

Aber noch deutlicher sprach sich die Unzufriedenheit des Volkes mit dem O'Donnell'schen Scheinliberalismus aus.

Nachdem am 10. Oktober die Cortes aufgelöst, und die Neuwahlen auf den 1. Dezember angesetzt worden waren, versammelten sich nach und nach die Führer aller spanischen Parteien in Madrid, und erließen Wahlmanifeste an's Volk.

Zuerst tagten am 29. Oktober die Progressisten. Prim, ihr hervorragenster Führer, erklärte sich gegen die Regierung und gegen eine Betheiligung an den Wahlen.

„Wozu wählen," sagte der alte, unruhige, gefürchtete Führer. „Unsere Gewählten schickt man, wenn sie nicht nach der Pfeife der Regierung tanzen, nach Hause, und mit einer Regierung, die nicht auf dem Boden unseres Programmes steht, haben wir überhaupt nichts zu schaffen."

Aehnlich erklärten sich die Demokraten in ihrer Versammlung vom 5., und selbst die Moderados in der ihrigen vom 15. November. O'Donnell war verlassen. Das war schlimm. Die katholische Majestät kehrte am 14. Dezember in ihre getreue Hauptstadt zurück, und es war ärgerlich genug, daß die Herren Madrillenen sich durchaus nicht wollten bewegen lassen, begeistert zu werden.

Aber Isabella war heiterer, als man nach Erwägung der eben mitgetheilten Thatsachen hätte glauben sollen.

In Burgos, durch welches sie auf ihrer Reise zum zweiten Mal gekommen war, hatte der in jener Stadt residirende, uns schon bekannte Cardinal-Erzbischof, der frühere Erzieher des Prinzen von Asturien, Fernandez de la Puente, eine Audienz bei Ihrer Majestät begehrt.

Sie war lange bei der Königin Isabella, die rothe Eminenz, und mußte recht zum Herzen der verirrten Tochter der Kirche gesprochen haben, denn Isabella entließ den Prälaten mit rothen, verweinten Augen und war den ganzen Tag hindurch recht zerknirscht.

„Ach Gregoria," sagte Isabella weinend, als der Cardinal gegangen war und die Beiden nun allein waren — „ach, mir ist recht bange. Meine Sünden drücken mich so schwer, und mein Herz findet selbst im Beichtstuhl und nach dem Empfange der Absolution keine Erleichterung mehr.

„Diese Priester alle sind fad und ohne Gehalt — sie verstehen es nicht, die Sünden so von mir zu nehmen, daß deren keine mich mehr bedrücken kann. Das versteht eben nur Einer — ach und der ist fern von mir."

„Warum lassen denn Majestät den hochwürdigen Pater Claret nicht an den Hof zurückkommen?" fragte Gregoria, welche sehr gut die Sehnsucht ihrer Gebieterin nach dem geschickten Beichtiger begriff; „wenn ich Königin wäre, ich würde nicht viel nach der Meinung der Minister fragen."

„Du redest, wie Du's verstehst," antwortete Isabella. „Aber sobald wir nach Madrid zurück kommen, werde ich sehen, ob ich nicht doch bei O'Donnell Claret's Rückberufung durchsetze." —

Und sie setzte sie durch.

Nach vielem Sträuben und Hin- und Herreden hatte der Marschall, welchem die Energie eines Narvaez abging, und welcher nicht im Stande war, um jeder Kleinigkeit willen mit seiner Entlassung zu drohen, seine Einwilligung gegeben, und mit jubelndem Herzen hatte Isabella das Dekret unterzeichnet, welches den Gewissensrath Ihrer Majestät wieder nach Madrid und in's Schloß rief.

Das Dekret hatte bei seiner Ankunft im Kloster zu Vich großen Jubel hervorgerufen, obgleich es nicht unerwartet eintraf.

Der hochwürdige Pater Claret, Bischof von Trajanopolis in partibus, packte vergnügt seine Koffer und reiste ab.

Am 25. Dezember, am heiligen Weihnachtstage, kam er in Madrid an.

An so hohem Feiertage hatte Jedermann Zeit und Muße, nach dem Bahnhofe zu eilen, um den Pater zu empfangen, da das Gerücht von seiner bevorstehenden Rückkehr bald genug in alle Schichten der Bevölkerung gedrungen war.

„Was mag nur die Königin wieder auf ihrem Gewissen haben," begann ein untersetzter, stämmiger Torrero, zu seinem Nebenmann, der ein Aguadero war, „daß sie sich den Claret wieder holt." —

„Ja, Freund," bekräftigte eifrig der Aguadero — „sie muß wieder ihr Gewissen schlagen hören, und so gut, wie der Claret, kann Keiner die Sünden vergeben, habe ich mir sagen lassen."

„Sollte doch meinen," brummte ein Calesero (Rosselenker), der mit seinem Gefährt in der Nähe der Beiden hielt — „daß zum Sündenabhören ein Priester so gut geweiht ist, wie der Andere.

„Warum muß es denn gerade der Claret sein — hat der im Himmel und bei der heiligsten Jungfrau Maria was zum Voraus?

„Ich bleibe dabei und lasse mir's nicht nehmen — einen Haken hat die Geschichte, und der Claret muß ganz absonderliche Vorzüge haben, daß ihn die Majestät niemals lange entbehren kann."

„Ich glaube," begann wieder schlau blinzelnd der Torrero — „eher entbehrt noch die Königin einen Geheimsekretär oder so etwas Aehnliches, als ihren lieben Gewissensrath."

„Nun das ist doch keine Frage mehr — darüber sind wir alle einig," sagte lachend der Rosselenker, welcher gar wohl die Anspielung auf die Günstlinge Ihrer Majestät verstand.

„Mich soll's nur wundern," hob nun der Aguadero wieder an, „ob nicht die heilige Nonne, die Patrocinio, auch bald wieder mit ihren Mauleseln einziehen wird."

Emilio Castelar, Redakteur der Democracia und ehemaliger Professor an der Universität Madrid.

„Wo der Claret ist, da ist die Patrocinio nicht weit," bestätigte der Rosselenker. — — — —

In der Mitte des Perron's stand ein kleiner Kreis von offenbar

gebildeteren Personen, und wir sehen zu unserer Freude die dicke Ge=
stalt unseres lieben Don Pedro de Sequanilla mit seinem Jugend=
und Busenfreunde Juan de Alar und dessen Sohn Enriquez. Der
Letztere ist mit Miguel, dem in's Wasser gefallenen Studenten von
San Sebastian, in eifrigem Gespräch begriffen.

„Also Du hast in solch' romantischer Weise das Glück gehabt,
die Bekanntschaft Seiner Majestät, des Kaisers der Fran=
zosen zu machen?" fragte mit spöttischem Lächeln Enriquez.

„Du hast gut lachen," gab Miguel zurück, „wer das Unglück
hat, darf für den Spott nicht sorgen. Ich werde gewiß in meinem
Leben um hohe Personen nicht mehr neugierig sein."

„Was thust Du denn jetzt?" fragte Enriquez. „Bist Du nicht
auf den Bahnhof gekommen, um die hohe Person des Beicht=
vaters Ihrer katholischen Majestät in Empfang zu nehmen?"

„Du bist ein Spötter," gab der Gehöhnte zurück, „mein Leb=
tag bin ich nicht so gepeinigt worden, wie von Dir."

„Was habt Ihr Beiden denn schon wieder mit einander?" fragte
Juan de Alar. „Ihr streitet Euch doch fortwährend."

„Und sind doch ein Herz und ein Sinn," fiel der dicke Pedro
ein. „Paß auf, Juan, das wird noch ein geschworenes Freundespaar,
wie wir beiden Grauköpfe eines sind.

„Aber laßt jetzt Euren Streit, Jungens, und seid hübsch an=
dächtig. Der Geweihte des Herrn kommt jetzt, und da müßt
Ihr Herz und Sinn innerlich mit schönen Reisern zieren, und mit
Blumen schmücken, und Euer Mund muß Hosiannah singen und einen
Lobgesang anstimmen."

Es war so, wie Pedro sagte. Der Zug nahte heran. Er hielt,
die Schaffner öffneten, und: „Station Madrid!" riefen sie in die
Coupée's hinein.

Auf dem Perron wurde es sehr lebendig. Verwandte und Be=
kannte begrüßten die, welche sie nach kurzem Suchen durch einen Ruf,
ein Zeichen erkannt hatten — die Rosselenker luden zur Benutzung
ihres Gefährtes ein — Commissionäre der Hotels priesen die Vor=
züge der von ihnen vertretenen Gasthäuser, und es war überhaupt ein
recht reges Leben und Treiben, daß dem Pater seine Absicht,
unerkannt unter der Menge davonzuschleichen, beinahe ge=
glückt wäre.

Aber die Hoffnung war verfrüht und nicht geglückt. Unser alter dicker
Freund Pedro hatte aufmerksam alle den Zug verlassenden Personen
gemustert.

Und richtig — dort — am Ende der langen Wagenreihe, und in der Nähe des Ausganges vom Perron, so daß er ohne Aufenthalt in's Freie gelangen konnte, dort kam er aus einem Coupée zweiter Klasse heraus, der ersehnte Pater Claret.

„Aufgeschaut, Jungens, sonst fliegt der Vogel davon und Ihr seht ihn nicht. Marsch, macht, daß Ihr hinkommt und gebt ihm einige Pillen zu schlucken. Blitzjunge, Enriquez, Du hast ja immer einen losen Mund und allezeit unnütze Gedanken." So munterte der alte Pedro seinen Neffen auf.

Enriquez ließ sich's nicht zwei Mal sagen. Mit Geschwindigkeit wand er sich, gefolgt von Miguel, durch die durcheinanderwirrende Menge hindurch, und war bald genug bis zu Pater Claret vorgedrungen.

Claret sprach angelegentlich mit zwei Brüdern von seinem Orden, welche gekommen waren, ihn in Empfang zu nehmen, und die Umstehenden, die ihn schon erkannt, ließen es an scharfen Bemerkungen bereits nicht fehlen. —

„Wieder in Madrid, Herr Pater," sagte hohnlachend der Torrero, welchen wir vorhin haben sprechen hören. „Ich mache meine Reverenz und freue mich, Euer Hochwürden bei guter Gesundheit zu sehen."

Dabei verneigte er sich tief und zog seinen Hut, daß die Krempe beinahe den Boden berührte.

„Der Herr Pater sind trotz der Casteiungen im Kloster zu Vich gerade nicht schmäler geworden," höhnte ein castilischer Obsthändler.

„Nehmen Sie nur schnell meinen Wagen, hochwürdigster Herr," rief der Rosselenker von vorhin — „wenn Sie nicht eilen, nach dem Schlosse zu kommen, kommt Ihre Majestät vor Sehnsucht um."

„Wo haben Sie denn Ihre fromme Schwester, die Mutter Maria Raphaele gelassen?" begann nun Enriquez, welcher endlich nahe genug gekommen war. „Das ist nicht recht von Ihnen, daß Sie die nicht mitgebracht haben."

„Die wird wohl nicht lange auf sich warten lassen," setzte Miguel hinzu.

Inzwischen war Claret gar geschwind unter dem Höhnen der Menge nach einem draußen harrenden Wagen geeilt und eingestiegen. Die Pferde zogen an, davon flog der Wagen, und hinterdrein an seine Rückwand ein Straßenstein, welchen ein kecker Bursche nachgeschickt hatte.

„Na, habt Ihr ihn gesehen, Jungens?" fragte der dicke Pedro,

als Enriquez und Miguel wieder mit ihm und dem alten Alar zusam=
mengetroffen waren. „Habt Ihr ihn gesehen, den lebendigen Gott=
seibeiuns. Der Claret mit seinem Zigeunergesicht und seinem schlechten
Latein hat mehr als zehn Teufel im Leibe, und wenn wir jemals dazu
kommen, die Pfaffen zum Lande hinaus zu jagen, dann
möchte ich den am liebsten zurückbehalten und am Knopfe
des Kirchthurms von Nuestra Madonna ausstellen.

„Hinterdrein kann er meinetwegen in Spiritus gesetzt werden."

„Erhitz' Dich nur nicht wieder, alter Freund," sagte Juan mit
beruhigendem Tone. „Wenn das Deine Juliane gehört, hätte sie Dich
sofort an Dein Versprechen in Sevilla gemahnt — weißt Du, wie
Du mit dem Eduardo fest saßest und die Weiber Euch aus dem Ge=
fängniß holten."

„Meinetwegen," brummte Pedro. „Versprochen hab' ich's frei=
lich, daß ich mich nicht mehr um die Politik kümmern will; aber
deswegen werde ich mich als rechtschaffener Demokrat doch ärgern
können, wenn ich sehe, wie's immer und immer wieder schief geht."

„Du wirst Dich so lange ärgern," versicherte der alte Alar,
„bis der Prim oder so Einer wieder was zusammenbraut, und
dann ist mein Pedro der Erste dabei."

„Und mein Herzens=Juan nicht der Letzte," gab dieser zurück.

„Wollens abwarten," sagte Juan. — — — — — —

Im Schlosse von Madrid war große Freude. War
doch der Unentbehrliche, der unersetzliche Pater Claret, der
Beichtiger Ihrer katholischen Majestät von Spanien wie=
der eingezogen.

Als er vom Bahnhofe kam, war der Pater erst in dem immer
für ihn bereit gehaltenen Zimmer im Schlosse abgestiegen, um sich zu
restauriren, und dann hatte er sich bei der Königin melden lassen.

Er hatte eine recht ernste, strenge Miene aufgesteckt,
der fromme Herr, und seine Augen suchten den Plafond.

Er trat ein, und zur gleichen Zeit kam von der andern Seite die
Königin in's Audienzzimmer geschritten, und ging gerade auf den Prä=
laten zu.

In ihren Mienen trug sie die Besorgniß um seinen Zorn, und
zugleich doch auch die Freude darüber, daß sie ihn endlich
nach so langer Entbehrung wiedersah.

„Gelobt sei die heiligste Jungfrau Maria," sagte Isa=
bella mit halb emporgehobenen Händen, „daß ich Sie wie=
der in diesen Mauern begrüßen kann, hochwürdigster

Vater. Ach, mein Herz war traurig und sehr bekümmert, da Sie fern waren. Geben Sie mir Ihren Segen, hochwürdiger Herr."

Und Claret gab der verlorenen und wiedergefundenen Tochter den Segen.

Dann sagte er mit salbungsvoller Stimme:

„Auch ich freue mich, meine geliebte Tochter wieder zusehen — es ist eine lange Zeit vergangen seit dem letzten Mal."

In den letzten Worten lag ein leiser Vorwurf. Die Königin hatte einen solchen gefürchtet, und nahm ihn geduldig hin, im Bewußtsein ihrer Schuld; hatte sie doch den frommen Priester selbst von sich gelassen.

Darum begann sie nun mit unsicherer Stimme:

„Ach ja, hochwürdigster Herr — ich bin recht schlecht und sündlich gewesen, daß ich den Anblick des Gesalbten des Herrn so lange entbehren konnte. Aber nun sind Sie ja wieder da und Alles wird wieder gut.

„Nicht wahr, Sie grollen mir nicht?"

„Ich bin ein Mensch, Majestät," hob der Pater an, „wie jeder Andere, und der Stolz eines Mannes bäumt sich dagegen auf, sich wie ein Werkzeug behandeln zu lassen, daß man fort wirft und wieder aufnimmt nach dem Erforderniß des Gebrauchs.

„Darum ist ein Grollen und Murren in mir, daß sich erklären und auch vielleicht verzeihen läßt.

„Aber es ist sündlich und ich werde inbrünstig bitten, daß ich es überwinde.

„Dennoch kann ich nicht leugnen, daß es nur mein heiliger Beruf als berufener und geweihter Diener unserer heiligen Kirche ist, welcher mich wieder in diese Mauern, in Ihre Nähe, Majestät, führt.

„Thun Sie das Ihre, Majestät, daß auch mein menschliches Fühlen wieder Ihnen sich zukehrt, damit mein Werk an Ihrem Herzen und Gewissen gesegnet sei und Ihr Seelenheil fördere, Amen!"

„Amen aus meines Herzens tiefstem Grunde zu solchem Wunsch und Begehr," betete die Königin mit gefalteten Händen.

„Ach hochwürdigster Pater," fuhr sie dann fort, „mir war oft recht bange, und mein Herz sehnte sich sehr nach Ihnen und Ihrem reichen Trost."

„Warum riefen Euer Majestät mich nicht schon früher zurück?" fragte der Prälat. „Meine Pflicht war es, in jedem Augenblicke dieses Rufes gewärtig zu sein und ihm zu folgen ohne Murren, wie ich jetzt gethan habe."

„Wenn ich nur gedurft hätte, hochwürdigster Herr, wie ich wollte," antwortete Isabella mit einem tiefen Seufzer. „Aber Sie wissen ja, daß ich in Ihrer Abwesenheit immer übel berathen bin.

„Meine Zofe Gregoria, die ein gutes, williges Mäd= chen ist und des Himmels reichsten Segen verdient, hat mir zwar schon längst Ihre Rückberufung als das einzige Mit= tel, Ruhe zu finden, genannt.

„Es war damals eine eigenthümliche Ursache dazu — haben Sie schon davon gehört, hochwürdigster Herr?"

„In meiner stillen Klause im Kloster zu Vich habe ich nur from= men Betrachtungen gelebt und meinen Leib kasteit, weil ich mir vor= warf, ich sei vom Himmel für unwürdig erklärt worden, fortan sein Werkzeug in der Nähe Eurer Majestät zu sein," antwortete der Pater.

„Sie frommer und getreuer Diener des Herrn," sagte mit gläu= bigem Aufschlag ihrer Augen die Königin — „wie konnten Sie solches von sich denken, Sie, der Sie ohne Sünde sind und ohne Vorwurf. Des Himmels Segen und die ewige Selig= keit haben Sie jetzt schon verdient — und sei es blos um mich, Ihre unwürdigste Tochter."

„Also so wissen Sie nicht, was sich im Schlosse in Ihrer Ab= wesenheit zugetragen hat?"

„Nein, Majestät," antwortete kurz der Gefragte.

„Nun so hören Sie es denn. Ach es war gräßlich — und ich so allein und verlassen. Ich danke Gott, daß ich wenigstens meine treue Gregoria hatte."

„Ich werde das Mädchen in mein Gebet einschließen," sagte salbungsvoll der Priester.

„Ja, thun Sie das, hochwürdiger Herr," bestätigte die Königin.

„Bald, nachdem Sie das Schloß verlassen hatten und nach Vich gegangen waren, in einer Nacht, wo ich wenig schlafen konnte, ließ sich ein sonderbares Geräusch im ganzen Schlosse hören und Niemand vermochte es zu deuten und zu erklären.

„Das Schrecklichste aber geschah erst in der dritten Nacht. Da öffnete sich der Boden im Vorzimmer meines Schlafge= machs, und denken Sie — mir erschien der Geist meines verstorbenen Engels, der Infantin Maria de la Con= cepcion. Ach — ich weiß nicht, wie mir da wurde.

„Ich wollte Sie augenblicklich wieder zurückrufen, hochwürdigster Herr, Gregoria rieth es mir, und mein eigenes Herz drängte mich dazu — aber der kalte O'Donnell gab es nicht zu.

„Ich verließ Madrid — aber das Erlebte ließ mir keine Ruhe, und im Traume trat nun der Ruhe suchende Geist meines Kindes vor meine Seele, und forderte eindringlich die Erfüllung meiner Pflicht.

„Endlich habe ich nun meinen Willen durchgesetzt, und ich danke es der heiligsten Madonna mit Thränen und auf den Knieen, daß ich Sie wieder gefunden habe. Ach, möchte meine Seele und die Seele meines Kindes jetzt Ruhe finden."

Die Königin war beim letzten Theil ihrer Rede in Thränen ausgebrochen und sprach die letzten Sätze mit schluchzender Stimme.

„Das wird zuversichtlich geschehen," begann mit betheuerndem Tone der Priester, „und ich preise den Herrn, daß er ein neues Zeugniß gegeben hat, wie der Himmel um Ihr Seelenheil besorgt ist. Lassen Sie uns beten, meine Tochter."

Nun knieten Beide nieder und die üblichen Bußübungen begannen wieder.

Die Ruhe war bei der Königin wieder eingekehrt, — sie schlief gut und war guter Dinge.

Eine trügerische, falsche Ruhe, die bald genug gestört werden sollte.

Neunundzwanzigstes Capitel.

Die Schreckensnacht in Madrid.

In einem Gemache des Palastes an der Calle de Alcala (Straße) beriethen in den letzten Tagen des Dezembers 1865 Prim, Sagasta, Zorilla, Aguirre, der Herzog de la Torre und die Führer der Progressisten.

Alle zeigten ernste, fast traurige Mienen, die alte Freudigkeit, ja Begeisterung war entschwunden.

„Sollen wir noch länger unthätig bleiben?" fragte

Aguirre, ein lebendiges, gewandtes Männchen mit sprühenden schwarzen Augen und ergrauendem Haar, indem er mit seinen zierlichen Händchen in der Luft herumfocht, „entweder müssen wir uns an den Wahlen betheiligen oder losschlagen."

„Nein," meinte Sagasta, ein hagerer Mann mit einem Knebelbart, dessen Figur an den Ritter Don Quixote von La Mancha erinnerte, „losschlagen müssen wir, die Stunde der Entscheidung hat geschlagen."

„Ich fürchte, wir sind des Volks nicht sicher, gleichgültig schaut die Menge drein und läßt Alles über sich ergehen," gab Zorilla zurück.

„Aber Sie müssen doch gestehen, das Volk ist der Regierung abgeneigt, 500,000 Wähler haben sich der Wahl enthalten, nur 152,000 stimmten, von denen noch 50,000 für die Gegner der Regierung mit ihrer Stimme eintraten," bemerkte Cordero.

„Von dieser feindseligen Kundgebung bis zu dem Punkte, wo man die Waffen gegen die Regierung ergreift, ist noch ein weiter Weg," sprach Prim, „für seine Abstimmung wird Niemand bestraft."

„Das sagen Sie, Prim, der Mann der That?" rief Montemar überrascht.

„Ja, das behaupte ich, ich gehe, ich gestehe es, ungern in diesen Kampf.

„Mir fehlt die Freudigkeit, die mich beim Schmettern der Schlachttrompete sonst ergriff; ich glaube, es ist mein schweres Blut, das mich so trübe stimmt, die Leber macht mir viel zu schaffen."

„Aber ist die Niederlage der Regierung nicht gewiß? Hat sie mit ihren schönen Worten, statt Reformen, das Volk nicht bis zum Uebermaß gequält, beleidigt sie durch ihren Aemterschacher nicht alle ehrenwerthe Leute? Hat nicht Donna Maria von Bourbon, die Wittwe des Don Carlos wegen der Anerkennung Italiens ein Manifest erlassen, das die Regierung der Ketzerei verdächtigt und die Anhänger der Carlisten zur Schilderhebung auffordert," entgegnete Cordero.

„Sollten die Carlisten gehorchen, und wir zugleich die Revolution beginnen, so geräth O'Donnell zwischen zwei Feuer, er weiß nicht ein noch aus, und ist uns auf Gnade und Ungnade überliefert."

„Das ist recht schön, aber dann warten wir, bis die Carlisten losgeschlagen," warf Prim ein.

„Wieder der Zauderer, ich kenne Sie nicht mehr," ertönte es.

„Ich muß zur Vorsicht rathen," wiederholte der General Prim. „Sie sind im Auslande gewesen, was sagt man da?"

„Mazzini, Ledru Rollin, Castelar rathen, der Reaktion das Garaus zu machen."

„Und Sie tragen Bedenken, dies zu thun?"

„Weil ich an dem Erfolge mehr als je zweifle.

„Wie steht es mit dem Heere, ist's für uns?"

„Für einige Regimenter bürge ich, ob andre sich uns anschließen werden, quien sabe, wer weiß? — — — —."

Da stürzte, bleich, mit verstörten Mienen, mit keuchender Brust, Don Diego Perez herein.

Alle fuhren von ihren Sitzen auf, wo sie bei dampfendem Papelitos und einem Glase des schönsten Xeresweins die Verhandlung geführt.

„Wir sind verrathen," rief Don Diego, „die Regierung wittert, daß wir etwas im Schilde führen. Ich erfahre so eben, daß zahlreiche Verhaftungen hier in Madrid, in Barcelona, in Saragossa und in Cadix stattgefunden. Man fahndet in dem Heere und unter den Bauern auf Verdächtige. In kurzer Zeit wird kein freier Mann mehr auf den spanischen Gauen weilen."

„Das ändert die Sache," schrie Prim wuthentbrannt.

„Dann gilt es unverzüglich loszuschlagen. Wir werden sonst unterdrückt, aus dem Wege geräumt und verfallen einem jämmerlichen Schicksal. Besser ein Ende mit Schrecken, als ein Schrecken ohne Ende."

„Sie können auf uns zählen, General," riefen Alle, indem sie sich flugs mit muthigem Antlitze entfernten. — — — — —

Im prächtigen Boudoir, den Boden mit türkischen Teppich ausgelegt, saß sinnend Donna Catarina, Gräfin von Reus.

Eine, von der mit Stuckatur überladenen Decke herabhängende Ampel strömte ihr mildes Licht auf Alabasterbüsten, Seidentapeten mit eingewirkten Schlachtengemälden, Krystallschalen, Kelchen und Toiletengegenständen von Gold und Silber, die in malerischer Unordnung umher aufgestellt waren.

Im Marmorkamin, auf dessen Sims die Broncestatue des Generals Prim in verkleinerter Gestalt stand, prasselte ein Feuer von wohlriechendem Rosenholz, das das Gemach wohlthuend erwärmte.

Herein schlich Prim mit beschatteter Stirn, und legte sanft die Hand auf den Arm der Träumerin.

„Juan, was fehlt Dir?" seufzte Catarina, indem sie dem Geliebten ins schöne Antlitz schaute.

„Nichts," war die stockende Antwort.

„Juan, Du hast etwas Schweres vor, ich erkenne es an Deinen Zügen."

„Man kann nicht immer lächeln!" tröstete Prim.

„Aber solche Wolken, wie auf Deinen Brauen sich lagern, beschwört das Alltagsleben nicht herauf."

„Nun denn, Catarina, verhehlen kann ich es doch nicht, ich bin gekommen, Dir anzuzeigen, daß ich mit meinen Feinden den offenen Kampf beginnen muß; wenn ich ihnen nicht heut den Kopf zertrete, werden sie mich morgen zermalmen."

„Juan könntest Du denn nicht mit Deinen Gegnern Frieden schließen?"

„Es ist unmöglich, mich vor ihnen zu demüthigen, Catarina, die ganze Welt sieht auf mich als einen geborenen Herrscher, als den Befreier meines Landes von der auf ihm lastenden Tyrannei. Wenn ich zurückweiche, werden die Steine gegen mich reden.

„Ich sollte diese Schleicher, die im Trüben fischen, die nie dem Feind in's Auge sehen, die katzenbuckeln und vor einem Weibe kriechen und dadurch zu der Macht gelangen, über mich triumphiren lassen, mich ihnen gar anbetteln als ergebenen Knecht? Nun und nimmermehr!"

„O, warum mußtest Du Dich in diese Wirren einlassen, in Fährlichkeiten, die Kerker und Tod nach sich ziehen, die mich zur Wittwe und unsere Kinder zu Waisen machen.

„Hast Du nicht ein fürstliches Vermögen, ein liebend Weib und zarte Liebespfänder?"

„Mache mir nicht das Herz schwer, Catarina. In meinen Adern braus't ein feurig Blut, ich bin kein Alltagsmensch, nicht so lebensmüde, so ruhebedürftig wie Espartero.

„Ich kann nicht blos essen, schlafen und lieben, ich muß die Welt mit dem Ruhm meiner Thaten erfüllen, in meinen Werken die Unsterblichkeit erringen, oder zu Grunde gehen.

„Was hat man mir gelassen?

„Nichts! Nicht einmal darf ich meine Soldaten, die ich mit so vielem Erfolg befehligt habe, exerciren und manövriren lassen; Andere, unrühmliche Männer, kommandiren sie. Ich bin kein Büchermensch, kein Kammerredner, der mit eitlen Worten um sich ficht. Man hat mich verdammt, hier unthätig zu leben.

„Vergebens hab' ich versucht, durch Jagden in dem wilden Gebirge von Toledo meine Unruhe zu beschwichtigen. Vergebens; die Zeit ist da, wo ich handeln muß."

„Dich zu hindern, mein Juan bin ich außer Stande. Ich seh' es schon, ich überrede Dich nicht. So folge Deinem Stern, leite er Dich glücklich."

„Ich kannte meine Catarina," rief freudig Prim, „sie ist mein Weib, und wird mich nicht zurückhalten, wenn ich die Bahn des Ruhmes wandele.

„Noch eins.

„Niemand darf von meinem Vorhaben wissen. Erscheine Du zu Neujahr auf dem Schlosse zum Glückwunsch bei der Königin, und wenn man nach mir frägt, so sage, ich sei unwohl und ließe mich entschuldigen." — —

Die Cour im Schlosse zu Madrid war glänzend zu des Jahres Anfang 1866.

Durch die reich geschmückten Säle bewegte sich eine unabsehbare Reihe der edelsten Landestöchter und Würdenträger mit ihren Gemahlinnen.

Wie funkelten in dem Meer der Kerzen die mit Brillanten übersäeten Coiffuren und Gewänder der Glückwünschenden, wie strahlten die besternten Herren in ihren goldstarrenden Uniformen und die Ritter des goldenen Fließes in altmodischer Tracht.

Sie wandelten Alle an der Monarchin vorbei, die, umgeben von ihrer Familie den Infanten und Infantinnen des Königshauses, mit der Krone auf dem Haupte auf dem Throne saß.

Als man die Herzogin von Victoria, die Gemahlin Espartero's und die Gräfin von Reus, die Lebensgefährtin Prims mit ihrem jüngsten Kinde an der Hand, dessen Pathin die Königin war, in der bunten Reihe der Daherschreitenden erblickte, da lief ein überraschtes Flüstern durch die Menge.

Die Züge der Königin aber hellten sich mit einem Lächeln der Genugthuung auf; denn verhängnißvolle Gerüchte waren auch zu ihren Ohren gedrungen, und in der Gesellschaft verbreitet.

Ja, die Monarchin nahm eine Gelegenheit wahr, der Gräfin einige verbindliche Worte zu sagen, und das liebliche Kind, das sie über die Taufe gehalten, an's Herz zu drücken. —

Der geräuschvolle Tag verging in froher Lust, auch der folgende wurde nicht minder gefeiert, und in Stadt und Schloß vergaß man im Festesjubel alle Unruhen.

Die Majestät, von allen Empfängen, allen Antworten die sie ertheilt, ermüdet, hatte sich endlich ziemlich spät zur Ruhe begeben.

Sie lag im festen Schlaf, süße Träume umgaukelten sie. Darinnen vernahm sie rauschende Tanzmusik, Paare von jungen schönen Mädchen flogen am Arme flotter Tänzer durch die Säle, und sie, vom Arm des schönsten Mannes umschlungen, dessen Bild stets wachend ihre Sinne bezauberte, befand sich mitten in dem Tanzgewühl, während Liebesgeflüster ihr Ohr ergötzten. — —

Plötzlich entstand in der Todtenstille der Nacht ein dumpfes Geräusch, es wuchs mit jeder Minute, Stimmen wurden laut, von den nahen Kasernen tönten scharf und schneidend die Signalhörner zum Alarmruf.

Die schlummernde Königin fuhr unsanft aus dem Traume, verdrießlich wußte sie sich von ihrem Zustande nicht Rechenschaft zu geben, die süßen Harmonien des Traumes tönten noch in ihrer Seele.

Da vernahm sie leise Worte in ihrem Vorzimmer, Gregoria nahete sich ängstlich und öffnete leise die Thür; sie fand die Majestät wachend und verwundert zu ihr aufschauend.

„Majestät, eine wichtige Nachricht ist eingetroffen, der Marschall O'Donnell wartet im Audienzsalon, er wünscht dringend Eure Majestät zu sprechen."

„Ist denn die Angelegenheit so wichtig, daß ihre Erledigung nicht bis Morgen früh warten könnte. Muß ich in meiner Ruhe gestört werden, Ich, die Königin."

„Die Sache muß wohl von Bedeutung sein," entgegnete Gregoria, „die ganze Stadt befindet sich in Bewegung, die Leute laufen wild durcheinander. Es weiß noch Niemand recht, was vorgefallen ist."

„So reich mir meine Kleider, ich will aufstehen," befahl die Königin. — —

Die nothdürftigste Toilette war gemacht. Schlaftrunken trat Isabella ihrem Minister entgegen, der vor Schrecken sich kaum auf den Beinen erhalten konnte.

„So eben," sprach er, „wurde ich durch die böse Kunde, die der Telegraph mir brachte, aus dem Schlafe geweckt, daß gestern Nachmittag das Reiter-Regiment Bailen in Aranjuez und das Regiment Lacoeros in Ocanna gemeutert, ihre Offiziere fortgejagt, und unter dem Rittmeister Bastos den Weg nach dem Gebirge Cuença eingeschlagen hat, auch das Bataillon Almansa, das in Avila liegt, hat die Fahne der Empörung aufgesteckt und ist auf der Eisenbahn nach Balladolid gegangen."

„Ha, das hat Prim angestiftet!" rief Isabella.

„Ich glaub's auch, denn als ich vorhin alle in Madrid anwesenden Generale in's Ministerium beschied, natürlich auch Diejenigen, die in der Armee kein Kommando haben, sondern als Privatleute hier weilen, und zu diesen gehört ja Prim, da kamen Alle, nur er fehlte. —

„Ich schickte einen Adjutanten nach seinem Hause.

„Nach langem Warten wurde mein Bote eingelassen, und die Gräfin Reus ließ ihm durch einen Diener mittheilen, ihr Gemahl sei in die Berge von Toledo gereis't, um dort der Jagd obzuliegen.

„Der Graf verfolgt ein edleres Wild, als Eber, Hirsche und Hasen, er trachtet nach der Krone Spaniens, und das ist die Jagd, die er heute betreibt!" schloß O'Donnell.

„Wird denn nimmer die Rebellion enden, die meinen Thron bedroht? Muß ich denn immer um mein Leben bangen? Tod den Verräthern. Ihnen gebührt die Kugel, für das Herzeleid, das sie mir fortwährend bereiten."

„Ich halt' die Majestät beim Wort," sagte O'Donnell, „mag Prim diesmal nicht straflos ausgehen."

„So sei es. Doch welche Maßregeln haben Sie ergriffen?"

„Ich habe den Marineminister Zabala beordert, so viel von zuverlässigen Truppen mitzunehmen, als er zusammenraffen kann, und den Aufständischen nachzurücken, um sie gefangen zu nehmen — oder sie zu sprengen.

„Die Besatzung von Alcala, der ich nicht traue, ist herbeordert, um sie unter dem Auge zu halten. Der Marschall Serrano hat das Commando über die Caserne Donna Isabel II übernommen, Ros de Olano hält das Schloß mit dreifachen Wachen von Veteranen besetzt, deren Treue für Eure Majestät in mancher Schlacht erprobt.

„Ich bin Willens, das Standrecht zu verkünden, sobald die Bewohner dieser Hauptstadt die geringste Neigung zeigen, den Aufstand durch thätigen Beistand zu unterstützen.

„Auch sind sechstausend Gensdarmen im Anzuge, um den Patrouillendienst in der Stadt zu versehen.

„Ich fürchte das Zusammentreffen der Truppen mit den Bürgern, sie können leicht gemeinschaftliche Sache machen.

„Das Uebrige müssen wir der heiligen Jungfrau und allen Heiligen überlassen," schloß O'Donnell.

„Zu ihnen will ich für den Erfolg meiner Waffen flehen, sie werden mich aus dieser Noth retten, wie sie mich bisher so gnädig beschützt haben," entgegnete die Königin.

„Uebrigens billige ich Alles, Herr Marschall, was Sie bisher gethan, und danke Ihnen für die umsichtige Fürsorge, die Sie entwickelt haben."

„Das ist meine Pflicht, ich werde Eure Majestät von dem weiteren Verlaufe der Ereignisse schleunigst Bericht erstatten."

„Thun Sie das; Sie können sich wohl vorstellen, daß ich nicht ruhig bin."

Der Marschall verneigte sich und verließ das Zimmer, während der König Francisco, sowie die königlichen Kinder sich zu Ihrer Majestät verfügten.

In dieser Schreckensnacht erlitt die Etikette manchen Stoß; Prinzen, Prinzessinnen und Höflinge erschienen in ihren Hauskleidern, keiner dachte daran, das Ceremoniell zu beobachten.

Diener und Herrschaften mischten sich bunt durcheinander, mancher Grande ließ den Stolz dahinten, und forschte ängstlich bei dem Ersten, Besten nach dem Grunde.

Gegen Morgen endlich beruhigte man sich.

Es kamen einige Nachrichten; man hörte, daß die Tajo-Brücken abgebrochen, die Telegraphen zerstört, daß auf den Obersten Aldama, den Commandeur des rebellischen Regiments Bailen, der seinen Leuten nachgesprengt,um sie zur Pflicht zurückzuführen, von seinen eigenen Soldaten geschossen, und der Oberst, Verzweiflung im Herzen, unverrichteter Sache heimgekehrt sei. —

Madrid blieb ruhig.

Prim hatte befohlen, alle Telegraphen zu zerstören, jedoch war einer vergessen worden.

Dieser aus Unvorsichtigkeit unversehrt gebliebene Telegraph arbeitete unablässig für die Regierung, und that den Insurgenten Abbruch.

Prim's mißglückter Versuch, Spanien zu befreien.

Eine stark ermüdete Reitertruppe kletterte an einem kalten Win-
tertage auf schmalen Pfaden an den steilen Hängen des Toledogebirges
empor, verlor sich in die waldbewachsenen Schluchten, und wand sich
mit Mühe an den gefährlichen Abgründen entlang.

Die Pferde waren abgetrieben, die Reiter hatten sich dicht in ihre
dicken Mäntel gehüllt, sie sahen keineswegs freudig aus, vielmehr
mürrisch drein.

Hin und wieder vernahm man ein Caramba, ein Caracha,
por todos los Diablos del inferno. Hinterdrein zogen dunkle
Massen von bewaffneten Aldeanos (Landleuten) mit ihren Trabuccos
(Flinten mit trichterförmiger Mündung) und Pelzjacken, kurzen Hosen
und Gamaschen an den Füßen, mit Seilen aus Espartogras befestigte Sandalen.

Der Schnee lag spärlich in diesen hohen Regionen in den hohlen
Felsspalten, ein nicht behaglicher Nordwind pfiff über die Plateaux,
die man bisweilen überstieg.

Der Himmel lag so grau und bleifarbig über dem Ganzen, wie
im kältesten Nordlande, und nur der schnelle Marsch ließ das Blut
nicht in den Gliedern erstarren.

Es waren die Reiterregimenter aus Aranjuez und
Ocana, die unter Prims Befehlen nun schon eine Woche
lang in diesen unwirthlichen Gegenden herumstiegen.

Sie hatten richtig am zweiten Tage des Januar gemeutert, ihre arglosen Offiziere verlassen, und waren ins
Gebirge geeilt, um sich dort zur Verfügung Prim's zu
stellen.

Dieser war in Temblique, einer Eisenbahnstation, nahe dem Gebirge von Toledo, an ihre Spitze getreten, nachdem er von Bürgern
und Bauern zusammengerafft, was er konnte.

Zu ihm waren 200 Catalonier, und Noy de los Barraquetas
gestoßen, die seine Leibwache bildeten.

Ein andrer Bandenführer, Escoda, hatte aus der Urstätte aller
Guerrillas, dem Baskenlande, eine weitere Rotte herbeigeführt.

Aber das war das Ganze.

Prim hatte auf eine viel größere Zahl von Anhängern unter den Truppen gerechnet, so auf die Artillerie von Alcala, aber O'Donnell hatte sie ihm weggeschnappt.

Die Rebellion der großen Städte, so wie die der Carlisten war nicht ausgebrochen.

So befand sich der General Prim in einer keineswegs behaglichen Lage.

Andrerseits entfaltete die Regierung so wenig Kraft als möglich zur Unterdrückung des Aufstandes.

Zabala war ihm zwar auf den Fersen gefolgt, hatte aber nicht gewagt, mit dem Helden von Tetuan anzubinden, und zwar aus gutem Grunde; er fürchtete den Abfall seiner Truppen, und Prim's Truppen sahen nie eine Bajonettspitze ihrer Verfolger, diese hielten sich immer in respektvoller Entfernung.

Die oben erwähnte Truppe langte endlich etwa 2000 Mann stark in dem ärmlichen Gebirgsdorfe Dehesas de la Sierra an.

Steif und fröstelnd stiegen die Reiter auf dem freien Platze in der Mitte des Dorfes von den Pferden.

Die Guerillas zu Fuß schaarten sich um die lodernden Wachtfeuer, die man in den Dorfstraßen und Gassen angezündet hatte.

Die Offiziere begaben sich in die rauchenden Hütten.

Aber Prim war nicht der Mann, für seine Truppen nicht zu sorgen.

In diesem Gebirge nannte er weite Jagdgründe sein eigen, er hatte lange vorher große Vorräthe aufgehäuft; daher hatte er hier seine Operationsbasis angelegt.

Die Dorfbewohner gaben, was Küche und Keller gerade bot.

Und die Dorfschönen Juanita, Ines Dolores, Carmen Francisca, Maria, und wie sie sonst hießen, sprangen herbei mit Weinschläuchen und Eßwaaren, um die matten und frierenden Krieger zu erquicken, und bald vergaß der leichtlebige Spanier das ertragene Leid.

„He, Barbarita, oder wie Du sonst heißen magst," sprach der Uhlan Quesada zu einem hübschen Landtöchterchen, das ihm kokett den Weinschlauch kredenzte, aus dem er in langen Zügen trank, bis ihm eine wohlthuende Wärme durch die erstarrten Glieder strömte, „sieh'st mir gerade aus, als ob Du lange nicht so schmucke Kerls gesehn hast, wie unser eins ist."

„Ho, ho, Sennor," antwortete diese schnippisch, „unsre Dorfburschen sind auch keine Vogelscheuchen."

„So war es nicht gemeint, perla de mi corazon (Perle meines Herzens)," entgegnete der Soldat galant, indem er das hübsche Kind unter das Kinn griff, das darüber eben nicht böse wurde, sondern wohlgefällig zu dem stattlichen Krieger aufblickte.

„Auch meine Geburtsstätte steht in den Bergen, wenn auch in den katalonischen, ich bin kein weichlicher Ciudadano (Stadtbürger), sondern ein abgehärteter Sohn der Berge.

„Aber heut wirst Du schon, Schätzchen, mit einem abgemühten Soldaten Mitleid haben, der sich nach einem weichen Arme sehnt."

„Der Sennor ist sehr anmaßend, er muthet einem Mädchen, das ihn kaum gesehen, gleich arge Dinge zu. Unsre Herzen brennen nicht gleich lichterloh, Sennor Soldado," lachte die Kokette.

„Sperr' Dich und sträub' Dich so viel Du magst, Närrchen, Du wirst mein," entgegnete der Soldat.

Das Mädchen aber verschwand.

Wie Quesada, so scherzten auch die Uebrigen mit den Dorfschönen. Auch die Aelteren ließen sich Speis' und Trank schmecken, und bald erschollen Trinklieder durch das sonst so schweigende Dorf.

Prim und sein Stab hatten sich in ein Bauernhaus zurückgezogen, und schmausten zunächst auch hier, aber die rechte Freude war nicht beim Mahl.

„Es steht mit uns nicht gut," meinte Milans del Bosch, der einzige General der Prim gefolgt war, „die Herren Fortschrittler scheinen uns im Stich zu lassen."

„Ich denke es wird besser werden, unsere Proklamation ist noch nicht verbreitet," antwortete Prim.

„Wie lautete diese," fragte Milans, „ich habe nichts davon zu Gesicht bekommen."

„Hier ist ein Exemplar," entgegnete Prim, „lesen Sie es vor." Milans las:

„Spanier, der furchtbare Augenblick ist gekommen, wo die Revolution die einzige Hülfsquelle der Nation und die Pflicht jedes Ehrenmannes ist; ich habe mich an die Spitze einer Macht gestellt, von Soldaten und Landsleuten, die von allen Seiten herbeieilen, um unter meinem Befehl für Freiheit und Vaterland zu streiten.

„Meine Fahne ist die jüngste Proclamation der Fortschritts-Partei; dieselbe fordert für die Nation:

„Allgemeines Stimmrecht, unbeschränkte Preßfreiheit, Vereinsfreiheit, wirklich verantwortliche Minister, die aus der Majorität des Congresses gewählt sind, — eine wirkliche Controlle des Staatshaushalts durch vom Volk gewählte Vertreter, — Gewerbefreiheit, — Schutz für die Arbeiter, — Verbesserung ihres Looses u. s. w.

„Mit der Energie, die man an mir gewohnt ist, werde ich das Banner der Freiheit gegen eine Regierung emporhalten, die uns im Auslande entehrt, im Inlande zu Grunde richtet, aus uns den Spielball der fremden Völker macht, und uns an den Rand des Bankerotts gebracht hat.

„Soldaten, stellet Euch unter meinen Befehl. Ihr wißt, daß ich Euch nicht im Stiche lasse, daß, wenn Ihr mein Beginnen unterstützt, ich Euch auf den Weg des Sieges führen und Eure Mühe belohnen werde.

„Bürger! helft mir diese Revolution durchführen, durch welche die schreckliche sociale*) Revolution unmöglich gemacht werden soll, die Euch bedroht.

Es lebe die Freiheit, es lebe die Fortschrittspartei, es leben die konstituirenden Cortes!"**)

Nachdem Milans geendet, schüttelte er den Kopf.

„Was sagt Ihr dazu, General?" fragte Prim.

„Mir mißfällt," entgegnete Milans, „überhaupt jedes Geschreibsel und dies insbesondre."

„Warum?"

„Weil es nicht Fisch, nicht Fleisch, nicht warm, nicht kalt ist.

„Ich hätte dem Volke ganz kurz und bündig gesagt, ich würde die Weiber und ihre Günstlinge, die Aristokraten und die Blutsauger sammt und sonders zum Lande hinausjagen, die Republik ausrufen, und das Volk zum Herren seiner Geschicke machen. Da hätte Jeder gewußt, woran er war. Jetzt ist es nicht der Fall.

„Das hätte verfangen und ganz Spanien auf die Beine gebracht."

Prim verfärbte sich, und erwiederte:

„Ich will es mit der Fortschrittspartei nicht verderben, nicht alle Brücken hinter mir abbrechen. Wenn ich thue, wie Ihr wollt, und es mißglückt, so geht es mir an Kopf und Kragen, falls mich O'Donnell erwischt.

---

*) Vertheilung der Güter der Besitzenden an die Armen.
**) Volksvertretung, die dem Lande eine neue Verfassung geben soll.

„Für die Mehrzahl der Freisinnigen habe ich mich dann unmög=
lich gemacht, sie weisen mich zurück, so weit darf ich nicht gehn."

„Und die Demokraten wollen von Euch nichts wissen," warf
Milans del Bosch ein, „denn sie behaupten, Ihr werdet Euch
zum lebenslänglichen Consul oder Regenten machen."

„Das ist nicht wahr," rief Prim, „daran denke ich nicht, ich
will ein einfacher Bürger meines Landes sein, mich nicht über Andere
erheben."

„Eure Proklamation bestärkt sie aber in ihrem Glauben," be=
merkte Milans.

„Mag sie das, vorläufig brauchen wir die Demokraten nicht."

„Ich denke anders, ich würde an Eurer Stelle gerade auf diese
energischen Streiter der Freiheit zählen, die Fortschrittsmänner sind zu
schlaff, keine Männer der That; Demokraten setzen dagegen im äußer=
sten Fall Alles auf's Spiel."

„Wollen's abwarten. Ich gehe nicht weiter!" versetzte Prim.

„Haben Sie über unsere Feinde, die Regierungstruppen,
die wieder uns ausgeschickt sind, nichts gehört," wandte Prim sich zu
seinem Adjutanten Gamindo.

„O! Von Denen haben wir nichts zu besorgen!"

„Es sind doch kriegskundige, tapfere Männer, sie haben auch
Artillerie bei sich, sind uns an Truppenzahl überlegen, und haben
tüchtige Anführer," nahm Prim das Wort.

„Wenn diese sich auf ihre Soldaten verlassen könnten?" sprach
Gamindo.

„Warum nicht?" fragte Prim.

„Da ist Zabala zunächst," begann der Adjutant, „der Marine=
minister, der da Flotten und Schiffe kommandirt, soll einen
Land= und Gebirgskrieg führen. Ist das nicht spaßhaft?"

„Allerdings!" bemerkte Prim.

„Und dann ist er bei seinen Soldaten nicht beliebt!"

„Ich glaube selbst, seine Soldaten geben nicht viel auf ihn," fiel
hier Milans ein. „Als ich ihm jüngst mit einem Detachement auf
den Leib rückte, wich er mir aus, als ob ich der Gottseibeiuns
selbst wäre."

„Da ist der Concha," lachte Prim, „der ist von Malaga her=
beigeeilt, um seine Dienste meinen Feinden anzubieten. Der Mann
ist so hitzig gewesen, daß er nicht einmal nach Madrid ging, und sich
von der Regierung bestallen ließ, sondern unterwegs, auf eigene Faust,
ein buntscheckiges Corps bei Daimiel auf der Eisenbahn nach Ciudad

Real um sich schaarte, womit er uns das Garaus machen wollte. Aber als unser Escoda mit seinen Cataloniern in der Ferne erschien, lief das ganze Corps auseinander."

„Der General Echague, unser dritter Widersacher, manöverirt zwar ganz gut, er scheint nicht so schreckhaft wie die Andern, aber so recht getraut er sich nicht an uns."

„Das ist ganz schön," resumirte Prim, „aber damit kommen wir auch nicht weiter."

„Ich denke," meinte Montemar, ein Progressist, „wir richten unsere Augen auf die Morena und Andalusien. In der Sierra de Morena beginnt dieser Tage der Aufstand, wir brechen über die Puerta de San Vicente*) nach jener Richtung zu hervor, und vereinen uns mit den Aufständischen."

„Dann muß aber der Aufstand erst lebensfähig sein," meinte Prim, „und vom Norden ist nichts zu hoffen?"

„Nichts, wie es scheint," entgegnete Gamindo. „In Barcelona ist die Gährung zum Ausbruch wohl mehr durch die Schuld der Regierung als des Volks gekommen, die Arbeiter in den dortigen Fabriken sind nicht unsere Freunde, sie sind Socialisten.

„Aber als sie von der Rebellion hörten, da fanden in der Fernando-straße und auf dem Constitutionsplatze Zusammenrottungen statt, sie glaubten, es wäre Gelegenheit, das unwürdige Joch, unter dem das Land schmachtet, mit unserer Hülfe abzuschütteln.

„Die Leute schwankten, aber sehr einflußreiche Führer riethen ab, und es blieb beim Schreien und Lärmmachen.

„Aber die Regierung fing es ungeschickt an; sie traute den Truppen nicht, die die Besatzung bildeten, deshalb hatte sie die Mozos de Escuadra (Gendarmen) nach der Stadt berufen.

„Diese fielen eines schönen Abends die harmlosen Spaziergänger auf der Rambla an, und metzelten unbarmherzig darunter. Sogar Fremde, Engländer, Mohren und Türken wurden dabei getödtet.

„Seitdem ist die Erbitterung allgemein. Der Gendarmeriechef ist in die Acht erklärt, Niemand will mit ihm in demselben Kaffeehaus weilen."

„Das ist Zündstoff, um das Volk in Bewegung zu setzen," rief Prim. „Sie, Sennor Escoda, kehren nach dem Norden zurück. Vielleicht gelingt es Ihnen, dort unsere Sache zu fördern."

---

*) Gebirgspaß, der von dem Toledo-Gebirge in die Ebene des Tajo führt.

„Ich breche baldigst nach meinem Bestimmungsort auf, General,"
entgegnete Escoda.

Es war spät geworden. Die Herren waren müde und Prim hob
die Berathung auf.

Man vertheilte sich und richtete sich in den Räumen des Bauern-
hofes ein.

Draußen brannten die Wachtfeuer düsterer.

Die Stille der Nacht wurde nur durch das Schnarchen der
Schläfer, den Schritt der Runden und den Anruf der Postenketten,
die um den Lagerplatz aufgestellt waren, unterbrochen. Auf den Feld-
wachen nickten die Leute dann und wann in einen leichten Schlummer ein.

Im Stroh der Scheunen, im Heu der Böden, selbst in den
Ställen, überall, wo es in der kühlen Winternacht das wärmste, be-
haglichste Plätzchen gab, hatten es sich die wenig spröden Schönen mit
ihren soldatischen Liebhabern bequem gemacht, die ihren Huldinnen die
Gastfreundschaft durch süßes Gekose auf's Reichste vergalten.

Zehn Tage, nachdem wir die Truppen Prim's in dem Dorfe
Dehesas de la Sierra, mitten im Toledogebirge, verlassen, finden wir
sie an der Grenze von Estremadura, Andalusien und Portugal, vor
dem Orte Encinasola an der Murtiga, wieder. Steppe und Felsgestein
waren ringsum; man hatte eine ziemlich weite Aussicht auf die Gegend. Aber so weit man seine Blicke schweifen ließ, lag keine Ortschaft, Gebirgskämme ragten in den grauen Himmel.

Vegetation mochte hier selbst im Sommer nicht sichtbar sein, ge-
schweige denn im Winter, der gelbliche Granit trat überall zu Tage.

Krähen, Adler, Dohlen mit ihrem mißtönenden Geschrei waren
die einzigen lebenden Wesen weit und breit; und wie die Natur
öde war, so war es auch in dem Herzen der unglücklichen
Krieger.

Frisch und freudig waren sie ausgezogen unter einem
thatkräftigen Feldherrn, die Bahn des Sieges leuchtete vor ihnen, und
nun standen sie hier unrühmlich und traurig. Denn Aller
hatte sich die Vorahnung bemächtigt, daß ihre Irrfahrten zwecklos, und was nach peinlicher war, daß sie ohne einen Schwertstreich gethan zu haben, vom Kampfplatz abtreten sollten.

Denn sie befanden sich unweit der portugiesischen Grenze, das
wußten Alle, und weshalb waren sie anders hier, als in das Nachbarland überzutreten und dort die Waffen zu strecken.

Viele hätten sich lieber in das dichteste Kampfgewühl gestürzt, und ihr Leben geopfert, als eine solche Schmach zu erdulden. Das mochte auch wohl Prim fühlen, denn in seinem edlen Antlitze zuckte es, in seinen Mienen arbeitete der Seelenkampf, die Lippen waren fest auf einander gepreßt, seine edle Stirn war gerunzelt, finster blickten seine Augen, seine Hände hatten sich krampfhaft geballt.

So stand er stumm inmitten seiner Offiziere, kaum wagte er den Blick zu seiner Umgebung aufzuschlagen.

Endlich schien er sich mit einem Ruck emporzuraffen, alle seine Seelenstärke zu sammeln.

Er befahl, daß die Truppen einen weiten Kreis um ihn schlössen, die Führer dann näher zu ihm träten.

Dann begann er mit stockender, beklommener Stimme:

„Kameraden!

„Ihr kennt so gut, wie ich, unsere traurige Lage, seit siebzehn Tagen ziehen wir umher, ohne unserm Vaterlande genützt zu haben. Ihr darbet, Eure Rosse sind abgezehrt; unter diesem Winter= himmel und in diesen unwegsamen Gegenden sind die Mühseligkeiten für Mensch und Thier unerträglich.

„Sie müssen aufhören; ich habe daher beschlossen, in unser Nachbarland, Portugal, dessen Fluren dort vor Euch liegen, überzu= treten und so unserm Unternehmen ein Ende zu machen.

„Wir werden eine gastliche Aufnahme finden, denn in dem freiern Lande harren unserer Freunde, die ein lebhaftes Mitgefühl mit unseren Bestrebungen hegen.

„Nicht der Feind hat uns besiegt, wir haben ihn nicht einmal gesehen, nein, eigener, freier Wille führt uns vom Kampfplatz weg, auf welchen ich Euch nicht leichtsinnig geführt.

„Einflußreiche Männer der Fortschrittspartei verhießen mir, daß ganze Provinzen sich erheben und unsere Bewegung unter= stützen würden; sie hielten nicht Wort, diese Herren, so keck im Reden, so feig im Handeln.

„Es geschahen Versuche in Sarragossa und Barcelona zu unsern Gunsten, sie scheiterten; die Sierra Morena sollte sich erheben, ich marschirte daher nach Blerena in's Andalusische; vergebens! Niemand rührte sich.

„Viele Kampfgenossen wollten sich mit uns vereinen, ihre Ab= sicht wurde den Feinden durch feile Männer verrathen; sie wurden überlistet und zurückgehalten. Dies war mit der Artillerie, die in Alcala lag, der Fall.

„So fehlte uns von Anfang an diese nothwendigste Waffe.

„Das Regiment Almanfa von Avila hielt zu uns, es sollte Valladolid einnehmen, wohin viele unserer Freunde gekommen, um unsere Sache zu fördern. Das Unternehmen mißlang; tüchtige Männer, General Pierrad, Contreras, Noviles und der Graf von Cuba wurden gefangen und in die Kerker geworfen.

„Das Regiment Almanfa wurde von uns abgeschnitten; es ist bei Vimiofo nach Portugal gegangen und dort entwaffnet worden, wie mir die herbe Kunde am heutigen Morgen wurde.

„Noch einen letzten Versuch wagte ich für die Sache der Freiheit und unsere Ehre. Den tapferen Escoda sandte ich mit seinen Cataloniern nach der Provinz, wo ich geboren, nach Catalonien, um in diesem Lande einen Stützpunkt für unsere Operationen zu gewinnen. Auch dies Beginnen scheiterte.

„Der Rache Strahl traf zwar durch Escoda's Faust die Schergen und Häscher der Tyrannei, die Mozos de la Escuadra (Gendarmen), die wehrlosen Leute, Frauen und Kinder, als sie auf der Rambla von Barcelona lustwandelten, erbarmungslos gemordet hatten.

„Ein Theil dieser Unholde wurde bei Monteban von Escoda's tapferer Schaar niedergemetzelt.

„Dies ist der einzige Lichtblick in dem Mißgeschick, das uns betroffen.

„So ist denn alle Hoffnung verloren, unser Unternehmen glücklich zu Ende zu führen. Ein böfes Geschick waltet über unserem Thun.

„Wäret Ihr Räuber, ich ein Räuberhauptmann, so wäre es mir leicht, das Feld Jahre lang zu behaupten, aber wir sind ehrliche Soldaten, welche die unbefleckte Hand zur Rettung des Vaterlandes erhoben haben.

„Zwei Dinge trösten mich. Ich habe kein unnützes Blut vergossen und bin im Stande, Euch insgesammt der Rache unserer Feinde zu entziehen.

„Mir bricht bei der Ankündigung beinahe das Herz, daß wir die Waffe aus der Hand zu legen genöthigt find, ohne unser Volk befreit zu haben.

„Bewahren wir uns für bessere Zeiten, sie kommen, denn unsere Gegner sorgen durch ihre Gewaltthaten dafür." —

Schweigend vernahmen die Truppen die Worte des Generals, sie murrten nicht; aber unmuthig zogen sie auf portugiesisches Gebiet, dort das Herbeste zu leiden, was einem Tapfern begegnen kann, nämlich die Entwaffnung. Sie wurden gut aufgenommen, und besonders von den Frauen gepflegt, die mit den Unglücklichen das tiefste Mitleid empfanden.

Prim hielt sich nicht lange in Portugal auf, sondern reiste, von der portugiesischen Regierung unbehelligt, nach Paris, wohin seine Gemahlin mit den Kindern vorausgegangen war.

Einunddreißigstes Capitel.

Die Erschießung des Hauptmanns Espinosa und zweier Sergeanten.

Unweit der Fontaine der Cybele, welche den einen Endpunkt des Salon del Prado, der vornehmsten Promenade von Madrid bildet, liegt das Kriegsministerium, ein ernstes alterthümliches Gebäude, vielleicht einst der Gerichtshof der heiligen Inquisition, in dessen Hallen manches Weh' und Ach im Vorgefühl der letzten Stunde erschollen.

Oede war es heute ringsum, selbst im nahen Prado, nicht einmal in der innern Stadt war der gewöhnliche Straßenlärm bemerkbar, nur hin und wieder schlich Jemand durch die menschenleeren Straßen, wenn er einen nothwendigen Gang zu machen hatte. —

Die Puerta del Sol, über die man sonst bei dem schrecklichen Gewühl nur mit Mühe, und zuweilen mit Lebensgefahr gelangen konnte, war so wüste, als wäre die Stadt ausgestorben. Die Landleute eilten aus der gleichsam verpesteten Stadt, nachdem sie ihre Lebensmittel abgesetzt, oder mit unverkaufter Waare.

Die Calesinas harrten an ihren Standorten vergebens der Fahrgäste, die Kutscher dehnten sich unmuthig auf ihren Sitzen.

Prim's Aufstand war gescheitert, das Standrecht über Madrid, das sich nicht einmal gerührt, verkündet, ein strenges Bando (Verordnung) folgte auf das andere.

Auf jeden Studenten, der sich in den Straßen blicken
ließ, sollte ohne Weiteres geschossen werden, da die Musensöhne gewagt, mißliebige Rufe auszustoßen; die Zeitungen
waren bis auf wenige unterdrückt.

An allen Ecken und Enden standen Polizisten und Gensdarmen,
Alguaziles y guardias civiles, und die bei ihnen befindlichen
Spione faßten jeden Vorüberwandelnden scharf in's Auge,
ob seine Verhaftung nicht zu bewirken sei. Vor dem Kriegsministerium jedoch drängten sich die Häscher zahlreicher, als
anderswo, und hier standen inmitten einer von Waffen starrenden
Eskorte (Wache) waffenlos und stark gefesselt: der Hauptmann Don Pedro Espinosa, zwei Sergeanten von der Artillerie von Alcala, und ein Oberstlieutenant, ein Major,
mehrere Lieutenants und Korporale des Kürassierregimens
des Königs (El rey).

Sie harrten auf den Spruch des Kriegsgerichts.

Von dem Thurme des nahen Kloster von Calatrava schlug die
Uhr zehn, und dumpf hallten die Klänge von den übrigen Thürmen
wieder, da thaten sich die Thüren des Ministeriums auf, und durch
düstere hochgewölbte Corridore schritt man in den halbdunkeln Sitzungs-
saal, zu der von starkem Gitterwerk umgebenen Anklagebank.

Der Saal mit seinen kleinen vergitterten Fenstern sah mehr einer
gottgeweihten Stätte, als einem modernen Gerichtssaal ähnlich. Die
an den Wänden aufgestellten Heiligenstatuen schienen die Angeklagten
anzugrinsen, in ihrer Gegenwart war vielleicht mancher Ketzer zum
Scheiterhaufen verurtheilt worden.

Nachdem die Gefangenen in ihrem Käsig, umgeben von
der Häscherschaar, einige Augenblicke gewartet hatten, traten in
langer Reihe die zum Kriegsgericht kommandirten Soldaten ein, ein
Oberst, ein Major, ein Lieutenant, ein Sergeant, ein Unteroffizier und
ein Gemeiner, und reiheten sich auf einer Estrade in einem Halbkreise
um einen mit Papieren bedeckten Tisch.

Ein Offizier stand auf einer besonders errichteten Erhöhung als
Ankläger. Vor sich hatte er ein mit Akten bedecktes Pult.

Ein militärischer Vertheidiger stellte sich neben die Angeklagten.

Der Oberst, der Präsident des Gerichts, war wegen seiner Grausamkeit berüchtigt, er hatte von den zweiundneunzig Blut-
urtheilen, welche unter Narvaez' Regiment vollzogen worden waren, nicht wenige gefällt.

Er war von mittelgroßer Statur, sein von Leidenschaften durch-

furchtes Gesicht zeigte einen Zug von Unbarmherzigkeit, der keine
Gnade hoffen ließ.

Der Ankläger verlas die Anklage.

Man warf den vor Gericht gestellten Soldaten vor, zu Gunsten Prims eine Verschwörung gegen die gegenwärtige Regierung angezettelt zu haben. Dieselbe sei entdeckt und ver-
eitelt worden.

Die Hauptsrädelsführer seien der Hauptmann Espinosa und
zwei Sergeanten, der Erstere habe die Offiziere des Regiments
El rey und deren Mannschaften zum Treubruch verleitet; die
Sergeanten des Regiments Alcala die ihnen untergebenen Soldaten
aufgewiegelt.

Diese Drei hätten sich des Verbrechens des Hochverraths
schuldig gemacht, und müßten deßhalb nach dem §. 30 des militärischen Strafgesetzbuches den Tod erleiden. Für die Verführ-
ten, welche die Aufwiegler der zustehenden Behörde nicht
namhaft gemacht, sondern ihren Einflüsterungen ein williges Ohr geliehen, beantrage er die Deportation nach den
Philippinen.

Darauf fragte der Präsident die Angeklagten:

„Erkennen Sie sich des Ihnen vorgeworfenen Verbrechens für
schuldig?“

„Nein,“ antwortete der Hauptmann Espinosa, ein schöner junger Mann von schlanker Figur, die wie von einem Bildhauer gemeißelt
war, von schönen, beinahe mädchenhaften Zügen, gekräuseltem, schwarzem
Vollbart und vollem Lockenhaar von gleicher Farbe.

„Nein,“ wiederholten die Sergeanten, alte graue Knasterbärte
von echtem Schrot und Korn.

„Nein,“ riefen die Uebrigen im Chor.

„Sie leugnen also, daß Sie sich gegen die gegenwärtige Regierung verschworen haben.“

„Das leugnen wir nicht, aber wir haben keinen Hochverrath begangen,“ entgegnete man.

„Caramba,“ höhnte der Oberst, Ihr Verbrechen ist wohl gar
in Ihren Augen eine verdienstliche Handlung?“

„Allerdings ist sie es, wir haben uns gegen das gegenwärtige Regiment erhoben, um unser Vaterland von einem unwürdigen Joche zu befreien.“ —

„Ob die jedesmalige Regierung eine gute oder schlechte ist,
darüber steht dem Soldaten kein Urtheil zu,“ warf der Oberst ein.

„Dann durften die Soldaten des Marschall O'Donnell 1854 auch nicht rebelliren," entgegnete der Vertheidiger.

„Das ist vergessen und vergeben, und gehört hier nicht her."

„Das paßt sicherlich auf den Fall der Angeklagten," rief der Vertheidiger, „und wenn man dieselben strafen will, so darf man nicht gleich die härteste Strafe über sie verhängen.

„Meine Klienten sind tapfere Männer; der Espinosa ist vom General Prim auf dem Schlachtfelde wegen seiner außerordentlichen Bravour bei Tetuan vom Gemeinen zum Hauptmann gemacht, und auf Empfehlung desselben Generals zum Ritter des Ordens Karls des Dritten ernannt worden; die beiden Sergeanten sind im Kriege der Christinos gegen die Carlisten ergraut, und ein Jeder von ihnen hat aus mehr als einer Wunde für die Königin geblutet.

„Die Angeklagten sind seit Jahren Waffengefährten Prim's, von ihm mit Ehren und Wohlthaten überhäuft.

„Kein Wunder ist es daher, daß sie seine Partei ergriffen.

„Ich beantrage daher entweder völlige Freisprechung oder eine leichte und kürzere Haft für die Angeklagten. Sollte jedoch der Gerichtshof nicht so milde urtheilen können, so bitte ich, dieselben der Gnade der Königin zu empfehlen.

„Ich erwarte zuversichtlich, daß so verdienstvolle Männer keinem harten Schicksale entgegengehen!" —

Wiederholt war über das scharfmarkirte Gesicht des Obersten ein boshaftes Lächeln gelaufen. Bei der Erwähnung der Verdienste Espinosas hatte er höhnisch drein gesehn.

Nachdem der Vertheidiger geendet, hatte er die Anklage zusammengefaßt:

„Niemand leugne, daß die Angeklagten Verschwörer seien, ihre Schuld stehe außer allem Zweifel, es müsse ein Beispiel statuirt werden, die Disciplin aufrecht erhalten, dem Gesetze freien Lauf gelassen werden."

Die Richter zogen sich zurück, sie beriethen nur wenige Minuten, der Oberst beherrsche seine Kollegen, er duldete keinen Widerspruch, seine Miene drohte Denen Verderben, die sich zu einem schüchternen Einspruch gegen seine Willensmeinung herbeiließen, so daß die milderen Stimmen verstummten.

Der Gerichtshof erschien wieder.

Der Oberst verkündete im Namen desselben im barschen Tone das Urtheil.

Hauptmann Espinofa und die beiden Sergeanten des Regiments Alfala wurden zum Tode durch Pulver und Blei, die übrigen vom Küraſſierregiments El rey (König) zur Deportation auf zehn Jahre Verbannung nach den philippiniſchen Inſeln verurtheilt.

Ein Murmeln des Unwillens lief durch den Kreis der Anweſenden, Angeklagte und Wächter ſtimmten ein.

„Hauptmann Espinofa ſollte ſterben!“ rief ein Küraſſieroffizier, „er, der mit 100 Braven die an den Feind verloren gegangene Fahne des Regiments Bahlen mitten aus einer Schaar von 3000 Marokkanern herausgeholt hat?

„Hauptmann Espinofa, der aus tauſend Todten wunderbar errettete, der bei einer Explofion von in die Luft geſprengten Munitionskarren in die Höhe geſchleudert allein unverſehrt wieder auf die Erde kam, während hunderte von abgeriſſenen Gliedern und zerſetzten Körpern ſich um ihn aufthürmten, er ſollte mitten im Frieden ſein Leben unter den Kugeln ſeiner eigenen Kameraden verhauchen,“ bemerkte der Vertheidiger.

Aber dies Murmeln übertönte plötzlich ein gellender Schrei, eine Dame, die ſich mit Mühe in den Sitzungsſaal gedrängt, war ohnmächtig mit dem Rufe: Mein Pedro, mein Pedro! zu Boden geſunken.

Es war Donna Antonia Espinofa, die Gemahlin des Hauptmanns; einer Verzweifelten gleich, hatte ſie ſeit der Verhaftung des Gemahls Tag und Nacht ſeinen Kerker bewacht. Beinahe kein Schlummer war in ihre Augen gekommen, ſie hatte ſich kaum einen Biſſen Speiſe, kaum einen Trunk Waſſer gegönnt.

Als ſie nun erfahren, daß man über ihren Gemahl zu Gericht ſitze, da war ſie den Gefangenen nachgeeilt und in den Saal gedrungen, trotzdem die Wachen Güte und Gewalt angewendet, ſie zurückzuhalten; ſie warf ſich tollkühn auf die ihr entgegengehaltenen Schwerter, und hätte ſich lieber durchbohren laſſen, als ihren Mann in der ſchweren Stunde aus dem Auge zu verlieren.

Jetzt trug man die Bewußtloſe in ein Nebengemach, ſie kam wieder zu ſich, aber ſie wurde ſich nicht ſo bald deſſen, was geſchehen war, bewußt, als ſie ſchon von dannen eilte, um die königliche Gnade zu erflehn.

Es waren noch einige Stunden vor der Hinrichtung Espinoja's.

Derselbe hatte sich längst gefaßt, ein langer und tiefer Schlaf hatte ihn erquickt, er war so heiter und sorglos, als sollte er zu einem Bankette, nicht zum Tode gehen, da that sich die Thür auf, und Donna Antonia Espinoja trat in tiefster Betrübniß ein.

„So soll ich Dich denn auf ewig verlieren, mein Pedro," jammerte sie, ihm in die Arme stürzend, ihn wieder und wieder an ihr Herz drückend; Ströme von Thränen entflossen ihren Augen, Schluch=zen erstickte ihre Stimme.

Lange konnten Beide kein Wort hervorbringen.

Der starke Mann war erschüttert; eine vorübergehende Schwäche bewältigte ihn nur einen Augenblick, dann raffte er sich auf und besänftigte seine Gattin mit den Worten:

„Nicht auf ewig verlierst Du mich, theure Antonia, dort im Jenseits sehen wir uns wieder. Nur getrost, Du bist das Weib eines Soldaten, Du mußtest alle Tage auf meinen Tod vorbereitet sein. Mache mir daher nicht die letzten Stunden schwer durch un=nützes Jammern. Sei meine starke Antonia."

Die Arme bezwang sich, sie schauete ihren Gatten gefaßt ins Antlitz.

„Du hast wohl schon Alles aufgeboten, Gnade für mich zu er=wirken," fragte er.

„Du kannst es Dir wohl vorstellen, Pedro. Gleich nach Deiner Verurtheilung eilte ich ins Schloß, ich wurde abgewiesen; ich wieder=holte mehrmals den Versuch, bis zu ihrer Majestät zu dringen.

„Vergebens, man drohte mir, mich einzusperren, wenn ich mich wieder blicken ließ.

„Ich ließ von meinem Vorhaben ab, aber nicht von den Bemü=hungen, Dich zu retten.

„Unweit des Schloffes wartete ich, bis Ihre Majestät eine Aus=fahrt machte. Sobald ihre Eskorte von 25 Uhlanen vorüber, stürzte ich mich auf die königliche Equipage und hielt eine Bittschrift, in wel=cher ich um Gnade für Dich flehete, empor, aber man schien mich nicht zu beachten, vielmehr war ich nahe daran, von den wild dahin stür=menden Rossen überfahren zu werden, ein hinter mir herstürzender Bürger zog mich unter den Hufen der wilden Thiere fort. Mein Angstgeschrei wurde nicht gehört, wahrscheinlich absichtlich nicht, denn man sagt mir, O'Donnell habe unumschränkte Vollmacht, und Ihre Majestät habe für Alles taube Ohren, was sich auf den Aufstand beziehe.

„Nun ist Alles verloren. Wie hartherzig sind doch die Menschen! O, warum kann ich nicht mit Dir sterben, Pedro."

„Du hast mir ja versprochen, ruhig zu sein, Antonia, halte Dein Wort," bat Espinosa. — —

Da nun Espinosa begriff, daß für ihn keine Gnade zu hoffen, bat er um einen Priester, der ihm in seiner letzten Stunde die Tröstungen der Religion spendete.

Seine Bitte wurde gewährt.

Nach einer Weile erschien ein ehrwürdiger Karmelitermönch mit kahlem Scheitel, und langem, weißem Bart. In seine hohe Stirn hatte die Zeit oder das Denken tiefe Furchen gegraben, sein hagerer Körper zeugte von einem sittenstrengen, kargen Leben.

Sicherlich hatte er es im Dienste der Menschheit zugebracht, das Elend auf Erden zu lindern, und auf manche geistige Wunde Balsam zu streuen; seine feurigen, zwar strengen, aber doch wohlwollenden Blicke bestätigten diese Annahme.

„Ehrwürdiger Vater!" redete ihn Espinosa an, indem er sich ehrerbietig beugte, „ich habe Euch rufen lassen, um vor dem Dahinscheiden mich mit dem Himmel zu versöhnen."

„Gott segne Dich, mein Sohn, für diese Einkehr in Dich selbst in dieser Zeit, wo das Unrecht sich für Recht ausgiebt, wo sonst tugendhafte Männer gegen die Gesetze freveln, und solche Verbrechen für ein gutes Werk halten."

„Ihr brandmarkt unsere Bestrebungen für die Freiheit, ehrwürdiger Vater!" sagte Espinosa verletzt. „Ist es nicht Pflicht eines Patrioten, für Recht und Freiheit zu kämpfen?"

„Ich verdamme Dein Thun, mein Sohn, weil Du das Recht verletzt."

„Welches Recht, ehrwürdiger Vater?"

„Du schworst der Königin Treue und Du brachst sie. Du bist also schuldig. Die Strafe, die Dir zuerkannt ist, ist nicht so ungerecht, wie Dir dünkt. Was sollte aus der Menschheit werden, wenn Diejenigen, denen man Vertrauen schenkt, an ihrem Wort, ihrem Eide untreu würden?"

„Aber wir dulden ein unwürdiges Joch, das Hab' und Gut des Volks, sein saurer Schweiß, war von Unwürdigen verpraßt!"

„Hab' ich gesagt, daß ich die Handlungen der Königin Isabella billige? Ich verabscheue, gleich Dir, so manches, was bei uns geschieht, ich rüge nur, daß Du den Eid, der Dich an die Fahne band, gebrochen. Du hast Unrecht begangen und mußt es büßen."

„Aber die, welche mich gerichtet haben, haben dasselbe gethan? entgegnete Espinosa.

„Weil andere schlecht handeln, mußt Du es auch?" fragte der Priester. „Das Gegentheil, mein Sohn, ist Deine Pflicht, Du sollst Andern als Muster der Tugend vorleuchten.

„Und dann ist jeder Aufruhr, jeder Bürgerkrieg ein Unglück für das Land, wo er ausbricht. Mordet nicht der Bruder den Bruder? Werden nicht die Aecker verwüstet, die Städte eingeäschert, durch des Freundes Hand. Glücklich wolltest Du Dein Land machen, und Du warst im Begriff, seinen Wohlstand zu zerstören, seine Söhne zu tödten.

„War das ein Glück für Dein Volk? Sicherlich nicht. Wer Aufruhr stiftet, ist ein todeswürdiger Verbrecher, denn er richtet ein großes Uebel an, er muß zu seinen Zwecken sich des einfachen Mannes bedienen.

„Der Wohlhabende setzt sein Leben nicht ein für die Freiheit, er bleibt zu Hause, und genießt, was ihm Gott bescheert, aber das Volk ist das gefügigste Werkzeug für Freiheitsschwärmer, und Du betheiligtest Dich daran, dasselbe zum Aufstand zu verleiten.

„Du brachest den geleisteten Eid, und verleitetest die Dir anhänglichen Soldaten zum Treubruch.

„Bekennst Du Dich nun schuldig, mein Sohn, weil Du Deinen Pflichten nicht genügtest und namenloses Unheil gewollt?"

„Ich muß es wohl, denn Eure Worte, mein Vater, haben mein Gewissen wachgerufen, ich bin zerknirscht."

„Wenn Du den Wahn erkannt hast, der Dich geleitete, wenn Du bereuest, so seien Deine Sünden Dir vergeben! Und nun meinen Trost! —

„Du hast Großes gewollt, das sühnt Dich; nicht eigennützig dachtest Du an Dich, sondern an das große Ganze; die Zwietracht, die dies Land zerreißt und alle Welt zur gewaltsamen That treibt, kann auch den Guten zum Frevler machen.

„Aber nur Der wird das Wohl des Landes fördern, nur Der ist gut, der innerhalb des Gesetzes sich bestrebt, die höchsten Güter der Menschheit zu erstreiten."

Noch einmal segnete der Mönch den vor ihm knieenden Espinosa, den nun sich seiner Schuld Bewußten, dann entfernte sich der gute Pater. —

„Du hast's gehört, Antonia," sprach Espinosa zu seiner Gattin, „ich sterbe nicht unschuldig, aber ich habe gefehlt aus Schwärmerei, nicht aus gemeinen Trieben. Du bist durch meinen Tod nicht entehrt. Tausende theilen mit mir meinen Wahn, tausende haben das nämliche, wie ich, gethan. Die Welt wird Dich, Geliebte, und unsere Kinder darum nicht verachten. Du kannst Dein Haupt erheben und brauchst Dich nicht zu schämen. Der Freunde und Guten giebt es viele; sie werden Dich bemitleiden, Dich, die Unschuldige, und unsere Kleinen dem Elende nicht preisgeben. Sei getrost!"

„Willst Du Deine Kinder noch einmal sehen, Pedro?"

„Nein, Antonia, ich muß meine Ruhe bewahren; gieb ihnen tausend Küsse in meinem Namen, der Himmel segne sie und gebe ihnen mehr Glück, als ihr unglücklicher Vater gehabt!"

Hier öffnete sich die Thür. Ein Offizier trat mit den Worten ein:

„Ihr müsset den letzten Gang gehen, Herr Hauptmann."

Antonia wollte von Neuem in laute Wehklagen ausbrechen, aber ein mahnender Blick Espinosa's gab ihr die Ruhe wieder.

Noch eine letzte, lange, lange Umarmung, dann schied sie, mühsam sich aufrecht haltend. — — — —

Espinosa trat in den Corridor, wo das Detachement, das zur Hinrichtung kommandirt war, und die beiden Sergeanten, seine Leidensgefährten, seiner harrten.

Es war ein sonniger Morgen, als sich der düstere Zug durch die Straßen von Madrid bewegte.

Manches theilnehmende Auge blickte verstohlen nach dem schönen Mann, der dem Tode geweiht war. Ganz Madrid beschäftigte sich mit seinem Schicksal, allgemein bemitleidete man die schöne junge Frau, und pries deren schwärmerische Liebe für den in den Tod geschickten Gatten. Tausend Hände regten sich, um für die Zukunft der Unglücklichen und ihrer Kinder zu sorgen. —

„Es ist gar schön, an einem solchen heitern Tag zu sterben," sagte Espinosa zu seiner Umgebung beim Hinausgehen.

Als man nun in der kaum grünenden Aue angekommen, die zum Richtplatz ausersehen war, da wandte der Sterbende sein Antlitz der strahlenden Sonne entgegen und dem tiefblauen Himmel, an dem die Lerche ihr Frühlingslied wirbelte.

Wie im stillen Gebet versunken, stand er einige Augenblicke, dann rief er den Soldaten zu:

„Keine Schwäche, Kameraden, zielt nach dem Herzen!"

„Feuer!" ertönt es von dem die Exekution kommandirenden Offizier.

Von zwölf Kugeln, die auf ihn abgeschossen wurden, trafen acht sein Herz. Lautlos sank er hin, mit seinem Blute den Rasen färbend.

Die beiden Sergeanten folgten ihm in den ruhmreichen Tod für die Freiheit, den sie vergebens für's Vaterland auf manchem Schlachtfelde gesucht hatten.

Und wahrlich, sie waren besser daran, als manche von Denjenigen, welche in die ungesunden, heißen Himmelsstriche verbannt wurden, denn auf sie wartete oft langwieriges Siechthum, und ein viel qualvolleres, weit langsameres Ende. —

Isabella II. und der Säuger Obreton.

Was that Isabella in dieser Schreckenszeit, wo tausende von Verwünschungen gegen sie und ihre Rathgeber gen Himmel hallten?

Ließ sie sich das allgemeine Elend zu Herzen gehen?

Nicht im Mindesten. Ihr Thron war nicht mehr bedroht, sie war daher lustig und guter Dinge.

Was kümmerte sie das Standrecht? Ihre geistlichen Rathgeber hatten ihr die Strenge als durchaus nothwendig und gottgefällig geschildert, sie hatten ihr im Voraus für alle begangenen und zu begehenden Sünden Ablaß ertheilt.

Und außerdem nahm man von Zeit zu Zeit geistliche Exercitien vor, man kasteiete sich.

War das nicht genügend, die Stimme des Gewissens einzuschläfern?

Es verdroß sie zwar etwas, wenn sie bei ihren täglichen Ausfahrten Madrid menschenleer und wie ausgestorben sah, wenn kein Zuruf sie begrüßte, aber sie setzte sich über diese unangenehme Empfindung mit dem Gedanken weg:

„Meine guten Madrilenen grollen mir jetzt, aber sie haben schon Schlimmeres gethan; sie werden mir schon wieder zujauchzen!"

Ueberhaupt hatte sie die Bürde des Regierens auf die starken Schultern O'Donnell's gelegt, und unterzeichnete seine Akte ohne viel Umstände. Was sollte sie sich mit Gedanken quälen.

War doch das Leben mit seinen Genüssen so schön, und heute freute sie sich besonders auf den Abend.

Denn die reizende Oper, „die Afrikanerin," Meyerbeer's letztes Meisterstück, wurde gegeben, und sie sollte ja den Geliebten ihres Herzens, den Sänger Obreton hören, seine himmlische Stimme sollte ihr Ohr entzücken, seine Schönheit ihr Auge.

Denn die Liebe zu einem Künstler hatte ihre leicht Feuer fangenden Sinne bethört, es war für sie etwas Neues, etwas Pikantes, dies Verhältniß. Der neue Rizzio liebte die Maria Stuart des neunzehnten Jahrhunderts. —

Und nun rauschten die vollen Akkorde des ausgezeichneten Orchesters durch das — leere Haus — denn man hatte mit Mühe und Noth nur hundert und fünfzig Zuschauer herbeigetrieben, die nur mit halbem Ohr lauschten, und durch ihre Unaufmerksamkeit der trefflichen Musik Meyerbeers Unrecht thaten.

Wer konnte sich aber ungestört der Kunst hingeben, wenn man jeden Augenblick fürchten mußte, daß draußen der mißtönende Donner der Kanonen und das nervenerschütternde Knattern des Gewehrfeuers die himmlischen Harmonien zerstören würde, in denen ein gebildetes Ohr schwelgte.

Aber die königliche Hofloge war mit den Mitgliedern der königlichen Familie und dem Hofstaat bis zum letzten Winkel gefüllt, und in ihr strahlte Isabella in hocherregter Feststimmung, und umher blitzten die Uniformen der Generale und Offiziere.

Aber die Königin beachtete sie nicht, sie hatte nur Sinn für ihren geliebten Obreton, der die Hauptrolle spielte, und mit seiner schönen Stimme die Räume ausfüllte.

Sie verwandte kein Auge von ihm, und er brachte ihr so ausschließlich in Mienen und Geberden seine Huldigung dar, daß Niemand die Beziehungen der Fürstin und des Künstlers zu einander mißverstehen konnte.

Wie sang er so nachdrucksvoll von der Seligkeit, in den Armen eines schönen Weibes zu ruhen. Seine Worte waren an die mit ihm spielende Sängerin, seine Blicke aber in nur zu sehr bezeichnender Weise auf die Königin gerichtet.

An einem andern Hofe wäre der Sänger für seine Kühnheit hart gestraft worden, hier aber gefiel sie an maßgebender Stelle.

Die Königin erglühete wie ein junges Mädchen, dem man das erste Liebesgeständniß macht; wie im Fieber schlugen ihre Pulse, und laut pochte ihr Herz, ihre Sinnlichkeit war aufgestachelt.

Und durch den glänzenden Kreis um die Monarchin lief ein un= merkliches spöttisches Lächeln, verstohlene Blicke des Einverständnisses wurden gewechselt.

Der König Don Francisco D'Assis aber fühlte sich höchst unbehaglich in dieser Lage, er drehte verlegen seinen Schnurrbart, und betrachtete mit niedergeschlagenen Augen unverwandt die Spitzen seiner lackirten Stiefel, als wenn es dort wunder, was zu sehen gäbe.

Der Infant Don Sebastian, auch ein unfreiwilliger Zeuge dieses Auftritts, dessen Stirnadern vor Zorn geschwollen waren, benutzte eine Pause im Gesange, wo der Sänger sich von der Bühne zurück= gezogen hatte, um die Königin aus ihrem siebenten Himmel zu reißen, indem er ein gleichgültiges Gespräch mit ihr anknüpfte.

Bitterböse Blicke aus allerhöchsten Augen trafen den unwillkom= menen Störenfried. Er erhielt nur lakonische Antworten, und wurde so unwirsch abgefertigt, daß er sich scheu zurückzog, denn allzu großen Muth besaß auch er nicht.

Und während des ganzen Stückes führten Mienen und Geberden zwischen Königin und Sänger dieselbe anstößige Sprache.

Ungeheurer Applaus wurde ihm nach jeder Bravourarie von höch= stem Munde gespendet, Kränze von höchster Hand zugeworfen, und nach dem Schlusse der Vorstellung wurde er in die königliche Loge gerufen, um überschwenglichen Dank für seine Leistung entgegen zu nehmen, wobei er zugleich durch ein verabredetes Zeichen zum nächsten Rendezvous eingeladen wurde.

Die Königin führte ihr Taschentuch an den Mund, der Sänger wußte Bescheid.

Stolz und eitel, wie er war, entfernte sich Obreton mit der Ge= wißheit, in Kürze eine süße Stunde in den Armen der Liebe zuzubrin= gen; kaum beachtete der Künstler auf der Bühne seine Kollegen und Kolleginnen, wofür diese sich rächten, indem sie sich hinter dem Rücken des Aufgeblähten über ihn lustig machten.

„Ich bin neugierig zu wissen, wie lange die Freude Meister Obreton's dauern wird," spottete der Eine.

„Je nun, sehr lange nicht, wie viele Andere, wird auch er zu den Todten geworfen werden."

„Mit großen Herren oder Damen ist nicht gut Kirschen essen," lachte ein Dämchen, das der Anbeter tausend und der Erhörten nicht viel weniger hatte.

„Dabei kann dem Burschen noch ein Unglück passiren," meinte der Bassist, „habt Ihr nicht gesehen, wie der Infant Don Sebastian und der König Don Francisco vor Wuth schamroth wurden.

„Auch der Sänger Rizzio, der Geliebte der Königin Maria Stuart von Schottland, unterlag der Eifersucht eines Gemahls.

„Aber Don Francisco D'Assis ist kein Darnley, kein tollkühner Schotte, wie der Gemahl Maria Stuarts."

„Ich gönnte dem Obreton eine derbe Lektion, der Mensch ist so hochfahrend und behandelt uns so verächtlich."

„Sein Stolz wird sich wohl bald beugen, wenn er aus den königlichen Himmeln wieder herabfällt."

„So geschehe es, und Gott gebe seinen Segen dazu," schloß die Primadonna (erste Sängerin) naserümpfend.

———————————————

Eines schönen Morgens trat O'Donnell in das Gemach der Königin Isabella.

Diese empfing ihn mit keinem großen Behagen, denn sie gab sich in den letzten Wochen ungern den Regierungsgeschäften hin.

Auch hatte sich eine gewisse Reue in ihr Herz geschlichen; sie mochte nicht mehr den strengen Maßregeln O'Donnells beistimmen.

Marie Christine, die alte Königin, war gekommen, neue Ränke zu spinnen. O'Donnell war schon lange nicht ihr Freund, er hatte sie ja des Landes verwiesen, das konnte sie ihm nicht vergessen, und wenn schon einmal einer dem Volke den Fuß auf den Nacken setzen sollte, dann war es Narvaez, der sie stets beschützt, stets ihr Freund gewesen.

Aber an den dachte sie jetzt auch nicht, von allen Seiten, selbst von konservativer war ihr gesagt worden: die Gährung sei im Wachsen, das ganze Land werde sich gegen die Dynastie erheben.

Christina wollte daher ein liberales Ministerium, und Espartero ans Ruder bringen.

Die Gemahlin des Progressistenchefs und loyalen Monarchisten,

die Herzogin von Viktoria war am Hofe eine gern gesehene Person,
sie verkehrte viel mit der Königin Isabella, und noch mehr mit der
Königin Mutter Christina.

Man erwartete einen Umschwung der Dinge, deshalb war O'Donnell gar nicht behaglich zu Muthe, als er aus der eisigen Aufnahme,
die er fand, schließen mochte, sein letztes Stündlein habe bald
geschlagen.

Die gegen ihn angezettelten Anschläge hatte er natürlich bald erfahren, und seine Anhänger arbeiteten ihnen entgegen.

„Majestät,“ begann er, „verzeihen Sie, daß ich Ihre Muße
störe. Es scheint, als ob Sie heute nicht zu ernsten Angelegenheiten
aufgelegt wären.“

„O,“ rief Isabella, „wenn es das Wohl meines Volkes betrifft,
ist keine Stunde bei Nacht und bei Tage eine mir unangenehme.
„Was giebt es?“

„Ich suche bei Eurer Majestät um die Ermächtigung nach, gegen
den rebellischen General Prim bei dem Senate, dessen Mit-
glied er ist, eine Vorlage einzureichen, damit diese höchste Körperschaft des Reiches einwillige, daß General Prim in Anklagezustand versetzt werde.

„Ich werde die Anklage wegen Landesverrath erheben und
beantragen, daß der General Prim aller seiner Aemter und
Würden entsetzt und an Leib und Leben gestraft werde, falls er
in unsre Hände geräth.“

„Ho, ho, Herr Marschall,“ erwiderte Isabella ironisch, „warum
denn so hitzig. Hat es nicht Zeit mit der Anklage?“

„Haben Eure Majestät,“ fragte O'Donnell, „nicht selbst noch
vor einigen Wochen den General Prim mit dem nämlichen Schicksal
bedroht?“

„Das war in der ersten Bestürzung und Aufwallung, in welcher
ich meinen Thron und mein Leben bedroht wähnte; seitdem ist
genug Strenge geübt, genug des Bluts geflossen, viele
haben ihre Empörung wider mich mit dem Leben gebüßt, sie
sind doch nicht schuldiger als Andere, die auch gegen mich rebellirt und jetzt in Amt und Würden vor mir stehn.“

O'Donnell biß sich auf die Lippen; er stockte.

„Nachdem so viele untergeordnete Werkzeuge des Aufstandes,“
entgegnete er, „bestraft worden sind, kann der Haupturheber Prim nicht
unbestraft bleiben. Es muß durchaus etwas gegen ihn geschehen.“

„Nun denn, Herr Marschall, so will ich Ihnen etwas in Gedächtniß zurückzurufen:

„Im Jahre 1854 stellte der Graf San Luis den nämlichen
Antrag bei mir, und er bezog sich auf einen gewissen O'Donnell, den Sie sehr gut kennen.

„Ich sollte diesem O'Donnell alle seine Ehren, Würden und
Aemter aberkennen, **und ihn auf der Stelle erschießen lassen,**
wenn er von meinen Truppen gefangen genommen würde.

„Ich war so schwach, dieses Dekret zu unterzeichnen.

„Elf Tage später zwang mich dieser nämliche O'Donnell,
nachdem er über meine loyalen Truppen triumphirt, das gegen ihn
erlassene Dekret zu widerrufen und ihn als Regenten über
dieses Land zu setzen, welches er in meinem Namen Jahre lang verwaltete; **er, der Verräther, der durch Henkers Hand den Tod verdient hätte.**

„Prim hat nun auch nichts Schlimmeres gethan.

„Es ist gar nicht erwiesen, daß er meinen Thron umstürzen wollte.

„Ich aber bin nicht gewillt, ein solches Dekret zum zweiten Mal
zu unterzeichnen, um es später wiederrufen zu müssen.

„Ich mag mir vor der Welt solche Blößen nicht wieder geben,
ich mag nicht bei Jedermann stets für einen willenlosen Spielball
meiner Minister gelten.

„Sie sind entlassen, Marschall.“

Das war deutlich.

Verblüfft, mit halb offnem Munde, jedoch mit den üblichen ehr-
erbietigen Verbeugungen zog sich der bis in's Herz gedemüthigte Marschall zurück.

„Was ist denn Ihrer Majestät in den Kopf gefahren?“ fragte
er die Marquise Pezuela, der er im Vorzimmer begegnete.

„Ha! ha!“ lachte diese aus vollem Halse,“ wir wollen hier jetzt
von Eurer leidigen Politik nichts wissen. Wir studiren Musik.“

„Wa — was,“ lallte der Minister, immer erstaunter werdend.

„Seien Sie immer überrascht; es ist wirklich so, der Sänger
Obreton nimmt die ganze Zeit Ihrer Majestät in Anspruch.“

„Nicht möglich!“

„Und doch wahr!“

„Nicht einmal die alte Kirchenmusik, zu deren sie frommer Sinn
uns ziehen sollte, kümmert uns viel. Die weltliche, Sinnenlust weckende
Musik der Opern, Sonaten und lustige Lieder sind es, die wir treiben.

„Da tönt in der tiefen Stille der Nacht so mancher Triller, so manche Liebesarie durch das Schweigen des Palastes. Es soll mich gar nicht wundern, wenn nächstens eine gewisse Person die lästigeren Regierungsgeschäfte, die einer Frau nicht zie= men, stärkeren Händen anvertraut, und als Prima Donna Assoluta an den ersten Bühnen Europa's auftritt."

„Das also ist es, Frau Marquise, was mich in den letzten Tagen in dem Schlaf gestört. Ich hörte eine liebliche Stimme, holde Töne, aber sie fanden keine Gnade vor meinen Ohren; so ein geplag= ter Minister, wie ich, ist der Ruhe bedürftig. Ich wunderte mich nicht wenig, daß die wegen ihrer Strenge weltbekannte Etikette auf diese Weise verletzt wurde.

„Jetzt ist das Räthsel gelöst, nach dem ich forschen wollte, wenn ich es im Drange der Geschäfte nicht vergessen hätte.

„Ich lasse Jedem sein harmloses Vergnügen, aber wenn solcher Singsang auf die Staatsaffairen unheilvoll einwirkt, darf man ihn nicht dulden, sondern muß dagegen einschreiten." — — — — — —

O'Donnell verfuhr nicht so rauh wie Narvaez gegen den königs lichen Günstling Obreton, er paßte seine Zeit ab, denn er kannte das wankelmüthige Herz der Königin Isabella. —

Isabella wurde des Gesanges bald überdrüssig, wie sie so mancher Sache müde geworden war.

Der Herr Sänger Obreton empfing in aller Form seinen Abschied.

Prim wurde geächtet, wie O'Donnell gewollt.

O'Donnell verkündete jetzt im Congresse, wie er fernerhin wieder Toleranz und Milde walten lassen werde, wie er das Land glücklich machen, der Presse ihre Rechte wiedergeben, das Standrecht auf= heben, alle Parteien befriedigen, und von nun an nur daran denken werde, die Hülfsquellen des Landes zu entwickeln.

Die Königin war natürlich vorher von O'Donnell's Wandlung unterrichtet, und hatte sie mit freudiger Bewegung besiegelt.

Claret, Patrocinio, die inzwischen auch wieder an den Hof zurückgekehrt war, und der Cardinal von Toledo, setzten Himmel und Hölle in Bewegung, den alten Espartero von der Lenkung des Staats fern zu halten.

Ueberdies war der alte freisinnige Staatsmann der Königin Isabella persönlich verhaßter, als irgend ein anderer.

O'Donnell war und blieb am Ruder, und regierte schlecht und recht, wie es einem Fuchs geziemt, der alle Welt betrügt.

Inhalts-Verzeichniß des vierten Bandes.

Druck von Jyring & Haberlandt in Berlin, Dresdener Str. 77.

Isabella II.

Spaniens entthronte Königin

oder:

Das Ende der Tyrannei.

❦

Illustrirter historischer Roman

aus Spaniens neuester Geschichte

von

Dr. Adolf Weiß.

———

Fünfter (Schluß=)Band.

Berlin, 1869.

Verlag von Otto Humburg u. Comp.

Alexandrinenstraße 74.

Die Vermählung Ihrer Königlichen Hoheit, der Infantin Isabella mit dem Prinzen Gaëtano Maria Friedrich, Grafen von Girgenti.

Die große Gefahr, in welcher durch Prim's Empörung auf's Neue der spanische Hof geschwebt hatte, war glücklich abgewendet — die Empörer, soweit man ihrer hatte habhaft werden können, bestraft — die Sitzungen des Abgeordneten-Congresses und des Senats nahmen ihren gewöhnlichen, ruhigen Verlauf — Spanien schien ruhig und zahlte seine Steuern: warum sollte sich der Hof nicht der Sorglosigkeit hingeben?

Der Mai nahte seinem Ende, als am Hofe von Madrid bedeutende Anstrengungen gemacht wurden, ein wichtiges, bedeutsames Fest mit allem Pomp und allem Glanz, wie er des spanischen Hofes würdig ist, vorzubereiten.

Es galt die Vermählung des verlobten Paares, der Infantin Isabella, der spanischen Königin Isabella II. Tochter, und ihres nahen Verwandten von der Großmutter Christine Seite her, des Grafen von Girgenti.

Das hohe Brautpaar hatte in der ersten Zeit einen recht trüben Brautstand gehabt — oder besser gesagt, der Graf von Girgenti konnte bei seiner Verlobten wohl Alles erlangen, was die Etikette des spanischen Hofes in ihren strengen Vorschriften der prinzlichen Braut als Pflicht auferlegte — aber ein Mehr, als dieses kalte Erfüllen noch kälterer Vorschriften — ein wirkliches Sichnähertreten — ein Zeichen der Zuneigung und Liebe, oder auch blos der Achtung, vermochte er der merkwürdig spröden Isabella nicht abzudringen.

Mit der Zeit hatte sich das glücklicher Weise geändert, und der Prinz, welcher schon ungeduldig zu werden begann, konnte sich schließlich doch einiger Vertraulichkeiten rühmen.

Was Wunder auch? Der schöne Lieutenant war verschwunden — spurlos — alle Mühe, ja selbst alles Geld, welches die Infantin heimlich aufwendete, um wieder mit ihm in Verbindung zu kommen, blieb verloren und resultatlos.

Ein kluges Mädchen — und das war Isabella denn doch — mußte sich also sagen, daß es ganz vernünftig sei, wenn man sich fügte, den Grafen durch Liebenswürdigkeit und Herzensgüte für sich zu gewinnen, seinen halberwachten Argwohn nnd seine Eifersucht einzuschläfern versuchte, und schließlich, wenn auch vielleicht erst als Frau Gräfin, auf Nebenwegen zum Ziele gelangte.

Isabella — die Tochter — wußte ja, ihre Erfahrung hatte sie es ja trotz ihrer Jugend gelehrt, daß das recht gut geht, und daß die Ehemänner in gewissen Kreisen Spaniens bei manchen Dingen beide Augen fest zudrücken, wo der einfache Mann außer sich gerathen würde.

So war es denn gekommen, daß die Infantin zuletzt selbst auf die Ansetzung des Hochzeitstages, auf ihre Vermählung mit dem Grafen gedrängt hatte.

Die Königin Isabella war darüber sehr erfreut, und hörte die begeisterten Reden ihrer Tochter, welche von Reisen im Auslande, von Bällen an fremden Höfen und anderen Dingen mehr schwärmte, sehr gern an.

Als nun, wie wir oben gesehen haben, die scheinbare Ruhe in Spanien überall hergestellt war, da setzte man den Hochzeitstag endlich an, und zwar auf den 8. Juni 1866.

In den Wochen vorher war in allen spanischen Kirchen, von allen spanischen Priestern sattsam öffentlich für das Wohl des hohen Brautpaares der Segen des Himmels angefleht worden, so daß in ganz Spanien kaum Jemand mehr war, der nicht von der bevorstehenden Verbindung schon längst Kenntniß gehabt hätte.

Am frühen Morgen, zur üblichen Meßstunde, war die Infantin mit ihrem hohen Verlobten im einfachen, mit zwei Rossen nur bespannten Wagen nach der Kirche gefahren.

Von dort zurückgekehrt, hatte sich Isabella — die Tochter — sofort in ihr Ankleidezimmer begeben, um sich von den kunstgeübten Händen der Kammerzofe Gregoria, welche Isabella — die Mutter — ihr für diesen Zweck auf einige Stunden überließ, schmücken und ankleiden zu lassen.

Sie hatte viel zu thun, die gute Gregoria, das Urbild einer Kammerzofe, und die launenhafte Infantin entwickelte gerade an dem heutigen Tage eine merkwürdige Sucht, die Geduld Gregoria's zu erschöpfen.

Endlich stand sie da, die Braut, die Königin des heuti=
gen Festes, im einfachen, schmucklosen, aber gerade dadurch reiz=
vollen, weißen Atlaskleide — die Taille nur mäßig ausgeschnitten —
im vollen, üppigen Haupthaar den blühenden, lebendigen
Myrthenkranz — mit langem, weißem, wallendem Schleier.

Der Schmuck — Armband, Collier mit Uhr und Ohrringe —
bestand nur aus Gold, ohne Perlen, ohne Steine; denn Perlen be=
deuten Thränen, und Steine als Braut zu tragen ist auch nicht gut.

So stand sie da, die Braut, als die vielbeschäftigte Gregoria sie
verließ, um zur Mutter zu eilen und dieselbe zu schmücken; denn die Kö=
nigin — wir wissen es — konnte ihre Triumphe von ehemals noch
immer nicht vergessen.

Endlich waren Alle, die dem Ereigniß durch ihre Verbindung
mit dem Hofe nahe standen, erschienen.

In dem schmuckbeladenen Thronsaal versammelten sich die höchsten
und edelsten Geschlechter Spaniens.

Auf einer Erhöhung von larrarischem Marmor, zu der acht Stufen
hinaufführten, saßen auf zwei alterthümlichen, goldenen, mit Edelsteinen
und Diamanten überjäeten, reich von Benevenuto Cellini ciselirten
Thronsesseln, der König Franz d'Assis und die Königin Isa=
bella in Krönungsgewändern, Hermelinmänteln, die Kronen auf
dem Haupt.

Wie glänzend funkelte die golddurchwirkte, schwere Seidenrobe
der Königin Isabella unter dem Hermelin hervor, und das prächtige
Königsgewand verlieh dem sonst unbedeutenden Francisco d'Assis ein
imponirendes Aussehen.

An der obersten Stufe des Thrones stand rechts der kleine Prinz
von Asturien zur Seite der Königin, ihm gegenüber Don Se=
bastian von Bourbon, Infant von Spanien, dann folgten die
übrigen Mitglieder des königlichen Hauses.

Ferner kamen die ersten Granden und Würdenträger des Reiches,
in ihren malerischen Gewändern nach altspanischem Schnitte, mit den
befiederten Barretts, den steifen Krausen und der enganliegenden Unter=
kleidung, sowie Schuhen mit diamantenen Schnallen.

Um den Hals wanden sich die köstlichen Ordensketten, selbst die
des goldenen Vließes mit den alten Wehrgehängen und Schwertern
aus dem Mittelalter, die zu den kleinen, schmiegsamen Gestalten der
Neuzeit gar seltsam paßten: da waren die Herzöge von Ossuna, von
Medinaceli, von Lerma, von Rivas, von Frias, von Alba,

der Marquis von Casa-Blanca, der von Jemurri, dann die Emporkömmlinge O'Donnell, Narvaez, Miraflores.

Diese Großen des Reichs stellten sich zu beiden Seiten auf; die Höchsten standen auf den Stufen des Thrones, die übrigen den Saal entlang.

Auf den Galerien, die rings um den Saal liefen, glänzte die Damenwelt in Toiletten von Seide, Flor und Spitzen, sowie Edelsteinen.

Hinter den hohen Herrschaften, zu welchen auch der Cardinal von Toledo, der Patriarch von Indien, die Erzbischöfe und die Bischöfe gehörten, gruppirten sich alle Hoffähigen, und wer sonst Zutritt fand.

Die königliche Kapelle stimmte den ambrosianischen Lobgesang an, unter dessen Klängen das hohe Brautpaar in den Saal trat.

Im Gefolge der Prinzessin befanden sich ihre jüngeren Schwestern, welche die Brautjungfern bei ihr vertraten, sowie die Frauen einiger Granden ersten Ranges, die Gräfin von Montijo, die Herzoginnen von Alba, Lerma, von Ossuna; — in dem des Grafen von Girgenti: die Fürsten von Aldobrandini, Ruspoli und andere hohe italienische sowie spanische Cavaliere.

Feierlichen Schrittes begab sich das Paar an den Thron und knieete nieder; die Königin stieg mit ihrem Gemahl herab.

Sie nahm sich die Königskrone von dem Haupt, und setzte dieselbe der knieenden Tochter auf; die erste Dame des Reiches, die Herzogin von Ossuna, legte den Krönungsmantel um die Schultern der Braut, nachdem sie die Königin desselben entkleidet.

Dann ließ sich die Königin das Scepter geben, nahm den Reichs-apfel in die Hand, und berührte segnend mit dem Scepter die Stirn der jungen Isabella; zugleich ließ der König sich das Schwert reichen, und schlug damit den knieenden Grafen von Girgenti zum Ritter des goldenen Vließes, dessen aus Edel- und Feuersteinen bestehende Kette er dem Bräutigam umhing.

Auch der Graf war mit der Krone der italienischen Bourbonen und dem Fürstenmantel geschmückt, aber diese Ehre konnte ihm nicht von Seiten des spanischen Hofes zu Theil werden, da er nicht Mit-glied des spanischen Könighauses war.

Nachdem diese Ceremonien beendet waren, legte die Königin die Hände des Brautpaars in einander, flehete zum Himmel um seinen reichen Segen.

Der Cardinal von Toledo stimmte einen feierlichen Choral an, nach dessen Beendigung der Zug sich nach dem Ausgange des Palastes in Bewegung setzte, um dort die Wagen zur Fahrt nach der Kirche zu besteigen.

Den Vortritt hatte diesmal das Brautpaar im königlichen Schmuck, die Großen des Reiches folgten nach ihren Rangstufen, wie es die steife, spanische Etikette erforderte.

Der endlos lange Zug — voran die mit je acht schnee= weißen andalusischen Rossen bespannten Wagen der In= fantin und der Königin, welchen die sechsspännige der Königin=Mutter Christina folgte, setzte sich nun in Bewegung.

In der Kirche wurde das Hochamt vom hochwürdigsten Erzbischof von Saragossa — Don Manuel Garcia Gil — celebrirt, während Seine Eminenz, der Cardinal=Erzbischof von Toledo — Cyrill de Alameda y Brêa — die Trauung vollzog.

Nach Beendigung derselben blieben das Brautpaar sammt Ge= folge noch eine Weile im gemeinsamen Gebet in der Kirche versammelt, und alles Volk kniete mit ihnen nieder, und flehte um des Him= mels Segen.

Dann erhob man sich — der Cardinal=Erzbischof von Toledo segnete das neuvermählte Paar — die Wagen wurden wieder bestiegen, und in sausendem Galopp ging's zurück, dem Schlosse, den Festlich= keiten zu. —

Der Abend dieses Tages versammelte eine große Gesellschaft in den Räumen des königlichen Residenzschlosses von Madrid.

Wir sehen viele bekannte Gesichter — die Prälaten von Burgos, von Saragossa und Toledo — den Pater Claret als obersten Ver= treter der Jesuiten — Mitglieder und Leiter des größten Theils der sonst noch in Spanien anerkannten Priester=Orden — die Botschafter, Gesandten und Gesandtschafts=Secretäre der fremden Mächte — alle in Madrid anwesenden Offiziere, soweit sie den Generalsrang besaßen, gleichviel ob mit oder ohne Commando — das Staatsministerium mit den Unterstaatssecretären und Direktoren — das Ayuntamiento von Madrid — den Hofstaat des königlichen Hauses — die Admiralität — den Militär= und Civil=Gouverneur der Hauptstadt Marfori — und selbstverständlich sämmtliche Glieder des königlichen Hauses.

Die zuerst aufgeführten Herrschaften waren insgesammt schon eine geraume Zeit versammelt, als sich endlich die Flügelthüren auf der nach den Privatgemächern der königlichen Familie führenden Seite öffneten, und die Königin Isabella am Arme ihres Schwieger= sohnes, Grafen von Girgenti, die Infantin Isabella an dem

ihres Vaters, des Königs Franz d'Affis, und die Königin=
Mutter geführt von Don Sebastian von Bourbon, Infant
von Spanien, eintraten.

Nun begann ein Begrüßen und Beglückwünschen.

In der Ordnung ihres Ranges, wie die spanische Hofetikette es
vorschreibt, wurden die anwesenden Herrschaften an der Königin
Isabella und ihrer Tochter vorbeigeführt, und vom Ober=
Ceremonienmeister Don Ramon Maria Bazo y Cottela vorgestellt,
um ihre unterthänigsten Glückwünsche — die Gesandten zugleich die
ihrer Souveräne — vorzubringen.

Als diese Ceremonie, welche viel Zeit wegnahm, endlich vorüber
war, begann der Tanz nach den Klängen der von der Kapelle des
Hellebardier=Corps Ihrer Majestät der Königin ausgeführten Musik.

Den Reigen eröffnete, am Arme ihres jungen Ge=
mahls, die glückliche Braut, die jugendliche Isabella.

Sie war heut die Allgefeierte, Allbewunderte. Die Einfachheit
und Schmucklosigkeit ihres Anzuges erwarb ihr viele Bewunderer unter
dem männlichen, und viele Neiderinnen unter dem weiblichen Theile
der anwesenden Gäste.

Aber auch die Königin Isabella fand Bewunderung —
weil sie selbst bewunderte.

Lauschen wir, wie wir schon oft bei solcher Gelegenheit thaten,
ein Wenig den Gesprächen, welche hie und da gepflogen werden.

Während des zweiten Tanzes hat sich der General=Direktor des
Sanitätsdienstes bei der Armee, Don Nicolo Garcia Briz y Galindo,
mit dem uns schon bekannten Grafen de Ezpeleta — dem von seinem
Posten als Majordomus des Prinzen von Asturien schon wieder ent=
hobenen Grafen de Ezpeleta — in eine tiefer zurückliegende Fenster=
nische zurückgezogen, wo sich's ungestört plaudern ließ.

„Nun, Don Galindo, Sie, der Sie Herzen und Nieren prüfen
und zerschossene Arme und Beine absägen lassen, wenn's Noth thut,"
begann mit seinem Lächeln der Graf de Ezpeleta — „sagen Sie mir
doch einmal, was jetzt Ihre katholische Majestät, unsere aller=
gnädigste Königin Isabella im tiefsten Herzen bewegen mag. Ver=
mögen Sie das zu ergründen?"

„Wie sollte ich, Graf," antwortete der Gefragte — „ich, der ich
um den Hof mich wenig kümmere und die Königin selten genug sehe."

„Freilich, Sie kommen nicht oft in die Gluthsphäre, welche die
allerhöchsten Herrschaften umgiebt — um so mehr Erfahrung habe ich.
Sehen Sie einmal — mit wem tanzt jetzt Ihre Majestät?"

Milans del Bosch, General und treuer Anhänger Prims.

„Mit dem Civilgouverneur von Madrid, Marfori," antwortete Galindo.

„Nun — und bemerken Sie außerdem wirklich weiter gar nichts?"

„Nichts von Bedeutung," antwortete mit einem prüfenden Blicke auf das genannte Paar der Direktor.

„Nun, so will ich es Ihnen sagen," fuhr de Ezpeleta fort — „ich kenne die Königin so genau, daß ich auf den ersten Blick zu beurtheilen vermag, für wen sie ein besonderes Interesse hat."

„Ei ei! — das ist eine absonderliche Fähigkeit," sagte schelmisch lächelnd, und mit dem Finger drohend, Don Galindo — „das läßt tief blicken, und weckt einen gewissen Verdacht gegen Sie."

„Gott bewahre!" betheuerte der Graf, welcher begriff, daß der Verdacht, er habe auch einmal die Rolle eines Günstlings gespielt, ge-meint sei — „wo denken Sie hin, liebster Direktor! Nein, nein — das ist gar nicht nöthig zu solcher Kenntniß, wie ich sie besitze. Ich bin ja lange genug am Hofe und habe Gelegenheit gehabt, Manches mit anzusehen.

„Aber Spaß bei Seite — passen Sie auf, wenn sich kein un-vorhergesehenes Hinderniß einstellt, so entwickelt sich etwas — die Augen der Majestät blicken, oder besser gesagt blinken gar ab-sonderlich — sie wiegt sich in den Armen ihres Tänzers gar leicht und anmuthig und — hingebend — passen Sie auf, Direktor, passen Sie auf!"

„Wissen Sie, Graf," hob nach einer der Betrachtung gewidmeten Pause der Direktor an — „Marfori ist kein übler Mann — wenn man nämlich zur Beurtheilung einen Maßstab nimmt, wie ihn etwa unsere Königin anzuwenden gewöhnt sein mag."

„Ganz richtig," bestätigte de Ezpeleta — „o, Sie werden all-mählig auch richtig urtheilen lernen. Sie müssen auch bedenken, daß Marfori des Narvaez Verwandter ist — und der Umstand ist von Bedeutung."

„Wieso?" fragte erstaunt der Direktor — „ich meine, das kann ihm nur hinderlich sein; denn der eiserne Herzog ist ja Ihretwegen, Bösewicht, von der Leitung der spanischen Geschicke zurückgetreten."

„Aber nicht von seiner Verbindung mit der Geistlichkeit," sagte eifrig der Graf — „ich versichere Sie, die ist lebhafter, als je zuvor, und es braucht gar nicht viel, um seine Wiederberufung herbeizu-führen. Und die Person des Marfori allein ist der Geistlichkeit schon unbezahlbar, als Gegengewicht gegen den Einfluß des Marschalls O'Donnell."

„Die Zeit wird's lehren, ob Sie Recht haben, Graf," antwor-tete Galindo — „es ist schließlich egal, wie's wird. Lange hält die

Wirthschaft am Hofe und in der Regierung so nicht mehr vor, und ich bewundere nur, daß der Thron nicht schon lange zusammengebrochen ist."

„Ja das ist wahr," bestätigte mit einem Seufzer der ehrliche Ezpeleta. „Wir stehen über einem Vulkan, und wir können alle Tage das Ende der Herrlichkeit erleben. Ich begreife nicht den Leichtsinn unserer Herrscherfamilie."

Die beiden Männer schüttelten sich die Hände — das berührte Thema war ein zu ernstes — sie wurden nachdenklich, und verloren die Lust zum Scherzen.

Nicht so die übrigen Gäste und am wenigsten die Glieder der königlichen Familie. Sie schwebten in einer beneidenswerthen Unkenntniß der Gefahr, in welcher sie fortwährend lebten, nach dem Takte der Musik, auf den Schwingen des Tanzes durch den Saal — ergingen sich in den blumengeschmückten Nebenzimmern, traten durch die geöffneten Flügelthüren hinaus in's Freie, unter die rauschenden Bäume, zwischen die duftenden Blumenbeete.

Der zweite Tanz war beendet — der Civilgouverneur Marfori, welcher das Glück gehabt hatte, mit seiner Königin durch den Saal zu schweben, hatte sich mit einer graziösen Verbeugung von Isabella verabschiedet.

Isabella schaute ihm nach — träumerischen Auges.

Da trat ihr Gemahl an sie heran, Seine Majestät, Don Francisco d'Assis.

„Meine königliche Gemahlin scheint für mich heut keinen Blick zu haben," begann er mit flüsternder, wie eine Bitte klingender Stimme.

Isabella schaute gedankenvoll vor sich hin — sie blieb stumm — sie hatte seine Frage nicht gehört.

Don Francisco räusperte sich ganz vernehmlich.

Als das auch nichts nützen wollte, begann er mit etwas lauterer Stimme:

„Majestät — Ihr Gemahl steht vor Ihnen!"

Isabella fuhr erstaunt auf aus ihrem Sinnen.

„Was wünschen Sie, Majestät?" fragte sie ironisch und augenscheinlich unangenehm berührt.

„Ein freundliches Wort von Dir, Isabella. Du behandelst . . ."

„Rufen Sie mir Gregoria," schnitt Isabella seine Rede ab. „Ich muß mich einen Augenblick zurückziehen. Aber machen Sie kein

Aufhebens davon — ich bin nicht unwohl, nur etwas angegriffen vom Tanz."

Was blieb dem armen König übrig? Mit langem Gesicht und trauriger Miene ging er, um Gregoria zu rufen.

Zum Glück war sie in der Nähe. Sie hatte den Grafen de Ezpeleta unter den Anwesenden bald herausgefunden, und ihn in Beschlag genommen, sobald er sich von dem Direktor trennte.

Gregoria sprang zu ihrer Gebieterin, und zog sich mit dieser in ein Nebengemach zurück, in welchem aus Steinen und Muscheln eine Grotte mit davor befindlichem Springbrunnen aufgebaut war.

de Ezpeleta hatte es gehört, wie der König sagte: „Meine Gemahlin ist vom Tanz etwas angegriffen."

Er schlenderte im Saale hin, und streifte an dem Civil-Gouverneur Marfori vorüber.

„Herr Gouverneur," flüsterte er diesem zu — „Ihre Majestät sind angegriffen vom Tanz — Sie waren ihr Tänzer — erkundigen Sie sich doch nach dem Befinden der Majestät — dort in jenem Zimmer, aus dem die Palmenbäume herausschauen."

Der Herr Gouverneur begriff und ging.

Die Königin blieb während der Dauer des dritten Tanzes unsichtbar. — —

Isabella, die Tochter, die nunmehrige Gräfin von Girgenti, vermißte ihre Mutter durchaus nicht.

In einem Meer von Wonne und Glück schwebte sie, die Neuvermählte. Mit Grazie, süßem Lächeln, und glückseligen Mienen nahm sie die Huldigungen entgegen, die ihr reichlich dargebracht wurden, und was außerdem noch um sie herum vorging, das sah und hörte sie nicht.

War sie doch Gattin — und wer es weiß, welche verhältnißmäßige Freiheit der Infantin damit zu Theil wurde, der begreift die Seligkeit, welche sie empfand.

Die Donna Manuela Garcia war mit dem heutigen Tage aus dem Personal ihrer Dienerschaft entfernt — die Mutter und Großmutter hatten ihr nichts mehr zu sagen — was wünschte sie mehr?

Die Großmutter Christina weidete sich an dem freudestrahlenden Gesicht ihrer Enkelin — an dem liebevollen Benehmen des Grafen von Girgenti — an der Aussicht, vielleicht noch Urenkel auf ihrem Schooß zu wiegen.

Rings herrschte das Glück, die Freude, der Genuß des Augenblicks.

Düstere Träumer, wie den Grafen de Ezpeleta und den Sani=
täts=Direktor Galindo gab es nicht Viele.

Aber Männer, welche berechneten, und in ihrer Weise arbeiteten,
waren vorhanden.

Wir kennen den blauen Saal im Residenzschlosse von Madrid
mit seinem muschelartigen Orchester — mit seiner Galerie.

In einer der Galerie=Logen — etwas im Hintergrunde, daß sie
vom Saal aus nicht gesehen werden konnten, standen in eifrigem Ge=
spräch der Pater Claret, der Cardinal=Erzbischof von Toledo und der
päpstliche Nuntius, Monsignor Lorenzo Barili.

„Gelobt sei die heiligste Jungfrau,“ sagte salbungsvoll der Pater
Claret, „daß unser Mühen und Sorgen nicht vergebens war.“

„Ich preise mich besonders glücklich, daß es mir durch die Gnade
des Himmels vergönnt war, diesen Bund einzusegnen,“ fügte der Erz=
bischof hinzu.

„Ja, die heiligste Mutter Gottes ist noch immer mit unserer
Kirche und ihren unwürdigen Dienern,“ bestätigte der Nuntius. „Ich
bete zu ihr täglich und stündlich, daß der jetzt ausgestreute Samen
dermaleinst aufgehe und gute Frucht bringe — daß unserer heiligen
Kirche mit Hilfe spanischer Waffen noch das Erbtheil Petri ganz und
unverkürzt zurückerstattet werde.“

„Das gebe Gott der Allmächtige, Amen,“ flehte mit gefalteten
Händen der Pater Claret.

„Ach — da sind Sie ja, meine Brüder im Dienste des Herrn,“
fiel der Erzbischof von Saragossa ein, welcher die drei Versammelten
gesucht zu haben schien. „Eine frohe Botschaft bringe ich — unser
Plan mit dem Civil=Gouverneur von Madrid scheint zu glücken —
er weilt bei Ihrer Majestät in vertrautem Gespräch — allein, fern
vom Treiben der Säle.

„Die Königin hat Gregoria fortgeschickt, und versäumt jetzt einen
Tanz.“

„Das ist gut — ist sehr gut,“ sagte der Nuntius — „gebe
Gott und die heiligste Jungfrau, daß die Neigung, welche im
Herzen unserer in Gott geliebten Königin Isabella zu er=
wachen scheint, Bestand habe zum Segen der Kirche, zum Nutzen
des Glaubens.“

„Und gebe Gott, daß O'Donnell bald vom Ministerium zurück=
tritt und dem Herzog von Valencia Platz macht,“ fügte der Erzbischof
von Toledo hinzu.

Noch lange sprachen die Vier also weiter, und bauten Pläne, weit in die fernste Zukunft hinaus reichende Pläne — sie bauten auf Sand — denn ihr Bau sollte bald zusammenstürzen.

———

Zweites Kapitel.

Der Thron der Königin Isabella in Gefahr.

Auf der Straße nach Andalusien ritten am Abend des 22. Juni 1866, als die letzten Sonnenstrahlen verblaßten und die Dämmerung einbrach, am Ufer des Manzanares einige Reiter der nahen Stadt Madrid zu.

Ihnen folgte ein Gefährt, in welchem Frauen saßen; Reiter und Frauen waren in die kleidsame Tracht der Aldeanos (Landleute) gekleidet, aber unter den spitzen Sambreros (Hüten) sahen feine Gesichter hervor. Die Hände sahen keineswegs wie die schwieligen eines Ackerers aus.

Unter der Gruppe zeichneten sich fünf aus.

Der Eine, ein wohlbeleibter Mann mit einem schelmischen Antlitz trotz der ergrauenden Locken, die ihn zierten, lenkte ein mehr normannisches, als ein andulusisches Roß; auf den Zügen des zweiten, schmächtigeren hatten Gram und Leiden tiefe Furchen gezogen, er ritt düster vor sich hinschauend.

Anders war es um die Jüngern bestellt; sie schaueten gar so keck in die Welt, als zögen sie zum ersten Mal durch dieselbe.

Die Augen aller funkelten aber voll Thatendurst.

Unter den Frauen hob sich eine hervor. Klein und schmächtig, mit abgehärmten Zügen, in denen sich aber Spuren der früheren Schönheit offenbarten, glich sie einem Mannweib, daß oft eine größere Energie bekundet, als das stärkere Geschlecht; ihre Augen leuchteten besonders unheimlich.

Reiter und Frauen sind uns wohlbekannte Gestalten: der unverwüstlich heitere Pedro de Sequanilla, der hartgeprüfte Juan de Alar, der vielgewandte Jose Martinez vom republikanischen Feuer durchglühet, Enriquez de Alar, und endlich der schöne, feingesittete Eduardo de la Seda.

Ihre düstere Begleiterin war die Bluträcherin Elvira de Xeres, die gleich dem Geier von dem drohenden Unheil angezogen wurde.

Sie bogen von der andalusischen Straße in die von Carabanchel ein, nach einer einsamen Venta des Ruy Veldes, die an dieser Chaussee zwischen zwei Kirchhöfen lag.

Den Wirth überraschte die zahlreiche Gesellschaft, die heute bei ihm einkehrte, denn seine Schenke war eine übelberufene, wenig besuchte. Nur in diesem Augenblicke wimmelte es von fremden Gestalten, die aus allen Gegenden zuzogen.

Zu Denen, welche offenbar nicht Madrilenen waren, gesellten sich allmählig die Arbeiter der Umgegend, Ziegelbrenner, Gas= und Eisenbahn=Arbeitern.

Man trank und aß, und that so unbefangen, als ob Nichts im Werke wäre.

Plötzlich trat ein junger Mann mit starkem Haarwuchs und Vollbart ein, in dessen Wesen sich die wildeste Thatkraft ausprägte. Es war Don Rubio, der Redakteur der Iberia.

Wie auf ein Signal erhoben sich Alle von ihren Sitzen, leerten ihren Wein, oder beendeten hastig ihr Mal, und bald waren zahlreiche Männer um Rubio geschaart, unter ihnen auch Elvira de Xeres.

„Freunde, Mitbürger,“ rief Rubio, „der Tag der Freiheit bricht an, Alles ist für den Kampf bereit! Sobald die Sonne wiederum am Horizont emporsteigt, wird halb Madrid in Waffen stehen, um vereint mit unseren Brüdern vom Heere dem höfischen Ränkespiel, dem endlosen Kammergezänk ein Ende zu machen.

„Haltet Euch bereit, rüstet Euch. Leget nicht wieder, wie vor einigen Monaten, die Hände in den Schooß und lasset Euch hinterher durch grausame Generale, wehrlos hinschlachten oder in die Verbannung schicken, wo ihr unter der Sonnenglut eines andern Himmelsstrichs an schrecklichen Seuchen dahin siecht.

„Adelante (Vorwärts) meine Brüder zeigt Euren Feinden das Weiße im Auge. Bietet muthig ihren Kugeln trotz, und werft Euch tollkühn ihnen entgegen. Der Augenblick ist günstig gewählt, Moderados und Unionisten, Rückschrittsmänner und Freiheitsheuchler zanken sich um die Herrschaft. Unsere Feinde sind uneinig.

„Also darauf und daran, und der Sieg wird unser sein."
Ein furchtbares Gebrüll antwortete diesen Worten.

„Viva el valeroso Rubio, abajo O'Donnell, mueran los
moderados, mueran los Unionistas, combatamos contra los
enemigos del pueblo. (Kämpfen wir gegen die Feinde des Volks.)"
Man drängte sich durch einander, man schrie, man lärmte.
Elvira de Xeres sprang jetzt auf den Tisch, den Rubio
eben zu einer Rednerbühne gemacht.

In höchst erregter Stimmung, vor Wuth sprühend, zischte sie:

„Jene Elenden, die Euch beherrschen, jene lasterhaften
Machthaber, die keine Sitte, kein Recht kennen, haben mir
eine Herzenswunde beigebracht, die ewig brennt, sie haben mir
meinen geliebten Isolabella vergiftet. Vergebens trachtete
ich, mich für diesen Mord zu rächen.

„Jetzt ist der Augenblick da, mich an dem Wehe meiner Widersacher zu weiden; Eure starken Arme, Arbeiter, werden meine Rache
vollziehen, und das Gezücht der Scheinheiligen und Höflinge vom
Erdboden vertilgen.

„Schwöret mir auf diesen Dolch, Ihr Männer des Volks,"
fuhr sie fort, indem sie einen Dolch aus dem Gürtel ihres Kleides
riß, worin sie ein wahres Waffenarsenal trug, „daß Ihr nicht eher
rasten wollt, als bis der Letzte dieser Natternbrut zur Hölle gefahren
ist, wohin sie und ihr Gelichter gehören."

„Wir schwören," donnerte der Chor der Arbeiter, „daß wir
bis zum letzten Athemzuge für unsere Freiheit und Eure
Rache kämpfen werden."
Und Alle hoben ihre Hände empor.

Andere, die ähnliches Unrecht erlitten, wie Elvira de Xeres, die
ehemalige Hofdame, stachelten die wild aufgeregte Menge noch mehr an.
Das Blut der Unschuldigen, das von der tückischen Arglist der Gewalthaber geopfert worden war, schrie gleichsam um Sühne zum Himmel.

Man wäre am liebsten gleich losgebrochen, wenn Eduardo de la
Seda, José Martinez und Rubio nicht ihr ganzes Rednertalent aufgeboten hätten, die Versammlung zurückzuhalten.

„Bleibet hier, meine Freunde," sprach Rubio, „stärket Euch
durch Speis' und Trank, so wie durch einige Stunden Schlafes, prüfet
Eure Waffen, schickt Leute nach dem nahen Hause Nr. 15 in der
Calle de Toledo, die Euch heimlich Munition schaffen werden.

„Bietet Eure Brust nicht wehrlos Euren wohlbewaffneten Feinden; und nun gehabt Euch wohl. Ich muß in die innere Stadt. Sobald das Gewehrfeuer vom Palast der Königin her ertönt, beginnt auch Ihr den Kampf!"

„Don Rubio hat Recht," stimmte die Versammlung bei, „verhalten wir uns ruhig."

Dieser übergab das Commando der hier Versammelten an José Martinez, der voll Thatenlust sich auf das morgende Getümmel unbändig freuete, wenn ihn auch manchmal bei dem Gedanken an seine daheim gebliebenene Ines eine leise Wehmuth beschlich.

Rubio hatte ihn den Anwesenden, bevor er schied, als seinen Stellvertreter empfohlen; er wurde mit Jubel aufgenommen, denn der uralte Verschwörer war der Menge nicht unbekannt. —

Die Meisten der Volkskämpfer hatten sich auf den Rasen hingestreckt, und nur ihr Schnarchen verrieth ihre Anwesenheit.

Die Nacht war dunkel, und wenn man nicht dann und wann ein Geflüster oder regelmäßige Athemzüge vernommen hätte, würde man den schwarzen Haufen für die aus den nahen Kirchhöfen Auferstandenen gehalten haben, die sich bei der Schenke eine Zusammenkunft gegeben hätten. So still war Alles.

Bei dem falben Lichte der Sterne hob sich die nahe große Stadt gespenstig aus einer Dunstschicht, und hinter ihr standen als riesige Schatten bis an den Himmel die Bergriesen der Guadarrama.

Von den Vorstädten glitten fortwährend dunkle Gestalten zu der Schaar, es waren die Stierkämpfer vom Alcalathor, ebenso staubbedeckte Wanderer aus den Bergen von Toledo. Alle Ankömmlinge waren gut bewaffnet.

Ein geräuschloses Weben und Wimmeln entfaltete sich zwischen der Venta und der Stadt.

Fortwährend lösten sich Gestalten von der Menge los, welche im Schatten der Häuser und Vorsprünge nach dem Waffendepot schlichen, und mit Geschwindigkeit Waffen und Munition nach dem Hauptquartier in der Vorstadt hinausschafften.

Einzelne wagten sich als Kundschafter weiter vor, sie fanden in der Straße Desengano, etwa zwischen der Alcala- und San Bernardo-Straße, ein zweites Hauptquartier, wo man sich ebenso eifrig rüstete.

Hier erfuhren sie, daß die Artilleriekaserne San Gil an der Marcial-Gasse bei der Calle de Bailen, welche sich an den Marställen und dem Senatspalaste vorbei nach der königlichen Residenz zieht, den Hauptheerd der Freiheitshelden berge.

Hier sei General Pierrad angekommen.

Eduardo de la Seda und Enriquez de Alar waren unter Denen, die den gefährlichen Entdeckungszug mitten durch die scheinbar schweigende Stadt machten.

Es war die Windstille vor dem Sturme.

Sie statteten bei ihrer Rückkehr über das, was sie wahrgenommen hatten, Bericht ab.

„Wenn diesmal die Sache schief geht, dann verzweifle ich an dem Erfolge unserer Partei, Oheim," meinte Eduardo de la Seda zu Juan de Alar.

„Ich will kein Unglück prophezeien," gab Juan zurück, „aber der Kampf für die Freiheit wird nicht so leicht auf einmal entschieden; es ist uns viel fehlgeschlagen, ich glaube nicht an einen vollkommenen Erfolg! Hast Du nichts von Prim gehört?"

„Er ist nicht hier, Oheim!"

„Dann fehlt uns die beste Kraft, wo mag er nur sein?"

„Einige sagen, er sei noch an der französischen Grenze; Andere, er sei auf dem Wege hierher; wieder Andere, er leite den Aufstand, der im ganzen Norden ausbrechen soll."

„Das klingt unbestimmt. Der jetzige Anschlag scheint mir nicht richtig angelegt," sagte Juan.

„Pierrad und Rubio sind doch keine Gobardes (Feiglinge) und Bobanazones (Einfaltspinsel) Oheim. Ich bin überzeugt, Prim glaubt, er habe die Leitung in gute Hände gelegt."

„Zu verachten sind sie nicht; aber es mangelt doch die Seele.

„Der alte republikanische General ist ein Haudegen erster Klasse, aber er ist stocktaub; das ist ein Fehler. Und Rubio ist bei aller Thatkraft am Ende nur ein Federfuchser, kein geschulter Kriegsmann, der den richtigen Umblick über das Ganze hat."

„Du bist eine rechte Nachteule, ein unverbesserlicher Schwarzseher, Juan!" fiel hier Pedro de Sequanilla ein, „aber was thut's, ich habe meine Sache auf nichts gestellt, Juchhe! Meine Juliane wird zwar heulen, wenn sie hört, daß ihr Pedro den Marsch zur großen Armee angetreten. Aber ich bin in einem Alter, wo man daran denken muß, sein Haus zu bestellen. Lieber verscheide ich auf dem Felde der Ehre, als auf dem Siechbett unter den Händen der Quacksalber."

„Die Vergeltung trifft die Bösen," knirschte hier Elvira de Xeres, „vielleicht tauchen sich morgen meine Hände in das Blut meiner Todtfeindin, der Anstifterin alles Unheils in diesem Lande; auf den Leib wird's ihr schon gehen."

„Das mein' ich auch, Elvira," scherzte Pedro, „es wird ihrer
Majestät ein Morgenständchen unter Donner und Blitz ge=
bracht werden, wie es nie ein Liebhaber seiner Angebeteten gebracht;
das Hören und Sehen wird ihr schon darüber vergehen, ihr Lebtag
werden ihr die Ohren davon gellen, wenn die Geschütze gegen das
Schloß donnern, alle Fenster klirren und die Kugeln pfeifen, daß es
eine Art hat. Es muß ein Hauptspaß sein, zuzuschauen, wenn die
Schranzen und Schränzchen an allen Gliedern beben, und
rathlos umhertrippeln, wenn die Weiber jung und alt,
die Matrone Christina und ihr Sprößling Isabella ein
heilloses Lamento erheben.

„Vielleicht liegt gerade die keusche Königin Isabella II. in
den Armen eines schönen Erkorenen und kostet alle Selig=
keiten des Erdenlebens, und fährt gar unsanft aus dem Taumel
auf, zu einem verzweifelten Erwachen. Ich geb' mein Leben
darum, wenn ich unter die Aufgescheuchten hineinhuschen und Zeuge
des Spektakels sein könnte."

„Das wird kein wesenloser Spuk sein," scherzte Eduardo,
„wie ihn Claret und Patrocinio so hübsch zu arrangiren
wissen."

„Ein verdammter Spuk," keuchte Elvira, und ihre ganze Ge=
stalt krampfte zusammen, „hat meinem schönen Isolabella das Leben
gekostet." —

„Elvira unterdrücken Sie Ihren Schmerz," beschwichtigte Eduardo.
„Es thut mir leid, Ihre Wunde durch meine Rede berührt zu haben."

„Sie blutet immer; ich werde erst beruhigt sein, wenn ich
meine Widersacher hier vor meinen Füßen im Tode
röchelnd verenden sehe."

„In dem Weibe steckt ein Satan," flüsterte Martinez dem jün=
geren de Alar zu.

„Sie muß furchtbar gelitten habe," entschuldigte Enriquez,
„daß ihr ganzes Wesen sich so in Bitterkeit aufgelöst hat. Sie leistet
der guten Sache große Dienste."

Unsere Freunde plauderten noch eine Weile, dann legten sie sich
gleich den Andern auf den bloßen Erdboden nieder.

Der Morgen graute, bald röthete sich der östliche Horizont, wie
purpurnes Alpenglühen umstrahlte das aufsteigende Tagesgestirn die
beschneiten Bergkuppen, welchen der heiße Sommer nicht ihre blen=
dend weiße Schneekrone genommen.

Ein lauer Morgenwind säuselte über Gräber und Schläfer, Todte und Lebendige, von denen letztere Manche ihren leblosen Brüdern da drüben auf dem protestantischen Kirchhof und dem des Santa Maria-Hospitals in einigen Stunden gleichen sollten.

Jetzt erwachten sie und schüttelten ihre Glieder. Der Wirth reichte den heißen Morgentrunk, denn die begüterten Fortschrittsmänner hatten für Proviant reichlich gesorgt.

Da donnerte der erste Kanonenschuß in die friedliche Stille, der zweite folgte, bald erscholl wohlgenährtes Geschützfeuer.

Die Kämpfer in der Toledovorstadt nahmen die Waffen und rückten in geordneten Colonnen unter Martinez' Oberbefehl und Juan de Alar's, Sequanilla's, Enriquez' und de la Seda's Führung über die Toledo-Brücke nach dem Thor und in die große Toledostraße.

Sie schmetterten den Widerstand der überraschten Thorwachen und einzelner Gensdarmen und Alguaziles leicht nieder.

Unter ihnen befand sich Elvira de Xeres im aufgeschürzten Gewande.

Ihre Ungeduld spornte sie, mit der Fahne in der einen, mit dem Dolche in der andern Hand, Allen voranzuschreiten. — — —

Was war inzwischen in der Caserne San Gil vorgegangen?

Diese Caserne liegt im vornehmsten Theil der Stadt, kaum 300 Schritt vom Schloß.

Dazwischen liegen nur die königlichen Marställe, der Senatspalast, das Marine-Ministerium.

Schon in den vorhergehenden Tagen waren Civilisten als Soldaten verkleidet in der Caserne San Gil gewesen, man hatte mit den Sergeanten des Fußartillerieregiments und denen der reitenden Artillerie Verbindungen angeknüpft und Geld gespendet.

Die Soldaten waren, wie das so oft geschah, monatelang ohne Sold geblieben, und daher auf O'Donnell erbittert.

Am Abend vor dem Ausbruch waren viele Speisen und eine Masse Weinschläuche heimlich den Soldaten zugesteckt worden; es entstand, da das Offizierkorps abwesend, zum Theil zu einem Hofball kommandirt, zum Theil sich in den Kaffeehäusern befand, gleichsam aus dem Stegreif ein Zechgelage, das mit einer Meuterei endete.

Die halbberauschten Soldaten bemächtigten sich eines bedeutenden Munitionsvorraths, den man nachläſſig oder abſichtlich gerade in den anſtoßenden Magazinen aufbewahrt, beſpannten die Geſchütze, legten die nothwendige Munition in die Protzkäſten, und machten ſich zum Kampf fertig.

Die vom Hofballe und den Café's gegen Morgen zurück-kehrenden Offiziere wußten in ihrer Beſtürzung nicht, was ſie mit den Meuterern anfangen ſollten.

Einige redeten auf die Empörer ein; man lachte ſie aus, drohete ihnen und ſperrte ſie endlich ein; Andere, weniger geduldig, vom Jäh-zorn übermannt, fuhren mit den Degen auf die Ungehorſamen los, und hieben auf ſie ein; der Kampf dauerte nicht lange, an dreizehn Offiziere wurden niedergeſtochen, vier verwundet.

Die Aufſtändiſchen zählten zwei Bataillone der Fußartillerie, und das ganze Regiment der reitenden Artillerie.

Natürlich kam die Nachricht wie ein Blitz in's Schloß; die Palaſtwache, und die hinter dem Schloſſe liegende Kavallerie rückte gegen die Kaſerne; aber ein wohlgenährtes Geſchützfeuer empfing ſie und trieb ſie in die Flucht nach dem Schloſſe.

Hätten jetzt die Artilleriſten einen Schritt vorwärts gethan, ſo wäre das Reſidenzſchloß und die königliche Familie in ihre Hände gefallen.

Aber ſie zögerten. Aus dem Hauptquartier der Civiliſten kamen jetzt Boten zu den Artilleriſten, die ihnen meldeten, daß man ſich überall, ſelbſt in den Vorſtädten, verbarrikadire.

In den Gaſſen um die Univerſität rührten ſich auch die Studenten.

Die Geſchütze ſchwiegen, rings um San Gil erſcholl aus tauſenden von Kehlen: „Viva Prim! Viva la republica! Vive la liber-tad! Viva Pierrad!"

General Pierrad war eben gekommen, und hatte den Befehl über-nommen. — —

Im königlichen Palaſte war die Verwirrung unterdeſſen auf's Höchſte geſtiegen.

Die Schlaftrunkenen, noch von dem Hofballe ſchwer Ermüdeten, hatte der Kanonendonner, die klirrenden und ſpringenden Scheiben, die in die Zimmer fliegenden Glasſplitter, die an die Mauer an-prallenden Kugeln aus dem Schlummer erweckt.

Ein unheimliches Ziſchen verrieth, daß ein ſehr ge-fährlicher, verderbenbringender Gaſt, eine Kugel, ſich in die fürſtlichen Gemächer verirrt.

So etwas war noch nicht dagewesen!

Man war wohl durch schlimme Nachrichten erschreckt worden, aber mitten im Feuer der Schlacht hatten sich die Fürstlichkeiten, die zarten Dämchen und holden Fräulein noch nicht befunden, die schon in Ohnmacht fielen, wenn die galanten Ritter ihnen ihre Kriegsabenteuer mit etwas grellen Farben schilderten.

Man vernahm jetzt auch das Gestöhn einiger Verwundeten; ein höllisches Geschrei wie von tausend Teufeln scholl herauf.

Und die Königin?

Sie jammerte am meisten unter ihren wehklagenden Sennoritas, die aus einer Bewußtlosigkeit in die andere sanken, und diesmal waren es keine erheuchelten Schwächezustände, sondern die Gewalt der Verhältnisse, welche ihre schwachen Nerven betäubten.

Halbangekleidet waren die meisten, selbst die Königin, welche ihre üppigen Reize diesmal ohne Schminke und Toilettenkünste den Blicken frecher Diener preisgab!

Was galt jetzt aller Anstand? Man huschte von einem Zimmer in das andre, um vor den Kugeln sicherer zu sein, endlich stürzte man in die bombenfesten Souterrains.

Die Königin hatte im ersten Augenblicke anzuspannen, aufzupacken und zu fliehen befohlen.

Die Kammerherren und einige entschlossene Hofdamen, die ihre Ruhe bewahrt und ihre Toilette nothdürftig hergestellt, hatten auf eigne Hand Kundschaft eingezogen, und die traurige Nachricht hinterbracht, man sei von allen Seiten umzingelt.

„Heiliger Gott der Gnaden," jammerte Ihre Majestät, „vergieb, verzeihe mir meine Sünden; sie müssen den allgewaltigen Zorn des Allmächtigen erregt haben, sonst hätte mich ein solches Unglück nicht treffen können.

„Meine Schmeichler belügen und betrügen mich; sie verhießen mir die himmlische Gnade, und die Heiligen schütten die volle Schale ihres Grimmes auf mich aus. Meine Minister behaupten, mein Volk liebe mich, und der Haß meiner Unterthanen schleudert todtbringende Geschosse gegen mein Herz.

„Nicht ein Meuchler trachtet aus heimlichen Versteck hervorspringend nach meinem Leben, tausende stellen mir auf offner Straße nach, schießen mir das Obdach über dem Haupt zusammen und das sind Diejenigen, welche mich beschützen sollen?

„Vor der Wuth Derjenigen, die mir so oft zugejubelt, muß ich in den finstersten Schlupfwinkel meiner Burg flüchten; ich laufe Gefahr, elendiglich unter den Trümmern meines eignen Hauses begraben zu werden, oder in den Flammen desselben umzukommen.

„Ist denn keine Rettung, keine Rettung? — —

„Und Du," wandte sie sich finster zu der Patrocinio, die ebenfalls den Kopf verloren und händeringend wie eine Wahnsinnige unter dem Haufen der bebenden Hofleute umherlief, „aus Deinem vermeintlich honigsüßem Munde hast Du mir Gift ins Ohr geträufelt, mich zu Maßregeln verleitet, die mir die Herzen meines Volks abspenstig gemacht, die mich an den Rand des Verderbens gebracht haben.

„Entweich, und laß mich nie mehr Dein falsches Angesicht schauen."

„O Majestät, Majestät, zürnen Sie mir nicht, bei allen Wunden Christi, deren Male ich an meinem Körper trage. Kann ich dafür, daß Satans Reich mächtiger ist, als das der Heiligen?

„Ich will ja tausend Tode für Sie leiden, Majestät; nur über meine Leiche sollen die Unholde sich den Weg zu der geheiligten Person Eurer Majestät bahnen."

Und sie warf sich vor der Königin nieder, umfaßte ihre Knie, und jammerte, und heulte ihr zu Füßen, so daß diese, die schon den Fuß gehoben, sie von sich zu stoßen, milder wurde.

Da kamen die königlichen Kinder auf die verzweifelte Mutter zu. Ihnen flößte schon der Aufenthaltsort in den modernden Kreuzgewölben des Kellers, in den man geflüchtet, und die vielleicht nie das Antlitz eines Königs, noch weniger einer Königin, erblickt, namenlosen Schrecken ein.

„Mama, was ist?" klagte der Prinz von Asturien, „hier ist es so garstig, mir graut, Aja Antonia hat mir gesagt, hier haus'ten böse Geister und Molche.

„Warum sind wir nicht oben in unsern hübschen, freundlichen Räumen geblieben? Komm Mama, weg von hier!"

„Das sind Ammenmährchen, die Deine Aja Dir erzählt," beruhigte die Königin den Sohn, „es ist hier kein Gespenst, ich und so viele andre sind ja bei Dir, da kann Dir Niemand etwas anhaben, oben können wir nicht sein. — — —

Jetzt kam der Marschall Serrano in voller Uniform herab.

„Majestät," sprach er, „die Rebellen haben zu feuern aufgehört. Sie können Ihre Gemächer wieder beziehen, ich verbürge mich dafür, daß das Schloß nicht weiter beunruhigt wird."

Noch zauderte die Königin, ihr Gefolge war ebenfalls unschlüssig.

„Ist die Gefahr denn vorüber, bin ich wirklich sicher," fragte Königin Isabella.

„So sicher, als es unter den Umständen sein kann," gab der Marschall zurück, „die Empörer schießen nicht mehr, und Eurer Majestät Truppen sind der Mehrzahl nach treu geblieben.

„Wir werden die Meuterer schon von der geheiligten Person Eurer Majestät fern halten.

„Dieser Aufenthalt ist jedenfalls unstatthaft, und es giebt Gemächer im Palast, die bequemer und eben so sicher sind."

„Nun denn, im Namen der heiligen Jungfrau, gehen wir," gebot die Königin, und der trübselige Zug ging wieder in das obere Stockwerk hinauf, wo die Verwüstung nicht so groß war, als man glaubte.

Uebrigens hatte die Schloßdienerschaft jede Spur derselben beseitigt. — — —

Drittes Kapitel.

Der Militär-Aufstand in Madrid am 22. Juni 1866.

Wodurch wurde der Königin Isabella ihr Thron erhalten, und ihr und der Ihrigen Leben gerettet?

Dadurch, daß der Aufstand in's Stocken gerathen.

Unweit der Artilleriekaserne nämlich, nur durch die Calle San Marcial davon getrennt, liegt' eine Kaserne der Infanterie der Donna Isabel II.

Auch diese Infanterie nahm an der Verschwörung Theil, und als die ersten Schüsse von San Gil donnerten, ergriff auch sie die Waffen, um ihren Kameraden zu Hülfe zu eilen

Da erschien der Oberst Chacon, der Kommandeur des Regiments, vor der Front desselben.

Es war ein hochgewachsener Mann von edlem, offenem Angesicht, in dem sich Milde mit Strenge paarten.

Er hatte vom Kadetten an meist in diesem Regiment gedient, zahlreiche Gefechte mit demselben bestanden, und war bei seinen Soldaten beliebt, wenn nicht hochverehrt.

„Wohin denn Kameraden?" rief er ihnen zu, „wer hat Euch den Befehl zum Antreten gegeben?"

„Niemand," höhnte der Sergeant Romero, „wir haben uns die Freiheit selbst genommen."

„Was soll das heißen," fragte er.

„Hörten Sie nicht das Geschützfeuer von der Kaserne San Gil, wir wollen im Verein mit unfern Kameraden von der Ar= tillerie die Weiber und die Pfaffen zum Teufel jagen," räsonnirte ein republikanischer Unteroffizier.

„Was gehen Euch Frauen und Priester an?" entgegnete der Oberst.

„Ihr seid Soldaten Ihrer Majestät Isabella II. von Spanien, Ihr habt ihr Treue geschworen, Ihr dürft die= selbe nicht brechen; Ihr müßt Eure Königin mit Eurem Leben schützen."

„Wir haben seit zwei Monaten keinen Sold erhalten," fiel hier ein Soldat ein, „man reicht uns nicht den kargen Lohn, der uns gebührt."

„Ihr sollt auf der Stelle bezahlt werden," entgegnete der Kom= mandeur.

Er sandte seinen Adjudanten in seine Wohnung, ließ sich durch seine Frau das Geld, das vorhanden war, schicken, und vertheilte es unter das Regiment.

Man unterhandelte, die Sache der Königin stand hier günstig.

„Kameraden," hob jetzt der Oberst an, „Ihr habt für Eure Kö= nigin Isabella in vielen Treffen tapfer und mit Erfolg gegen Zuma= lalcarregui, Maroto, Cabrera gefochten, Euer Blut willig für dieselbe ver= gossen, und nun wolltet Ihr diesen ruhmreichen Erinnerungen zum Trotz, wider Treu und Glauben frevelnd, Euch namenlosen Verschwö= rern in die Arme werfen, Ränkeschmieden, Federfuchsern, die nie im wilden Handgemenge und im Kugelregen den Gefahren der Schlacht getrotzt?"

„Ho, ho, Prim und Pierrad führen uns!" riefen einige Soldaten.

„Wo ist Prim?" fragte der Oberst, „zeigt ihn mir! Sie haben Euch vorgeschwatzt, daß er hier sei. Und wer ist Pierrad, ich kenne ihn nicht. O'Donnell, Narvaez, Serrano, Concha haben Euch zum Sieg geführt, aber der alte taube General, der seine Lust an bösen Anschlägen findet, hat nie etwas im Heer gegolten."

„Wir sind keine Pfaffenknechte," riefen die Soldaten.

„Aber tapfere Krieger, die dem Vorgesetzten gehorchen," rief der Oberst.

„Wir fechten nicht gegen unsre Brüder die Artilleristen," entgegneten Einige.

„Ich verspreche, Euch nicht gegen sie zu führen, Ihr sollt nur den Pöbel und seine Verführer bekämpfen."

„Nein, nein, wir unterstützen das Volk!" riefen die Soldaten.

„Wer noch Widerspruch erhebt, ist des Todes," entgegnete der Oberst.

Ein Sergeant wollte seine Stimme erheben, der Oberst nahm eine so drohende Miene an, er legte die Hand an den Degen. Der Meuterer schloß die Lippen, er brachte keinen Laut hervor.

Der Oberst hieß das Regiment unter Waffen bleiben, ließ die Offiziere, die man in ihren Zimmern eingeschlossen, befreien, und blieb im Kasernenhofe.

Im ersten Wirwarr waren 40 Mann zu den Artilleristen von San Gil gelaufen.

Da die Uebrigen nicht nachkamen, stutzten die Soldaten von San Gil, es kam eine gewisse Unentschlossenheit über sie. Zudem war kein höherer Offizier bei ihnen. Pierrad befand sich in dem Hauptquartier der Insurgenten, er war durch loyale Truppen in der San Bernardostraße von den Artilleristen abgeschnitten. Bemerken wir gleich, daß es ihm später gelang, auf Umwegen die Truppen zu erreichen. — Wo war O'Donnell?

Bei den ersten Schüssen, die ihn im Schlaf überraschten — denn er war auch bei der bis spät in die Nacht dauernde Hoffestlichkeit zugegen gewesen, — war er vom Lager halb angekleidet aufgesprungen.

Seit mehreren Tagen hatte er sich nicht zu Bette gelegt, die Emeute lag in der Luft, durch seine Spione war ihm die ihn Madrid herrschende Gährung nicht unbekannt geblieben.

Anzeichen des nahenden Sturmes hatte er genug wahrgenommen, und die Verdächtigen verhaften zu lassen beabsichtigt.

Er wollte rasch eingreifen, er getraute sich nicht, denn er hatte mit einer starken Opposition im Congresse zu kämpfen. Die konservativen Gegner waren im Stande, ihn wegen ungesetzlicher Handlungen, wegen Beeinträchtigung der persönlichen Freiheit, in Anklagezustand zu versetzen, und er hatte unter seinen Freunden von der „liberalen Union" zu Viele gegen sich aufgebracht.

Jetzt also warf er sich vollends in die Kleider und auf ein bereit stehendes Pferd, sprengte über den Schloß- und Zeughausplatz, die Calle mayor (große Straße) über die Puerta del Sol nach der Alcala- straße, wo er die Jäger aufbot. Von hier schickte er einen Boten nach der Artilleriekaserne Buen Retiro im Prado. Die Batterien waren hier schon angespannt und warteten des Befehls.

Jetzt rasselten sie den breiten Salon del Prado (die Hauptallee des Parks) hinauf in die Alcalastraße hinein, über den Sonnenthor- platz, wo man Barrikaden zu bauen angefangen hatte, das Volk aber durch einige Schüsse von den Jägern vertrieben worden war, nach dem Schlosse zu.

Sie stellten sich an der Mündung der Bailenstraße auf, um von hier aus die weiteren Operationen zu beginnen.

Gleichfalls jagte die Cavallerie von der Caserne del Conde Duque nach der Infanteriekaserne an der San Marcialstraße.

Die übrige Garnison griff die Barrikaden in der Desengano- straße, unter dem Befehl Concha's an, während Serrano und seine Soldaten die Calle Toledo und die hinter ihr liegende Vorstadt stürmten. — — — —

Das Volk erhob sich in immer größeren Massen.

Aufrührerische Rufe erschollen gleich Donnergebrüll aus unzähligen heiseren Kehlen; die Riegohymne und das Kampflied der Madrilenen, bei dessen Klängen sie so oft auf die Barrikaden gestiegen, wurden im immer wilderen Tempo gesungen.

Diese aufregenden Töne reizten die Männer des Volkes zu immer wilderen Wuthausbrüchen.

Sie stürmten die königlichen Gebäude, und natürlich richtete sich der Haß des Volks gegen die Mönche und deren Wohnsitz.

„Wir wollen heute die Mönche und Nonnen einmal ausräuchern," lachte ein Torrero (Stierkämpfer), der an der Spitze eines Volks- haufens in das Kloster Encarnacion eindrang.

Es war in der Nähe von San Gil. Die Mönche lagen in der Klosterkirche auf den Knieen, und waren in tiefer Andacht versunken, als die Rotte anstürmte.

„Wollt Ihr nicht auch einen solchen Schießprügel in die Hand nehmen? Jetzt ist es nicht Zeit, Eure Litanei herzuleiern," sagte ein Arbeiter.

„Jesus! Maria! Ihr stört den Frieden Gottes; Ihr entweihet die heilige Stätte des Herrn mit Euren Mörderhänden. Weichet von dannen, Kinder Belials," zürnte der hagere Prior, ein eifriger Streiter der Kirche.

„Schmähe nicht lange, Pfaffe," gab ein stämmiger Catalonier zurück, „oder ich werde Dich mit diesem Stilet kitzeln, daß Du das Paternoster und Ave Maria für ewig vergissest."

„Mordet mich nur, ich bin bereit, in jedem Augenblick mein Blut für den Herrn hinzugeben."

„Laßt den Gesalbten des Herrn, Leute," gebot Eduardo de la Seda, der sich durch den Haufen drängte.

„Complimentirt die Herren Patres nur zum Kloster hinaus, damit sie uns nicht im Wege sind."

„Unter den Dienern Gottes sind junge Leute, die können uns wenigstens die Waffen laden, wenn wir aus den Fenstern schießen," bemerkte ein Blousenmann.

„Damit sie uns verrathen! Nichts! Nichts! heraus mit ihnen," tönte es von allen Seiten.

Und die armen aus dem Neste Verjagten geriethen fast zwischen zwei Feuer, denn das Gefecht war auf's Heftigste entbrannt.

„Treffe Euch der Zorn des Himmels in vollem Maße, schleudere er seine Blitze auf Euch," fluchte noch der Prior. Dann verhallten seine Worte in der Ferne.

Mitleidige Seelen nahmen die von den Kugeln umsauste geistliche Brüderschaft in ein benachbartes Haus auf, das der Prior mit inbrünstigen Worten segnete.

Blitzschnell war das Kloster in eine Festung umgewandelt. Ein unerwartetes Flankenfeuer empfing die gegen San Gil vorrückende Infanterie.

Auch die auf dem Gefechtsfelde befindlichen Klöster Calatravas und San Domingo el real dienten als Schanzen gegen die Truppen.

Zunächst wurden von den Königlichen die Klöster genommen. Die Artillerie von Buen Retiro schoß Bresche: die Gebäude wurden verlassen, und die Vertheidiger flüchteten sich in die engen Gartenstraßen neben dem Schlosse.

Man versuchte jetzt San Gil vergebens zu nehmen. Die Artilleristen hatten am Morgen die Sache lau betrieben.

Jetzt waren sie auf's Aeußerste bedroht, sie hatten keinen Pardon zu hoffen, und schlugen sich daher wie Rasende.

Stundenlang dauerte der Kampf. Artillerie maß sich hier mit Artillerie. Die Kanoniere von San Gil hatten ihre Kanonen in die

Kaserne zurückgezogen, dort in die Mauern Schießscharten ausgebrochen, und so die Artillerie von Buen Retiro, die in ungedeckter Stellung feuerte, zum Rückzuge genöthigt.

Diese bahnte sich aber über den Eisenbahndamm einen Weg zur Kaserne Isabella II., wo die Infanterie jetzt neutral blieb. Von hier aus beschoß sie wirksam die Meuterer.

Die Artilleristen sanken reihenweise nieder. Pierrad, der eine rothe Fahne hoch empor hielt, stand an der Spitze, da brach auch er zusammen.

Jetzt wichen die von San Gil. Man drang in die zerschossenen Wände, aber José Martinez war hier plötzlich zum Vorschein ge= kommen. Er hatte sich von der Straße Desengano her, wohin er im Laufe des Morgens durch Kreuz= und Querwege gelangt war, an den Hauptschauplatz der Begebenheiten verfügt. Ihm war Elvira de Xeres gefolgt. Denn die im Toledoviertel gegen das Volk fechtenden Genöd'armen waren zurückgedrängt.

Elvira schrie in einem fort um Rache, und fachte den Muth der Soldaten von Neuem an, indem sie mit Dolch und Stilet allen voran mitten unter die Angreifer stürzte, und niedermachte, was ihr in den Weg kam. Die Infanteristen hatten eine abergläubige Furcht vor ihr.

Martinez ordnete die Vertheidigung auf's Neue.

Kanonen wurden jetzt von San Gil aus gegen die Kaserne Donna Isabel II. gerichtet, und die Artillerie von Buen Retiro zum Schweigen gebracht. —

„Tapfere Freunde," rief Martinez den Artilleristen zu, die er= staunt seinen sachgemäßen Befehlen Folge geleistet hatten. „Ihr sehet in mir einen alten Revolutionär, der seinen letzten Tropfen Blut für die Freiheit verspritzen will. Wehren wir uns bis zum Aeußersten!"

Da wurde von O'Donnell eine weiße Fahne aufgesteckt. Man stellte das Feuer auf beiden Seiten ein.

Von den Isabellinos nahte ein Parlamentär.

„Was begehrt Ihr?" herrschte Martinez ihm zu.

„Im Namen der Königin verkünde ich Euch Gnade, wenn Ihr Euch ergebt!" war die Antwort.

„Und Alle sollen straflos ausgehen?" fuhr Martinez fort.

„Man wird eine Untersuchung anstellen, und Diejenigen, welche am schuldigsten befunden, sollen dem Arm des Gesetzes überliefert wer= den!" berichtete der Parlamentär.

„Und Ihr wollt Eure Kampfgenossen im Stich lassen, Freunde?" fragte Martinez die Soldaten.

„Nein, nein, Sennor, wir sterben zusammen, nieder mit dem Unverschämten, der uns solche Schmach zumuthet."

Der Friedensbote zog sich wieder zurück.

Wiederum sausten die Kugeln, und wiederum klirrten die Schwerter und Bajonette auf einander. Von Zimmer zu Zimmer zog sich der Kampf, man mußte die Wände durchbrechen, um den Empörern auf den Leib zu kommen. Endlich wurde auch der letzte Haltepunkt in dem zerschossenen und zertrümmerten Gebäude verloren, man wich in die Gassen an der Universität, wo die Studenten sich mit den Truppen herumschlugen.

Aber sehr Viele wurden hierbei getödtet, oder verwundet, oder gefangen. Wenige entkamen, unter ihnen Martinez und Elvira de Xeres, die wie eine zweite Adrienne de Méricourt oder Jungfrau von Orleans sich hieb= stich= und schußfest erwies.

In dem Studentenquartier, dessen Befehlshaber Rubio war, hatte Concha den Kampf an der Spitze der Carabineros eröffnet. Der Widerstand war natürlich nicht so nachdrucksvoll, als bei der Kaserne.

In der Calle de los amigos stürmten die Karabiniere eine Barrikade, die vom Studenten Miguel kommandirt war, fünf Mal; endlich wurde sie genommen, aber die schmale Gasse selbst war eine Barrikade. Als man eindrang, wurde heißes Wasser und Steine auf die Truppen herabgeschleudert, und man mußte Haus bei Haus nehmen.

Hier war es, wo Narvaez, der als einfacher Freiwilliger an der Spitze eines Bataillons von San Mateo focht, eine, wenn auch nur leichte Wunde empfing.

Ebenso wurde in verschiedenen andern Straßen gestritten.

Die Blutarbeit ging langsam vor sich, neigte sich aber ihrem Ende zu.

———

Gegen vier Uhr kam O'Donnell freudestrahlend zu Ihrer Majestät, die sich unterdessen von ihrem Schrecken erholt hatte, und in der es nur noch vor Grimm lochte.

„Majestät," begann O'Donnell, „der blutigste Tag in den Annalen der spanischen Revolutionen ist zu Ende gegangen, der Sieg ist unser.

„Ich habe immer gewünscht, die Revolution Mann gegen Mann zu bekämpfen, ich habe versprochen, sie binnen kürzester Frist niederzuschlagen, und in der Zeit von Sonnenaufgang bis Untergang habe ich meine Verheißung erfüllt.

„Ich gratulire Eurer Majestät von ganzem Herzen."

„Dank, Dank, herzlichen Dank, dem Retter meines Lebens, dem Erhalter meines Thrones, dem Mehrer meines Reiches," jubelte Isabella, indem sie ihren Generalissimus umarmte, und ihm zugleich einen der höchsten Orden verlieh.

Und freudig drängten sich die Hofleute von allen Seiten herzu, um Glückwünsche darzubringen.

Die eben noch verstörten Gesichter der Höflinge erhellten sich; die Majestät, von der man im Begriff war, abzufallen, wurde wieder angebetet.

Glänzende Carossen fuhren im Galopp durch die jetzt stillen Hauptstraßen.

Man hielt im Palast eine Cour ab, und alle in Madrid anwesenden Generale, unter ihnen Narvaez, Concha, Serrano, Echague, Calonge, sowie Senatoren und Deputirte, huldigten der Königin Isabella, die jetzt in Wonne schwamm, wie sie am Morgen am Leben verzweifelt hatte.

— —

Viertes Kapitel.

O'Donnell fällt bei der Königin Isabella in Ungnade.

Madrid hatte sich beruhigt.

Aber allgemeines Entsetzen ergriff die Einwohnerschaft, als die Größe des Blutbades bekannt wurde, das gestern angerichtet worden war. Das sah aus wie eine Bartholomäusnacht oder sicilia-nische Vesper. *)

Die Bürgerschaft hatte sich nicht an den Kampf betheiligt, denn die Besitzenden scheuten sich vor dem rothen Gespenst, sie trauten den demokratischen Arbeitern nicht.

Trotzdem waren 48 Offiziere gefallen, 130 verwundet worden; zwölf hundert Leichen wurden nach den Kirchhöfen

*) In der Bartholomäusnacht wurden in Paris die französischen Protestanten von den Katholiken ermordet, in der sicilianischen Vesper die französischen Eroberer von den Sicilianern.

gebracht. Die Zahl der verwundeten Unteroffiziere und Mannschaften belief sich sicherlich auf mehrere Tausend.

Der Kampf hätte nicht so lange gedauert und wäre nicht so blutig geworden, wenn nicht die Infanterie der Kaserne Donna Isabel II., des größten Waffenplatzes von Madrid, die mit Mühe von der Theilnahme am Aufstande abgehalten worden, neutral und unthätig geblieben wäre.

Der Oberst hatte sie nur bewegen können, ein ziemlich laues Geplänkel mit den Männern des Volks anzuknüpfen.

So waren die Artilleristen von San Gil von vornherein nur mit halber Macht bekämpft worden.

———————

Wie dachte man über O'Donnell am Hofe, und in den aristokratischen Kreisen?

Die letzten sanften Gefühle, die letzte Neigung, die die Königin Isabella für das Volk empfunden hatte, waren nach den entsetzlichen Scenen, welche ihr Leben so sehr gefährdet hatten, in denen sie, ärger noch als das niedrigste Weib, den Kugeln einer unbarmherzigen Rotte preisgegeben war, bis auf den letzten Funken erloschen.

Nicht allein ihr hatte die Mordgier gegolten, nein! Die Meuterer waren darauf und daran gewesen, sie sammt ihren Kindern und dem gesammten königlichen Hause umzubringen.

Das forderte Rache, Isabella lechzte nach Blut.

Neben diesem Gefühl flammte jetzt ein andres empor, ein heftiger Groll gegen O'Donnell.

So weit hatte es also dieser tapfere General kommen lassen, der von seiner Thatkraft, seiner Strenge und Weisheit so viel Rühmens machte; unter seinen Augen war die fürchterlichste Verschwörung entstanden, welche Herrscherin und Gutgesinnte jemals heimgesucht hatte.

Sie hatte sich ungestört entwickeln können, und der Herr General hatte nichts davon gemerkt.

Ja, war nicht der Ministerpräsident selbst ein freisinniger Mann, begünstigte er nicht vielleicht die Unternehmungen seiner liberalen Gesinnungsgenossen? War er nicht auch ein hartgesottner Verschwörer?

„Wir müssen der Sache ein Ende machen, lieber Marfori," sprach die Königin Isabella, deren Züge von den ausgestandenen Gemüthsbewegungen und den innerlich aufgewühlten Leidenschaften ganz entstellt waren, zu Don Carlos Marfori, Marquis von Loja, ihrem jetzigen Vertrauten, einem Verwandten des Narvaez.

„O'Donnell ist mir trotz seiner gleißnerischen Miene und schmieg= samen Haltung in der Seele zuwider.

„Gestern noch freilich erschien er mir als ein göttlicher Mensch, als ein Erlöser aus der tiefsten Noth."

„Eure Majestät haben ganz Recht," antwortete Marfori. „O'Don= nell selbst ist wohl noch der beste unter seinen Parteigenossen, aber diesen Serrano's, Zabala's, Concha's möchte ich um Alles in der Welt nicht trauen, hat nicht die ganze Sippschaft mit Einschluß des Minister= präsidenten den Geist der Widerspänstigkeit ·durch· eignes Beispiel er= weckt, genährt und groß gezogen, bis er ihnen über den Kopf ge= wachsen ist.

„Der gestrige Aufstand war nur die Folge der von diesen Ge= neralen früher angestifteten Aufwiegelungen.

„Jede Mannszucht, jeden Gehorsam, jede Unterordnung, jede Ehrfurcht vor dem Königthum, jede Scheu, die die Rasenden zurückgeschreckt hätte, sich an der unverletzlichen Person der Mo= narchin zu vergreifen, hat der Soldat unter der Führung die= ser ehrgeizigen Generale verlernt, die sich um die Herrschaft streiten.

„Nur Einer ist da, Majestät," fuhr er fort, „fähig die Anar= chie zu zertreten, geeignet die ganze Grundlage des Staats zu einer sittlichen umzugestalten — das ist Narvaez."

„Er ist besser als die Andern," meinte die Königin Isabella, „das ist wahr, aber ich will's mir doch überlegen, ehe ich ihn ins Ministerium berufe.

Marfori drang nicht weiter in die Königin, sondern geduldete sich.

Zum ersten Mal wurde einem Minister die Bahn durch einen Günstling geebnet.

Sonst war es anders gewesen; Minister und Günstlinge hatten einander entgegengewirkt, verdrängt, doch jetzt waren sie nahe Ver= wandte. Der Herr Don Carlos Marfori führte seinen Titel Marquis von Loja, nach der Vaterstadt des Narvaez.

Wir werden später auf ihn zurückkommen.

„Der gestrige Tag war ein recht schwerer," bemerkte O'Donnell gegen Serrano, als dieselben zum ersten Male nach dem Siege zu= sammen trafen.

„Und Sie, Herr Marschall Serrano, so wie der Marschall Concha haben sich ausgezeichnet und wahrhaft um die Königin verdient gemacht."

„Sehr schmeichelhaft für mich klingt aus Ihrem Munde das mir gespendete Lob. Sie, der so manche Kriegsthat vollbracht, weiß wahrlich die Dienste Andrer zu schätzen."

„Ich habe Ihrer, wie unsres braven Collegen gegen Ihre Majestät Isabella gedacht, sie wird Ihrer nicht vergessen," sagte O'Donnell.

„Es frägt sich, ob im guten oder bösen Sinne?" fragte Serrano

„Doch nur, um Sie zu belohnen, denn Ihre Thaten sind des größten Lohnes werth," erwiderte O'Donnell.

„Das Verdienst wird manchmal gar absonderlich geschätzt," warf Serrano ein.

„Sie reden in Räthseln, Excellenz, erklären Sie sich deutlicher," bemerkte O'Donnell gespannt.

„Je nun, ich meine, die Katastrophe von gestern hat unsere Stellung erschüttert; heute bestrafen wir noch, morgen wird man uns das Gleiche thun."

„Und wir hätten für Andere die Kastanien aus dem Feuer geholt?" fragte O'Donnell; dann fuhr er fort:

„Und doch, als ich die Nachricht brachte, daß die Empörung gedämpft, war Ihre Majestät so ganz voll Dank, so ganz Gunst, so ganz Gnade, daß ich an eine baldige Aenderung ihrer Stimmung kaum glauben kann."

„Und dennoch," erwiderte Serrano, „wird sie den Mann von sich stoßen, Herr Ministerpräsident, der ihren Thron und ihr Leben gerettet."

„In Spanien kennt man freilich keine Dankbarkeit," sprach O'Donnell, „hier ist Niemand in den höfischen Regionen seiner Stellung sicher; ein Windhauch stürzt den Koloß, der auf granitenen Füßen zunächst dem Throne wurzelt."

„Das sagen Sie selbst, Herr Marschall O'Donnell, und doch bezweifeln Sie, daß Ihre Stellung schwankt? Sie vergessen Marfori. Eines Günstlings zärtliches Geflüster, auf weichem Pfühl in verschwiegener Nacht, wenn volle, elastische Arme wie Rosenketten sich um den Nacken des Verleumders winden, vermag den großen Staatsmann zu beseitigen, ihn in sein Nichts zurück zu schleudern, und ihn in einem entlegenen Winkel, vergessen von aller Welt, sterben zu lassen."

„Marfori ist ein Günstling, wie die Anderen," entgegnete O'Donnell.

„Aber jeder von diesen Günstlingen ist gefährlich," sagte Serrano.

„Nicht besonders, wenn man es nur richtig anfängt, wurde ich nicht mit dem Sänger Obreton fertig?" antwortete O'Donnell.

„Das war ein eitler, harmloser Geck, das Spielzeug einer aller=höchsten Laune, der bald verbraucht wie eine überreife Frucht vom Baume fiel. Aber denkt an Tenorio, der machte schon dem Narvaez zu schaffen, und doch ist Tenorio nicht Marfori."

„Warum das nicht?" fragte O'Donnell.

„Dieser Tenorio war ein untergeordneter Mensch, beschränkten Geistes, der mehr durch sein schönes, kraftvolles Aeußere, durch sein Liebesfeuer, als durch seine geistigen Gaben das Herz der Königin eroberte."

„Ich halte," entgegnete O'Donnell, „den Herrn Marfori auch nicht für einen Raleigh oder Esser'*), der unsere Elisabeth auf ewig zu fesseln vermöchte."

„Ein Mann solchen Schlages ist er nicht," entgegnete Ser=rano, aber Isabella zu bestricken, bedarf es nicht der Eigenschaften, welche Elisabeth, die Besiegerin unserer unüberwindlichen Armada, (Flotte) fesselten. Unterschätzen Sie Marfori jedoch nicht, er ist ein abgefeimter Mädchenjäger, ein ausgelernter Frauenkenner von Jugend auf. Er hat die Kunst zu lieben, die Launen der Frauen, ihre Schwächen studirt, wie wir unsere Kriegs= und Staatskunst. Dabei kommen ihm seine wundervolle Gestalt, seine unvergleichliche männliche Schönheit, sein Herz gewinnendes Benehmen, und ein gewisses Etwas zu Statten, das die Weiber unwiderstehlich zu ihm hinzieht und zu seinen Skla=vinnen macht.

„Umsonst hat Narvaez ihn uns nicht in den Weg ge=schoben. Für den alten Fuchs hat diesmal der Zufall ge=than, was er mit allem Grübeln, allen Pfiffen, allen Listen, allen Schlichen seit zwei Jahrzehnten nicht zu Stande gebracht. Er hat an seinem Verwandten Marfori jetzt eine Stütze bei Hof, eine eherne Grundlage, worauf er sich getrost stellen und unerschüttert bis an sein Lebens=ende herrschen kann."

„Noch ist er nicht an diesem Standort," sagte O'Donnell, „noch steht er fern, sehen wir, daß wir nicht fallen.

„Ich will meinen Feinden zeigen, daß ich ebenso energisch han-

*) Der Erstere war ein großer Seeheld, der Gründer nordamerikanischer Kolonieen, der Andere ein berühmter Krieger und Staatsmann. Beide waren Günstlinge der jungfräulichen Königin Elisabeth, der großen Herrscherin von England, und Feindin von Maria Stuart.

dem kann, wie sie; sie verdächtigen mich als Freiheitsmann, ich werde den starken und unerbittlichen Herrscher herauskehren, einen Schrecken um mich verbreiten, daß den Unruhstiftern auf ewig der Kitzel vergehen soll, ihre nichtswürdigen Praktiken zu üben; ich will eine Stille des Todes um mich schaffen, so daß nimmer wieder ein aufrührerisches Geschrei in diesem Lande gehört werde."

„Bis wir selbst zu den Opfern gehören, die Ihre Schreckens-herrschaft unglücklich macht," schaltete Serrano ein.

„Herr Marschall Serrano, Sie sind unerträglich."

„Die Wahrheit ist immer bitter, Herr Ministerpräsident. Ich wünschte, ich wäre ein Lügenprophet; aber das nahende Unheil steht klar vor meinen Augen."

Damit schloß die Unterhaltung. — — —

O'Donnell war innerlich von der Wahrheit dessen, was Serrano behauptet, überzeugt.

Er machte verzweifelte Anstrengungen, seiner Ungnade vorzubeugen; er ging auf die Absicht des Hofes ein, der von den schlechtesten Trieben geleitet wurde.

Gewaltthat, Grausamkeit, unbarmherzige Strenge waren die bestimmenden Grundsätze seines Handelns.

O'Donnell überbot noch, was man von ihm gefordert hatte.

In den traurigen Hügeln von San Isidro, wohin von dem nahen Militärgefängniß die Sträflinge geführt wurden, widerhallten dumpf und anhaltend die Büchsenschüsse, welche die unglücklichen zum Aufruhr verleiteten Unteroffiziere in den kahlen Sand streckten. —

Reihenweise sanken die Krieger in die hinter ihnen aufgeworfenen Gräber, den Märtyrertod für die Freiheit erleidend.

Und Los Paseos de los melancolicos, de las injurius, de las animas (d. h. die Alleen der Trübseligen, der Unrecht Leidenden, der abgeschiedenen Seelen), auf welchen die zum Tode Verurtheilten nach den Richtstätten geschleppt wurden, führten mit Recht ihre Namen, die zu den auf ihnen Schreitenden so genau paßten.

Es waren, wie ein Augenzeuge sagt, wahre Metzeleien, das Blut rann in Strömen und röthete die nahen Gebirgs-bäche, selbst die Leichen wurden noch von Kugeln durch-löchert.

Die kalt berechnende Rachsucht O'Donnell's schien in seinen Henkern, den Werkzeugen seiner Bosheit, eine wahre unnöthige Berserkerwuth angefacht zu haben.

So wurden 1700 Personen verhaftet, 137 erschoffen, worunter 68 Unteroffiziere.

Daß die Presse unterdrückt, die unschuldigen, ruheliebenden Spießbürger von nutzlosen Quälereien heimgesucht wurden, daß Steckbriefe gegen die Flüchtlinge, die sich augenblicklich nicht in den Krallen des Wütherichs befanden, in unzähligen Exemplaren erlassen, und über das Land zerstreut wurden, versteht sich von selbst.

Es wurden die Druckereien sämmtlicher progressistischen und demokratischen Blätter, 40 an der Zahl, versiegelt.

Es waren die einzigen Druckschriften, die das Volk, so weit es lesen konnte, erhielt.

Auf Elvira be Xeres, Martinez und seine übrigen Freunde wurde besonders eifrig gefahndet.

Wider die Erstere war man über die Maßen erbittert, man schilderte sie in den an die Behörden des ganzen Landes ausgefertigten Ordres, als eine Tolle, Wahnsinnige, dem Irrenhaus Entsprungene, eine Art Wehrwolfe, der für die Gesellschaft gefährlich sei, es müsse auf sie, wie auf ein reißendes Thier, Jagd gemacht werden; kurz es wurde der tapfern Freiheitsheldin, die allerdings etwas überspannt war, das Ungeheuerlichste angedichtet; aber vergebens.

Man fing weder Alar noch Sequanilla, weder Martinez, noch de la Seda, weder Elvira, noch Enriquez.

Sie waren durch frühere Unbilden gewitzigt, und hatten sich während der Zwischenzeit so hübsch vorgesehen, das die Spürhunde der Regierung weit und breit herumschnüffelten, ohne sie zu finden.

———

Im Conferenzsaal des Congresses an der Carrera San Geronimo waren die Mitglieder der Union Liberal versammelt.

Sie waren in so ernster Stimmung, so in sich gekehrt, daß nicht Einer die himmlische Aussicht genoß, welche der nahe, im herrlichsten Pflanzenschmuck prangende Salon del Prado von den Fenstern des Palastes aus gewährte.

Uebrigens zierte nur die Natur dieses Paradies; die Zierde der sich sonst dort tummelnden eleganten Welt fehlte.

Unmuth prägte sich auf allen Gesichtern.

„Eine solche Wirthschaft, wie O'Donnell sie jetzt treibt, kann uns nimmer gefallen," brach Fernando de la Hoz das Schweigen.

„Er nennt sich unsren Gesinnungsgenossen, einen freisinnigen Mann, und wüthet wie der erste Despot," bemerkte Rios Rojas, „er verleugnet seinen Ursprung und das hat seine guten Gründe."

„Welche denn?"

„Er will seine Gesinnung auch vergessen machen, er will sich eine Zeit lang als einen Conservativen von reinstem Wasser zeigen, und den sich von ihm abwendenden Hof versöhnen."

„Aber er brandmarkt unsere Partei," schrie Roberts, „wir sind keine Tyrannen.

„Wir wollen uns von ihm lossagen, und vereint mit den konservativen Deputirten gegen ihn stimmen."

„Er will vielleicht der Hofpartei nur Sand in die Augen streuen," bemerkte Salaverria, „wenn er wieder fest im Sattel sitzt, wird er sich wieder zu dem Fortschritt bekennen, wie vorher."

„Aber es darf kein Makel der Volksunterdrückung auf unserer Partei lasten. Wir müssen feierliche Verwahrung gegen die letzten Bluturtheile einlegen."

„Nein," schrieen die meisten, „wir dürfen unserm Chef seine Stellung nicht erschweren."

„Und wir wollen unsern Ruf von Schandthaten rein erhalten, wir wollen uns beim Volke nicht unmöglich machen."

Da wurde die Unterredung durch O'Donnells Eintritt unterbrochen.

Er überschaute mit gebietender Miene die Versammlung.

„Verräther!" donnerten ihm einige entgegen.

„Wortbrüchiger!" riefen Andere.

O'Donnell antwortete:

„Eure Beleidigungen treffen mich nicht, Ihr verkennt mich. Ich habe Manches gethan, was Ihr nicht billigen könnt, ich räume es ein, aber es handelte sich um den Bestand des Liberalismus in Spanien selbst. Werde ich aus meiner Stellung gedrängt, und mein Gegner Narvaez folgt mir, so hat die Freiheit, die Bildung und die Gesittung in diesem Lande jeglichen Halt verloren, das Volk wird von der nacktesten Tyrannei bedrängt werden.

„Die ganze nach dem Rückschritt strebende Partei steht einig wie eine geschlossene Mauer uns gegenüber. Sie hat an maßgebender Stelle die tüchtigsten Kräfte, die bestrebt sind, unsern Untergang zu bewerkstelligen.

„Falle ich, so geht der gute Stern des Landes unter; die Geistlichkeit wird die maßloseste Herrschaft üben.

„Es kann sich ereignen, daß wir mitten im neunzehnten Jahrhundert es erleben, daß wieder, wie zu Philipp des

Zweiten Zeiten, auf der Plaza de Cebada inmitten von Madrid, Scheiterhaufen, nicht für lutherische Ketzer, denn das sind Fremde, an die man nicht zu rühren wagt, sondern für spanische Freidenker, Gelehrte, Naturforscher, und zuletzt für Liberale und Fortschrittsmänner errichtet werden, und daß als Zuschauer katholische, konservative Herren und Damen, wie im sechszehnten Jahrhundert, sich an den Qualen der lebendig verbrennenden Opfer weiden.

„In den Hof- und konservativen Kreisen ist die Erbitterung grenzenlos. Man nimmt keine Vernunft an, die Ohren sind gegen jede Milde taub; dieser Stimmung muß ich Zugeständnisse machen.

„Ich bin noch derselbe, der ich immer war, ich will die Freiheit heute, weil ich sie gestern wollte, wie ich sie gewollt habe, seit ich dafür in offenem Felde gekämpft; aber um frei zu sein, muß man einen Staat haben, und deßhalb muß man der Anarchie (Empörungen) ein Ende machen, und dazu bedarf es der von mir angewendeten Mittel. Freunde, leihet mir Eure Unterstützung, billigt meine Handlungen.

„Setzet, wie ich es verlange, die verfassungsmäßige Bürgschaften außer Kraft. Wir müssen mit Eisen und Feuer die krebsartige Wunde der Widersetzlichkeit ausbrennen.

„Dann wird die Freiheit ihre Segnungen über unsere schöne Heimath ausschütten können.“

„Nein, nein,“ riefen die Versammelten, „wir besudeln unsere gute Sache mit solchen Missethaten nicht.“ — — —

Und doch thaten sie es, die Freiheiten des Landes wurden mißachtet, Willkür trat an ihre Stelle.

Aber alle Strenge half O'Donnell nichts; er saß nicht mehr fest.

Als nach einigen Tagen O'Donnell als Lohn für die Rettung der Königin die Ernennung einiger liberalen Senatoren verlangte, brachte die Königin ihm eine Liste von der doppelten Anzahl konservativer Männer entgegen, auf deren Berufung sie unerschütterlich bestand.

Dadurch wurde O'Donnell die Lenkung des Staats unmöglich, und — nahm als Minister seine Entlassung.

Er ging ohne Sang und Klang in ein halbes Exil; es war das letzte Mal, daß er das Staatsschiff gesteuert hatte.

Der Tod rief ihn späterhin überhaupt von der politischen und der Weltbühne ab, und er verschwand für immer aus der Geschichte.

Ob er im Grunde das Volkswohl aufrichtig im Auge hatte, ist schwer zu bestimmen. Jedenfalls war er nie ein willenloser Tyrannenknecht, ein nutzbares, sich willig hingebendes Werkzeug der Geistlichkeit, dennoch nicht frei von der Habsucht und dem grell in die Augen fallenden schamlosen Eigennutz der spanischen Staatsmänner.

Fünftes Kapitel.

Die Verfolgten.

Wo waren Martinez und seine Freunde? Wir haben sie am Morgen in der Venta zwischen den Kirchhöfen verlassen, dort wollten sie sich auch wieder zusammenfinden.

Elvira und Martinez hatten sich an der Spitze eines Trupps bis in die Nähe des Schlosses gedrängt.

Hier traten ihnen die Kavallerie der Kaserne entgegen.

Elvira, mit dem Banner vor, sprang beinahe unter die Pferde, aber Niemand folgte ihr auf der waghalsigen Bahn, sondern warf sich in den Garten del Campo de Moro, wo man mit den Reitern plänkelte, was aber nichts fruchtete.

Elvira tobte im Angesichte des Schlosses vor Wuth, sie wäre hineingeeilt, trotz Reiter, Fußsoldaten und Hellebardiere, und hätte ihre Todtfeindin die Königin Isabella mitten unter ihren Dienern und Kammerherren ihrer Rache geopfert, aber Martinez, sowie Enriquez, überredeten die Verwegene, den Schritt zu hemmen und nicht nutzlos umzukommen.

Später waren Martinez und Elvira bei den Artilleristen in San Gil und den Studenten erschienen.

Hier in der höchsten Gefahr, gefangen zu werden, hatten sie sich von dem ersten Stockwerk eines Hauses auf einen Leichenhaufen gestürzt, und waren nach der Desenganostraße geflüchtet.

Rubio kämpfte hier bereits seit acht Stunden, er erhielt eine leichte Wunde; Martinez und Elvira standen jetzt voran, ihre Kräfte erlahmten aber im langen heißen Junitag.

Schon war Elvira in der Schulter verletzt, und jetzt erreichte auch Martinez eine verhängnißvolle Kugel im Arm, aber mehr als die Schmerzen wirkte die Entmuthigung.

Die Barrikaden konnten sich nicht mehr halten, die Zahl der Vertheidiger war zusammengeschmolzen, die Karabiniere preßten immer wilder vor.

„Kommen Sie, Elvira," sprach Martinez, „ehe es zu spät wird, unsere Niederlage ist gewiß, wir können hier nichts mehr nützen."

„Nein, ich sterbe hier, ich überlebe die Schmach nicht," rief Elvira.

„Wo bleibt Eure Rache?" fragte Martinez.

Das wirkte, aber zugleich traf Elvira eine zweite Kugel am Bein.

Martinez, noch am leichtesten beschädigt, schleppte Rubio und El-vira mit sich, er versuchte einige Schritte durch eine Gasse, die nach der nahen Alcalastraße führte, zu machen. Aber vergebens, die Ver-folger waren ihnen auf die Fersen.

Da schlüpfte er in ein verödetes Haus, aber er hörte schon Schritte hinter sich. Der arme José wollte sich von seinen Freunden nicht trennen; er wähnte, die Nahenden wären seine Feinde.

Schon hatte er sich in sein Schicksal ergeben, er sollte in Kerker und Tod gehen, aber wie groß war seine Freude, als er Enriquez de Alar und Eduardo de la Seda entdeckte, die auch an dem Straßen-kampf in der inneren Stadt theilgenommen, und sich nun desselben Weges zurückzogen.

Sie nahmen Rubio und Elvira unter die Arme, und traten längs den Häusern unter den Altanen den Rückweg an. Sie deckten sich an den Vorsprüngen, huschten über die Alcalastraße und durch die Gassen immer in der Richtung nach dem Toledothor.

Aber so ungehindert sollten sie nicht zurückkommen. Truppen von San Isabel in der Atochastraße, und San Francisco am Toledothor, hielten das Toledo-Stadtviertel besetzt.

Ein Posten sah sie und schlug Alarm; eine Patrouille näherte sich ihnen, sie war noch wenige Schritte von ihnen entfernt, da that sich eine Pforte vor ihnen auf; sie schlüpften hinein und hinter ihnen flog die Thür in's Schloß.

Es war ein prächtiger Palast, der sie aufgenommen hatte.

Mißtrauisch trat ihnen bei weiterem Vorschreiten ein Diener in goldbetreßter Livree entgegen. Draußen donnerten die Kolbenschläge an die verschlossene Thür.

„Wo sind wir?" fragte Eduardo de la Seda.

„Im Palaste des Herzogs de Medina celi," antwortete der Diener.

Eduardo athmete auf.

„Ein Freund aus früherer Zeit," seufzte er.

„Wollen Sie mich bei Ihrem Gebieter melden? Ich heiße Don Eduardo de la Seda," setzte er hinzu.

Der Diener zauderte, aber der gebietende Blick des Flüchtlings zwang ihn, zu gehorchen.

„Kommen Sie, meine Herren," sprach er, als er nach einer Weile zurückkam.

Der Diener geleitete die Flüchtlinge in ein von Gold, Marmor und Seide strotzendes Gemach, und sagte:

„Belieben Eure Gnaden hier einen Augenblick zu harren," dann entfernte er sich.

Der Herzog trat unverzüglich ein, und rief:

„Was führt Dich hierher? Eduardo."

„Die Gefahr, Rodrigo."

„Immer noch der alte Schwärmer?" fragte der Herzog.

„Schwärmer nicht," antwortete Eduardo, „nur der Freund des Volks, und der Feind alles Unrechts und Derjenigen, die unser Vaterland plündern und elend machen."

„Aber auf dem Wege der Gewalt werden wir sie nicht los."

„Auf welchem denn?" fragte Eduardo.

„Wir müssen ausharren und dulden." —

Ein Diener erschien und flüsterte dem Herzog einige Worte zu. Mit entschuldigender Geberde eilte der Herzog von dannen.

„Eine Rebellenschaar, Herr Herzog, hat sich in Ihren Palast geflüchtet," sprach der Führer der Patrouille zu dem ihm entgegen kommenden Herzog.

„Ich berge keine Rebellen unter meinem Obdache," antwortete der Herzog.

„So gestatten Sie, daß wir das Haus durchsuchen," sagte der Führer.

„Ich gestatte es nicht, es ist wider das Gesetz, ich, der erste Grand von Spanien, beuge mich nicht vor der willkürlichen Gewalt."

Der Unteroffizier stand rathlos.

„Wenn Sie noch irgend Etwas gegen mich unternehmen," fuhr der Herzog fort, „so fahre ich auf der Stelle zu Ihrer Majestät, und verlange Genugthuung für den angethanen Schimpf."

Der Unteroffizier zog sich zurück.

Als der Herzog zu seinen Schützlingen zurückgekehrt war, sprach er, während seine Augen über die Gruppe schweiften:

„Himmel! Die Dame und die beiden Herren da, von denen der eine der wackere Rubio ist, sind ja verwundet, da muß unverweilt Hülfe geschafft werden."

Er rief seinen Kammerdiener. Derselbe, ein im Dienst der herzoglichen Familie ergrauter Mann, war zugleich ein geschickter Wundarzt. Er reinigte und verband die Verletzungen nach allen Regeln der Kunst. Glücklicherweise waren es nur Streifschüsse und Bajonettstiche, leichte Haut- und Fleischrisse.

Unterdessen wurden den Erschöpften Erfrischungen vorgesetzt, einige Gläser alten Madeira stärkten die sinkenden Lebensgeister.

Als Alle sich ein wenig erholt hatten, nahm der Herzog wiederum das Wort:

„Bei mir, Freunde, dürfen Sie nicht bleiben, hier sind Sie nicht sicher. Die Königin ist über den heutigen Aufstand furchtbar erbittert, sie möchte am liebsten halb Madrid füsiliren lassen.

„Haben Sie vielleicht ein sicheres Versteck, wo Sie die Genesung Ihrer kranken Leidensgenossen in Ruhe abwarten können?"

„Freilich bei Ruy Baldes, dem Wirthe einer zwischen dem protestantischen und dem Hospitalkirchhof von Santa Maria gelegenen Schenke," meinte Eduardo de la Seda.

„Bei ihm sucht man uns nicht, er ist am wenigsten verdächtig, denn er ist ein vermeintlicher Spion der Regierung."

„Pablo," wandte sich der Herzog gegen seinen Diener, „können Deine Patienten einen Marsch aushalten."

„Wenn es durchaus nothwendig ist, wird es wohl gehen."

„Wohlan," versetzte der Herzog, „treten wir unsern Weg an."

„Ich habe von jeher eine Liebhaberei für Erforschung der unterirdischen Sehenswürdigkeiten Madrids gehabt; diese sollen mir bei Ihrer Rettung zu Statten kommen.

„Besorge uns Fackeln und Feuerzeug, Pablo, Du kannst uns begleiten."

Man stieg durch die Souterrains in einen tiefen Keller hinab. Als man in diesen gelangt, nachdem man zuvor die Fackeln angezündet hatte, führte der Herzog die Gesellschaft in einen versteckten Weg.

Es war hier keine Thür sichtbar, man wunderte sich, wie man weiter kommen sollte. Der Herzog fuhr mit der Hand an der Mauer entlang.

Ein dumpfes Geräusch ertönte. Ein Stück Mauer lös'te sich langsam von der Masse, und ließ hinter sich eine gähnende Tiefe sehen.

Der Weg führte einige Stufen hinab, dann befand man sich in einem mächtigen gewölbten Gange.

Beim Schein des Lichtes hatte man nur eine geringe Ueberschau. Pablo war ein sicherer Führer, er schien keinen Augenblick über die Richtung, die man einzuschlagen hatte, ungewiß zu sein.

Die Eindringlinge scheuchten Ratten und Fledermäuse auf, die an ihnen vorbeihuschten, oder über ihnen schwirrten.

Aber was war das?

Enriquez de Alar stieß an einen Gegenstand, und als er zufällig darnach faßte, hob er etwas Rundes auf, das bei genauer Untersuchung einem Todtenschädel glich, wie ein Ei dem andern.

„Dieser Gang," erklärte der Herzog, „ist eine Art Katalombe (Todtengruft), dergleichen giebt es noch mehr in dieser Stadt der Ketzer, Klöster und der Inquisition (Ketzergericht).

„Diese Gänge wurden zum Theil als Grabgewölbe gebraucht, zum Theil als Kerker für die Ketzer, die man von der Welt verschwinden ließ. Wie mancher wurde hier lebendig begraben!

„Bei Volksunruhen dienten diese Gänge zu Verbindungswegen zwischen den verschiedenen Klöstern, hierher flüchteten sich die Mönche. Sehen Sie sich den Ort, wo Sie sich befinden, einmal genauer an."

Man leuchtete hin. Grausige Figuren mit häßlichen Fratzen traten ihnen an den Wänden entgegen. Eine war mit spitzen Stacheln besetzt, sie hielt die Arme ausgestreckt, um den Sträfling, der ihr überliefert war, an's Herz zu drücken, eine andere glich der Berliner Jungfrau mit den bloßen schneidigen Schwertern in den Armen; jedoch fehlten diese.

In der Mitte stand ein steinerner viereckiger Tisch oder Altar, an dessen Seiten Steinsitze angebracht waren. Ein steinernes Kruzifix zierte den Altar.

„Hier," erzählte der Herzog, „wurden die geheimen peinlichen Sitzungen der Inquisition gehalten."

Doch weiter ging es in die Kreuz und die Quer durch Mauerlücken und eiserne Thüren, die der Herzog zu öffnen wußte, an einer noch grausigeren Stätte vorbei, wo weißes Todtengebein, in Massen aufgestapelt, beim Fackelschein glänzte.

Wie gespenstige Schatten schwebten diese Gegenstände an den Wanderern vorüber.

Da schien der Gang ein Ende zu nehmen, es bot sich kein Ausweg. Wohl aber rauschten in der Nähe die Gewässer. Wieder bewegte der Herzog einen Mechanismus, der sich von dem Uneingeweihten nicht hätte auffinden lassen.

Der blaue Sternenhimmel leuchtete freundlich den Gebeugten entgegen, man vernahm das Geräusch der Fluthen deutlicher.

Jetzt klimmte man eine verfallene Treppe empor, und wand sich mühsam durch das den Ausgang überwuchernde Gestrüpp an's nächtliche Halbdunkel.

Man zog gierig die frischen, duftigen Lüfte ein, nachdem die erstickende von Moder geschwängerte Atmosphäre einer schauerlichen Unterwelt lang genug die Brust beklemmt hatte.

Und siehe, sie befanden sich an den Ufern des Manzanares zwischen der Puente (Brücke) de Toledo und dem Ponton Isidro.

Auf einen Befehl des Herzogs entfernte sich der Kammerdiener und nach einer Stunde kehrte er zurück. So lange hatte man sich in einem dichten Gebüsch verborgen gehalten.

Pablo war bei Ruy Baldes in der versteckten Schenke gewesen, und stattete folgenden Bericht ab:

Der Kampf in der Toledovorstadt war ein fürchterlicher gewesen, man hatte namentlich die Toledobrücke, wo Juan de Alar und Pedro Sequanilla den Oberbefehl geführt, auf's Hartnäckigste vertheidigt. General José Concha hatte hier die Königlichen kommandirt.

Er hatte nur wenig Truppen von der Kaserne San Isabel, und diese konnten sich in dem hügeligen Gelände, das auf der einen Seite den Kampfplatz beherrschte, während der Manzanares denselben auf der andern Seite beschränkte, kaum behaupten, viel weniger ordentlich vorwärts kommen.

Die Ermattung hatte dem Kampfe hier ohne sonderlichen Verlust für die Insurgenten ein Ende gemacht; und da von den übrigen Punkten der Stadt, wo der Aufstand gewüthet, nur Trauerbotschaften eingelaufen waren, und derselbe als gescheitert zu betrachten war, hatten die übrigens unverwundeten Juan de Alar und Sequanilla vor Kurzem das Feld geräumt.

Ihre Mannschaften hatten sich weithin zerstreuet.

Juan de Alar und Sequanilla erwarteten bei dem Wirth Ruy Baldes ihre Freunde sehnsüchtig.

Sie hatten, besorgt, wie sie waren, die freudige Botschaft Pablos mit Jubel aufgenommen.

„So sind wir denn verloren, Unrecht und Giftmischerei werden nicht bestraft, ihre Urheber leben in Glanz und Ehren, sie besitzen eine schrankenlosere Gewalt, als sie jemals gehabt," seufzte Elvira, „und wir, ihre Opfer, müssen die menschliche Gesellschaft meiden und in Höhlen uns verbergen."

„Es ist noch nicht aller Tage Abend," ermunterte Martinez; „hier heißt es ausharren und wagen. Die Stunde schlägt gewiß, wo Jene, die uns verfolgen, daran glauben müssen.

„Sie sind mit Blindheit geschlagen, sie treiben die Willkühr so weit, daß ihre blindesten Werkzeuge, ihre tüchtigsten Stützen abfallen und unsere Sache ergreifen."

Dies Gespräch war leise geführt worden. Pablo hatte inzwischen mitgetheilt, daß der Weg zur Schenke frei sei. Die Barrikade an der Toledobrücke stehe noch.

Noch sei kein Feind in der Gegend.

Die Truppen seien in der Stadt, zum Theil in der Kaserne San Francisco einquartirt, aber man müsse eilen, sonst würden Streifwachen den Weg versperren.

Das ließ man sich nicht zweimal sagen. Ein flüchtiger Händedruck, einige heiße Dankesworte, dann schieden die Schützlinge von ihrem Gönner.

Sie begaben sich eiligen Fußes nach der Venta, und erreichten sie ungehindert. Alles war bei ihrer Ankunft schon zur Abreise gerüstet.

Die Verwundeten wurden in den Wagen gepackt, der sie hergeführt, die Uebrigen bestiegen die ausgeruhten Rosse, und landeinwärts ging es, was die Pferde laufen konnten, zu bekannten Freunden und einem Asyle, wo man bis auf Weiteres sicher war. General Pierrad wurde von einem andern aristokratischen Freund gerettet, nachdem er, obwohl mit zwölf Wunden bedeckt, zehn Stunden lang in einem Brunnen versteckt gewesen.

———

Sechstes Kapitel.

Isabella und Narvaez.

Es waren einige Wochen seit dem Aufstande vom 22. Juni 1866 verflossen.

Der Patriarch Iglesias von Indien, der Erzbischof von Toledo, Pater Claret, sowie die Absolutisten, Pezuela, Viluma, Calonge hatten das erbitterte Gemüth der Königin Isabella bestürmt, mit allen Liberalen zu brechen, und sich ihnen, den Männern der gesetzlosen Gewalt, in die Arme zu werfen.

Es war ihnen gelungen O'Donnell bei Ihrer Majestät anzu- schwärzen, sie hatte ihm und seinem Ministerium den Laufpaß ge- geben, dem letzten Mann, der die Gegensätze des Hofes und des Vol- kes zu vermitteln sich abmühete, unter dessen Regiment mancher ehren- werthe Mann sich Täuschungen über die vermeintliche Freiheit Spaniens hingab, dem Mann, der durch seinen Kriegsruhm einem großen Theil der Nation, wenn nicht Anhänglichkeit, doch Hochachtung abnöthigte.

Noch klang der Jubel über die Rettung aus so drohender Lebens- gefahr im Herzen der Königin Isabella wieder, aber in dies ange- nehme Gefühl mischte sich ein bitteres der Reue, daß sie O'Donnell, den Helfer in der Noth, verabschiedet hatte.

Von diesen widerstreitenden Stimmungen wurde die Königin Isabella bewegt, als sie ruhelos in den Ge- mächern des Madrider Residenzschlosses umherirrte.

Bin ich doch geplagt wie kein Herrscher der Erde, dachte Ihre Majestät. Warum hat mich der Allmächtige über ein so un- ruhiges Volk gesetzt?

In allen übrigen Staaten Europa's gehen die Dinge meistens einen regelmäßigen Gang, und wenn auch einmal eine Revolution aus- bricht, wie in Frankreich, so dauert sie ihre Zeit, das Land beruhigt sich wieder.

Was hat das Geschick nicht seit meiner ersten Jugend über mich verhängt, eine böse Mutter war mir bescheert, ich durfte nicht gleich andern jungen Mädchen meinen Neigungen nachhängen, mußte mich in eine entsetzliche Hofsitte zwängen.

Kaum war ich der Zucht Christina's entwachsen, oder vielmehr derſelben durch ehrgeizige Generäle entriſſen, als ich der Spielball, die Puppe dieſer rauhen Krieger wurde.

Sie erzogen mich, als wenn ſie einen rohen Soldaten vor ſich hätten. Durfte ich unter Espartero's Regiment doch nicht einmal meine Geſpielinnen und Dienerinnen wählen, nicht einmal meine Ausfahrten ohne ſeine Erlaubniß machen.

Der Bürgerkrieg mit meinem Oheim Don Carlos, der blutigſte Zwiſt, der das unglückliche Spanien ſeit Jahren verheerte, hatte mich in die Hände dieſer brutalen Militärs fallen laſſen, die nichts weniger als ritterlich gegen eine ſchwache Frau, mich in meinen zarteſten Neigungen verletzten, mir wie meinen Unterthanen ein hartes Joch auflegten.

Ich war die Königin, die Erſte des Reichs, und berechtigt, nach meinem Wohlgefallen die Herrſchaft über Andere zu üben, und in Wirklichkeit war ich ſchlechter daran, als eine Sklavin, meine Handlungen wurden von meinen Miniſtern beſtimmt, ich war ihren Launen unterthan. —

O'Donnell war von allen noch der Beſte. Er legte meinem perſönlichen Gebahren am wenigſten in den Weg, aber ich konnte ihn nicht behalten. Er hat ſich unfähig erwieſen, mich zu ſchützen, und vielleicht hat Calonge Recht, wenn er ihm vorwirft, es mit meinen Feinden zu halten.

Kurz und gut, die Liberalen, mögen ſie noch ſo demüthig ſein und ſich ſtellen, als ob ſie mir noch ſo zugethan wären, ſind ſammt und ſonders Widerſacher des Throns und Altars.

Meine Freunde Claret, Patrocinio und Marfori haben es ſtets behauptet, ich habe ihnen immer widerſprochen; jetzt haben ſie mich überzeugt, daß Alle, Moderados, Liberale, Progreſſiſten und Demokraten Umſturzmänner ſind.

Meine Herrſchaft beruht zwar auf dem Liberalismus. Ich darf die Verfaſſung nicht abſchaffen, ſonſt würden die Carliſten mir wieder zu ſchaffen machen, ich werde ſie jedoch ſo auslegen, daß meine Herrſchaft ſo wenig wie möglich von den Umtrieben der Männer des Volks zu leiden hat.

Jetzt muß ich Vollzieher meines Willens haben!

Am Liebſten wäre mir ein Miniſterium, deſſen Mitglieder nichts von den Volksrechten wiſſen will, das die Neuerungen haßt, der Krone unbeſchränkte Gewalt verleiht.

Meine Rathgeber müßten außerdem meine Geſchöpfe ſein, mir

mit ihren Forderungen nicht lästig fallen, sich in meine Privatan=
gelegenheiten und in mein Privatkabinet nicht mischen.
Ich möchte gern einmal ganz frei, ganz die Herrin sein. Ein
guter Gedanke! So soll es sein! Solche Leute will ich mir als Leiter
der Landesverwaltung wählen.
Aber wer soll es sein?
Hier stehe ich rathlos, denn ich kenne solche Männer nicht.
Da fällt mir etwas ein! Der Civilgouverneur Marfori ist so
gut, so liebevoll, so süß, es scheint auch, als ob er ein sehr verstän=
diger Mann sei. Wohlan, er komme.

Marfori wurde zu der Königin beschieden.
Schon bei seinem Eintritt verschlang Isabella ihn mit ihren
wollüstigen Blicken. Lange hatte kein Mann einen solchen Eindruck
auf sie gemacht.
Ihr Busen wogte stürmisch, und Mienen= und Gebehrdenspiel
deuteten ihm an, daß er willkommen sei.
„Lieber Marfori," redete sie ihn mit schmeichelnder Stimme an,
indem sie sich auf einen schwellenden Divan niederließ, und ihm mit
einer Handbewegung bedeutete, sich neben sie zu setzen, „wir sind ja
unter uns, wir brauchen die garstige Hoffitte nicht zu be=
achten."
Und Isabella rückte den Stuhl nahe an sich heran.
Marfori benahm sich höchst ehrerbietig und kühl, Isabella legte
ihre Hand auf seine Knie, und ihr liebeglühender Athem berührte
sein Antlitz.
Denn die Liebe erfüllte ihr Hirn, und die leidige Politik war
vergessen.
Aber Marfori fiel nicht aus seiner gemessenen Haltung, er blickte
ehrerbietig fragend die Königin Isabella an.
Isabella war unwillig, verstimmt, so wenig wurde ihr Entgegen=
kommen beachtet, sollte dieser Mensch von Stahl und Eisen sein, er,
ein Emporkömmling, ihre Liebe verschmähen?
Ihre Stirn runzelte sich, ihre Lippen warfen sich auf, ihre Augen
blickten zürnend.
Marfori mochte merken, daß er zu weit gegangen, er sank vor
ihrer Majestät auf die Knie, ergriff ihre Hand und küßte sie.
„Soll ich mein Leben für Eure Majestät opfern?" flüsterte er.
Isabella kam zur Besinnung; sie erwachte gleichsam aus einem

Taumel, und erinnerte sich, warum sie den Liebling ihres Herzens habe rufen lassen, sie sagte:

„Nein, lieber Marfori, ein solches Opfer fordere ich nicht, ich bitte nur um Ihren Rath."

„Ich bin bereit, ihn zu geben, Majestät."

„So hören Sie! Das Ministerium O'Donnell habe ich verabschiedet, es handelt sich darum ein Neues zu ernennen. Ich möchte mir nun durchaus neue Rathgeber nehmen, etwa solche Leute, von Denen ich sicher bin, daß sie keine Rebellion in Spanien aufkommen lassen, keinen Widerspruch in den Kammern dulden, zugleich aber meinen Willen und meinen Meinungen (sie wollte sagen Launen) nicht entgegentreten. Würden Sie eine solche Aufgabe nicht übernehmen, lieber Marfori."

„Ich sicherlich, ich würde schon mit Eurer Majestät übereinstimmen," entgegnete der Schlaukopf, und sein eben noch kaltes Auge schleuderte einen zündenden Blitz auf die sinnliche Königin, daß diese ihm gern gleich um den Hals gefallen und lieber der Venus (Liebesgöttin) geopfert, als der Minerva (Göttin der Weisheit, Staatsklugheit) ihre Zeit gewidmet.

„Aber," fuhr der pfiffigste aller Günstlinge bedauernd fort, „ich würde keine Kollegen finden."

„Könnten Sie sich nicht mit Viluma, Calonge, Pezuela verbinden?" fragte Isabella.

„Das ginge wohl," antwortete Marfori, „aber solche Männer würden das ganze Volk zur Rebellion gegen Eure Majestät bringen."

„Ich begreife das wohl!" bemerkte Isabella, „aber wen soll ich an die Spitze der Geschäfte stellen?"

„Narvaez!" sagte Marfori bestimmt, „ich habe es Eurer Majestät von vorn herein gerathen."

„Mein lieber, lieber Marfori, Sie scheinen mir ganz ergeben zu sein, und doch wollen Sie, daß ich mich unter das Joch dieses Menschen beuge, lieber will ich untergehen."

„Des barschen Narvaez Regiment," erwiderte Marfori, „soll Ihnen diesmal nicht viel Harm bereiten, ich werde schon dafür sorgen."

Marfori's Schlangenblick bezauberte das leidenschaftliche Weib zum zweiten Mal, daß sie die Berathung vergaß, und nur des vor ihr befindlichen Adonis gedachte.

Doch jetzt nahm Marfori seine frühere Kälte wieder an, und gemessen fuhr er fort:

„Ich passe überhaupt nicht für den Hof, das Parquet in diesem Palast ist so schlüpfrig, man gleitet so leicht aus, und stürzt aus der Höhe in die arg schmerzende Tiefe der Ungnade, ich zöge mich je eher je lieber in die Einsamkeit des Landlebens zurück.

„Nur mein Verwandter Narvaez könnte mich vermögen, auf der glatten, mir gebotenen Lebensbahn auszuharren!"

„Ich werde mir Ihren Rath überlegen, Herr Marquis von Loja!" stieß die Königin schmollend hervor.

Marfori entfernte sich zeremoniös. — — — — — —

Ihre Majestät träumte:

Was war das? Bisher hatten alle Männer mit beiden Händen zugegriffen, wenn sie, gleich dem türkischen Sultan, ihnen ihr Schnupf- tuch *) zugeworfen.

Marfori war ein Andrer. Er schien sich aus der königlichen Gunst nicht viel zu machen.

Der Aerger röthete das Antlitz Ihrer Majestät, und dennoch riß sie wieder ein bisher ungekanntes Sehnen zu dem Manne hin.

Isabella war ganz außer sich, um den Staat machte sie sich keine Sorgen; die Liebe loderte in ihr, und sie verbrachte den ganzen Tag in dieser ungnädigen Stimmung.

Die sonst so bevorzugte Gregoria fühlte die Herrin, sie erhielt über tausend Kleinigkeiten Schelte, und die Hofdamen hatten es nicht besser, die üble Laune Ihrer Majestät quälte auch sie.

Endlich kam der Abend.

Isabella wurde entkleidet, und verfügte sich auf ihr weiches, schwel- lendes Lager.

Sie entfernte diesmal selbst die Zofe von sich.

Kaum lag sie auf den sie wollüstig umfangenden Polstern, als es sie nicht länger dort litt. Sie sprang auf, und trat in durchsichti- gem Nachtgewande, wie sie war, vor einen von der Decke bis auf den Fußboden reichenden Spiegel, und prüfte ihre Reize, ob sie denn noch fähig waren, einen Mann zu fesseln.

Sie mußte wohl befriedigt sein, denn ihr Antlitz strahlte. Da- bei ließ sie es aber nicht bewenden.

Der Thür gegenüber an der Hinterwand stand ein Betschemel, über demselben war ein mächtiges silbernes Kruzifix angebracht.

---

*) Der Sultan wirft der mit seiner Liebe beehrten schönen Leibeignen sein Schnupftuch zu. Dies ist für sie ein Zeichen, daß er seine Augen auf sie geworfen.

Sie kniete auf dem Schemel, und betete inbrünstig zu dem Herrn.

Ob sie ihn anflehete, ihre sündige Neigung zu unter=
drücken, oder den Spröden zu erweichen? quien sabe.
(Wer weiß.)

Erst dann begab sie sich auf ihr Lager zurück, und entschlummerte
in süßen Träumen.

Am nächsten Morgen früh wurde Marfori ins Schloß befohlen.

„Sie haben über mich gesiegt, Herr Marquis," sagte lächelnd
die Königin, „rufen Sie mir Narvaez."

Ueber das Antlitz des Listigen flog es wie ein kaum verhehlter
Triumph, aber eine Wonne verheißende Dankbarkeit, die kurz darauf
in seinen Zügen sich abspiegelte, entzückte die gnädige Gebieterin.

Narvaez empfing sein brauchbares Werkzeug voll Genugthuung.

Der Herr General begab sich in das Schloß.

Unterwegs bestürmten ihn verschiedenartige Gedanken.

Endlich schien er am Ziele seiner Wünsche zu stehen. Einer
seiner nahen Verwandten hatte das Herz der Königin gewonnen.

Isabella ließ sich von Marfori um den Finger wickeln, und dieser
neue Günstling, der klügste von allen Favoriten, arbeitete mit ihm Hand
in Hand; er betrachtete es als größtes Glück, Narvaez Einfluß zu
vermehren. Er förderte ja dadurch nur das Ansehen der Familie.

So oft war er durch die Ränke der Hofschranzen verdrängt wor=
den, er hatte einer bloßen Laune eines wankelmüthigen Weibes weichen
müssen, wie noch das letzte Mal, dem unbedeutenden Graf Ezpeleta.
Man hatte ihn entbehrlich gefunden, O'Donnell war wegen seiner Ge=
schmeidigkeit am höchsten Orte beliebter gewesen.

Wie ganz anders war das jetzt geworden!

Seine Gegner hatten sich entbehrlich gemacht.

Selbst O'Donnell, sein größter Rival, ein gewiegter Staats=
mann, war am Hofe als Verräther verdächtigt.

Ihre Majestät war wie von Sinnen, sie wähnte sich dem Un=
tergange geweiht, von Feinden umgeben, war jeden Augenblick gewär=
tig, das Schicksal Karls I. von England oder Ludwigs XVI. zu
erleiden.

Da erschien er ihr als ein überirdisches Wesen, zu dem sie aus
den Tiefen ihres Elends zuversichtlich emporblickte.

Eine solche Stellung hatte er sich während seines ganzen Lebens
gewünscht.

Die Camarilla war andererseits auf lange Zeit ohnmächtig, unter
allen den herrschsüchtigen Herzogen, Grafen und Marquis, war kein

tüchtiger Mann, dem das Steuer des wild aufgewühlten Staats nicht aus den schwachen Händen geglitten wäre.

Auch die sonst so mächtige Geistlichkeit mußte sich vor ihm beugen, sie bedurfte seines starken, weltlichen Arms; sie hatte wohl die Gewissen, aber nicht die Leiber in Händen.

Ach, welch' beseligendes Gefühl beschlich ihn, als er sich so allmächtig im Lande sah.

Mit hochgehobenem Haupte, während ein schadenfrohes Lächeln über sein Antlitz glitt, bestieg er die mächtige Freitreppe des Schlosses; die Statuen der römischen Herrscher, die Flure und Hof zierten, mochten verwundert auf den energischen Mann blicken, der mitten aus dem Volke nun als Regent durch diese Halle wandelte, wohin sonst nur die Könige und ihre feudalen Vasallen den Fuß gesetzt und stolz zu ihresgleichen, den in Marmor und Erz gebildeten Monarchen aufgeschauet hatten.

Wie demüthig neigten sich die Träger von Herzogs- und andern Kronen vor ihm, die als Bedienstete des Haushalts sich auf ·den Marmorfliesen der Residenz bewegten, die sie als den ihnen nur allein zustehenden Boden betrachteten.

Und nun stand aus einer von ihnen so verachteten Volksklasse entstammend, ein mächtigerer über ihnen, einer, der allein ihnen den Glanz verbürgte, welcher aus der alten goldenen Zeit des Adels ihnen übrig geblieben war.

Die Königin erwartete ihn sehnlichst. Sie erhob sich freudig bei seinem Eintreten, und ging ihm wider alle Etikette entgegen, denn sie hatte erwartet, daß der Stolze nicht kommen würde.

Er aber beugte sich unterthänigst vor der Gebieterin, als wäre er der niedrigste ihrer Unterthanen.

Die Königin begann:

„Ich habe Sie rufen lassen, Herr Marschall, um mich, mein Haus und mein Land ihrer starken Obhut zu übergeben."

„Eure Majestät wissen wohl," entgegnete Narvaez, „daß alle meine körperlichen Kräfte und geistigen Fähigkeiten Ihnen bis zum letzten Athemzuge gehören, und ich werde dieselben in ihrem Dienste nicht schonen, aber ich bin ein alter Mann. Wird es meiner schwachen Kraft gelingen, die über dieses unglückliche Land hereingebrochene Sündfluth zu stauen, werden mich nicht die Wasser der Revolution mit fortreißen, wie sie meinen Vorgänger fortgeschwemmt haben?"

„Vielleicht hat er sich durch die Strömung fortschwemmen lassen," erwiderte Isabella.

„Ich kann es nicht glauben," sagte Narvaez, „ein so erfahrener Mann."

„Seine Fähigkeit hätte ihn wohl über Wasser gehalten, wenn er nur den nöthigen Willen besessen," meinte die Königin.

„Werden mir Andere," fragte Narvaez, „nicht die Riesenarbeit erschweren, die ich vornehmen muß, um die Zustände dieses Landes neu zu gestalten?"

„Ich werde dafür sorgen," antwortete Isabella, „daß es nicht geschieht."

„Werden nicht wieder sanfte Gefühle das so gütige Herz Eurer Majestät beschleichen, und dieselbe milderen Rathschlägen Gehör geben?"

„Ich schwöre es bei meiner und meiner Kinder Seligkeit, daß ich nur Ihre Stimme beachten will. Mit Feuer und Eisen muß man die Krebsschäden ausbrennen, die die Gesellschaft bei uns angefressen haben."

„Eure Majestät scheinen sich gehärtet zu haben," bemerkte Narvaez.

„In der Schule des Leidens," rief Isabella, „die ich neuerdings durchgemacht, stählt sich das weichste Herz zu Stein."

„So brauche ich mit Eurer Majestät keine genaue Rücksprache über die Einzelheiten meiner zukünftigen Verwaltung zu nehmen?"

„Verfahren Sie nur strenge, strenge, strenge, Narvaez, schonen Sie Niemand, achten Sie kein Ansehen der Person, die Verderbniß hat die Höchsten wie die Niedersten ergriffen. Da hilft nur Gewalt, keine Gnade, so unbarmherzig man mit mir verfahren, als man mich Wehrlose im Schlafe überfiel, und nur die Heilige Jungfrau, nur der Heiligen ungezählte Schaar für mich stritt, und mich und die Meinigen vor dem schlimmsten Leid behütete, so unerbittlich will ich gegen Andere sein."

„Wer kann aber die Schuldigen von den Unschuldigen scheiden," fragte Narvaez.

„Ich kann Ihnen nur Gelingen wünschen," erwiderte die Königin.

„Herr Narvaez, Herzog von Valencia, wenn Einer diesen verrotteten Staat gesunden lassen kann, so sind Sie es, ich glaube, Sie haben vorhin im Scherz an dem Erfolg gezweifelt.

„In mir erblicken Sie nur ein schwaches Wesen, das mit seiner Zustimmung und seinen besten Wünschen Ihr Beginnen begleitet.

„So ergreifen Sie denn die Zügel der Regierung, und

ziehen Sie den Bogen so straff, als Sie vermögen; die Sehne wird nicht reißen, wahrlich nicht."

„Wohlan, Majestät, es sei; und freudig spreche ich meine Genugthuung aus, daß wir noch nie so einverstanden waren, als in diesem Augenblick."

„Ich war stets eine Thörin," entgegnete die Königin, „als ich Sie von mir wies; hätte ich es nicht gethan, es stände um mich anders. „Erst jetzt habe ich das Kleinod erkannt, das ich in Ihnen besitze. Möge Gott Sie mir und meinem Geschlecht noch lange Jahre erhalten."

„Und Euer Majestät treuester Diener bin ich; Ihnen widme ich mein Leben bis zum letzten Athemzuge."

Er hatte buchstäblich die Wahrheit gesprochen, denn er starb nach 2 Jahren, an der Umgestaltung Spaniens nach seiner Weise mit äußerster Anspannung aller Kräfte arbeitend.

⸺ ⸺ ⸺ ⸺ ⸺ ⸺

Narvaez war wieder Minister; er hatte größere Vollmachten, als je, stand unerschütterlicher da, als zu irgend einer andern Zeit, und die Zuchtruthe wurde über die edle spanische Nation in der zügellosesten Weise geschwungen.

Siebentes Kapitel.

Die Gräuel Narvaez.

In dem nördlichen Stadtviertel von Madrid ist es sehr lebendig. Ist dort ein Markt?

Nein.

Ein Circus, in welchem Stiere gehetzt werden?

Keineswegs.

Ein beliebtes Theater?

Nun, ein Theater mag man es nennen, aber ein Theater, in welchem keine erdichteten, sondern wirkliche Trauerspiele aufgeführt und viele Thränen vergossen werden.

An der Ecke der Boulevards (Rondas) von St. Barbara
und de los Recoletos strömen am Tage, und besonders in der Nacht, Men=
schen nach einem finstern Gebäude mit vergitterten kleinen Fenstern,
stark verwahrten und bewachten Pforten.

Ich habe gesagt: Die Menschen strömen, das ist nicht genau
ausgedrückt. Sie gehen nicht freiwillig; sie werden vielmehr dahin
getrieben, wie die Thiere zur Schlachtbank, man sieht sie in Kutschen
ankommen, aber Derjenige, welcher so harmlos den Bedientensitz ein=
nimmt, ist ihr Wächter, der Häscher, nicht ihr Diener, sondern
ihr Herr.

Das Gebäude, wohin die Menschen ihre Schritte rich=
ten, oder die Rosse ihren Weg nehmen, ist das Stadt=
gefängniß von Madrid, der Saladero, und sie selbst sind
Gefangene.

Wenn man nach der Zahl dieser dem Kerker Ueberlieferten ur=
theilt, müßte Madrid ein wahres Sodom und Gemorrha von Ver=
brechen sein, so viele Gauner, Betrüger, Diebe und Mörder gäbe es
in den viel größeren Hauptstädten von Paris und London nicht.

Aber die Gefangenen sind auch keine Verbrecher, die
Meisten von ihnen redliche Leute, besser als Diejenigen,
welche sie in Haft genommen; die Gefangenen sind ver=
dächtigt, Freidenker zu sein, die Regierung zu stürzen, die
Geistlichkeit aus dem Lande zu jagen, und Gott weiß,
was Alles noch.

Auf den Spaziergängen, in den Theatern, in den Kaffeehäusern
werden die Leute herausgeschleppt.

Zwei Caballeros (Stutzer) schlürfen eines Abends in einem
Kaffeehause gemächlich ihre Frescas (Eis, Sorbet, kühle Getränke),
der eine raucht, der andere dreht sich sein Papelito (Cigarre). Sie
reden mehr mit den Augen als mit dem Munde. Doch sie sind nicht
unbeobachtet.

Ein dritter feingekleideter Herr, der sich scheinbar ebenso sorg=
los dem Genusse hingiebt, verwendet von unsern beiden Hidalgos
kein Auge, ein vierter am Eingange des Lokals harrt offenbar auf
die Befehle des dritten, denn von Zeit zu Zeit wirft er einen scheuen
Blick auf ihn.

Endlich blinzelt der Dritte mit dem Auge, der Vierte wendet
sein Gesicht nachlässig der Straße zu.

Eine Minute vergeht! Und hereintreten mehrere bärbeißige Gen=
darmen mit gewaltigen Schnurbärten.

Herzogin von Montpensier, Schwester der Königin Isabella.

Vielleicht haben sie noch vor Kurzem einer Guerillabande (einer unregelmäßigen durch die Gebirge schwärmenden Truppe, in Wahrheit Räuberbande) angehört, hier treten sie als Sicherheitswächter

auf, natürlich als Hüter der Sicherheit der Königin und des Ministeriums, auf daß Isabella und Narvaez ruhig schlafen
können.

Nebenbei können sie sich wohl einen verstohlenen Griff in das
Mein und Dein Anderer erlauben, es wird ihnen als eine alte, üble
Angewohnheit ausgelegt. — Alle Gäste sind bestürzt, als diese Mitglieder der heiligen Her-
mandad, nicht geistlichen, sondern polizeilichen Brüderschaft, an der
Schwelle erscheinen. Viele wollten sich leise entfernen; aber von außen
blicken ihnen Gesichter entgegen, welche ein Entweichen nicht bof-
fen lassen.

Die Furchtsamen bleiben an ihren Plätzen, aber ihre Schläfen
pochen, ihre Pulse schlagen heftig, ihre Herzen klopfen laut vor Angst.

Unterdessen nähern sich die Schergen den Sorbetschlürfenden beiden
jungen Männern. Sie werden aufgefordert, mitzukommen.

Stolz erheben sich Beide, messen mit verächtlichen Blicken ihre
Zuchtmeister, zahlen ihre Zeche, nehmen ihre Hüte, und treten muthig
den Weg an nach der engen, schmutzigen Zelle mit den hölzernen Lager-
stätten und Stühlen, dem unsaubern wackeligen Tische und kahlen
Wänden, nachdem sie so eben den schwellenden Divan im Prunkgemache
ihrer Eltern verlassen, in der letzten Nacht noch auf den weichen,
seidenen Eiderdunen-Betten geruht.

Vielleicht machen die beiden Unglücklichen, so jung noch von
Jahren, denen die Amme an der Wiege ein Lied von zukünftigem
Glück und Reichthum vorgesungen hatte, vielleicht machen sie mor-
gen früh aus dem gräßlichen Kerker den letzten Gang in die
Gruben von San Isidro, die ihre frühzeitigen Gräber werden.

Ihr Blut röthet dann die vom Gebirge herunterrinnenden, krystallhellen Wasser. Und nicht ihres allein, sondern das vieler andern; die
Sommersonne dörrt diese Bäche aus, Narvaez füllt sie mit dem kostbaren Saft, den man Blut nennt.

Diese kleinen Rinnen wälzen ihre Blut- statt Wasserwellen in
den Manzanares. Schreit es nicht zum Himmel das unschuldig ver-
gossene Blut? —

In den elterlichen Häusern ist man indessen um das Ausbleiben
der Söhne besorgt, von dem einen Wohnsitze eilen die Boten zum
andern, um Kunde über die Verschollenen einzuziehn.

Vergebens.

Aus beiden vornehmen Häusern flieht in dieser Nacht der Schlaf.

Ein wunderschöner Sommermorgen bricht an, lautlose Stille

herrscht in der weiten Stadt, man ist auf die Balkons getreten, um sich an der Morgenfrische zu laben.

Da donnert eine Gewehrsalve durch das himmlische Schweigen der Natur, die Echo's der Berge geben diesen Schall hundertfach zurück. —

Ein unnennbares Weh ergreift die Eltern der verschwundenen, hoffnungsvollen Söhne.

„Bei den Eingeweiden der heiligen Jungfrau! Unsere Kinder mögen unter den Erschossenen sein!" rufen sie.

Verzweiflung bemächtigt sich der zärtlichen Angehörigen, heftige Aufregung, Gram und Kummer packen das geängstete Herz.

O, könnte man sich doch über das Schicksal der Ersehnten Gewißheit verschaffen, es wäre doch Beruhigung, wenn auch vielleicht die der Trauer. — —

Man macht sich selbst auf den Weg, um von den Verschwundenen etwas zu erfahren.

„Ist mein Sohn Don Emilio und sein Freund nicht hier?" frägt der Graf Alvarez den Kerkermeister des Saladero.

„Nein," entgegnet dieser barsch.

„Waren sie vielleicht hier?" fragte der Graf ängstlich weiter.

„Ja. Hüten Sie sich weiter zu fragen, man könnte Sie Ihrem Sohn nachschicken," fügte der harte Mann in einer Anwandlung des Mitleids hinzu.

Trostlos begiebt sich der Vater nach Hause; sein Gesicht sagt Alles. —

Die Frauen und Familie brechen in laute Klagen aus, aber die Männer können nicht weinen; sie möchten Flüche und Verwünschungen gegen den Bluthund Narvaez ausstoßen, aber halt! das ist gefährlich, wie es die Nachforschung nach den Söhnen war.

Unter der Dienerschaft ist sicherlich ein Verräther, denn die Spionage ist ein einträgliches Gewerbe; zum Bau der Landstraßen, zu Schiffsbauten, zur Besoldung der Beamten ist kein Geld, wohl aber zur Belohnung der Spürhunde.

Wir verlassen die gramerfüllten Familien, welche bisher nur die Freuden des Lebens geschaut.

Wie es ihnen erging, so ging es vielen Familien; hier wurde der Gatte oder Vater geraubt, dort der liebende Sohn oder Bräutigam. Wenn man sich zu einem Ausgange rüstete, und Ade

73*

sagte, so wußte Keiner, ob es nicht das letzte Lebewohl, ein Lebewohl für immer war. —

Wie sah es in dem sonst so lustigen Madrid aus? —

Wo waren die lebenslustigen Madrilenen, diese leichtlebigen Menschen, die jedem Vergnügen nachjagten?

Wo waren die Tändeleien der goldenen Jugend auf der Hauptallee (Salon) des Prado; wo die prächtigen Equipagen der in den kühlen Abenden sich hier tummelnden Reichen?

Um die Verödung der Stadt nicht den Augen der Königin zu zeigen, wurden Vornehme und Geringe in die Alleen der schönen Anlagen beim Zorne Narvaez beordert.

Hofleute und Beamten mußten natürlich Folge leisten. Wer konnte, entzog sich diesen Promenaden, aber es war eben nicht gerathen, wegzubleiben, denn der Blitz des Mächtigen traf den Ungehorsamen.

Aber was war das für ein Vergnügen, wo Gefängniß und Tod auf jeden Schritt lauerte!

Die Königin brachte diesmal einen großen Theil des Sommers in Madrid zu, sie fuhr fast jeden Tag durch die Prado-Allee, und so lange sie gegenwärtig war, hütete man sich, Verhaftungen vorzunehmen.

Aber kaum war sie außer Sicht, so war keiner der Lustwandelnden vor Narvaez sicher.

In die freilich nur scheinbar fröhliche Menge brach der Häscher Schaar, und holte sich einen der Spaziergänger; bald einen anständig gekleideten, bald einen von der niedern Klasse, und pfeilgeschwind war die ganze Sache abgethan; man bemerkte weder etwas von dem Gefangenen, noch von seinen ihm aufgezwungenen Begleitern.

Ha! was ist denn das?

Eine Reihe von waffenlosen Soldaten schleppt sich durch die lange Atochastraße, von bewaffneten Gensd'armen geleitet.

Der Herr Narvaez kann sich also auf seine Bajonette nicht verlassen, so sehr er schon die Regimenter gesäubert, so Viele er auch füsilirt, deportirt, internirt, erschossen, verbannt und eingekerkert hat.

Der lange Zug, es sind einige Hundert aus allen Regimentern, allen Waffengattungen, schleicht durch die sonst belebte Hauptstraße.

Aber jetzt weichen die Leute aus; auf den Altanen, die gleich Zelten mit Leinewand überspannt sind, mehr zum Schutze gegen

Späherblicke, als gegen die Sonne, regt sich Niemand, kein mitleidiges
Frauengesicht zeigt sich.

Und doch sind manche unter den Kriegern, die nun dem Tode
durch Henkershand, oder dem Exile entgegeneilen, die noch vor Kurzem,
als Sieger von Marokko heimkehrend, die nämliche Straße zogen, und
durch zahllose schöne Hände von denselben Balkonen herab beklatscht
und mit Blumen überschüttet wurden.

Wiederum gehen sie vielleicht nach Afrika, aber nicht als Streiter
für das Vaterland, sondern nur als arme Strafgefangene.

Manche von ihnen schauen gar grimmig darein, und schreiten
hocherhobenen Hauptes einher; Andere sind niedergeschlagen, die Traurigkeit übermannt sie.

So gelangen sie zum Bahnhof, und von da auf die Eisenbahn
nach den Seestädten.

Hinter ihnen erschallt plötzlich ein Klagen, ein Jammern, ein
Wehgeschrei; es folgt eine zweite Abtheilung gefangener Bürger und
Arbeiter, der Zerlumpte mit dem nach der neuesten Mode gekleideten
Junker, der Greis mit dem kaum erwachsenen Knaben zusammenge-
schlossen.

Sie sind von Angehörigen umgeben, die Frau sucht sich dem
Gatten, das Kind dem Vater, die Schwester dem Bruder zu nähern,
jedoch die bewachenden Gensd'armen haben Herzen von Stein; das ist
die aus dem Abschaum der Bevölkerungen zusammengelesene Schergenschaar, die gewöhnlich schon früher den Krieg mit der Gesellschaft
geführt.

Was kümmert sie das Schluchzen des Weibes, das
Schreien des Kindes, das Händeringen der Braut, welche
Gatten, Vater, Geliebten vielleicht auf ewig verlieren.

Sie treiben das schwache Geschlecht mit Kolbenstößen
und Säbelhieben zurück, wenn es ihre Reihe durchbrechen will.

Ja es fügt sich, daß einige Frauen, die sich zu ungebehrdig zeigen, die dem Verwandten durchaus zum letzten Mal die Hand drücken,
ihm einige Ersparnisse, einen Nothgroschen ins Elend mitgeben
wollen, stehenden Fußes verhaftet werden, um die nämliche Strafe zu
leiden, wie der Gatte.

Aber sie werden dann nicht mit ihren Lebensgefährten vereint,
das wäre ja eine große Milde, eine Gnade, die weder die verblendete
Königin, noch ihr rasender General kennen; eine solche Handlung wäre
geradezu unklug, denn würden sich gar viele Weiber finden, die sich

die nämlichen Vergehen zu Schulden kommen ließen, um ihre Männer zu trösten.

Nein, die gefangenen Gattinnen werden in andere Straf-Kolonien gebracht. Beide müssen getrennt von einander einsam ihr Leben in der unwirthlichen Fremde verseufzen.

Da ist Rußland noch gesitteter, denn der Kaiser gestatten oft den Gemahlinnen der nach Sibirien geschickten Verbrecher mit ihrer Familie den Gatten zu folgen.

Aber in Spanien giebt es keine Gnade, Isabella zerreiß't alle Bittschriften, wirft alle Gnadengesuche in den Papierkorb.

Am Hofe giebt es einen hohen alten Adel, der außer dem Bereiche von Narvaez Wuth sich befindet, der außerdem keinen Anlaß giebt, sein Müthchen zu kühlen.

Er richtet sich an die Königin in bescheidenen Vorstellungen gegen die jede Sekunde vorfallenden Gewaltthaten.

Ihre Majestät kehrt ihnen, den Zierden des Hofes, den Rücken, die, obwohl Karlisten, sich ihr, der durch die Freiheit auf den Thron gehobenen Königin, genähert und ihren Haushalt verherrlicht haben.

Und von Narvaez erhalten sie die Weisung, ins Ausland zu reisen, und sich vorläufig in den herrschenden Kreisen nicht wieder blicken zu lassen.

Ihr gutes Herz mußte bestraft werden, da man nicht den entferntesten Grund hatte, ihre Gesinnung zu beargwöhnen.

Die Königin war indeß durch die Gespräche mit diesen Granden auf das Treiben Narvaez aufmerksamer geworden.

Eine leise Regung des Unwillens kam über sie, denn die Aussprüche jener angesehenen Männer, welche sie als ebenbürtig betrachtete, ja deren Anhänglichkeit sie als eine schmeichelhafte Gunstbezeugung hinnahm, hatten ein großes Gewicht.

Sie wagte jedoch nicht, ihre menschlichen Gefühle, ihre Beklommenheit in Gegenwart Narvaez laut werden zu lassen. Er hätte sie am Ende auch in die Verbannung geschickt.

Sie schüttete ihr Herz vor ihrem Günstling Marfori aus.

„Narvaez," sagte sie und sie redete sich, je weiter sie kam, immer mehr in Zorn, „Narvaez scheint die ihm von mir ertheilte Vollmacht zu überschreiten. Da haben mir die Herzöge von Gor, von Bista Hermosa, von Hijar gar Schlimmes über das, was im Lande geschieht, berichtet, sie sind in mich gedrungen, einzuschreiten, ich habe mich dessen geweigert, ich wollte Sie, Freund Marfori, erst um Rath fragen.

„Werden denn alle meine Unterthanen wirklich so arg gequält?

„Trifft denn Jeden ohne Unterschied der Zorn Narvaez'?

„Fließt denn wirklich das Blut aller Spanier in Strömen?"

„So arg ist es nicht, Majestät," entgegnete der Günstling, und zugleich nahm sein manchmal absichtlich schroffes Wesen eine zärtliche Hingebung an, welche die Königin entzückte, er bohrte sein Auge in das ihrige, daß sie verschämt wurde, wie ein junges Mädchen, er faßte ihre Hand und zog sie an die Lippen, daß Isabella, vom Sinnentaumel erfaßt, sich an seinen Hals hing und ihn mit Lieblosungen überhäufte.

„O, ich grolle ja dem eisernen Herzog nicht," stammelte sie in ihrer Sinnenlust „mag er thun, was er will. Wenn Sie sein Verfahren billigen, theurer Freund, will ich es nicht tadeln."

„Man täuscht Sie, Majestät," fuhr Marfori dann fort, „Sie können immerhin die Handlungen meines Verwandten prüfen; er verdient keinen Vorwurf, er bestraft ja nur die Bösen, und dies macht eben den gewaltigen Lärm.

„Woher kamen die vielen Rebellionen, die dieses Land zerrissen?

„Jetzt wird Ihr Schlaf nicht mehr auf schreckliche Weise gestört, Majestät."

„Recht, recht, Geliebter. Daran dachte ich nicht, mein Herz ist so leicht zum Vergeben geneigt, daß ich die fürchterliche Unbill, die ich vor Kurzem erduldet habe, ganz vergaß.

„Ja, Narvaez hat Recht, wenn er auch tausendmal strenger ist, dies Volk muß mit Skorpionen gezüchtigt werden.

„Aber sprechen wir nicht mehr von diesen unangenehmen Dingen. Wir wollen heiter sein."

Und Marfori machte das bethörte Weib so glücklich, wie er es vermochte.

In den Armen des schönen Mannes suchte die leichtfertige Frau Vergessenheit alles dessen, was sie unangenehm berührte.

Narvaez lachte über die ohnmächtigen Versuche, die man gegen ihn au maßgebender Stelle unternahm. Marfori hinterbrachte getreulich, was die Monarchin mit ihm gesprochen.

Im In= und Auslande aber ließ Narvaez ausposaunen', wie vortrefflich es in Spanien stände, wie geregelt selbst der Staatsschatz wäre, die wundeste Stelle am spanischen Staatskörper.

Und in allen Ecken und Enden der Welt fanden sich Schmeichler, die den spanischen rohen Bluthund als Staatsweisen priesen, der das tobende Meer der bürgerlichen Zwietracht so schön zu beschwören ver=stände. —

Ach, hätten sie doch wahr gesprochen; so aber war es eine Rohheit, wie sie nur bei wilden Völkern gefunden wurde, gepaart mit einer Vermessenheit ohne Gleichen, welche die Weisheit des Allgewaltigen ausmachten.

Er ersäufte eine Nation von 17 Millionen in eine Sündfluth von Blut und Elend, und betäubte dadurch selbst alle muthigen Herzen.

Aber der Wütherich mußte sich erschöpfen, seine Hand, die fort=während schlug, erlahmen.

Das gewaltige von diesem Unhold hervorgebrachte Unwetter, das sich über allen Gauen Spaniens bis in die höchsten Gebirge hinauf und die tiefsten Schluchten hinunter entlud, mußte vorübergehen; der Zauber, der wie ein Alp auf dem Volk lag, und den Marschall gleich=sam mit einem Strahlenkranz von Furcht umgab, mußte weichen.

Wenn dann die Ueberlegung eingetreten, wenn man in dem fürchterlichen Ungethüm den schwachen Menschen erkannt, dann wehe ihm und der Sache, die er vertheidigte, er oder seine Ge=nossen sollten dann erkennen, daß sie Hekatomben von Menschen (Opfer von Hunderten) dem unersättlichen Mo=loch (Götzen) ihrer Leidenschaft umsonst dargebracht.

Die Dynastie sollte untergehen, und durch ihre Schuld unter=gehen, und ein unauslöschlicher Haß gegen die Bourbonen in der Nation entbrennen.

Achtes Kapitel.

Die Hinrichtungen in Barcelona.

Im Residenzschlosse zu Madrid ist auch einmal Trauer. — Die Königin Isabella jammert.

Stehen denn wieder die Meuterer vor den Thoren?

Ach nein; die wildesten hat der Todesengel in der Gestalt von Narvaez geholt; sie stehen nicht wieder auf aus ihren Gräbern, die kein Denkmal bezeichnet, worin man sie wie todte Hunde verscharrte, sie stören die Ruhe der Majestät nicht mehr. — — — — — —

Die Infantin Eulalia, eine Tochter der Königin, ringt mit dem hitzigen Nervenfieber auf Tod und Leben.

Die bewährtesten Aerzte sind versammelt, der Kranken zu helfen, nichts will anschlagen.

Im Schlosse wimmelt es von Kutten und Priestergewändern; Erzbischöfe, Bischöfe, Mönche und Jesuiten haben die Corridore, die Treppen besetzt, sie trauern, daß der Himmel seinen Zorn über eine so fromme Königin ausgegossen.

Sie schreiten in Prozessionen zu allen wunderthätigen Heiligen= bildern in der Nähe und Ferne, sie murmeln Gebete, sie singen Cho= räle, sie lesen Messen, sie knieen stundenlang, und lassen die Rosen= kränze durch die Finger rollen, sie kasteien sich, sie fasten.

Die Königin, wenn sie nicht am Bette der Infantin sitzt, macht die geistlichen Uebungen mit, es fällt ihr nicht ein, Reue über das dem Volke angethane Unrecht zu empfinden; und spricht das Gewissen einmal, dann eilen der Kardinal von Toledo, der Erzbischof von Burgos, der wiederum das Amt eines Erziehers beim Prinzen von Asturien übernom= men hat, Pater Claret und Sor Raphaele Patrocinio her= bei, und beschwichtigen die innere Stimme der Monarchin.

Nur das nicht! Eine Sünde gegen ihre Unterthanen soll sie nicht begangen haben, das ist unmöglich.

Sie hat die Geistlichkeit, die erniedrigt war, erhöht; sie schafft ihr in Spanien eine Zuflucht vor der Gottlosigkeit, die in andern Ländern die Oberhand hat.

Sind nicht eben erst tausende von Elementarlehrern abgesetzt wor=

den, die in der Wagschale der Frömmigkeit von den Pfarrern ihres Sprengels gewogen und zu leicht befunden worden?

Jetzt irren die hungerleidenden Jugenderzieher im Lande brotlos umher; es ist ihnen ganz recht, warum hat auch einer von ihnen gewagt, an der Wand seines Wohnzimmers das Bildniß Garibaldi's aufzuhängen, und ist bei diesem Frevel ertappt worden.

Um solcher Todsünde willen ist der ganze Stand geächtet, und an seiner Statt sind die Ordensbrüder der Jesuiten zu Erziehern der Jugend erloren.

Spanien ist für sie das gelobte Land geworden, und sie wallen nach demselben in hellen Haufen. — — — — — — — —

In der Sorge um das geliebte Kind folgt die Königin dem geistlichen Rath, der ihr ertheilt wird.

Sie thut das Gelübde, erstens: ein Prachtgewand von rother Seide und mit Gold durchwirkt, der Donna Sancha zu weihen, einer besonders berühmten Heilgen, die in der Erbgruft der Könige von Leon ruht; und zweitens: zur Schutzpatroin von Barcelona zu wallfahrten.

Die Infantin genes't, und die Königin erfüllt ihre Gelübde.

In vielen Waggons durcheilt der königliche Zug Alt- und Neukastilien nach den nördlichen Provinzen. Die Schnelligkeit, mit welcher der Zug die Gefilde durchbraust, entzieht den Augen der Königin den traurigen Zustand des Landes.

So wird nach Leon zu Donna Sancha gepilgert, und ihr das Prachtgewand umgethan, dann nach Barcelona, wo man in der Kathedrale Dankgeschenke feierlich niederlegt. — — — — — —

— — — — — — — — — —

Kurze Zeit nach dem Besuche der Königin Isabella gährte es wieder einmal in Barcelona, der Hauptstadt von Catalonien; aber wann wäre es in den letzten Jahrzehnten nicht der Fall gewesen.

Seit den Zeiten des Grafen de Espanna und van Halens hatte es in der größten Stadt Spaniens, und der einzigen Fabrikstadt von Belang arge Kämpfe zwischen Regierung und Volk gesetzt.

Was Espartero zu thun genöthigt gewesen, konnte Narvaez, der geschworen hatte, alle Feinde seiner Königin zusammen zu schießen, gleichviel, ob er darüber zu Grunde gehe, nicht unterlassen.

In Barcelona gab es viele Feinde der Königin, und zwar die

unversöhnlichsten; die zahlreichen Fabrikarbeiter waren Republikaner und Socialisten.

Als die Nachricht über Narvaez' Schreckensherrschaft in Madrid nach Barcelona gelangten, da wurde es in den wilden Gemüthern unruhig. Sollte man die Tyrannei der Regierung geduldig ertragen?

Narvaez hatte eine seiner Creaturen, die an Nichtswürdigkeit und Grausamkeit ihm selbst nichts nachgab, zum Generalkapitän von Catalonien gemacht, nämlich den General-Lieutenant Manuel Gassel.

Sollte man nun abwarten, ob der Generalkapitän Gassel in der catalonischen Hauptstadt unternehmen würde, was Narvaez in Madrid?

Die Catalonier waren gewitzigt, sie zogen es vor, sich ruhig zu verhalten.

Dies währte so einige Zeit, und erregte im übrigen Spanien Bewunderung.

Man verhaftete in Barcelona, wie in Madrid, aber da in der Stadt keine nennenswerthen Unruhen stattgefunden hatten, so hörte man wenig von den Hinrichtungen.

Da wurde ein Kapitän Ventura von Madrid nach Barcelona gebracht, um dort erschossen zu werden.

Dies Ereigniß wäre auch spurlos vorübergegangen, man hätte nicht einmal davon erfahren, wäre nicht die Frau des Kapitäns nach Barcelona gekommen, mit dem festen Vorsatz, das Schicksal ihres Mannes zu mildern, wenn sie ihn auch nicht zu befreien im Stande war.

Sie wandte sich zunächst an die Behörden, aber ihre Bitten, ihr Flehen fruchteten nichts, sie lief sogar Gefahr, selbst eingezogen zu werden.

Da klagte sie dem Volke ihr Leid.

„Was hat denn ihr Mann begangen?" fragte das Volk.

„Mein Mann," sagte sie, „hat nichts begangen; er soll einzig und allein darum sterben, weil er freisinnig denkt; sollten Alle bestraft werden, die seine Gesinnung theilten, so würde Barcelona bald ausgestorben sein."

Da begann es unter den Arbeitern unruhig zu werden. Man stutzte, Frau Ventura hatte überzeugend gesprochen.

Die Revolution war bald eine Nothwehr.

Wie die Wolken vor dem Sturme, hatten sich eines Tages die Arbeiter an den Straßenecken zusammengerottet.

Ein Mann von mittleren Jahren bewegte sich unter ihnen.

Er flüsterte hier, er flüsterte da, ging von einer Gruppe zur andern.

An seiner energischen Miene, seinem von Leidenschaften durchfurchten Gesichte erkennen wir unsern Bekannten, den Republikaner José Martinez.

Mit Geberden und Blicken feuerte er die Arbeiter an.

„Catalonier," schrie er, „wollt Ihr noch länger das unwürdige Joch dulden, noch länger das Blut Eurer unschuldigen Mitbürger vergießen lassen. Ihr habt so oft der Tyrannei die Stirn geboten, seid niemals feige gewesen, darum wehrt Euch auch heute, denn sich wehren bringt zu Ehren, laßt Euch nicht hinschlachten, wie harmlose Thiere. Drauf und dran, wer ein tapferer Mann."

Der Aufstand war bald im vollen Gange, es fand am 8. November eine Erhebung statt, an welcher Militär und Bürger sich in gleicher Weise betheiligten.

Wir halten uns mit der Schilderung eines Straßenkampfes, **der schließlich mit Anwendung der unglaublichsten Grausamkeit doch wieder unterdrückt wurde,** nicht mehr auf.

Der Leser hat derartige blutige Scenen an seinem Auge vorüberziehen sehen, um sich allenfalls selbst ein Bild davon entwerfen zu können.

Die Strafen, welche nach Narvaez'scher Rechtspflege diesem Aufstande, sobald er unterdrückt war, folgten, waren furchtbar, denn die Grausamkeit war an der Tagesordnung.

Viele der Gefangenen wurden sofort erschossen, Unzählige wanderten in Kerker und Verbannung.

Die Frau des Kapitän Ventura wurde nach den Philippinen deportirt; Martinez war entkommen.

Die Hauptanstifter des Aufstandes, und mit ihnen de Kapitän Ventura wurden zum Tode durch die spanische Guillotine verurtheilt. — — — — — — —

Der Tag der Hinrichtung war gekommen.

Die Sonne brannte auf den weiten Platz vor der Citadelle nieder; an den Seiten desselben waren Reiterregimenter und Infanterie in dichten Massen aufgestellt.

In der Mitte des Platzes war ein mit einem Geländer um-
gebenes Gerüst aufgeschlagen, zu welchem einige Stufen hinaufführten.
Auf diesem Schaffot stand die Garrote, die spanische Guillotine
(Fallbeil) oder Erdrosselungsmaschine.

Dieselbe besteht aus einem Stuhl mit einer hohen Lehne, an
welcher eine Schraube und ein lockeres Halseisen sich befindet.

Der Delinquent (Verbrecher) lehnt sich in den Stuhl zurück, steckt
seinen Kopf in das Halseisen, dann erfolgt ein Ruck mit der Schraube,
und sein Genick wird gebrochen.

Siebzehn armen Sündern sollten nun am heutigen Unglückstage
die Hälse gebrochen werden, **ein dem eisernen Herzog wohlgefälliges
Opfer, wofür dem Generalkapitän Gasset sicherlich als Dank ein
Orden oder sonstige Beförderung zu Theil werden würde.**

Trotz der eben erhaltenen derben Lehre hatten sich die Barcelonesen
mit ihren Frauen und Töchtern auf dem Richtplatze eingefunden; die
in der Nähe liegenden Häuser, von denen aus man die Vorgänge
wahrnehmen konnte, waren gleichfalls mit wohlgekleideten Damen und
Herren besetzt, ja auf die platten Dächer hatten sich die Zuschauer
postirt.

Es war keine Neugier, keine Freude an dem furchtbaren Werk,
die diese Bevölkerung zu dem schrecklichen Schauspiel trieb — es
waren andere Umstände. Man wollte seinen Zorn an dem Anblicke
der Sterbenden stärken, ihnen ein letztes Lebewohl bieten, ihnen gleichsam die letzte Ehre erweisen.

Auf allen Gesichtern nahm man den verhaltenen Grimm oder
Niedergeschlagenheit wahr.

Trotz der ungeheuren Masse der Anwesenden herrschte eine lautlose Stille.

Da that sich das Thor der Citadelle auf, und heraus schritt
der trübselige Zug der Verurtheilten; voran eine Schaar Psalmen-
singender Mönche, in ihrer Mitte wurden schwarze Fahnen mit
weißem Kreuze, in Flor gehüllte Sacramentshäuschen und Crucifixe
getragen.

Dann folgten die Verurtheilten in weißen Jacken und Hosen,
mit Zipfelmützen auf dem Haupte, ihre Hände waren auf dem Rücken
gebunden. Neben sich hatten sie ihre Beichtiger, hinter sich eine Schaar
barmherziger Brüder.

Die letzteren waren bestimmt, die Gemordeten zu Grabe zu
tragen.

Todesmuthig, hochgehobenen Hauptes bewegte sich die Schaar der

Gerichteten, keiner von ihnen zeigte die geringste Verzagtheit, mochte er im Innern noch so sehr beben, sein Aeußeres wandte sich seinen Mitbürgern unverändert zu.

Der Hauptmann Ventura betrat zuerst das Schaffot; ein schöner hochgewachsener Mann.

Lautes Schluchzen und Weinen tönte aus den Reihen der Zuschauer, es waren die Frauen und Mädchen, welche ihr Gefühl nicht zu bemeistern vermochten.

„Weinet nicht!" rief der Kapitän Ventura, „wir sterben unschuldig; wir haben die Erlösung des Vaterlandes von seinen Bedrängern gewollt, Gott hat es anders bestimmt. Aber hätte ich tausend Tode, ich würde sie für die Freiheit hingeben.

„Lasset Euch durch meinen Tod nicht abschrecken, Mitbürger, er möge Euch anspornen, Euch demselben Streben wie ich, zu weihen.

„Lebet wohl, hoch die Freiheit, hoch die Republik!"

Hier wurde er von dem Henker in den Stuhl gerissen, und in einer Sekunde war er eine Leiche.

Mit dem nämlichen Muthe und unter den Rufen:

„Viva la libertad! Ich sterbe als Märtyrer, beneidet mich!" — „Dem Tyrannen werden in der letzten Stunde die Gewissensqualen ein martervolleres Loos bereiten, als mir!" — „Unsere Feinde werden zu Schande werden, laßt nicht ab, sie zu bekämpfen!" und dergleichen mehr, verhauchten die Freiheitshelden den letzten Seufzer.

Still standen die Männer verhaltenen Athems, gespannten Auges, lauschenden Ohres; keine Miene, kein Wort ihrer Mitbrüder, die den Tod erlitten, durfte ihnen entgehen, die Frauen jammerten, als wären die Ihrigen dahingeschieden.

Besonders ergreifend war der Ausbruch der allgemeinen Traurigkeit, als die siebzehn Leichen, in siebzehn verschiedene Särge gelegt, von den barmherzigen Brüdern aufgenommen, und unter den langsamen feierlichen Klängen melodischer Todtenlieder fortgetragen wurden zur ewigen Gruft.

Unter der schweigenden Menge befanden sich jedoch einige Rasende.

„Das sind also die Festlichkeiten, die man uns giebt," brauste ein Arbeiter auf.

„Unsere Regierung häuft Leichenhügel um sich auf, hinter einem solchen Walle wähnt sie sicher zu sein."

„Nieder mit der Bourbonin, so lange sie im Lande ist, stirbt die spanische Nation Mann für Mann."

„Warum dulden wir solche Schandthaten, schlagen wir die Tyrannenknechte todt." —

Die Menge blickte bestürzt, als diese Rufe die Trauer unterbrachen; die Mädchen und Frauen flüchteten, nicht einer der Männer machte Miene, in das Geschrei der Friedensstörer einzustimmen.

Man wich ihnen aus, und das Volk verlor sich vom Platze. Die Gensd'armen aber naheten, ergriffen die Ruhestörer beim Kragen, und schleppten sie in die Festung. Sie waren zu Opfern für die nächste Hinrichtung bestimmt.

Neuntes Kapitel.

Die Königin Isabella in Lissabon.

In den Straßen von Lissabon wogte das Volk; ein buntes Gemisch, Portugiesen, Spanier, Engländer, Franzosen sowie Mauren durcheinander.

Längs dem Tajo, in der Richtung nach dem Schlosse zu, war das Gewühl besonders lebhaft.

Da drängte sich der Spitzhut neben dem Turban und Fes; die Jacke mit den silbernen Knöpfen, und die blutrothe Schärpe neben dem seidenen Kaftan.

Eine Reihe von weißen, gelben, braunen, schwarzen Gesichtern neben einander bildeten ein grell abstechendes Gemälde von hohem Interesse.

In diesem Knäuel leuchteten die Frauen und Mädchen, Töchter des Landes, hervor in ihren kurzen, befranzten Seidenröckchen, den weißen Strümpfen und Atlasschuhen um das wohlgeformte Bein, ihren vollen schwarzen um das Haupt geschlungenen Haar, und den zu dem Genusse einladenden Glathblicken.

Und die leichtfertigen Dämchen bewegten sich so frei in der Menge, zeigten die Füßchen so kokett, warfen die Augen so herausfordernd um sich, daß die südliche Männerwelt in Feuer und Flamme gesetzt wurde. Was erwartete die Menge?

Die feierliche Auffahrt der Königin Isabella, welche bei
dem Könige Dom Luis von Portugal zum Besuch war, sollte
heute stattfinden. Die hohen Herrschaften begaben sich zu einem Hofballe, und die Neugierigen waren zusammen geströmt, um das Schauspiel zu sehen.

Heran kamen sie gebraust vom königlichen Schlosse zu Belem her,
die Galawagen, aus Gold und Glas zusammengesetzten Feenge-
bilden gleichend, mit dem Gespann von acht weißen Rossen und
Vorreitern in den herrlichsten Livreen; wie stolz hoben die Rosse den
mit bunten Federn geschmückten Kopf, wie freudig schüttelten sie das
goldstarrende Geschirr.

Und nun erst die Königin Isabella in blendend weißer
Seide, einer tief ausgeschnittenen, mit Diamanten besäeten
Robe, aus welcher die schneeigen Schultern sich den erstaunten Blicken der gaffenden Menge preisgaben, ihr Haupt
bedeckte ein Diadem von Brillanten, das in den Strahlen
der südlichen Dezembersonne gar herrlich glitzerte, wie köst-
liches Geschmeide aus Tausend und Eine Nacht.

Neben Isabella saß der König Franz d'Assis in einer goldstrotzenden, ordenbedeckten Marschalls-Uniform; er schien sich hier recht unbehaglich zu fühlen, lieber wäre er an den Ufern des Manzanares,
oder denen des Tajo bei Aranjuez, oder am Rande eines Gebirgs-
flüßchens gewesen, und hätte seine goldene Angel nach den in krystall-
hellem Wasser schwimmenden Fischchen ausgeworfen, und Tage lang
von — Nichts geträumt.

Sichtlich prägte sich auf dem zwar nicht unschönen, aber doch
ausdrucklosem Gesichte des Königs ein Gefühl des Verdrusses aus,
und den Grund dieser Empfindung entdeckte der Beobachter gar bald.

Denn den Rücksitz nahm der Günstling Marfori ein,
in einem prächtigen Phantasiekostüm gekleidet.

Isabella war ganz hingerissen, sie bebte an allen
Gliedern; jedoch hinderte dieses nicht, daß sie auf die
schönen Hofkavaliere und Offiziere, die um die Karosse
als Ehrengeleit galoppirten, dann und wann verlangende
Blicke warf; die leicht erregbare Natur ihrer Majestät war
nun einmal so geartet, daß schöne Männer alle Zeit in
ihren Augen Gnade fanden.

Ueber dieses Liebäugeln mit den portugiesischen Junkern war nun
wieder Marfori ärgerlich; er runzelte die Stirn, biß sich auf die Lippen,
und gab auf alle Weise seinen Unmuth zu erkennen.

Isabella schien eine Weile eingeschüchtert, dann setzte sie ihr früheres Spiel fort.

Bald langte die Königin Isabella mit ihrem Gefolge am Schlosse an, und die hohen Gäste stiegen aus.

Der junge König Dom Luis von Portugal nebst seiner Gemahlin Maria Pia empfingen am Fuße der schneckenförmig gewundenen, stufenlosen, mit Statuen und prächtigen Stuckverzierungen geschmückten Haupttreppe, die spanischen Majestäten, und ihr aus der Blüthe des spanischen Adels zusammengesetztes Gefolge.

Der Zug setzte sich dann durch zwei Reihen von Garden in rothen goldgestickten Waffenröcken nach den Ballsälen in Bewegung.

Der portugiesische Hof hatte hier alle Pracht entfaltet, die an die frühere Größe erinnerte.

Feine, unendlich reiche Gewebe Indiens als Portièren und Vorhänge, Edelsteine von Golconda, die als Schmuck an Trink- und andern Gefäßen funkelten.

Den Majestäten und ihren Vertrautesten wurde ein, der blauen Grotte von Capri ähnliches Gemach, zur Verfügung gestellt. Hier benutzte Ihre Majestät Isabella einen unbewachten Augenblick, ihren grollenden Geliebten, Marfori, durch zärtliches Mienenspiel und Händedruck zu beschwichtigen.

„Sie gefallen sich wohl an diesem himmlischen Ort nicht, lieber Marfori," flüsterte Isabella scherzend Marfori zu.

„O, wo Eure Majestät sich befindet, da ist überall für mich der Himmel!" antwortete Marfori.

„Warum grollen Sie mir denn, süßer Freund?"

„Majestät haben mich armen Sterblichen fürchten lassen," erwiederte Marfori, „daß ich mein Glück mit Andern theilen müßte."

„Also das ist es! Wie leicht sind die Männer doch in Harnisch zu bringen, ich habe sicherlich nur mein Wohlgefallen an den schönen Cavalieren dieses Hofes durch einen unabsichtlichen Blick zu erkennen gegeben, ich müßte lügen, wollte ich sagen, einer von ihnen hätte einen tieferen Eindruck auf mich gemacht," antwortete Isabella.

„Doch, ja," setzte sie sarkastisch hinzu, „es sind stattliche Männer, auf Denen das Auge gern weilt."

Marfori zuckte zusammen.

„Hat es wieder getroffen, mein Freund? — Eins merken Sie sich: die so übelbeleumdete Isabella ist dieses Mal beständig, und ich erkläre Ihnen, daß ich die Ihrige auf ewig bin."

Hier wurden die Verliebten durch die Annäherung der portugiesischen Königsfamilie unterbrochen.

Marfori trat ganz beglückt in respektvolle Ferne zurück. — —

Das Fest wurde mit allem ersinnlichen Pomp gefeiert.

Sobald es die Etikette erlaubte, schwebte Isabella durch den von Licht, Pracht und Musik erfüllten Saal. — — — — — —

Draußen aber war eben auch keine Stille eingetreten, das Volk vergnügte sich auf seine Weise.

Aber mitten im Feuerwerkabbrennen, Musik machen und Tanzen hörte die Plauderei nicht auf, deren Gegenstand natürlich die spanische Königsfamilie war.

Man war hier im freiern Lande, man erlaubte sich ohne Gefahr losere Reden.

„Das muß wahr sein," meinte ein Marinero zu einem Hafen= arbeiter, „die spanische Königin ist noch ein ganz hübsches Weib."

„Das ist nicht zu leugnen," entgegnete dieser, „und sie weiß es; habt Ihr wohl gesehen, wie sie auf die hübschen Männer blickte?"

„Je nun, man sagt, sie sei recht lebenslustig, habe es gern, mit Männern zu verkehren, und halte sich so ein Schock Günstlinge."

„Möcht' auch ein solcher sein," gab der Arbeiter zurück, „es muß etwas ganz Apartes sein, eine Königin zum Schatz zu haben."

„Nun, ich ziehe meine hübsche Luigia, eines Steuermanns Tochter," versetzte der Marinero, „der Königin Isabella vor, die liebt nur mich und Niemand sonst, es ist ein ehrsames Mädchen."

„Haltet sie fest, und paßt auf, daß sie Euch nicht täuscht."

„Wißt Ihr etwas Schlechtes von ihr? brauste der Marinero auf.

„Gott behüte, nehmt meinen Scherz nur nicht so böse auf, ich wollte Euch nicht beleidigen, ich kenne Euer Liebchen gar nicht. Ich mißtraue nun einmal den Weibern, Ihr seht ja, wie selbst die Königin Isabella es macht, die auf dem Throne sitzt."

„Schlechte giebt es überall, doch nun von etwas Anderem.

„Habt Ihr wohl den hübschen Herrn gesehen, der auf dem Rücksitz saß?"

„Ja wohl, derselbe ist mir wegen seiner Schönheit und seiner prächtigen Kleidung aufgefallen."

„Wißt Ihr, was das für Einer ist?"

„Ich habe keine Ahnung davon?"

„Nun, es soll ein Marquis von Loja, oder wie sie ihn auch nennen, ein Herr Marfori sein."

„Wohl so ein Kammerherr der Königin?"

„O, noch mehr!"

„Nun, was denn?"

„Ihr Liebhaber, ihr Günstling; und habt Ihr den Herrn neben der Königin gesehen?"

„Gewiß, das war doch der König Don Francisco d'Assis."

„So ist es, und der König muß mit dem Günstling in einem Wagen fahren, das bekäme ich nicht fertig."

„Ich schlüge Beide todt, wenn meine Frau ihren Freund in meine Gesellschaft brächte."

„Eure Frau ist auch keine Königin von Spanien, die ihrem Manne ein Reich zugebracht hat, während er nur ein kleiner Prinz war.

„Da oben in Spanien herrschen wohl auch andere Sitten, als bei uns", meinte der Marinero.

„Freilich, freilich, solche hohe Herrschaften haben nichts mit dem niedern Manne gemein.

„Am Hofe von Spanien thut der Mann, was er will, und die Frau geht auch ihren eigenen Weg."

„Solch' ein Leben," bemerkte der Marinero, „wäre gerade nicht nach meinem Geschmack, ich will meine Luigia für mich allein, und mit ihr als Mann und Weib leben."

„Da kann ich Euch nur Recht geben. Auch an unserem Hofe geht es recht häuslich zu; der König Dom Luis hält die Königin Pia in Ehren, und sie giebt auch keinen Anlaß zur Klage."

„Ja, bunt soll es am spanischen Hofe zugehen, hat man mir erzählt."

„Sicherlich, hier streuen uns die Spanier durch ihre Pracht nur Sand in die Augen, denn wie glänzend war nicht Alles anzusehen; die Königin Isabella trug Kostbarkeiten von Millionen Werth am Leibe, und wie sieht es in ihrem Lande aus?"

„Ihr meint, Gevatter, die Soldaten machen Revolution, weil sie keinen Sold bekommen, die Beamten lassen sich bestechen und plündern das Volk, weil die Regierung ihnen nicht pünktlich den Gehalt zahlt, und der Bauer und Bürger weiß nicht mehr, wo er die vielen Steuern, welche die Königin Isabella und ihre Blutsauger von ihm erpressen, herbekommen soll."

„Bei uns," entgegnete der Marinero, „ist es doch besser, da spart man doch, es ist auch manches übel bestellt, aber sie dürfen doch nicht mit uns schalten und walten, wie es ihnen beliebt."

74*

„Ach was," lachte der Marinero, und in seinen Augen strahlte die helle Freude, „was zerbrechen wir uns den Kopf, Gevatter. Da kommt meine Luigia mit anderen Mädels."

Und hin eilte er zu dem holden Bräutchen, das ihm sehr zugethan schien, denn es hieß ihn mit Blick, Hand und Mund willkommen.

Der Hafenarbeiter ging, über die Leichtfertigkeit des jungen Volks brummend, von dannen. — — — — — — — — — — — — —

Isabella schwelgte einmal wieder nach trüben Stunden in rauschenden Vergnügungen.

Ihr Marfori kam dabei auch nicht zu kurz, denn trotz des Wirrwarrs fand sich manche trauliche Stunde, wo sie nach den Genüssen ausruhete, und eine solche wurde ihrem Günstling zur süßen Liebelei geweiht.

Sie hatte in dem portugiesischen Königspaar gar liebe Leute gefunden, und so der Welt gezeigt, daß sie mit dem Herrschergeschlecht des Nachbarlandes in inniger Freundschaft lebe.

Dieses Band wurde noch durch den Gegenbesuch des Königs Dom Luis und in seiner Gemahlin im folgenden Jahre, im Juni 1867, unter unangenehmeren Umständen gestärkt.

Für jetzt schied ihre Majestät in vollster Befriedigung aus der schönen See- und Großstadt an der Mündung des Tajo.

Zehntes Kapitel.

Der Staatsstreich.

Es war eine stürmische Winternacht in den letzten Tagen des Dezembers, der Sturm heulte, und der Regen schlug gegen die Fenster des Residenzschlosses in Madrid.

Nur spärlich war der große Bau beleuchtet, die meisten Insassen desselben hatten sich schon zur Ruhe begeben.

Mitternacht war vorüber, die Stille wurde nur durch die Windstöße unterbrochen, welche durch die entlaubten Bäume des Maurengartens pfiffen.

Nur im rechten Flügel, wo die Wohnung und die Bureaux des Staatsministeriums liegen, blickten einige hell erleuchtete Fenster, wie schwach flimmernde Sterne, durch das Dunkel.

Nehmen wir unsern Weg in das Innere des Palastes durch die schlaftrunkenen Wachen nach dem Arbeitskabinet des Ministers, so finden wir hier einige Männer versammelt und in eifriger Berathung begriffen.

„Was haben Sie für Nachricht über die Stimmung Madrids," sprach Narvaez zu Gonzales Bravo, dem Minister des Innern.

Dieser entgegnete: „Die Stadt ist ruhig, melden meine Leute. Das Volk ist durch die Strenge eingeschüchtert, und die geheime revolutionäre Junta giebt kaum ein Lebenszeichen von sich."

„Und die Armee," fiel hier Narvaez ein, „hat durch die tausend Ergebenheitsadressen, die sie an mich gerichtet, für ihre Zuverlässigkeit gezeugt."

„So stände unser Regiment fest," bemerkte Bravo Murillo, der Vielgewandte, bei dem der Ergeiz alle edleren Empfindungen unterdrückt hatte.

„Ihr Urtheil ist zu schnell gefällt, Herr College," meinte Narvaez, „ein Ministerium, und namentlich das unsrige, ist von zu vielen Seiten bedrohet.

„Da kann zum Beispiel in den höchsten Regionen eine gegen uns feindliche Strömung entstehen, die außer unsrer Berechnung liegt."

„Ich dächte," lächelte Murillo sarkastisch, „einer solchen Gefahr wäre durch unsern Collegen Marfori vorgebeugt."

„Das mein ich auch," entgegnete Narvaez, „indessen Weiberlaunen spotten aller Voraussicht.

„Jetzt ist Spanien ruhig, aber wer bürgt uns dafür, ob nicht in der nächsten Zeit, der wildeste Volksaufruhr hier in Madrid, oder in Barcelona, oder in Andalusien tobt.

„Da ist die Umsturzpartei, die saugt nach jeder Niederlage neue Kräfte aus dem Boden, auf den sie fällt; der wächs't jeder Kopf von Neuem, den man ihr abgeschlagen hat.

„Aber heute betrifft unsere Berathung die Partei der liberalen Union; die O'Donnell's, nimmt unsere Aufmerksamkeit in Anspruch.

„Diese ist es, welche im Augenblick gegen uns Himmel und Hölle aufbietet, um uns die Gewalt zu entreißen, und sich an unsere Stelle zu setzen.

„Ich erwarte Ihren Bericht über die gegen uns gesponnenen Ränke, Herr Minister des Innern," wandte sich Narvaez gegen Gonzalez Bravo.

Dieser berichtete:

„Die freisinnigen Mitglieder des vertagten Abgeordnetenhauses haben sich hier in Madrid ein Stelldichein gegeben, um einen Schlag gegen uns zu führen. Auch viele Senatoren gleicher Farbe haben sich eingefunden.

„Es haben nun schon Versammlungen bei dem Congreßpräsidenten Rios Rosas stattgefunden. In denselben wurde berathen, eine Adresse an die Königin Isabella zu senden, worin sie ersucht wird, die Kammern, die für das Jahr 1866 noch nicht zusammen berufen sind, wie die Verfassung es vorschreibt, noch vor Ablauf des Jahres zu versammeln, um über die vom Ministerium Narvaez erlassenen Verordnungen zu berathen.

„Diese Adresse soll die Zustimmung und Unterschrift von hundert und drei und zwanzig Deputirten erhalten haben, und in diesen Tagen durch eine Deputation von vier Mitgliedern Ihrer Majestät überreicht werden."

„Welche Maßregeln ergreifen wir nun gegen diese Unruhstifter, die im Begriffe sind, das ganze Land gegen uns aufzuwiegeln?" fragte Bravo Murillo.

„Zunächst müssen wir," entgegnete Narvaez, „das Beweisstück ihrer Schuld, die Adresse mit den Unterschriften, in den Händen haben; Sie, Herr Generalkapitän von Madrid, Herr General Pezuela, haben dieselbe in Güte oder mit Gewalt herbeizuschaffen."

„An mir soll es nicht fehlen, Excellenz, ich werde die Ruhestörer nicht mit Glacéhandschuhen anfassen.

„Wenn wir erst das Dokument mit den Unterschriften haben, so lassen wir die Unterzeichner verhaften, werfen sie in die Kerker, schleppen sie nach Asien oder Afrika, oder weisen ihnen in den fernsten Provinzen, weit entfernt von einander ihre Wohnsitze an, damit sie das Verschwören wider uns verlernen.

„Durch diese Züchtigung im Großen werden wir Diejenigen los," schloß Narvaez, „die in diesem Augenblick unsere gefährlichsten Gegner sind. Ein hübscher Erfolg! So ein Paar hundert der beredtesten Volksvertreter, die unsere Widersacher sind, uns auf einmal vom Hals zu schaffen.

„Aber meine Herren es ist spät geworden, schließen wir die Sitzung.

Und die Minister drückten sich freudig die Hände, und nahmen unter den üblichen Verneigungen von einander Abschied.

*   *   *

Dumpfe Gerüchte von einem Staatsstreich liefen durch die Stadt.

Man flüsterte davon in den Kaffeehäusern, auf der Puerta del Sol und in den Casino's.

Die bedrohten Deputirten hatten davon gehört, sie ließen sich aber dadurch nicht von ihrem Vorhaben abschrecken. Ja, der freisinnige Theil des Senats, der gerade in Madrid anwesend war, machte Miene, sich dem Vorgehen der Congreßmitglieder anzuschließen.

Hier entwarf der Präsident, Marschall Serrano, eine Adresse voll ähnlicher Klagen, wie die der zweiten Kammer.

Vier Deputirte, an deren Spitze Rios Rosas sich befand, fuhren nach dem königlichen Palast, die Audienz bei Ihrer Majestät wurde ihnen verweigert.

Einen bessern Erfolg hatte der Marschall Serrano.

Er hatte als Grand erster Klasse zu jeder Zeit zu der Königin Isabella Zutritt. Er machte von diesem Rechte Gebrauch, und erschien vor der Königin.

Niemand erkühnte sich, ihn zurückzuhalten, und wenn man es ge= than, hätte man den Unwillen der Palastwache fürchten müssen, in deren erster Reihe der tapfere Marschall während des Aufstandes am 22. Juni gekämpft, und deren Verehrung er seitdem im höchsten Grade besaß.

Ihre Majestät empfing „ihren ersten Freund," wie sie ihn nannte, es war ja ihr erster Liebhaber, welchem sie ihre Jungfräulichkeit geschenkt, nicht unfreundlich, aber doch sehr gemessen.

„Was ist Ihr Begehr? Herr Marschall!" fragte Ihre Majestät.

„Ich komme als Präsident im Namen eines Theils der ersten Körperschaft des Reiches, des Senats, eine Beschwerde gegen Eurer Majestät hohes Ministerium vorzubringen."

„Der Senat ist in diesem Augenblick nicht versammelt," wider= sprach die Königin, „ich kenne daher keine Senatoren, sondern nur Privatpersonen."

„Der Senat sollte aber versammelt sein," bemerkte Serrano,
„so schreibt es die Verfassung vor, es ist noch keine Sitzung für das
Jahr 1866 ausgeschrieben worden, und dieses Jahr neigt sich seinem
Ende zu."

„Aber da das nun einmal nicht der Fall ist," sagte die Königin,
„sind Sie noch nicht berechtigt, hier als Senatspräsident eine Anklage
zu erheben. Sie stehen mir als Privatmann gegenüber, und
der Schritt, den Sie thun, zeugt von ungesetzlicher Auf=
säßigkeit wider meine Regierung. Ihre Handlungsweise
muß ich streng rügen.

„Sie sind ein Feind Narvaez', wie Ihr Freund
O'Donnell, aber Ihre Partei hat mich gegen das aufrüh=
rerische Volk nicht zu schützen gewußt, deshalb kann ich
Ihnen und Ihren Gesinnungsgenossen kein Gehör schenken.

„Narvaez ist der Fels, auf dem meine Herrschaft von nun
an ruhen wird, er wird keine Meuterei von San Gil auf=
kommen lassen, sondern mich und die Meinigen vor der höch=
sten Lebensgefahr bewahren, denen mich Eure Kurzsichtigkeit
ausgesetzt hat.

„Ich entferne Euren Lamento's zu Liebe kein Mit=
glied aus meinem Ministerium.

„Ich bin mit dem Verfahren des Ministers Narvaez voll=
ständig einverstanden, und dasselbe wird von nun an seine eifrigste
Stütze in mir haben."

„Verzeihung, Majestät," sprach Serrano, indem er sich auf ein
Knie vor ihrer Majestät niederließ, „wenn ich etwas in Ihren Augen
Tadelnswerthes gethan; ich komme nur zu Ihnen, als ein aufrich=
tiger Anhänger Ihrer Dynastie, ich glaube, ich habe es erst vor
Kurzem bewiesen, daß ich mein Leben in Ihrem Dienste nicht schone.

„Vergebung, wenn ich gegen Eure Majestät noch eine bescheidene
Vorstellung ausspreche. Wohl wird Narvaez das Land, auf
dem gefährlichen Wege, den er betreten, eine Zeit lang
niederhalten, aber er wird in dem Herzen Ihrer treuesten
Unterthanen den letzten Funken von Liebe erlöschen, die sie
zu Ihnen hegen."

„Und hat Eure Liebe zu mir den furchtbarsten Aufstand verhin=
dert?" fragte die Königin.

„Nur einige Böse haben die frevelhafte Hand gegen Eure Ma=
jestät ausgestreckt," erwiderte Serrano.

„Und sind die Guten im Stande gewesen, diese Bösen von ihrem verbrecherischen Beginnen abzuhalten?" fragte die Königin abermals.

„Leider nicht!" seufzte Serrano. „Aber weil das Volk einem unvorhergesehenen Ereigniß nicht vorzubeugen vermochte, darf man dasselbe nicht in allen seinen Söhnen strafen.

„Ich habe hier eine Schrift, die unsere Klagen zusammenfaßt." Er wollte ein Schreiben überreichen.

Die Königin wehrte mit der Hand ab, und sagte:

„Behalten Sie nur, ich will Nichts sehen, will Nichts hören, Sie sind entlassen, Herr Marschall."

Dann wandte sie ihm den Rücken, ohne ihm zu bedeuten, daß er sich erheben solle.

Elftes Kapitel.

Die Verhaftung Serrano's.

In den Salons des Marschall Serrano, in der Alcalastraße, drängten sich die Besucher; es waren Senatoren, Deputirte, Granden und angesehene Bürger.

Die Gesellschaft schien indessen nicht zum Vergnügen anwesend zu sein, auf allen Gesichtern prägte sich eine gewisse Spannung und Trau= rigkeit aus; man plauderte leise in Gruppen.

Der Hausherr war nicht zugegen. Die Marschallin dagegen be= wegte sich unter den Gästen.

Da wurde plötzlich die Thür aufgerissen, und herein stürzte der Marschall Serrano, man sah ihm an, daß er nichts Erfreuliches brachte.

Viele der Gäste waren ihm entgegengeeilt.

„Wie ist Ihre Sendung abgelaufen?" fragten Mehrere.

„Schlecht, ich hege große Besorgnisse für die Zukunft unseres Vaterlandes," entgegnete Serrano.

„Wie hat Ihre Majestät, die Königin, Sie empfangen?"

„Mit der übelsten Laune von der Welt," bemerkte Serrano.

„Sie nahm doch die Adresse an, die Sie überreichen sollten?"

„Nein, sie wies sie zurück und entließ mich höchst ungnädig."

„So ist denn alle Hoffnung auf einen Ausgleich zwischen der freisinnigen Partei und dem Hofe verloren?" fragten Einige.

„So scheint es mir", war die Antwort des Marschalls, „wenn nicht Ihrer Majestät in der letzten Stunde bessere Gedanken kommen." — — — — — —

Ha, was ist das?

Große Truppenmassen kamen von der Puerta del Sol her; in einigen Augenblicken war Serrano's Haus von ihnen umstellt, und klirrenden Schritt's kam es die Treppen herauf.

Man hörte Wortwechsel in dem Vorzimmer, die Diener schienen die Ankömmlinge aufhalten zu wollen, aber nur eine Sekunde, dann thaten sich die Thüren auf.

An der Schwelle erschien General Pezuela, der Generalcapitain von Madrid, an der Spitze seines Stabes.

„Wo ist der Marschall Serrano?" fragte er, da er nicht gleich den Hausherrn gewahrte, welcher sich im Hintergrunde des Gemaches mit einigen Gästen unterhielt.

„Hier bin ich", antwortete Serrano, indem er zu Pezuela trat. „Was veranlaßt Sie, so ohne Umstände hier einzudringen, und wozu ist das Militair vor dem Hause aufgestellt?"

„Darüber Rechenschaft zu geben," sagte barsch Pezuela, „habe ich nicht nöthig. Im Namen der Königin erkläre ich Sie für meinen Gefangenen!"

„Zu meiner Verhaftung," bemerkte Serrano, „hätten Sie nicht so umständliche Vorbereitungen zu treffen gebraucht, ich wäre Ihnen gefolgt, wenn Sie mir den Verhaftungsbefehl vorgezeigt hätten."

„Genug der Worte," polterte der General Pezuela. „Sie, meine Herren," wandte er sich zu der Versammlung, „machen Sie, daß Sie von hier fortkommen, es wird nicht mehr geduldet, daß die Gegner der Regierung die Köpfe zusammenstecken, um gegen sie Anschläge auszusinnen."

„Wir sind hier in einem Privathause," entgegneten Einige, „zum Besuch bei dem Herrn Marschall, und es war bis jetzt unter keiner Regierung verboten, Besuche abzustatten."

„Ich halte vielmehr dafür, daß Sie hier zu staatsgefährlichen Zwecken versammelt sind. Wenn Sie daher nicht gleich das Haus verlassen, so verhafte ich Sie sammt und sonders."

Und er winkte seinen Soldaten, die in das Zimmer einrückten, und die Anwesenden nöthigten, auseinander zu gehen.

Einige, welche sich nicht so schnell fortbegeben wollten, oder konnten, erhielten von den rohen Kriegern Püffe und Kolbenstöße.

Die Gesellschaft war über diese Behandlung allgemein entrüstet; aber was sollte man thun?

Der Marschall Serrano mußte in eine geschlossene Kutsche steigen, und wurde unter starker Militärbedeckung nach dem Militär-Gefängniß San Francisco, unweit des Toledothores, gebracht.

Pezuela hatte sein rohes Werk begonnen, jetzt folgten die Streiche der Brutalen Schlag auf Schlag.

Noch an demselben Tage zeigte er sich mit einer Schergenschaar vor dem Cortes-Palast in der Calle del Sordo; er fand ihn verschlossen.

„Aufgemacht!" donnerte er gegen das Thor.

Es dauerte eine Weile, ehe Jemand erschien.

Der Pförtner fragte nach dem Wunsche Pezuela's.

Dieser wiederholte seine Aufforderung, zu öffnen, er wolle den Palast durchsuchen.

Der Thürsteher holte jetzt den Mayor Domo (Kastellan) herbei; dieser sagte zu Pezuela:

„Der Eintritt in dieses Haus ist nur mit Erlaubniß des Cortes-Präsidenten gestattet. Haben Sie eine solche, so zeigen Sie sie mir, und ich lasse Sie sofort ein."

Die Unterhaltung wurde durch ein in der verschlossenen Thür angebrachtes Schiebfenster geführt.

„Ei, was! Ich scheere mich um Ihren Cortespräsidenten gerade so viel," und Pezuela machte eine bezeichnende, verächtliche Gebehrde, wie sie sonst nur Gassenbuben eigen ist.

„Oeffnen Sie gutwillig," fuhr er fort, „oder ich lasse die Thür einschlagen!"

„Sie haben mir keine Befehle zu geben," erwiderte der Kastellan „ich gehorche Ihnen nicht. Eine Gewaltthat von Ihrer Seite kann ich nicht hindern."

Die Pforte wurde gesprengt, der Kastellan, welcher dem General auf dem Flur den Weg versperrte, wurde von den höchsteigenen Händen der Excellenz an der Brust gepackt, erhielt dann von ebenderselben einen Faustschlag ins Gesicht, wie ihn sonst nur ein Arriero (Maulthiertreiber) zu ertheilen pflegt, und flog dann in eine Ecke.

Später wurde er wegen Widersetzlichkeit gegen die Militairbehörde vor ein Kriegsgericht gestellt, zur Deportation verurtheilt, und in Ceuta, der afrikanischen Strafkolonie, einige Monate festgehalten.

Der Herr General durchstöberte jetzt die Archive und Repositorien der Cortes nach der für strafbar erkannten Adresse.

Vergebens.

Schubladen wurden aufgerissen, Schränke aufgebrochen, Wichtiges und Unwichtiges durcheinander gewühlt, das Unterste zu Oberst gekehrt.

Der Verächter aller Bildung, oder wie er sie nannte, Federfuchserei, ließ dann, Gedrucktes und Geschriebenes, in der heillosesten Unordnung zurück.

Bezeichnend ist dabei, daß die spanische Verfassungsurkunde in goldenem Drucke auf kostbarem Pergament mit wahrhaft künstlerischer Verzierung als nutzlose Makulatur in einen Winkel geschleudert wurde.

Pezuela schwelgte in solchen Großthaten; daß er sich im wirklichen Kriege sehr hervorgethan, davon ist nichts bekannt, wenn man nicht etwa die Metzelei als ein Bravourstück rechnen will, die dieser Größte aller Häscher als Gouverneur von Barcelona unter den Spaziergängern der Rambla, einer Plantanenallee am Strande, anrichtete.

In der Nacht vom 29. bis zum 30. Dezember schritt er dann zur Verhaftung des Präsidenten Rios Rosas und 35 Deputirten.

Die Wohnung des Cortespräsidenten war natürlich verschlossen.

Der Herr General, dem jegliche Gewaltthat besondern Spaß zu machen schien, wartete nicht erst lange, bis er im Guten den Weg zu seinem Opfer fand; unter den Axthieben der Soldaten brach zusammen, was sie am Fortschreiten hinderte.

Die Familie des Gesuchten wähnte, ihr Ende sei gekommen; unbekleidet rannten Frauen und Kinder herbei, und umklammerten jammernd, und um ihr Leben bittend, die Knieen der Eindringenden.

Das Mißverständniß klärte sich auf, und dennoch, als die Wahrheit bekannt wurde, verfiel die Gemahlin des Gefährdeten in Nervenzuckungen und Ohnmachten, ihr Schmerz und ihre Angst um den Geliebten kannte keine Grenzen.

Rios Rosas selbst wurde im Bette überrascht, Pezuela gebot:

„Werfen Sie sich in Ihre Kleider, und folgen Sie mir in den Kerker, Herr Präsident."

„Ich bin krank, es ist mir nicht möglich," klang die Antwort des Präsidenten.

„Sie waren doch nicht krank," höhnte der General, „als es galt, gegen die Regierung einen Schlag zu führen."

„Ich habe nur für die Aufrechterhaltung der Verfassung gestritten," bemerkte Rios Rosas.

„Dergleichen Entschuldigungen für ihre Handlungen halten alle

Strafbaren bereit; jeder von ihnen ist so unschuldig, wie ein neuge=
borenes Kind."

„Nun, mein Gewissen ist rein, ich habe es nie in meinem Leben
mit einer bösen That befleckt!" antwortete Rios Rojas.

„Ich bin nicht Ihr Richter, ich bin nur der Vollstrecker der mir
ertheilten Befehle.

„Aber wir vergeuden die Zeit mit unnützen Redensarten; sind
Sie im Stande, mir zu Fuß zu folgen, oder soll ich Sie als einen
Patienten forttragen lassen?"

Der Präsident zog sich an; er zog es vor, als ein Gesunder zu
erscheinen.

Nur vermochte er es nicht über's Herz zu bringen, von seiner
ohnmächtigen Gemahlin zu scheiden.

Aber Pezuela war nicht zu erweichen, sondern er antwortete:

„Die Dame wird schon wieder zur Besinnung kommen, Vor=
wärts!" und der Gefangene wurde unsanft von der Seite der Ge=
liebten gerissen und in's Gefängniß geschleppt. — — — — —

Die Schwächezustände der Marschallin Serrono, welche augen=
blicklich ihre Sinne wohlthätig umfangen hielten, endeten in ein
hitziges Fieber. Die Unglückliche rang wochenlang mit dem Tode, sie
überstand endlich die Gefahr und erholte sich langsam. — — — —

Mit den übrigen Deputirten verfuhr man ebenso hart; da galt
keine Gnade, kein Erbarmen.

Doch jetzt begannen die bedrohten Volksvertreter, die sich noch auf
freiem Fuße befanden, nach Frankreich zu flüchten.

Bei Tag und Nacht auf allen Eisenbahnzügen eilten
sie dem schützenden Asyl und dem bitteren Exil zu, und
nicht allein sie, sondern auch viele der edelgesinntesten der
spanischen Nation.

Wer mochte wohl unter einer solchen Regierung leben,
wo man seiner Freiheit keinen Augenblick sicher war, wo
man bei Nacht und Nebel aus den Betten geholt, und in
die ungesundesten Himmelstriche unter eine glühende Sonne
fremder Erdtheile geschickt wurde?

Frankreich nahm wohl die Flüchtlinge auf, beschränkte aber ihren
Aufenthalt auf wenige Orte im Innern seines Gebietes.

Dasselbe Frankreich aber beschützte und unterstützte die Staats=
retter, es machte den Staatsstreich allein möglich; denn Herr Fould,
der Bruder des Staats= und Finanzministers, vermittelte mit Nar=

vaez und seinen Genossen eine Anleihe von neunzig Millionen, die er gegen die größten Wucherzinsen lieferte.

Hohe Einflüsse wirkten fördernd auf den Abschluß dieses Geldvertrags.

Die spanische Nation sollte, abgesehen von dem allgemeinen Stimmrecht, die nämliche Verfassung, wie Frankreich erhalten.

Dasselbe Maaß von Freiheit; dasselbe Maaß von — Zucht und Ordnung!

So wurde es beschlossen in hohem Rath.

Zwölftes Kapitel.

Die Reue der Königin Isabella über Serrano's Verhaftung.

Im Schlosse überkam indessen eine hohe Person ein menschliches Rühren: Die Königin Isabella empfand eine Anwandlung von Schwäche.

Dieses sanftere Gefühl war durch die Zusammenkunft mit Serrano erweckt worden; süße Erinnerungen an die Freuden der ersten Liebe waren im königlichen Busen wach geworden.

Wie viele stürmische Leidenschaften Isabella auch seit dem bewegt hatten, wie viel Liebhaber um sie nicht vergebens geworben, der erste von ihnen besaß immer noch einen winzigen Winkel im Herzen der üppigen Frau.

Sie wollte gegen den einstigen Geliebten und um sie verdienten General eine gewisse Milde üben, aber sie wagte es aus Scheu vor Narvaez nicht öffentlich zu thun, denn sie war ihm völlig dienstbar geworden.

„Gehen Sie doch," sprach sie daher zu ihrer Vertrauten, der Gräfin von Villaflor, „zur Marschallin, suchen Sie mein Benehmen gegen den Marschall bei seiner Gemahlin zu entschuldigen, sagen Sie ihr, das Wohl des Staates erfordere eine zeitweilige Entfernung ihres Mannes vom spanischen Festland versichern Sie ihr, es soll ihm weiter kein Leid geschehen, und ersuchen Sie sie, bei dem Marschall, der

nach dem Schlosse von Alicante (einer kleinen Seestadt im Südosten
Spaniens) gebracht worden sei, telegraphisch anzufragen, welchen Ort
außerhalb Spaniens er am liebsten bewohnen möchte."

„Ihre Befehle, Majestät, sollen auf's Pünktlichste ausgeführt
werden," entgegnete die Gräfin von Villaflor.

Die Gräfin verabschiedete sich.

Seit der Verhaftung ihres Gatten lebte die Marschallin Serrano
in tiefer Abgeschiedenheit. Sie sah Niemanden als einige vertraute
Freunde.

Sie wußte wohl, daß dem Gatten nichts Schlimmes begegnen
könne, sie war auch nicht um sein Schicksal besorgt, denn Serrano
hatte seine Anhänglichkeit an die Königin so glänzend bewährt, daß
von einer Anklage gegen ihn keine Rede sein konnte.

Aber sie trauerte um den Abwesenden, sie bedauerte den in ein=
samer Haft Schmachtenden; sie sehnte sich darnach, seine Leiden zu thei=
len, ihn in seiner Verlassenheit zu trösten.

Sie war nicht wenig erstaunt, als sich die Gräfin von Villaflor
als Abgesandte der Königin melden ließ.

Die Wehmuth räumte jetzt dem Zorn und dem Verdruß den
Platz ein.

Zunächst weigerte sie sich, die Gräfin zu empfangen, indem sie
vorgab, so mißgestimmt zu sein, daß ihr jeder Besuch zuwider sei.

Welcher Verstoß gegen die Etiquette!

Die Marschallin hätte die größte Freude bezeigen müssen, mit
einer Botschaft von ihrer Majestät beehrt zu werden, wie
gekränkt sie sich auch fühlen und in wie düsterer Stimmung sie auch
sein mochte.

Aber die Marschallin Serrano trug ihre Abneigung offen zur Schau.
Sie mußte eine Bürgerliche, oder von sonst unabhängiger Gesinnung
sein, das konnte man aus ihrem Benehmen schließen; und sie fürchtete
nicht einmal die Ungnade Ihrer Majestät.

Dagegen beharrte die Gräfin Villaflor darauf, mit der Marschallin
zu sprechen.

Der Besuch wurde endlich angenommen.

Die Marschallin Serrano trat der Gräfin Villaflor mit einer
Miene entgegen, in welcher sich Entrüstung und Festigkeit abspiegelten;
sie fragte:

„Was will Ihre Majestät von mir? Ich bin auch wohl
eine Staatsverrätherin, man will mich auch wohl ein=

sperren, wie meinen Gemahl oder man will mich Verlassene verhöhnen."

„Verzeihung, liebe Marschallin, beschuldigen Sie Ihrer Majestät doch nicht zu großer Härte; die Königin ist weder Ihnen, noch Ihrem Gemahl unfreund. Wenn sie zugegeben hat, daß man Ihren Gemahl verhaftet, so geschah es, weil man der Königin vorstellte, der Marschall haben gegen die Gesetze des Staats gefehlt, als er ihrer Majestät den Protest des Senats gegen die vom Marschall Narvaez beschlossenen Maßregeln überreichen wolle."

„Wie mein Gemahl behauptet," entgegnete die Marschallin, „so handle nicht er, sondern Narvaez gesetzwidrig, und die öffentliche Meinung giebt meinem Gemahl Recht."

„Ich will mit Ihnen, Frau Marschallin, nicht über Staatsangelegenheiten rechten, von solchen Dingen verstehen wir Frauen nicht viel.

„Ich komme zur Sache; Ihre Majestät hat mir aufgetragen, Ihnen mitzutheilen: das Staatswohl erfordere eine zeitweilige Entfernung Ihres Gemahls vom spanischen Continent.

„Im Namen Ihrer Majestät soll ich Sie, Frau Marschallin, ersuchen, an Ihren Herrn Gemahl nach Alikante, wo derselbe jetzt weilt, zu telegraphiren, um von ihm zu erfahren, welchen Ort außerhalb des spanischen Festlandes er am liebsten bewohnen möchte.

„Ihre Majestät wird dann der Wahl des Marschalls zustimmen."

„Wenn Ihre Majestät es angemessen findet, meinen Gemahl von den Seinigen und seiner Heimath fortzureißen, so mag es gleichgültig sein, wo er einsam in der Fremde das bittere Brot der Verbannung ißt," entgegnete die Marschallin.

„Nein," rief die Gräfin Villaflor, „das ist nicht gleich. Die Balearen, (Insel im mittelländischen Meer zwischen Spanien und Italien) sind so gesund, daß man Kranke zur Genesung dorthin schickt, während in Ceuta (in Afrika) und Fernando Po (Insel in Afrika) verderbenbringende Fieber die Verbannten in Menge sterben lassen."

„Gott wird das Leben meines Gemahls schützen, wenn undankbare Grausamkeit ihn in eine pestartige Gegend schickt," sagte die Marschallin.

„Es gilt ja nur eine Anfrage bei Ihrem Gemahl um seine Ansicht," bemerkte die Gräfin Villaflor, „und eine Mittheilung seiner Antwort an Ihre Majestät."

„Wenn ich den Weisungen Ihrer Majestät nachkomme," entgegnete die Marschallin, „so billige ich beinahe ihre Handlungsweise gegen meinen Gatten, und bitte um eine Gnade für ihn; ich will aber keine Gnade für einen Unschuldigen, ich will Gerechtigkeit."

„Aber Sie verbessern dadurch das Loos Ihres Gemahls?" sagte die Gräfin.

„Nein, und tausend Mal nein," rief die Marschallin, „ich gebe mich in dieser Angelegenheit zu keiner Vermittlerin zwischen der Königin und meinem Manne her.

„Möge Ihre Majestät handeln, wie sie es vor Gott verantworten kann. Dies ist mein letztes Wort."

Die Gräfin verließ die Marschallin unverrichteter Sache.

Nach einiger Zeit kehrte sie wieder zur Marschallin Serrano zurück und sagte:

„Da Sie, Frau Marschallin, sich so hartnäckig geweigert haben, den Wunsch Ihrer Majestät zu erfüllen, so hat Ihre Majestät für gut erachtet, in Ihrem Namen ein Telegramm, das heißt, ein mit Ihrem Namen unterzeichnetes Telegramm an den Marschall zu senden, worin sie bei ihm anfrägt, nach welchem Ort er geschafft sein will, um während der Verbannung dort zu weilen.

„Der Marschall hat Mahon auf Mallorca (einer der balearischen Inseln zwischen Spanien und Italien), als seinen künftigen Aufenthaltsort gewählt, und seinem Gesuch ist willfahrt worden.

„Diese Nachricht soll ich Ihnen im Namen Ihrer Majestät überbringen."

„Also auch noch diese Schmach zu dem angethanen Unrecht," fuhr die Marschallin in voller Wuth heraus.

„Nun denn, so sagen Sie Ihrer Majestät: Dies sei ein Schimpf, den ich nie vergesse; und wenn ich nicht wehrlos gegen Ihre Majestät wäre, so würde ich mir Genugthung für die mir angethane Unbill zu verschaffen suchen.

„So aber verbietet mir die Ehrfurcht, die Schritte gegen Ihre Majestät zu thun, die meine Ehre verlangen. Und nun nur noch die bescheidene Frage: welches Recht hat Ihre Majestät, meinen Namen in der Weise zu mißbrauchen, wie sie gethan?

„Ich glaube nicht, daß sie mir diese Frage zu beantworten im Stande ist.

„Die Großen Spaniens handeln, wie es Ihnen gut dünkt, wir Kleinen müssen zu dem Unrecht schweigen, das uns geschieht.

„Mir bleibt nur übrig, mich wegen meines mißbrauchten Namens bei meinem Gemahl zu rechtfertigen, und das wird geschehen!"

Die Gräfin Villaflor stammelte im Namen ihrer Gebieterin einige Entschuldigungen.

Die Marschallin beachtete sie kaum und zog sich zurück. — — —

So befand sich also der General Serrano, der erste Liebhaber der Königin Isabella, als Gefangener auf den balearischen Inseln.

Im schönen Süden-Spaniens, im Hafen von Carthagena, schaukelte sich in den ersten Tagen des Januar eine Felucke auf den spiegelglatten Wogen des mittelländischen Meeres.

Der blaue Himmel und das Gestade stachen gegen das Schiffchen seltsam ab, denn das Fahrzeug sah ärmlich genug aus; an den Mast hingen die dreieckigen lateinischen Segel, welche man eben aufzog, denn man war im Begriff, in See zu stechen.

Auf dem Verdeck wimmelte es von zerlumpten Gestalten mit Galgengesichtern.

Es schienen die berüchtigtsten Diebe, Gauner und Räuber Andalusiens hier versammelt zu sein.

Sie standen, saßen und lagen in Paaren zu zweien an einander gefesselt, sich auf dem Verdeck sonnend, und ihr karges Mahl aus Brod und Zwiebel kauend.

Ihre Bestimmungsorte waren die afrikanischen Presidios.

Auf einmal entstand ein Geräusch, der Kapitän des Schiffes, so wie seine beiden Offiziere und die anwesenden Aufseher blickten gespannt nach dem Strande, von wo soeben ein Boot abstieß, in welchem sich Bewaffnete mit einem Gefangenen in eleganter Kleidung befanden.

Das Boot kam an's Schiff; die Begleitung brachte den Gefangenen an Bord, und überlieferte ihn dem Kapitän mit dem Befehle der Behörde, ihn zugleich mit den Galeerensclaven nach Ceuta zu transportiren.

Jetzt wurden die Spitzbuben auf ihren Leidensgefährten aufmerksam. Ueberrascht erblickten sie einen Mann von vornehmem Aeußern, dessen Züge aber in diesem Augenblick eine große Niedergeschlagenheit verriethen.

„Was für ein Verbrechen mag der zarte Bursche dort begangen haben," meinte ein Mordbrenner, der schon zum zweiten Mal eine langjährige Strafe abbüßte, „der ist mir denn doch für einen unseres Gelichters zu sein. Wie mag der in unsern Kreis kommen.

„Vielleicht ist es so ein Mörder aus Eifersucht, oder so ein falscher Spieler, so ein Schwindler, der den Leuten durch seine Machinationen das Geld aus den Taschen lockt."

„Na, für so dumm hätte ich Dich nicht gehalten," lachte ein Einbrecher. „Bist unter den Leuten von unserm Berufe grau geworden, und merkst nicht einmal, daß der Herr gar nicht einer von unserer, selbst von der feinen Sorte ist.

„Dem müssen sie was am Zeuge geflickt haben, Etwas, wovon unsereiner sich keine Vorstellung machen kann."

„Ein Spaß ist es aber doch," brummte der renommirteste Raufbold Madrid's, der wegen lebensgefährlicher Körperbeschädigung bestraft wurde, „ein so artiges Herrchen als unsereinen betrachten zu dürfen. Soll mich wundern, an wen der Herr angeschlossen wird; da ist der schwarze Giftmischer, dem mangelt noch ein Kumpan, vielleicht paaren sie ihn mit dem da."

Aber Rios Rosas, denn das war der Ankömmling, über welchen die Schurken sprachen, wurde an keinen der Verbrecher angeschlossen.

Der edle Mann, denn das war er in jedem Sinne des Wortes, welcher unter den spanischen habsüchtigen Staatsmännern als Muster der Redlichkeit hervorleuchtete, mochte es allerdings peinlich empfinden, unter solche Rotte gerathen zu sein. Er nahm aber seine Leiden mit der Freudigkeit eines Dulders entgegen, der für seine Ueberzeugung selbst sein Leben einsetzt.

Wie ein Weiser beurtheilte er seine Lage, es dünkte ihm fast spaßhaft, vom Minister und Cortespräsidenten zum Galeerensclaven erniedrigt worden zu sein. Inwie verschiedene Lagen konnte doch der Mensch kommen.

Während seines ganzen Lebens war es ihm nicht im Traume eingefallen, daß er einstmals mit den schwersten Verbrechern zusammengesperrt werden, ihr elendes Lager und ihre grobe Nahrung mit ihnen theilen würde; er, den eine edle Mutter, wie einen König, gepflegt und groß gezogen, der sich auf den berühmtesten Hochschulen die gediegenste Bildung angeeignet, und im Vaterlande die höchsten Ehren errungen hatte.

Der Kapitän des Schiffes, der wohl ein Mißverständniß ahnen mochte, erleichterte ihm sein Loos, und als nach einiger Zeit das Schiff in Cadix anlegte, um noch mehr Verbrecher aufzunehmen, fand sich ein Ministerialbefehl vor, Herrn Rios Rosas an's Land zu setzen.

Zugleich bedauerte Narvaez in einem eigenhändigen Schreiben an ihn, daß man im großen Drange der Geschäfte seine Versetzung auf ein Verbrecherschiff aus Achtlosigkeit verfügt habe.

Der Cortespräsident Rias Rosas antwortete:

„Ich danke dem Herrn Minister-Präsident Narvaez für seine mir gespendete Aufmerksamkeit, ich kann ihm aber versichern, daß von den achtundzwanzig Galeerensclaven, mit denen ich einige Zeit zusammengewesen bin, nichts an mir haften geblieben ist, was an solchen Verkehr erinnern könnte." — —

Man hielt Rios Rosas in Ceuta, wie Serrano in Mahon, einige Zeit fest, dann wanderte Rios Rosas nach Portugal, Serrano kehrte nach Andalusien zurück.

Obgleich nun Narvaez in seinem Wüthen, das ganze Land von allen Freidenkern zu reinigen bemüht war, so erreichte er dennoch sein frevelhaftes Ziel nicht, sondern beschleunigte nur den Untergang eines Herrschergeschlechts, das nichts lernen und nichts vergessen wollte.

Dreizehntes Kapitel.

Isabella und Marfori.

„Majestät, entschuldigen Sie mich, wenn ich so frei bin, Ihre Muße durch meinen Vortrag in Anspruch zu nehmen," sprach eines Abends der Palastintendant Marfori, und seine feurigen Augen schossen Blitze auf die Königin, als er mit einer Mappe unter dem Arm in das Boudoir Isabella's trat, das sie in einen Tempel der Liebesgöttin verwandelt hatte.

„Eure Majestät haben mich aber herbeschieden, und Ihr allerhöchster Wunsch ist mir Befehl."

„Ja, Herr Marquis," lachte die Königin Isabella, den schönen Mann mit den Augen verschlingend, „Sie sollen mir Ihren Vortrag

halten, aber es soll keine trockene Auseinandersetzung sein, etwa Rech=
nungen über meinen Haushalt, nein, vielmehr einen Vortrag, der
uns die Zeit auf's Angenehmste vertreiben soll. Legen Sie Ihre
Schriftstücke nur immer in die Ecke; wir wollen des Lebens Lust bis
auf die Neige leeren."

Dabei stand Isabella im höchsten Schmucke vor ihrem Geliebten;
sie hatte die höchste Toilettenkunst angewandt, um zu gefallen.

Ihre gewölbten und gefärbten Augenbrauen leuchteten ächt schwarz
über der blendend weißen Gesichtsfarbe, und die perlenweißen Zähne
stärkten die Anziehungskraft der kirschrothen Lippen, die zum Kusse
einluden; der schneeweiße, mehr als gewöhnlich entblößte, stürmisch wo=
gende Busen hätte auch das Blut des kältesten Mannes zur Siede=
hitze angefeuert; das schwarze, glühende, so zärtlich blickende Auge hätte
die Niederlage eines keuschen Josephs vollendet.

So stand das leidenschaftliche Weib vor ihrem verwöhnten Lieb=
ling, jede Faser ihres Herzens war bestrebt, ihm zu gefallen, wie
vermochte er zu widerstehen, der es auch gar nicht wollte.

Wie traulich war es im matt von Ampeln erleuchteten Ge=
mach; die grünliche Gobelinsbekleidung der Wände und der verhängten
Fenster schuf eine dem Auge wohlthuende halbe Dämmerung.

Und wohin das Auge sah, nahm es überall Liebesscenen wahr.
Hier in der Ecke stand ein Statuette des Cupido, (Liebesgott) von
weißem Marmor, wie er einen Pfeil vom Bogen schoß; dort bezau=
berte eine enthüllte Venus (Göttin der Schönheit) den Beschauer mit
ihren wunderlieblich geformten Reizen; im Hintergrunde belauschte in
einem Gemälde Apollo (Gott der Dichtkunst) die badenden Nymphen,
und gleich daneben beschattete Jupiter (der höchste Gott der Alten)
die nackte, recht sinnliche, und in einer unzweideutigen Stellung dar=
gestellte Königstochter in einer Wolke.

Ueberdieß durchzogen sinnbenebelnde Düfte starker wohlriechender
Wasser das zum Liebesopfer bestimmte Gemach.

Eine kleine Tafel mit zwei Gedecken, auf welchen man zur Lei=
besstärkung auserlesene Speisen gesetzt hatte, daneben ein kleines
Buffet mit Eiskübeln, in denen Karaffen mit Champagner bereit stan=
den, dahinter der geräumige, weiche, elastische Divan, Alles lud zum
himmlischen Genusse ein, und die beiden Anwesenden waren auch gar
nicht willens, das ihnen Gebotene zu verschmähen.

„Kommen Sie, mein Freund," hauchte Isabella jetzt mit leiser,
tiefer Stimme, „lassen wir uns an der Tafel nieder, und kosten wir
von Dem, was sie bietet."

Sie reichte ihm von den Speisen, und schenkte ihm den Schaum=
wein in den Krystallkelch, sie wollte ihn hegen und pflegen.

Dann schlürfte sie selbst den erregenden Trank, dazwischen kosend
und des Geliebten wallende Locken streichelnd, bald ihr Haupt an seine
Brust lehnend, und ihn mit ihrem glühenden Athem umfächelnd, bald
ihn mit beiden Händen von sich abhaltend, um sein schönes Angesicht
zu beschauen, bald wieder an sich ziehend und mit der Gluth ihres
Athems sein Feuer anfachend.

Immer inniger wurden sie.

Horch! was war das?

Ein Geräusch entstand im Vorzimmer.

Isabella und Marfori wurden aufgeschreckt, als sie eben auf dem
Gipfel der höchsten Seligkeit waren.

Aber was kümmert es die Königin. Mag die Welt
untergehen, Isabella läßt sich nicht stören.

Wer mag es sein, etwa die vorwitzige Zofe? Später soll sie
der Königin Zorn erfahren; oder eine Hofdame? Morgen wird sie
entlassen.

Wiederum umarmt sie Marfori, und flüstert ihm süße Liebesworte
in's Ohr.

„Werden Sie mir auch immer treu sein, Geliebte," antwortet
ihr der bis dahin schweigsame Anbeter.

„Bis in den Tod," betheuert die Königin.

„Das sagen alle Frauen, aber sie halten selten ihr Wort, Lie=
besschwüre sind keine Schwüre; und Wankelmuth, Dein Name ist
Weib, heißt es."

„Das hat sicher ein Weiberfeind gesagt; der garstige Mann!"
sagte Isabella.

„Die Königinnen von Spanien haben die Auswahl unter den
Schönsten und Ritterlichsten ihres Landes; wie viele von ihnen haben
nicht von diesem beneidenswerthen Vorrecht sattsam Gebrauch gemacht."

„Sie spielen wohl auf meine frühere Schwächen an, Herr Mar=
quis von Loja," brauste die Königin auf. Sie war verstimmt.

„Tausendmal um Verzeihung, Majestät." rief Marfori, „o ich
ungeschickter Thor, wie konnte ich meine gnädigste Königin verletzen.
Legen Sie mir eine Buße auf."

Und er sank zu den Füßen seiner Angebeteten, und umfaßte ihre
Knieen, sie mit den zärtlichen Blicken eines flehenden Liebhabers
anblickend.

„Stehen Sie auf, Carlos," versetzte sie im milden, liebevollen

Tone, „ich sehe wohl, Sie sind wie andere Männer, eifersüchtig wie die Teufel, man muß mit Ihren Schwächen Nachsicht haben.

„Uebrigens seien Sie beruhigt. Ich war auch früher Männern gnädig, aber damals kannte ich meinen Carlos nicht.

„Mein feuriges Blut, die unbefriedigte Leere in meinem Herzen, lenkte mein Auge auf manche stattliche Gestalt, aber bald stießen mich die Rohheit, oder die Launenhaftigkeit, oder der so nackt heraus= gekehrte Eigennutz dieser schönen Larven ab; ich fand nicht bei ihnen, was ich suchte, mein Ideal.

„Da lernte ich Sie kennen, Carlos, und von Stunde an ergriff mich ein unnennbares Sehnen nach Ihrem Umgange, die Liebe zu Ihnen paarte sich mit wahrer Hochachtung. Deshalb wird unser Ver= hältniß dauern; ich bin ja eine unglückliche Frau, an einen unge= liebten Gemahl gefesselt."

Wiederum wurde die Königin unterbrochen; Stimmen wurden im Vorzimmer laut.

Was geschah draußen?

Die schlaue Zofe Gregoria hatte ein Lauscherplätzchen entdeckt, von wo aus man überschauen und erlauschen konnte, was sich im Bou= doir zutrug. Dahin hatte sie sich zu Anfang der Audienz zurück= gezogen, ja sie hatte die Bosheit besessen, die Hofdame Gräfin Villa= flor als zweite Horcherin sich beizugesellen. Dieselbe hatte sich über das Gebahren der Königin nicht wenig belustigt.

Und gar sehr hatte es sie erschreckt, wenn sie ihre Heiterkeit nicht zu bezähmen gewußt, und ihre Lachmuskeln einen zu lauten Ton von sich gegeben, der ihre Anwesenheit an der gefährlichen Stelle verrieth.

Aber was konnte sie dafür?

Wem wurde das Zwerchfall nicht erschüttert, wenn er zusah, wie es die alternde Königin anstellte, einen jungen Faut zu fesseln.

Die beiden Horcherinnen sollten nicht allein bleiben, ihre Ge= sellschaft sollte sich noch vermehren. — — — — — — —

In einem anderen Flügel des Schlosses, in den Gemächern der Königin Christina, unterhielt sich der König Don Francisco mit der Königin=Mutter.

Sie hatten über verschiedene Dinge gesprochen, als Königin Christina fragte:

„Wo gedenken Eure Majestät den Abend zuzubringen?"

„Ich weiß noch nicht, gnädigste Frau."

„So möchte ich Ihnen vorschlagen," entgegnete Christina, „bei

mir zu bleiben, wenn ich alte Frau hoffen darf, einen so jungen Mann
zu unterhalten."

„Eure Majestät sind zu bescheiden," bemerkte d'Assis, „wie sollte
ich bei Ihnen kein Vergnügen finden. Aber da fällt mir eben ein,
ich habe meiner Gemahlin schon längst einen Besuch zugedacht.

„Gehen wir zusammen zu ihr, und nehmen wir den Thee bei
ihr ein."

„Nun, ich kann's Eurer Majestät nicht verargen," sagte lächelnd
Christina, „wenn Sie die Gesellschaft Ihrer Gemahlin vorziehen, mit
ihr plaudert es sich behaglicher, als mit der alten Schwiegermutter;
auch ich habe nichts dagegen, Sie zu begleiten.

„Kommen Sie," setzte sie hinzu, nachdem sie sich zu dem Gange
gerüstet. Der König hatte unterdessen das Gleiche gethan.

Man kann sich den Schrecken Gregoria's leicht vorstellen, als sie
die königlichen Herrschaften in's Vorzimmer treten sah.

Was sollte sie ihnen sagen, ohne bei ihnen Verdacht zu erregen,
wie sie zurückweisen, sie, die einfache Zofe, ohne unehrerbietig zu erscheinen?

Aber sie konnte die Königin warnen, dachte sie, ihr Zeit verschaffen, Marfori zu entlassen, vielleicht merkte der König Nichts; und
vor der Königin Christina brauchte man keine Besorgniß zu hegen;
sie plauderte nicht über solche Dinge, sie hetzte den König nicht,
denn sie hatte Grund, es mit ihrer Tochter und Narvaez nicht zu
verderben.

So stand Gregoria möglichst unbefangen den Eintretenden gegenüber.

„Melden Sie uns bei Ihrer Majestät, der Königin
Isabella!" gebot der König.

„Verzeihung, Majestät, es thut mir unendlich leid, Ihrem Wunsche
nicht willfahren zu können, aber Ihre Majestät hat mir verboten, sie zu stören."

„Warum?"

„Ich glaube, Ihre Majestät ist unwohl.

„Und Sie sind nicht bei ihr?"

„Die Unpäßlichkeit Ihrer Majestät ist nicht so bedeutend; sie leidet
seit einiger Zeit dann und wann an einem heftigen Kopfweh.

„Wenn Ihre Majestät einen solchen Anfall bekömmt, liebt sie
es, allein zu sein, und so hat die Königin mich auch heute fortgeschickt;
sie schellt, wenn sie meiner bedarf."

„Hm, hm!" machte Don Francisco, es wollte ihm nicht einleuchten, daß seine Gemahlin krank sei.

Er hatte sich mittlerweile der Thür des Kabinets genähert, ob zufällig oder absichtlich, vermochte man nicht zu sagen; es dünkte ihm, als höre er drinnen sprechen, er meinte sogar, die Stimme Marfori's zu erkennen.

Wie ein unnennbares Weh durchzuckte es des Königs Hirn; die Furien der Eifersucht hatten den sonst so gleichgültigen, beinahe stumpfsinnigen Francisco gepackt.

Wieder einmal empfand er in tiefster Seele die Schmach, nicht nur einen Nebenbuhler zu haben, sondern auch als verschmähter Gatte vor der Thür seines zügellosen Weibes stehen zu müssen, und zwar in Gegenwart Anderer, die sich über die traurige Rolle lustig machten, die er spielte.

Es schien ihm, als erkenne er den Hohn in den Mienen Christina's und der Zofe.

„Es ist sonderbar," versetzte er mit verhaltenem Ingrimm, „in dem Gemache meiner Frau spricht man, ich vernehme es ganz deutlich."

„Eure Majestät täuschen sich sicherlich," entgegnete Gregoria.

„Nein, ich irre mich nicht. Sie sind es vielmehr, die mich hintergehen will, Sie, die listige Dienerin meiner Frau. O, man betrügt mich auf allen Seiten.

„Aber ich dulde das nicht länger! Das soll anders werden! Ich werde zeigen, daß ich der König, der Gemahl bin, ich werde Diejenigen beseitigen, die sich zwischen mich und meine Gemahlin stellen."

Er hatte seine Stimme erhoben. Die Königin Christina zog es vor, sich zu entfernen, um nicht Zeugin eines unangenehmen Auftritts zu sein.

Schon als die ersten Laute des Wortwechsels zwischen dem König und Gregoria im Vorgemach ertönten, waren Isabella und Marfori aus dem süßesten Taumel gar unsanft aufgerüttelt worden.

Die Königin war darauf an die Thür geeilt; ihr noch eben sanftes, anmuthiges Gesicht entstellte jetzt der wildeste Zorn.

Was sie hörte, war nicht geeignet, ihre Wuth zu mindern. Das begriff Isabella nun wohl, Marfori durfte nicht länger bei ihr bleiben.

Der aufgebrachte König konnte sich zu den unbesonnensten Handlungen in seiner Leidenschaft hinreißen lassen, wenn er mit seinem Rivalen bei seiner Frau zusammentraf. Einen solchen Auftritt, der den Hofleuten noch mehr Stoff zu losem Gerede liefern konnte, wollte sie vermeiden.

Die in beschränkten Menschen einmal angefachte Leidenschaft ist im höchsten Grade zu fürchten, sie kennen weder Maß noch Ziel.

Mit schmeichelnder Geberde und Stimme wandte Isabella sich daher an Marfori:

„Süßer, Geliebter," hauchte sie, „wir müssen uns für heute trennen, wie unangenehm! Wie himmlisch dachte ich mir diese Stunden! Und nun soll ich Sie ziehen lassen, theuerster Mann, der mein ganzes Herz besitzt.

„Und der Gemahl, den man mir, dem unmündigen Kinde, aufgedrungen, scheidet uns in der schönsten Stunde! Er, der sonst so lammfromm ist, scheint seine Rechte an mich mit einer Heftigkeit geltend machen zu wollen, die bei ihm ganz ungewöhnlich ist. Dahinter stecken Andere.

„Wer wohl sein sonst so gleichgültiges Temperament in helle Flammen gesetzt hat. Aber Geduld, ich werde den gegen mich gesponnenen Ränken schon auf die Spur kommen, die Urheber entdecken, sie sollen ihre Zwischenträgerei mir theuer bezahlen," wüthete Isabella.

„Und nun, geliebter Marfori," fuhr sie fort, indem sie ihn wiederholt in ihre Arme schloß „gehaben Sie sich wohl, ich wünsche Ihnen einen süßen Schlaf. Träumen Sie von mir. Ihre Isabella leidet entsetzlich!" schluchzte sie.

Marfori sank ihr zu Füßen, ergriff ihre beiden Hände, und liebkoste sie.

„O, Majestät, könnte ich doch den leisesten Schatten eines Leides von Ihnen entfernen, tausend Tode für Sie sterben, mich der unendlichen Gnade, die meine erhabene Monarchin mir gewährt, durch treuen Dienst bis zum letzten Athemzuge würdig bezeigen."

„Nun eilen Sie, Carlos," entgegnete sie, indem sie den Favoriten aufhob, und noch einmal an das wild schlagende Herz preßte, „mein Gemahl wird draußen ungeduldig, er ist im Stande, die Thür zu sprengen, und uns einen unliebsamen Auftritt zu bereiten. Morgen früh sehe ich Sie wieder," sprach sie mit einem Blick, der die ganze, tiefe Begehrlichkeit des erregten Gemüthes verrieth.

„Dank, Dank Majestät für die mir erwiesene hohe Ehre, ich werde Sie zu würdigen wissen. Eure Majestät können zu allen Zeiten über Ihren hochbeglückten Diener verfügen."

Noch ein herzlicher Händedruck, ein freudiger, Wonne verheißender Liebesblick von Seiten Marfori's, dann verschwand er durch eine geheime Tapetenthür.

Ein liebesehnendes Auge, in dem die unbefriedigte Gluth leuchtete, folgte ihm.

Dem Könige war die Zeit indessen zu lang geworden, er griff nach der Thürklinke. Gregoria vergaß in ihrer Verzweiflung alle Scheu vor Seiner Majestät, und drängte sich zwischen den König, und die Pforte.

„Sie wollen mich noch zurückhalten," knirschte er, indem er Gregoria bei Seite stieß, daß sie in eine Ecke flog.

Dann faßte er die Klinke; die Thür war verschlossen, er rüttelte an ihr, daß sie in ihren Fugen krachte. Da that sich dieselbe auf.

Ihre Majestät erschien in derselben in einer so energischen Haltung, mit so zorngeröthetem Antlitz, daß der schwache Gemahl zurückprallte.

„Was giebt's hier?" rief sie, „Wer wagt es, in meiner, der regierenden Königin Nähe, einen so ungebührlichen Lärm zu machen?

„Das ist ja Verletzung der Majestät. Ich werde den Frevler hart bestrafen lassen, der meine Ruhe in so ungeziemender Weise stört.

„Ich war es, ich, der Gemahl Eurer Majestät, der sich solcher That erkühnt hat," stieß der König hervor, der sich jetzt gefaßt hatte.

„Ich glaube ein Recht zu haben, zu jeder Zeit bei meiner Gemahlin eintreten zu dürfen."

„Sie scheinen zu vergessen, Majestät, daß ich die Herrscherin dieses Landes bin, und daß Sie, obwohl mein Gemahl, doch nur mein erster Unterthan sind, der sich, wie jeder Andere, den Gesetzen des Landes zu fügen hat."

„Das weiß ich, Majestät, aber die Rechte des Ehemannes sind göttlichen Ursprungs und stehen höher, als die eines Unterthans. Und wenn der Gatte die Stimme eines andern Mannes in dem verschlossenen Gemache seiner Frau vernimmt, so steht es ihm wohl zu, zu forschen, was für Geheimnisse das Boudoir birgt."

„Nun, mein trautes Kabinet barg heute Abend kein großes Geheimniß. Ich denke, Eure Majestät haben es entdeckt, als Sie die unwürdige Lauscherrolle spielten."

„Den Horcher brauchte ich nicht zu machen," rief Francisco,

„Marfori's Stimme schallte mir entgegen, als ich von ungefähr der Thür nahe trat."

„Nun, ja, mein Palastintendant Marfori war bei mir, er hielt mir in Sachen meines Haushalts Vortrag, ich leugne es nicht."

„Aber bei verschlossener Thür, verhängten Fenstern, in dem halbdunkelen Gemach, bei wohlbesetzter Tafel, perlendem Wein . . . . ."

„Ich liebe es," unterbrach Isabella, „die Geschäfte bei heiterem Mahl zu erledigen."

„Mir scheint das ein Vortrag eigenthümlicher Art gewesen zu sein, ich muß Eurer Majestät als Gatte doch mein Bedenken darüber zu erkennen geben."

„Mir Vorschriften machen, Don Francisco!" rief entrüstet Isabella, „das fehlte noch! Ich bin die Herrscherin dieses Landes, die Bürde der Regierung ruht auf meinen Schultern, nicht auf den Ihren, ich mache mir die Last so leicht, wie mir beliebt.

„Wozu das viele Reden? Ich bin müde, ich wünsche Eurer Majestät wohl zu schlafen. A Dios (Adieu.)"

Und mit aufgeworfener Lippe, einen spöttischen Blick auf den verblüfften Gemahl werfend, zog sich Isabella in ihr Schlafgemach zurück.

Dem König Francisco blieb nichts anderes übrig, als sich zu entfernen.

Trotz der Abfertigung, mit welcher Isabella so eben ihren Gemahl entlassen, war sie nicht heiter gestimmt, der Aerger über das gestörte Stelldichein ergriff sie erst jetzt, da sie allein war, und sich ungestört ihren Empfindungen hingeben konnte.

Gregoria wurde scharf angeredet, nothwendige Fragen, die sie an die Königin bei dem Entkleiden zu stellen genöthigt war, wurden kaum oder verkehrt beantwortet; Isabella war im Nachdenken oder Träumen versunken.

Zunächst waren es bittere Gefühle, die sie erfüllten; sie dachte an die verlorenen Freuden, so schändlich war sie um einen heiteren Abend betrogen worden, und ihr, der Königin, war das widerfahren. Dem Störenfried, welcher ihren Gemahl verleitet, sollte der Spaß übel bekommen; sie wollte ihm den ihr gespielten Streich schon heimzahlen; sie wollte ihn schon entdecken.

Aber Marfori, dachte sie, blieb ihr doch, wie süß, wie liebenswürdig war er gewesen, wie verheißend hatte er sie verlassen.

Unter diesen Betrachtungen war ihr Nachtgewand angelegt worden.

Sie schlüpfte auf das üppige Lager, Marfori war ihr letz=
ter Gedanke vor dem Einschlafen.

Und sie träumte von ihm, sein liebreizendes Bild trat vor sie.
Wie leuchteten seine feurigen Augen, wie wallte sein locki=
ges Haupthaar, wie kräuselte sich sein feiner Schnurrbart;
sie streckte die Arme nach dem schönen Manne aus, er
schlang die seinigen um ihren Hals, und Beide lagen sie
in seligem Entzücken, des Irdischen und Himmlischen ver=
gessend, nur von süßen Gefühlen durchströmt.

Da durchzuckte es sie, sie erwachte, und fand sich allein, einsam
auf den weichen Pfühlen, sie streckte die Arme aus, sie faßten die
Leere, welche bittere Enttäuschung?

Wo war der geliebte Mann? Noch eben hatte er in ihren Armen
gelegen, jetzt war er fort.

Allmälig sammelten sich ihre Gedanken, die Ereignisse des ver=
gangenen Abends zogen an ihr vorüber. —

Sie stieß laute Seufzer aus, welche beinahe wie das Gestöhn
eines Kranken klangen.

Gregoria hörte sie, sie kam herbeigeeilt, ihre Majestät schien
schwer zu athmen.

Die Königin Isabella war erhitzt, es dünkte der Zofe, als ob
die Monarchin im Fieber läge.

„Sind Eure Majestät unwohl?" fragte die treue Dienerin
besorgt.

„Nein!" entgegnete Isabella.

„Aber Ihre Pulse fliegen, Majestät, Ihr Athem geht unruhig
und Ihr Antlitz glüht, als ob Sie im Fieber lägen!"

„Sei unbesorgt, Gregoria, es ist nichts, als herbe Seelenpein,
ich hatte einen süßen Traum, das ist Alles. Noch eben hielt
ich den geliebten Mann in meinen Armen, und unbeschreibliches Ent=
zücken durchrieselte alle meine Glieder, und nun, da ich erwacht, ist
das von meiner heißen Phantasie heraufbeschworene, meine Sinne um=
gaukelnde Trugbild in Nichts zerflossen, und öde steht die Wirklichkeit
vor mir.

„O, Du neckischer Liebesgott, wie arglistig spielst Du mit uns
armen Menschenkindern!

„Wie vergänglich ist der höchste Genuß!

„Wir haschen nach ihm mit allem unsern Sehnen, und wenn er
uns zu Theil geworden, ist unser Herz, wie zuvor, unbefriedigt. —

„Geh' ruhig wieder zu Deinem Lager, Gregoria, ich will ver=

suchen einzuschlafen, und wiederum zu träumen; vielleicht kehrt die lieb=
liche Erscheinung zurück, die mich vorhin zur Seligsten der Sterb=
lichen machte."

Vierzehntes Kapitel.

Die beabsichtigte Verbannung des Königs Franz d'Assis.

Hoch schon stand am Himmel die Sonne, aber ihre Strahlen
stahlen sich nur einzeln durch die verhängten Fenster und durch die
gelbseidenen Vorhänge, welche die weichgepolsterte Lagerstatt der Köni=
gin umgaben, als diese wüsten Kopfes erwachte.

Eine Weile lag sie sinnend, dann rief sie Gregoria, ihr die
Kleidungsstücke zu reichen, legte sie an, glitt von den weichen Kissen
auf die weichen Teppiche in das nahe Toilettenzimmer.

Sorgsamer als jemals achtete Isabella auf ihren Anzug. Man=
ches Verschönerungsmittel wurde angewendet, um die Spuren zu ver=
wischen, welche die Gemüthserregungen und die Zeit in ihr Antlitz gegra=
ben hatten. Dann wurden Gewänder gewählt und verworfen. Man
probirte sie an, beschaute sie in den Spiegeln, welche rings um das
Gemach liefen, und die Figur der Königin von allen Seiten zeigten,
bis das geeignete Kleid gefunden wurde.

Ebenso wurde der Kopfputz bald auf diese, bald auf jene Weise
geordnet; bald dieser, bald jener Hals= und Armschmuck hervorgesucht.

Schwerer war die Königin niemals zu befriedigen gewesen, als
an diesem Morgen, wo sie ihren geliebten Marfori erwartete, und ihm
durchaus ausnehmend gefallen wollte.

Endlich war die Toilette vollendet. Die Wüstheit des Kopfes
war durch Essenzen beseitigt. Isabella sah so frisch und rosig
aus, wie ein junges Mädchen von achtzehn Jahren.

Sie nahm den Morgenimbiß, aber vor Erregung vermochte sie
wenig zu genießen, denn immer näher rückte die Stunde, wo der Er=
sehnte erscheinen, wo die gestern Abend unterbrochene Zusammenkunft
fortgesetzt werden sollte.

Immer unruhiger wurde die Königin, sie nahm ein Buch, sah hinein und warf es wieder fort; ergriff eine Zeitung, las ein wenig und schleuderte sie in die Ecke; sie rannte aus einem Zimmer in's andere, blickte nach den Zeigern der aufgestellten Stutzuhren, sie gingen ihr zu langsam.

Endlich war der Augenblick da; höher klopfte das Herz der Königin, da es im Vorgemach lebendiger wurde.

Aber ärgerliche Enttäuschung! Nicht Marfori war es, der sehnlichst Erwartete, sondern Ihre Majestät, die Königin Mutter Christina, die sich bei ihrer Tochter melden ließ.

Die Königin Isabella stampfte vor Wuth mit dem Fuße, und biß sich auf die Lippe.

Ihre Mutter war ihr in diesem Augenblicke der unwillkommenste Gast.

Noch einmal eilte sie an ein Fenster, von wo sie den Schloßhof überschauen, und nach den Zimmern, die Marfori inne hatte, blicken konnte; aber der Palastintendant Marfori war nicht sichtbar.

Noch zauderte sie; sie wollte den Besuch der Mutter nicht annehmen, aber sie überlegte, daß nach der Scene von gestern Abend Vorsicht geboten wäre, und nicht eben in rosigster Laune willigte sie ein, die Königin Christina zu empfangen.

Nach den ersten Begrüßungen leitete die Königin-Mutter das Gespräch auf die der Königin höchst unangenehme Angelegenheit des gestrigen Besuches.

„Der König und ich," sagte sie, „kamen gestern ganz harmlos, um bei Dir eine Tasse Thee einzunehmen, und mit Dir einige Zeit zu plaudern; und welche Aufnahme fanden wir!"

„Schöne Harmlosigkeit," bemerkte Isabella, „ich kenne Dich, Mutter. Es hatte Dir Jemand zugesteckt, wer bei mir war."

„Diesmal irrst Du Dich, meine Tochter, ich wußte wirklich von Nichts."

„Das mache einem Andern weiß, Mutter; ich vermuthe stark, daß man wieder darauf sinnt, mich von Dem, was mir theuer ist, zu trennen. Aber es soll Euch nicht gelingen."

„Ich habe Nichts wider Marfori," entgegnete Christina, „aber ich gebe Dir zu bedenken, Isabella, daß dergleichen Verhältnisse endlich aufhören müssen.

„Du bist nicht mehr jung, hast schon eine verheirathete Tochter; da schickt sich manches nicht mehr."

„Ei, sieh da," rief erregt Isabella, „Du wirfst mir mein Alter vor, ich erscheine Dir wohl schon als eine Matrone mit eingefallenen Wangen, zahnlosem Munde, ergrauenden Haaren und schwankendem Gange. Ich denke, so weit ist es noch nicht mit mir.

„Mein Gesicht ist noch immer leidlich, meine Figur nicht gerade unförmlich, ich denke, ich gefalle den Männern noch immer. Ich kann mich mit jungen Mädchen messen."

„Ich möchte Dir, Isabella, nicht widersprechen. Wenn ich vorhin von Deinem Alter sprach, so meinte ich, daß wohl die Zeit Deine Leidenschaften abgekühlt haben müßte, daß eine gewisse Ruhe und Besonnenheit in Dein Gemüth eingekehrt sei, daß Du Dich, des hohen Berufes einer Herrscherin bewußt, endlich den Spielereien der Sinne nicht mehr Rechnung tragen, vielmehr an ernste Dinge denken solltest."

„Also entsagen soll ich," rief Isabella, wohl gar Nonne werden, als wenn sich dem stürmischen Herzen gebieten ließe, als wenn man jegliches Begehr nach Lebenslust aus dem Hirn verbannen könnte.

„Und das verlangst Du von mir, Mutter, von mir? Hast Du denn jemals Deine Neigungen zu beherrschen gewußt?

„Hast Du den schönen Männern nicht auch gehuldigt, hast Du einen Augenblick auf irgend einen Genuß verzichtet? Mir empfiehlst Du Selbstbezähmung, die Du selbst niemals geübt hast!"

„Aber, Majestät, mit mir verhielt es sich anders," erwiderte die Königin-Mutter Christina; „ich wurde, nachdem ich Jahre lang an einen kranken Greis gefesselt und kaum des Lebens Freuden kennen gelernt, in einem Alter Wittwe, wo die Jugend und Lebenslust am höchsten steigt, wo wir ohne Besinnen die Lippe an den verführerischen Kelch der irdischen Seeligkeiten setzen und ihn leeren und wieder leeren. Da kömmt die Reue zu spät, sie verfliegt, und man stürzt sich von Neuem in Genüsse, die man bei kaltem Blute verabscheut.

„Aber endlich ist mir die Ruhe gekommen, ich verlebe als stille Hausfrau an der Seite meines Mannes die Stunden, die mir Gott bescheert."

„Und ich," antwortete Isabella, „bin noch nicht in den Hafen der Ruhe angelangt, ich habe noch Rechte, Frau Mutter, an das Leben, und ich will leben."

„Du hast ja Deinen Gemahl, Isabella, solltest Du nicht endlich mit ihm in Friede und Einigkeit leben können?"

Don Iglesias y Barcones, Patriarch von Indien.

„Ja einen unbedeutenden, nüchternen Menschen," sagte lächelnd Isabella, „den man mir aufgezwungen, der sich von Jedermann und zu allen Zwecken gebrauchen läßt.

„Giebt er sich wohl die Mühe, oder weiß er nur, einer Frau, wie ich bin, Neigung einzuflößen?

„Du sagst, Du hätteft keinen Gemahl gehabt, der Dir das Leben verschönerte; bin ich denn besser daran, Frau Mutter?"

„Das räume ich ein, Isabella, aber dennoch rathe ich, Dir mehr Zwang anzuthun. Du hast als Monarchin schwere Verpflichtungen auf Dir, die Zeiten werden immer ernfter, es handelt sich um die Existenz unseres Herrscherhauses, unsere Feinde beobachten unser Privatleben schärfer, als jemals."

„Und deßhalb soll ich mich beschränken," rief Isabella, „nein, nimmermehr. Mag es mir die Krone kosten, ich entsage dem Theuersten nicht, das ich auf Erden habe."

Ihre Majestät die Königin Isabella wurde immer aufgeregter, sie war von der Causeuse aufgesprungen, und schritt im Zimmer auf und ab, sich dem Fenster nähernd und hinausschauend, ob der Geliebte noch nicht sichtbar wäre.

Sie nahm auf ihre Mutter keine Rücksicht mehr.

Eine Pause trat ein. Die Königin Christina begriff wohl, daß in diesem Augenblicke mit ihrer Tochter nichts auszurichten sei.

„Ich sehe," sagte sie aufstehend, „die Majestät ist nicht in der Stimmung, mich anzuhören. Ich will daher Deine Zeit nicht mehr in Anspruch nehmen, aber bedenke wohl, was ich Dir gesagt."

Die Königin Isabella warf höhnisch die Lippe auf.

Die Königin-Mutter verbeugte sich, wie der Brauch war, dann rauschte sie aus dem Zimmer. — — — — —

Isabella athmete tief auf, endlich war sie die Läftige los.

Nun konnte sie sich ungestört ihrem Marfori hingeben, aber dieser kam nicht.

Hatten sich denn Alle wider sie verschworen? Schon zog sich die Stirn Isabella's in Falten, ein Wuthausbruch war nahe, da besann sich die Königin, daß sie für ihren Liebhaber schön sein wollte, sie unterdrückte ihre Aufwallung, und begab sich vor den nächsten Spiegel, um zu sehen, ob auf ihren Zügen die gewünschte Glätte und Heiterkeit läge.

Kaum hatte sie sich zu ihrer Beruhigung davon überzeugt, als sich Schritte und die erschnte Stimme vernehmen ließen.

Der Marquis von Loja erschien, die Königin flog ihm entgegen, und umarmte ihn und war wie außer sich. Als der erste Sturm der

Gefühle vorüber war, und Marfori zu Worte kommen konnte, begann er mit einschmeichelnder Stimme:

„Verzeihung, Majestät, tausend Mal bitte ich um Vergebung; aber Narvaez beschied mich heute morgen in aller Eile zu sich, und hielt mich länger fest, als ich erwartete.

„Welche Strafe werden Eure Majestät nun Ihrem ungehorsamen Diener auferlegen, daß er so unritterlich gehandelt, und gegen seine Königin, seine Herrin nicht pünktlich seine Pflicht erfüllte?"

Bei diesen Worten weilten seine Augen auf den Reizen Isabella's mit einer Inbrunst, wie sie ein junger Mann nur der reizendsten Schönen in der ersten Jugendfülle widmen mag.

„Eine sehr gnädige Buße soll mein Ritter thun," lächelte Ihre Majestät, „sie soll darin bestehen, daß er verurtheilt ist, mir in den nächsten Stunden die Zeit zu vertreiben, und in Scherz und Spiel alle Sorgen wegzuscheuchen, mit denen man mir nur zu oft das Gemüth umdüstert."

„Aber das ist ja keine Strafe, das ist die höchste Lust," entgegnete Marfori, indem er die Hand Ihrer Majestät ehrfurchtsvoll an seine Lippen drückte.

Ihre Majestät belohnte den Schmeichler mit einem feurigen Blicke.

Sie setzten sich jetzt an die Tafel, auf welcher das schmackhafteste Frühstück mit den feinsten Weinen aufgetragen war.

Die Liebe hinderte die Eßlust Beider nicht; man nahm von den Speisen, man trank den Wein.

Endlich wurde die Königin bei dem Nachtisch wieder gesprächiger.

„Haben Sie nicht gehört, Marfori, ob von der Geschichte des gestrigen Abends etwas verlautet?"

„Gegen mich natürlich," entgegnete Marfori, „beobachtet man über den Gegenstand das tiefste Schweigen, Majestät, und ich habe noch nicht die Zeit gehabt, durch andere mir zugethane Personen nach dem Geschwätze forschen zu lassen, welches in diesem Palaste und außerhalb desselben an der Tagesordnung ist.

„Aber das Ereigniß wird sicherlich in die Oeffentlichkeit dringen, und was dann weiter geschehen wird, das können Eure Majestät sich leicht vorstellen!"

„Leider; ich rechne auch nicht darauf, daß man mich schont," sagte Isabella, „aber vorlaute Zungen könnten doch ihre Plauderhaftigkeit bereuen. Wer nur meinen Gemahl, den König Don Francisco, so wild gemacht haben mag?"

„Vielleicht seine staatskluge Schwester?" entgegnete Marfori.

„Sollte ich erfahren, daß die Dame sich in diesen Handel ge= mischt habe, dann soll sie es mit mir zu thun bekommen. Ich nehme keine Rücksicht auf das Ansehen der Person," gab die Königin zurück.

„Aber immerhin ist es verdrießlich, einen solchen Gemahl mit solchen Aufpassern auf dem Halse zu haben!"

„Wollen Eure Majestät," bemerkte Marfori, „den Ränken ein Ziel setzen, die von Seiten Seiner Majestät dem Könige Don Fran= cisco ausgehen, so kenne ich ein Mittel."

„Ist das überhaupt möglich?" fragte Isabella.

„Nicht nur möglich," erwiderte Marfori, „sondern auch gar nicht so schwer."

„Wie fängt man es denn an?" fragte Isabella weiter.

„Wie ich erfahren, hat Seine Majestät der König, oder vielmehr seine staatskluge Schwester in seinem Namen, sich mit den Verräthern Prim und Olozaga in Verbin= dung gesetzt. Es sind uns verdächtige Briefe zwischen dem Könige und jenen beiden Rebellen in die Hände gefallen.

„Dem Inhalte derselben zufolge will Seine Majestät, Ihr Gemahl, Eure Majestät, die regierende Königin vom Thron stoßen, und sich für seinen Sohn, den Prinzen Al= fonso von Asturien, zum Regenten erklären lassen.

„Er hat den Rebellen versprochen, ein milder Herrscher zu sein, Narvaez von seiner Stellung als erstem Minister zu verdrängen, freisinnige Rathgeber an seine Stelle zu setzen, die wegen Verbrechen gegen den Staat Eingeker= kerten freizugeben, die Verbannten zurückzurufen, eine all= gemeine Straflosigkeit zu verkündigen, endlich ganz nach dem Willen des Volks zu regieren.

„Was sagen Eure Majestät dazu?"

„Das ist spaßhaft," rief Isabella, „aber mein Gemahl hat einen so kühnen Plan nicht gefaßt, das glaube ich nicht."

„Die mit seinem Namen unterzeichneten Beweisstücke sind in unsern Händen, Majestät."

„Das mag wohl sein, indeß hinter ihm stehen Andere."

„Das ist gleichviel," bemerkte Marfori, „der geplante Anschlag kann Eurer Majestät gefährlich werden."

„Glauben Sie das im Ernst, Marfori?"

„Allerdings! Bei dem Stande der Dinge ist Eurer Majestät und dem Staat auch die geringste Widersetzlichkeit nachtheilig; das Ansehen des Königs und sein königlicher Name übt große Wirkung auf die Massen.

„Wir dürfen daher ein solches Unterfangen nicht unterschätzen."

„Und Ihr Verwandter Narvaez wäre nicht im Stande, das Complott zu vereiteln?"

„Da wir die Fäden desselben in Händen haben," entgegnete Marfori, „zweifle ich keinen Augenblick daran.

„Heute Morgen empfing Narvaez die verfänglichen Briefe, die der König mit Prim und Olózaga, den zum Tode verurtheilten Hochverräthern, wechselte. Um sie mir mitzutheilen, und sich mit mir zu berathen, berief er mich zu sich.

„Das war auch der Grund, weshalb ich zu spät kam, und nun bin ich gewiß entschuldigt, Majestät"

„Das sind Sie immer, mein Geliebter, mein süßer Freund, Sie treuer Fürsorger meiner Angelegenheiten, wie beglückt bin ich, Ihnen den gern ertheilten Dank abstatten zu dürfen."

„Nun aber noch ein Wörtchen, Majestät, ich habe Sie schon zu sehr mit meinen ernsten Reden gelangweilt.

„Diese Verschwörung liefert den König Don Francisco in Ihre Hände; Sie können eine Untersuchung wider ihn einleiten, ihn anklagen und verbannen lassen.

„Wollen Sie das thun? Narvaez ist bereit, Ihren Willen zu vollstrecken."

„Nein, Marfori, das darf nicht sein, was sollte die Welt von mir denken.

„Man würde gerade heraus sagen, ich entfernte meinen Gemahl darum aus meiner Nähe, um meinen Neigungen ungestörter nachhängen zu können.

„Dennoch kann ich meinem Gemahle zeigen, daß ich ihn in meiner Gewalt habe, und daß ich nicht ihn, sondern er mich zu fürchten hat.

„Aber mir ist schon ganz wirr im Kopf; lassen wir die ernsten Dinge, und kosen und schäkern wir."

Und sie schonten des Champagners nicht.

Marfori spielte den bis zum Sterben Verliebten. Ihre Majestät gab ihm im Feuer nichts nach, sie schien im Gegentheil es ihm zuvorzuthun.

So lebte Isabella lustig und in Freuden. Sie schlug die Warnungen der weise gewordenen Mama in den Wind — sie hatte ihren Marsori, was wollte sie noch mehr?

Wie sah es aber jetzt in Spanien aus?

Indessen führte Narvaez sein Regiment weiter, wie erzählt worden.

Die Presse war verstummt, aber es erschienen einige geheime Journale, die natürlich den Aufruhr predigten.

So wurden in Madrid die Journale, el Relampago (der Blitz) die Alerte (Wacht) herausgegeben, die Redakteure aber entdeckt, verurtheilt und erschossen. Die Wahlen fielen ganz zu Gunsten Narvaez' aus; andere Parteien enthielten sich derselben.

Trotz der Hungersnoth, die Spanien heimsuchte, und namentlich in Madrid eine Zusammenrottung der Arbeiter auf der Plaza Mayor veranlaßte, blieb Alles ruhig; nur einige Banden zeigten sich in den Bergen von Toledo, Burgos und Palencia.

Die Abgeordneten billigten die Grausamkeiten Narvaez' ohne Rückhalt. Einige Senatoren weigerten sich, ihre Zustimmung zu den Maßregeln der Regierung zu geben, es waren aber nur wenige, unter diesen einige Richter des höchsten Gerichtshofes.

Als nun Narvaez diese Richter absetzte, wurde er wegen dieser ungesetzlichen Handlung im Senate heftig getadelt.

Ein Redner prophezeihete den Untergang Spaniens; wie das alte Rom nach den Gräueln des Sulla und Marius (zweier römischen Feldherren und Tyrannen) in Verfall gerathen, so werde auch Spanien durch Narvaez in's Verderben gestürzt.

Die Barcelonesen zischten den General Gasset, Gouverneur der Stadt, aus, als dieser ein Stiergefecht am ersten Mai besuchte.

Eine schreckliche Strafe traf die Redakteure von heimlich erscheinenden Journalen, Diaz, Blasquez, Blanc, welche zu sechszehn- und zwanzigjährigen Kettenstrafen verurtheilt wurden; der Leser stelle sich vor, was eine solche Strafe bedeute.

Ein Mensch ist verurtheilt, sechszehn bis zwanzig Jahre an einer Kette geschlossen der freien Bewegung zu entbehren, vielleicht in einer schmutzigen dumpfen Zelle zu verkümmern.

Ist der Tod nicht eine Gnade, gegen eine solch' barbarische Strafe? — — —

Inmitten dieser ununterbrochenen Reihe von Gräueln fiel die Rückkehr Serrano's von den Balearen.

Sie wurde durch das Murren vieler Senatoren veranlaßt, welche

es beklagten, daß ihr Präsident, das war der Marschall, von
Narvaez wie ein gemeiner Verbrecher außer Landes ge=
schleppt worden sei.

Es würde zu weit führen, hier alle Gräuel aufzuzählen. Diese
Aufzählung ist so eintönig, sie erfüllt jedoch die Brust des Menschen
mit Grausen.

Und wir würden nicht glauben, daß in der jetzigen
Zeit solche Vorgänge stattfinden könnten, wenn nicht
Telegraph und Zeitblätter dieselben uns zu Gesicht und
Ohr gebracht hätten.

Fünfzehntes Kapitel.

Die Königin Isabella II. flieht aus Madrid.

„In dem staubigen Madrid ist es doch während des Sommers
recht langweilig, beinahe unerträglich," redete die Hofdame Gräfin
Villaflor ihre Collegin die Herzogin von Vista Hermosa an, als Beide
dienstthuend auf einem Balkon saßen, welcher auf den Hof des Ma=
drider Residenzschlosses ging.

„Sie haben recht, aber es wird wohl seinen Grund haben, daß
wir hier bleiben; vielleicht ist der Colonial=Minister Marfori daran
schuld!" entgegnete die Herzogin beißend.

„Das ist allerdings ein Magnet, der genug Anziehungskraft be=
sitzt, den ganzen Hof an seine Sohlen zu fesseln," bemerkte die Gräfin
Villaflor; „aber diesmal ist nicht er es, der uns zurückhält, sondern
der Leibarzt Don Antonio Corral, Marquis de San Gregorio."

„Nun, der Doktor ist doch nicht durch Staatsgeschäfte an die
Hauptstadt gebunden, er begleitet uns ja nach San Ildefonso, oder
La Granja," sagte die Herzogin.

„Er macht um seine Person willen auch keine Einwendungen
gegen eine Ortsveränderung," erwiderte lächelnd die Gräfin Villaflor,
„er meint nur, der Gesundheitszustand Ihrer Majestät
vertrüge eine Reise nicht."

„Ihre Majestät scheint doch aber die Gesundheit selbst zu sein,
nur etwas wohlbeleibter ist sie geworden."

„Ihre Corpulenz, das ist eben ihre Krankheit, liebe
Herzogin, dieselbe wird noch zunehmen.“
„Ah! so verhält sich die Sache? Nun verstehe ich Sie, liebe
Gräfin. Also unsere Kinderstube wird noch einen kleinen Bewohner
erhalten. Dieses Schloß hat zwar genug Raum, für einen solchen
Zuwachs, aber im Lande wird man über dergleichen Familien-
freuden keine so begeisterten Jubellieder mehr anstimmen,
da ein neuer Infant oder Infantin immer eine neue Last
für den bedrängten Staatsschatz ist.“

„Das mein’ ich auch, Frau Herzogin, aber lassen wir die Staats-
weisheit, davon verstehen wir nichts. — Sieh da,“ fuhr sie fort, über
den Hof schauend, auf welchen jetzt eine Equipage fuhr, in welcher
ein einzelner Herr saß, „da kömmt der Sennor Marfori, von dem
wir noch eben gesprochen, er sieht aufgeregt aus, was mag das zu
bedeuten haben?“

In diesem Augenblicke wurden Schritte auf dem Corridor laut,
die Thür ging auf, und hastig eilte der Günstling an den Damen vorbei, sie kaum begrüßend, nach dem Kabinet der Königin.

„Er hat’s eilig,“ meinte die Herzogin, „Ihre Majestät scheint
den Sennor schon lange erwartet zu haben, und er ist nicht gekommen,
darum war sie auch so verstimmt. Sie schickte mich bald hier, bald
dorthin, machte mir Vorwürfe über diese oder jene Nachlässigkeit.
Nun wird wohl ihre üble Laune verschwinden. Der Herr
Marquis von Loja, thut in dieser Hinsicht Wunder.“

„Das muß man ihm lassen, Frau Herzogin, aber diese Wunder
gefallen nicht allen Leuten.“

„Nein, selbst der Königin Christina nicht, wie es scheint,“
unterbrach die Herzogin, „sie hat Knall und Fall den Hof verlassen,
und ist nach Frankreich auf ihre Besitzung bei La Rochelle gereist.“

„Nun, sie ist nicht so thöricht wie wir, hier in dem glühenden
Madrid auszuharren, sie sucht aus Gesundheitsrücksichten nördlichere,
stärkendere Seelüfte auf.“

„So heißt es, aber in Wirklichkeit hat die Königin-
Mutter sich wegen eines gewissen Verhältnisses mit ihrer
töniglichen Tochter überworfen.“

„Nun, die alte Königin ist doch sonst nicht so sittenstrenge?“
bemerkte die Gräfin Villaflor, „es müssen wohl noch andere Umstände
dabei obwalten. Freilich mag die Königin-Mutter im Ausland, in
welchem sie jetzt lebt, ganz andere Ansichten über die Dinge gewonnen
haben, als sie früher hegte. Dort werden die Handlungen einer aller-

höchsten Person sicherlich einer harten Prüfung unterworfen und streng getadelt. Wie mag das Gerede über unseren Hof in fernstehenden Kreisen sein; ich mag gar nicht daran denken."

„Wir können's nun einmal nicht ändern," schloß die Herzogin das Gespräch. — — —

Während sich die Damen im Vorzimmer Hofgeschichten erzählten, war Marfori zur Königin Isabella eingetreten.

„Sie machen sich sehr selten, Herr Marquis," schmollte die Königin mit zusammengezogenen Brauen, „ich fürchte, Sie lieben mich nicht mehr; Sie haben angenehmere Beschäftigung."

„O Majestät, wie können Sie nur glauben, daß ich Sie vernachlässige. Wichtige Geschäfte — —"

„Immer mit Ihren Geschäften, Sie Undankbarer," unterbrach die Königin, „die werden nur vorgeschützt, um mich schmachten zu lassen. Aber wie schön sehen Sie heut aus."

Sie sank ihrem Günstling in die Arme, und verschwendete alle ihre Zärtlichkeit an ihm; er erwiderte dieselbe ebenso feurig.

Nach einer Weile wurde Marfori ernst, fast traurig; er begann: „Leider muß ich heute Eure Majestät auf ernste Angelegenheiten aufmerksam machen."

„Was giebt's denn nun wieder? Narvaez scheint auch nicht die Zügel dieses Landes festhalten zu können.

„Wie ängstigte ich mich erst wieder vor einigen Tagen, als ich von der Verschwörung gegen mein Leben erfuhr, die hier in Madrid wieder angezettelt ist, und in welcher beinahe zweitausend Personen verwickelt sind."

„Es ist sehr schwer," erwiderte Marfori, „die Ruhe aufrecht zu erhalten, aber Narvaez wird es sicherlich gelingen, Sie müssen ihm nur Zeit lassen, Majestät, er macht die Unruhstifter wahrlich mürbe.

„Für den Augenblick befinden wir uns aber in einer bedenklichen Lage, denn in den Nordprovinzen ist ein gewaltiger Aufstand ausgebrochen."

„Ha, gewiß in Barcelona, diesem Nest von Rebellen," rief die Königin.

„Barcelona ist noch ruhig, Pezuela, der Graf Cheste (er war von Madrid als Gouverneur an Gasset's Stelle nach Barcelona geschickt) hält es unter seiner eisernen Faust. Aber die Rebellion rast bis an die Thore der Stadt."

„Diejenigen, welche die Vertheidiger meines Thrones sein sollen, die Soldaten, haben wohl wieder gemeutert?" fragte die Königin.

„Kein Einziger von ihnen: Narvaez hält blutige Manns-zucht."

„Wer hat denn aber rebellirt?"

„Entlassene Soldaten, Zollwächter, Karabiniere haben sich bei Tarragona unter dem unermüdlichen Trotzkopf Pierrad zusammenge-rottet, die Stadt erstürmt, und von da aus die Umgegend aufgewiegelt, in großen Schaaren hat sich ihm das bewaffnete Landvolk ange-schlossen."

„Thäte man nicht gut, wenn man einen solchen Mann, wie Pierrad, für uns zu gewinnen bemüht wäre?" versetzte die Königin.

„Der verstockte Republikaner ist für alle Welt verloren," ent-gegnete Marfori, „der hat an der Unruhe seinen Gefallen, und wird nicht eher rasten, als bis er im Grabe liegt.

„Für uns giebt es nur ein Mittel, ihn unschädlich zu machen, das ist, ihn fangen und erschießen!"

„Bis jetzt hat er sich doch den Verfolgungen stets zu entziehen gewußt?" wendete die Königin ein.

„Er wird schon einmal uns in die Hände fallen, und dann eine Kugel vor den Kopf, und damit Basta."

„Dagegen läßt sich nichts einwenden, mein Freund; ist noch weiter etwas geschehen?"

„Zum Unglück ist Pierrad nicht der Einzige, der gegen uns kämpft, Majestät; der Generalkapitän Contreras, der im vorigen Jahre abgesetzt wurde, weil er sich zu lau in unserer Sache zeigte, hat einen andern Banditenhaufen an der französischen Grenze gesam-melt, und ist in Aragonien eingedrungen, wo er sich im Arranthale in den wildesten Gebirgen festgesetzt hat.

„Um den General haben sich katalonische Raufbolde geschaart. In diesen unzugänglichen Schluchten ist den Empörern schwer beizu-kommen. Ich fürchte, es wird uns viele Mühe kosten, hier die Re-volution zu unterdrücken."

„Aber die Gefahr ist doch noch nicht nahe, Carlos?" fragte die Königin.

„Wer kann es wissen, Majestät, wir stehen auf einem Vulkan. Selbst hier in Madrid sind wir nicht sicher."

„Leider weiß ich das. Ich möchte am liebsten fliehen, und mich nach ruhigeren Gegenden begeben."

„Das dürfen Eure Majestät keinenfalls, Sie müssen auf Ihrem Posten ausharren, sonst steht das Schlimmste für den Thron zu befürchten."

„O ich Unglückliche! Man beneidet mich um mein Glück, die Erste im Lande zu sein, aber meine Krone ist mit so vielen Dornen besetzt, daß sie mir das Haupt wund drückt; ich komme aus den Nöthen nicht heraus."

„Nur getrost, Majestät, wir werden Sie schon schützen. Ihnen soll kein Haar gekrümmt werden.

„Da sind tausend Jäger von Barbastro, die haben geschworen, sich für ihre huldreiche Monarchin in Stücke hauen zu lassen; und neben dieser dem Tode geweiheten Schaar sind hunderttausend Andere bereit, sich für den Thron zu opfern."

„Sie wissen die Niedergeschlagene wieder aufzurichten, lieber Marsori, mögen Ihre Verheißungen wahr werden; zur heiligen Jungfrau will ich in bitteren Thränen flehen, ihr reiche Dankgeschenke weihen, daß sie das drohende Unheil von meinem Haupte abwende."

„So wollen wir denn das Beste hoffen, Majestät. Ich werde Ihnen berichten, wenn Ernsteres sich begeben sollte."

„Und ich werde versuchen, mir die schwarze Sorge, die sich wie ein Gespenst vor mir erhebt, aus dem Sinne zu schlagen.

„Kommen Sie recht bald zu mir, Sie sind mein liebster Freund und Tröster," schloß die Königin, indem sie sich an seinen Hals hing.

————————————

Die Hiobsposten mehrten sich, sie kamen aus Norden, Süden, Osten, Westen. Der eiserne Narvaez stand beinahe rathlos da. Hätte er seine Feinde alle auf einen Platz zusammengehabt, er wäre bald mit ihnen fertig geworden.

Aber an vielen Orten zugleich brach die Revolution aus. Die Aufständischen scheuten den Kampf nicht, es war keine Prim'sche blutlose Erhebung; die königlichen Truppen wurden Mann an Mann gefaßt und erlitten Schlappen.

Schon am nächsten Tage kam Marfori ganz athemlos wieder zur Königin.

„So sauer wie heute," hob er an, nachdem er den Begrüßungen genügt, „ist mir noch nie ein Gang zu Eurer Majestät geworden."

„Eine solche Abneigung haben Sie vor der Geliebten?" scherzte die Majestät, mit dem Finger drohend.

„O, nein," entgegnete der Günstling, „die unendliche Liebe zu

Ihnen ist es im Gegentheil, Majestät, die mir die Pflicht so peinlich macht, als Unglücksbote zu erscheinen!"

„Was giebt es denn schon wieder?" forschte die Königin.

„Die Sache wird ernster; in unserer Nähe beginnt der Geist der Empörung zu spuken.

„Die Madrilenen haben, Gott sei es geklagt, die Unverschämtheit, gegen Alles, was heilig ist, nicht verlernt.

„So eben noch demüthig, den Truppen scheu ausweichend, erheben sie jetzt das Haupt. In der Toledovorstadt vor dem Sant Barbara= und Alcala=Thor regen sich die Arbeiter, die Nachrichten von den Schauplätzen des Aufstandes laufen von Haus zu Haus, von Fabrik zu Fabrik.

„Einzelne Gruppen ziehen durch die Stadt und singen aufrührerische Lieder. Sie scheuen sich weder vor den Patrouillen der Gensd'armen, noch denen der übrigen Truppen.

„Als ich mich hierher zu Eurer Majestät verfügte, da umringte ein Trupp Studenten meinen Wagen, man insultirte mich, man verspottete mich, und schien nicht übel Lust zu haben, mich herauszureißen und fortzuschleppen. Mein Kutscher peitschte auf die feurigen Rosse, und hindurch ging es durch die fluchenden Musensöhne!

„Es ist in diesem Augenblick nicht geheuer in Madrid."

Und als sollten seine Worte durch die Begebenheiten bestätigt werden, erhob sich vor dem Schlosse ein wilder Lärm.

„Pan, Pan," (Brod, Brod) schrie eine Schaar Arbeiter, die aus der Bailenstraße herabkam.

„Nieder mit Marfori," riefen einige hinzukommende Studenten, „der Lotterbube ist eine Schmach für das Land, der Kerl hat uns eben beinahe übergefahren, holen wir ihn aus dem Schloß."

„Ja, ja," schrieen Alle.

„Und den Bluthund Narvaez wollen wir auch holen!" äußerten Andere.

Aber jetzt kamen starke Infanterie= und Cavallerie=Patrouillen von der Palastwache, und stachen und hieben rücksichtslos unter den Menschenknäuel, und säuberten den Schloßplatz.

Der Königin war vor Angst der Athem ausgegangen, sie hatte gewähnt, ein zweiter Aufstand von San Gil stehe bevor. Aber es wurde ruhig.

„Eure Majestät," nahm Marfori wieder das Wort, als die

letzten Schreie der fliehenden Menge verhallt waren, „begreifen wohl, daß in Madrid Ihres Bleibens nicht länger ist. Sie müssen fort, und zwar schlägt Narvaez La Granja als Aufenthalt vor."

„Mein Leibarzt hat die Reise dahin, bei dem Zustande, in welchem ich mich befinde, nicht gestatten wollen," meinte Ihre Majestät.

„Noth kennt kein Gebot! Nach meiner Ansicht bietet diese Fahrt für Eure Majestät keine größere Gefahr, als der fernere Aufenthalt hier in der Residenz."

„Ich werde mich mit meinem Leibarzte berathen; aber, Marfori, Sie werden mich doch begleiten?"

„Majestät, vermeiden wir in der gegenwärtigen Zeit jedes Aufsehen. Ihr Herr Gemahl, der König wird Ihnen zur Seite stehen."

„Die Trennung von Ihnen ertrage ich nicht, Carlos," schluchzte Isabella händeringend.

„In das Unabänderliche muß man sich fügen, Majestät," beschwichtigte Marfori die Weinende, indem er sie an sich zog; sie lehnte ihr Haupt an seine Brust, und verharrte einige Zeit schweigend und in Thränen.

„Wohlan, seien Sie stark, Majestät, die Zeit verfliegt, und wenn wir uns wiedersehen, strahlt die Macht meiner Königin um so heller."

Der Leibarzt gab zu der Fahrt nach La Granja seine Zustimmung.

Dem Könige wurde bedeutet, seiner Gemahlin das Geleite zu geben, und er freute sich wie ein Kind darüber; denn in La Granja gab es krystallhelle Fischteiche, da konnte er seiner Lieblingsbeschäftigung nachgehen.

Als der König nun gar erfuhr, der Günstling sei nicht unter der Reisegesellschaft, sondern bleibe in Madrid, war seine Zufriedenheit vollkommen, denn Marfori war ihm seit dem Ereignisse im Boudoir der Königin ein Dorn im Auge.

Auch mochte Ihre Majestät einige Worte über die gegen ihn beabsichtigte Verbannung haben fallen lassen; und mit Recht schrieb der König diese Feindseligkeit dem Günstling zu. —

Aber ein Unstern waltete über der Königin. Kaum in dem Lustschlosse La Granja angekommen, beschleunigten Aufregung, Angst, und Gram über die Trennung von Marfori das erwartete, freudige Ereigniß, und verwandelten es in ein trauriges.

Die Königin that eine Fehlgeburt.

In den Gemächern des Sommerresidenzschlosses, die sonst nur von Lust- und Freudentönen wiederhallten, herrschte jetzt Trauer und Niedergeschlagenheit.

Diener und Höflinge schlichen lautlos an einander vorüber. Man flüsterte und zischelte nur, denn die Königin lag schwer krank, und selbst der König war aus seiner Gemüthsruhe gebracht.

Er verließ kaum das Lager seiner Gemahlin, an welchem Claret und Patrocinio unablässig ihre Litaneien um die Genesung der ihnen so gnädigen Monarchin hermurmelten, und wie man annehmen darf, stiegen ihre Gebete aus inbrünstiger und aufrichtiger Seele zum Himmel, denn das etwaige Scheiden der Königin war ohne Zweifel ein unersetzlicher Verlust für die Kirche. —

Endlich wendete sich die Krankheit Ihrer Majestät zum Bessern, ihre starke Natur siegte über das Fieber, und sie erholte sich so rasch, daß man ihr die neuen Trauerposten hinterbringen konnte, die täglich von allen Seiten einliefen.

Ihre Majestät war seit einigen Tagen vom Siechenlager aufgestanden, und die Farbe der Gesundheit begann wieder ihre Wangen zu röthen, als Peter Claret eines Morgens mit allen geistlichen Trostgründen gewappnet, zu ihr eintrat.

„Dank sei der heiligen Jungfrau," redete er die Königin an, „daß sie Eure Majestät aus schwerem Siechthum erlöst; möge sie auch ferner ihre schirmende Hand über meine allergnädigste Herrscherin ausstrecken, und Sie vor allen verwegenen Frevlern bewahren, die die heiligen, unverletzlichen Rechte der von Gott geschenkten Krone anzutasten wagen."

„Amen," hauchte die Königin schwach, „so sei es, und die himmlischen Heerschaaren mögen für mich wider meine Feinde streiten.

„Wie steht es in meinem Reiche, ehrwürdiger Vater? Lange hat mir Niemand von den Vorgängen gesprochen, die mich aus meiner Hauptstadt hierher getrieben haben, und die Ursache zu meiner Krankheit gewesen sind."

„Die Söhne Belzeebubs tragen ihr Haupt höher, als je, beinahe scheint es, als ob Satan über die Heiligen triumphiren, und sein Reich der Gottlosigkeit in diesem frommen Lande herstellen werde, dessen Schutzpatronin die heilige Jungfrau seit Jahrhunderten gewesen ist?"

„Steht es denn so schlecht mit meiner Sache?" fuhr die Königin auf, „Por las entrannas de la Santa Madre, (Um Himmelswillen) verschweigen Sie mir nichts!"

„Nun denn, so hören Eure Majestät. An allen Ecken und Enden lodert die Rebellion lichterloh.

„Der tapfere General Manso de Zunega, ein Neffe Narvaez', ist bei Ayerbe in Aragonien an der Spitze seiner Truppen, unter welchen Verräther waren, gefallen, sein Corps ist zersprengt.

„Der Insurgentengeneral Latorre steht in Altkastilien; Avila und Bejar sind in den Händen unserer Feinde. Huelba bei Cadix in Andalusien hat die Fahne der Empörung aufgepflanzt, Milans del Bosch, Prim's, des Antichrists Freund, hat Huesca in Aragonien genommen.

„An der ganzen östlichen Seeküste entlang schlagen sich unsere Truppen mit dem Feinde. Castellon de la Plana ist in der Provinz Valencia das Hauptquartier der Rebellen. In Gallicien ist die Stadt Orense mit bösem Beispiele den Ortschaften der Provinz vorangegangen.

„Und heute Morgen ist gar die böse Kunde eingetroffen, daß Saragossa sich den Empörern angeschlossen hat, dieselbe hat sich noch nicht bestätigt."

„Himmel," rief die Königin jammernd, „wie strafen mich die Heiligen für meine Sünden, welche Trauermähr! Ist denn mein Land dem Bösen auf ewig verfallen?"

„Nein, Majestät, bei Christi Wunden, das ist unmöglich. Ich habe tagelang gebetet und gefleht, gefastet und mich kasteiet, da ist mir himmlische Erleuchtung geworden. Die heilige Jungfrau hat diese Prüfung über Sie verhängt, um Ihnen die Macht des Göttlichen zu zeigen.

„Die Rebellion ist nur das Aufflackern sündiger Begier; eine Verblendung Derer, die Gott strafen will. Alle jene Widersacher, die im Verborgenen Ihre Herrschaft untergruben, zeigen sich jetzt im hellen Lichte der Oeffentlichkeit.

„Man wird sie am Tage der Vergeltung zu finden wissen, sie werden dem Schwert der Vernichtung nicht entgehen, und dann wird dieses Land, gesäubert von den Feinden der katholischen Kirche und der Krone, wieder das frömmste auf der Erde sein, es wird meiner Königin blindlings gehorchen."

„Ihr spendet mir süßen Trost, ehrwürdiger Vater, aber unsere Lage ist jetzt doch wohl bedenklich?"

„Ich muß es einräumen, Majestät. Wie Sie vernommen, sagt man, daß Avila, ganz in unserer Nähe, des Aufruhrs Rotten birgt: jedoch das ist ein Gerücht.

„Wir sind von allen Verbindungen abgeschnitten, die Telegraphen zerstört, die Eisenbahnschienen aufgerissen, die Züge werden überfallen, noch jüngst wurden 80 Jäger des Bataillons Baza in einem Zuge, welchen die Rebellen entgleist, verwundet. Nachrichten kommen nur spärlich aus Madrid."

„Da wäre es wohl am besten, den Ort hier zu verlassen, ehrwürdiger Vater, um nach einer treuen Stadt zu flüchten; wie wäre es mit Segovia?"

„Es verlautet nicht, daß die Empörer außer Tarragona und Sarragossa in Besitz größerer Städte wären. Auch ist die Armee treu; man hat nicht gehört, daß Truppen in bedeutender Zahl fahnenflüchtig geworden sind. Darauf eben stützt sich meine Zuversicht.

„Nur das schlagfertige Landvolk der katalonischen und aragonischen Gebirge, denen Zollwächter und ausgediente Soldaten sich zugesellt, steht gegen uns im Felde. Es mangelt ihnen an Geschütz und an Kriegsmaterial, so wie an Geld, um welches zu beschaffen.

„Auch soll Prim nicht in ihrer Mitte sein.

„Wie mir Narvaez berichtet, sind uns von Frankreich aus neunzig Millionen Realen (Münze von zwei Silbergroschen und ein und ein halb Pfennig) vorgestreckt worden, eine schöne Summe zu gelegener Zeit."

„Diese Kunde wiegt die bösen auf, ehrwürdiger Vater, und Narvaez bitte ich in tiefster Seele ab. Schon wollte auch ich ihn anklagen, ihn zu den schwachen Männern zählen; wie die Andern.

„Doch daß er die Armee in Zucht und Ordnung hält, rechne ich ihm hoch an, so wie daß die Welt ihm solches Vertrauen schenkt.

„Aber nun zur Sache, ehrwürdiger Vater, überbringen Sie dem Grafen Novaliches meine Befehle.

„Er soll Alles zur Abreise anordnen, jedoch werden wir dieselbe nur im äußersten Nothfall antreten."

„So soll es geschehen, Majestät, und heiter verlasse ich meine Tochter in so beruhigter und fester Haltung." — — —

Die Königin verließ La Granja nicht.

Der Himmel heiterte sich für die königliche Partei auf; der tiefen Finsterniß folgte der hellste Sonnenschein.

Schon nach einigen Tagen trat Pater Claret wieder in's Gemach Ihrer Majestät.

„Triumph, Triumph," rief er freudestrahlenden Antlitzes. „Ehre sei Gott in der Höhe und auf Erden; der Himmel hat wacker für uns gestritten!

„Zwei unserer schlimmsten Feinde sind vom spanischen

Boden verschwunden. Contreras trat am Col de Benas-
que (einem pyrenäischen Berg) über die französische Grenze,
ebenso Pierrad bei Perpignan.

„An andern Orten lösen sich die zusammenhaltlosen Banden auf.
Es sind eben wenig Soldaten unter ihnen, die Truppen dagegen stehen
wie ein Mann bei der Fahne.

„Prim, der die ganze Sache eingefädelt und die ganze
Welt durch eine schwülstige Proklamation (Bekanntmachung)
in Alarm gesetzt, hat sich nirgends blicken lassen. Er soll
auf einem Schiffe zwischen Barcelona und Tarragona hin-
und hergefahren sein, ohne zu landen.

„Jetzt ruht er sich in Genf von den Strapazen des nicht gemachten Feldzugs aus.

„Heil, Heil meiner Königin; Ihre Feinde liegen ihr zu Füßen.“

„Ich werde sofort in die Kirche wallen,“ rief freudestrahlend die
Königin, „und der heiligen Jungfrau sowie allen Heiligen des Himmels im heißesten Gebet meinen Dank abstatten. Der heiligen Schutzpatronin vom Pfeiler von Saragossa weihe ich ein Prachtgewand, sowie jeder Hauptkirche des Reiches eine Spende von hundert Dublonen.“
(Goldmünze von sieben Thaler Werth.)

Es wurde in der Kapelle ein Tedeum mit allem Pompe gesungen.

Narvaez erhielt den heißesten Dank seiner Monarchin
für Unterdrückung des Aufstandes.

Wieder einmal war ein Cosa de Espanna vor sich gegangen, d. h.
eine Sache ohne Erfolg, ohne Zweck und Ziel. Die spanischen Freiheitshelden hatten Europa wieder einmal genarrt, sie begannen nachgerade
alles Ansehen selbst bei ihren Gesinnungsgenossen zu verlieren.

Die Regierung aber wurde durch den Aufstand nicht eines Bessern
belehrt, sie setzte ihre Grausamkeiten fort.

Sie füsilirte, deportirte, erdrosselte nicht bloß die Verbrecher, sondern strafte auch die Verdächtigen; die gelin-
deste Strafe war, daß ein Unschuldiger, den vielleicht ein
Feind aus Privatrache bei den Behörden angeschwärzt hatte,
von Haus und Hof entfernt nach einem entlegenen Winkel
geschickt wurde, wo er unthätig verblieb, während zu Hause
seine Geschäfte zu Grunde gingen.

Narvaez und Gonzalez Bravo wollten durchaus acht- bis zehn-
tausend Personen in die pesthauchenden Sümpfe der afrikanischen Insel Fernando Po, oder nach den entlegenen Philippinen

in Hinterasien schaffen lassen, wo sie von den Fiebern aufgerieben werden sollten, um so die Revolution in Spanien auf ewig auszurotten.

Auf den Einspruch des Finanzministers, der erklärte, daß zu solchen Unternehmungen die Gelder nicht ausreichten, unterblieb das ungeheuerliche Vorhaben.

Spanien war zum zehnten Mal vor dem Höllenpfuhl der Volksherrschaft bewahrt worden.

––––––

Sechszehntes Kapitel.

Die Intriguen der alten Regentin Christina.

„Du bist von sehr kleinlichen Personen umgeben, Königin; ich finde mich kaum zurecht hier, die alten, treuen, energischen Gesichter vermisse ich, oder, wo sie mir aufstoßen, hat sich die Stumpfsinnigkeit und das Närrische des Alters über sie wie ein unfreundlicher Schleier gebreitet. Und gar die neuen, nichts als Larven!

„Ich bitte Dich, Isabella, was fängst Du mit diesen an! Das mark- und gesinnungslose Geschmeiß verläßt Dich bei'm ersten Kanonenschuß, ist nur treu, so lange Du goldgestickte Uniformen und fette Dotationen auszutheilen hast. Nein, nein, die Hoheit der Gewalt, wie sie zu meinen Zeiten hier lebte, ist spurlos dahin; es duftet nach Moder und Verrath in diesem Schlosse.“

Die Gestalt der Königin Maria Christina, denn sie war die Sprecherin, die alte Regentin, richtete sich bei diesen Worten hoch auf.

Aus den Augen, die dem vom Alter bereits leise gerunzelten Gesicht noch immer einen majestätischen Glanz verliehen, blitzte die alte Entschlossenheit; und um den Mund legte sich ein höhnischer Zug, als mache es der klugen Fürstin Vergnügen, das Schicksal ihrer eigenen Familie mit grausamer Ironie vorauszusagen.

Sie stand aufrecht vor ihrer königlichen Tochter, und sah halb mitleidig, halb verächtlich auf das junge Weib nieder, das nachlässig in den weichen Kissen des Divans lehnte, und mit dem abgestreiften Armband spielte, wie ein Kind, das sich durch Tändelei die ernsten Sorgen verscheuchen will.

Plötzlich schaute Königin Isabella mit furchtsamer Zärtlichkeit zu der strengen, weisen Mutter auf, und gab sich anscheinend Mühe, einen Zug von Liebe in dem Antlitz derselben zu entdecken.

Isabella entgegnete: „Deine Worte erschrecken mich, Du sprichst wie eine Unglücksprophetin, wo sollte mir denn Unheil herkommen. Der Aufstand der gottlosen Rebellen ist niedergeschlagen, und mein starker Beschützer, der General Narvaez, hält schirmend sein Schwert über unser schönes Spanien."

Um die Mundwinkel der alten Regentin zuckte es bei Nennung des Namens Narvaez wie Hohn, und sie erwiderte:

„Narvaez! Leider wird der trockene Schleicher nur zu bald der Todtengräber der bourbonischen Herrlichkeit werden; wie anders war der Mann, als ich anno 43 an seiner Hand nach Spanien zurückkehrte.

„Damals vereinigte sich in ihm ein Held und ein Diplomat. Aber mit seiner staatsmännischen Weisheit ist er längst auf die Neige gekommen; er ist zum Haudegen ohne Berechnung geworden; er hat keinen rechten Begriff, wie man moderne Ideen behandeln möchte. A Propos, Isabella, Kind! Gedenkst Du für immer, Prim zum Rebellen zu machen?" —

Isabella zuckte zusammen, sie ließ das Halsband fallen, eine jähe Röthe schoß über ihr Gesicht, um bald darauf einer tiefen Blässe Platz zu machen.

„Um Gottes Willen, Mutter, nenne den Namen dieses Undankbaren, dieses Schändlichen nicht. Er hat mich verrathen; er ist nicht werth, daß ich ihn mit so viel Gunstbezeugungen überhäuft habe."

Auf diesen Wuthausbruch der Königin Isabella hatte Maria Christina nur ein leises sarkastisches Lächeln zur Antwort.

Es entstand eine ziemliche Pause, während welcher Königin Isabella ihr bleiches Antlitz in den Händen vergrub, und sich ihrer Brust leise Seufzer entrangen.

Es war gegen Abend; der dunkle Oktoberhimmel begann sich immer mehr mit Trauerfloren zu umhängen.

Die Flammen des Marmorkamins leuchteten phantastisch in das Dämmerdunkel der Stube, und die leise knisternden Funken schienen sich die Geheimnisse des Schlosses von Madrid zu erzählen, aber nach und nach erlosch das Feuer, und nur noch schwache Tinten spielten auf dem getäfelten Fußboden des Gemaches.

Da schritt die Regentin zum Kamin, ergriff eine niedliche Schürzange, und stöberte in den hellglühenden Kohlen herum, daß die Flam-

77*

men hellauf loderten und das Zimmer fast erhellten. Sie murmelte dabei, doch für ihre königliche Tochter hörbar, die Worte in abgebrochenen Sätzen: „Noch immer ist's Zeit — — Männer altern — — Weiber verjüngen sich — die Weisheit nützt sich ab — — aber die Reize bewahren ihren Zauber — — darum — Feuer des Bourbonenstammes — lodere hell auf!" —

Isabella lauschte gespannt; nur halb begriff sie die Worte ihrer verständigen Mutter, und sie heftete daher Aufklärung heischend ihre Blicke erwartungsvoll auf diese.

Königin Christina wandte sich um, und indem sie den zierlichen Salon-Schürer heftig an das Marmorkamin schleuderte, rief sie:

„Isabella! Wenn Du Deinen Thron retten willst, so entreiße Dich dem giftigen Nichtsthun, entsage Deiner schlimmen Einsamkeit, richte Dich hoch auf, und mache über die Köpfe dieses miserabeln Ministeriums hinweg Deinen Frieden mit dem Grafen von Reus!"

Wieder zuckte Isabella zusammen und flüsterte gepreßt:

„Aber Mutter, was muthest Du mir zu! Don Juan Prim ist zu ehrgeizig, als daß er mein Freund sein könnte; er sagt es in seinen Proklamationen, daß er Spanien von der Knechtschaft befreien wolle. Folglich will er die Dynastie der Bourbonen doch vom Throne stoßen."

„Gefehlt, meine Tochter!" fiel ihr die Mutter in's Wort; „so schlecht kennst Du den Prim? Und ich glaubte doch" — Maria Christina sprach mit bedeutungsvoller Langsamkeit — „Prim müßte Dir Alles, Alles gewesen sein, Du müßtest ihn für immer an den Hof, an Dich, an die Dynastie gefesselt haben. Isabella, Isabella! Entweder hast Du Deine Studien im Rausche vernachlässigt, oder — Du bist zu unerbittlich gewesen. Eine Königin giebt und fordert nach Gutdünken, eine Königin steht über der Frau; für eine Königin, die es nicht etwa vorzieht, wie ich einst, den Frühling in den Armen des kalten Winters zu spielen und gefrorene Quellen aufzuthauen, existirt nur eine Tugend: kluge Galanterie oder galante Klugheit, wie Du's nennen willst.

„Wenn Prim Rebell geworden ist, so wurde er's, weil Du ihn nicht genügend zu fesseln verstandest. In Deiner Hand liegt es, aus diesem Mann, der so geschickt den europäischen Abenteurer spielt, ohne sich die Finger jemals zu verbrennen und sich stets außer Schußweite hält, einen Atlasträger Deiner Macht, einen Großpaladin Deiner verjüngten Königshoheit zu machen.

„Ich sage Dir, Prim ist so wenig zum Tyrannenhasser geboren, wie Du zur Frau des Don Francisco. Er hat sich wohl gehütet, es irgendwo auszusprechen, daß er die Bourbonen vertreiben will, und hinter den Freiheitsphrasen, die er in die Welt schleudert, haben sich ihrer Zeit O'Donnell und Serrano und Concha, und wie die saubern Kürbisköpfe der liberalen Union alle heißen mögen, ebenfalls als Revolutionshelden gefühlt.

„Nicht der ferne Prim ist Dein gefährlichster Feind, sondern das Revolutionscomité hier in den Mauern von Madrid, nach welchem die dummen Alguazils nun schon lange vergeblich forschen. Hier lies diese neueste Kundgebung der geheimnißvollen „junta revolucionaria de Madrid."

„Da steht es deutlich ausgesprochen, das Mißtrauen, welches die unverbesserlichen und tollkühnen Republikaner gegen Prim haben."

Die Königin-Mutter las laut, indem sie zum Kamin trat:

„Leider müssen wir es unumwunden aussprechen, Patrioten von Madrid, daß an dem Mißerfolg der jüngsten Erhebung nur das Einmengen und zugleich das unverantwortliche Zögern gewisser Personen schuld ist.

„Der General Prim hat sich nirgends an die Spitze der Insurgenten gestellt, und hat gar nicht einmal den spanischen Boden betreten, obwohl ihn die tapfern Arbeiterbrüder von Barcelona erwarteten. Er hat dadurch bewiesen," — die Königin Christina las mit erhobener Stimme — „daß er mindestens ein sehr lauer Parteimann und der Situation nicht gewachsen ist.

„Nur daran können wir einen Patrioten erkennen, wenn er, offen wie wir, die Mitglieder der revolutionären Junta, die Entthronung aller Bourbonen geschworen hat. Von General Prim wissen wir es bis zum heutigen Tage noch nicht, ob er sich uns durch diesen Schwur eint. Er hat über diesen Punkt stets hartnäckig geschwiegen."

Königin Christina blickte triumphirend auf ihre Tochter.

Isabella schwieg.

Die alte Regentin zog an einer Glockenschnur. Bald darauf erschien die Leibzofe mit zwei Lichtern, die in hohen silbernen Leuchtern steckten, und stellte sie stumm auf den Tisch.

„Und nun handle, Isabella!" rief Maria Christina, als sich die Dienerin wieder entfernt hatte, „nun fasse einen Entschluß. Hände sind bereit, um ihn auszuführen, mein Kopf hat bereits für Dich gedacht, mein Mund für Dich gesprochen."

Isabella sprang auf vom Divan, und ging im Gemach unruhig hin und her.

„Ich weiß, welche Erwägung Dich unschlüssig macht," begann die Königin=Mutter wieder.

„Es ist der Palast=Intendant Carlos Marfori. Du hast Dich an den Mann gewöhnt, und fürchtest nun, der ehrgeizige Prim würde sich durch die freundschaftliche Stellung dieses getreuen Beamten zu Dir genirt fühlen. Nicht wahr, ich hab's getroffen?" fragte die Mutter mit sonderbarem Lächeln.

In Königin Isabella ging eine wunderliche Bewegung vor sich. Marfori und Prim! Konnte sie denn überhaupt Ver= gleichungspunkte zwischen diesen beiden Männern finden? Marfori, der Mann, der vermöge seiner Verwandtschaft mit dem Herzog von Valencia (Narvaez) und seiner Brauchbarkeit in des Steuerwesens, und dann im Departement des Salzes und der Gewürznelken eine stille aber un= aufhaltsame Carriere gemacht, und sich durch sorgfältige Behandlung seines Bartschmuckes eine königliche Freundin erobert hatte — und Prim, dieser kühne, romantische Abenteurer, den Spanien einst den „modernen Cid" getauft! Isabella erröthete bei dieser Parallele, und doch wandte sie sich plötzlich zur Mutter und sagte:

„Ich liebe nun einmal den schlichten, einfachen Marfori, aber den Prim fürchte ich, und darum hasse ich ihn!"

„Das ist nicht wahr!" entgegnete ihr rasch die alte Regentin. „Du belügst Dich selbst. Du hassest ihn nicht, Du bist nur eifer= süchtig auf seine Frau Donna Catharina Decampo. Du vergißt aber, daß die Donna gegen die revolutionäre Rolle ihres Gatten eingenommen ist; und wenn Du es über Dich zu bringen vermöchtest, mit ihr in direkte Verbindung zu treten, so hast Du den größten Mann Spaniens für Dein Interesse gewonnen.

„Freilich mußt Du ihn so hoch stellen, daß er für immer die Lust verlieren würde, den Rebellen zu spielen. Denn er spielt ihn nur."

Isabella hatte einen Entschluß gefaßt, sie antwortete:

„Du hast recht, Mutter! Jetzt, da mich nicht mehr eine Leiden= schaft für Prim erfüllt, wird es mir leichter werden, ihn zu fesseln, ich will wieder einmal Königin sein, und meiner Schwester Maria Luise zuvorkommen, die Gelüste trägt, mit den Re= bellen zu paktiren. Was hast Du für mich gethan?"

Die Königin=Mutter replicirte:

„Ich bin vor wenigen Wochen durch einen sonderbaren Abenteurer, Namens Don Silvio, einen Andalusier, der das Vertrauen des Generals

besißt, mit diesem in Verbindung getreten. Er mag Dir selbst rap-
portiren."

„Wie? Er befindet sich in der Nähe?" fragte die Königin.

„Ich habe ihn im Schlosse einquartiert, um Deines Winkes gewärtig zu sein."

„Nun denn, er soll erscheinen!"

Die alte Regentin zog die Klingelschnur, und ertheilte der einge-
tretenen Kammerfrau mit leiser Stimme die Weisung, den Don sofort
zur Königin zu führen.

Eine triumphirende Heiterkeit strahlte auf dem Gesicht der alten
Regentin. Erst seit einigen Tagen befand sie sich wieder in Madrid; die
unruhige Regsamkeit, die ihr ganzes Leben hindurch eine Eigenheit
ihres Charakters gewesen war, ließ sie auch hier nicht ruhen.

Sie mußte regieren um jeden Preis, und konnte dies auch nur
durch untergeordnete Personen, und mittelst schlau angelegter Pläne
geschehen.

Mit dem politischen Scharfblick, der ihr noch aus den Zeiten
ihrer Regentschaft eigen war, hatte sie die Situation in Spanien
augenblicklich richtig erfaßt; und wie sie sich anno 36 in San Ildefonso durch einen Federstrich zum entschiedensten Liberalismus bekannt
hatte, um ihre Sache vor Don Carlos zu retten, so sah sie auch
jetzt nur das Heil der Dynastie in einem raschen und kühnen
Wechsel des Systems.

Narvaez mußte beseitigt und Prim an seine Stelle
gebracht werden. Nur so, davon war sie fest überzeugt,
war dem drohenden Verderben Einhalt zu thun.

Denn sah auch der Oktober von 1867 eine mit Waffengewalt
niedergeschmetterte Insurektion, so konnte doch der Frühling von
1868 Schlimmeres bringen, zumal die geheime revolutionäre
Junta in Madrid noch immer existirte, und Brandschriften unter
das Volk schlenderte.

Don Silvio trat ein.

Er war ein untersetzter Mann von vielleicht vierzig Jahren, sein
bartloses Gesicht machte einen fast weibischen Eindruck, aber seine
Blicke schossen unheimliche Blitze.

Er brachte den Majestäten stumm seine Huldigung dar.

„Was können Sie Ihrer Majestät von dem General Prim mittheilen?" begann fragend die Königin-Mutter die Verhandlung, „erzählen Sie Ihrer Majestät, was Sie mir berichteten."

„Welche Ehre für mich," sprach Don Silvio, „daß ich ausgewählt wurde, eine so folgenreiche Verbindung zwischen Ew. Majestät, meiner hochgelobten Königin, und dem „neuen Cid" zu vermitteln. Ich hatte mit dem berühmten General erst in Brüssel eine Unter= redung über eine mögliche Aussöhnung mit Ew. Majestät.

„Er hatte diesen Gedanken schon einmal ausgesprochen, aber er durfte es doch nicht wagen, sich von den Unzufriedenen zu trennen, ohne zu wissen, welche Aufnahme ihm in Spanien werden würde. **Ein solches Spiel hätte auch den Kopf kosten können, denn Se. Excellenz der Herzog von Valencia macht nicht viel Aufhebens."**

„Wie gut, daß der General nicht nach Spanien gekommen ist!" flüsterte fast zärtlich Isabella, „doch sprecht weiter."

Don Silvio fuhr fort:

„Der General ist außerdem sehr delikat. Nicht, ohne daß Ew. Majestät ihm einen ehrenvollen Antrag stellten, konnte er eine Rück= kehr zum Gehorsam in's Auge fassen; nicht als Reniger, nicht als Renegat, sondern als einer, der offen seinen Frieden schließt und Ge= legenheit findet, ohne Revolution der Reform in Spanien eine Stätte zu gründen, kann er zurückkehren. Bald darauf widerfuhr mir die hohe Ehre, in Frankreich mit Ihrer Majestät, Ihrer königlichen Mutter zusammenzutreffen.

„Ich handelte auf eigene Rechnung, denn Prim schwankt gern, und da hielt ich's für das Beste, mich Ihrer Majestät zu nähern und sie einer Vermittelung geneigt zu machen.

„In Genf traf ich wieder mit dem General zusammen, aber er war ganz und gar in der Gewalt der französischen, polnischen, deutschen und italienischen Flüchtlinge. Ein Bote von Mazzini beschwor ihn, sich an die Spitze des Aufstandes zu stellen und nicht zu säumen. **Aber den General erfüllte das lärmende Treiben der Emigranten mit unsäglichem Widerwillen, und als ich** ankam, athmete er auf.

„Die Botschaft, die ich ihm von Ihrer Majestät Königin Maria Christina brachte, erhellte seinen Kopf sichtbar, und so kam es denn glücklich zu einer Zusammenkunft zwischen Ihrer Majestät und dem General zu Marseille, wovon Europa nichts weiß."

„Wie! Mutter! Du hast den General selbst gesprochen?" rief erregt Königin Isabella.

„Ich habe ihn gesprochen, doch davon später!" antwortete Königin Christina lächelnd.

„Don Silvio!" sprach jetzt die Königin Isabella, und

ein Hauch von Energie flog über ihre Gestalt, „Sie tragen das Schicksal Spaniens auf Ihrer Zunge. Kehren Sie zum General zurück, und bringen Sie ihm meinen Gruß, sagen Sie ihm, er soll des Rufes gewärtig sein, doch sagen Sie es ihm nur, wenn Sie wissen, daß er entschlossen ist, so zu handeln, wie mir berichtet wurde."

Die Königin warf einen fragenden Blick auf ihre Mutter.

„Don Silvio," erklärte die Regentin, „ist ein treuer Anhän= ger der Bourbonen; er ist erprobt, und wir können uns auf ihn verlassen.

Don Silvio küßte ehrerbietig die dargebotene Hand der Königin Isabella, und empfahl sich.

Wir lassen die Königinnen allein, und folgen dem räthselhaf= ten Manne durch die Corridore.

Ein höhnisches Lächeln spielte auf dem Antlitz des Don; plötz= lich blieb er eine halbe Minute stehen, und flüsterte: „Ja, hier war's! Hier fiel Maregnon! Dank Euch, Ihr unsichtbaren Mächte, daß Ihr mich einen Mann werden ließet!"

Er verschwand in einem der Zimmer des Erdgeschosses.

<hr>

Siebenzehntes Kapitel.

Die geheime revolutionäre Regierung zu Madrid.

Don Silvio verweilte nur wenige Stunden in dem Stübchen, welches ihm die alte Regentin im Erdgeschoß des königlichen Schlosses angewiesen hatte.

Als es still in den weiten Räumen geworden war, schlüpfte ein Weib durch ein Hinterpförtchen in den Garten.

Es vermied geflissentlich den grellen Mondschein, der die Mitter= nacht erhellte, und in welchen die Architekturen des Palastes um so härter und herzloser hinausstarrten. Wüßten wir nicht, daß das Weib Don Silvio ist, so könnte uns der frauengleiche Schritt täuschen.

Traun, das Weiberkleid steht dem bartlosen Intriguanten und Agenten der alten Regentin fast besser als der Männerrock, und es scheint, als habe Don Silvio schon oft die Rolle des Weibes gespielt.

Doch siehe, der Don hat Ortskenntniß. Wie weiß er, ohne sich umzusehen, ohne zu überlegen, die unbetretensten Pfade einzuschlagen, unbemerkt nach der Straße Atocha zu gelangen.

Dort in der Nähe der Klinik San Carlos sendet eine trübe Weinlaterne ihr einsames Licht in die ringsum schweigende Straße.

Das Pseudo-Weib schaut sich hier vorsichtig um; denn der Schritt einer Patrouille kommt näher auf dem schallenden Pflaster.

„Müssen die verwünschten Soldaten mir gerade in den Weg kommen!" flüstert sie unmuthig, „ein wahres Glück, daß ich nicht in Männertracht ausgegangen bin. Der gestrenge Herr Gouverneur ließ mich wahrhaftig als verdächtigen Fang einsperren, dann Ade, kühne Rächerrolle! Doch still, man kommt näher."

Mit diesen Worten lauert sich das Weib unter eines der hohen Portale der Paläste, die sich neben der Weintaberna befinden.

Die Patrouille ist in der Nähe; der Offizier, welcher sie führt, hat mit scharfem Auge die zusammengekauerte Gestalt unter dem Portale erblickt, „Werda!" ruft er, sich nähernd. Das Weib seufzt.

„Aha, eine obdachlose Bettlerin! steh' auf, Weib, wirst Rechenschaft geben, über woher und wohin?" befiehlt barsch der Offizier.

„Sennor!" erwidert das Weib, „Ihr seht, daß Ihr eine bedauernswerthe Frau vor Euch habt, die der Nachtkälte ausgesetzt ist, weil sie hier auf die Rückkehr ihres Trunkenboldes von Gatten warten muß."

„Gesindel, was sich Nachts herumtreibt, um zu stehlen," bemerkt unwirsch der Offizier.

„Oho," erhebt sich stolz das Weib, „ist das die Achtung, die ein Offizier unserer allergnädigsten Königin vor dem schwachen Weibe hat? Ich habe noch nie gebettelt, ich arbeite! Laßt mich hier, und fahndet lieber nach den verdächtigen jungen Männern, die vor wenigen Minuten hier vorüberzogen und revolutionäre Lieder sangen. Oder wollt Ihr mich durchaus verhaften, nun so thut es, wenn Ihr nichts Besseres zu thun habt."

Diese Worte machten den Offizier stutzen. „Wie? Weib! Wohin nahmen die Bursche ihren Weg?"

„Jedenfalls dem Bahnhofe zu, weiß ich's? Ich ärgerte mich als Patriotin eben nur über ihre Lieder," antwortete die Verkleidete.

Der Offizier fühlte sich beschämt, und indem er dem Weibe einige Kupfermünzen zuwarf, befahl er seiner Patrouille, im raschen Schritt dem Bahnhof zuzueilen.

Bald waren die Tritte der Soldaten verhallt, und das Weib lachte leise vor sich hin, und huschte, als sie sich unbemerkt wußte, der eisernen Weintaberna zu.

Sie eilte die kurze Treppe hinab; unten angelangt, gähnte sie der schlaftrunkene Wirth an, der in einen Winkel saß und genau zu wissen schien, zu welchem Zweck das Weib käme. Die einsamen Gäste hatten sich so in ihre Gläser voll blinkenden Malvasiers vertieft, daß sie auf die vorüberschlüpfende Frauengestalt nicht achteten.

Diese verschwand in einer niedern Thür, die nach einem langen, dunkeln Gange führte. Sie tappte sich mit kundiger Ortskenntniß bis zu einer verrosteten Pforte, die schon seit Jahrhunderten unbenutzt schien. Fünfmal pochte sie in kürzern Pausen an mit einem Schlüssel, den sie aus ihrem Kleide hervorzog. Man öffnete von drinnen nach einigen Minuten, und das Weib trat ein.

Wir finden in einem ziemlich großen Saale, der im Geschmack des 14. Jahrhunderts ausgestattet ist mit tiefen bequemen Nischen, vielfach gewölbter Decke, wo ein sechsarmiger Kronleuchter von altspanischer Arbeit ein helles Kerzenlicht ausstrahlt, eine zahlreiche Männergesellschaft versammelt.

Das Weib ist schüchtern an der Thür stehen geblieben, und die Männer halten einen Moment inne in ihrer Berathung.

Bald erhebt sich ein silberlockiger Greis von einem der reich mit Schnitzwerk versehenen Stühle, und tritt an die sichtlich überraschte Frau heran, zieht sie an der Hand in einen anstoßenden Raum, wo das Geräusch einer kleinen Presse, und das Geplauder einiger Typografen die Beiden sich ungestört unterhalten lassen.

Es ist dies der unterirdische, von der Polizei vergeblich gesuchte Raum, wo die „junta revolucionaria de Madrid" ihre geheime Flugblätter drucken läßt. Typografen und Drucker sind selbst Verschworene, und gelten schon seit Jahren als sichere und kühne Republikaner.

„Ebn Eddin, also Du warst es, der mir gestern den Boten sandte, als ich aus Frankreich in Madrid angekommen, mich seit Wochen vergeblich bemüht hatte, einen von unsern Leuten zu entdecken. In allen Verkleidungen bin ich herumgeschlichen, aber überall liegt finstere Verschlossenheit und düsteres Mißtrauen auf den Lippen. Ich präsentirte mich also kurz; entschlossen der alten Königin Christina, mit der ich schon in Frankreich auf ihrem lieblichen Schlosse bei La Rochelle Bekanntschaft gemacht hatte.

„Die alte Katze liebt das Streicheln noch immer, und

ich finde, daß ich meine Männerrolle sehr gut gespielt haben muß, denn sie konnte mit ihrer feinen Nase doch nicht das Weiberfleisch aus mir herauswittern."

„Ich bin mit Dir zufrieden, Elvira!" sagte freudestrahlenden Gesichts der alte Ebn Eddin. „Die Tage der „Buenos de la Libertad" sind gekommen, und wenn Du Dich in dem Saale hier neben an umschauen möchtest, würdest Du alte Bekannte finden!"

„Mein Wohlthäter Don Eduardo de la Seda und der edle Don Juan de Alar?" fragte leuchtenden Blickes Donna Elvira de Xeres.

„Du hast sie errathen," bestätigte Ebn Eddin; „frage aber nicht weiter. Die Namen der Andern sollen Dir gleichgültig sein, denn Weiber sollen nicht in unserm Kreise tagen."

Elvira lachte bitter. „Ich weiß es, daß Du mir traust, als wär' ich ein Mann. Jahre haben es bewiesen, daß ich meinem Berufe einer Rächerin der Freiheit treu geblieben bin. Und bin ich nicht allgemach ein Mann geworden? Mußte ich nicht Alles, was ein Weib wünschen kann, vergessen lernen, um eine Männerrolle spielen zu können?"

Ebn Eddin unterbrach sie: „Ich weiß, was Du sagen willst, doch nicht hier, die Zeit ist kurz, und ich bin gespannt auf Deine Enthüllungen über den Träumer und Abenteurer Prim!"

Elvira berichtete nun leise, wie sie schon in Spanien mit Prim zusammengetroffen sei, und wie sie sich dann in England sein ganzes Vertrauen erworben habe. Sie erzählte, daß er ihr — wohlverstanden: Prim hatte Elvira nur als Abenteurer Don Silvio kennen gelernt — eines Tages gestanden habe, er schwärme durchaus nicht für die Republik; er würde weit lieber die Bourbonen auf dem Throne Spaniens belassen sehen; und das Ziel einer Revolution könne höchstens die Entsagung der Königin Isabella zu Gunsten ihres zehnjährigen Sohnes, des Infanten Alfonso von Asturien sein.

Sie habe ihm nun vorgeschlagen, es lieber ohne Revolution zu versuchen, und zu diesem Zwecke mit der Königin Christina in Unterhandlungen zu treten. Sie erzählte von der abendlichen Audienz im königlichen Schlosse, und dem Entschlusse der Königin Isabella, sich mit Prim vollständig auszusöhnen.

Ebn Eddin lauschte athemlos, und als Elvira geendet, rief er fast lauter, als er gewollt, unter dem Eindrucke seines patriotischen Unwillens:

„Welch' ein Abgrund von Untreue und Eitelkeit ist der Charakter

dieses ehrgeizigen Generals! Und er sollte die Fahne des Freiheits=
kampfes sein? Nimmermehr!" — —

Der Alte versank in kurzes Sinnen, ergriff dann Elvira's Hand
und führte sie zu einem Tischchen im Hintergrunde, wo einige Er=
quickungen bereit standen, mit der Weisung, seiner zu warten, bis die
nächtliche Berathung im Hauptzimmer vorüber sei.

Ebn Eddin kehrte in den Saal zurück. Dorthin drang nur
schwach das Geräusch der Druckerpresse, so daß die Berathungen der
„geheimen revolutionären Regierung" nicht davon gestört wurden.

Eben erhob sich ein junger blasser Mann mit tiefschwarzem Haar,
S a n t i a g o M o r e n o, und sprach Folgendes:

„Wiewohl es unpatriotisch klingen möchte, daß ich den unglück=
lichen Ausfall von Contreras' Aufstand in Catalonien nicht bedauere,
sondern nur das Blut beklage, welches nutzlos geflossen ist, spreche
ich's dennoch aus. So lange wir Republikaner nur immer noch um
die Gunst von Leuten uns bewerben, die es geschickt vermeiden, sich
für die neueste politische Religion, die d e m o k r a t i s c h e F ö d e r a t i v =
r e p u b l i k S p a n i e n auszusprechen, so lange werden wir stets vergeb=
lich das bluthrothe Banner entrollen.

„Es darf Keiner in unsern Reihen sein, der seine Hand beschmutzt
hat durch Bürgerblut; e s d a r f K e i n e r z u u n s e r e r G e m e i n s c h a f t
g e h ö r e n, d e r a u s d e n H ä n d e n e i n e r v e r b u h l t e n K ö n i g i n
G u n s t b e z e i g u n g e n e n t g e g e n g e n o m m e n h a t.

„Und dieser ehrgeizige, nach Abenteuern jagende Graf von Reus,
den die Majestät mit dem Titel eines Marquis von Castillejos für
seine Hofschranzen= und Kammerjägerdienste bezahlte, er sollte darum
das Haupt der Republikaner werden, weil er auf einmal Geschmack
daran findet, mit der europäischen Emigration in Brüssel und Genf
zu verkehren, mit Mazzini zu corespondiren und mit Garibaldi zu
kokettiren! Nein! Und tausendmal Nein!

„Nicht einer dieser befleckten, von der Atmosphäre des Hofes
entmannten Glücksritter soll nach unserm Banner greifen. Gebären
wir die Führer aus uns selbst. Da haben wir den edeln Castelar, den
scharfsinnigen Garrido, den kühnen Pi y Margall, den tapfern
Orense, und hier neben mir den wackern General Pierrad! —
Steht nicht die spanische Intelligenz zu uns? Hat dieser junge Nach=
wuchs, zu dem auch ich gehöre, etwas gemein mit den Trüm=
mern abgelebter Parteien, deren Programm nur die Halb=
heit, nur die Herrschaft, nur das Glücksritterthum war?

„Die „liberale Union" ist todt; wer würde es wagen, sie noch liberal zu nennen! — Die Progressisten sind zerstreut und verwirrt, und ihre Führer, der doktrinäre Olózaga obenan, haben keinen Muth zu einem entschiedenen Wollen. Wir sind auf uns selbst angewiesen.

„Suchen wir uns eine Armee zu werben aus der intelligenten Jugend der Hauptstädte, aus den freiheitsglühenden Söhnen Andalusiens, aus den entschlossenen, finster grollenden Arbeitern. Für diese giebt es kein Mittelding zwischen Absolutismus und demokratischer Republik, sie gehören zu uns, zu den Ganzen und Entschiedenen!"

Der Redner setzte sich, und mancher der gealterten Männer nickte dem muthigen Jünglinge, der schon zahlreiche Beweise seiner Verwegenheit und glühenden Freiheitsliebe gegeben hatte, freundlich zu. Nur Juan de Alar, der sehr, sehr gealtert ist im Sturm des Lebens, blickt düster sinnend vor sich hin. Er erhebt sich, denn er hat das Wort nach dem Jüngling.

„Ich denke," spricht er, „Ihr lieben Freunde und Patrioten werdet nach der feurigen Rede unsers wackern Moreno nun auch die Erwägungen eines Mannes hören, den schon der Schnee des Alters drückt, und noch bei keiner Erhebung der Demokraten und Republikaner still im Winkel gesessen hat. Wir befinden uns im offenen Kriege mit dem herrschenden System!

„Im Kriege aber thut es nicht allein das zähe Ausdauern und kühne Drauflosgehen, sondern auch die wohlberechnete Strategie, welche alle Vortheile des Terrains, alle Schwächen des Feindes benützt und alle Finten eines gewandten Schachspielers anwendet. Noch mehr sind wir in dem Falle, alle Umstände benützen zu müssen, die uns stärken.

„Wir sind immer noch gegenüber der zahllosen verdummten Bevölkerung eine verschwindende Minorität. Der Masse gilt nicht immer das Programm, um sie aufzurütteln, sondern sehr oft der Name. Prim hat Ansehen beim Volke. Stoßen wir ihn nicht gewaltsam zurück, sondern lassen wir ihm freie Hand, ja, drängen wir ihn zur offenen Parteinahme.

„Ist das Volk in seiner Gesammtheit aufgestachelt und in Extase gesetzt, hat es überall die Waffen ergriffen und sich an das Losungswort: **Fort mit den Bourbonen!** gewöhnt, dann ist es Zeit, — für uns, hinzuzufügen: **Es lebe die demokratische Föderativrepublik!**"

Ebn Eddin folgte als Redner:

„Bürger Alar meint es gut, aber, was ich zu melden habe, wird schwerlich dazu beitragen, allzuviel Vertrauen auf ein entschiedenes

Handeln Prims und seine Ehrlichkeit zu setzen. Prim unterhandelt mit der Königin Isabella, um auf diese Weise an die Spitze Spaniens zu kommen, und das zu erreichen, was er durch Kampf zu feig ist, sich zu erringen. In wenigen Tagen werd' ich der Junta die schriftlichen Beweise vorlegen!"

Ein „Ah!" ging durch die Versammlung.

„Das ändert freilich viel an der Sache, und giebt uns zugleich den Wink, unsere Organisation umzugestalten!" warf General Pierrad ein. „Prim kennt einen Theil der Mitglieder der Junta,' wir müssen uns daher so bald als möglich auflösen, um vielleicht in Cadix oder Barcelona oder Saragossa ein neues Centrum für die revolutionäre Propaganda zu schaffen!"

„Ist nicht nöthig," beruhigte Ebn Eddin, „mein vertrauter langjähriger Agent, den Ihr vorhin sahet, wird mich von Allem in Kenntniß setzen, was geschieht!"

„Elvira?" fragte Eduardo de la Seda leise herüber.

„Hast's getroffen," entgegnete der Alte, der sich rasch erhob, um Elvira in den Saal zu rufen.

Donna Elvira de Xeres stand stumm aber leuchtenden Blickes vor der Versammlung der Männer, und Ebn Eddin rief begeistert:

„Seht, seit vielen Jahren ist sie die Leibeigene der Freiheit, unsere treue Elvira, die unermüdete Botin, heut hier als Elvira de Xeres, morgen im Palast von Madrid als Don Silvio."

„Vergeßt, Ihr Bürger, daß ich Weiberkleider trage," entgegnete Elvira. „Ich schäme mich meines Geschlechts, nehmt mich für einen Mann!" —

An der Hand Ebn Eddin's verließ sie den Saal, um durch den dunkeln Gang in die Taberna und wieder nach der Straße zu gelangen.

Der Tabernenwirth schlief an einem Tische, die Lampe brannte düster, kein Gast war mehr im Zimmer. Rasch war Elvira auf der Straße.

Kalte Nachtluft fröstelte durch ihr schlichtes Gewand, wildes Gewölk jagte über den Mond, und bald stand das kühne Weib wieder vor der niedern Pforte der königlichen Gärten.

Die „Junta revolucionaria de Madrid" tagte bis zum Grauen des Tages, bis die fleißigen Typographen das neue Flugblatt gesetzt und es die schnurrende Presse vollendet hatte. Mit einem „Treu bis zum Tod für die demokratische Republik!" trennten sich die Patrioten.

General Pierrad verließ noch selbigen Tages Madrid, um nach Saragossa zu eilen, wo ihn eine Zusammenkunft mit Don Fernando Garrido erwartete.

Ein anderer Bote, von Elvira gesendet, verließ ebenfalls Madrid, um dem General Prim Nachrichten zu überbringen.

Elvira war fest entschlossen, Prim und die Königin Isabella in einem unlösbaren Netze zu fangen, um dadurch der Freiheit zu dienen.

Achtzehntes Kapitel.

Trübe Ahnungen der Königin Isabella am Neujahrstage 1868.

Wir haben mit den vorigen Kapiteln unsers Werkes das Jahr 1867 abgeschlossen, und gelangen jetzt an die verhängnißvolle Periode von 1868, das voraussichtlich letzte Jahr, in welchem das bourbonische Herrscherhaus über Spanien herrschen sollte.

Einhundertfünfundfunfzig Jahre waren verflossen, nachdem der größte Bourbone Ludwig XIV. dem Habsburger und österreichischen Erzherzog Karl, nachmaligen Kaiser Karl VI. von Deutschland, durch das Glück des Krieges den spanischen Thron entrissen, und seinem Enkel Herzog von Anjou Philipp V. verliehen hatte.

Die Bourbonen hatten dem spanischen Lande wenig Segen gebracht. Einer war immer noch unfähiger, despotischer und schlaffer gewesen, als der Andere. Wie die Bourbonen sich in Frankreich unmöglich gemacht, so hatten sie noch Viel mehr um Spanien verschuldet.

In Frankreich blieb der Volksgeist rege, die Aufklärung wurde vielleicht auf Augenblicke gehemmt, aber niemals unterdrückt; Spanien verdummte und verstummte unter dem übergroßen Einfluß

der Geiſtlichkeit, welcher das Volk durch eine Reihe von untüch=
tigen Königen überliefert wurde. In Frankreich waren die Bour=
bonen längſt gefallen. Spanien ſollte jetzt erſt die Energie
finden, ſie von ſich abzuſchütteln. — — — — — — —

— —
In dem Thronſaale des Reſidenzſchloſſes zu Madrid war am
1. Januar 1868 großer Empfang.

Herzöge, Grafen, Marquis, Stadträthe und auch andere ange=
ſehene Bürger ſtrömten mit ihren Gattinnen in die Reſidenz, um der
wieder einmal mächtigen Königin ihre herzlichen Glück=
wünſche darzubringen.

Mochte auch mancher von dieſen hohen Herren an dem Privat=
leben der Herrſcherin viel Tadelnswerthes finden, hätte er auch lieber
den Don Juan, des Don Carlos Sohn, als ſeinen Herrſcher begrüßt,*)
ſo war Iſabella nun einmal die Trägerin der Krone, ſie verbürgte
den Granden Anſehen und Macht; und Iſabella's Herrſchaft war bis=
her noch aus allen Fährlichkeiten ſiegreich hervorgegangen, die Feinde
derſelben waren ohnmächtiger, ſogar verachteter in der öffentlichen
Meinung, als jemals.

Und Narvaez ſtand da, kühn wie ein Paladin der alten
Monarchien, der Thron der ſpaniſchen Königin ſchien uner=
ſchütterlich feſt zu ſtehen.

Eifriger noch als die Großen des Reiches eilte die
Geiſtlichkeit in die königlichen Hallen zu der Monarchin,
welche ihre aufrichtigſte Anhängerin in ganz Europa war.
Ueberall ſonſt war das Papſtthum und ſeine Jünger im harten Kampf
mit Regierungen und Völkern, in Spanien war es wohl aufgenommen,
und träumte davon, das mittelalterliche Weſen mit den
Ketzergerichten wieder herzuſtellen.

Iſabella ſaß auf dem Thronſeſſel im prächtigen Herrſchergewande,
das Diadem in den wallenden ſchwarzen Haarſchmuck geflochten, und
den königlichen Hermelin=Mantel um die ſchneeigen Schultern, und
unter demſelben die tief ausgeſchnittene, Diamanten= und Perlenbe=
ſäete, reich mit Volants und Friſuren beſetzte Robe nach modernſtem
Schnitte.

Neben ſich hatte ſie ihren Gemahl, den König Don Francisco
d'Aſſis, ſo unbedeutend unter den Abzeichen des Königthums zuſammen=

*) Es war um dieſe Zeit eine carliſtiſche Bewegung im Werke, welche den
Prinzen Don Juan auf den Thron ſetzen ſollte. Sie kam nicht zur Ausführung.

gelauert, wie immer; die zahlreiche Schaar der königlichen Kinder, Infanten und Infantinnen, standen unter der Obhut der Marquise von Malpica, ihrer Oberhofmeisterin, auf den Stufen des Thrones, sodann die Mitglieder des königlichen Hauses, soweit sie nicht, wie der Infant Don Enriquez und die Condesa Donna Isabella Gurowska, des Königs Schwester, verbannt waren.

Die kostbaren Kroninsignien: Scepter, Schwert und Reichsapfel, wurden von den Würdenträgern gehalten.

Vor dem königlichen Hause, das schon längst die Neujahrsfeier durch gegenseitige Gratulation begangen, bewegte sich die bunte Menge von Uniformen und Phantasiekostümen, von braunen und weißen Kutten, von rothbestrumpften Kardinälen mit ihren eigenthümlichen Hüten und Krummstäben, von violetten Erzbischöfen mit Infuln und Fischerringen, von Aebten und Provinzialen, den Obern der Jesuiten, vorüber, den Nacken beugend, und das Knie senkend, je nachdem die Sitte es erforderte.

Die weltlichen Behörden äußerten ihre Wünsche für das Gedeihen der königlichen Familie und des Landes, für die unerschütterliche Festigkeit des Thrones durch eine Ansprache, welche Narvaez hielt; die geistlichen hatten den Patriarchen Don Iglesias y Barcones von Indien als ihren Sprecher erkoren; nach ihm feierte der päpstliche Nuntius die bigotte Königin; ihm folgten die Präsidenten der Cortes (Stände), der französische Gesandte an der Spitze der fremden Botschafter, und noch andere Redner.

Es fiel Allen auf, daß die Königin sehr ernst und fast düster drein schaute; nur wenn sie auf Marfori ihre Augen wandte, der unter den Ministern seine Stellung einnahm, lief ein schwaches Lächeln über das königliche Antlitz. — —

Als der Günstling im einsamen Gemach der Angebeteten allein seine Huldigung zollte, wurde dieselbe zwar zärtlich aufgenommen, aber eine gewisse Schwermuth schlich in das Gekose, so daß der verwöhnte Liebhaber sich über Kälte beklagte.

„Lassen Sie es gut sein, Carlos," schloß die Königin, „ich bin heute den ganzen Tag über so trübe gestimmt."

Sodann verabschiedete sie mit den herzlichsten Worten den verstimmten Günstling.

Sie konnte nun einmal ihre finstern Vorahnungen nicht von sich weisen.

Den Herzog von Valencia (Narvaez) berief sie zu sich, um ihm ihr sorgenvolles Herz auszuschütten.

„Ich habe Sie berufen," hob sie mit beinahe bebender Stimme und bleichem Angesicht an, „um in einer Unterredung mit Ihnen den Trost zu suchen, den ich in meinem Innern trotz aller pomphaften Reden nicht finden kann, die heute mein Glück als beständig und beneidenswerth geschildert haben.

„Schon gestern Abend kam es über mich wie eine unbeschreibliche Trauer; ich versuchte, sie mit allen Gründen des Verstandes von mir abzuschütteln, aber es gelang mir nicht. Von trüben Gedanken umnachtet, suchte ich die Ruhe, aber nicht der süße Schlaf, der den armen Gequälten erquickt, schloß meine Augen, wachend lag ich da; umsonst war ich bemüht, die dunkle Zukunft zu enträthseln, sie stand vor mir, des Schicksals Loose in ihrem Schooße bergend, ein undurchdringlicher Schleier verhüllte diese mir.

„Von dem vielen Denken abgemattet, versank ich in einen dumpfen Schlummer, den ein gräßlicher Traum unterbrach.

„Ich lag von Berges Sonnenhöhen herabgestürzt in einem finstern Abgrund, zwischen wilden, zackigen Felsen, die sich steil zu beiden Seiten wohl hundert Fuß erhoben und zwischen ihnen hindurch blickte ein Stückchen Himmel; unheilträchzende Raben umschwirrten mein Haupt, beutesuchende Geier nahten sich mir, um mich, die vermeintliche Todte, zu zerfleischen, ich schlug mit Armen und Füßen nach ihnen, um sie von meinem Leibe abzuhalten.

„Es half mir nichts; ihre glühenden Augen, ihre scharfen Krallen und ihr spitzer Schnabel, es war gräßlich anzuschauen, rückten mir immer näher auf den Leib; in meiner Angst schrie ich laut auf.

„Ich erwachte.

„Als ich meine Gedanken sammelte, und entdeckte, daß ich in meiner Stube, und um mich Alles wie gewöhnlich war, da empfand ich ein gewisses Wohlbehagen.

„Doch wiederum verfiel ich in eine düstere Bewußtlosigkeit. Todtengesichter grins'ten mich an, Skelette tanzten um mich, und es klang von ihnen wie schadenfrohes Kichern.

„Gegen Morgen endlich wich der Alp von mir, ich lag wie in Schweiß gebadet da.

„Und nichts vermochte mein umdüstertes Gemüth von dem Bann zu erlösen, der auf ihm lastete; denn das ist gerade wesentlich, daß an der Jahreswende mir dieser Traum gekommen, einem Zeitpunkt, wo Jedermann über Das nachdenkt, was ihm im künftigen Jahre bevorsteht."

„Schweres Blut, Majestät, weiter nichts," antwortete

Narvaez, „Sinnentäuschung, die den Menschen in gewissen
körperlichen Zuständen, in besondern Stimmungen heim=
sucht. Vielleicht ist Ihnen gestern mancherlei Verdrießliches wider=
fahren, wie sich so mancher Tag durch eine Reihe von kleinen Wider=
wärtigkeiten hervorthut, daß wir ihn mit einem schwarzen Strich in
unserem Lebenskalender bezeichnen müssen. Sicherlich haben Eure
Majestät am letzten Jahrestage zu viel über Ihre Ver=
hältnisse nachgedacht. Wegen eines Traumes sich Kümmernissen
hinzugeben, lohnt der Mühe nicht.

„Getrost, Majestät, seien Sie nur heiter und guter Dinge.“

„Dem Traume lege ich nicht solche Bedeutung bei,“ bemerkte
die Königin, „er ist aber die Veranlassung gewesen, daß ich meine
und des Staates Lage in genauere Betrachtung gezogen.

„Wohl haben wir bis jetzt die Aufstände gedämpft,
die wider uns entbrannten, wohl haben wir die Ruhestörer
vernichtet, verbannt, und eingekerkert, und jetzt erkühnt
sich keine Seele, sich wider uns zu rühren, aber in jedem
Jahr noch hat die Revolution ihr Medusenhaupt*) empor=
gestreckt und dem Throne tiefe Wunden geschlagen, und
immer hat das Heer den Rebellen Kräfte zugeführt, wie
in keinem andern Lande.

„Nun ist mir der finstere Gedanke nahe getreten, daß
wir einmal unsren Gegnern unterliegen könnten. Ich habe
mich umsonst des Unverstandes angeklagt; der Traum er=
schien mir als eine Vorbedeutung unserer Niederlage.“

„Ganz Unrecht vermag ich Eurer Majestät nicht zu geben,“ erwi=
derte Narvaez. „Es ist traurig, daß in unserem Lande die bewaffnete
Macht sich immer mit dem Abschaum der Bevölkerung zum Verderben
der Regierung vereinigt, indeß glaube ich, daß in der letzteren Zeit
durch meine Bemühungen die Armee von allen verdächtigen Uebel=
thätern gesäubert worden ist.

„Stehen kann ich für die Ruhe auch nicht; jeglicher zukünf=
tigen Rebellion vorzubeugen ist unmöglich; aber bezwingen werde
ich sie, so lange noch ein Nerv in diesem Körper meinem
Willen gehorcht, und die Feinde Eurer Majestät zerstreuen,
wie eine Schaar furchtsamer Tauben, in die der Habicht
bricht, und die in alle Winde zerstiebt.“

*) Medusa ist ein Ungethüm der Unterwelt in der griechischen Götterlehre,
deren vom Perseus, einem Helden abgeschlagenes grauenvolles Haupt alle ver=
steinerte, di: es anblickten.

„Eine Betheuerung, Herr Marschall, die, nach dem was Sie geleistet, nicht zu vermessen ist. Darüber würde ich mich schon beruhigen, wenn mich nicht Ihr zunehmendes Alter und Ihre Gesundheit besorgt machten."

Dabei maß die Königin die zusammengefallene Gestalt, die gebückte Haltung Narvaez' mit prüfenden Augen. Die durch öfteres Hüsteln unterbrochene, mit heiserer Stimme geführte Unterhaltung des Herzogs ließ auf keine lange Lebensdauer mehr schließen.

„Ja, ja, Majestät, ich bin kein junger Mann mehr; zu Scherz und Spaß bin ich nicht mehr brauchbar," setzte Narvaez gegen die verschämt erröthende Königin hinzu. „Aber zur Kurzweil bedürfen Sie meiner auch nicht.

„Ich denke, ich zwinge meinen widerspänstigen Leib noch eine Weile auf Erden auszuhalten, und wenn ich nicht mehr bin, so werden Pezuela im Verein mit Gonzalez Bravo, beides äußerst wackere Männer, die Verruchten nicht minder hart züchtigen, die ihre Hände, mögen sie verdorren, nach der Krone Eurer Majestät ausstrecken.

„Das ist mein Trost, Majestät, die heilige Jungfrau und die Himmlischen werden auch fernerhin den Glanz und die Macht des spanischen Königshauses unversehrt erhalten, wie bisher.

„Schade, daß O'Donnell, ein tüchtiger Kämpe für die Macht der Krone, obgleich den verderblichen Neuerungen zu sehr hold, am Ende des vorigen Jahres schon von der Erde geschieden ist; er wäre eine Stütze mehr für Ihren Thron gewesen."

„Jetzt loben Sie ihn, aber früher haben Sie ihn bekämpft," erwiderte die Königin.

„Er stand gegen mich und verhinderte mich, die Pläne in's Werk zu setzen, die ich für völlige Ausrottung aller unruhigen Geister als angemessen erachtete.

„Dem todten Feinde aber die Ehre zu versagen, die ihm gebührt, wäre ungerecht. Der Herzog von Tetuan hat Großes für Spanien vollbracht, das ist nicht zu leugnen."

„Also halten Sie unsere Zustände nicht für mißlich, Herr Marschall?" fragte die Königin.

„Von wannen soll der Sturm kommen, Majestät, der den starken Fels zertrümmert, auf dem der spanische Thron gegründet ist?"

„Es ist Hungersnoth im Lande, Herr Marschall, welche zu ge= fährlichen Unruhen Veranlassung geben kann."

„Ein Hungriger vermag nichts gegen die bestehende Ordnung, er ist zu schwach; man giebt ihm höchstens zu essen, das ist Alles," entgegnete Narvaez.

„Aber es ist kein Geld in den Staatskassen, Herr Marschall, um die große Menge der Bedürftigen zu er= nähren."

„Dafür muß es vorhanden sein, Majestät! Wir werden suchen und es finden. Ich verbürge mich dafür, daß außer dem Straßen= lärm in Granada, wo man vom Hunger aufgestachelt, das Regie= rungsgebäude zerstört und andern Unfug getrieben, nichts Unfriedliches ferner geschehen soll.

„Ich weiß übrigens die armen Hungerleider von den übermüthigen Demokraten zu unterscheiden, ich werde gegen die schuldigen Grana= diner möglichst schonend verfahren."

„Ihre Gründe finde ich stichhaltig, Herr Marschall, die Schrecken des Traumes werde ich vergessen, und ich wünsche, daß wir Beide am ersten Tage des folgenden Jahres ebenso uner= schüttert an dieser Stelle stehen, als am heutigen Tage."

„Und ich, Majestät, sprechen zu diesem Wunsche aus vollem Herzen Amen, mögen Gott und seine heiligen Heerschaaren im künftigen Jahre gnädiglich über uns wal= ten und uns vor jeglichem Leid bewahren."

„So sei es, und der Allmächtige nehme Sie für und für in seine Obhut." —

Mit diesen Worten entließ die Königin ihren ersten Minister.

Am Abend empfing sie noch einmal ihren Freund Mar= fori, sie brachte ihm diesmal eine freudigere Stirne ent= gegen, und gab sich williger seinen Liebkosungen hin, denn es war ihr Bedürfniß, ihrer Herzensneigung zu ge= nügen.

Aber, wie sie es auch anstellte, die volle Freude wollte in ihr Herz an diesem Tage nicht einziehen.

Neunzehntes Kapitel.

Die Königin Isabella empfängt wegen ihrer Frömmigkeit und Keuschheit vom Papst eine goldene Rose.

Es war ein schöner Februartag; schon machten sich in dem Lande des Weines und der Gesänge, unter den Orangen=, Lorbeer= und Olivenhainen die ersten Anzeichen des Frühlings bemerkbar.

Madrid war auf den Straßen, denn es war und blieb nach so vielen Schicksalsschlägen das alte, leichtlebige, zur Schaulust geneigte Madrid, und augenblicklich hatte das Schreckensregiment Narvaez seine Schrecken erschöpft.

Die Regierung schien menschlicher zu denken, eine Volksbewegung war lange nicht gewesen, die letzte in Granada war von Narvaez selbst als ein Aufschrei der Noth bezeichnet worden, in seinen guten Tagen wäre eine solche Deutung in seinem Munde unmöglich gewesen, jetzt aber schlug dem alten Herzog das Gewissen, die Vorahnung, daß er bald vor seinem himmlischen Richter stehen würde.

Deshalb waren schon in den letzten Tagen des Jahres 1867 einige Begnadigungen für politische Vergehen erfolgt. Die Königin hatte sie dem bittenden Volk auf einer Spazierfahrt im Prado ver= heißen müssen, das heißt: es waren von der Regierung eigens Leute bestellt worden, die die lustwandelnde Königin mit dem Rufe em= pfingen:

„Gnade, Gnade für unsere Brüder, die im Kerker und in der Verbannung schmachten!"

Ihre Majestät hatte bejahend genickt, und etliche waren in die für ewig verloren geglaubte Heimath zurückgekehrt.

Genug, es schien wieder eine mildere Sonne, aber andrerseits drückte der Hunger die niedern Klassen.

Dies hinderte aber nicht, daß sich Leute aus allen Ständen vor dem mit Fahnen und Teppichen festlich geschmückten Palast des päpst= lichen Nuntius zusammengefunden, und hier der Dinge harrten, die da kommen sollten; denn die Galaequipage des hohen Prälaten, welche mit sechs prächtig mit Bändern, Federn und Goldverzierungen be= schirrten Schimmeln bespannt war, war vorgefahren, die reich betreßten Vorreiter standen im Begriff, ihre feurigen Rosse in Trab zu setzen, und vor und hinter der Equipage hielten drei Schwadronen von den

Gardes du Corps von Conde Duque in scharlachrothen mit Gold
überladenen Waffenröcken, und blanken, mit schwarzen Roßschweifen
garnirten Helmen, den blinkenden Palasch in der Faust auf den andalusischen langmähnigen feurigen Rappen.

„Was giebt es denn hier?" fragte ein wahrscheinlich eben erst
aus der Provinz angekommener Fremder, dem das Treiben der lustigen
lärmenden Menge gar wunderlich vorkommen mochte.

„Nun, der päpstliche Nuntius überreicht in feierlicher
Auffahrt Ihrer Majestät, der apostolischen Königin, Isabella der Zweiten, eine ihr von Seiner Heiligkeit dem
Papst wegen ihrer Frömmigkeit und Keuschheit zuerkannte
goldene Rose, ein Geschenk, was einzig in seiner Art ist,"
sprach ein im wollenen Büßerhemde gekleideter Ordenspriester, dessen
vor Freude, vielleicht auch von anderen verbotenen Genüssen geröthe-
tes Gesicht wie ein Vollmond neben den abgezehrten Wangen der ihn
umgebenden Arbeiterinnen und Kinder hervorstrahlte.

Bei dem Worte „Keuschheit" verzogen sich die Lippen einiger
in der Nähe stehenden Hidalgos zu einem flüchtigen, sarkastischen
Lächeln.

„Auf die Keuschheit schwöre ich nicht," spottete ein Arbeiter seinem Genossen im Flüsterton zu. „Wäre es noch ein wirklich unschuldiges, junges Mädchen, welche einen solchen Preis erhielte, ließe ich
mir die Sache gefallen, aber so ist es eine kinderreiche Frau, die den
sinnlichen Genüssen, wie allbekannt, nicht wenig huldigt."

„Es ist am Ende eine verblühte Rose, die geschenkt
wird," lachte ein Anderer.

„Es ist ja überhaupt nur eine künstliche, aus goldenen Blättern
bestehende Rose," warf ein Dritter ein, „die blühet nicht und welket
nicht, und die damit belohnte Tugend ist von derselben un-
verwüstlichen Art, sie wird durch noch so viele Fehltritte
nicht abgenutzt."—

Plötzlich nahten Gensd'armen, und blickten argwöhnisch um sich; die
Spötter schwiegen betroffen, und stahlen sich von der Stelle, wo sie
Platz gefunden, bei Seite.

Jetzt erschien der päpstliche Nuntius im schönsten Or-
densgewande mit violetten Strümpfen, das Käppchen auf
der Tonsur, den Bischofsstab in der Rechten.

Hinter ihm her wurde in einem reichverzierten Rosen-
holzkästchen die päpstliche Gabe getragen.

Er streckte bei seinem Heraustritt die Hand segnend über die

Menge aus, welche ehrfurchtsvoll den Würdenträger der Kirche auf-
nahm. Waren auch einige Freigeister unter dem Haufen, sie wagten
keine Opposition zu machen.

Dann stieg der Hochwürdige in seinen Wagen. Reiterfanfaren
ertönten, die Kavallerie setzte sich in Bewegung, die Glocken aller sieben-
undsiebzig Kirchen der allerkatholischesten Hauptstadt läuteten, die Kanonen donnerten, von allen Thürmen wehten lustig die Flaggen, an
den Vorsprüngen der Gotteshäuser hingen lange Wimpeln herab, Prozessionen zogen mit Weihrauchfässern, Fahnen, Bannern, bunten Bal-
dachinen, Heiligenstatuen, singend und jauchzend durch die Straßen.

Selbst die düstern Klöster hatten ihr graues Gewand
abgelegt, und sich ein buntes, aus Flaggen, Wimpeln und
anderen Zierrathen, angezogen; man sah es sehr deutlich,
daß die Kirche ein Triumph-Fest feierte.

Und sie hatte Grund dazu, denn die Neukatholiken unter ihrem
Führer Nocedal, waren auf dem besten Wege, die Obmacht zu erlangen.

Auf der Puerta del Sol, dem politischen Tummelplatz, war das
Tagesgespräch eben kein der Geistlichkeit günstiges.

„Wofür mag die Königin die Rose wohl bekommen,"
äußerte ein Patriziersohn, dem seine vorlaute Zunge schon manche Un-
annehmlichkeiten bereitet hatte, der sie aber noch immer nicht im Zaum
halten konnte, denn er war ja bis jetzt einem Spaziergänger nach den
Hügeln von San Isidro entgangen, das heißt: er war noch nicht
erschossen worden.

„Nun, für Nichts ist Nichts," meinte ein anderer nicht minder kecker Bursche, „sie mag wohl nicht einen Peterspfennig, auch
nicht eine Petersdoblone, sondern schöne Millionen von Peters-
Realen in die Kasse des heiligen Vaters haben fließen
lassen."

„Ja, so wird es sein. Im vorigen Jahre wollte Ihre
Majestät nach Rom pilgern, was nicht geschah, da die Fahrt
dorthin ein Heidengeld kosten sollte.

„Später kam der furchtbare Aufstand, wo den hohen Personen
jede Lust verging, außerhalb des Landes zu wallfahrten."

„Ich glaube aber, man hat den Papst schadlos gehalten für die
unterbliebene Zusammenkunft mit Ihrer Majestät unserer allergnädigsten Königin," schaltete hier ein Escribano (Schreiber) ein, dem man
die verbissene Gemüthsart auf den ersten Blick ansah.

„Wie das?" fragte ein hinzutretender Kaufmann.

„Von höchster Seite wurde eine Summe von fünfundzwanzig Millionen Realen gefordert, aber der Finanzminister weigerte sich, er hatte große Mühe, diese Summe dem Staate zu erhalten, und sie nicht in die Taschen der Geistlichkeit wandern zu lassen," entgegnete der Escribano.

„Dann hat doch der Papst von hier nichts bezogen," warf der Kaufmann ein.

„Nun," meinte der Mann des Gerichts, den Finger wichtig an seine große Spürnase legend, „Ihre Behauptung, Sennor, möchte ich nicht so ohne Weiteres gelten lassen."

„Warum nicht?"

„Das läßt sich hier schwer sagen," murmelte der Escribano. Dabei blickte er scharf um sich und musterte die Mienen aller Umstehenden; seine Prüfung mußte wohl gut ausgefallen sein, denn er fuhr zu seinem Nebenmann, dabei immer scheue Blicke nach allen Seiten werfend und mit kaum hörbarem Tone fort:

„Unsere Regierung hat viel Geld eingenommen, alle Steuern sind eingegangen, außerdem hat sie 500 Millionen Realen Schatzscheine ausgegeben und doch ist kein Geld da.

„Wo ist Alles geblieben?"

„Ich weiß es nicht," lächelte der Kaufmann.

„Ich aber kann's mir vorstellen, der Kirchensäckel ist bis zum Platzen mit den kargen Einkünften Spaniens gefüllt worden."

„Nicht möglich?"

„Auf mein Wort!"

„Wie können Sie das so fest behaupten?"

„Man hat so seine Quellen," bemerkte der Schreiber wichtig thuend. „Wie gesagt, die Geistlichkeit wäre nicht so freundlich, wenn sie nicht Ursache dazu hätte."

Nach diesen Worten ergriff der Schreiber die Flucht; seine große Nase hatte die Gefahr auf tausend Schritt gewittert.

Verdächtige Gesichter hatten schon lange die Gruppe umkreist, jetzt schienen die Spione handeln zu wollen; aber nachgerade kannte man in Madrid Diejenigen, vor denen man sich in Acht nehmen mußte.

Die Schwätzer trennten und entfernten sich nach allen Seiten, und die Spione hatten das Nachsehen. — — — — — — — —

Der päpstliche Nuntius war unter den eben erwähnten Vorgängen in das königliche Schloß gelangt.

Er begab sich unverzüglich in die Schloßkapelle; der Hof und die zu der Feierlichkeit Eingeladenen erwarteten ihn.

Wie waren Schloß und Schloßkapelle mit Zierrathen geschmückt, die sich auf das Fest bezogen. Da standen alle Geschenke ausgestellt, welche jemals die spanischen Herrscher von den Päpsten empfangen hatten.

Wie unzählige waren es, Reliquien (Ueberbleibsel) von dem Leibe des Erlösers, Knochen von Heiligen in ihren kostbaren edelsteinbesäten Schreinen, ganze Skelette der Märtyrer und andere Dinge.

Und wie schön war der Altar mit seinen Gemälden, wie eine dichte Wolke hing der von den Weihrauchfässern emporgewirbelte Duft über der Versammlung.

Feierlich rauschende Orgeltöne und dazwischen wunderbar schöner Chorgesang, als hätten Engel die melodische Hymne angestimmt, empfingen den im wallenden goldgewirkten Meßgewand, mit Stab und Mütze angethanen Sendboten des Papstes, dem eine von Rom und anderen Kirchenprovinzen eigends dazu abgeordnete, malerisch kostümirte Priesterschaar in langer Reihe folgte.

Der Prälat schritt auf den Hochaltar im langsamen Schritt zu, um die Messe zu lesen.

Der ganze Hof, an seiner Spitze die Königin, lag knieend auf den Betschemeln vor den reichgeschnitzten Pulten, auf den die prachtvollen Breviers lagen. — —

Die Messe war vorüber.

Da nahte sich im feierlichen Zuge der Nuntius mit seinem Gefolge, in der Hand die goldene Rose, der sich fortwährend vor den Himmlischen in den Staub beugenden Königin, und überreichte ihr die päpstliche Gabe, ihre Tugend preisend, und ihre Hingebung für die Gesalbten des Herrn, inmitten aller Gottlosigkeit auf Erden.

Die Majestät aber steckte die künstliche Blume gar verschämt und züchtig an den dicht verhüllten Busen. Sie verharrte dabei in ihrer demuthvollen Stellung.

Wiederum ertönte ein mächtiges Jubel- und Danklied gen Himmel, und wiederum läuteten die Glocken und donnerten die Kanonen, denn der Hauptakt der Feierlichkeit war zu Ende.

Die geistlichen und weltlichen Würdenträger traten ihren Rückweg aus dem Gotteshause in die geschmückten Gemächer des Schlosses an, wo der zweite, ganz der Freude geweihte Theil des Festes von Statten ging.

Eine reich besetzte Tafel von einigen hundert Gedecken mischte Laien und Priester in fröhlichem Beisammensein durcheinander.

Während aber im Schloß so alles eitel Lust und Freude war, während in den taghellen Gemächern die Diener Gottes im Verein mit denen weltlicher Lust nach Herzensbegier schmausten und zechten, boten die Quartiere der Elenden, das heißt: die Vorstädte Madrid's, ein weniger einladendes Bild.

Hier war der Hunger eingezogen, und mit ihm der dürre Knochenmann, der unter den Verkümmerten reiche Ernte hielt, denn Spanien hatte neben der Geschäftsstille eine sehr schlechte Ernte und einen harten Winter gehabt. Mehr bedurfte es nicht, um eins der schönsten Länder in die größte Noth zu bringen; lag doch beinahe die Hälfte aller Ländereien brach und für die Nation unnutzbar.

So hatte eine schmähliche Jahrhunderte lange dauernde Mißregierung ein uraltes, gesittetes, unter den Mauren zu einem Garten Eden umgeschaffenes Land in eine halbe Wildniß verwandelt.

Nun machten sich die Folgen dieser Vernachlässigung fühlbar.

Nicht die Trägen und die Bettler, mit denen Spanien wie kein anderes Land gesegnet ist, befanden sich in der gewohnten Dürftigkeit, nein, dieselbe traf den Kern der Bevölkerung, die Fabrikarbeiter.

Das heutige Fest hatte das Volk aus seinem dumpfen Hinbrüten herausgerissen; es lenkte seinen Sinn auf die Betrachtung seiner eigenen Lage, und verglich sie mit der Feststimmung im Schloß.

Der alte Groll über das Schreckensregiment Narvaez' glimmte unter der Asche, und brach jetzt in vollen Flammen hervor.

Ungeheure Menschenmassen strömten nach dem Schloßplatz; Männer, Weiber und Kinder tummelten sich dort in ungezählten Scharen, vielleicht war auch die geheime Regierung diesem Treiben nicht fremd; Revolution gedachte man nicht zu machen, dazu waren die Zeiten nicht geeignet, nach so vielen Niederlagen herrschte auch im demokratischen Lager Entmuthigung; aber man beabsichtigte eine nicht ungefährliche Kundgebung, mit der man den Gewalthabern und besonders den verhaßten Geistlichen den heutigen Triumph verbittern, und mitten aus der Freude heraus in eine heillose Angst hineintreiben wollte.

Und schließlich, wohin konnte eine solche Bewegung doch führen?

Mit Schrecken sah die Palastwache, wie der Platz sich mit dem hungrigen Volk füllte.

Sie wagte nicht einzuschreiten, sie wollte den Frohsinn des Mah=
les nicht stören.

Da erhob sich ein, alle Musik und alle Trinksprüche im Schlosse
weit übertönendes Gebrüll und Gepfeif, aus dem man die Worte:
„Brod! Brod!" heraushörte.

„Ihr dort oben schwelgt," donnerte ein Eisenbahnarbeiter, „und
wir darben!"

„Ihr jubelt, und unsere Weiber und Kinder rafft der Hunger=
tod weg," rief ein Anderer.

„Wir wollten die Aristokraten und Pfaffen von ihren
Freudmahl aufscheuchen, daß ihre weinrothen Gesichter
vor Furcht ebenso todtenbleich werden, wie wir vor Ab=
zehrung!" riefen Mehrere.

Und immer wilder tobte es durch die Reihen.

Im Schlosse hatte die jähe Besorgniß die Tischgesellschaft gepackt.

Die Königin Isabella wurde beinahe ohnmächtig,
Priester und Laien, Minister und Generale sprachen wirr
durch einander.

„Kartätschen wir die Hallunken nieder," schrie der General
Calonge.

„Kein Pardon, keine Nachgiebigkeit," fügte der Marquis von
Biluma hinzu.

„Beflecken wir unsern Ehrentag nicht mit Blut," ge=
bot die Königin.

„Die Leute murren nicht umsonst, sie leiden wirklich,"
fügte Narvaez milde hinzu.

„Sollen wir uns denn durch die Bestien von hinnen treiben
lassen?" zürnte Gonzalez Bravo.

„Das wird nicht geschehen," meinte Narvaez. „Maje=
stät," wandte er sich tief verneigend gegen die an allen
Gliedern bebende Königin, „ich habe einen Vorschlag zu
machen. Versöhnen wir die Unglücklichen draußen mit uns!"

„Wie soll man das anfangen?" fragte Isabella.

„Zunächst schicken wir ihnen so viele Speise von unserer Tafel,
als vorhanden: sodann befehlen Sie, daß gekocht und gebraten werde,
was man an Nahrung auftreiben kann, und daß Alles sofort unter
die Leute vertheilt werde.

„Gönnen wir ihnen auch eine Freude, ihre Wuth wird
augenblicklich verrauchen, und sie werden Diejenigen, Denen
sie noch eben geflucht haben, tausendfach segnen, es wird

die höchste Freude unseres Festes sein, die Armen gespeist zu haben."

Erstaunt blickten Alle den grausamen Marschall an, der wie der edelste Menschenfreund gesprochen.

„Er ist dem Tode nahe," murmelten Einige, „sein Wesen verkehrt sich in das Gegentheil, der Löwe ist ein Lamm geworden."

„Aber die verruchten Demokraten verdienen eine solche Wohlthat nicht," brummten einige Heißsporne der Reaktion, „ein tüchtiges Blutbad unter ihnen angerichtet, würde kräftiger wirken."

„Nein, nein, seien wir menschlich," tönte es von allen Seiten, „der Marschall hat Recht, sein Wille geschehe."

„Der Himmel segne Narvaez für die goldenen Worte, die er gesprochen," riefen sämmtliche Prälaten durcheinander.

Dies gab den Ausschlag.

„Wohlan," entschied die Königin, „es sei, wie der Marschall gesprochen."

„Und nun noch eins, Majestät," begann Narvaez, wieder, „wenn die Gemüther der draußen Tobenden durch Speis' und Trank beruhigt, treten wir heraus, und verkündigen ihnen, daß die Regierung dafür sorgen werde, den Armen billigeres Brod zu liefern."

„Aber Marschall," fragte Isabella, „setze ich mich auch keiner Gefahr aus, werden sie mich nicht beschimpfen, nicht nach mir mit Steinen werfen oder gar schießen?"

„Das ist wahr, man darf das kostbare Leben Ihrer Majestät nicht einer solchen Gefahr aussetzen," meinten einige Schmeichler.

„Gefehlt, meine Herren," erwiederte Narvaez, „es wird für Ihre Majestät keine Gefahr, sondern vielmehr ein hoher Genuß sein, von einer jubelnden Menge empfangen zu werden. Bei der geringsten Feindseligkeit werden Diejenigen, die Ihre Majestät begleiten, mit ihren Leibern die allerhöchste Person decken."

„Nun, es sei, auch hierin willfahre ich dem Marschall!" antwortete die Königin. — —

Die Menge draußen hatte eine drohende Haltung angenommen, und erwartete, daß die Truppen jeden Augenblick aus dem Schlosse hervorkommen würden.

Aber die Truppen kamen nicht, die Polizei rührte sich nicht, die Masse konnte nach Gefallen rasen.

Da wurde es plötzlich hell in mehreren Portalen des Schlosses.

„Nun geht es los," riefen einige Republikaner.

Aber es waren keine Soldaten, keine Gendarmen, die daher kamen; eine Masse Fackelträger schritten voran, ihnen folgten große Gestelle, auf denen Kessel und andere mit Speisen gefüllte Gefäße standen.

„Platz, Platz, Leute, Platz," rief ein Oberkoch der sich an der Spitze des Zuges befand. „Wir bringen Essen, Ihr sollt am heutigen Tage Euch auch der Lebens freuen."

Und hinterher kamen andere Diener mit Kübeln, in denen Getränke enthalten waren.

Wie auf einen Schlag schwieg das Wuthgeschrei.

„Viva la reyna! Viva Narvaez!" erscholl es von allen Seiten, während die Köche das Fleisch und das Brod in großen Stücken an die sie Umdrängenden vertheilten.

Bald hatten Nah und Fern Stehende große Portionen erlangt, einige trugen das Erhaltene den zu Hause Darbenden und Kranken zu.

Die Andern jubelten, schmausten und zechten, als ob sie die Noth niemals gekannt.

Plötzlich öffnete sich die Thür zu dem Balkon, der über dem Hauptportale hervorragte, und auf demselben erschien die Königin, umgeben von Lichterglanz und Kerzenschein, im glänzenden Kreise von prachtvoll kostümirten Prälaten, Offizieren und Höflingen, eine wunderbar schöne Gruppe vom dunklen Platz aus gesehen.

Ein nicht endenwollendes Viva empfing sie, alle Hände und Füße des veränderlichen, leidenschaftlichen Volkes waren in Bewegung; man äußerte in allen möglichen Stellungen, Tonarten und Gebehrden seinen Beifall.

Da trat Narvaez neben die Herrscherin:

„Arbeiter!" verkündete er, „die Regierung hat auf das Verlangen Eurer gütigen Herrscherin beschlossen, Eure Noth auch fernerhin durch billigere Lebensmittel zu lindern.

„Von morgen wird das Brod bei verschiedenen Bäckern, deren Namen näher bekannt gemacht werden, um zehn Maravedi (Pfennige) billiger zu haben sein.

„Auch Arbeit soll Euch so bald als möglich gegeben werden.

„Die Regierung hat Euer Wohl im Auge, vertraut ihr!

„Ich schließe mit den Worten:

„Es lebe die Königin, Eure allgütige Königin, die edelste Frau Spaniens."

Und wie ein gewaltiges Brausen durchtönte es die Menge,

denn der von Narvaez ausgestoßene Ruf hallte von dem Platze bis in die fernsten Straßen wieder.

Der Tag der goldenen Rose sollte ein Freudentag bleiben, kein Trauertag werden.

Zwanzigstes Kapitel.

Der Tod des Gewalthabers Narvaez, am 23. April 1868.

„Ha! was ist das?" schrie die Königin Isabella von Spanien, aus einem tiefen Schlummer emporfahrend, und die Hände wie abwehrend von sich streckend, sie glaubte ein Gespenst gesehen zu haben; die sonst so starke Dame war in der letzten Zeit oft solchen Nervenzufällen unterworfen.

Diesmal war es kein Spuk, der sie erschreckte; Gregoria hatte die Vorhänge zurückgeschlagen, und stand mit einer Kerze in der Hand vor dem Lager der Gebieterin.

„Verzeihung, Majestät," begann die Zofe, „wenn ich so kühn bin, Ihre Nachtruhe zu stören; aber eine schlimme Mähr' durchläuft das Schloß. Se. Excellenz der Ministerpräsident, Don Ramon Maria Narvaez, ist sehr schwer erkrankt; ich hielt es für angemessen, Eure Majestät von diesem unseligen Ereigniß in Kenntniß zu setzen."

„Unselig? Ja fürwahr, das ist es," rief die Königin. „O, mein Traum in der Neujahrsnacht und meine trüben Ahnungen. Dies Jahr bringt mir unzweifelhaft Unglück."

„Vielleicht steht es mit dem Marschall nicht so schlimm," tröstete Gregoria, „er hat eine starke Natur, die nicht so leicht dem ersten Anfall weicht."

„Ich besorge das Aeußerste," entgegnete die Königin. „Doch nun will ich mich in die Kleider werfen, und mich selbst nach dem Befinden des Herzogs von Valencia erkundigen."

„Eure Majestät wollen sich doch nicht in Person nach den Gemächern des Ministerpräsidenten begeben," fragte erstaunt Gregoria.

„Warum nicht? Narvaez ist die festeste Stütze meiner

Don Ramon Cabrera, Graf von Morella, eifriger Vertreter der Carlisten.

Herrschaft. Ohne ihn wäre ich längst verloren; ihm kann ich nicht genug Ehre erweisen."

Isabella ließ sich ankleiden, dann begab sie sich, von einigen dienstthuenden Palastdamen begleitet, und unter dem Vorantritte mehrerer Hausoffiziere und Wachen, sowie Fackelträger, nach dem andern Flügel des Schlosses, wo die Dienstwohnung des Staatsministers lag.

Auf ihrem Wege begegneten Ihrer Majestät mehrere lautlos dahineilende Diener und Adjutanten des Generals, die sich kaum Zeit ließen, der Monarchin ihre Ehrfurcht zu beweisen.

Die Königin hielt sie nicht auf, sie winkte ihnen mit der Hand, ihres Weges zu gehen.

In den Gemächern des Marschalls ging es noch unruhiger zu. Viele Offiziere der Garnison, Minister, höhere Beamte hatten sich hier versammelt. Ob sie wohl alle die Teilnahme für den Ministerpräsidenten aus ihrem sanften Schlummer und von dem weichen Lager aufgetrieben und an das Krankenlager geführt hatte? Wer weiß.

Der Mächtige hatte viele Neider, er war wegen seiner Strenge, und noch mehr wegen der Spionage, verhaßt, die er auch im Heere begünstigte.

Vielleicht war Mancher hergekommen, um den Löwen sterben zu sehen, und sich an seinem Tode zu weiden.

Alle waren sehr überrascht, als sie jetzt die Königin mitten in der Nacht zu so ungewohnter Stunde in die Wohnung eines ihrer, wenn auch vornehmsten Unterthanen eintreten sahen.

Das war gegen alles Herkommen.

Die Unterhaltung schwieg, die Häupter neigten sich ehrfurchtsvoll, und durch die Reihen der nach beiden Seiten hin ausweichenden Würdenträger schritt die Königin in so ernster und in sich gekehrter Haltung, daß sie kaum die Begrüßungen der Anwesenden beachtete.

An der Thür des Krankenzimmers angekommen, ließ sie durch einen Kammerherrn ihren Leibarzt Don Antonio Corral, der auch Narvaez behandelte, herausrufen.

Dieser erschien in devotester Stellung, er konnte den besorgnißvollen Ausdruck seiner Mienen kaum verdecken.

„O, wie schrecklich!" jammerte die Königin dem Arzte entgegen, „soll ich denn meinen treuesten Diener verlieren, der sichersten Stütze meines Thrones beraubt werden?"

„Noch ist nicht alle Hoffnung verloren, welche ich für die Erhaltung Seiner Excellenz hege," lispelte der geschmeidige Doktor.

„Was fehlt denn dem Herzog von Valencia?" fragte Isabella, „er war ja gestern Abend in der Tertulia, an welcher er bei mir

Theil nahm, heiterer als jemals; ich hätte eher geglaubt, der Himmel müsse einstürzen, als daß ich einige Stunden später den eisernen Krieger so hart darnieder geworfen finden würde."

„Er hat zu viel Eis geschlürft, die Folge davon ist der Ausbruch eines Magenübels, das an seinem Körper zehrt."

„O, wenden Sie doch alle Mittel an, die Ihre Wissenschaft bietet, die Krankheit zu heben. Auf Ihren Schultern ruhet heute die Rettung des Thrones, denn 'an Narvaez verliert die Monarchie ihr Alles."

„Eure Majestät können versichert sein, daß ich und meine Collegen Alles versuchen werden, das kostbare uns anvertraute Leben zu bewahren; jedoch das Alter —"

„Himmel," unterbrach die Königin, „was soll aus mir und dem Lande werden, wenn Ihre Anstrengungen fruchtlos wären."

„Gottes Rathschläge sind unabänderlich, wir müssen uns darin fügen," schloß der Arzt.

Ebenso beklommen, als die Königin gekommen, entfernte sie sich. Was sollte, was konnte sie thun, den Steuermann zu retten, der das Staatsschiff so meisterhaft durch das brandende Meer führte?

Nichts! Sie war ein schwaches Weib.

Sollte sie das drohende Unheil unthätig, und die Hände in den Schooß legend, nahen sehn?

Nein, o nein, dies vermochte sie nicht.

„Ich kann ja beten," dachte sie, „bei dem Himmlischen Trost suchen. Vielleicht thut die heilige Jungfrau ein Wunder, und schickt dem Kranken Heilung."

Ein Ausdruck der Verklärung flog über das Gesicht der Königin. In ihren Gemächern harrten ihrer schon Claret und Patrocinio.

„Die Himmlischen scheinen ihr gnädiges Antlitz von uns gewendet zu haben," jammerte Claret.

„Sie strafen uns für unsere Sünden," fügte Patrocinio hinzu, „sie schwingen die Zuchtruthe ihres Grimmes unnachsichtlich über uns."

„Helft mir, sie versöhnen," stieß die Königin dumpf hervor.

„Ja, beten wir für das Leben des starken Mannes, der so viel für die Ordnung und die Kirche gethan," entgegnete die Patrocinio.

„Möge unser heißes Flehen von den Göttlichen erhört werden," betete die Königin.

Und in das anstoßende Betzimmer, in welchem die Kerzen inzwischen angezündet, und Alles für den Gottesdienst in Stand gesetzt worden, verfügen sich alle Drei. Pater Claret betrat den erleuchteten Hausaltar, und las ein Hochamt nach dem andern, betete einen Psalm nach dem andern.

Die beiden Frauen lagen zerknirscht und weinend auf den Knieen; Patrocinio murmelte Paternoster und Ave Maria nach den Kügelchen des Rosenkranzes, die sie durch die Finger gleiten ließ.

Die Königin hatte befohlen, ihr so oft als möglich über das Befinden des Marschalls Bericht zu erstatten, aber die Nachricht über eine günstige Wendung der Krankheit kam nicht.

Zuletzt warf sich Ihre Majestät vor einem lebensgroßen Standbilde der heiligen Jungfrau nieder, das in einer Nische der Thür gegenüber aufgestellt war, sie betete:

„O, schmerzensreiche Himmelskönigin! Aus den Tiefen meiner Noth rufe ich zu Dir, in heißen Thränen und bekümmerten Herzens.

„Errette mir den Mann, der, meines Reiches Schützer, der Gottlosen Feind, der Frommen Freund, in Todesnöthen sich befindet.

„Lege Deine segnende Hand auf seine schmerzenden Glieder, auf daß seine Pein sich lindere, und er von seinem Leiden gesunde.

„Erhalte ihn mir, Deiner demüthigsten Dienerin, die den Himmlischen ihre ganze Seele zuwendet, deren einziges Dichten und Trachten dahin gerichtet ist, zum Ruhm und zur Ehre Gottes zu wirken. Erhöre mich in meiner tiefsten Sorge, auf daß der Eckstein nicht zertrümmert werde, der dieses Reiches ganzen Bau zusammenhält.

„Sende den Lichtstrahl des Trostes in mein umdüstertes Herz, und laß mich und meinen Stamm nicht vor meinen und Deinen Feinden zu Schanden werden.

„So flehe ich in meiner Bekümmerniß zu Dir; O, Erhöre mich! und verkehre das Leiden in Freude." — — — —

Narvaez, der Mächtige, vor dem ganz Spanien gebebt hatte, empfand zum ersten Mal einem Feinde gegenüber seine Schwäche.

Er, der so viele Menschen rücksichtslos in den Tod geschickt hatte, sollte jetzt alle Qualen erfahren, die das Ende des Lebens begleiten.

Anfangs hatte er des Uebels gelacht, das ihn befallen; er hatte kaum nach einem Arzte schicken wollen, aber mit jeder Stunde war es gewachsen, in seinen Eingeweiden wühlte es wie Höllenpein, und die geistige Kraft, die noch eben unbändig gewesen war, wurde gebrochen.

Der Marschall, dessen Kräfte jetzt zusehends sanken, ließ Alles über sich ergehen, er griff nach dem letzten Rettungsanker der Bösen wie der Guten, wenn das unerbittliche Verhängniß an sie herantritt.

Er verlangte nach einem Priester.

Sein Gesuch sollte alsbald gewährt werden.

In dem Vorgemache drängte sich nämlich die vornehmste Geistlichkeit des Landes, sie war auf die erste Kunde von der Krankheit Narvaez' in's Schloß zum Sterbenden geeilt.

Sie hatte Ursache, seinen Tod zu fürchten, war er doch der einzige Mann in Spanien, der ihre Feinde in Schach hielt, und ihre Herrschaft auf den Gipfel gebracht. War er auch früher den Anforderungen der Geistlichkeit nicht so zugänglich gewesen, aber in der letzten Zeit hatte das Papstthum keinen bereiteren Vollstrecker seines Willens gehabt.

Der Cardinal von Toledo übernahm selbst, dem Todtkranken die Beichte zu hören.

Eine tiefe Stille trat ein, nur durch das Geflüster des Patienten und des Priesters unterbrochen. Die Uebrigen hatten das Gemach verlassen.

Endlich war die heilige Handlung vorüber, der Cardinal ertheilte dem Marschall im Namen der Dreieinigkeit Absolution (Sündenvergebung). Als er den Marschall aufforderte, seinen Feinden zu vergeben, erhielt er die Antwort: „Ich weiß seit langer Zeit von keinen Feinden, ich habe sie Alle aus der Welt geschafft!"

Nachdem der Kranke sodann das Sakrament und die letzte Oelung empfangen hatte, wurde wiederum der Zutritt gestattet.

Narvaez schien getröstet, er sah seinem Ende ruhiger entgegen, aber die innere Stimme schwieg nicht; sie war wohl für den Augenblick betäubt, aber nicht erstickt. Die körperlichen Schmerzen mehrten sich, das Fieber stieg nach dem Kopfe, seine Sinne verwirrten sich.

„Himmel," schrie er, „da kommen die Rachegeister — mit feurigen Krallen — packen — mich — Blut — Blut — Blut, — von San Isidro strömt es in Bächen — Sonne roth — Himmel roth — Alles roth; rothe Gesichter — Gesichter — grinsen — höhnen — Mörder — oh wie viele — todt — todt — Alle todt — lasset mich los — Hilfe — Erbarmen —"

Die Brust hob und senkte sich, die Augen stierten wirr und wie verglast um sich, die Hände griffen auf der Decke umher; der Sterbende ächzte und stöhnte.

Wie viele schreckliche Bilder mochten wirr an seinem Geiste vorüberziehen.

„Soldaten — schießt — Alle — wie glühend — nähern ihre
— Blicke — sie fassen — sie verschlingen — mich — Hilfe — Hilfe
— ich sticke —"

Man suchte den Kranken zu erleichtern; nach einiger Zeit rief
er abermals:

„Spanien — armes — Königin — Jsabella — schwach —
Thron — fällt — desventurada (unglücklich) — nacion (Volk) —"

Dann begann er zu röcheln:

„Jsabella — Jsabella — stark — stark — Stütze fällt — Thron
— bricht — zusammen —"

Er schien todt zu sein; man näherte sich ihm.

Da schlug er noch einmal die Augen auf, und flüsterte kaum
hörbar:

„Soldaten — Jsabella — rettet — rettet — Königin — Spanien —"

Da sank er in die Kissen zurück, und hauchte seinen
letzten Seufzer aus. —

Der Arzt entfernte sich.

Jsabella betete noch, da that sich leise die Thür auf; der Leibarzt erschien auf der Schwelle. Sein umflortes Antlitz verkündete
nichts Gutes.

„Er ist todt, Narvaez ist todt," schrie die Königin, und sank in
Ohnmacht.

Man trug sie in ihr Schlafzimmer, wo sie endlich nach vielen
Belebungsversuchen zum Bewußtsein kam.

Ein Thränenstrom erleichterte das geängstete Herz, und eine sanfte
Trauer zog in das leidenschaftlich bewegte Gemüth ein.

Sie betete wiederum für das Seelenheil des Verstorbenen, der
ihr ein so treuer Paladin gewesen war.

In's Gemach des Ministers hatte sich zuletzt hineingedrängt, wer
da wollte: Lakaien, Offiziere, Beamte des Hofes und Ministeriums,
auch Geistliche, welche auf den Knieen lagen und beteten.

Aber Einer entfernte sich nach dem Andern, Einige trauernd,
Andere vielleicht heimlich frohlockend, die Meisten bedenklich und
überzeugt, daß der Staat neuen und heftigen Erschütterungen entgegen gehen würde.

Wie ein Lauffeuer verbreitete sich die Nachricht unter die Bewohner von Madrid.

Trotz der frühen Morgenstunde sammelten sich die Gruppen auf Straßen und Plätzen; man fühlte sich so frei, wie seit langer Zeit nicht, man athmete gleichsam leichtere Lüfte.

Der Löwe war todt, mochte es noch immerhin reißende Thiere geben, die unter seiner Führung das Volk gemartert, die Seele der Thrannei fehlte; die Glieder, die Werkzeuge, welche dem Grausamen gedient, würden wohl noch eine Weile weiter in seinem Sinne handeln, davon war man überzeugt, aber die Zügel mußten ihren schwächlichen Händen über kurz oder lang entgleiten, und freisinnigern Männern zufallen; das war nur noch eine Frage der Zeit.

O'Donnell und Narvaez, die zwei Feinde des Volks, waren todt, Espartero, der dritte, den beiden Andern an Ruhm und Ansehen gleich, war ein Mann des Fortschrittes. Das war bezeichnend für die Lage. — —

Um neun Uhr versammelten sich die Cortes. Der Minister des Innern Gonzalez Bravo erschien.

Nachdem er vom Präsidenten auf sein Verlangen das Wort erhalten, begann er:

„Spanien hat einen großen Verlust erlitten. Der Marschall Don Ramon Maria Narvaez, Herzog von Valencia, Präsident des Ministeriums, ist vor zwei Stunden aus dem Leben geschieden.

„Mit ihm ist der größte Mann unseres Vaterlandes von einem Schauplatze unermüdlicher Thätigkeit, auf dem er beinahe bis zum letzten Athemzuge gewirkt, für immer abgetreten. (Zustimmung).

„Er hat Spanien in den schwierigsten Zeiten mit der größten Weisheit regiert. An seiner Festigkeit scheiterten die Anstrengungen aller Feinde der Ordnung; aus Angst vor ihm mußten sich die Männer des Umsturzes in die versteckteften Schlupfwinkel zurückziehen, ihre Aufrufe zur Empörung verhallten zum dumpfen, unverständlichen Geflüster.

„Spanien wurde ruhig nach so vielen Ausbrüchen und Zuckungen, welche der feuerspeiende Berg der Revolution erzeugt hatte; wir gingen einer dauernd friedlichen Zeit entgegen.

„Da stirbt er, der tausendfach gesegnete Friedensstifter, ein ächter principe de la Paz (Friedensfürst.)

„Wie hat er auch die Würde Spaniens dem Auslande gegenüber gewahrt, hätte er länger gelebt, er würde Spanien als eine Großmacht den übrigen ebenbürtig an die Seite gestellt haben.

„Aber sein Name lebt ewig unter uns, sein Name wird die Unzufriedenen noch schrecken, ihre Anschläge vereiteln, während er nicht mehr lebt.

„Die Königin hat die Gnade gehabt, mir die Präsidentschaft des Ministeriums anzuvertrauen. Ich habe sie angenommen.

„Doch der Schatten des Herzogs Valencia ist in Wirklichkeit unser Vorsitzender, ich bin es nur dem Namen nach.

„Der Sessel, den er in unsern Berathungen eingenommen hat, bleibt leer; wir werden nach ihm schauen, als wollten wir uns bei ihm Raths erholen, im Falle die Lenkung des Staates schwierig wird.

„Sein Geist schwebt über uns; er wird uns das Richtige an die Hand geben, wenn wir schwanken.

„Wir fahren fort, ganz nach den Grundsätzen des Verstorbenen zu regieren. Mag der Aufruhr jetzt sein Haupt erheben, wir werden es zermalmen. Die Revolution wird keine schwachen Männer auf der Bresche finden, die durch den Tod des Marschall Narvaez in die um das Herrscherhaus aufgeführte Schutzmauer entstanden ist. —

„Das Land soll wissen, daß die Königin treue und energische Männer um sich hat."

„Und nun geben wir dem Todten die letzte Ehre," rief der Cortespräsident, nachdem der Minister unter allseitigem Beifall geschlossen hatte.

Sämmtliche Mitglieder erhoben sich, und beteten leise. Die Sitzung wurde für heute geschlossen. — — — — —

Und die Königin Isabella?

Sie betrauerte ihren Minister mit einer Aufrichtigkeit, die man an ihr gar nicht gewohnt war.

Als sie sich stark genug fühlte, sagte sie:

„Ich muß ihn noch einmal sehen, den Mann, der mir die Krone gerettet."

„Majestät, er ist eine Leiche," bemerkte Gonzales Bravo, den sie gar nicht mehr von sich ließ, „wird sein Anblick Ihre Nerven nicht zu sehr angreifen?"

„Nein, durchaus nicht, ich kann meinem edelsten Unterthan nicht genug Dankbarkeit zollen."

„Eure Majestät reiben sich auf," wandte hier der anwesende Leibarzt ein.

„Und ich will Narvaez noch einmal begrüßen," entgegnete die Königin.

„Die Leiche wird ja in der Kirche von Atocha öffentlich ausgestellt," warf der Arzt ein, „dann können Eure Majestät Ihren Wunsch befriedigen."

„Nein, Nein!" rief die Königin, „gleich will ich mein Vorhaben ausführen, aus dem Anschauen seines Antlitzes neuen Muth, neue Hoffnung schöpfen; an seinem Lager für sein Seelenheil beten, das ist eine Schuld, die ich ihm abzutragen habe. Es soll gleichsam die letzte Berathung sein, die ich mit ihm pflege."

Die Königin ließ sich in die Todtenkammer führen, und beschauete lange das wenig entstellte Antlitz des Todten.

Dann kniete sie neben ihm nieder, und verharrte eine Stunde im Gebet.

Als wäre sie von seinem Geist erleuchtet, kehrte sie ruhiger in ihre Salons zurück.

- - - - - -

Einundzwanzigstes Kapitel.

Die Ausstellung der Leiche Narvaez'.

Die Leiche wurde einbalsamirt, und am dritten Tage nach dem Tode in feierlichem Zuge nach der Kirche von Atocha übergeführt.

Voran ritten drei Regimenter Kavallerie mit umflorten Fahnen und in Trauer dekorirten Helmen und Waffenröcken, die schwarzen Wimpel flatterten im Winde, die Musikchöre bliesen Trauermärsche.

Dann kam der mit sechs Rappen bespannte Leichenwagen; auf dem Deckel des reich mit Silber und Gold geschmückten Sarges glänzten sein Degen und die zahllosen Orden, die er fast von allen europäischen Herrschern empfangen hatte, rings an den Seiten des Sarges waren Lorbeerkränze aufgehängt.

Die Zipfel des Leichentuches hielten die vier Generale: Pezuela, Gasset, Calonge und Reino.

Neben dem Sarge gingen zwölf Unteroffiziere von den Hellebardiren, sechs zu jeder Seite, die den Sarg aus dem Palast geholt hatten. .

Unmittelbar hinter dem Leichenwagen gingen sämmtliche Offiziere der Madrider Garnison und Deputationen des ganzen Heeres.

Dann folgten zahllose Trauerkutschen, voran die königlichen.

Den Schluß machten einige Regimenter Infanterie und Artillerie, ebenfalls mit den Trauerabzeichen.

Den ganzen Zug entlang marschirte zu beiden Seiten eine aufgelöste Truppenkolonne als lebendige Kette, mit umgekehrten Gewehren.

So ging's durch verschiedene Straßen in die lange Atochastraße, an deren Ende sich die Kirche befindet.

Auf diesem ungeheuren Wege, er mag eine halbe Legua (Meile) lang sein, hatte sich der größte Theil der Madrider Bevölkerung aufgestellt, um der Bestattung beizuwohnen.

Die Mienen sahen gar nicht traurig aus, sie paßten durchaus nicht zu der amtlichen Trauer, die so pomphaft in's Werk gesetzt wurde; hin und wieder leuchtete die Schadenfreude in den seelenvollen Augen eines Madrilenen.

„Der da," spottete ein Calessinero, „läßt Niemand mehr erschießen oder erdrosseln, oder, was das ärgste ist, nach den pesthauchenden afrikanischen Inseln schaffen."

„Gott sei Lob und Dank, daß endlich der blutgierigste unter unsern Drängern auf Nimmerwiederkommen gegangen ist. Mein Sohn hat eine freie Rede mit dem Leben gebüßt," meinte ein graubärtiger Handwerker, und eine heimliche Thräne stahl sich auf die gebräunte Wange.

„Meinen Bruder hat er auf die Garote (Galgen) gebracht, der Wütherich," knirschte ein verwegen aussehender Vorstadtbewohner, dem man das Gewerbe nicht ansah.

„Und meinem Gatten ist das nämliche Schicksal widerfahren," stöhnte eine ganz in Trauer gehüllte Dame.

„Ich glaube," brummte ein Kaufmann, „der Mensch hat für alles Unrecht, das er hienieden geübt, die Strafe nicht erhalten, die ihm gebührt."

„Qualvoll ist er gestorben," sprach ein eleganter Herr, der in der Nähe stand, „ich habe es aus dem Schlosse, er hat gar nicht zum Sterben kommen können, der Tod schien den Missethäter zu verabscheuen; stundenlang soll er gerungen und das Gewissen soll ihn nicht wenig gepeinigt haben, bis er endlich, man möchte beinahe sagen, unversöhnt aus der Welt gegangen ist."

„Ob die Andern," fragte der Kaufmann, „die seines Sinnes

sind, wohl durch den grauenhaften Tod des Tyrannen vor weitern
Abscheulichkeiten, die sie ohne Zweifel im Sinne haben, zurückgeschreckt
werden? Denn wahrscheinlich sind der Gonzalez Bravo, Bravo Murillo und Pezuela bei dem Ende ihres Freundes zugegen gewesen.“

„Ah, das sind Männer von Stein, welche nichts ansicht,“ rief
ein Anderer.

„Da haben wirs,“ fuhr der Kaufmann erbleichend fort, denn er
hatte gesprochen.

Ganz in der Nähe verhafteten Alguazils einen jungen Burschen,
der wohl zu laut geschimpft hatte.

Die Menge aber ließ sich das nicht geduldig gefallen.

Sie umzingelte die Häscher, und es entwickelte sich ein Handgemenge.

Der Trauerzug wäre unfehlbar gestört worden, wenn nicht ein
höherer Beamter die Schergen durch einen Wink entfernt, und sie den
Verhafteten hätten laufen lassen.

Man war jetzt auf beiden Seiten gewarnt.

Die Menge flüsterte nur noch verstohlen ihre Verwünschungen gegen den Bluthund, den man zu Grabe trug; die Regierung wußte
nun, daß ein anderer Geist in die Masse gefahren sei.

Sie benahm sich vorsichtiger. Keiner wurde weiter verhaftet,
obgleich noch Worte genug fielen, die einen Hochverraths-
prozeß nach sich ziehen konnten.

- - - - - - - - -

Mitten in dem gewaltigen Schiff der Atocha-Kirche war der
Katafalk unter einem schwarzen, mit Silber besäeten Thronhimmel errichtet, auf welchem der todte Marschall Narvaez den Blicken der Neugierigen, möglicherweise Frohlockenden, preisgegeben war.

Ein mächtiges schwarzbehangenes, ebenfalls mit silbernen Löwen,
dem Wappen Narvaez, besetztes Trauergerüst war aufgebaut, und mit
gewaltigen Armleuchtern umstellt, in denen ungeheure wohlriechende
Wachskerzen brannten.

Der auf diese Erhöhung gestellte offene Sarg zeigte
den General in voller Uniform.

Sein Antlitz trug das nämliche strenge Gepräge, wie
bei seinen Lebzeiten.

An den vier Ecken des Katafalls hielten Ober-Offiziere der
Garde du Corps, oder der Hellebardiere in Gala-Uniform Tag und
Nacht Wache.

Zu Häupten und Füßen des Todten knieeten Priester, die für die Seele des Hingeschiedenen beteten.

Weihrauchfässer schwingende Chorknaben durchzogen die in eine Tod-tenkapelle verwandelte Kirche, und auf den Altären celebrirten die sich ablösenden Geistlichen die Seelenmessen.

Den Tag über strömten Leute aus allen Ständen, besonders aber die vornehme Welt Madrid's, in die Kirche, die zu den beliebtesten in Madrid zählt.

Es mangelte unter den Besuchern auch nicht an solchen, die selbst an heiliger Stätte ihren Groll gegen den Marschall nicht zurück-zuhalten im Stande waren; mochte immerhin der Hof und die Herr-schenden mit dem todten General eine Abgötterei treiben.

So wurde die Kirche mehrere Tage lang von vielen tausend Madrilenen besucht, es gehörte zum guten Ton unter den Vornehmen, da gewesen zu sein.

In allen Kreisen der plauderhaften Hauptstadt drehte sich das Tagesgespräch um den gefürchtetesten Mann Spa-niens, seine hinterlassenen Schätze, seine lachenden Erben.

Der nichts weniger als abergläubige Narvaez hatte im Augen-blicke der Schwäche doch für sein Seelenheil gesorgt; die frommen Stiftungen segneten seinen Namen, in ihren Gedenkbüchern stand der Name Narvaez wohl aus klingenden Gründen mit goldenen Buchstaben verzeichnet.

Als endlich die Todtenschau beendet, kurz bevor die Leiche in die Gruft gesenkt werden sollte, betrat in des Abends heiliger Stille der Hof die Kirche, um von dem so sehr Betrauer-ten den letzten Abschied zu nehmen.

Im Gefolge der Königin, die mit ihrem Gemahl diesen letzten Besuch abstattete, befand sich auch Narvaez' Nachfolger, Gonzalez Bravo, der eigends zur Begleitung befohlen worden war.

Noch einmal weilte Ihre Majestät in stummer Betrachtung vor dem Katafalk, dann winkte sie gebieterisch Gonzalez Bravo herbei.

„Ich habe Sie zu einer feierlichen Handlung hierher beschieden," sprach sie langsam und gemessen jedes Wort betonend, ihr bleiches Gesicht hatte fast einen erschreckenden Ernst angenommen, man erkannte die heitere, lebenslustige Isabella nicht wieder, denn in ihre Züge gruben sich entstellend die Linien der Sorge.

„Der Mann, der Spanien die Ruhe gegeben hat," fuhr

fie fort, ift dahin, ich bedarf eines Nachfolgers, der wie
er handelt.

„Der Verftorbene hat Sie mir bei feinen Lebzeiten als den
Mann empfohlen, der einzig geeignet wäre, ihn zu erfetzen; ich habe
feinem Willen willfahrt und Sie an feine Stelle gefetzt.

„Schwören Sie mir bei dem Erlöfer, der Madonna
und allen Heiligen des Himmels, in Gegenwart des großen
Todten und im Angeficht meines Gemahls, ganz nach dem
Sinne und den Anfichten des eifernen Herzogs das Regiment zu führen, diefelbe unerbittliche Strenge zu üben, diefelbe unnachfichtliche Gewalt gegen Jedweden, ftehe er noch
fo hoch, anwenden zu wollen, der den Frieden, die Zucht,
die Ordnung und die Glaubenseinheit ftört, die Narvaez
diefem Lande auferlegt."

„Ich fchwöre," entgegnete Gonzalez Bravo, indem er feine Rechte
emporftreckte, „bei der Seligkeit Aller, die mir hienieden theuer find,
daß ich keinen Finger breit von dem Pfade abweichen
werde, den der große Hingefchiedene, der dort vor uns
liegt, mir vorgezeichnet.

„Ich fchwöre Eurer Majeftät Treue bis in den Tod, ich werde
mit ftarker Hand jedwede freiheitliche Regung erfticken, die
der Macht, der Krone Abbruch zu thun droht; ich werde das
Blut Derer nicht fchonen, die die Gott- und Gefetzlofigkeit
auf ihr Banner gefchrieben und diefe Abfcheulichkeit in
unferem der heiligen Jungfrau geweiheten Lande aufzu-
drängen ftreben.

„Ich werde mit der ganzen Wucht meines Armes die heilige
Sitte der Väter und deren Glauben aufrecht zu halten fuchen, follte
ich auch ganz Spanien mit Blut überftrömen müffen.

„Dies fchwöre ich in die Hände Eurer Majeftät, fo wahr
mir Gott helfe und jener große Todte felig werde." — — —

Schauerlich erklangen diefe Worte in der ftillen, abendumdunkel-
ten Kirche, in welcher die letzten Strahlen der Sonne mit dem fpär-
lich erhellenden Kerzenfchein kämpften.

Viele der Anwefenden überlief es kalt, denn der Minifter bot
in diefem Augenblick mit feinen fprühenden Augen, die aus dem fin-
fteren, wolkenumfchatteten Geficht hervorleuchteten, den Anblick eines
der Hölle entftiegenen Geiftes dar, welcher auf das unglückliche von Zwietracht zerriffene Land losgelaffen wurde.

Ihre Majeftät laufchte entfchloffen dem Schwure des

Ministers, ihr Auge zuckte bei seinen fürchterlichen Worten
nicht, ihre Miene verzog sich nicht, ihr Herz krampfte sich
nicht bei dem Gedanken zusammen, daß wiederum das
Glück von Tausenden zerstört würde, daß Tausende wegen
eines unbedachten Wortes, einer unbesonnenen That, Leib
und Leben lassen würden.

Sie war ihrem Volk feind geworden; sie träumte nur
vom Untergange, und sie kannte kein anderes Mittel, ihre
Existenz zu sichern, als die Gewalt; jedes mildere Gefühl
war in dem von geistlichen und weltlichen Rathgebern be=
thörten Gemüth erstickt worden.

Nach Ableistung des Schwurs zog der Hof noch einmal um den
Katafalk und durch die Kirche; man kniete, man betete, man hörte eine
stille Messe, dann entfernte man sich. —

Isabella warf beim Herausgehen noch einmal einen langen,
trauernden Blick auf den Katafalk und den Schatten des Mannes,
dessen sie so schmerzlich entbehrte, dann fuhr sie mit dem Taschen=
tuch an die Augen, denen Thränen entquollen.

Noch in der folgenden Nacht sollte die Leiche beigesetzt werden;
man hatte die Geisterstunde gewählt, um diese letzte Ceremonie unge=
stört begehen zu können, denn man besorgte, daß das Volk den Todten
nicht ruhig bestatten ließe.

Obwohl der Regen in Strömen fiel, und der Wind denselben
durch die Straßen peitschte, hatten sich doch Volkshaufen gebildet, und
als nun der Leichenzug unter einem starken bewaffneten Geleit sich
mühsam von der Kirche aus seinen Weg durch das Unwetter nach
der letzten Ruhestätte bahnte, da erschollen laute Schimpfreden.

Man höhnte die Leute aus, die den Bluthund noch im Tode
verehrten und ihn bedienten, denn dem Tyrannen gebühre kein ehrliches
Begräbniß, meinten die Anwesenden.

Es wurden Steine nach dem Leichenwagen geschleudert, man
pfiff, man tobte, man lärmte, und die Begleitung war nicht im Stande,
wie gewöhnlich einzuschreiten, denn der losgebrochene Orkan hemmte
den Diensteifer der Häscher, sie selbst wurden von seinen Wirbeln er=
faßt, und rangen vergebens, sich auf den Beinen zu halten.

Aber die nämliche Ursache, welche die Polizei in ihrem Wirken
aufhielt, trieb auch den Pöbel auseinander.

Der Regen durchnäßte die Uebermüthigen, der Sturm jagte sie
fort; dazu kam der Aberglaube: das Volk wähnte in den Leichenbe=
gleitern von Nebel und vom Blitze umstrahlte Gespenster zu sehen,

böse Geister aus einer andern Welt, welche den todten Genossen in ihr Reich des Verderbens mit Sturmesflügeln entführten.

Der Teufel Spaniens wurde unter Donner und Blitz in die Erde gesenkt.

———

Zweiundzwanzigstes Kapitel.

Ein Freudenfest auf dem Schlosse de la Seda.

„Narvaez ist todt," tönte es von einem Ende Spaniens zum andern.

In allen Dörfern, allen Städten der pyrenäischen*) Halbinsel erscholl der Ruf; vom prächtigen Palaste pflanzte er sich bis in die ärmste Hütte fort; die Echos der Gebirge hallten von ihm wieder; auf Heerstraßen und öffentlichen Plätzen besang man das Ende des verblichenen Thrannen in Liedern, aus denen der Jubel trotz aller Vorsicht, ihn zu verbergen, herausklang.

Nur in Loja, der Blume unter den Dornen, dem paradiesischen Thal im rauhesten Felsengebirge, von wo der eiserne Herzog entstammte, floß wohl eine Thräne für den berühmten Verwandten, die indeß bald in das Lachen der glücklichen Erben umgewandelt wurde.

Die allgemeine Freude, die in Spanien herrschte, hatte auch die rüstigen Freiheitskämpfer in so vielen Revolutionen und Aufständen: Alar, Sequanilla, Martinez und Eduardo de la Seda ergriffen.

Zur Feier der Wiederauferstehung Spaniens, die die Freisinnigen zuversichtlich erwarteten, hatte Eduardo de la Seda, der ehemalige Günstling der Königin, seine Gefährten in Freude und Leid, in Noth und Tod, sowie einige Gesinnungsgenossen auf sein Gebirgsschloß im blüthenreichen Frühling, auch wie es schien, dem Frühlinge Spaniens, zum lustigen Gelage und zum fröhlichen Ideenaustausch eingeladen.

———

*) Die Pyrenäen sind ein Grenzgebirge zwischen Frankreich und Spanien, daher führen Spanien und Portugal den Namen der pyrenäischen Halbinsel.

Der ewig heitere Himmel spannte sich über das alte Schloß, das sich zur Aufnahme der innigst Verbundenen schmückte. Wie blank glänzten die Fenster, wie freudumstrahlt lagen selbst die düstern Mauern im hellen Sonnenschein, wie zierte sich der Garten und Park mit einem prunkenden Pflanzenwuchs, von welchem man im kalten Norden keine Ahnung hat.

Da waltete in heiterster Stimmung an der Spitze der Dienerschaft die Schloßherrin, die noch immer bildschöne Geronima, in den fürstlich ausgestatteten Gemächern, die sich zur Aufnahme der Freunde schmückten, sowie in Küche und Keller; und neben ihr war die Tochter Juana geschäftig, eine Rosenknospe, die sich zur wunderbar lieblich duftenden Blume von überraschender Schönheit zu entfalten versprach.

Ihr seelenvolles Auge gewann alle Herzen, ihr engelgleiches Gesichtchen, so wie ihr schlanker Wuchs, entzückte die Söhne der Nachbaren, die auf den umliegenden Edelsitzen, fern vom Getriebe der Welt, hausten.

Ein Kreis von Anbetern hatte sich schon um die junge Dame gebildet; sie aber nahm die ihr gespendeten Huldigungen kalt entgegen, es zog sie zu den Freunden der Familie, die in Sinn und Herz eins waren.

Der junge Enriquez de Alar besaß ihre Liebe, und er erwiderte dieselbe mit gleicher Aufrichtigkeit.

Zusammen aufgewachsen, waren sie sich schon als Kinder gut; es war für Juana ein Freudenfest, wenn Enriquez das väterliche Schloß besuchte, und Enriquez hatte keine Mühe gescheut, wenn er in das liebe Antlitz seiner Juana blicken konnte.

In der letzten Zeit hatte sich das Verhältniß etwas verändert, die heranwachsende Jungfrau küßte nicht mehr kindlich den schönen Jüngling, wie früher; sie lehnte nicht mehr ihr Köpfchen an ihn, wie sie so oft gethan; sie blickte ihn nicht mehr so offen in die Augen, wie früher, vielmehr schlug sie die ihrigen verschämt nieder, wenn er seine feurigen Blicke auf sie richtete.

War eine Kälte zwischen Beiden eingetreten?

Enriquez glaubte es; er härmte sich darüber und wurde zurückhaltender; das betrübte Juana, denn sie liebte ihn heißer als jemals, aber ein ihr fremdes Feuer brannte in ihr, was sie dem Jüngling um alle Welt nicht verrathen hätte.

Die Eltern Beider hatten die Neigung der jungen Leute längst erkannt, und sich gegenseitig dazu beglückwünscht.

Heute jubelte das Herz Juana's, denn sie sollte ja den Geliebten sehen, der sich in letzter Zeit scheu von de la Seda's Schloß zurückgezogen hatte, weil er sich von der schönen Juana verschmäht hielt. Die Freude drückte sich in ihrem ganzen Wesen aus; noch einmal so geschwind ging ihr Alles von der Hand.

„Sie wollen auch gar nicht kommen, Mama," seufzte Juana, „mir wird schon die Zeit zu lang."

„Du sehnst Dich wohl nach Enriquez," scherzte die Mutter.

„O nein, sicherlich nicht," entgegnete Juana bis unter die Haare erröthend, „mich verlangts nach Tante Sicula, Juliane und dem lustigen Onkel Pedro; auch möchte ich Onkel Juan's Wangen streicheln, man kann dem armen Mann nicht genug Freude bereiten. Der junge Herr Enriquez ist ganz stolz geworden, der sieht mich gar nicht mehr an."

„Nun, nun, wenn Du nur nicht allein daran schuld bist. Aber Kind, lassen wir das, denn es ist noch viel zu thun. Eilen wir."

In dem Prachtsaal des Schlosses ordneten sich die goldenen und silbernen Gefäße; Krystallkaraffen, in denen die perlenden Weine Spaniens und Frankreichs schäumten, und der ganze Reichthum des alten spanischen Hauses entfaltete sich.

Jetzt traf die Gesellschaft ein. Juan de Alar mit Frau und Sohn, Pedro de Sequanilla mit Juliane, Martinez und Inez, und andere Freunde.

Das war ein freudiger und herzlicher Empfang; nur zwischen Juana und Enriquez ging es gewissermaßen steif und förmlich her, was nicht unbemerkt blieb, und worüber sich die Alten lächelnde Blicke zuwarfen.

Nach kurzer Rast begab man sich zur Tafel, und man ließ der Küche Eduardo's volle Gerechtigkeit widerfahren. Das Wildpret der nächsten Wälder, die Fische aus den krystallhellen Teichen, die Pasteten und Ragouts und andere Speisen mundeten den Gästen vortrefflich, und die schönen Weine der Heimath, wie des Auslandes, erhöhten die Feststimmung.

Die Tafel war vorüber, die Gesellschaft begab sich in den Garten, die Männer setzten sich an einen, in einer schönen duftenden Jasmin- und Myrthenlaube geordneten Tisch, welche mit ihrem dicken Laubwerk vor der Sonne schützte, ein kühles, schattiges Plätzchen, um sich bei einer Flasche Wein im traulichen Geplauder über die Tagesereignisse zu unterhalten.

Die Frauen gingen ab und zu.

Juana verlor sich in den Irrgängen des Gartens, sie träumte von ihrer Liebe. Enriquez schlich hinter ihr her.

Heute, oder nie, wollte er sein Schicksal entschieden wissen. ——

„Da sind wir einmal lustig beisammen," scherzte Pedro, „die Kugeln pfeifen nicht mehr, und am meisten freut's mich, daß wir dem Tod bis jetzt noch immer ein Schnippchen geschlagen."

„Schwere Zeiten haben wir überstanden," seufzte Juan de Alar, „und noch steht uns vielleicht manch' harter Strauß bevor."

„Alter Schwarzseher!" lachte Pedro, „hast Du denn nichts als Deinen Unkenruf? Heute will ich lustig sein, und wenn zehn Narvaez und O'Donnel's wieder auferständen und ihre Krallen nach mir ausstreckten, und mir mein Fest verbittern wollten.

„Es lebe der Wein, es lebe die Freude! Fort mit den Sorgen, fort mit der Trauer!

„Der Bluthund Narvaez hat das Zeitliche gesegnet, brenne seine Seele ewig im Fegefeuer."

„Ich glaube auch, der Thron der Königin Isabella wackelt," warf hier Eduardo de la Seda ein, „ich meine, er geht mit jedem Tage mehr aus den Fugen, mögen auch tausend Marfori's ihn stützen."

„Es sind noch genug Thrannen im Lande; sie werden uns noch Viel zu schaffen machen," unterbrach Juan de Alar.

„Die schwerste Zeit haben wir hinter uns," jubelte Pedro de Sequanilla, „ich sehe schon, wie Ihre Majestät Isabella II. sammt höchstdero Mutter, und die ganze bourbonische Freundschaft über die spanische Grenze reißaus nimmt, und der Boden unserer schönen Heimath mit einem Mal von den schlimmsten Kreaturen gesäubert wird. Stoßen wir an auf baldige **Erlösung unseres Vaterlandes.**

Alle stießen an, selbst Juan wurde von der zuversichtlichen Stimmung Pedro's erfaßt.

„Die Königin muß sicherlich des Regierens müde sein," meinte Eduardo de la Seda, „wir haben ihr oft genug die Hölle heiß gemacht.

„Auch ist sie ein Weib, das mehr an sinnlichen Genüssen Gefallen findet, als an der Staatsverwaltung. Ich wette, für ihren Marfori läßt sie Thron und Reich im Stich, und lebt mit ihm von ihren, dem Lande erpreßten Schätzen."

„Desto besser," sprach Pedro, „wir werden die Dame gewiß nicht halten. Ich bin ein galanter Mann, ich leiste gern den Damen ritter-

lichen Dienſt; nicht wahr Juliane? (dieſe nickte ſchelmiſch). Und auch
der Königin Iſabella ſtehe ich zur Verfügung, wenn ſie
mein ritterlich Geleit bis über die Grenze des Vaterlandes
fordert."

„Mäßige Deinen Uebermuth, Freund Pedro," äußerte Juan
ernſt, „wir ſind noch lange nicht am Ziel, und wir haben für unſere
Freiheitsbeſtrebungen bis jetzt gar bitter leiden müſſen."

„Welche Ausſichten ſind für Deine beſſere Zeit und für den Sieg
der Freiheit in Spanien vorhanden; erwägen wir einmal?" äußerte
Eduardo de la Seda, der die Mitte hielt zwiſchen dem vergrämten
Juan und dem tollen Pedro.

„O'Donnell iſt todt, Narvaez ebenfalls, das ſind die Beiden,
die das Regiment der Pfaffen und Hofſchranzen ſo lange
Jahre aufrecht erhalten haben.

„Wen hat Iſabella noch?"

„Den Pezuela, einen energiſchen Mann," antwortete Martinez,
„der, wenn nicht grauſamer, doch plumper und ſchroffer iſt, als jene
Beiden, und den Gonzalez Bravo, jenen Abtrünnigen, der
ſeine frühere Freiheitsliebe vergeſſen machen möchte, in=
dem er ſeinen ehemaligen Geſinnungsgenoſſen Nachſtel=
lungen und Fallſtricke ohne Gleichen bereitet.

„Er war die Seele von Narvaez' Regiment.

„Der alte Marſchall war in letzter Zeit ſchon ſchwach geworden,
das Land hätte bald ſeine feſte Hand nicht mehr gefühlt; da trat
Gonzalez Bravo an ſeine Seite, und entfaltete nur zu ſehr jene ver=
derbliche Thatkraft, die für Spanien ſtets zum Fluche werden wird.

„Unſere Feinde ſind nicht zu unterſchätzen, ſie haben die Geiſt=
lichkeit und das Heer für ſich."

„Das Heer! ſeid Ihr deſſen ſo gewiß, Joſé?" fragte Eduardo.
„Hat ſich bei der letzten Volkserhebung unter Contreras und Pierrad
wohl eine nennenswerthe Schaar für uns gerührt?"

„Das allerdings nicht; aber ſollten die freiſinnigen Ge=
nerale Serrano, Zabala, Caballeros, Ros de Olano, die
man immer zurückſetzt, denen man mißtraut, nicht endlich
dieſer Demüthigungen müde werden?"

„Allerdings; und wenn ſie ſich gegen die Regierung
erheben, iſt die Königin verloren."

„Das iſt wahr," unterbrach Don Romero, einer der Anweſen=
den, „die Regierung hat alle Männer von Anſehen und Bedeutung,

die nicht blindlings der Willkührherrschaft anhängen und dem Papstthum huldigen, vor den Kopf gestoßen und sie erbittert. Sie stützt
ihre Herrschaft auf einer verschwindend winzigen Zahl von Anhängern;
wie lange kann sie's noch so treiben?"

„Ich vertraue der Gerechtigkeit unserer Sache," entgegnete hier
Pedro de Sequanilla. „Mir ist seit Narvaez' Tod gar wohl zu Muth.
Ich kann Euch Kopfhänger nicht widerlegen; das Für und Wider gar
peinlich gegen einander abzuwägen, ist überhaupt nicht meine Sache.
Ich habe mein Lebtag nicht gern studirt, noch weniger philosophirt.

„Ich weiß nur, daß die Vergeltung einmal naht, und
daß der ganze Betteltanz, den Königin Isabella wie ihre
Frau Mama nun seit Jahrzehnten dem Lande Spanien zur
Schande vor aller Welt aufführt, einmal zur Neige geht.
Mir ist's, als wäre es noch in diesem Jahr. Es liegt mir
im Blute, als könnt' es nicht anders sein."

„So trinken wir denn darauf, daß wir noch in diesem
Jahr der spanischen Königswirthschaft mit ihrem Anhang
das Garaus machen."

Und donnernd hallte der Trinkspruch, in den die herbeigeeilten
Frauen einstimmten, durch den Garten.

„Was Teufel," fuhr Pedro fort; dabei glühte ihm sein volles
Gesicht, wie das umnebelte Tagesgestirn. „Wo ist denn unser junge
Recke, der Enriquez! Kümmert der sich nicht um's Vaterland? Und
auch die Juana fehlt. Das junge Volk ist fort. Im Schweiße unseres Angesichts berathen wir hier über Wohl und Weh von Tausenden und was thun die Jungen?"

„Wahrscheinlich, was ihnen besser behagt?" lächelt Martinez.

„Aufgestanden; mir wird's hier nachgerade zu heiß. Wir wollen
die Deserteure aufstöbern, sie sollen ihre Fahnenflüchtigkeit büßen."

Die Männer erhoben sich, und zerstreuten sich im Garten. —
Wo waren Enriquez und Juana?
In der dichtesten schattigsten Laube des Gartens Hand in Hand.
Sie sprachen schon lange nicht mehr, sie waren zu erregt.
Enriquez war der flüchtigen Juana gefolgt; er hatte sie bald
eingeholt.

„Juana," begann er, „was ist das? Sie fliehen vor mir; es
ist nicht mehr so wie früher zwischen uns."

„Ich vor Ihnen fliehen, Enriquez? Sie täuschen sich; Sie sind
es vielmehr, der die arme Juana verläßt.

„Der junge Herr hat ja andere Dinge im Kopf, als seine Ju= gendgespielin; er strebt nach Ruhm, er strebt nach Ehre, und weiß Gott, was Anderes noch seinen Sinn beschäftigt."

„Sie spielen mit meinen heiligsten Gefühlen, Juana," entgegnete Enriquez, mit zärtlichem Blick die zarte, liebliche Gestalt neben sich messend. „Wohl denke ich an die Leiden des Vaterlandes, wohl habe ich für seine Befreiung aus den Fesseln der Knecht= schaft gestritten, das ist die Pflicht jedes guten Patrioten. Aber außer der Vaterlandsliebe bewegt mein Herz noch ein anderes, so süßes, und doch so schmerzliches Gefühl für eine junge Dame."

„Und Sie haben mich wohl aufgesucht, mir Ihre Bekenntnisse zu machen," entgegnete Juana leicht gereizt.

„Wem könnte ich anders zur Vertrauten meiner Herzensgeheimnisse machen, als die Freundin meiner Kindheit?"

„Also Sie haben Herzensgeheimnisse, und mich wollen Sie zu Ihrer Vertrauten machen, das finde ich sonderbar. Ich dächte, ein Freund wäre in solchen Dingen ein besserer Vertrauter, als ein junges, unerfahrenes Mädchen meines Alters."

„Ich habe keinen so vertrauten Freund," lachte Enziquez schalk= haft, „und wenn ich einen hätte, würde ich nicht ihn, sondern Sie in diesem Falle zur Vertrauten machen. Denn Sie allein können meine Sache bei der erwähnten Dame mit Erfolg verfechten."

„Ich?" entgegnete Juana verlegen, „das wüßte ich nicht."

„Allerdings Sie und kein Anderer," meinte Enriquez.

„Kenne ich sie denn?"

„Sehr genau."

„Ich habe nicht viele Bekanntschaften."

„Und doch sind Sie mit ihr bekannt!"

„Wer ist sie denn?" fragte Juana gespannt.

„Theure Juana," erwiderte der Jüngling, indem er die Hand des jungen Mädchens erfaßte, und sie in die seine preßte.

Juana wollte tief erröthend die ihrige zurückziehen, aber das Ge= fühl war auch in ihr mächtiger, als der Wille, so blieb denn die zarte Hand in der Enriquez'.

„Theure Juana, haben Sie denn nicht schon längst errathen, daß die Dame, der meine Gedanken, all' mein Sinnen, all' mein Trachten geweiht sind, keine Andere ist, als Sie selbst? Von frühester Jugend war ich Ihnen zugethan, es schien mir immer, als ob Sie meine Neigung erwiderten.

„Plötzlich veränderte sich Ihr Benehmen, Sie wurden zurückhaltender gegen mich.

„Da ergriff eine unsägliche Pein meine Seele, ich erkannte meine trauliche Juana nicht wieder; sie, die sonst so Hingebende, zog sich von mir zurück, sie mied mich absichtlich.

„Sollte eine andere Neigung ihr Herz erfüllen?

„Ich konnte den Gedanken nicht ausdenken; aber wenn ich Ihr Benehmen in Betracht zog, so konnte es nicht anders sein.

„Ich war bemüht, die Liebe zu Ihnen zu bekämpfen, theure Juana, aber ich schuf mir nur neue Qualen.

„Ich ertrage die Ungewißheit nicht länger, entscheiden Sie über mein Schicksal.

„Ist Ihre Neigung zu mir erloschen, und eine andere Liebe in Ihr Herz eingezogen? Verbergen Sie mir das Schlimmste nicht!"

„O, Enriquez!" hauchte die Jungfrau, und eine Purpurröthe ergoß sich über ihr reizendes Antlitz, „lassen Sie mir Zeit, Ihr Antrag kommt mir unerwartet. Was Sie für Erkältung früherer Neigung hielten, war es nicht. Ich liebe keinen Andern; dies genüge Ihnen."

„Und Sie lieben mich?"

Juana wandte verschämt das Antlitz ab.

Sie waren der Laube genaht, und ohne ein weiteres Wort auszutauschen, ließen sie sich im dichtesten Jasmin= und Flieder=Gebüsch auf einer weichen Moosbank nieder.

Es war gar herrlich hier in der Abendfrische. In der Nähe flöteten Lerchen und Finken, eine Nachtigall schlug im nahen Bosquet, die Vögel sangen ihre Liebeslieder, die Pflanzen hauchten einen sinnberauschenden Duft.

Die Hände Enriquez' und Juana's ruheten in einander. So saßen sie im seligen gegenseitigen Anschauen verloren, als eine wohlklingende Stimme sie aus ihrem Traume aufschreckte.

„Ho, ho," lachte Onkel Pedro. „Hier haben wir die Ausreißer; dacht ich's doch, ein verliebtes Stelldichein. Ich sollte Euch eigentlich strafen, junger Herr, daß Ihr im Augenblicke desertirt seid, wo Alle bei der Fahne stehen mußten, das heißt: wo wir wichtige Berathungen hielten.

„Indeß wir sind ja Ritter; und seiner Dame seine Zeit zu weihen, ist alter ritterlicher Brauch. So sei Euch denn Euer Vergehen verziehen."

Juana war beim ersten Laut aus Pedro's Munde aufgesprungen

und schickte sich an, scheu davon zu fliehen; aber das ließ Pedro nicht zu.

„Halt, Herzchen, so kömmst Du mir nicht davon," scherzte Pedro, „Laßt sie nicht fort, Enriquez.

„He, Juan, Eduardo, Sikula, Geronima, Juliane, kommet Alle einmal her," rief er in den Garten hinein.

Die Gerufenen kamen.

Juana hielt verschämt beide Hände vor's Gesicht.

„Ei Pedro," mahnte Eduardo, „nimm mir's nicht übel, Du quälst die armen Kinder auch zu sehr.

„Aber aufgeschaut, Juana, ich sollte zwar böse auf Dich und Enriquez sein, daß Ihr hinter unserm Rücken solche Schelmenstreiche macht."

„Aber Papa, wir haben eben erst," — erglühete Juana.

„Schon gut, Töchterchen," unterbrach Eduardo, „weil heut ein allgemeiner Freudentag ist, so stelle ich keine Untersuchung an, welcher Schalk meine Juana zu solchem Thun verleitet. Nicht wahr, Du bist dem Enriquez gut, mein Töchterchen?"

Juana nickte erröthend.

„Und der Herr Enriquez hintergeht mein Töchterchen doch nicht mit eitlen Redensarten, hohlen Liebesbetheuerungen?"

„Wie können Sie so etwas von mir denken, Vetter Eduardo?" betheuerte Enriquez.

„Gemach, mein Junge, besänftige Dich! Glaubst Du, wir hätten nicht schon längst Eure gegenseitige Neigung zu einander erkannt und uns darüber gefreut. — — —

Nach einigen Stunden wurde an diesem glückseligen Tage im Garten von Eduardo's Schloß wiederum eine andere Tafel hergerichtet, um welche sich die fröhlichen Gäste, und vor Allem das Brautpaar sammelten.

Es war nicht die prachtvolle Mittagstafel, nur kalte Speisen, und vor Allem die schweren spanischen mit den leichtern französischen Weinen bedeckten sie.

„Wir sind jetzt versammelt," hob Eduardo an, „um ein fröhliches Familienfest zu feiern, freilich hätte ich gern gesehen, daß wir es be= gangen, wenn das Vaterland von seinen Fesseln erlöst ge= wesen, aber mehr als je haben wir die zuversichtliche Aus= sicht, daß es bald in unserer Heimath besser werde, und ich wollte der Neigung meiner geliebten Tochter keinen Widerstand entgegenstellen."

„Ich erkläre also meine Tochter Juana de la Seda für die Braut des Herrn Enriquez de Alar, des Sohnes meines Onkels und Freundes Juan de Alar.

„Füllen wir die Gläser, und bringen wir dem Brautpaar ein Lebehoch."

„Das Brautpaar lebe hoch," tönte es durch den Kreis.

„Umarmt Euch doch Kinder," lachte Pedro, „jetzt ist es erlaubt." Enriquez küßte sein Bräutchen.

„Und nun mein Sohn Enriquez," fuhr Eduardo fort, „ich gebe Dir, dem ritterlichen Jüngling, meine Tochter zur Braut. Aber glaube nicht alsbald, am häuslichen Heerd die Freuden des Familien= lebens zu genießen.

„Noch wird unser Vaterland von Tyrannen bedrückt, und jeden Augenblick kannst Du zur Fahne berufen werden. Dann mußt Du gehen, und bis zum letzten Blutstropfen für die Freiheit des Vaterlandes streiten. Du und Juana seid noch jung, Ihr könnt noch eine Zeit lang warten, bis Ihr den heiligen Bund der Ehe schließt, so lange bis das Vaterland seiner Bedränger los und ledig ist.

„Hoffen wir, daß Eure Geduld nicht auf eine harte Probe ge= stellt wird. Wenn nicht alle Anzeichen trügen, tritt die Ent= scheidung bald, noch in diesem Jahre ein; vielleicht geht der Sommer nicht zur Neige, ohne daß die Spanier ihre längst gehegte Hoffnung erfüllt sehen, und Spanien als das freieste Land begrüßen können.

„Heute ist Eure Verlobung; Eure Hochzeit feiern wir, wenn das Panier der Freiheit von allen Thürmen und Burgen unseres Vaterlandes lustig in den Lüften flattert, und das Lilienbanner der Knechtschaft im Staube liegt.

„Stoßen wir an auf baldige Befreiung des Vaterlandes."

Und wieder erklangen die Gläser, und wiederum erschollen die freudigen Rufe in die stille Nacht hinein, mit ihren lauen Lüften und ihren berauschenden Düften.

„Kommt an mein Herz, geliebte Kinder," rief jetzt Juan de Alar gerührt, „Ihr, der Trost meines Alters, Ihr, ein heller Licht= strahl in mein verdüstertes Dasein. Zum ersten Male seit langer Zeit eröffnet sich mein Herz der Freude."

Er umarmte die beiden ihn umfassenden jungen Leute.

„Seid gesegnet," fuhr er fort, „für und für. Sei Deiner Juana treu bis in das Grab, Enriquez, behüte sie als ächter Ritter, nicht als adelsstolzer Junker, sondern als ein Mann edlen Herzens, vor jeder Unbill, jeder Trauer.

„Ihr werdet Euch Beide bald ganz angehören," fuhr er begeistert fort, „ich sehe es im Geiste, vor mein Inneres treten schon die Bilder besserer Zeiten, deren unser unglückseliges Land so dringend bedarf.

„Immer unaufhaltsamer verdrängt die Bildung unseres Jahrhunderts die Finsterniß der Geister, die unseren Unterdrückern zur Grundlage diente.

„Die Verblendeten werden durch immer unklugere Handlungen dafür sorgen, daß ihr Ende über sie kömmt, ehe sie sich dessen versehen.

„Ich seh' Euch schon als zukünftige Gatten den Triumph der Freiheit feiern. Mögen Ruhe und Friede Euer Leben glücklicher machen, als das unsrige in dem wilden Treiben der Zwietracht des Landes war.

„Noch einmal meinen Segen meinen geliebten Kindern."

Er küßte sie Beide, die Thränen liefen dem Greise über die eingefallenen Wangen.

„Ha, der Juan ist zu unserem Glauben, an den nahen Sieg unserer Sache belehrt," hieß es.

„Ja, Stimmen in meinem Innern, die lange entschlummert waren, sind erwacht, der Hoffnung süße Freuden. Ich mußte ihnen hier Ausdruck geben, denn die vor mir stehende blühende Jugend hat sie erweckt."

Nun kam die Reihe der Beglückwünschung an die Frauen. Von Arm zu Arm flog das Paar. Sicula, Geronima, Juliane, Inez drückten ihre Freude in Zärtlichkeiten und herzlichen Worten aus.

Das Bankett aber wurde bis tief in die warme Nacht fortgesetzt.

Früh am andern Tage trennten sich die Freunde in hoffnungsvollerer Stimmung als jemals. Viele von ihnen glaubten zuversichtlich an das nahe Ende der spanischen Tyrannei.

Serrano und die tüchtigsten Generale an der Spitze der Verschwörung zum Sturz der Königin Isabella von Spanien.

Was strahlt uns dort entgegen?

Ist es ein Fürstenschloß?

Ach nein! Es ist eine Tropfsteingrotte mitten im wildesten Guadaramagebirge, und der wunderbare Lichterglanz rührt von einigen Fackeln her, welche die hier versammelten Männer angezündet haben.

Diejenigen, welche hier berathen, hassen die Fürsten; und um unbelauscht über das Schicksal Spaniens berathen zu können, hatten die Verschwörer hier ein willkommenes Asyl in der Nähe von Madrid gefunden; nicht leicht konnten sie hier von den blutigen Häschern überrascht werden.

In heutiger Nacht war eine nicht allzu zahlreiche Schaar versammelt.

Unter ihnen erblicken wir Rivero, der in der Geschichte Spaniens eine so große Rolle spielt; dann Rubio, den muthigen Kämpfer; General Pierrad, Ebn Eddin, Moreno, Juan de Alar, Eduardo de la Seda, und andere Mitglieder der geheimen Junta von Madrid.

Sie saßen in der glänzenden, durch Fackeln erleuchteten Halle um einen als Tisch geformten Felsblock, auf steinernen Sitzen.

„Wie steht es denn nun nach Narvaez, des Löwen Tod, mit unseren Angelegenheiten," begann der Vorsitzende.

„Erstatten Sie Bericht, Rivero."

„Ob gut, ob schlecht, das wird die Zukunft lehren," entgegnete dieser. „So viel ist sicher, daß alle Parteien: Unionisten, Progressisten, Demokraten und Republikaner gesonnen zu sein scheinen, sich zum Sturze Isabella's zu vereinigen; selbst die Carlisten wollen mitwirken; aber von Denen ist nichts Gutes zu erwarten."

„Ist der Bote hier, den wir an Prim im Namen der Königin an Don Silvio's Statt gesandt haben?"

„Hier bin ich," sprach der Oberst Don José Diaz, ein Waffen-

gefährte des Generals Prim von Marocco her und den frühern Feld-
zügen, der aber heimlich zur republikanischen Partei gehörte.

„Was könnt Ihr uns über die Gesinnung des Generals mittheilen?"

„Der General Prim steht im Begriff, sich mit dem
Hofe zu versöhnen," berichtete Diaz.

„Dann wäre ihm also nicht mehr zu trauen?" fragte Pierrad.

„Ein felsenfester Freund des Landes ist er sicher nicht. Ich
habe von ihm die Weisung erhalten, der Königin zu versichern,
daß, wenn sie das konservative Ministerium entlasse und
ein freisinnigeres einsetze, an dem er, der Herr General
Prim, theilnehme, er seiner gnädigen Monarchin mit Leib
und Leben zur Verfügung stehe."

„Ei, sieh da den Ehrgeizigen," hieß es von allen Seiten.

„Fluch ihm!" ertönte es ringsum im Chor.

„Und wie steht es sonst mit unsern übrigen Bundesgenossen, den vicalvaristischen Generalen, die darauf und
daran sind, Kopf und Kragen zu wagen, um das jetzige Regiment zu stürzen?" ertönte es vom Präsidentenstuhl.

„Sie sind noch schlimmer, als Prim, kaum besser als Gonzalez
Bravo und Pezuela, sie wollen die Königin stürzen, um einen König,
Gott weiß, aus welchem Fürstenwinkel herzuholen."

„Dann wäre von der Erhebung dieser Leute wenig zu hoffen,"
meinte Rivero.

„Von ihnen allerdings nicht viel, jedoch machen sie die Bahn für
uns frei. Sie bringen den starren Despotismus, der jetzt auf dem
Lande lastet, zum Fallen, und schaffen die kahle Wüste zum sprossen-
den Fruchtgarten um; ob die später reifenden Früchte nach ihrem Geschmack sein werden, bezweifle ich," entgegnete Ebn Eddin.

„Wir werden also im Verein mit ihnen handeln?"

„Freilich," riefen Alle im Chor.

„Weiß Einer etwas über das, was sie zunächst vorhaben," fragte
der Vorsitzende.

„Sie wollen zunächst an der Grenze Spaniens auf
französischem Boden bei Bayonne, wo sie vor Verrath sicher
sind, zusammenkommen, um zu berathen; ich weiß nicht, ob
über einen König, den sie statt Isabella's wählen werden,
oder über den Plan, wie sie die Revolution in's Werk
setzen."

„Das sieht ihnen ähnlich, sie verkaufen das Fell des Bären, ehe sie ihn gefangen haben."

„Liegt noch Weiteres vor?" fragte der Vorsitzende.

„Nichts wesentliches!"

„Dann ist die Sitzung für heut aufgehoben."

Die Lichter erloschen; die eben noch prachtvolle Grotte wurde zum finstern Kerker, in den kein Sonnenstrahl dringt. Mit Mühe und Schweiß wanden sich die Männer einzeln hinter einander auf kaum merklichen Stufen zu dem schmalen, gebahnten Pfad, der nach Larna, dem nächsten Dorfe bei Madrid, führte. Von dort aus zerstreueten sie sich in alle Winde. — — — — — — —

— — — — — — — — — — — — — — — — — — —

Eine halbe Meile von Bayonne ist ein am Meeresgestade einsam gelegenes Wirthshaus.

Hierher wallten am 2. Juli 1868 spanische Flüchtige, Verbannte und Mißvergnügte von allen Seiten.

Zunächst der Marschall Serrano y Dominguez Herzog de la Torre, die Generale Bedoya, Echague, Buceta, Prim, Dulce, Cordova, Zabala, Caballero de Rodas, Olozaga, Aguirre, Rios Rosas und Andere mehr.

Ueber das Schicksal Spaniens sollte entschieden werden.

Diejenigen, welche sich bisher bekämpften, die Männer des Fortschritts, die Freisinnigen von altem Schrot und Korn, die Männer des Volks, selbst die früheren Anhänger des Don Carlo's hatten sich verbunden, das jetzige unerträgliche Regiment Spaniens zu stürzen.

In dem weitläufigen Saale des Gasthauses fanden die zahlreichen Anwesenden kaum Platz.

Natürlich wurde die Versammlung nur von Eingeweihten besucht.

Serrano übernahm den Vorsitz mit den Worten:

„Es ist endlich einmal Zeit, der Grausamkeit und Willkühr ein Ende zu machen, der aus unserer Heimath eine wahre Hölle macht.

„Ich und meine Genossen haben lange gezögert. Wir glaubten, die Conservativen würden endlich ihre Gewaltthätigkeit einstellen und zur gesetzmäßigen Thätigkeit zurückkehren.

„Das ist nicht geschehen. Der blutgierige Narvaez, der zuletzt statt aller Regierungsweisheit eine wahre Mordlust und Gier zeigte, seine Gegner auf alle Weise zu verderben, ist zu Grabe gegangen. Seine getreuen Helfershelfer und Spießgesellen, die an seiner Statt regieren, treiben es wo möglich noch ärger.

„Es vergeht kein Tag, wo nicht ein himmelschreiendes Unrecht geschieht.

„Die Hohen und Mächtigen Spaniens schwelgen in den höchsten Genüssen, ihr Leben giebt der ganzen Welt ein Aergerniß, schamlose Günstlinge verprassen den Schweiß des Volkes.

„Niedriggeborne werden zu den höchsten Würden von einem Manne befördert, der an der Seite der Herrscherin steht, aber von der Würde und der geistigen Begabung nichts besitzt, die seine Stellung erfordert.

„Wir gesetzestreue Männer haben lange diesen Zustand, ohne zu murren, geduldet, wir haben selbst unser Leben eingesetzt, die Herrschaft der Königin zu bewahren.

„Und was war unser Lohn?"

„Bei der ersten Vorstellung, die wir uns über das gesetzwidrige Treiben der königlichen Rathgeber an maßgebender Stelle gestatteten, traf uns nicht nur die schwerste Ungnade, wir wurden auch als gemeine Verbrecher behandelt und ohne Richterspruch in die Verbannung geschickt.

„Nun haben wir uns von Haus und Hof, von Weib und Kind losgerissen, und haben nicht auf den Einspruch unserer Angehörigen geachtet, die uns unter Thränen und Schluchzen von diesem Schritte zurückhalten wollten, um hier auf fremder Erde und im Verborgenen, als ob unsere Handlungen das Licht des Tages zu scheuen hätten, des Rathes zu pflegen, wie es möglich sei, in unserem Vaterlande Recht und Gesetz wieder herzustellen.

„Nun, meine Herren, bitte ich Sie, mir Ihre Meinung zu sagen."

„Die letzte Wurzel alles Uebels, das uns bedrängt, ist die Königin Isabella selbst," entgegnete Aguirre, „sie scheint auf die Stimme der Vernunft nicht mehr zu hören. So lange sie regiert, ist für Spanien kein Heil zu erwarten!"

„So müßte man die Axt an den Thron legen?" fragte Serrano.

„Nur an den Thron Isabella's," antwortete Aguirre.

„Sollte es nicht möglich sein, die Herrschaft der Königin Isabella aufrecht zu erhalten, und doch einen besseren Zustand herbeizuführen?" fragte Prim.

Alle blickten verwundert auf; von ihm hatte Niemand diese Frage erwartet.

„Nein, nein," hieß es von allen Seiten, „ein Weib darf Spanien nicht mehr beherrschen. Christina und Isabella haben über Spanien nach einander, und in einer kurzen Frist, heilloses Unglück gebracht."

„Nun denn, so hat der Prinz von Asturien das nächste Anrecht an die spanische Krone?" beharrte Prim.

„Wehe, wehe dem Reiche, dessen Herrscher ein Kind ist," rief man durcheinander.

Prim stutzte.

„Ich habe diese Lösung vorgeschlagen," setzte er entschuldigend hinzu, weil sie die leichteste ist. „Ich bin, obwohl Soldat, kein Freund des Bruderkrieges, ich wollte ihn der spanischen Nation ersparen, die schon seit Jahrzehnten wie eine Schmerzensmutter ihre eigenen Söhne einander hat er= würgen sehen.

„Meine Ansicht ist, wir zwingen der Königin Isabella ein frei= sinniges Ministerium auf, das nach dem Willen des Volkes regiert."

„Welches sie aber nach vier Wochen entläßt," fiel Olózaga ein, „um dann wieder in das alte tyrannische Geleise einzulenken."

„Aber in der Zwischenzeit können wir Freisinnigen uns der Armee versichern, und auf dieser festen Grundlage unsern Widersachern Trotz bieten," warf Prim ein.

„Dieser Versuch ist gefährlich," äußerte Serrano. „Nein, Spa= nien muß von Grund auf durch das allgemeine Stimmrecht umge= staltet werden."

„Die Entsetzung der Königin ist die erste Bedingung für das Gelingen unserer Unternehmung," entschied der alte Madoz.

„Nun denn, so weiche ich der allgemeinen Stimmung, ich wasche meine Hände in Unschuld, wenn von Neuem Bruderblut fließt."

„Da nun einmal der Sturz des Herrscherhauses be= schlossen ist," fragte Serrano, „wen setzen wir an seine Stelle?"

„Die Republik," brüllten Pierrad und mehrere Unbekannte.

„Mit Nichten," bemerkte Olozaga, „Spanien bedarf eines Königs, keines Präsidenten. Das spanische Volk ist noch nicht reif für eine Republik.

„Einen königlosen Freistaat erträgt das Volk nimmermehr!"
(Allseitiger Beifall.)

„Wen wählen wir also zum König?" stellte der Präsident die
Frage.

„Vielleicht Don Carlos, den Sohn des Don Juan," ergänzte
Dulce, „in diesem Falle wollen auch die Carlisten an unserem Unternehmen theilnehmen. Die Wittwe des alten Don Carlos bietet
uns eine Beisteuer von vierzig Millionen Realen, wenn wir ihren
Enkel zum Könige erklären.

„Ich habe mich mit dem alten verbissenen Cabrera in
Einvernehmen gesetzt. Es ist eine nicht zu unterschätzende Hilfe,
die uns durch den Beitritt der Carlisten erwächst. Denn Carlos
will übrigens dem Volke Zugeständnisse machen.

„Aber ich sehe den Zorn in Ihren Augen, meine Herren, es ist
von mir nur ein Vorschlag, ich bin niemals ein Freund von Don
Carlos gewesen, mein ganzes Leben hat das bewiesen."

„Das wäre Verrath am Vaterlande," fuhr Serrano
fort, „Jahrzehnte haben wir gekämpft, um dies bigotteste
Geschlecht vom Throne fern zu halten, und jetzt sollten wir
uns demselben überliefern?"

„Wohlan, so nehmen wir den Herzog von Montpensier," meinte
Olozaga, „er hat als Schwager der Königin das nächste Recht."

„Die Mißregierung hat seinen Vater Louis Philipp um den
Thron gebracht," warf man ein.

„Der Sohn wird nicht in die Fußtapfen seines Vaters treten, er
hat erfahren, was es heißt, die öffentliche Meinung zu mißachten."

„Wird er gegen seine Verwandte auch auftreten?"

„Ein Orleans nimmt nicht auf die Verwandtschaft Rücksicht.

„Sein Großvater warf Rang und Titel von sich, wurde ein
Freund des Volkes, ein rother Jacobiner, und überbot Robespierre an
Freiheitsliebe. Er stürzte seinen Verwandten, Ludwig den Sechszehnten
von Frankreich."

„Nein, nein, ein Orleans gewährt uns für die Freiheit keine
Bürgschaft," rief Einer der Anwesenden.

Die Mehrheit stimmte ihm bei.

„Noch ist ein letzter Ausweg übrig," meinte Roberts; „wir bieten dem Könige von Portugal die Krone an, so ist auch die Einheit
der iberischen Halbinsel hergestellt. Ueberall streben jetzt die großen
Nationen nach der Einheit."

„Will denn Dom Luiz, will Portugal, eine Vereinigung mit Spanien, hat einer der Anwesenden darüber Gewißheit?" fragte Prim.

„Nein," tönte es zurück.

„Nun, dann ist es müßig, über diesen Punkt ein Wort zu verlieren. Nach meiner Ansicht sträubt sich der letzte Portugiese mit Hand und Fuß gegen jede Verbindung mit Spanien."

„Ich sehe schon, wir werden über die Wahl eines Königs nicht fertig," schloß Serrano.

„Lassen wir die Nation darüber entscheiden. Sie mag die Cortes nach allgemeinem Stimmrecht wählen, und diese mögen dann über die Staatsform entscheiden.

„Die nächste Frage ist, wie bringen wir die Königin Isabella und ihren Gonzalez Bravo zu Falle."

„Das ist etwas sehr Leichtes. Wir haben den größten Theil der Truppen auf unserer Seite, und es bedarf nur unseres Winkes, so helfen sie, die Königin Isabella im Sturmschritt aus dem Lande jagen."

„Wohlan, auf unsre Posten meine Herren, und schlagen wir so bald als möglich los."

Die Versammlung löste sich auf.

Unterdessen folgten in Madrid Verhaftungen auf Verhaftungen. Das Volk schwieg, die Börse stieg, trotzdem zweihundert Millionen Realen weniger eingenommen, als ausgegeben wurden.

Die Königin lebte mit ihrem Marfori, und kümmerte sich nicht um die Welt, sie hatte den Tod Narvaez' verschmerzt.

Der König, dem man wohl wollte, weil er sich seit jenem verhängnißvollen Abend still verhielt, wo er seine Gemahlin mit Marfori im traulichen Beisammensein überraschte, benutzte diese Gunst, um seinen Schmeichlern, gewöhnliche Creaturen, zu Aemtern und Würden zu verhelfen.

Sein Schwager, der Herzog von Sesto, mehrte die Schmach des königlichen Hauses, indem er von Kaufleuten Waaren borgte, und nachher auf dem Leihamt verpfändete, um sich Geld zu machen.

Die geheime Presse arbeitete eifriger, als jemals; Flugblätter mit den heftigsten Schmähungen gegen Königin und Hof liefen von Haus zu Haus.

Und wie wir gesehen, bot der Hof zu solchen Beschimpfungen reichlichen Stoff.

Ueber dieses sorglose Treiben am Hofe schwebte abermals ein fürchterliches Ungewitter in Form einer Verschwörung sämmtlicher Generale.

Aber noch einmal war das Glück mit der Königin Isabella, noch einmal, und zwar zum letzten Mal, traf ihre Feinde das Verhängniß.

In der nächsten Nähe von Madrid, liegt das Städchen Alcala, mit einer Besatzung von einigen Reiterregimentern.

Eines Abends nun kam ein Offizier eines dortigen Regiments ganz verstört und verstimmt nach Hause.

Seine Frau, die ihn sehr liebte, fragte ihn:

„Was fehlt Dir, theurer Jago?"

„Nichts, liebe Theresa."

„Du verhehlst mir Etwas, Geliebter, ich sehe es an Deinen Mienen."

„Nun, was mich quält, ist nichts für Frauen."

„Aber ein Mann soll vor seiner Frau kein Geheimniß haben, denn die Bürde trägt sich zu Zweien besser, als allein. Schütte mir daher Dein Herz aus, Jago."

„Ich sehe schon, erwiderte der Offizier, „ich habe keine Ruhe, bevor ich Dir nicht gesagt, was mich in die größte Pein versetzt, kannst Du schweigen, Theresa?"

„Ich bin still, wie das Grab," antwortete diese.

„Nun, so höre:

„Der Thron unserer Königin ist gefährdet!"

„Himmel, das ist entsetzlich; aber woher weißt Du das, Jago?"

„Von einem Major unseres Regiments, der unter den Verschworenen ist; er hat mich, da er mich für freisinnig hielt, in's Vertrauen gezogen, und mir den Plan der Verschwörung auseinandergesetzt.

„Wir sollen unsere Untergebenen zur Untreue verleiten. Ich habe aber keine Lust, es mit den Aufrührern zu halten, ich gehe zur Königin Isabella, und entdecke ihr Alles."

„Das thust Du nicht, Jago. Wenn Du nicht, wie Deine Kameraden denkst, so sage Dich los von ihnen, aber verrathen darfst Du sie nicht."

„Aber mein Gewissen treibt mich dazu, ich kann nicht anders, Theresa."

„Laß davon ab, Jago. Vielleicht kannst Du den Verschworenen Nichts beweisen, und wirst als falscher Angeber bestraft,“ bat Theresa.

„Die Verschwörung existirt, davon bin ich überzeugt, und da das der Fall ist, so werden sich auch wohl Beweise wider die Empörer finden. Ich habe übrigens eine Namens= liste derselben, welche mehrere unserer vornehmsten Generale blosstellt.“

„Um Gottes willen Jago,“ schrie erregt Therese, „mische Dich nicht in diese Angelegenheit. Die Regierung der Königin Isa= bella währt doch nicht mehr lange, kommen dann die Frei= sinnigen auf, so werden sie Dich mit ihrem bittersten Haß verfolgen!“

„Ich bin ein treuer Anhänger meiner Königin, sie wird nicht gleich zu Grunde gehen, wenn ihr auch das Schlimmste widerfährt, sie wird, wenn auch in der Fremde, für einen Getreuen noch immer ein Stück Brod haben. Ich gehe jedenfalls zu ihr, um sie von der Gefahr zu unterrichten, in der sie schwebt.“

„Noch einmal flehe ich zu Dir, Jago,“ bat Therese, und warf sich ihrem Gatten zu Füßen, „bei meiner Liebe zu Dir verrathe Deine Kameraden nicht, lade nicht solche Schande auf unsren Namen. Ganz Spanien wird auf uns mit Fingern weisen, wir sind für ewig als Denunziantenfamilie gebrandmarkt. Warne vielmehr die Verschwörer, damit sie sich aus dem Staube machen, und dann entdecke Alles.“

„Nein, rief der Offizier“ „die Meineidigen sollen ihrer Strafe nicht entgehen, augenblicks mache ich mich auf den Weg zu ihrer Majestät, und beichte Alles.“

„Nun, und ich überlebe Deine Schandthat nicht,“ schrie die Frau in höchster Verzweiflung; und ihrer Sinne nicht mehr mächtig, ergriff sie eine von den an der Wand hängenden, unglücklicher Weise gelade= nen Pistolen, und richtete sie gegen ihre Brust.

„So, nun geh', Elender!“ schrie sie.

Der Offizier wollte zuspringen, und ihr die Waffe entreißen, aber schon hatte sie abgedrückt, und lag leblos in einer Blutlache am Boden. — — — — — —

Wie von Furien gepeitscht, stürzte der Unglückliche fort. Er war der Mörder seiner Frau, das hatte er nicht gewollt.

Er war kein schlechter Mensch; das Pflichtgefühl leitete ihn bei seinen Handlungen.

Stundenlang rannte er umher, um seine Verzweiflung zu beschwichtigen; endlich beruhigten sich seine aufgeregten Sinne.

Aber nun kam es über ihn wie eine Verbissenheit, eine Art Rachsucht.

Die Verschwörer waren an seinem häuslichen Leid schuld, das sollten sie büßen; hatte er früher noch geschwankt, hatte eine innere Stimme ihn gemahnt, sie nicht zu verrathen, ohne sie zuvor gewarnt zu haben, so war das jetzt anders; auf der Stelle wollte er jetzt nach Madrid, sein schwarzes Werk zu vollführen.

Er warf sich auf sein Pferd, und flog zum Thor hinaus, daß die Funken unter den Hufen seines Rosses stoben. — — — —

Die Königin Isabella hatte gerade eine fröhliche Abendunterhaltung.

Die Primadonna der Madrider Oper sang die beliebtesten Opernarien, auf dem Flügel spielte ein berühmter Virtuose seine Compositionen, man belustigte sich auf die unschuldigste Weise.

Die Hofdamen nahmen die Gelegenheit wahr, mit den begünstigten Cavalieren Händedrücke, feurige Blicke, selbst heimliche Küsse zu wechseln.

Kurz, man war so heiter, wie man lange nicht gewesen.

Da trat ein dienstthuender Kammerherr zu Ihrer Majestät, und meldete:

„Majestät, draußen steht ein Offizier von den Lanzenreitern, die in Alcala garnisoniren, und verlangt durchaus Eure Majestät zu sprechen."

„Haben Sie ihm denn nicht gesagt," fragte die Königin Isabella, „daß ich um diese Stunde keine Audienzen ertheile?"

„Freilich habe ich das, Majestät, aber der Mann entgegnete in höchster Aufregung: Die Angelegenheit, die er vorzubringen habe, betreffe nicht ihn, sondern Eure Majestät, sie sei eine äußerst Dringliche. Es sei Gefahr im Verzuge."

„Der Mensch führt am Ende etwas Schlimmes wider mich im Schilde," warf die Königin ein, „ich bin weniger geneigt, als je, ihn zu empfangen."

„Sein Gesicht flößt Vertrauen ein, Majestät," versicherte der Kammerherr.

„So mag er in den Empfangsalon eintreten. Ich komme gleich."

Der Kammerherr ging, seinen Auftrag auszurichten.

Ihre Majestät verabschiedete sich nach einer Weile auf kurze Zeit von ihren Gästen.

Isabella trat in das Audienzzimmer.

Der Offizier wartete offenbar ungeduldig auf sie.

Röthe und Blässe wechselten fortwährend in seinem Gesichte, um seinen Mund zuckte es wie Wetterleuchten, seine Hände krampften sich, seine Stirn beschatteten düstere Wolken.

Er konnte nun einmal seine Aufregung nicht verbergen.

Als die Königin den Mann in's Auge faßte, wich sie scheu über die Schwelle zurück.

„Fürchten Sie sich vor mir nicht, Majestät, ich bin ein armer, unglücklicher Mann; ich bin nicht hier, Ihnen Leides zu thun, ich bin hier, Sie zu retten.

„Die Nachricht, welche ich Eurer Majestät zu überbringen habe, ist keine gute.

„Nehmen Eure Majestät all' Ihre Kräfte zusammen, um zu ertragen, was ich Ihnen mitzutheilen habe.

„Die vornehmsten Generale Ihres Heeres, der Marschall Serrano, die Generale Dulce, Echague, Zabala, Cordova, Caballero de Rhodas, Buceta und Letona haben sich wieder Sie verschworen, um Eure Majestät vom Throne zu stürzen. Vielleicht ist auch der Herzog von Montpensier der Sache nicht fremd.

„Die Generale suchen die Truppen für sich zu gewinnen; man wollte auch mich anwerben.

„Ich wies die Versucher nicht zurück, sondern stellte mich, als ob ich zu den ihren gehörte."

„So kam ich hinter den ganzen Plan, den ich hiermit Eurer Majestät enthüllte."

Die Königin hatte sich mit Mühe aufrecht erhalten, sie sank beinahe in Ohnmacht, aber sie raffte sich auf und rief:

„Elender, Sie verläumden die trefflichen Männer; Diejenigen, die oft für mich gekämpft, sollten die Waffen, mit denen sie meine Feinde vernichteten, wider mich kehren?"

„Nein, das ist unglaublich, unerhört.

„Sehe ich denn so verschmitzt und verlogen aus," klagte der Unglückliche, indem er sich vor die Stirn schlug. „Was für einen Zweck könnte ich haben, diese Männer anzuklagen. Etwa Beförde=

rung? Meine Stellung würde im Heere keine angenehme mehr sein, wenn meine Aussagen unbegründet wären.

„Einzig und allein hat nur die Liebe zu Eurer Maje= stät mich geleitet, Ihnen dies Geheimniß aufzudecken."

„Und ich bezweifle Ihre Behauptungen, so lange Sie nicht stärkere Beweise für die Richtigkeit derselben beibringen," sagte die Königin Isabella in höchster Aufregung.

„Ich bin ja nur zur Kenntniß der Verschwörung gekommen, als man mich wider Eure Majestät anwerben wollte.

„Schriftstücke hat mir Niemand gegeben. Ich habe nur meine Verführer ausgeforscht, und Ihnen mitgetheilt, was diese mir gesagt haben.

„Wohlan, Majestät, stellen Sie eine Untersuchung an, es wird nicht so gar schwer sein, die Wahrheit zu erfahren."

„Es sei, bleiben Sie im Schlosse," sagte die Königin.

„O, Majestät ich fliehe nicht, Sie brauchen mich nicht bewachen zu lassen. Ich läge am liebsten im Grabe, so umnachtet sind meine Sinne."

„Wie so. Bereuen Sie den Schritt, den Sie zu meinen Gun= sten gethan."

„O nein, im Gegentheil, mein Pflichtgefühl gestattete mir nicht, zu schweigen, aber schweres, häusliches Leid beugt mich darnieder."

„Was ist's," fragte die Königin.

„Mein Weib forschte mich über mein Vorhaben aus, ehe ich zu Eurer Majestät ging, sie wollte mich durchaus davon abhalten, meine Pflicht gegen meine Königin zu erfüllen, sie bat, beschwor mich, nicht den Angeber zu machen; ich wies sie zurück. Da griff sie nach einer an der Wand hängenden Pistole, und erschoß sich.

„Deshalb, Majestät, kämpfte ich bei Ihrem Eintritt noch so heftig mit mir, daß Sie erschrocken zurückfuhren."

„Armer, beklagenswerther Mann!" bemerkte die Königin, „das Ereigniß zeugt jedenfalls für Ihre Wahrhaftigkeit, und der Lohn, den Sie von mir zu erwarten haben, kann nicht groß genug werden."

„Nicht um Lohn, sondern aus Pflicht habe ich es gethan," ant= wortete der Offizier.

„Sie werden aber die Erkenntlichkeit Ihrer Königin nicht zurück= weisen, das wäre thöricht. Ihre Wunden bedürfen des lindernden Balsams, und ich werde Ihnen denselben reichen." Dann trat Isa= bella an den Tisch, ergriff eine dort stehende Schelle und klingelte.

„Man laſſe den Miniſterpräſidenten Gonzalez Bravo kommen,"
gebot ſie dem eintretenden Kammerherrn.

Nach einer Weile erſchien dieſer.

Der Lancerosoffizier Jago wiederholte ſeinen Bericht.

Auch der Miniſter ſtutzte, aber er war nicht ſo ungläubig, wie
die Königin.

Daß die unterdrückten Unioniſten und Fortſchritts-
männer, Demokraten und Republikaner ſich gegen die Regierung verbündet hatten, war dem ſcharfſinnigen Miniſter
nicht verborgen geblieben.

Er hielt die Vereinigung für nicht gefährlich, da die Verbündeten
keine wirkliche Macht beſaßen. Daß aber ſo viele der tüchtigſten Generale Spanien's unter den Verſchworenen waren,
und daß die Wühlereien unter den Truppen im großartigen
Maßſtabe, wie er vermuthen konnte, ſchon begonnen hatten,
war ihm neu.

„Das iſt gefährlich, Majeſtät," ſprach er, wir dürfen
hier nicht lange zaudern, wir müſſen die Vögel in ihren
Neſtern aufheben."

„Aber ſo viele tapfere Generale verhaften, das wird
ein gewaltiges Aufſehen machen," meinte die Königin nie-
dergeſchlagen.

„Fürwahr, die Prophezeihungen des Traumes, den ich in der
Sylveſternacht gehabt habe, treffen ein," murmelte ſie vor ſich hin.

„Das iſt nicht zu ändern, Majeſtät," entgegnete Gonzalez Bravo,
„wir müſſen raſch zugreifen, ſonſt ſind wir verloren."

„Ich kann es nicht glauben, daß Diejenigen, die bisher meine beſten Freunde waren, meinen Fall beabſichtigen,"
entgegnete die Königin.

„Ich traue aber den Leuten auch das Schlimmſte zu; vorläufig
müſſen wir uns ſichern; es geht ja den Herren nicht an's Leben.
Bereiteln wir ihre Pläne, indem wir ſie unſchädlich machen."

„Nun wohl, ich ermächtige Sie," ſeufzte die Königin, „ganz ſo
zu verfahren, wie es Ihnen angemeſſen erſcheint."

Hier ſchloß die Audienz, der Miniſter entfernte ſich.

Und Jago wurde mit der Bemerkung entlaſſen, daß man ſeiner
gedenken werde.

„Wenn Ihnen die Stellung in Ihrem Regimente nicht behagt,"
entſchied die Königin, „ſo verleihe ich Ihnen ein Amt in meinem

Haushalt, Sie sollen sich über mich nicht zu beklagen haben, Sie haben mir den größten Dienst erwiesen."

Mit einer huldvollen Neigung des Hauptes rauschte die Königin davon.

Der Unglückliche konnte aber den Seelenfrieden nicht finden, den er suchte, der Tod seines Weibes hatte ihn zu sehr erschüttert.

Er kränkelte und siechte.

Ehe der Sturz seiner Monarchie eintrat, war er einem hitzigen Fieber erlegen. —

Vierundzwanzigstes Kapitel.

Die Verhaftung der besten Generale Spaniens.

Nachdem die Abendunterhaltung aufgehoben, berief die Königin ihren Ministerrath zusammen.

Der Ministerpräsident begann:

„Eine große Verschwörung, in welcher unsere vornehmsten General, der Marschall Serrano, die Generale Dulce, Bedoya, Echague, Buceta, Letona, Caballero de Rhodas, Cordova, Zabala und Andere verwickelt sind, ist uns so eben enthüllt worden.

„Ich bin der Meinung, daß an der Wahrheit der Aussagen des Denunzianten nicht zu zweifeln ist.

„Schon lange war ich den neuen Umtrieben, die im Heere angezettelt worden waren, auf der Spur; hin und wieder erhielt ich Winke, die über das hochverrätherische Treiben unsere Gegner einige Aufklägaben.

„Der wahre Sachverhalt ist mir so eben erst durch die Angaben eines Offiziers mitgetheilt worden.

„Meine Forschungen und Vermuthungen wurden zur Gewißheit.

„Ich glaube, daß wir genug Anhaltpunkte haben, um gegen die Schuldigen einschreiten zu können.

„Es frägt sich nur, wie wir sie, ohne vieles Aufsehen, unschädlich machen."

„Wir verhaften sie alle in dieser Nacht, heben sie in ihren Betten auf," sprach Bravo Murillo.

„Das wäre das Leichteste" antwortete Gonzalez Bravo, „aber ich möchte zugleich ihren Anhang im Heer von jeder weiteren Unternehmung zurückschrecken, sie durch ein wirksames Beispiel einschüchtern."

„Wie wäre es," unterbrach hier die Königin, „wenn wir morgen früh eine Parade ansetzten, und etwa die Generale Zabala, Bedoya und Cordova, die einzelne Truppentheile der Besatzung kommandieren, vor der Front der Truppen verhafteten?"

„Wenn eine solche Festnahme nur nicht der Regierung Schaden bringt, indem sie die Truppen erbittert, Majestät," fiel der Justizminister ein.

„Ich stehe für die Ruhe mit meinem Kopfe," rief Pezuela.

„Nun denn, so schlage ich vor," entschied der Ministerpräsident, „einen Theil der Generale hier und in den Provinzen heute Nacht heimlich festnehmen zu lassen. Die drei Truppenbefehlshaber der hiesigen Besatzung aber in der gedachten Weise zu verhaften."

Diesem Vorschlage wurde beigestimmt.

Sodann wurden noch einige Vorsichtsmaßregeln, die für den äußersten Nothfall getroffen werden sollten, besprochen und beschlossen.

Der Ministerrath trennte sich. — — — — — —

„Hörst Du unten kein Geräusch, Dolores," fragte der Marschall Serrano seine Gemahlin, in der Nacht als Beide erwacht waren.

„Allerdings, Theurer. Ich liege schon lange wach, und seit einigen Minuten schallen schwere klirrende Tritte, wie von marschirenden Soldaten, an mein Ohr.

„Es erinnert mich an die Zeit, wo Du noch Oberst warst, und Dein Regiment mit dem Morgengrauen zum Exerciren führtest. Was war das für eine glückliche Zeit, die der ersten, frischen Liebe."

„Lieben wir einander jetzt nicht mehr, Dolores?" fragte der Marschall vorwurfsvoll.

„O, Du mißverstehst mich, mein Gemahl. Die frische Blüthenzeit der Liebe ist eine andere, als der heiße Sommer, und außerdem bist Du jetzt ein Mann geworden, der für seine Frau so wenig Zeit hat.

„Als Oberst blieb Dir Muße genug für Deine Familie. Wie manchen langen, lieben Tag haben wir nur für einander gelebt; aber der Marschall, der Minister, hat jetzt tausend andre Dinge im Kopf.

„Und ich vermuthe stark, Du spinnst schlimme Dinge, die Dir den Kopf kosten können."

„Ein Mann, der an der Spitze eines Landes steht," entgegnete Serrano „auf den alle Augen blicken, darf nicht still sitzen, er muß in das öffentliche Getriebe eingreifen, wir leben unter einem tückischen Regiment, das oft den harmlosesten zum Verbrecher macht. Wollte ich auch ruhig leben, meine Stellung ließ es nicht zu."

„Aber gieb wenigstens keinen Anlaß Dich zu beschuldigen. Strafen sie Dich wie im Januar 1867, so ist es ein böses Verhängniß, das Dich trifft, keine Schuld. Du hast keine Macht, die jetzigen, allerdings argen Verhältnisse zu ändern."

„Wer weiß?" entgegnete Serrano.

„Mache Dir keine falschen Hoffnungen, sie könnten Dich ergreifen, ehe Du Hand an sie legen kannst."

„Wollen's abwarten," bemerkte Serrano.

Jetzt erscholl das vorhin vernommene Geräusch lauter. Eine große Truppenmasse, die schon vorhin durch die Straße marschirt war, kehrte jetzt zurück.

Die Kommandorufe ertönten dicht vor dem Palaste, es wurde Halt gemacht, die Kolben klirrten auf den Boden.

„Das giebt ein Unglück," schrie die Marschallin bestürzt auf.

„Fasse Dich, Dolores," entgegnete der Marschall kaltblütig, „füge Dich in das Unvermeidliche."

„Ha! Du wirst verhaftet?" fragte die Marschallin.

„Das ist wohl möglich!" antwortete Serrano.

„Giebt es denn nimmer Ruhe in diesem Lande; schwebt man denn immer in bangender Pein um das Leben des Geliebtesten, was man auf Erden?" jammerte die Marschallin.

„Dieser Sorge ist die Frau eines jeden Soldaten ausgesetzt," bemerkte Serrano.

Die weitere Unterhaltung wurde durch ein lautes Pochen an das Eingangsthor des Palastes unterbrochen.

Ein Wortwechsel zwischen dem Portier und den draußen Stehenden erfolgte.

Der Marschall hatte sich in die nothdürftigsten Kleider geworfen, war in das nächste Zimmer geeilt, und hatte seinen Kammerdiener geboten, die Oeffnung der Thür zu veranlassen.

Dies geschah; die Halle des unteren Stocks und die Treppen füllten sich mit Soldaten.

Ein Oberst ließ sich melden; er wurde eingelassen.

Die Marschallin, die aus den Reden ihres Mannes genug vernommen hatte, um seine Lage höchst gefährlich zu finden, hatte den Kopf verloren, sie, die sonst entschlossene Frau, stürzte im Nachtgewande in das Zimmer.

„Herr Oberst," rief sie, „Sie haben wohl Befehl, meinen Mann zu verhaften?"

„Allerdings liegt mir diese traurige Pflicht ob, gnädige Frau."

„Wissen Sie nicht, weshalb diese Verhaftung erfolgt?"

„Mir ist der bloße Befehl ertheilt, eine weitere Aufklärung über den Grund dieser Maßregel ist mir nicht zugegangen."

Hier kamen die Kinder des Marschalls, und hingen sich an den Vater, jammerten und umarmten ihn.

„Papa" rief das jüngste Kind, „was wollen sie von Dir."

„Nichts, mein Sohn, ich verlasse Euch nur auf kurze Zeit."

„O, Papa bleib bei uns, verlaß uns nicht, ich ängstige mich Deinetwegen so sehr!" bat der Kleine.

„Ich kann nicht bleiben, Söhnchen, sei ruhig, es wird mir nichts geschehen."

Jetzt stimmten auch die Töchter in die Klage ein.

„Du wirst uns auf immer entrissen, Papa, Du willst uns nur Deine Sorge verheimlichen."

Und sie umarmten und küßten den Vater, während die Kleinen seine Kniee umklammert hielten.

„Kinder, machet mir das Scheiden nicht schwer," preßte der Marschall beklommen hervor. Er konnte kaum seine tiefe Erregung bezwingen. Ich füge mich der unerbittlichen Nothwendigkeit; ich muß jetzt von Euch gehen, aber der Allmächtige wird mich schützen, und mich in seine gnädige Obhut nehmen."

„O Geliebter, warum mußt Du fort," jammerte Dolores, die indessen die Hände gerungen und geschluchzt hatte, sie war wie eine Irre mit flatterndem Haar im Salon umhergelaufen.

Jetzt wandte sie sich an den Obersten, der mit trauriger Miene der Scene zuschaute, und nicht wagte, derselben ein Ende zu machen; er war kein Pezuela, er war, obwohl Soldat, ein Mann von tiefem Mitgefühl.

„Herr Oberst, können Sie in diesem Augenblick von der Verhaftung meines Gemahls nicht abstehen. Ich eile sofort zur Königin, und flehe zu ihr, den Haftbefehl zurückzunehmen."

„Ich bedaure recht sehr, gnädige Frau," entgegnete der Offizier bescheiden, „Ihrem Wunsche nicht genügen zu können; es ist mir der gemessenste Befehl ertheilt worden, den Marschall sofort festzunehmen, und nach dem Militärgefängniß San Francisco am San Gilimon Pförtchen zu geleiten."

„Und ich verbiete Dir ausdrücklich, Dolores, Dich zu Ihrer Majestät zu begeben, und sie um Gnade für mich zu bitten."

Bei diesen Worten schleuderte der Marschall seiner Gemahlin einen äußerst strengen Blick zu.

„Aber soll ich Dich denn Deinem Schicksal überlassen?" jammerte die Marschallin, an der man die frühere Festigkeit gänzlich vermißte.

Es war kein Wunder; sie durchschauete die ganze Lage. Die Regierung kämpfte den Verzweiflungskampf für ihre Existenz.

Der General war ihr vornehmster Gegner; konnte sie ihn nicht erschießen lassen, wie Don Jaime Ortega.

Der Marschall zuckte nur die Achseln.

Er gab seiner Gattin keine Antwort, sondern schickte sich an, dem Obersten zu folgen.

Noch einmal widerhallte das Haus von den Klagen der Frau und Kinder. Sie klammerten sich an ihn, als vermöchten sie ihn mit ihren schwachen Kräften zurückzuhalten.

Endlich gelang es dem Marschall, sie sanft von sich abzustreifen.

„Noch bin ich nicht todt," beruhigte er, „mäßiget Euch, verzaget nicht, noch ist nichts verloren, laßt mich ziehen, all' Euer Klagen fruchtet nichts.

„Lebet wohl, auf Wiedersehen; ich hoffe bald wieder bei Euch zu sein, und noch lange in Eurem Kreise glücklich zu leben."

Mit diesen Worten schied er von der trostlosen Familie. Die Marschallin war ganz in sich zusammengesunken, sie wollte keinen Trost annehmen, und ihre armen bis zum Tod getrübten Kinder waren natürlich nicht weniger muthlos.

In dem sonst so fröhlichen Palaste herrschte an diesem Tage mehr Herzeleid, als in mancher elenden Hütte.

Das Einzige, was sie tröstete, war der große Anhang, den der Marschall im Heere, und selbst in den Hofkreisen hatte.

Aber nicht bloß hier war eine Stätte des Leides; auch viele andere Familien, denen der unwillkommene Gast sonst fern blieb, wurden davon betroffen.

Und von Madrid aus zog die Trauer auf den Schwingen des elektrischen Draths blitzschnell über ganz Spanien.

An allen Orten wurde die Verhaftung der Verdächtigen durch den Telegraphen befohlen. — — — — —

An demselben Morgen hielt die Königin die im Ministerrath beschlossene Parade ab, um vor der Front die Generale verhaften zu lassen.

Die Schritte der Regierung waren noch nicht bekannt.

Unter den fröhlichen Klängen heiterer Märsche zogen die Regimenter mit flatternden Fahnen und Standarten nach dem in der Sommerpracht prangenden Volksgarten, und lockten eine schaulustige Menge müßiger Madrilen und Sennoritas mit ihren Liebhabern herbei, denen das glänzende Schauspiel viel Vergnügen versprach.

Die Aufstellung war längs der Promenade genommen.

Im lichten Sonnenschein, und unter dem tiefblauen Himmel, erglänzten die blitzenden Waffen und die schimmernden Uniformen.

Da regte es sich vom linken Flügel her.

Ihre Majestät sprengte mit glänzendem Gefolge heran.

Ein prachtvolles Reitkleid von rothem Sammet, das zu der Uniform ihres Leibregiments zugestutzt war, hob die Formen Ihrer Majestät vortheilhaft hervor, um den Hals hing der höchste Orden des goldenen Bließes, über die Brust war ein hochrothes Ordensband geschlungen, außerdem glänzten an derselben noch Ordenssterne. Auf dem vollen Haarwuchs wiegte sich ein Barett mit langer weißer, Reiherfeder.

Der goldbedeckte, mit weit herabhangender Scharlachschabracke geschmückte Schimmel arabischer Zucht, den die Königin ritt, tänzelte und bäumte sich so graziös unter ihr, als wüßte er, daß er die erste Frau des Reiches trüge.

Zu ihrer Linken, ein wenig zurück, ritt der Herr Gemahl, der König Franz d'Assis, so schlaff zu Pferde sitzend, wie er sich auch sonst hielt.

Aber unweit der Königin tummelte sich ein anderer glänzender, ordenbesternter Reiter in einer eigenthümlichen, aber keiner militärischen Uniform, der alle Augen auf sich zog, es war Don Carlos Marfori, Marquis von Loja.

Ihre Majestät hatte gewollt, daß der Günstling in ihrer Nähe wäre, und die militärische Etiquette hatte es zugestanden, obwohl es sonst nicht Brauch war.

Die Trompeten schmetterten, die Posaunen erklangen

dumpf, die Trommeln wirbelten, als die Königin unter den Hochrufen der Truppen an den Reihen entlang sprengte.

Die Menge lauschte zunächst gespannt dem militärischen Schauspiel, als dann die Königin sich mit der Suite aufstellte, und der Vorbeimarsch der Truppen begann, wurden die Zungen lebendiger.

„Die Königin sieht heut ganz prächtig aus," begann ein Majo, „die Kleidung steht ihr gar nicht schlecht."

„Wie vergnügt sie aussieht!" lachte ein keckes Blumenmädchen.

„Weißt Du weshalb Ihre Majestät so heiter ist?" entgegnete der Majo, sein feuriges Auge auf das hübsche Mädchen werfend, daß diese erröthend das ihrige niederschlug, und verschämt zu Boden blickte.

„Nein, Sennor," lispelte sie.

„Weil Ihre Majestät ihren Liebhaber, den Marfori, bei sich hat."

„O, Sennor, das wird einen andern Grund haben! Ihr Männer bildet Euch gewaltig viel ein; wir Frauen sind Euch gar nicht so gut. Eine Königin hat auch sonst Grund, sich zu freuen, ist ihr nicht Alles bescheert, wonach sie begehrt?"

„Ei, Du bist ja besonders eifrig, die Partei der Königin zu nehmen. Warum ist denn wohl der Marfori bei der Parade, wo er gar nicht hingehört?"

„Nun, Wohlgefallen mag Ihre Majestät wohl an dem schönen Mann haben," meinte die Blumenverkäuferin, ihr zierliches Köpfchen mit dem aus pechschwarzen Flechten zusammengestellten Haarputz dem Majo kokett zuwendend, und dabei unter den halbgeschlossenen Augenliedern hervor einen zündenden Blitz werfend, daß dem Burschen das Blut kochte.

„Ich könnte mich auch in den ritterlichen Herrn Marfori verlieben!" fügte sie scherzend hinzu.

„Caramba, Du hältst es auch wohl mit den Vornehmen in Spanien, Mädchen," brummte ein alter grauköpfiger Arriero mit einem verwetterten Republikanergesicht, „nimm Dich vor ihnen in Acht."

„Nun, wenn ich den Marfori leiden mag, brauche ich ihm noch nicht gleich nachzulaufen. Hübsch ist er nun einmal."

„Mag sein, Marfori hat ein hübsches Gesicht, das ist aber auch Alles; sonst taugt er nicht viel, ist ein Blutsauger, eine Schmach für's Land."

„Aus Euch spricht der Aerger. Ihr beneidet ihn um die Gunst der Königin, Alter."

„Mädchen, Du bist des Teufels. Hat Dir denn der Mensch, oder sonst ein Vornehmer was angethan?"

„Mir? Niemand! Ich verkaufe meine Blumen, meine Orangen, mein Obst Jedem, der sie kauft; und den Marfori kenne ich nur von Ansehen."

„Mit der Sennorita," fiel jetzt der Majo ein, „ist eben nicht viel anzufangen. Sie ist eine Freundin der hohen Gesellschaft. — Nicht wahr? Deine besten Kunden sind die Vornehmen."

„Freilich, und wie leutselig ist Ihre Majestät. Letzthin, als sie im Prado spazieren fuhr, winkte sie mir sehr freundlich zu, und ließ den Wagen halten; ich trat an den Wagenschlag, sie beschauete meine Blumen, und nahm ein aus Myrthen, Rosen und Jasmin zusammengestelltes Bouquet und warf mir dafür ein Goldstück in den Korb."

„Nun, Deine Freundschaft für die Majestät ist sehr eigennützig," brummte der Alte.

„Und Euer Haß gegen dieselbe hat wohl einen saubern Grund? Wäret Ihr reich und mächtig, würdet Ihr auf die Vornehmen nicht schelten."

„Das Mädchen hat die Zunge auf dem rechten Fleck," lachte der Majo. „Ich möchte Dich wohl zum Liebchen haben." Er umfaßte sie.

„Auf diese Art wirbt man nicht um ein anständiges Mädchen. Sucht Euch eine andere, ich bin für Euch zu gut." Sie verschwand im Gedränge.

„Sieh da," spottete der Majo, den die Abfertigung verdroß, „da hätten wir eine Niederlage erlitten. —

„Aber da kömmt die Königin mit der ganzen Suite heran, das ist prächtig; da giebt es was zu schauen. So unrecht hat das Mädchen nicht; unter den Vornehmen giebt es feine Männer, Muster von Ritterlichkeit; wie die jungen Offiziere hübsch zu Pferde sitzen, wie schmuck sie in ihren Uniformen aussehen."

„Hat das Mädchen Euch mit seiner Neigung zu den Aristokraten angesteckt, junger Fant?" fragte der Marriero. „Aber seht, wie die Königin den Marfori verliebt anblickt; und der Herr Gemahl schaut zu, als ob das so sein müßte. Der sollte ich nicht sein, das Liebäugeln wollte ich ihr schon abgewöhnen."

„Ihr würdet in Eurer Eifersucht wohl einen Heidenskandal anrichten. Bei uns einfachen Leuten ist's leider so. Aber auch da ist mancher Mann gar nicht gleich so bärbeißig, wenn man seinem hübschen Frauchen einige Artigkeiten sagt." — — — — —

Der Vorbeimarsch der Truppen war vorüber, und die Parade schien beendet.

„Was giebt's da wieder," meinte ein Elegant zu seinem Nebenmann, Beide hielten zu Pferde unter den Zuschauern, „die Königin reitet weg, das Gefolge galoppirt hinterher."

„Der Pezuela zischelt da mit einigen Offizieren. Die Truppen sind nicht, wie gewöhnlich, gleich nach dem Vorbeimarsch in ihre Kasernen zurückgekehrt. Das ist seltsam; es muß etwas ganz Besonderes sein, daß man das Militär hier zurückhält."

„Ha, was ist das?

„Die Truppen ordnen sich in eine Front? Soll denn noch einmal eine Parade abgehalten werden?" — — —

Der entscheidende Augenblick war gekommen. Die Verhaftung der Generale sollte, um ein abschreckendes Beispiel für die Folge zu geben, im Angesicht der Soldaten vollzogen werden.

Ein Adjutant beschied die Generale Cordova, Zabalo und Bedoya zu dem Kommandirenden Pezuela.

Dieser sprach feierlich mit lauter Stimme, daß es weithin schallte:

„Meine Herren!

„Nachdem die Königin durch einige getreue Unterthanen in Kenntniß gesetzt worden, daß wiederum eine Verschwörung zum Sturze Ihrer Majestät der Königin im Heere besteht, und daß außer dem bereits verhafteten Marschall Serrano, den ebenfalls festgenommenen Generalen Dulce, Echague, Buceta, Caballeros de Rhodas und Letona auch Sie als Leiter dieses hochverrätherischen Treibens erkannt worden sind, hat Ihre Majestät, im Interesse Ihrer Sicherheit und Ihres Thrones, Ihre sofortige Verhaftung befohlen.

„Im Namen Ihrer apostolischen Majestät Isabella II., Königin von Spanien, erkläre ich Sie also für meine Gefangenen."

Die Generale, so entschlossene Männer sie auch waren, erbleichten, und gaben durch ihre Niedergeschlagenheit zu erkennen, welches traurige Schicksal ihrer harre, und daß ihr Leben in Folge ihrer tollkühnen Betheiligung auf dem Spiele stände.

Sie wurden aufgefordert, ihre Säbel abzugeben, und wurden

nach dieser entehrenden Strafe unter einer starken Bedeckung nach dem
Gefängniß geführt, und so unschädlich gemacht.

In diesem Augenblick erhob sich unter den Truppen ein wildes
Geschrei.

Man hörte die Rufe:

„Warum verhaftet man unsere Generale?"

„Wo bringt man unsre Generale hin?"

„Befreien wir unsere Generale wieder!"

Einige Abtheilungen löſten sich auf, und lärmten wirr durcheinander.

„Still gestanden!" Donnerte Pezuela, indem er auf die
Unruhigen zusprengte.

„Wo sind unsre Generale?" gab man zurück.

„Im Gefängniß?" erwiderte Pezuela, „es sind Hochverräther! Und der Erste, der sich von Euch rührt, wird auf
der Stelle niedergeschossen!"

Ueberall traten die Offiziere unter die Truppen, und waren bemüht,
sie zu beschwichtigen. Es gelang ihnen bei einigen.

Andere, die von den Verschworenen angeworben waren, wollten
den Versuch zum Aufstand machen; sie lärmten, tobten, verließen die
Reihen. Einige liefen nach der Buen retiro Caserne, andere in die
Alcalastraße, sie wurden aber von den starken Gendarmen-Detasche-
ments aufgefangen.

Die Garnison von Madrid war überrascht, denn jetzt verbreitete
sich auch die Kunde, daß Marschall Serrano und der General
Dulce in Madrid, Caballero de Rhodas in Sevilla, Echague
in St. Sebastian, Buceta in Bilbao und Letona in Barcelona verhaftet worden seien.

„Da sind wir ja mitten in einer Militärrevolution," rief Rivero
dem Moreno zu, als sie sich auf der Puerta del Sol begegneten.

„Wenn es eine wird," meinte Moreno. „Der Pezuela ist ein
energischer Mann, der greift durch."

„Die Regierung," bemerkte Moreno, „ist aber trotz des
augenblicklichen Triumphes in keiner beneidenswerthen
Lage.

„Die öffentliche Prangerstellung und Verhaftung der beſten
Generale hat die Regimenter auf's Höchſte erbittert.

„Ich glaube, daß der Hof durch die heutige That seiner Sache
geschadet hat." — — — — —

In der Stadt war es indessen lebendiger, als jemals.

Don Francisco de Paula, Infant von Spanien, Vater des Königs Don Francisco d'Assis.

Die Liberalen steckten die Köpfe zusammen, weniger auf den Straßen, als in den Clubs.

Die Polizei konnte nicht überall zur Hand sein, sie war selbst

nicht ganz sicher in ihrem Benehmen, denn wenn die Truppen meuter=
ten, vermochte sie nichts, das Volk schlug sich dann zu ihnen, und
der Königin Isabella Herrschaft war aus.

Man sprach frank und frei über das Tagesereigniß.

Zunächst bedauerte man die Festnahme der Generale, man er=
fuhr erst jetzt, was sie für das Land hatten thun wollen.

· Die größte Theilnahme fand der Marschall Serrano,
er war bei Allen beliebt. — —

Am Hofe war man ängstlicher.

Pezuela war zur Königin geeilt.

„Majestät," meinte er, „die Truppen sind unruhig! Wir hätten
die Generale nicht auf der Parade verhaften sollen."

„Ich rieth dazu," sagte die Königin Isabella, „denn ich war der
Ansicht, daß eine solche an den höchsten Offizieren geübte
Justiz die Truppen einschüchtern werde."

„Gerade das Gegentheil ist geschehen," erwiederte Pezuela, „die
Truppen, namentlich die Divisionen Zabala, Cordova, Bedoya, sind
gar nicht zu bändigen.

„Es bleibt uns nichts übrig, als die Regimenter einzeln, und so
schnell als möglich, aus Madrid zu entfernen, und jedes an einen an=
deren Ort zu versetzen. Das ist aber eine schwere Aufgabe."

„Thun Sie, Marschall, was in Ihren Kräften steht," gebot die
Königin.

„Ich werde das Aeußerste versuchen; für den Erfolg kann ich
aber nicht stehen."

„Auch das noch! Schweben wir denn immer zwischen Leben und
Tod," hauchte die Königin; („die Sylvesternacht," murmelte sie).

„Retten Sie uns, retten Sie uns," rief sie dem davoneilenden
General nach. — — — — — — — —

Auch dieser Kelch des Leidens ging an Isabella vor=
über. —

Sofort rückte je ein bösgesinntes Regiment, immer von zwei
gutgesinnten eskortirt, aus Madrid, die verdächtigen Truppen wurden
nach dem Norden dirigirt. Bahnzug auf Bahnzug führte sie in ihre
neuen Garnisonen, während auf der Südbahn ununterbrochen treuere
Regimenter eintrafen. Die Aufsässigen kamen gar nicht zur Be=
sinnung.

Pezuela machte sein Meisterstück. Er erstickte durch
sein schnelles Handeln jeden Aufruhr.

Fünfundzwanzigstes Kapitel.

Einschiffung der verbannten Generale nach den canarischen Inseln.

Einige Tage nach der Verhaftung der Generale versammelte die Königin wiederum einen Ministerrath.

In dem Audienzsaal fanden sich alsbald die verschiedenen Mitglieder des Kabinets ein, auf den Mienen Aller prägte sich ein gewisser Triumph aus.

„Die erste Gefahr, die unserem Regiment gedroht hat, ist glücklich abgewendet," rief erfreut Gonzalez Bravo.

„Sorgen wir' dafür, daß sie nicht wiederkehre," entgegnete der Generalkapitän Pezuela ernst.

„Hegen Sie Besorgnisse?" fragte Gonzalez Bravo.

Pezuela konnte nicht antworten, die Unterhaltung wurde durch den Eintritt Ihrer Majestät der Königin unterbrochen, die in freudestrahlender Glorie, geputzter und geschmückter als jemals, in den Salon hereinrauschte.

Ihre Minister blickten erstaunt nach ihr hin.

Das war nicht die ängstliche, verzagte Isabella der letzten Tage, deren Beruhigung den Ministern so viele Mühe gekostet hatte; es war die lustige Lebedame in ihrer besten Zeit, da sie noch in voller Jugendfrische die Herzen der Männer entzückte.

Wer anders als Marfori konnte dies Wunder bewirkt haben!

Hatte er die Königin davon überzeugt, daß ihre Herrschaft unerschütterlich sei, oder hatte er in ihr auf andere Weise angenehmere Gefühle erweckt?

Ihre Majestät nahm ihren Platz als Vorsitzende ein, und gab dem Ministerpräsidenten zum Vortrag einen Wink.

„Majestät," hob Gonzalez Bravo an, „der gegen die Person Eurer Majestät, so wie gegen das Ministerium, gerichtete Anschlag ist als gescheitert zu betrachten. Wir haben die Hauptanstifter in unsrer Gewalt, ihre Anhänger sind eingeschüchtert, sie wagen nicht, uns mit offener Gewalt entgegenzutreten.

„Ich frage bei Eurer Majestät alleruntertänigst an, was mit den Verhafteten zu beginnen sei."

82*

„Ich ersuche zunächst die Herren, Ihre Meinung über den vorlie=
genden Fall auszusprechen," gebot die Königin.

„Meine Ansicht," begann Pezuela, „ist diese: man stelle die
Verschwörer vor ein Kriegsgericht, und vollstrecke die Strafe
an ihnen, die dasselbe wider sie erkennt."

„Sie wollen sie wohl gar erschießen lassen?" fragte
Isabella erschrocken.

„Sicherlich, wenn das Gesetz sie dazu verurtheilt!"

„Aber es sind ja die tüchtigsten Generale der Armee,"
warf die Königin ein.

„Und unsere Todtfeinde," fuhr Pezuela fort.

„Ich will aber die Generale ihrer früheren mir geleiste=
ten Dienste wegen nicht hart bestraft wissen," sagte die
Königin.

„Dann sollen sie also vor kein Kriegsgericht gestellt werden,"
fragte Gonzalez Bravo.

„Nein, keineswegs," rief Isabella.

„Wohlan, dann wollen wir hier über ihr Loos entscheiden,"
entschied der Ministerpräsident.

„Ich bin mit Ihrem Vorschlage einverstanden," sprach die Königin.
„Ich denke, es ist genügend, wenn wir ihnen einen Aufenthalt inner=
halb des spanischen Gebiets anweisen, wo sie uns nicht gefährlich
werden könnten."

„Sie sollen also nur verbannt werden?

„Natürlich?"

„Und wohin?" Etwa nach Fernando Po, oder den Philippinen in
Hinterasien."

„O, nein!" rief Ihre Majestät, die Königin. „Die Generale
haben im Heere und im Volke einen zu großen Anhang,
wir dürfen denselben nicht zu sehr erbittern."

„Wohin sollen wir sie denn verweisen? meinte überrascht Gon=
zalez Bravo, er hatte nicht erwartet, daß die Königin gegen die
Treulosen eine solche Milde bekunden würde." —

„Nun, Serrano können wir etwa nach Oviedo in Gallicien
schicken, die Uebrigen nach den canarischen und balearischen Inseln!"

„Um Vergebung, Majestät, ich gebe zu bedenken, daß nach der
Kunde, die ich über die Verhafteten habe, dieselben unversöhn=
liche Feinde Ihrer geheiligten Person und Ihres erhabenen
Geschlechts sind."

„Das ist eben die Frage, ich glaube nicht an die Feindschaft Serrano's," warf die Königin ein.

„Hundert Umstände klagen ihn an; wie viele Offiziere bezeugen, sind die Truppen in seinem Namen zum Treubruch verleitet worden.

„Und der Zweck der Verführung war, Eure Majestät vom Throne zu stürzen."

„Durch seine Tapferkeit hat der Marschall mir im Jahre 1866 den Thron erhalten," wendete die Königin ein, „und nun sollte er es sein, der ihn zertrümmern wollte; das ist unmöglich."

„Hier sind die Aussagen von hundert Offizieren," mit diesen Worten reichte der Minister Ihrer Majestät die betreffenden Schriftstücke.

Die Königin kämpfte sichtlich mit sich selbst; sie dachte an ihre erste Jugendliebe, an die glücklichen Stunden, die sie an der Seite Serrano's zugebracht, sie erinnerte sich wieder an die goldene Zeit ihres Lebens.

„Wird der Eine Mann, wenn er in Spanien bleibt, unserer Herrschaft so viel schaden?" fragte sie bebend.

„Er ist der Kopf unserer Gegner, je weiter er von dem Schauplatze seiner Ränke entfernt wird, desto besser ist es für uns, ich wollte, ich könnte ihn betten, wo der Manzanares*) am tiefsten ist."

„Und wenn ich darauf bestehe, daß er hier auf dem Festlande bleibt?" fragte Isabella.

„So ersuchen wir Eure Majestät um unsere Entlassung," entgegnete der Ministerpräsident.

Die Königin entschloß sich schwer zum Nachgeben. Das Bild des einst geliebten Mannes stand ihr vor der Seele.

Endlich nickte sie bejahend mit abgewandtem Antlitz.

„So verbannen wir die Generale," entschied Gonzalez Bravo, „jeden nach einem andern Ort. Dem Marschall Serrano werde die Insel Madeira, dem General Dulce die Insel Teneriffa, den übrigen Generalen Echague, Zabala, Caballero de Rhodas, Bedoya und Buceta die Balearischen Inseln Mallorca und Menorca als Aufenthaltsorte angewiesen.

„Haben Eure Majestät gegen diese meine Anordnung etwas einzuwenden."

„Daß ich die Nothwendigkeit dieser schroffen Maßregel, namentlich in Bezug auf den Marschall Serrano, nicht begreife, habe ich Ihnen schon gesagt, Sie haben mir die

*) Fluß bei Madrid.

Piſtole auf die Bruſt geſeßt, ſo bleibt mir denn nichts übrig, als auf Ihre Anſichten einzugehen."

„O Majeſtät, glauben Sie nicht, daß ich aus Feindſchaft gegen die Verhafteten ein ſo ſtrenges Verfahren einſchlage. Der Zuſtand des Staats erfordert gebieteriſch die ſtrengſte Wachſamkeit; das ganze Land iſt von unſern Feinden unterwühlt.

„Zahlloſe Flüchtlinge warten an den Grenzen, wenn die erſte Schilderhebung ſtattgefunden, in dieſes unglückliche Land einzubrechen und unſern Boden im mißbrauchten Namen der Freiheit, in Wirklichkeit aber, um ihrem Ehrgeiz nach Macht, Ehre, Reichthum und Ruhm genug zu thun, und mit theurem Bruderblut zu färben.

„Je ſtrenger wir nun gegen die Vornehmſten dieſer Rebellen handeln, deſto mehr werden die Untergeordneten abgeſchreckt.

„Wenn es denn nicht anders ſein kann, ſo handeln Sie, wie Sie geſprochen, Herr Miniſter."

Nach dieſen Worten verneigte ſich die Königin, und zog ſich in ihre Gemächer zurück.

Die Miniſter blieben noch zuſammen.

„Ihre Majeſtät ſcheint gegen uns Partei zu nehmen," äußerte der Miniſterpräſident.

„Mir ſcheint es eher, als ob ſie nur für den Marſchall Serrano Partei nehme," wendete ſarkaſtiſch der Finanzminiſter ein.

„Die Verſtimmung Ihrer Majeſtät wird bald genug vorübergehen, und dann ſind wir wieder ihre beſten Miniſter, und können wohl eine Zeit lang ungeſtört unſer Regiment führen," ſagte ein anderer.

„Ich denke auch," entgegnete Gonzalez Bravo, „eine Reihe von Jahren werden wir den Staat noch zuſammenhalten, nachdem wir wieder einen glücklichen Griff in die unruhige Rotte der Empörer gethan haben, indem wir ihre Leiter unſchädlich machen.

„Doch wir haben lange genug getagt, meine Herren, ſchließen wir die Sißung."

Die Miniſter trennten ſich guter Dinge; die von Gott Verblendeten ſahen den Abgrund nicht, der bodenlos tief vor ihnen gähnte, und in den ſie nach kurzer Zeit hineinſtürzen, und die Krone mit ſich hineinreißen ſollten.

— — — — — — — — — — — — —

Einige Tage ſpäter ſpielte in Carthagena, jenem lieblichen Seehafen am mittelländiſchen Meer, eine andere, höchſt rührende Scene.

Hierher waren ſämmtliche verhaftete Generale unter ſtarker Militärbedeckung gebracht worden, um auf einem Regierungsdampfer nach ihren Bestimmungsorten abzugehen.

Um den Dampfer hatten sich mehrere Kriegsschiffe vor Anker gelegt, welche ihn auf der Reise geleiten sollten.

Man wollte den Dampfer nicht allein fortschicken, weil man fürchtete, die Freunde der Verbannten würden mit englischen oder amerikanischen Schiffen einen Angriff auf den schwimmenden Kerker derselben machen.

Unter dem blauen Himmel flatterten die Flaggen auf den Kriegsschiffen lustig in den Lüften. Die Mannschaften derselben lagen neugierig auf den Raaen, welche in die Quere gehißt waren.

Nahe am Ufer lag der Dampfer, der die Unglücklichen dem heimathlichen Boden entführen sollte.

Aber unglücklich sahen die Gefangenen nicht aus; vielmehr lag bitterer Grimm auf ihren Gesichtern über die erduldete Schmach, und hoffnungsvoll leuchteten ihre Augen, wenn sie auf ihre Umgebung sahen; ihre Wachen versahen nur widerstrebend ihren Dienst als Kerkermeister ihrer ruhmreichsten Generale; statt rauh und barsch mit den Gefangenen umzugehen, wie sie es wohl mit anderen Gefangenen zu thun pflegten, erwiesen sie ihnen die möglichste Ehrerbietung, selbst die Traurigkeit schien sie zu übermannen.

Und die Bevölkerung bewies den Gefangenen auf ihrer ganzen Reise von Madrid nach Carthagena eine ähnliche Theilnahme; sie sahen stumm und düster die Wagen, in denen dieselben saßen, an sich vorüberziehen; sie entblößten die Häupter und verneigten sich, nicht, als wären es Gefangene, sondern Fürsten, die des Weges zogen nach fernen Eilanden unter glühendem Himmelsstriche, der Heimath Wonne gezwungen hinter sich lassend.

Bisweilen murmelten die Zuschauer Verwünschungen über die Unterdrücker des Vaterlandes.

Als die Gefangenen sodann im Hafen angelangt, wo das Transportschiff lag, auf dem sie reisen sollten, hatte noch einmal das Offiziercorps der Hafenfestung, nebst Deputation von andern Regimentern, die wie von ungefähr als Beurlaubte hier ihren Aufenthalt genommen hatten, ihnen stumme Huldigungen dargebracht.

Noch theilnahmsvoller benahmen sich die Mannschaften der Flotte, die in kurzer Zeit den Entscheidungskampf gegen die Tyrannenherrschaft in Spanien mit so großem Erfolg beginnen sollten.

So standen denn diese Märtyrer der Freiheit eines
schönen, frischen Sommermorgens zum letzten Male am
heimischen Meeresgestade, und blickten wehmüthig auf den
Boden, von dem sie auf unbestimmte Zeit scheiden sollten.

Und ihre Gattinnen, denen es von der Königin Isabella ge=
stattet war, ihnen bis hierher zu folgen, voran die Gemahlin des
Marschalls Serrano, hingen an ihrem Halse, und weinten und schluchzten.

Sie aber flüsterten, halb schwermüthig, halb hoffnungsvoll, ihnen zu:

„Tröstet Euch, wir bleiben nicht lange von einander geschieden,
die Zeit der Befreiung nahet; Freunde wachen über uns,
täglich mehrt sich ihre Zahl, überall entzündet die Flamme
der Freiheit die Herzen, und bekehrt oder lähmt die
Widersacher.

„Ueber ganz Spanien hat sich die Opposition verbreitet, sie
wartet nur darauf, daß wir wiederkehren und auch unsere bal=
dige Rückkunft ist gesichert.

„Die Welt wird staunen, wenn sie hören wird, daß
wir, die sie durch Meere von Spanien getrennt glaubt,
mitten im Vaterlande an der Spitze der Freiheitstruppen
im siegreichen Kampf gegen die Knechtschaft begriffen sind.“

„Seid Ihr dessen so gewiß, Geliebter, werden sie Euch nicht
morden, nicht für immer von der Welt verschwinden lassen?“ tönte
es von den schönen Lippen, und die umflorten Augen blickten so betrübt.

„Sie thäten es gern, aber Gott sei Dank, in Spanien finden
sich keine Werkzeuge zur solcher ruchlosen That.

„Die geheime Macht, die, trotz aller Spione, Spanien jetzt mehr
regiert, als Königin und Minister und alle ihre Henkersknechte allzu=
mal, hat uns mit ihren treuesten Anhängern, ihren zuverlässigsten
Freunden umgeben, die als Matrosen oder Soldaten jedes Haar auf
unserm Haupte schützen.

„Also Muth gefaßt, wir kommen bald wieder, wenn
Gottes gnädige Hand uns hülfreich ist.“

Hier winkte ein Offizier dem Marschall Serrano, der
zu seiner weinenden Gattin so gesprochen, während Dulce
die seinige auf ähnliche Weise beruhigte.

Die Verbannten mußten von ihren Theuren scheiden. Das Boot,
das sie nach dem Schiffe führen sollte, hatte angelegt, und der Offi=
zier schien ungeduldig auf das Ende des ihm peinlichen Amtes zu harren.

Es mochte ihn tief schmerzen, so wackere Männer betrüben zu
müssen, und er möchte seinem Berufe geflucht haben, hätte ihm

nicht in der Ferne der Hoffnungsstrahl gewinkt, es möchte dies der letzte Schergendienst sein, den er einer überaus gewaltthätigen Regierung zu leisten genöthigt war.

Noch eine Umarmung, noch einen Kuß, und die Generale wandelten dem Ufer zu, an welches das Boot angelegt hatte.

Sie bestiegen es, und kamen nach einer Weile zum Schiff; die Anker wurden gelichtet, die Kanonen von den Forts und des Schiffen donnerten den Abschiedsgruß, und die Schiffe zogen über die sonnenfunkelnde, grünglitzernde Meeresfluth.

Die Generale aber standen noch lange auf dem Hinterdeck, und schaueten gerührten Blickes nach dem Ufer zurück, wo die flatternden weißen Tücher die ihnen noch fernen Grüße zuwehten, und ihnen andeuteten, daß liebende Herzen für sie schlugen und trauerten.

Aber bald verschwand Alles in dunstige neblige Ferne, und die Herzen der Geschiedenen träumten und bangten nur noch für einander. —

Sechsundzwanzigstes Kapitel.

Marfori's Schwur der Treue.

Es war am 15. Juli 1868.

Die Königin war in den letzten Zeiten in einer beinahe verzweifelten Stimmung, die kommenden Ereignisse warfen ihre Schatten auf das Gemüth Isabella's.

Eine peinvolle Angst vor einer unheilschwangern Zukunft, eine tiefe Trauer um die Freunde, welche die eigene Schuld oder der Tod von ihr entfernt hatte, Streit und Zank mit den nächsten Verwandten, hatten die Königin in einen fürchterlichen Zustand versetzt.

Dagegen bäumte sich endlich das elastische Gemüth der Genußsüchtigen!

Isabella schleuderte plötzlich alle Sorge, allen Verdruß von sich, und vergaß Staat, Staatsangelegenheiten und Familienzwist.

„Komm, schmücke mich, Gregoria," sprach Ihre Majestät zu ihrer trauten Gregoria, „und wandle mich durch Deine Kunstfertigkeit in ein junges Mädchen um, denn ich will gefallen, heute Dem gefallen, der mir auf der Welt der liebste ist, der mir von so vielen Treulosen allein geblieben."

„Das ist recht," entgegnete Gregoria, „Majestät waren gar nicht mehr zu erkennen. Heute freue ich mich, daß Eure Majestät die Kraft gefunden haben, sich von allem Schmerze loszureißen, der Sie bedrückt, und dem Augenblick der heiteren Stunde zu leben.

„Wohlan, ich will Sie schmücken, daß alle Welt über Ihre Jugendfrische, Ihre Üppigkeit staunen, und die ewig jugendschöne Königin von Spanien bewundern soll."

Es ging nun an ein Wählen von Roben, an ein Putzen, an ein Verwischen der Spuren der Zeit und des Leids, die sich auf dem Gesicht Ihrer Majestät niedergelassen hatten.

Mittelst der Geschicklichkeit der Leibzofe, und Dank den Verschönerungsmitteln, die zu Nutz und Frommen der gefallsüchtigen Damenwelt so in Hülle und Fülle erfunden worden, ging Isabella, wie verjüngt, aus dem Ankleidezimmer hervor.

Aber nicht allein die Gefallsucht hatte die Königin bei der Wahl der Kleidung geleitet, sondern auch der Wunsch, ihrer Begehrlichkeit Ausdruck zu verleihen.

Aus einem vielleicht zu engen Mieder quoll der Reize sinnbestrickende Pracht hervor, die schneeigen Schultern und der wogende Busen verriethen die Absicht, den Geliebten zum höchsten Sinnengenuß zu reizen, eine Absicht, welche noch durch das kokette Spiel der feurigen Augen, die ausdrucksvolle Muskelbewegung um den Mund, verstärkt wurde.

Ihre Majestät war fest entschlossen, Alles aufzubieten, ihren Liebhaber auf's Höchste zu entflammen.

Und Ihre Majestät besaß im Fache der Koketterie einige Erfahrung, das mußte ihr der Neid lassen. — — —

Als die Königin nun ihre Toilette beendet, die Wirksamkeit derselben an den vielen Stehspiegeln ihres Gemaches erforscht und probirt hatte, gebot sie ihrer Leibzofe:

„Nun laß ein leckeres Mahl in meinem Boudoir anrichten, und statte das Gemach mit allen Bequemlichkeiten aus; vor Allem laß Düfte von Lust erweckenden Essenzen in mein trauliches Kabinet einströmen, damit Alles Lust und Wonne athme."

Sodann fuhr Isabella fort:

„Laß aber heute Abend Niemand ein, als meinen Palast=
intendanten Don Carlos Marfori, Marquis von Loja, der
von mir zum Vortrag beschieden ist.

„Und," fuhr sie mit erhobener Stimme fort, „Du bürgst mir
bei Strafe meiner höchsten Ungnade vor jeglicher Ueberraschung. Es
wird Niemand mir gemeldet, mag er eine so dringende Angelegenheit
als Grund seines Einlaßbegehrens vorschützen, oder mag er in Folge
seiner Würde und Stellung zu mir darauf pochen vorge=
lassen zu werden.

„Nur Don Carlos Marfori hat zu jeder Tageszeit bei mir Ein=
tritt, wie Du weißt."

Gregoria erfüllte getreulich die Befehle der Königin, und bald
war das zum Liebesopfer bestimmte Gemach für seinen Zweck ge=
ziemend ausgestattet.

Wohlgerüche durchströmten dasselbe, eine erfrischende Kühle war
durch künstliche Vorrichtungen hergestellt, die halbe Dämmerung, die
darin herrschte, die weichen Divans, die sich an den Wänden dehnten,
luden zur Erholung ein.

Eine wohlbesetzte Tafel sollte den Geschmackssinn befriedigen, da=
mit die Seligkeit, der man sich hingeben wollte, eine vollkommene wäre.

Ihre Majestät lag wie hingegossen in einer Ottomane im Hinter=
grunde des Kabinets, den durch Vorhänge verdunkelten Fenstern gegen=
über. Ihr wogender Busen, ihre nackten, mit diamantenen Armen=
bändern gezierten Arme, ihre wohlgeformten Füßchen, die unter der
Robe hervorlugten, bekundeten sattsam ihren Willen, das sprödeste
Männerherz zu besiegen.

Marfori erschien in höchst respektvoller Haltung; er verbeugte
sich tief.

Ihre Majestät erwiderte seinen Gruß mit einer freundlichen
Neigung des Hauptes, sie wollte durch ein Entgegenkommen den be=
rauschenden Eindruck nicht schwächen, den sie in ihrer tief berechneten
Stellung auf ihn hervorbringen mußte.

Aber ihre Augen funkelten vor Begier, ihr Mund zuckte ver=
langend, ihr Busen hob und senkte sich stürmisch, ihr heißer, kurzer
Athem bezeugte die Sinnlichkeit, die ihr ganzes Sein in diesem Augen=
blick beherrschte.

Marfori wollte auf einen Wink der Königin in bescheidener Ferne
Platz nehmen, aber sie lud ihn durch eine Handbewegung an ihre Seite
möglichst nahe, daß ihre Kleider sich berührten, und gleichsam ein
elektrisches Feuer der Lust durch die Körper Beider strömte.

Der Günstling fühlte sich durch die Aufnahme, die ihm wurde, äußerst geschmeichelt.

Er hatte Viel von der Wankelmüthigkeit der Monarchin reden hören, er hatte längst gefürchtet, eines schönen Tages ungnädig entlassen zu werden.

Das war nun nicht der Fall. Vielmehr schien sich ihre Neigung zu ihm zu steigern. Er mußte wohl in jeder Hinsicht ganz besondere Fähigkeiten besitzen, und er war stolz auf sein hübsches Ich.

„Was bringen Sie mir?" hob die Königin nach einer Weile an, während welcher sie in dem Anschauen ihres Lieblings versunken blieb.

Marfori nahm ein Aktenstück, welches er vor sich hin gelegt hatte, und wollte seinen Vortrag beginnen.

„Um aller Heiligen willen, verschonen Sie mich heute mit Geschäften, ich will mich erholen; Sie sollen in mir alle Sorgen des Lebens verscheuchen.

„Die letzte Zeit hat mir die ganze Welt verleidet, Sie sind mir allein geblieben, mein Süßer, mein geliebter Freund."

Sie legte ihre Hand auf sein Knie, sie sah ihm so heiß in die Augen, daß er vor Wonne bebte.

„Majestät, könnte ich doch das Leid, das Sie bedrückt, erleichtern, Ihren Lebenspfad zu einem Rosenpfad machen, o, wie wollte ich mit allen Kräften darnach streben."

„Ich darf also Ihre Erklärung, daß Sie mich mit allen Fasern Ihres Herzens lieben, für wahr nehmen?"

„Majestät können unter allen Umständen auf mich rechnen. Das schwöre ich Ihnen bei der heiligen Jungfrau und allen Heiligen des Himmels," betheuerte Marfori, indem er vor der Königin auf die Knie sank.

Isabella hob ihn auf, und preßte ihn an sich, in einem langen, glühenden Kuß die ganze Inbrunst ihrer Begehrlichkeit offenbarend.

„Ich bin also sicher, mein Freund, daß Sie mich weder in Freud, noch in Leid, verlassen werden?"

„Noch einmal schwöre ich es, der Blitz des Himmels soll mich niederschmettern, wenn ich Eurer Majestät nicht bis zum letzten Lebenshauche angehöre."

„Auch wenn ich die Königskrone verliere und in die Verbannung gehe?" fragte Isabella den Günstling, indem sie sich schmeichelnd an ihn schmiegte, und die vollen schneeigen Arme um seinen Nacken schlang.

„Sicherlich, Majestät, ich folge Ihnen überall hin, wohin Sie Ihre Schritte lenken," betheuerte der Günstling, indem er nun seinerseits ihre Liebkosungen mit dem vollen Feuer eines liebenden Anbeters erwiderte.

„Glauben Ew. Majestät denn, daß Ihr Thron wankt?"

„Der Thron hat seine festen Stützen verloren."

„Aber Sie sind mächtiger als jemals, Ihre Feinde liegen am Boden, alle Anstrengungen derselben, das jetzige Regiment zu stürzen, sind gescheitert."

„Wie lange kann sich eine Herrschaft noch halten, auf deren Sturz die dem Throne am nächsten Stehenden bedacht sind.

„Ist doch mein Schwager, der Herzog von Montpensier mit den verschworenen Generalen verbündet gewesen, und habe ich ihn deshalb verbannen müssen.

„Meine Mutter Christina ist darüber außer sich, und hat mir die heftigsten Vorwürfe gemacht. Sie hält die Herzogin Luisa von Montpensier eines Complots nicht für fähig. Ich habe wider Willen meinen Ministern nachgegeben.

„Ich wäre lieber mit den Meinen in Friede und Freundschaft geblieben! Aber meine Rathgeber hörten nicht auf meine Worte, und so geschah das Peinliche.

„So bin ich selbst mit meinen Verwandten entzweit, stehe so einsam an der höchsten Stelle, daß, wenn ich herab= schaue, mich ein Schwindel erfaßt, der sicher noch bewirkt, daß ich zu Boden stürze, um nimmer aufzustehen."

„Aber ich lasse Eure Majestät nicht am Boden liegen, ich richte Sie auf an meiner Brust, und lasse Sie an meinem starken Herzen ruhen," rief Marfori, und umschlang die Königin.

„Das ist ein Trosteswort, Geliebter, wofür Ihnen Königreiche gebühren," entgegnete Isabella, und sog mit ihren rothen Lippen den wollüstigen Hauch seines Mundes ein.

„So habe ich denn einen Freund gefunden, auf den ich in der Noth sicher bauen kann; ich arme Hülflose," schluchzte Isabella, und ihre Thränen überströmten ihr Gesicht, „wie viele haben um meine Gunst geworben, wie viele haben mir ewige Freundschaft gelobt, und dafür Lohn gefordert, den ich ihnen reichlich spendete.

„Und was ist ihr Dank gewesen?

„Abfall und Abtrünnigkeit! Sie sind, wie der Marschall Serrano mir bis in den Tod verfeindet, und ich suche händeringend mit beinahe vor Thränen blinden Augen vergebens einen Erlöser, einen Erretter."

„Ihr Reich kann ich Ihnen nicht retten, Majestät, aber ein treuer Freund werde ich Ihnen sein."

Wiederum bot der Günstling all sein Feuer, seine ganze Zärtlichkeit auf, die Königin zu beschwichtigen.

Endlich verstummten ihre Klagen unter den immer heißeren Umarmungen Marforis, sie war erregt, sie athmete nur Liebe, ihre Sinne betäubten sich in der Seligkeit, die sie in dem sie erfassenden Taumel fand.

Endlich erwachte sie, sie hatte Alles vergessen; was sie Trauriges empfunden, der geliebte Mann beschäftigte sie allein, sie umfaßte ihn mit allen ihren Sinnen.

Endlich erschöpfte sich auch ihre Inbrunst, der Liebesrausch verflog, sie wurde nüchtern.

„Wohlan, Geliebter," sprach sie, „jetzt bin ich beruhigt, mag ich meine Krone verlieren, ich bin Ihrer Freundschaft gewiß. Nicht wahr, mein Freund?"

„Sie können sich auf mich verlassen, Majestät" versicherte Marfori.

„So trinken wir ewige Freundschaft," jauchzte die Königin, die Liebe hatte ihr alle Munterkeit wieder verliehen, die bei Betrachtung ihrer Lage von ihr gewichen war.

Und sie schüttete aus der krystallenen Karaffe den sprudelnden Champagner in die Gläser, dann stießen sie an.

„Aber Eins ängstigt mich noch, lieber Carlos, wird unser Verhältniß auch so ungetrübt, wie jetzt, für die Zukunft fortbestehen?"

„Warum nicht? Majestät."

„Können sich nicht Hindernisse zwischen uns drängen, die uns scheiden. Mir ist so bang, das Unglück verfolgt mich so anhaltend."

„Wer sollte uns denn im Wege stehen?" fragte Marfori.

„Mein Gemahl. Schon hier ist er uns oft unbequem gewesen, wie wird es erst sein, wenn nicht mehr der Thron uns vor seinen Nachstellungen schützt?"

„Mehr zu schaffen wird der König Franz uns machen, als jetzt, aber wir werden wohl Mittel finden, ihn zum Schweigen zu bringen.

„Welche?"

„Nun sind denn Eure Majestät nicht Herrin Ihres Privatvermögens, ist Ihr Gemahl nicht von Ihnen abhängig, bezieht er nicht von Ihnen seine Einkünfte?"

„Das ist wahr, macht er mir solche Auftritte, wie letzthin, als er uns überraschte, entziehe ich ihm die Gelder zu seinem Lebensunterhalt.

„Und nun noch Eins, was wird die Welt zu unserm Verhältniß sagen?"

„Wenn Eure Majestät nach der Welt frägt, dann werden wir genöthigt sein, uns bald zu trennen."

„O, Geliebter, so war es nicht gemeint. Erst eben haben Sie mir das höchste Glück zugesagt, mein Freund, mir treu bis in den Tod zu sein, und nun sollte ich dieses Glück um die losen Reden einiger Spötter willen von mir werfen. Ich bin Königin von Spanien und werde stets einen Hof um mich haben.

„Die Gelder zu der Unterhaltung meines Gefolges sind überflüssig vorhanden, sie liegen in französischen und englischen Banken.

„Eine Königin von Spanien, die Herrscherin eines so unruhigen Volkes, mußte immer darauf gefaßt sein, besonders in der jetzigen unruhigen Zeit, ihre Krone zu verlieren. Die Männer des Umsturzes werden auch sicher nach meinem Falle mein Privateigenthum mit Beschlag belegen.

„Ich würde nicht daran gedacht haben, für die Zukunft zu sorgen, aber meine vorsichtige Frau Mama hat für uns Alle gehandelt.*) So liegt denn der größte Theil unseres Hausvermögens außer dem Bereich der Ruchlosen, die uns entthronen, und selbst unser seit Jahrhunderten gespartes Familiengut an sich reißen werden.

„Wem könnte ich aber die Verwaltung dieses Gutes übergeben, als Ihnen, geliebter Marfori, dem ich hiermit das größte Vertrauen schenke."

„Bravo Majestät," rief Marfori, und drückte die Hand Isabella's ehrerbietig an seine Lippen, sie aber zog den theuren Freund wieder an ihre Brust und überhäufte ihn wiederum mit Zärtlichkeiten.,

„Bravo Majestät," wiederholte er, ich werde diese Ehre zu würdigen und Ihr Vertrauen zu rechtfertigen wissen.

---

*) Fünf Millionen Thaler und 785 der werthvollsten Gemälde, die ein bedeutendes Kapital ausmachen, hatte die Königin Isabella mitgehen heißen.

„Dies ist zugleich eine Stellung, die mich etwa vor den Ausbrüchen der Eifersucht Ihres Herrn Gemahls, Seiner Majestät des Königs, schützt, dies ist eine meiner jetzigen ähnliche Stellung. Ich darf fortwährend in Ihrer Nähe sein, Majestät, habe Ihre mir so theure Person stets im Auge, und darf für Ihre geringsten Bedürfnisse sorgen.

„O, wie befriedigt diese Stellung mein heißes Sehnen, Ihnen Ihre für mich gehegte Liebe zu vergelten. Ich werde den Schatz meiner allergnädigsten Königin, von dem ihr ganzes Wohlsein abhängt, auf's Gewissenhafteste bewahren.

„Welchen Lohn spendet doch meine huldvollste Königin mir durch diese Gnade.

„Wie soll ich Ihnen danken, Majestät?"

„Durch Ihre aufrichtige Liebe, Ihre nie wankende Treue, süßer Freund."

Die Liebenden verstummten, und nichts unterbrach die Stille des Gemachs.

Endlich erhoben sie sich. Noch einige Abschiedsumarmungen, dann nahm der entzückte Geliebte, welchen die ihm verheißene Stellung noch freudiger stimmen mochte, innigen Abschied.

War der Herr Marquis von Loja sich doch wohl bewußt, daß seines Bleibens in diesem Lande, wo er die verhaßteste Person war, nicht länger sein würde, wenn der Thron zusammenbrach, und die Königin das Weite suchte.

Sein Interesse kettete ihn an Diejenige, die er liebte, oder zu lieben vorgab.

Siebenundzwanzigstes Kapitel.

Reise der Königin Isabella II. nach San Sebastian.

„Ich möchte gern eine Sommerreise antreten, Frau Mutter," begann die Königin Isabella, „in dem heißen Madrid ist es nicht mehr auszuhalten."

„Nicht allein die Sonne ist es, die Madrid heiß macht," entgeg-

nete Chriſtina ironiſch, „ſondern die Gluth des drohenden
Aufruhrs.“

„Mahne mich nicht daran, Mutter, der Gedanke an dieſe Ge=
fahr martert mich Tag und Nacht. Welchen Aufenthaltsort ſoll ich
wählen?“

„Ich rathe Dir nach San Sebaſtian, an der franzöſiſchen Grenze,
zu gehen.“

„Ah, Du biſt der Anſicht, ich könnte mit dem Kaiſer
Napoleon, der in dem nahen Biarritz weilt, über die jetzige
Lage meines Staates Rückſprache nehmen, und von ihm
Hilfe gegen die Revolutionäre erbitten.“

„Sicherlich, und er wird Dir, meine Tochter, einen ſo wirkſamen
Beiſtand leiſten, daß Du Königin von Spanien bleibſt.“

„Wenn der Kaiſer Napoleon mir Beiſtand leiſtet, ſo werden meine
Feinde Nichts wider mich ausrichten, denn die Franzoſen haben ſchon
meinen Vater Ferdinand VII. im Jahre 1823 durch eine erfolgreiche
Invaſion von allen ſeinen Feinden befreiet,“ ergänzte Iſabella.

„Du biſt alſo mit meinem Vorſchlage einverſtanden, Iſabella?“

„Allerdings.“

„Dann erlaube mir aber noch eine Bemerkung zu machen, Du
mußt dieſelbe mir nicht übel deuten,“ ſagte die Königin Chriſtina
ſtockend.

„Was giebt's?“ fragte Iſabella geſpannt, ihr Mund kräuſelte ſich.

„Nimm Deinen Gatten, den König Don Francisco,
auf der Reiſe mit!“

„Nun, meinetwegen!“ Iſabella verzog die Lippe zu einem ver=
ächtlichen Lächeln.

„Aber den Palaſtintendanten Marfori laß hier!“ be=
merkte Chriſtina.

„Weshalb?“

„Du mußt die öffentliche Meinung verſöhnen, und darfſt dem
franzöſiſchen Hofe, zu dem Du als Bittende kommſt, kein Aerger=
niß geben.“

„Von Marfori trenne ich mich nicht,“ rief Iſabella, „ich
bin wohl die Königin von Spanien, aber auch ein Weib,
ein Weib, das ſeine Gefühle hat; ich behalte Denjenigen
bei mir, der mich liebt und den ich liebe!“

„Iſabella, gieb doch für den Augenblick nach, Du kannſt ja ſpäter,
wenn das drohende Unwetter ſich verzogen, Deiner Neigung fröhnen.“

„Auch nicht eine Sekunde lasse ich Marfori von mir, sollte ich auch auf meinen Thron verzichten müssen."

„Du stürzest nicht allein Dich, sondern auch Deine Kinder und unser ganzes Haus in's Verderben."

„Mag sein; ich bin aber nicht die Sklavin meiner Familie, die mir mein ganzes Leben lang nur Verdruß bereitet hat."

„Nun denn, ich sehe, Du bist unverbesserlich, meine Tochter."

„Und Du nicht minder, Frau Mama. Hast Du denn nicht Deinen Geliebten, den Bauernsohn und gemeinen Grenadier Munnoz, zu Deinem Gemahl gemacht?

„Deine Tochter soll sich opfern, Frau Mama, das verlangst Du, während Du Deiner Neigung gefolgt bist, ohne jede Rücksicht zu nehmen." — — —

Unterdeß war der König Franz d'Assis zu seiner Gemahlin beschieden worden.

Das ganze Herz Seiner Majestät war in Liebe aufgegangen; er meinte nicht anders, die Königin verlange von ihm eine Liebespflicht.

Das schmeichelte ihm, und bekundete vielleicht, daß die Königin mit dem Günstling gebrochen habe.

Er trat ein, näherte sich Isabella, und küßte ihr zärtlich die Hand, ja, er erkühnte sich, was lange nicht vorgekommen war, ihre Taille zu umfassen.

Die Königin duldete unwillig seine Liebkosungen.

Seine Majestät war enttäuscht, er fiel in seine schlaffe Haltung zurück.

„Mein Gemahl," begann Isabella, „ich habe Sie herbeschieden, um Sie in einer wichtigen Angelegenheit um Rath zu fragen."

„Ich bin bereit, Eure Majestät anzuhören," entgegnete der König bescheiden.

„Ich will eine Reise nach San Sebastian unternehmen," fuhr Isabella fort, „um mich in der frischen Seeluft und durch Seebäder zu stärken, und außerdem den Kaiser Napoleon in Biarritz zu besuchen. Wie denken Sie darüber?"

„Ich bin ganz Ihrer Meinung, Majestät," entgegnete der König.

„Wollen Sie mich auf der Reise begleiten?"

„Von Herzen gern, Majestät, aber wir reisen doch allein?"

„Auch Sie, Herr Gemahl, fragen so, das ist zu arg, Sie wissen doch, daß ich die Königin von Spanien bin, und mir in meinem Thun und Handeln keine Vorschriften machen lasse.

„Kurz und gut, wollen Sie mich begleiten ohne jegliche Be=
dingung?"

Das furienhafte Wesen Isabella's machte sich bemerkbar, dem
schüchternen Herrn Gemahl wurde angst und bange; er wollte dem
ausbrechenden Unwetter vorbeugen.

„Ich bin bereit," stammelte er kleinlaut.

„Nun denn, so rüsten Sie sich zur Abreise."

Der König und die Königin Christina entfernten sich, letztere
kopfschüttelnd. Auf den Zügen der alte Königin prägten sich Besorg=
nisse aus. — — —

Im Laufe des Tages berief die Königin einen Ministerrath.

„Meine Herren!" eröffnete Isabella die Sitzung. „Ich habe
Sie zu mir befohlen, um Ihnen von der Entschließung Kunde zu ge=
ben, die ich heute morgen in Uebereinstimmung mit Seiner Majestät,
dem König=Gemahl Don Francisco, und mit Ihrer Majestät, der
Königin=Mutter Christina, getroffen habe.

„Ich bin nämlich Willens, nach San Sebastian zu reisen, um
dort die Seebäder zu gebrauchen.

„Ich gedenke auch, wie schon einige Male, eine Zusammen=
kunft mit dem Kaiser Napoleon zu haben.

„Sagen Sie mir Ihre Meinung, meine Herren!"

„Gegen die von Eurer Majestät beabsichtigte Reise habe
ich gewichtige Bedenken geltend zu machen," erwiderte Gonzalez
Bravo.

„Welche wären das?" fragte Isabella.

„Die Anwesenheit Eurer Majestät am hiesigen Orte ist
durchaus nothwendig, Sie halten durch Ihre persönliche
Erscheinung die Empörer in Schach."

„Aber ich rotte sie nicht aus."

„Schadet nicht, Sie verhindern den Ausbruch der öffentlichen
Mißstimmung, Majestät."

„Bis endlich der Aufruhr ausbricht, wie im Juni 1866, und
ich den Empörern in die Hände falle."

„Und doch muß ich auf meiner Ansicht beharren, Majestät.

„Wenn Sie die Stadt verlassen," fuhr Gonzalez Bravo fort,
„stehe ich durchaus nicht für die gesicherte Rückkehr Eurer Majestät
und die Erhaltung Ihres Thrones."

„Aber alle unsere Anstrengungen, die Gemüther zu beruhigen,
haben nichts gefruchtet!" wendete die Königin ein; „zum Vergnügen

reise ich sicherlich nicht hin, der Kaiser Napoleon soll mir rathen, soll mir helfen, wie ich Herrscherin von Spanien bleibe."

„Wenn Eure Majestät nur nicht vergebens auf Beistand von französischer Seite rechnen!"

„Frankreich hat meinen Vater unterstützt, warum soll es mir nicht die nämliche Hülfe gewähren?"

„Die Zeiten sind andere, Majestät."

„Haben Sie noch andere Gründe vorzubringen?" fragte Isabella.

„Nein. Nur, daß wir in einer fatalen Lage sind. Die Marine-Infanterie mußten wir auflösen, weil sie der Meuterei verdächtig befunden wurde. Ueberhaupt scheint es, daß die Gährung in der Flotte, wo sie noch niemals Wurzel gefaßt hatte, in erschreckender Weise um sich greift."

„Dieses veranlaßt mich um so mehr," erwiderte Isabella „auf meinen Entschluß zubeharren. Nur Napoleon kann mein Retter werden. Ich erwarte, daß Sie meinen Entschluß billigen."

„Meine Zustimmung und die meiner Collegen findet diese Reise nicht. Möge dieselbe Eurer Majestät nicht zum Verderben gereichen?"

Die Königin stutzte, sie blieb aber bei ihrem Vorhaben, sie klammerte sich an den Gedanken, daß der Kaiser Napoleon ihren Thron, den sie schon für verloren hielt, retten könne, wie der Ertrinkende an einen Strohhalm. —

Die Sitzung war beendet. — — —

Die Vorbereitungen zur Reise waren bald getroffen.

Natürlich blieb dieselbe den Madrilenen nicht verborgen.

Eine große Volksmenge fand sich am Bahnhofe ein.

Ihre Majestät die Königin kam mit einem großen Gefolge dort angefahren.

Die Hofwagen wollten kein Ende nehmen, der halbe Hof reiste mit.

Stolz und hochmüthig fuhr der Hof an den gaffenden Zuschauern vorüber, als wäre die unumschränkte Herrschaft in höchster Blüthe, als würde nicht vielleicht in einigen Wochen alle diese Herrlichkeit in alle Winde zerstoben und eine sittenstrenge Volksherrschaft an deren Stelle getreten sein.

„Die Herrschaften schauen noch sehr vornehm auf uns herab," brummte ein Eisenbahnarbeiter, „wir werden Euch bald den steifen Nacken beugen."

Man sprach schon in der Hauptstadt ungescheut seine Meinung aus. Die Häscher ließen die Köpfe hängen, sie witterten ihr nicht mehr fernes Ende, sie neigten sich vielmehr der aufsteigenden Sonne, dem Volke zu.

Novaliches kommandirte jetzt in Madrid, das war kein Pezuela; dieser war nach Barcelona geschickt.

„Ihrer Majestät sind eben die Sorgen nicht anzusehen," meinte eine junge Dame.

„Hat sie nicht ihren Marfori bei sich," sprach ihre Begleiterin, und deutete auf den Günstling, der den Rück=sitz in Ihrer Majestät Carosse eingenommen hatte.

Jetzt verließen Pater Claret und die Patrocinio, welche die Königin Isabella begleiteten, ihr Gefährt, und stiegen in einen Waggon.

„Ho, ho," lachte ein dicker Metzger, indem er sich den Schmer=bauch strich, „die ganze Gesellschaft packt auf, da ist etwas faul im Staate. Wenn die Nachteulen ausfliegen, bricht bald eine strahlende Morgenröthe an."

„Warum schleppt wohl Ihre Majestät das seltsame Paar mit sich?" fragte ein Hidalgo seinen Nebenmann.

„Das ist schwer zu sagen; sie schreibt ihnen überirdische Kräfte zu, und glaubt sich in ihrer Anwesenheit vor allem Unglück bewahrt."

„Mir scheint, als ob es das letzte Mal wäre, wo wir die ganze hochmüthige Gesellschaft hier in einem solchen Prunk einherstolziren sehen," räsonnirte ein Musensohn, mit un=endlichem Behagen die verschämten Hofdamen anschauend, die indeß hinter ihren Fächern kicherten.

„Es ist leicht möglich," sprach sein Nebenmann, „indeß mit den Hoffräulein da möchte ich wohl einen lustigen Abend zubringen, sie scheinen mir gar nicht spröde."

„Frauen, welche bei Christina und Isabella in der Schule gewesen sind, sind sicherlich keine keuschen Nonnen."

„Nun, nun, was ist denn das?" fragte einer aus einer dem Salonwagen zunächst stehenden Gruppe.

„Der Marfori steigt in den Salonwagen zu Ihrer Majestät; König Franz zeigt ein zorngeröthetes Gesicht, er springt auf, er will sich auf den Günstling stürzen, indem er seinen Säbel halb aus der Scheide zieht, jetzt eilt Ihre Majestät auf ihren Gemahl zu; sie sieht in diesem Augenblicke nicht zum Verlieben aus.

„Sie tritt dicht vor den König hin, und spricht; Furcht scheint sie vor dem Säbelträger nicht zu haben.

„Seine Majestät nimmt Vernunft an, er setzt sich wieder, und der Marfori lächelt höhnisch."

„Der Auftritt war spaßhaft," lachte ein feiner Herr, „nicht um die Welt hätte ich die Scene verfehlt."

Der Zug setzte sich in Bewegung.

„Lebet wohl auf Nimmerwiedersehen," tönte es von verschiedenen Seiten.

Die Alguazils wollten einschreiten, zu weit durften sie es nicht kommen lassen, aber ein Wald von Fäusten erhob sich.

Auf einen geheimen Wink zerstreueten sich die Volkshaufen, und die Schergen hatten bald ein leeres Feld vor sich.

Die Menge hatte sich indessen in die Weinhäuser begeben, in denen das Ereigniß weiter besprochen wurde.

— — — — — — — — — — — — —

Die Königin war auf dem Wege nach San Sebastian.

Auf den Stationen war der Beifall der herbeigeströmten Neugierigen ein mäßiger.

Meistentheils traf man auf stumme, feindselige Gesichter, und zwar war die Stimmung der Bevölkerung gegen die reisende Königin eine um so gereiztere, je nördlicher man kam.

Das letzte Mal hatte man hier noch hin und wieder Verehrer gefunden; der Ruf „Viva la Reyna" war den katalonischen und altkastilianischen Kehlen mehr als einmal entschlüpft.

Jetzt starrte man den Höflingen frech ins Gesicht, drängte die Wachen beinahe zurück, welche die verschiedenen Militärkommandanten an die Stationen beordert hatten, behielt unehrerbietig die Kopfbedeckung auf.

Die Königin knirschte vor Wuth.

In ihrer Verzweifelung wandte sie sich an ihren lieben Marfori und flog mit ihm die vertraulichsten Zwiegespräche, wobei Blick, Wort und Händedruck auf's unzweideutigste darthaten, welche Neigung Beide zu einander hegten.

„O, hätte ich Sie nicht, mein lieber Marfori," flüsterte sie ihm zu, obgleich unberufene Lauscher in der Nähe waren, sie schien das Gelichter einiger jungen Hofdamen, die seitwärts saßen und einander Blicke des Einverständnisses zuwarfen, nicht bemerkt zu haben.

„O, hätte ich Sie nicht, Geliebter, ich wüßte nicht, was aus mir würde, Wahnsinn hätte mich am Ende umnachtet und mich dem irdischen Elend entzogen.

„So aber bin ich ein liebend Weib; der ungeliebte Gemahl da," sie wies auf den in einer Ecke sitzenden König, der seine Blicke aus dem Fenster des Waggons über die traurige Oede und die kahlen Berge hinschweifen ließ, an denen der Zug vorüber brauste, und der die Rede der Königin selbstverständlich nicht gehört hatte, „der ungeliebte Gemahl ist nicht geeignet, mir als Stütze in dieser Noth zu dienen. O, mein Freund, Sie wissen nicht, was Sie mir Alles sind."

Sie warf ihre begehrlichen Augen auf den Mann, der ihre Hand in der seinen hielt, und zärtlich preßte, während das Feuer der Begierde auch ihn zu verzehren schien.

„Ja, Marfori, Sie sind mein Berather, mein Tröster, mein Freund, Der, auf den ich in der Zukunft baue, der mich in allen Trübsalen aufrecht erhalten wird, dessen Liebe mir Alles ersetzen soll.

„Werden Sie auch immer derselbe sein, mein Geliebter."

„So wahr ich meine Seligkeit vor dem Erlöser zu finden hoffe," entgegnete der Günstling.

Das Gesicht der Königin erhellte sich, sie schien befriedigt.

Jetzt erst gewahrte sie, daß sie beobachtet wurden.

Einen Augenblick zog die Röthe der Scham über ihr Gesicht, dann aber warf sie die Lippen auf, die Stirn runzelte sich, und sie maß die Spötterinnen mit einem eiskalten Blick, daß diese den ihrigen senkten.

Noch war sie die Königin, und überdies eine nicht milde Herrscherin, von welcher selbst die Frauen ungewöhnliche Strafen zu erwarten hatten.

Man langte in San Sebastian an.

Hier war eine amtliche Feier befohlen. Der Kommandant war ein Werkzeug Narvaez' gewesen, man hatte ihn eigens erst jüngst hierher geschickt, um während der Anwesenheit Ihrer Majestät die Ruhe und Ordnung aufrecht zu erhalten, und er hatte schon Proben seiner Thatkraft gegeben.

So waren also die Häuser geflaggt, und mit Teppichen behängt; die Frauen auf den Balkons; auch waren Ehrenpforten errichtet, und Guirlanden quer über die Straßen gezogen.

Die Musikkorps der bedeutend verstärkten Besatzung spielten heitere Märsche, auf der Rhede hatten sich einige Kriegsschiffe mit Wimpeln bedeckt, ihre Kanonen donnerten den Willkommengruß, auch die anwesenden einheimischen und fremden Schiffe trugen ihr Scherflein zur allgemeinen Feier bei.

Dazu lachte der Himmel, das Meer kräuselte sich unter einem lauen Winde.

Als die Königin und ihre Reisegesellschaft aus den Waggons stiegen, brachen sogar die zahlreichen Zuschauer, vom Eindruck des Augenblicks hingerissen, in ein lautes Hoch aus.

Die Königin schwamm in Wonne, es war der letzte Jubel, der ihr auf heimatlichem Boden bereitet wurde; bald sollte unendliche Angst und Pein folgen.

Doch jetzt hallten Mißtöne in diese Jubelklänge.

Marfori, Claret und Patrocinio hatten ein Feuer von Witzen auszuhalten.

„Sieh, sieh, das ist der Marfori," rief ein Matrose, „der Mensch sieht so geschniegelt und gebiegelt aus, wie eine Gliederpuppe."

„Daß der Pater und die Nonne immer zusammen sind," spottete ein Barcelonese, „was die wohl zusammen aushecken?"

„Etwas, was manchem nicht zusagt," entgegnete ein Geistlicher.

„Und was der Welt eher schadet, als nutzt," fuhr ein Katalonier fort."

„Die Diener Gottes in Spanien thun nur, was dem Himmel wohlgefällig ist."

„Ist das aber auch der Menschheit angenehm?"

„Wir fragen nicht nach dem Beifall der Gottlosen."

„Sind Diejenigen gottlos, die dem Priester keinen Beifall zollen?"

„Ja wohl, der Gesalbte des Herrn verkündet nur Gottes Wort, und wer ihn nicht mit Andacht hört, ist gottlos."

„Aber ein Gottloser kann doch ein redlicher Mensch sein?"

„Nein, das ist er nicht. Sie scheinen, mein Sohn, zu Denen zu gehören, die verstockten Sinnes das Irdische über das Himmlische setzen."

„Nun, die spanische Geistlichkeit scheint auch das Irdische nicht zu verschmähen, man sieht das aus der Pracht der Kirchen und aus den reichen Einkünften der Bischöfe, die das arme Land aufbringen muß."

„Apage Satanas (Teufel, hebe Dich weg von mir), Du bist der Sünder ärgster, den die ewige Verdammniß treffen muß."

Der Priester entfernte sich.

Die Königin hatte sich in den Regierungspalast zurückgezogen, immer von Stichelreden des Volks verfolgt.

Unter anderm hatte einer gefragt:

„Wie die Frömmigkeit und die Uebertretung des sechsten Gebots bei der Königin Isabella sich zusammenreimten."

Darauf hatte ein Anderer geantwortet:

„Das müßte Pater Claret am besten wissen," und was dergleichen mehr waren.

Mit einem Worte, der Eindruck, den die Reise nach San Sebastian auf die hohe Monarchin gemacht, war ein schlimmer gewesen; einen Augenblick hatte sie sich gefreut, sie wähnte beim Empfang in San Sebastian, die alte Liebe des Volks sei zurückgekehrt, sie wurde schmerzlich aus ihrem Wahn gerissen.

Der Untergang ihres Thrones stand ihr vor Augen.

Der Traum der Sylvesternacht erfüllte sich buchstäblich, möchte man sagen.

Ihr blieb nur Marfori, ein trauriger Ersatz. — —

Die Königin hatte nach ihrer Ankunft in San Sebastian eine unruhige Nacht zugebracht, die nahende Entscheidung machte ihr große Kopfschmerzen.

Isabella hatte sich den Verlust des Thrones offenbar zu leicht, und ein Stillleben mit Marfori zu schön ausgemalt.

Jetzt, wo ihre Träume wahr werden sollten, jetzt tauchten tausend Empfindungen in ihrem Innern, der Stolz, der Ehrgeiz und Anderes auf, welche ihr die Dinge ganz anders erscheinen ließen, als sie sie im Lichte der überreizten Sinnlichkeit gesehen.

Noch einmal verwandte sie alle ihre Thatkraft auf Erhaltung des Thrones.

Zunächst galt es die Zusammenkunft mit Napoleon anzubahnen.

Sie beschied ihren Oberhofmarschall, den Graf Ezpeleta, zu sich.

„Herr Graf," begann die Königin, „ich habe einen wichtigen Auftrag für Sie."

„Ich stehe zu Befehl, Majestät."

„Es sind schon von Madrid aus mit dem Kaiser Napoleon, der in Biarritz weilt, Unterhandlungen über eine Zusammenkunft mit mir angeknüpft worden.

„Begeben Sie sich daher sofort zu Seiner Majestät, dem Kaiser Napoleon, melden Sie ihm meine Ankunft, begrüßen Sie ihn in meinem Namen, und überreichen Sie ihm dieses Handschreiben, welches eine Anfrage über die näheren Bestimmungen in Betreff der Zusammenkunft enthält. Ich hoffe, Sie werden eine gute Aufnahme finden."

„Ich werde auf's Bereitwilligste und Schleunigste die mir übertragene Botschaft ausrichten, Majestät."

„Das erwarte ich von Ihnen, reisen Sie sofort ab, denn es ist Gefahr im Verzuge."

Ein Extrazug brachte den Grafen an seinen Bestimmungsort.

Napoleon, der seit einiger Zeit seinen Aufenthalt in diesem kleinen, durch ihn bekannt gewordenen Badeort genommen, erwartete schon den Boten Ihrer Majestät der Königin Isabella.

Dieser ließ gleich nach seiner Ankunft beim Kaiser um eine Audienz bitten.

Er wurde wider allen Brauch gleich nach seinem Gesuche empfangen.

„Was bringen Sie mir, Herr Graf?" sprach der Kaiser Napoleon, ihm sehr leutselig entgegen kommend.

„Im Namen Ihrer apostolischen Majestät der Königin Isabella II. von Spanien bin ich hier, um Eurer Majestät die herzlichsten Begrüßungen von Seiten meiner erhabenen Monarchin entgegenzubringen, und Eurer Majestät mitzutheilen, daß Allerhöchstdieselbe gestern in San Sebastian beim besten Wohlsein eingetroffen sind."

„Diese Mittheilung ist mir sehr angenehm, Herr Graf.

„Hat Ihnen Ihre apostolische Majestät weiter keinen Auftrag an mich ertheilt?"

„Allerdings, Majestät, hier ist ein allerhöchstes Handschreiben, welches ich Eurer Majestät von Seiten meiner allergnädigsten Herrin überreichen soll."

Der Kaiser nahm das Schreiben aus den Händen des Grafen, öffnete und las es. Dann sann er eine Weile nach.

„Die Zeit drängt, Herr Graf," entgegnete er, „kehren Sie sofort zu Ihrer Majestät der Königin Isabella zurück, und erwiedern Sie in meinem Namen die mir gesendeten Grüße von meiner Seite.

„Theilen Sie Ihrer Majestät der Königin Isabella mit, daß ich selbst in drei Tagen, wahrscheinlich in Begleitung meines Sohnes, nach San Sebastian kommen werde, um Ihre apostolische Majestät von dort abzuholen und sie an mein hiesiges Hoflager zu geleiten.

„Ich wünsche Ihrer Majestät bis zu diesem Zeitpunkt das ungetrübteste Wohlsein.

„Verſichern Sie Ihre Majeſtät ſchließlich meine lebhafteſte Theilnahme für Ihr Wohlergehn."

Der Kaiſer verbeugte ſich auf's Verbindlichſte, der Graf war
entlaſſen.

Er eilte ſo ſchnell als möglich nach San Sebaſtian zurück, und
brachte ſeiner Monarchin die frohe Botſchaft.

Ihre Majeſtät war über die gute Nachricht höchſt erfreut, nur
noch einige Tage, dachte Iſabella, und ſie erhielt ſicherlich von dem
mächtigen Manne wirkſamen Beiſtand.

Aber dieſe Hülfe ſollte ihr nie zu Theil werden. Die kurze
Spanne Zeit, die zwiſchen dieſem Augenblicke und der Erfüllung ihrer Wünſche lag, erzeugte die furchtbarſte Wandlung in ihren Verhältniſſen.

Jetzt war ſie noch die ſcheinbar allgewaltige Königin
von Spanien, in drei Tagen ein hülfsbedürftiges Weib,
welches vergebens um den Beiſtand des Mächtigen flehte,
der ihr höchſtens ein Aſyl anbot.

Doch davon hatte die Königin keine Ahnung.

In ihrer Herzensfreude ließ ſie Marfori rufen.

„Nun, theurer Marfori, wird es wohl beſſer werden; der Graf
Ezpeleta, den ich zum Kaiſer Napoleon in Sachen der Zuſammenkunft
abgeſendet, hat mir von Seiten des Herrſchers der Franzoſen die er-
freulichſten Nachrichten mitgebracht."

„Das iſt mir ſehr angenehm, Majeſtät, Alles, was Eurer Majeſtät Freude bereitet, findet den freudigſten Widerhall in meinem
Herzen."

„Ich weiß es, theurer Freund," ſchmeichelte Iſabella, ſich an den
Geliebten lehnend, „ich bin von der Aufrichtigkeit Ihrer Geſinnungen
überzeugt. Aber es ſchlägt eine bittere Stunde für uns Beide."

„Was meinen Eure Majeſtät?"

„Ich kann Sie, Theurer, nicht gut nach Biarritz an das Hoflager
des Kaiſers mitnehmen.

„Ich komme zum Kaiſer Napoleon als Bittende, und muß mich
deßhalb in Alles fügen, was meine Lage erheiſcht. Ihre Anweſenheit
in dem Badeorte möchte bei einigen Leuten Anſtoß erregen. Vermeiden wir das!"

„O, wie ſchwer wird mir die Trennung von meiner geliebten
Königin werden!" ſtieß der Günſtling hervor, indem er Ihre Majeſtät
umarmte.

„Glauben Sie, mein Geliebter, daß auch ich Sie vermissen werde, Sie, an dem ich mit aller Kraft meiner Seele hange."

Und die Liebenden erschöpften sich in gegenseitigen Zärtlichkeiten.

„Nun," fuhr die Königin fort, „die Zeit der Trennung wird ja nur eine kurze sein.

„Und wenn sich meine Wünsche erfüllen, wenn meine Feinde durch die Wucht eines eisernen Armes nieder- geschmettert werden, so haben wir ein langes, seliges Le- ben vor uns."

Und wieder umschlang Isabella den geliebten Mann, der ihr auf's Feurigste die empfangenen Gunstbezeigungen zurückgab. Ihre Majestät hatte alle Sorgen vergessen.

Drei Tage, wie sie meinte, ungestörten Zusammen- lebens mit dem Geliebten standen in Aussicht.

Achtundzwanzigstes Kapitel.

Das Morgenroth der Freiheit.

Ein tiefdunkler, sternbesäeter Himmel spannte sich am Abend des 17. September 1868 über die weite Bai von Cadix, wo das eben aus Amerika zurückgekehrte Geschwader von Kriegsschiffen sich in den leichtgekräuselten Wellen des atlantischen Oceans schaukelte.

Unter ihnen befanden sich die Panzerfregatten Villa de Madrid und Saragossa, welche von dem Admiral To- pete befehligt wurden.

Tiefe Stille herrschte über Land und Meer; in der nahen dumpf- lärmenden Stadt blinkten nur einzelne Lichter, und an den Forts blitzte es zuweilen im Dunkel wie eine Irrleuchte auf.

Da brauste ein Dampfer heran, und warf in der Nähe der Villa Madrid Anker.

Ein rothes Signallicht leuchtete auf demselben; ein blaues, auf der Fregatte entzündetes, antwortete.

Nach einer Weile stieß ein Boot vom Dampfer ab, und legte sich an die Fregatte.

Mehrere in demselben befindliche Männer kletterten an Bord des hohen Kriegsschiffes.

Es war Prim mit zwei Adjutanten.

Topete trat ihnen in Begleitung des Kapitän Malcampo, Commandant der Fregatte Saragossa, auf dem Verdeck entgegen.

„Willkommen, willkommen, Herr General!" eilte Topete auf Prim zu, indem er ihn herzlich umarmte, „das nenne ich pünktlich.

„Sie schrieben mir in Ihrem letzten Briefe, Herr General, daß Sie heute hier eintreffen würden, und da sind Sie."

„Der Stern der spanischen Freiheit leuchtet hell," rief Prim, „selbst die Elemente sind ihm günstig; ich hoffe, wir werden diesmal leichtere Arbeit haben.

„Und Ihre Majestät scheint ihre Sache selbst aufgegeben zu haben, sie ist ja nicht mehr in Madrid, sie weilt schon an der französischen Grenze."

„Man sagt, zum Sommeraufenthalt!" bemerkte Topete.

„Dieser Aufenthalt hat eine andere Bedeutung, sie war lange genug in Lequeitio. Sie sucht bei Napoleon, der sich in Biarritz aufhält, Hülfe."

„Glauben Sie, daß er sie gewähren wird?" fragte Topete.

„Er wird sich hüten, wenn unser Aufstand mit Erfolg beginnt," entgegnete Prim. „Die Königin selbst glaubt an ihren baldigen Sturz, sie sagte letzthin zur Gräfin von Girgenti:

„Die Tage unserer Herrschaft sind gezählt."

„Nun, wenn unsere Gegner den Muth verloren haben," sagte Topete, „dann haben wir leichtes Spiel."

„Glauben Sie, daß Gonzalez Bravo, eine feine Spürnase, von unserm Unternehmen nichts weiß?" fragte Prim.

„Er mag wohl eine Ahnung davon haben, aber mich wundert, daß er dann nicht gegen uns handelt."

„Das ist sehr schwer; denn ganz Spanien ist für unsere Sache eingenommen, und die Regierung weiß nicht, welche Verdächtigen sie zuerst ergreifen soll."

„Sind Sie denn Ihrer Sache so sicher, Herr General?" fragte Topete überrascht.

„Niemand kennt die Bevölkerung Spaniens besser, als ich," entgegnete Prim, „habe ich nicht von Jahr zu Jahr die Aufstände angeschürt?"

„Das ist wahr, sie sind aber immer fehlgeschlagen."

„Sie haben aber dazu gedient, der Regierung in Folge ihrer un-
klugen und strengen Verfolgungen immer zahlreichere Feinde zu schaffen. Uebrigens glaube ich, Herr Gonzalez Bravo, die Seele des Regiments, ist des ewigen Kampfes mit uns müde.

„Der Minister wünscht die vom Volke erpreßten
Schätze in Ruhe zu verzehren, er hat sich in seinen letzten guten Tagen schon ein schönes Landhaus in Frankreich
bauen lassen, und in die französische Bank sein Vermögen niedergelegt.“

„Wissen Sie das genau?“ fragte Topete.

„O, ich habe alles am Schnürchen, und was so ein Mann nicht
zu ergründen vermag, das erforscht Weiberlist.“

„Haben Sie denn auch Damen als Verbündete?“ fragte Topete.

„Sicherlich, mein Frauchen unterstützt mich besser, als viele
Männer. Sie weilt in Paris, und hat es auch herausgebracht, daß
die Kaiserin Eugenie ihre Souveränin Isabella gern vor
dem Falle bewahren möchte, und all' ihren Einfluß aufbietet; aber
bis jetzt hat sie nichts erreicht.“

„Ich fürchte,“ unterbrach Topete, „Frankreich wird uns in
unserem Unternehmen hinderlich sein.“

„Ich nicht,“ entgegnete Prim. „Der Kaiser ist zu klug; er
sieht nicht das leicht besiegte Spanien von 1823 vor sich, sondern das
von 1808.

„Außerdem nahmen ihn noch andere triftigen Grunde zur Vorsicht. Aber handeln wir, überlegen wir nicht lange, sonst kommen
wir nicht an's Ziel.

„Wann schlagen wir los?“

„Sobald als möglich, Herr General, ich erwarte den Marschall Serrano und einige seiner verbannten Leidensgenossen von
den balearischen und kanarischen Inseln.“

„Werden sie denn kommen können, sind sie nicht zu streng
bewacht?“

„Die Flucht ist ihnen leicht gemacht,“ antwortete Topete, „ihre
Wächter zählen zu den Unsrigen; und ich habe ihnen einige meiner
leichtesten und schnellsten Schiffe geschickt, um sie herbeizuholen.“

„Wenn wir ihretwegen nur nicht zu lange zögern!“ wendete
Prim ein.

„Ich denke, sie werden jeden Augenblick eintreffen.“

„Ich brenne vor Begier,“ rief Prim „endlich einmal den erfolg-
reichen Kampf wider die Willkür zu beginnen.“

„Und Ihre Geduld wird auf keine harte Probe gestellt werden, Herr General." —

Die Unterredung wurde hier durch einen Offizier unterbrochen, der mit einem Nachtglase den Horizont durchspähet hatte.

„Herr Admiral," meldete er in dienstlicher Haltung, „es sind mehrere Schiffe in Sicht."

„Werden es die Erwarteten sein, Herr Lieutenant?"

„Ihre unbestimmten Umrisse lassen vermuthen, daß sie zu unserer Flotte gehören, genauere Kenntniß gestattet die Finsterniß nicht zu."

„Ha," rief Prim „es steigen blaue und weiße Raketen am düsteren Nachthimmel auf."

„Dann sind sie es; diese Feuerzeichen sind verabredet."

Grüne Signallichter wurden an den Masten der Kriegsschiffe aufgezogen; die jetzt deutlicher hervortretenden, ansegelnden Schiffe antworteten mit andern Zeichen.

Jetzt waren sie nahe, Böte stießen von denselben ab.

In einigen Minuten lagen sich Prim, Serrano, Caballero de Rodas, Echague, Cordova, Bedoya und die Kameraden von der Marine in den Armen.

Die verbannten Generale, welche den vaterländischen Boden, wenn auch nur als eine dunkle Linie, vor sich sahen, weinten Thränen der Freude.

„Wenn wir nur zur glücklichen Stunde angekommen; wenn uns das Vaterland nur kein Kerker, kein Richtplatz, sondern eine Stätte der Freiheit wird," betete Serrano, seine Augen gen Himmel hebend. —

Gen Osten blitzte und glühete es in tausend Farben auf; die Vorboten des aufsteigenden Tagesgestirnes erschienen.

„Ha, das ist die Morgenröthe der Freiheit!" riefen Alle wie aus einem Munde.

„Aber verlieren wir keine Zeit!" rief Topete.

Er gab den Hochbootsmann einen Wink.

„Alle Mann an Deck!" ertönte die Pfeife.

Die Mannschaft erschien vollständig.

Malcampo, welcher zur Fregatte Saragossa herübergegangen war, befahl das nämliche Manöver.

„Kameraden von der Flotte!" rief der Admiral Topete.

„Der Kampf für die Freiheit beginnt, das elende Regiment der Königin Isabella soll gestürzt werden, welches Euch weder

Ruhm noch Ehre bot, welches die Flotte vernachläßigte, so daß Ihr gegen erbärmliche und beſſer bewaffnete Gegner trotz Eurer Tapferkeit den Kürzeren zogt und Euch unnütz opfertet.

„Die Königin muß diesmal fort, das ganze Geſchlecht muß vom ſpaniſchen Boden weggefegt werden. Wollt Ihr mir in dieſem Kampfe helfen?"

„Wir ſtehen zu Ihnen in Noth und Tod, Admiral. Fort mit der Königin Iſabella, fort mit den Bourbonen!" riefen Matroſen und Soldaten begeiſtert.

Auf der Saragoſſa dieſelbe Anrede und derſelbe Erfolg.

„Hier ſind die tüchtigſten Generale des Heeres," fuhr Topete fort. „Die Regierung hat ſie in's Elend geſchickt, und unwürdige Wei= berlnechte kommandiren an ihrer Statt.

„Begrüßet dieſe Tapferen, ſie wollen mit uns ſtreiten. Es lebe die gute Kameradſchaft zwiſchen Heer und Flotte."

„Vivan los Generales, los campeadores de la Libertad, Abajo Isabella, mueran los Borbones (Hoch den Generalen, hoch den Freiheitskämpfern)," hallte es von den Schiffen durch die friſche, von der aufſteigenden Sonne durchſtrahlte Morgenluft.

Und wiederum ertönten die Bootmannspfeifen, und jetzt wirbelten auch die Trommeln.

„Alles zum Gefecht klar gemacht," lautete das Signal.

Der Befehl wurde ausgeführt.

Ein Boot ſtieß von den Schiffen ab, und fuhr nach dem Ufer.

Ein Parlamentär begab ſich in demſelben zum General von Bou= ligny, dem Kommandanten der Stadt.

„Die Flotte hat ſich wider die Regierung und die Königin erklärt," theilte er dem General mit, „der Kom= mandant der Flotte, Admiral Topete, fordert Sie auf, ſich dieſer Erklärung anzuſchließen, und die Stadt zu über= geben."

„Ich ſollte Sie verhaften und als Hochverräther er= ſchießen laſſen," ſchrie der Kommandant wuthentbrannt. „Machen Sie, daß Sie fortkommen, ich bleibe meiner Kö= nigin treu. Wenn Ihr Admiral mir nicht ſofort ſeine Schiffe zur Verfügung und ſich als Gefangener ſtellt, er= öffne ich die Feindſeligkeiten."

So geſchah es, ein kurzes Bombardement, zwiſchen der Flotte und den Forts, von der erſteren mehr zum Schein, als im Ernſt, ge= führt, erfolgte; es zog ſich einige Zeit hin.

Dadurch wurde die Stadt von den Vorfällen im Hafen unterrichtet.

Das Volk erhob sich, Barrikaden wurden errichtet, und es entspann sich im Rücken der Festungswerke auch ein Gefecht.

Aber jetzt ging die Garnison, welche von der Anwesenheit der Generale auf den Schiffen unterrichtet worden, zum Volke über.

Die Meuterer zwangen den General Bouligny, den Kampf einzustellen.

Der Kanonendonner von der Landseite verstummte statt dessen rauschten die freiheitlichen Klänge der Riego=Hymne in die Morgenlüfte.

Auf den Schiffen geschah das Nämliche.

Und nun bedeckten sich Forts, Schiffe, Hafen und Stadt mit festlichen Fahnen, Flaggen und Teppichen.

Der Friede zog ein, wo eben noch das rohe Eisen des Krieges im glühenden Strahle gewüthet.

Und die Boote fuhren von den Schiffen, denn an die beiden Panzerfregatten, welche die Freiheitsfahne zuerst aufgepflanzt, hatten sich fünf andere Schiffe angeschlossen.

Unter bewaffnetem Geleit stiegen die verbannten Generale an's Land. Es war ein Jubel, und die Rufe: „Nieder mit Isabella, nieder mit den Bourbonen, es lebe die Republik!" ertönten.

Eine Menge von Truppen und bewaffneten Bürgern kam ihnen entgegen.

In Cadix war 1812 die erste erfolgreiche Kundgebung der Freiheit gewesen, im Jahre 1868 erfolgte die zweite, noch glücklichere. —

Durch Ehrenpforten und Triumphbögen hielten die verbannten Generale, an der Spitze derer, die sich um sie geschaart, ihren Einzug.

Aus ihnen bildete sich eine provisorische Regierung.

Die Telegraphen trugen die Kunde davon durch ganz Andalusien.

Die meisten Besatzungen der anderen Städte schlossen sich der Cadixer an.

Das war ein Erfolg, größer als der, den O'Donnel gehabt, und zwar gegen die bis jetzt unangetastete Königin Isabella II. von Spanien.

—————

Während die in Cadix emporgestiegene Morgenröthe der Freiheit ihre schon blendenden Strahlen über ganz Spanien warf, und die so oft verzagenden Herzen mit neuem Kampfesmuth,

mit neuer Begeisterung für die Freiheit erfüllte, saß Isabella
sorglos in San Sebastian, und kos'te und tändelte mit
ihrem Marfori, den ehrbaren Provinzialen zum Aergerniß.

Das Paar war im süßesten Liebesrausch; in der Seligkeit des
Genusses war jegliche Sorge vergessen, da klopfte die treue Gre=
goria an der Pforte des Liebestempels, in welchem soeben
der leichtfertigen Göttin nach wahrer Herzenslust geopfert
worden war.

„Schon wieder eine unwillkommene Störung," fuhr die Königin
von dem Divan auf, worauf sie mit Marfori geplaudert. Sie ord=
nete kaum nothdürftig ihr Gewand und eilte zur Thür.

„Habe ich Dir nicht gesagt," herrschte die Königin zornig der
armen Leibzofe zu, „daß ich nicht gestört sein will? Ich sehe wohl,
es wird nicht anders, ich muß Dich Deines Dienstes entlassen."

„Tausend Mal Verzeihung, Majestät, ein Bote des Kaisers der
Franzosen ist angelangt, er hat diesen Brief mitgebracht, und mir
denselben zur augenblicklichen Besorgung dringend empfohlen.

„Ich weiß, wie viel Eurer Majestät an der Beziehung
zu Seiner Majestät, dem Kaiser von Frankreich, liegt, des=
halb habe ich mir die Freiheit genommen, denselben zu
überreichen.

Isabella war besänftigt, sie nahm den Brief, und zog sich in's
Gemach zurück.

Der Brief war eine Hiobspost.

Seine Majestät bekundete in demselben seine theilnahm=
vollen Gefühle für Ihre Majestät, ließ aber durchblicken,
daß seine Theilnahme eine gewisse Grenze habe; das habe
er schon dem Grafen Girgenti erklärt, der ihn in Paris
von den Absichten Ihrer Majestät in Kenntniß gesetzt.

Die Zusammenkunft betrachte er als freundschaftlichen
Besuch, nicht aber als eine Gelegenheit, wegen Staats=
angelegenheiten zu unterhandeln.

„Woher diese plötzliche Sinnesänderung?" rief die Köni=
gin, die aus ihrem Liebeshimmel in die plötzlich nüchterne, leidenvolle
Erdenwelt herabgefallen war.

Sie sollte bald darüber klar werden.

Eben hatte sie sich wieder zu ihrem Marfori gesetzt, um bei ihm
den lästigen Gedanken zu entfliehen, als Gregoria zum zweiten Mal
pochte.

Jetzt war Ihre Majestät außer sich, sie riß die Thür auf, und schrie:

„Elende, wie darfst Du es wagen," und sie schüttelte die Dienerin, daß diese bebte.

Da ertönte eine andere Stimme.

Die Königin fuhr zurück, als wäre sie vom Blitz gerührt.

Der Oberst der Hellebardiere stand vor ihr, er hielt eine Depesche in der Hand, und sagte:

„Majestät, wäre die Sache nicht von äußerster Wichtigkeit, so —"

„Schon gut," schrie Isabella, und riß ihm das Schriftstück aus den Händen, sprang in's Boudoir zurück, und schlug die Thür klirrend in's Schloß.

Sie riß den Umschlag des Telegrammes beinahe in Stücken.

Dann las sie:

„Die Flotte hat rebellirt — Cadix ist in den Händen der Rebellen — die verbannten Generale sind zurückgekehrt — die Truppen gehen zu ihnen über — Andalusien ist für Eure Majestät verloren. Novaliches." —

„Stürzen denn die Himmel ein, wankt die Erde in ihren Grundfesten," schrie Ihre Majestät, und brach zusammen.

Marfori sprang hinzu, fing die Königin in seinen Armen auf, und legte sie sanft auf den Divan, dann eilte er zur Thür, und rief Gregoria.

Man bemühte sich um Ihre Majestät, aber die gesunde Natur Isabella's half sich bald selbst, eine Weile lag sie sinnend, dann raffte sie sich auf.

„Rufet mir die Minister," gebot sie.

Die Herren kamen, sie ließen die Köpfe hängen, die ruhmredigen, die sich vermessen, nach Narvaez' Art das Land zu martern; aber auf wie lange hatten sie es durchgesetzt?

Vier Monate, aber das Herrscherhaus war dabei zu Grunde gerichtet.

Ihre Majestät trat energisch auf; sie war nüchtern geworden.

Die Minister wußten, warum es sich handelte.

„Unter diesen Umständen habe ich einen General nöthig," hob die Königin an.

84*

„Wen wollen Sie mit der Führung des Kabinets betrauen?" fragte Gonzalez Bravo schüchtern.

„Den General José Concha, Marquis de la Habanna," antwortete Ihre Majestät.

„Der Herr hat andere Gesinnung als wir, unter ihn stellen wir uns nicht," antworteten die Minister.

„So geben Sie Ihre Entlassung!" gebot streng die Königin.

„Sehr wohl, Majestät," erwiderten die Minister.

„Vorläufig bleiben Sie natürlich im Amt," fuhr Ihre Majestät fort, „bis der General Concha hier ist."

„Allerdings, Majestät, wir trennen uns von unfrer Königin im Augenblick der höchsten Noth nicht." — —

Das war eine heuchlerische Redensart!

Einige Tage später befanden sich diese Herren mit ihren zusammengerafften Schätzen auf französischem Boden in Sicherheit.

Die Treulosen hatten die von ihnen hintergangene, und durch ihre Schuld in's Unglück gerathene Monarchin verlassen, durch deren Gunst sie zu Macht und Reichthum gelangt waren.

Die Ratten waren aus dem lecken Schiff entflohen. —

Vorläufig verhängten sie das Standrecht über ganz Spanien, das war ihre ganze Weisheit. Mit ihm wollten sie den losbrechenden Sturm beschwören.

Gewalt — Gewalt — und wieder Gewalt!

Noch hatte Isabella sich nicht von den massenhaften Schlägen erholt, die sie getroffen, als eine neue, unliebsame Kunde zu ihr gelangte.

Der Kaiser Napoleon war, wie er versprochen, mit seinem Sohne auf dem Wege nach San Sebastian zu Ihrer Majestät gewesen, und bis zur Grenzstation gekommen, da war die Nachricht von der Revolution zu ihm gelangt, und er wieder umgekehrt.

Das erschütterte die Königin ebenso gewaltig, als die erste Hiobspost.

„Ich werde also selbst von Denen gemieden, die mich retten könnten," seufzte Isabella. Laut aufjammernd stürzte sie sich in die Arme Marfori's. — — — —

Der General Concha, welcher sich von ungefähr auf einem seiner Güter in der Nähe aufhielt, kam schneller, als man erwartete, herbeigeeilt.

„General, retten Sie mich, und wenn nicht mich, so doch mein Haus vor dem Verderben," rief Ihre Majestät.

Der General zuckte die Achseln.

„Eure Majestät haben so lange den bösen Geistern Spaniens getraut, meine Aufgabe ist eine verzweifelte, ich will aber mein Möglichstes versuchen, der Bewegung Einhalt zu thun."

„Sie sind mein Schutzengel, der Fels, auf den die Bourbonen bauen," sagte Isabella.

Ein schöner Fels!

Der General setzte sich wegen der Königin nicht zu sehr in Unkosten, unter deren Regiment er unermeßliche Reichthümer erworben.

Er handelte nicht Viel, ordnete desto mehr an, berief seinen Bruder Manuel als seinen Beistand, der wegen seiner kranken Augen lieber hätte zu Hause bleiben sollen.

Ehe Concha indessen nach Madrid abreiste, sprach er:

„Vor Allem, Majestät, entfernen Sie Ihren Palastintendanten Marfori von sich.

„Das ist die erste Bedingung des Gelingens."

Die Königin schleuderte dem neuen Ministerpräsidenten einen grimmigen Blick zu, sie schwieg aber.

Kaum war er fort, so eilte sie zu Marfori.

„Denken Sie, lieber Marfori, die Unverschämten wollen uns trennen, sie fordern Ihre Entfernung. — Dieser Concha — auch so ein Glücksritter — gönnt mir nicht das Glück des ärmsten Weibes, die den Geliebten ihres Herzes um sich behalten kann.

„Nein, nein ich lasse Sie nicht, Geliebter, um keinen Preis. Was frage ich nach Scepter und Reich, wenn ich nicht meiner Neigung leben kann.

„Möge die ganze irdische Herrlichkeit verloren gehen, ich scheide mich nicht von Ihnen."

Und sie erstickte ihn fast in ihren Armen.

„Aber wenn ich an dem Untergange Eurer Majestät und Ihres Hauses die geringste Schuld tragen sollte, so müßte ich mir dies zum ewigen Vorwurf machen."

„Nein, nein, mein Freund, ich spreche Sie von jeder Schuld frei. Auch wenn ich Sie entließe, würde es nicht besser mit mir stehen, in dies erbärmliche Volk ist der Teufel des Aufruhrs gefahren."

„Nun denn, wenn es Eure Majestät so wollen, so bleibe ich."

„Ich will's," rief Isabella leidenschaftlich.

———

Neunundzwanzigstes Kapitel.

Die Königin Isabella wagt sich nicht nach Madrid zurück.

Der neue Ministerpräsident Concha war in Madrid angekommen.
Er ließ von hier sofort ein Telegramm an die Königin Isabella
nach San Sebastian gehen; dieses lautete:

„Majestät!

„Kommen Sie mit Ihrem Gemahl und Ihren Kindern
unmittelbar nach Madrid, Sie retten den Thron!"

Die Königin befahl die Abreise.

Der Zug ordnete sich, das königliche Gepäck wurde in die Waggons verladen, die Hofwagen kamen heran, die Königin trat in den
Wartesaal.

Hier erhielt sie von dem Kommandanten einer Station, die auf
ihrem Wege nach Madrid lag, folgendes Telegramm:

„Majestät! reisen Sie nicht. Banden unter den Aufrührern Contreras, Pierrad und Baldrich durchstreifen die
Umgegend, sie sollen zwei Meilen von hier die Schienen
aufgerissen haben."

Ihre Majestät kehrte um. Es war am 21. September 6½ Uhr
Abends.

Es hatte sich eine zahlreiche Menge eingefunden.

Die Majestät kehrte wieder nach dem Regierungspalast zurück.

„Ha, ha," lachten die San Sebastianer, denen so manches aus
dem königlichen Haushalt zu Ohren gekommen war, was nicht geeignet schien, ihren Respekt für die erste Person des Reiches zu erhöhen, wohl aber geeignet, ihre Lachmuskeln zu erregen.

„Jetzt hat Ihre Majestät Furcht, den Weg durch ihr eigenes
Land zu nehmen, derselbe scheint gefährlich zu sein. Aber seit Jahren
hat sie gedankenlos Tausende für sich zu Tode bluten, andere an Leib
und Leben strafen lassen."

„Nun kommt an sie die Reihe, da heißt es anders,"
lachte ein Caballero, „da giebt es Heulen und Zähneklappern; Freund
Hain lauert auf dem Wege, das ist ein Scheusal, dem man gern
ausweicht, auch wenn einem dabei ein Thron verloren
geht." — —

Ein zweites Telegramm des Ministers Concha traf aus Madrid an die Königin Isabella ein; es lautete:

„Ich bitte Ew. Majestät nach Madrid zu kommen, jeder Augenblick, den Sie in San Sebastian bleiben, erhöht die Gefahr, in welcher der Thron schwebt!"

„Mag es kommen, wie es will, ich begebe mich auf die Reise," sprach die Königin zu Marfori, den sie jetzt ungescheut fortwährend bei sich behielt. „Mehr als gefangen nehmen und morden kann man mich nicht, und darauf bin ich gefaßt."

„Und ich," rief Marfori, freue mich auf die Gelegenheit, für meine huldvolle Königin mein Leben in die Schanze zu schlagen. Die Gefahr, welcher Sie entgegengehen, theile ich gewiß."

„Geliebter Freund, wie danke ich Ihnen, ich sehe, daß ich an Ihnen einen treuen Freund in der Noth habe."

Isabella umarmte den Geliebten.

Wiederum wurde die Abreise vorbereitet.

Der Hof bestieg die bereit stehenden Wagen, man fuhr nach dem Bahnhofe.

„Ob sie jetzt wohl abreisen wird, Ihre furchtsame Majestät," spottete ein Händler, der seine Lebensmittel der gaffenden Menge feilbot.

„Ich wette zehn Duros (Thaler), daß es nicht geschieht," brüstete sich ein behäbiger Bürger.

„Und ich parire, daß es geschieht," entgegnete ein schäbiger Hidalgo (Junker) von der Figur des Ritters von der Mancha (traurigen Gestalt).

„Hier sind meine zehn Duros, legt Euren Einsatz bei," sagte der Bürger.

Der Hidalgo griff verlegen in die Tasche, er suchte und suchte, aber er fand nichts.

„O, über dieses Spießbürgerthum," brummte er, „einen Sproß von funfzig Ahnen so an den Pranger zu stellen."

Dann drehete er dem Bürger den Rücken, und entfernte sich, ohne ein Wort zu sagen.

Die Menge lachte aus vollem Halse.

„Sieh, sieh, da steigt Ihre Majestät aus der Karosse, und der Marfori geht hinterher. Dann kommt der König und die Kinder."

„Das ist ein Hauptspaß. Seine Majestät muß wohl ungeheuer unter dem Pantoffel stehen, sonst würde er wohl schon längst im Hause

andere Ordnung gemacht haben," sprach ein Landmann mit einer ener=
gischen Miene.

„Eine solche Frau gebührt Dir," scherzte seine Gemahlin, die
neben ihm stand, „Du kannst es bei mir nicht gut genug bekommen,
wenn Dir das Geringste im Wege ist, trumphst Du auf, wie ein
ächter Haustyrann. Isabella würde Dich schon Mores lehren."

„Wer weiß, ob ich sie nicht mürbe machte," entgegnete der
Landmann.

„Ich glaube nicht," meinte die Frau, „jedenfalls thut es uns
Frauen wohl, einen von dem starken Geschlecht in solchem Grade
durch ein Weib gezähmt zu sehen."

„Caramba, der König macht den Männern Schande. Ich möchte
ihn meinen Zorn fühlen lassen."

Ihre Majestät empfing von Concha jetzt im Wartesaal
wiederum eine Depesche.

Diese lautete:

„Reisen Sie nicht ab, ehe Sie meinen Gesandten ge=
sprochen haben. Derselbe trifft morgen Mittag in San
Sebastian ein."

Der Hof trat, unter schallendem Gelächter der Einwohnerschaft
und den zahlreich versammelten Fremden, die Rückkehr in den
Regierungspalast an.

„Das wird immer heiterer," lachte ein frischer Sohn der baskischen
Berge. „Wer hätte gedacht, daß die Herrscherin, die das
Blut unserer Väter durch ihre Soldaten in Strömen ver=
gießen ließ, ein so klägliches und lächerliches Ende neh=
men würde."

Wo war der Respekt der San Sebastianer geblieben?

Als sie die Nachricht von dem Ausbruche der Revolution er=
hielten, hatten sie sofort die Fahnen eingezogen, die sie zu Ehren der
Königin ausgesteckt.

Die unschlüssige Haltung Isabella's, ihr offener Ver=
kehr mit Marfori, der übrigens den ungenirt gegen ihn ge=
schleuderten Spöttereien der Leute eine eherne Stirne bot,
ja eine herausfordernde Haltung annahm, ergrimmte das Pub=
likum noch mehr; die Sicherheit des Hofes war um so mehr bedroht,
als das Regiment Murcia, das einen Haupttheil der Besatzung bildete,
immer unzuverlässiger wurde.

„O daß ich doch ein Weib bin!" — dachte Ihre Majestät, als
sie wieder im Palaste war. „Wenn ich Hosen trüge, müßte ich nach

Madrid troß aller Zu- oder Widerreden meiner Anhänger. Ich würde Alles wagen, und entweder siegen, oder unterliegen.

„Nun Majestät," redete sie ihren Gemahl, den König Francisco an, den sie hatte rufen lassen, „wie wäre es, wenn Sie nach Madrid aufbrächen, und unseren Angelegenheiten durch Ihre Anwesenheit eine bessere Wendung gäben?"

„Bei den Eingeweiden der heiligen Jungfrau, das vermag ich nicht," zagte und bebte Don Francisco d'Assis, „das hieße: sich in den Rachen des Löwen stürzen, sich in diese Höhle von Mördern begeben.

„Ich denke noch mit Grausen an den 22. Juni 1866, an den Aufstand von San Gil.

„Ich stürbe tausend Tode, ehe ich nach Madrid käme, auch wenn mich die Empörer nicht unterwegs auffingen und erschössen."

„Sind Sie ein Mann, mein Beschützer, der Vertheidiger in meiner Noth, Sie, der mir von Gott zum Zweck des Schutzes gesetzt sind, weigern sich, meine Sache zu führen, weil ein wenig Gefahr dabei ist," antwortete Isabella.

„Und mich verdammt die Welt, wenn ich mir Freunde halte, die mich trösten und sich jedenfalls muthvoller zeigen, als Sie.

„Nun, ich will Sie meinetwegen nicht bemühen; unterbrechen Sie Ihre äußerst wichtige Beschäftigung nicht, angeln Sie und fischen Sie, so lange Sie wollen.

„Und nun gehaben Sie sich wohl!"

Der König entfernte sich.

„Hätte ich mir jemals vorgestellt," klagte die Königin, „daß ich in eine Lage gerathen, wo ich mir selbst verächtlich werden könnte.

„Nicht ein Mann in meiner Umgebung, der mich aus dieser verzweifelten Lage reißt.

„Die beiden Paladine*), die das Volk so lange vor mir zittern gemacht, sind todt. —

„Andere kühne Männer, deren Arm mir von Werth wäre, wie Serrano und Espartero, habe ich mir entfremdet, indem ich Andern Gehör gab, die mir mehr geschmeichelt und meine Herrschaft unumschränkter gemacht haben.

„O, es giebt doch ein besseres Mittel, ein Volk zu

---

*) O'Donnel und Narvaez.

regieren, als die Gewalt, man muß sich die Liebe Aller zu erwerben suchen, man muß mit Güte die Gemüther lenken, nicht sie durch Grausamkeit erbittern.

„Warum fand ich nur an Denen Gefallen, welche Strenge übten.

„Wie wollte ich es jetzt anders machen! —

„Zu spät! — zu spät!

„Mein Ende naht unaufhaltsam!"

Mit diesen Gedanken ging Ihre Majestät zu Bette. — —

Am andern Tage kam der ehemalige Minister Salamanca als Bote Concha's an den Hof; er sagte zur Königin:

„Die Dinge gehen schlecht, Majestät, die Truppen fallen ab, der Madrider Garnison ist nicht mehr zu trauen, Andalusien ist für uns verloren, auch die Nordprovinzen schwanken. Die Revolution wird mit wunderbarer Geschicklichkeit geleitet. Sie ist überall und nirgends. Aus ganz Westeuropa scheinen sich die Unruhstifter über unser Land ausgegossen zu haben.

„Der General Concha räth Eurer Majestät jedoch noch zu einem Schritte, von dem er Gutes für Sie hofft.

„Er glaubt, daß Eure Majestät, wenn Sie mit Ihrem Gemahle, Seiner Majestät dem Könige Don Francisco d'Assis, und mit Ihren Kindern nach Madrid zurückkehren würden, sich mancher Freund, wie der Herzog von Gor und der Marquis von Villa Vieja zu Ihrer Fahne finden würde.

„Aber Eure Majestät müssen, abgesehen von den Obengenannten, allein zurückkehren, „fügte der Banquier hinzu.

„Allein? Wieso allein?" meinte die Königin.

„Ja, allein," entgegnete der Geldmann.

„Ich verstehe Sie nicht, erklären Sie sich, was wollen Sie mit allein sagen?"

„Allein, heißt, ohne Ihren Intendanten Marfori."

Nach diesen Worten stürzte die Königin auf Salamanca los, nahm ihn am Kragen, schüttelte ihn und schrie:

„Elender, Unverschämter, Schurke, wie können Sie Ihrer Königin solche Frechheiten in's Gesicht sagen!

„Was kümmert Sie mein Intendant?

„Was gehen die Welt meine Privatangelegenheiten an?

„Meine Freundschaft soll ich opfern? Keinesfalls gebe ich diesem Ansinnen nach.

„Fort aus meinen Augen, Sie Unwürdiger, daß ich Ihr verhaßtes Gesicht nimmer wiedersehe!"

Ihre Majestät war so empört, daß sie lange sprachlos blieb. Sie mußte sich setzen, und holte nur mit Mühe Athem; das Uebermaß der Aufregung hatte sie erschöpft.

Sie begab sich in ihr Schlafgemach, ließ sich von Gregoria entkleiden, und suchte ihr Lager. Hier lag sie eine Zeit lang; in einem lang anhaltenden Thränenstrom brachen sich ihre Schmerzen.

„Denke Dir, Gregoria," sprach die Königin zur treuen Zofe, die sie bei sich behalten hatte:

„Man will mir meine Lebensweise vorschreiben, mich wie ein Kind behandeln, ist das nicht entsetzlich?"

„Aber warum wollen Eure Majestät nicht für den Augenblick nachgeben. Wenn Eure Majestät es nicht thun, so risfiren Sie Ihre Krone."

„Was liegt mir daran?" rief Isabella.

„Denken Eure Majestät an Ihr Kind."

„Ich mache mir nichts daraus, ob mein Sohn über ein so erbärmliches Volk, wie das spanische ist, regiert."

„Aber der Glanz des Hauses erstirbt mit dem Verlust der Krone."

„Auch andere Geschlechter sind untergegangen. Ich ohne Marfori abreisen, nein, niemals."

Schon machte sich in der Stimme der Königin eine gewisse Bitterkeit geltend.

Gregoria schwieg, und da die Königin verstummte, schlich auch sie sich weg.

Noch weinte Isabella einige Zeit im Stillen fort.

Dann legte sich der wohlthätige Schlaf auf die vom Weinen geröthelen Augen der Monarchin.

Die Königin Isabella reist verkleidet zur Kaiserin Eugenie nach Biarritz.

Am 23. schickte sich Ihre Majestät zum dritten Mal zur Abreise nach Madrid an.

„Ich fühle mich heute so kräftig und so muthig," sprach sie beim Ankleiden zu ihrer Kammerfrau, „daß ich trotz Concha und Sala= manca von hier abreisen und meinem Volke Auge in Auge gegenüber treten will.

„Möge kommen, was da will, ich will meine Person einsetzen, um mir mein Reich zu erhalten."

Zum dritten Male fuhren die Hofwagen vor, zum dritten Mal ordnete sich der Zug, zum dritten Mal rannten die Bewohner von San Sebastian, die sich nicht wenig auf die Wichtigkeit zu Gute thaten, die ihre Ortschaft durch die sich dort abspielenden Ereignisse erlangt hatte.

„Jetzt giebt's wieder einen Spaß," lachte eine Bürgerstochter, sie lief in Haustoilette zum Bahnhof, um die Abfahrt oder Nicht= Abfahrt Ihrer Majestät mit anzusehen.

„He, Juanita, im Hausanzug?" scherzte der Nachbarssohn, welcher der Kleinen gar nicht gram war, „da können Sie keine Eroberungen machen."

„Will auch keine machen, Sennor! Glauben Sie denn, man denkt immer an die Männer?"

„Woran denken Sie denn sonst, Sennorita."

„An Tausend andere Dinge; zum Beispiel jetzt, ob Ihre Majestät nach Madrid reisen wird, oder nicht, und ob der Marfori mit bei der Partie ist."

„Sehen Sie, dieser Frauengünstling interessirt Sie also doch."

„Der Marfori ist mir gleichgültig, ich bin nur neugierig."

„Und die Neugierde bezeugt nur, daß er Ihre Aufmerksamkeit in Anspruch nimmt; ich glaube, wenn der Marfori es darauf anlegte, er machte alle Schönen von San Sebastian in sich verliebt."

„Wie können Sie nur so von uns denken, garstiger Mann?"

„Uebrigens fehlt es dem Marfori auch am Hofe nicht an schönen

Mädchen, Juanita, die sich in ihn, und in die er sich verlieben kann. Caramba! O, sehen Sie einmal die Hoffräulein, die Blondine und die prächtige Brünette, die da eben vor dem Salonwagen stehen, und die Königin erwarten. Sind das reizende Geschöpfe! Ich weiß nicht, was ich für einen freundlichen Blick von Einer derselben gäbe. Aber die Königin läßt lange auf sich warten." — —

„Jetzt kommt die Isabella, und sie steigt richtig wieder nicht ein, der Zug wird abgefahren."

„Aber die Hofwagen sind ja auch inzwischen fortgefahren, die Königin wird doch nicht zu Fuß nach der Stadt zurückkehren?"

„Da kommen ein Paar Lohnwagen; Ihre Majestät steigt mit verweintem Gesicht ein, — die Hofherren und Damen begeben sich verdrießlich zu Fuß nach der Stadt. Das mag den Damen, die zu fahren pflegen, sauer ankommen, sie laufen sich noch die Füßchen wund.

„Da kommt die herrliche Hellebardiergarde, sie umgeben den Wagen der Königin."

„Das Gepränge wird bald ein Ende nehmen," tönte es aus dem Haufen der Zuschauer wild durcheinander. — — —

Concha hatte wiederum eine Depesche an Ihre Majestät geschickt, nachdem diese ihm vorher telegraphirt hatte, daß sie abreisen würde.

Die Depesche lautete:

„Majestät!

„Das ist recht; kommen Sie, aber bringen Sie Mar= fori nicht mit, wenn Sie mit ihm kommen — rennen Sie in's Verderben. Sie laufen Gefahr, hier auf's Gröb= lichste beschimpft zu werden."

Sofort kehrte die Königin um. — -

Von Marfori ließ sie nicht.

Der Günstling war auch gar nicht willens, zu weichen.

Als die Königin zurückgekehrt, fiel sie in Nachdenken.

Plötzlich erheiterte sich ihr Gesicht, ein neuer Gedanke, wel= cher vielleicht von Erfolg war, war ihr gekommen.

Sie wußte, daß die Kaiserin Eugenia ihr, als ihrer Souverai= nin, sehr zugethan war. Wie wäre es, wenn sie dieselbe um eine Zusammenkunft ersuchte?

Sie berief die Gräfin Villaflor.

„Liebe Gräfin," bat sie; denn Ihre Majestät war sehr milde ge= worden, „reisen Sie sofort nach Biarritz, und ersuchen Sie Ihre Majestät, die Kaiserin Eugenia, mir eine Zusammen= kunft zu gewähren."

Die Hofdame reiste sofort ab, und brachte nach kurzer Zeit einen günstigen Bescheid.

„Ihre Majestät die Kaiserin von Frankreich," berichtete sie, „hat mich sehr freundlich aufgenommen, und sich sehr eingehend nach dem Wohlergehen Eurer Majestät erkundigt, und auch die jetzige traurige Lage, in welcher Eure Majestät sich befinden, unendlich bedauert.

„Als ich sie von dem Anliegen Eurer Majestät unterrichtete, erklärte die Kaiserin sich sofort bereit, Eure Majestät zu empfangen."

„Hat die Kaiserin nichts Weiteres über die Zeit und den Ort der Zusammenkunft bestimmt?"

„Ja wohl, Ihre Majestät die Kaiserin will Eure Majestät übermorgen Abend in der Villa Eugenia eine Unterredung ertheilen."

„Gut, ich werde mich dort einfinden."

„Auch räth die Kaiserin Eurer Majestät, heimlich und als Frau eines Bürgers verkleidet, dort zu erscheinen."

„So sei es, Ihre Majestät die Kaiserin hat recht." — —

Noch einmal wiegte sich die Königin Isabella von Spanien in den schönsten Hoffnungen.

Aber auch diese sollten ihr genommen werden.

Zur angegebenen Stunde reiste Ihre Majestät verkleidet nach Biarritz.

Sie hatte einen Abendzug benutzt, und man hatte sie unterwegs nicht erkannt.

Die Kaiserin befand sich mit einer Vertrauten in einem einsam gelegenen Pavillon, als die Königin eintrat.

„O, meine Souveränin," rief ihr Eugenia entgegen, und stürzte der Königin schluchzend in die Arme „daß es so kommen mußte.

„Bei allen Heiligen, was für schreckliche Zeiten; o, heilige Mutter Gottes, heilige Mutter Gottes."

Die Königin Isabella war gefaßter.

„Majestät," sprach sie, nachdem sie sich ausgeweint, und die Thränen mit ihrem Tuche abgetrocknet hatte, „ich habe Tag und Nacht geklagt, gebetet und Gelübde gethan.

„Aber nichts hat gefruchtet. Meine Lage verschlimmert sich von Tag zu Tag, meine Freunde sind so lau, meine Feinde mehren sich, Alle fallen von mir ab, Alle sind meine Feinde.

„Da habe ich denn meine Zuflucht zu Ihnen genommen.

„Wirken Sie doch für mich bei Ihrem Gemahl, Seiner Majestät dem Kaiser; Sie vermögen Viel über ihn, und wenn

der Kaiser seine große Macht zu meinen Gunsten aufbietet,
so werden meine Feinde in den Staub sinken."

„O, vermöchte ich Ihnen doch zu helfen, Majestät," klagte die
Kaiserin, und ihre schönen Augen füllten sich mit Thränen, „schon habe
ich meinen Gemahl mit Bitten für Sie bestürmt, er sollte seine
Truppen zu Ihrem Beistand marschiren lassen.

„Er antwortete mir wortkarg: Das gehe nicht! und wie sehr
ich ihn auch anflehte, einen Versuch zu Ihren Gunsten zu machen, er
wich mir aus, er zuckte die Achsel."

„Wenn Eure Majestät, Frau Kaiserin, mir keinen Beistand
leisten können, so ist mein Ende da, ich werde genöthigt sein,
in den nächsten Tagen über die französische Grenze zu
flüchten."

„Ein Asyl sollen Sie bei mir finden", Majestät, dafür
stehe ich. „Ich will versuchen, Ihnen Ihre Verbannung leicht zu machen,
ich will Ihre Trauer durch meine regste Theilnahme versüßen, wie ich
es meiner Souveränin und liebsten Freundin schuldig bin."

„Aber sollte Seine Majestät der Kaiser durchaus nicht zu bewegen sein, meine Partei zu ergreifen?"

„Um keinen Preis. Seit dem Zuge nach Mexico ist er in äußeren
Angelegenheiten äußerst vorsichtig geworden. Und nun gar Spanien.
Sein großer Oheim machte vergebliche Anstrengungen, sich dort zu behaupten; was dem großen Oheim nicht gelungen, werde ihm sicherlich
fehl schlagen, meint er.

„Glauben Sie denn, Majestät, daß mir Ihr und der Kirche Unglück
in meinem Vaterlande nicht zu Herzen geht? Wie wird man mit
den Gesalbten des Herren verfahren.

„O, ich mag gar nicht daran denken. Ich armes Weib auf so
mächtigem Throne, vermag das Unglück meiner Freunde nicht zu verhindern — heute ist die bitterste Stunde meines Lebens."

„Noch einmal, kaiserliche Majestät, überlegen wir, ob sich nichts
thun läßt, es ist ja auch Ihr Vaterland, das den Empörern verfällt,
bedenken Sie!"

„Was soll ich thun, was soll ich bewirken, sagen Sie; mag die
heilige Jungfrau Ihnen einen guten Gedanken eingeben."

„Vielleicht übernimmt es der Kaiser, mit den Leitern
der Empörung in meinem Namen zu unterhandeln, und wenn
nicht für mich, doch für meinen Sohn den Thron zu retten."

„Auch daran habe ich schon gedacht, auch davon schon mit ihm
gesprochen, er schüttelt aber verneinend das Haupt. Nein, nein, auch

darauf will er sich nicht einlassen. Er mit Empörern unterhandeln, das wäre unerhört.

„Und wenn er abgewiesen würde, dann wäre seine, wäre Frankreichs Ehre beleidigt.

„Dann müßte er zu Ihren Gunsten einschreiten, das kann, das will er nicht.

„Das hat er mir rund heraus erklärt, als ich ihn händeringend anflehte, Eurer Majestät, meiner Souveränin, zu helfen."

„Nun denn, so fahre hin, Thron und Reich; ich wünschte, ich wäre nicht als Herrscherin geboren, hätte als ein gewöhnliches Weib mit einem geliebten Mann mein Leben verbringen können.

„Kaiserliche Majestät, es ist schmerzlich, nach fünf und dreißigjähriger Regierung von der Menschheit Höhe in ein dunkles Privatleben herabsteigen zu müssen."

„Wie gern ersparte ich Eurer Majestät diesen Schritt", erwiederte die Kaiserin Eugenie, „aber Eure Majestät begreifen wohl, daß ich das nicht vermag; glauben Sie mir, der Gram um Ihren Fall nagt ebenso gut an meinem, als an Ihrem Herzen."

„Dank! tausend Dank für Ihr Mitgefühl! Und nun geliebte Freundin, leben Sie wohl, ich kehre noch in dieser Nacht nach San Sebastian zurück, um dann vielleicht auf immer von Spaniens Boden zu scheiden, und als Geächtete umherzuwandern."

„Nur nicht die trübsten Gedanken, das undankbare Volk, das jetzt Eure Majestät von sich weis't, kann dereinst Sie als seine gütige Herrscherin in aller Freudigkeit des Herzens zurückrufen.

„Hoffen wir, so lange wir leben, noch am Grabe pflanzt der Mensch die Hoffnung auf."

„Noch einmal Dank! kaiserliche Majestät für Ihre gütigen, Ihre tröstenden Worte! Wir müssen scheiden."

Die Frauen weinten noch einige Zeit, dann folgte Umarmung auf Umarmung.

Die Kaiserin wollte Ihre Souveränin nicht aus den Armen lassen.

Sie liebte sie aufrichtig, sie beweinte ihr Schicksal, aber helfen konnte sie Isabella nicht.

Die Königin kehrte sofort nach San Sebastian zurück. — —

„Auch der letzte Schritt, den ich gethan, lieber Marfori, ist fruchtlos gewesen. Die Kaiserin hat mir ihre Ohnmacht betheuert, ich glaube es gern, daß sie nichts vermag. Es ist keine Kleinigkeit, das aufrührerische Spanien zu bändigen.

Don Salamanca, Banquier und ehemaliger Finanzminister Isabella's II.

„So muß ich denn dem Thron entsagen, ein schweres, schweres Wort."

„Majestät waren aber darauf vorbereitet, Sie hatten sich unser

Stillleben so schön ausgemalt," tröstete Marfori. „Warum zagen Sie denn jetzt?"

„Weil mir jetzt die ganze Schwere meiner Verantwortlichkeit vor die Seele tritt. Ich hätte es niemals geglaubt, daß auf die süße Gewohnheit des Regierens zu verzichten, eine so schwere Sache sei.

„Ich und meine Kinder, mein Haus, das so mächtig war, soll als Bettler in die Fremde, ich kann's nicht fassen."

„Eure Majestät müssen sich fügen, es hilft nun einmal nichts."

„Es bleibt mir nichts Andres übrig, mein ganzes Ich bäumt sich dagegen." — — —

Aber Isabella beherrschte sich. Allgemach wurde sie ruhiger, die Reise hatte sie ermüdet.

Nach einem leichten Mahl suchte sie in den Armen des Trösters aller Leidenden, des Schlafes, die so erquickende Ruhe und Bewußtlosigkeit.

Einunddreißigstes Kapitel.

Die Entthronung der Königin Isabella II. am 30. September 1868.

Wir verlassen die Königin Isabella in San Sebastian, und sehen, was der zum Minister ernannte General Concha that, um der Königin den Thron zu erhalten.

Concha schickte unter dem Grafen Novaliches ein Heer zur Unterdrückung des Aufstandes nach Andalusien.

Es war aber ein trauriger Feldzug, der des Grafen Novaliches. Mit einem schönen Heer zog er von Madrid aus, aber unterwegs verminderte sich dasselbe, nicht durch das Schwert, sondern durch Meuterei.

Ganze Regimenter löften sich auf, als von allen Seiten die Nachrichten eintrafen, daß die Insurgenten aus regulären Truppen beständen und von tüchtigen Generalen befehligt würden.

„Was sollen wir für eine Regierung streiten", sprachen die Soldaten zu einander, „die uns keinen Sold zahlt, die unsere Generale verbannt, uns mißtraut.

„Wenn wir noch gegen einen äußern Feind kämpften; aber wir sollen unsere Brüder morden.

„Mögen Diejenigen, denen es beliebt, sich die Hälse brechen.

„Und hier in den Bergen müssen wir hungern, Landmann und Städter zeigen einen grimmigen Haß wider uns.

„Niemand bringt uns ein Stückchen Brod, oder einen Schluck Wasser entgegen, wir müssen Alles mit Gewalt nehmen.

„Das ist ein Hundeleben! halte es aus, wer es mag.

„Schleichen wir uns davon.“

Am Abend lagerte man ziemlich vollzählig — am Morgen fehlten ganze Schaaren.

Ihre Waffen lagen auf den Plätzen, die die Deserteure eingenommen hatten. — — —

Aber die Regierung veröffentlichte Siegesberichte in Madrid.

Novaliches sollte bald in Cordova, bald schon in der Nähe von Cadix sein.

Die Regierung jubelte, und pries den Sieger zum Schein.

Das Cäsarische Wort sollte sich an Novaliches, dem General der Königin, nicht bewahrheiten.

Der arme Schein-Sieger quälte sich langsam durch die öde Sierra Morena, seine Leute liefen ihm täglich davon, dafür wurde er von Guerillas umschwärmt, die ihm beinahe den letzten Proviantwagen ausplünderten.

Er wich nach Neukastilien zurück, und lauerte an den Ausläufern der Berge.

Concha schickte ihm Verstärkungen, und mit ihnen den Grafen von Girgenti, der sich in diesem Kriege den ersten Sporen verdienen wollte.

Aber man lebt heut zu Tage nicht mehr im Mittelalter.

Die Bayards und die Cids*) halten mit ihrer Person allein nicht mehr ganze Armeen auf.

Und was war der kleine, spindeldürre Graf Girgenti gegen die Recken der Vorzeit.

Sein erster Feldzug sollte für ihn ein klägliches Ende nehmen. — —

Novaliches rückte wieder vor. Er kam in Sicht des Heeres von

---

*) Französische und spanische Helden in den italienischen und Mauren-Kriegen.

Serrano und der Brücke von Alcolea, die zwei Wegstunden von Cordova über den Guadalquivir führte.

Hier wurde Halt gemacht. Serrano schickte durch einen
Parlamentär einen Brief an Novaliches, der ihn einlud, sich
der neuen Regierung, die man in Sevilla aus Serrano,
Prim, Topete und anderen einflußreichen Personen gebildet hatte, anzuschließen.

Jedes Blutvergießen sollte aufhören. Novaliches weigerte sich,
und ließ sagen:

„Er achte zwar den Marschall Serrano als seinen
Freund hoch, aber er wolle das Kriegsglück versuchen, er
breche den Schwur nicht, den er seiner Königin geleistet."

Aber seine Truppen schienen anders zu denken.

Ein Regiment Königlicher marschirte auf die oben genannte Brücke
von Alcolea los, hinter welcher die Insurgenten standen, und welche
sie besetzt hielten.

Die Königlichen spielten die Riego-Hymne.

Die Aufständischen jubelten ihnen Beifall zu, sie meinten, es wären
Freunde, die sich näherten, und schossen nicht.

Dicht vor der Brücke angekommen, gaben die Königlichen auf die
Gegner eine vollständige Salve ab, und stürmten dann mit dem Bajo-
nett vor, um im ersten Augenblick die Brücke zu nehmen.

Das auf die dichten, unverhofft angegriffenen Massen gerichtete
Feuer that eine furchtbare Wirkung, die Soldaten Serrano's wichen.

Das Gefecht schien für die Sache der Freiheit einen unglücklichen
Verlauf zu nehmen.

Aber nur einen Augenblick; Serrano war zur Hand.

„Seht jene heillosen Buben, jene Verräther," schrie
er außer sich, „die ihre schlechte Sache mit meuchlings ver-
gossenem Blute besudeln, so sind sie überall diese Schergen einer tyrannischen Herrscherin.

„Euch morden sie heimtückisch, sie schonen aber weder des wehrlosen Bürgers, noch des schwachen und unwürdigen Geschlechts.

„Des königlichen Generals Calonges Truppen haben in der erstürm-
ten Stadt Bejar Männer, Frauen und Kinder gemordet, Säuglinge
auf ihre Bajonette gespießt, und die Mütter hinterher abgeschlachtet,
eine bestialische Rotte.

„Rächet Eure hinterlistig getödteten Kameraden, rächet
die dem Tod überlieferte Unschuld. Drauf und drann, Kameraden, lasset von jenen Hunden keinen leben."

Und der General Robas, der Held dieser und anderer Kämpfe, setzte sich an die Spitze der zurückgewichenen Insurgenten.

Ein schreckliches Gemetzel begann.

Novaliches hatte seinen Truppen, von deren Arglist · er keine Ahnung gehabt, nicht rasch genug Verstärkungen gesendet, um das errungene Terrain zu behaupten.

Die Unbesonnenen geriethen in die Falle, die sie Anderen gegraben.

Mit rasendem Ingrimm fielen die Insurgenten über die im Stich gelassenen Königlichen her, sie gaben kein Quartier, und blitzschnell war ein guter Theil der verrätherischen Schaar aufgerieben.

Das Gefecht war wieder hergestellt. Auf beiden Seiten fuhr die Artillerie auf.

Man beschoß sich eine Weile mit Vollkugeln und Kartätschen.

Da stellten die Insurgenten ihr Feuer ein.

Novaliches hielt dies Manöver für ein Zeichen der Schwäche, er wähnte, es mangele seinen Gegnern an Pulver.

Der ungestüme General Novaliches stellte sich mit seinem Stabe an die Spitze seiner Regimenter, und stürmte gegen die Brücke.

Ein wohlgenährtes Geschütz- und Kleingewehrfeuer empfing ihn, er selbst wurde vom Pferde geschossen, die Generale Garcia und Sartorius fielen neben ihm.

Seine Truppen machten Kehrt.

Die Insurgenten stürmten in die fliehenden Reihen.

Serrano gebot den Seinen aber, von der Verfolgung abzustehen.

Es war Abend geworden, und die führerlosen Königlichen zerstreuten sich.

Einige gingen zu den Insurgenten über, unter ihnen das Husaren-Regiment des Grafen Girgenti.

Das Gräflein war vergebens bemüht, seine Reiter zusammenzuhalten. Sie nahmen ihn als Gefangenen zu Serrano mit, der ihn zunächst nach Sevilla, und von dort nach Portugal schickte.

Das sind die Thaten des bourbonischen Helden. — —

Jetzt erfaßte auch die Sieger Trauer.

Wiederum sind 1200 Spanier auf dem blutigen Felde der Ehren hingestreckt.

„Eine traurige Saat," rief Serrano, „hoffen wir, daß aus ihr die mächtige Palme der Freiheit hervorsprosse."

Serrano und seine Leute sind nun eifrig beschäftigt, die Verwundeten auf dem blutigen Plan aufzulesen, und die Todten zu bestatten.

Es sind ihrer Viele der leidenden Krieger, die mit gebrochenem Auge, mit hilfeflehendem Blick, mit verstümmelten Gliedern, oder das Todesgeschoß in der ächzenden Brust, von ihren gesunden Kameraden Beistand erwarten.

Die Mordlust ist aus den Blicken der Sieger verschwunden, an ihre Stelle das Mitleid, und die Trauer getreten.

Man bestattete Freunde und Feinde neben einander in das kühle Grab.

Man bettete Freunde und Feinde neben einander auf die dürftigen Lager in den Lazarethen; man verbindet sie.

Serrano selbst trägt sie mit seinen Kriegern zum Verbandplatz und in's Siechenhaus.

Der Feldherr ist vergessen, der Soldat ist vergessen, der trauernde Mensch lebt allein in dem Befreier Spaniens.

Es ist Serrano's Milde und Barmherzigkeit, die ihn leitet. Sie sticht gar grell von der Grausamkeit und barbarischen Wildheit anderer spanischer Generale ab. Sie hat ihn am heutigen Tage zu dem beliebtesten und ersten Spanier gemacht.

Als für die schwer von der Furie des Kriegs Heimgesuchten die Betten mangeln, da spricht der Marschall Serrano:

„Nehmt meins, ich werde auf einer Kanone schlafen." —

Am andern Morgen trat der Marschall Serrano an der Spitze der Sieger den nun freien Weg nach Madrid an.

Ringsum aber kamen die Bevölkerungen mit Musik und Fahnen ihnen entgegen.

Wohin die Nachricht von dem Siege der Insurgenten kam, erhob man sich unter Freudenklängen.

Es war kein Befreiungskampf mehr, nicht mehr färbte das Blut die Felder, nicht mehr brannten Städte und Dörfer in lodernder Flamme zum Himmel auf vom verwüstenden Feind. — —

Nur einzelne Mißtöne schallten durch.

So ließ der Oberst Ceballos, Narvaez' Neffe, von Novaliches' übriggebliebenen Truppen, den muthigen, freisinnigen Deputirten Ballin, den er als harmlosen Reisenden im Eisenbahn-Coupé traf, stehenden Fußes erschießen. Es lag nicht das Geringste gegen den Mann vor.

Aber Art läßt nicht von Art, und Narvaez' Neffe besaß Narvaez' Grausamkeit. — —

In Saragossa befahl ein Oberst, auf das Volk zu schießen.

Es geschah; aber der Häscher fiel durch Volkes Hand.

Der Sieg blieb ohne weitere Bluttat der Freiheit.

In Barcelona löf'te sich die Garnison von dem grimmigen Pezuela auf, der ganz Catalonien und Barcelona dazu, in einen rauchenden Trümmerhaufen oder in eine Wüste verwandelt hätte.

Pezuela, seiner früheren Grausamkeiten bewußt, war besorgt für
sein Leben, obgleich er so Vielen das Leben genommen. Er versuchte,
als Arriero (Maulthiertreiber) verkleidet, zu flüchten.

„Hund von einem Menschen," rief eine Volksrotte ihm zu, die
den flüchtenden Pezuela erwischt und erkannt hatte.

„Wenn Du Dein Leben retten willst, so rufe:

„Es lebe Prim! Es lebe die Freiheit! Es lebe das allgewaltige Volk!"

Und der Gestrenge verstand sich dazu, er, der Prim in Gedanken
schon hundert Tode sterben lassen wollte.

Der Wütherich, der Barcelona Jahre lang hatte seine
eiserne Faust fühlen lassen, war jetzt ein elender Feigling.

Als man ihn laufen ließ, floh er mit einigen seiner Spießgesellen
der französischen Grenze zu.

Das war das Ende des von Concha zum Kommandanten der
Nordprovinzen Ernannten.

„Unsere Hand soll verdorren," rief der General Bassols,
der Stellvertreter Pezuela's, auf dem Balkone des Rathhauses seinen
Obersten zu, welche er vor allem Volk um sich versammelt hatte.

„Unsere Hand soll verdorren, wenn sie sich jemals
wieder gegen die edelmüthigen Barcelonesen erhebt; schwören
wir ihnen ewige Treue!"

„Wir schwören!" antworteten im donnernden Chor die Krieger,
und streckten ihre nervige Rechte gegen den immer heiteren, spanischen
Himmel.

Auch die Regimenter wurden im Namen der Freiheit
und der Volksherrschaft vereidet, und das Volk bewaffnet
sich. — — — — — —

Wie verhielt sich Madrid, das Herz des Landes, in
dieser Zeit?

Niemals war die Hauptstadt fröhlicher gewesen, als jetzt.

Der Belagerungszustand war zwar über Madrid verhängt.

Aber was kümmerte sie dieses?

Novaliches, er war noch Gouverneur, war hinausgezogen mit
prahlerischem Uebermuth; und elend, ohne Armee, kehrte er heim.

Was scheerten sie die Gensd'armen, die Henker Narvaez, sie hatten
ja keinen Beistand zu erwarten.

„Das ist jetzt eine Lust und Freude," riefen die Madrilenen,
„unsere Dränger haben den Kopf verloren. Juchhe!"
Die Café's waren Tag und Nacht offen.
Die Puerta del Sol war gepfropft voll.
Die Häscher stolzirten wohl, wie sonst, einher, sie trugen noch ihre
übermüthige Miene zur Schau.

Sie fingen auch wohl im Geheimen manchmal einen armen
Sünder ab, aber im Ganzen wagten sie sich nicht recht an die
Bürger.

Da traf die Nachricht von der schmählichen Niederlage
Novaliches' ein. Dem Volke wurde sie verheimlicht.

„Was fangen wir jetzt an," schrie José Concha seinem Bruder
Manuel zu, der wegen seiner kranken Augen immer noch in Madrid
weilte, statt die Mittelprovinzen Estremadura, Altkastilien und Murcia
in Schach zu halten.

„Nun viel bleibt uns nicht übrig," entgegnete dieser, „Pezuela
scheint in Catalonien auch keine Lorbeeren zu sammeln.

„Während meiner ganzen Dienstzeit ist in Spanien kein solcher
Zustand gewesen.

„Erde, Himmel und Meer scheint sich gegen die arme
Königin verschworen zu haben. Die Flotte fällt ab, die
Seestädte fallen ab. Der Prim ist bald hier, bald da, in
Cartagena, in Barcelona und Gott weiß wo.

„Der Contreras und Pierrad in Galicien, in Ferrol und Corunna.

„Die Banden der Empörer wachsen aus der Erde; aber
sie brauchen nicht zu wachsen, sie finden keinen Feind. Die
Garnisonen erklären sich für's Volk.

„Es ist um's Teufels zu werden."

„Unter uns gesagt, Manuel, Ihre Majestät verdient's auch,
warum hat sie uns zu den Todten geworfen, und dem Narvaez, nebst
seinem Weiberknecht Marfori, und dem jämmerlichen Großprahler
Pezuela, gehuldigt.

„Ja, ja Ihre Majestät hat Wind gesäet und erntet Sturm.

„Ich möchte ihr wirklich aus der Klemme helfen."

„Um morgen von Zapatero, Ronkali, Calonge zum Dank dafür
eingesperrt zu werden.

„Ha, ha, ha, ein süßer Lohn.

„In das Wespennest stecke Deine Hand nicht."

„Aber was beginnen wir jetzt?

„Ich begebe mich auf der Stelle zu Madoz, den ehemaligen Finanzminister unter Espartero; er ist der Leiter eines fort= schrittlichen Ausschusses, der bis jetzt die Ruhe in Madrid aufrecht erhalten hat."

„Ich habe mich auch gewundert, daß hier noch keine Barrikaden gebaut sind," sagte Manuel Concha.

„Ich gar nicht," bemerkte José Concha, „denn ich habe ein Flugblatt gelesen, worin die Madrilenen zur Ruhe ermahnt werden.

„Sie gehorchen blindlings.

„So kopflos die Revolutionäre früher waren, so überlegt handeln sie heute.

„Es ist ein seit Jahren weit.angelegter Plan, die besten Köpfe Spaniens scheinen ihn entworfen zu haben..

„Alle Leiter handeln so übereinstimmend mit einander, ihre Unter= nehmungen greifen so geschickt in einander, daß wir in dem noch ruhigen Theil des Landes verrathen und verkauft sind.

„Wohlan also, ich gehe zu Madoz, und übergebe die Hauptstadt den Liberalen.

„Der Majestät schreibe ich den Absagebrief." — — — —
So geschah es.

Die Befehlshaber der nur noch schwachen Garnison erhielten von dem Vorhaben Concha's durch ihn selbst Kenntniß.

Dann begab sich Concha zu Madoz.

„Wie komme ich zu der Ehre des Besuches" rief Madoz. Er lächelte, denn er wußte, daß die Sache der Königlichen verloren war, das Gefecht von Alcolea war den Freisinnigen bekannt.

„Nun Sennor," entgegnete José Concha, „Sie wissen so gut, wie ich, daß Novaliches den Kürzeren gezogen hat; ich halte die Sache nicht mehr.

„Ich ersuche Sie, hier in Madrid Ruhe und Ordnung zu halten," fuhr er fort.

„Haben Sie Ihre Untergebenen von diesem Schritte unterrichtet?" fragte Madoz.

„Allerdings, und Sie haben verheißen, Folge zu leisten," entgeg= nete Concha.

„Dann sind wir einig."

Sie schüttelten sich die Hände.. Anschläge an den Mauerecken verkündeten den Sieg der liberalen Partei.

Im feierlichen Zuge begab sich die liberale Junta auf's Rathhaus.

Durch ganz Madrid hallte es wie ein nimmer endendes Triumph= geschrei.

Aus den Hütten kamen sie herbeigeeilt, und aus den Paläsien, aus den Vorstädten und aus der Alkalastraße.

Das war ein Lärm, wie nie zuvor.

Wie flogen die königlichen Wappen zu Boden. Aus den Häuserfronten der öffentlichen Gebäude wurden sie heraus= gehauen.

An den königlichen Palast schrieb man: Esta casa se aquila. (Dieses Haus ist zu vermiethen).

Ueberall schrie man: „Nieder mit den Bourbonen! Es lebe das Volk! Es lebe die Freiheit!"

Auch die Frauen und Mädchen verließen ihre Wohnungen. Sie prangten im Freiheitsschmuck, der rothen und gelben Bänder, die sie in die Haare geflochten, oder als Schleifen vor den Busen gesteckt hatten.

Die Frauen waren noch weit ausgelassener, als die Männer.

Und in der Freude über den Sieg des Volkes, gedachte man auch der Freuden der Liebe. — — — — — — — —

Der erste Freudesturm war verraucht. —

General Amable Escalante, ein aus dem Kerker Befreiter, rief dem Volke auf der Puerta del Sol zu:

„Ihr schwärmt, Ihr jubelt, Ihr triumphirt heute, morgen wer= det Ihr besiegt. Warum holt Ihr Euch nicht Waffen?"

„Ja, Waffen, Waffen, Waffen!" schrie die Menge, und stürzte nach der am nämlichen Platze belegenen Gobernacion (Regierungs= palast), wo die Junta unter Rivero und Madoz tagte.

Eine Deputation begab sich zu den Herren.

„Daß wir nicht eher daran dachten, die Bürger zu bewaffnen."

Und sofort wurde das Arsenal (die Armeria) geöffnet und hinein stürzten die rüstigen Männer.

Man warf ihnen die Gewehre aus den Fenstern des Zeughauses zu. Wer da kam, griff zu, aber eilte eben so schnell fort, wie er gekommen, denn aus tiefschwarzen Wolken ergoß sich ein Gewitter= regen in Strömen.

Daß zu den Gewehren Munition (Pulver und Kugel) gehörte, vergaßen die Meisten.

Am andern Morgen wurde das Versäumte nachgeholt, man lachte weidlich darüber, daß man das Wesentliche vergessen.

Und nun paradirten die Freiwilligen der Freiheit (so hieß die Volkswehr) in Jacken, Blousen, Fracks und Röcken, ein gewaltiges buntscheckiges Durcheinander.

Am 30. September Mittags defilirten zehn Bataillone derselben im martialischen Laufschritt vor dem Regierungspalast.

Unter solchem Zeichen brach eine bessere Zeit in Spanien an.

Zweiunddreißigstes Kapitel.

Die Flucht der entthronten Königin Isabella nach Frankreich.

Ganz Spanien hatte sich wider die Tyrannei erhoben, und diesmal, nach so vielen mißglückten Versuchen, mit Glück erhoben.

Die Entthronung der Königin vollzog sich ohne zu viel Blutvergießen.

Das Treffen von Alcolea, und einige andere Gefechte, waren die einzigen blutigen Begebenheiten.

So leicht hatten sich so weit tragende Ereignisse noch nie erfüllt.

Die Königin Isabella weilte rath- und thatlos in San Sebastian, das Bündniß mit Frankreich war gescheitert. Eine fieberhafte Unruhe hatte Ihre Majestät erfaßt.

„Kann ich denn gar nichts retten," dachte sie, „da ist das Volk der Basken, in dessen Mitte ich mich aufhalte, es ist ein königstreues, ein frommes Volk. Zehn Jahre hat es für den Prätendenten Don Carlos gestritten.

„Es wird die Insurgenten hassen, die ihre Königin und ihre Priester vertreiben wollen.

„Versuchen wir wenigstens, ihr Mitgefühl zu gewinnen." —

Sie beschied den Präsidenten der Junta der drei baskischen Provinzen, den angesehensten Mann in diesen Landen, zu sich.

„Herr Präsident," begann Isabella herablassend, den würdevollen Greis, das war er, zu sich auf den Divan bittend.

„Sie sehen in mir eine flehende, eine bittende Königin vor sich.

„Ich denke, unser früherer Zwist, als Sie meinen Oheim Don Carlos schützten, ist längst beigelegt und vergessen. Seitdem sind neunzehn Jahre verflossen; ich war stets bemüht, mir die Liebe meiner Basken zu erringen, und ich glaube, es ist mir gelungen.

„Jetzt wollen Feinde mich vom Throne stürzen, meine Feinde sind auch die Ihrigen. Denn sie bedrohen nicht nur den Thron, sondern auch den Altar.

„Helfen Sie mir, mich ihrer zu erwehren.

„Dann wird den Basken der schönste Lorbeer zu Theil werden, Thron und Altar gerettet zu haben."

Der Greis hatte ruhig zugehört, er verzog keine Miene; nur als die Königin ausgeredet, flog über seine starren Züge ein flüchtiges ironisches Lächeln, und ruhig und kalt antwortete er:

„Die Castilianer haben immer ihre Könige gewählt, oder anerkannt. Wir haben nichts weiter dazu gethan, als sie empfangen."

Er verbeugte sich tief, dann erwartete er in ehrerbietiger Stellung seine Entlassung.

Die Königin aber flehete ihn an:

„Seien Sie mein letzter Rettungsanker, schützen Sie mich wenigstens, daß ich nicht vom spanischen Boden getrieben werde."

„Das Blut von Tausenden unserer Söhne", erwiederte der Greis schneidend, „klebt an den Händen Eurer Majestät, Ihres Hauses und Ihrer Anhänger."

Die Königin begriff, daß von diesem starren Manne nichts zu hoffen sei.

Sie entließ ihn, und brach in einen Thränenstrom aus; sie hatte sich umsonst vor einem ihrer Unterthanen gedemüthigt.

Isabella weinte in einem fort, vergebens war Marfori bestrebt, sie zu trösten.

Seine Mittel wirkten diesmal nicht, der verwöhnte Günstling wurde unmuthig.

Dies erhöhte die Verstimmung Ihrer Majestät, ganze Tage hielt sie sich in ihrem Zimmer eingeschlossen.

Da kamen die Hiobsposten von der Niederlage Novaliches, und den Ereignissen in Madrid, in Barcelona und anderen Städten.

Wiederum zog sich Ihre Majestät zurück, und gab sich ihren zügel-losen Anfällen von Traurigkeit hin; sie schien an diesen Ausbrüchen eines wilden Gemüthes rechten Gefallen zu finden.

Endlich dachte sie an ein letztes Mittel; sie schien sich zu beruhigen.

Sie setzte sich an ihren Schreibtisch, und schrieb folgen-den Brief an Espartero, den Herzog de la Vittoria.

„Herr Herzog!

„Sie sind es, der die Monarchie schon einmal gerettet hat, Sie werden sie zum zweiten Mal retten. Was mich betrifft, so bin ich nichts mehr, will nichts mehr. Ich werde den Prinzen von Asturien in Ihre Arme legen.

„Was Sie für mich gethan, werden Sie auch für ihn thun."   Isabella II."

Dann eilte sie zu ihren Kindern.

„Alfonso", sprach sie zu ihrem Sohne, „Du mußt Dich von mir trennen; es gilt Dein Wohl. Du wirst heute Nach-mittag zu unserem letzten Freunde nach Logrono abreisen. Deine Mutter verläßt Spanien, Du bleibst; vielleicht ge-lingt es Dir und den Freunden, deren Schutz ich Dich über-gebe, Spanien unserem Hause zu erhalten."

„Nein, nein, Mama!" rief der Prinz von Asturien, „ich trenne mich nicht von Dir; ich gehe nicht von Dir. — O, zu fremden Menschen, was werden dieselben mit mir machen, die garstigen Leute. Sie tödten mich, sie sperren mich ein, sie schlagen mich, nein, nein, Mama, ich gehe nicht von Dir."

Und der Prinz weinte, und klammerte sich an die Kleider seiner Mutter, und barg sein Gesicht in die Falten ihres Gewandes.

„Beruhige Dich, mein Sohn", sprach die Königin, und besänftigte den Kleinen mit allen ihr zu Gebote stehenden Mitteln.

„Laß es gut sein, Du sollst nicht von mir gehen; ich will nicht, daß Du, fern von den Deinen, und unbarmherzigen Fremden über-lassen, Dich abhärmst. Was nutzte es am Ende, wenn Du in Deiner Sehnsucht nach mir, und ohne meine Pflege verkümmertest, und vor der Zeit hinsiechtest, und Alles, um einen Thron dereinst zu besitzen, der Dir doch nicht sicher bliebe.

„Wärst Du doch einige Jahre älter, gegen die Schläge des Schick-sals abgehärteter, dann könnte ich Dich bewährten Händen anvertrauen,

Du könntest unsere Anhänger um Dich schaaren, und das Reich unserem Geschlechte erhalten.

„Nein, nein, ein schwaches Kind, wie Du bist, lasse ich nicht von mir."

Die Königin zerriß den Brief, umarmte den Prinzen fort und fort, der seine Mutter zu verstehen schien, und lange bitterlich mit ihr weinte.

Isabella zögerte noch, San Sebastian zu verlassen. Sie schickte Concha seine Entlassung, und wollte Pezuela und Marfori mit der Bildung eines neuen Kabinets betrauen.

Aber wo war Pezuela? Der mächtige Pascha von Barcelona war nirgend aufzuspüren. Man sagte, er sei bald hier, bald da.

Er fürchtete die Nachstellungen seiner Feinde, er empfand die nämlichen Qualen, welche die von ihm politisch Verfolgten so oft erduldet hatten.

Und Marfori Minister für Alles? Die Lachlust der ganzen Welt mußte erregt werden.

Das kam selbst der Königin in den Sinn.

„Nein," sprach sie zu Marfori, der den Gedanken in ihr angeregt hatte, „das geht nicht. Sie haben keine Anhänger im Lande, keine außerhalb. Sie sind wohl Beamter, wohl Minister gewesen, aber nur in einem untergeordneten Verhältnisse.

„Lieber könnte ich noch den Marquis von Roncali ernennen.

„Der wackere Mann, einer von den wenigen Freunden in der Noth, will mir sogar in die Verbannung folgen, und ich habe ihn nicht, wie Andere, mit Wohlthaten überhäuft.

„Aber," seufzte sie tief auf, „was nützt ein Ministerium, wenn kein Land vorhanden ist, das den Befehlen der Minister gehorcht!"

Der Plan wurde aufgegeben.

Isabella kam zu der Ueberzeugung, daß es das Beste wäre, von dem ihr vom Kaiser Napoleon angebotenen Asyl in Frankreich Gebrauch zu machen, und so der Gefahr einer Gefangennehmung zu entgehen.

Man rüstete sich also, San Sebastian zu verlassen, um über die französische Grenze in die Verbannung zu gehen.

Noch einmal fuhr Isabella durch die Umgegend von San Sebastian. Sie mußte die Felsgestade des Meerbusens von Bislaya mit ihren Cabos, den Bergtegeln, Kuppen der Sierras Setube und Aralar, noch einmal sehen.

Alles schien ihr noch einmal so schön zu sein, da sie es verlassen sollte, Spaniens Himmel dünkte ihr ganz anders, als der der Fremde.

Man bestieg den Berg Orgullo, wo die Aussicht nicht beschränkt war, und überblickte noch einmal die im Abendroth leuchtenden Gipfel, die finstern Schluchten, die steilen Pässe; man ließ noch einmal die malerisch kostümirten Landbewohner, welche flink die schmalen und steilen Pfade hinauf- und hinabklommen, an sich vorüberziehen.

Man sollte ja auf lang, vielleicht auf immer, diesen Städten Lebewohl sagen. Da drüben nach Osten lag die Fremde.

„Hier war sie Herrin,“ dachte die Königin, „dort sollte sie nur geduldet werden; hier hatten sich Jahrzehnte Vornehm und Gering vor ihr gebückt, dort harrte ihrer Verspottung und Verhöhnung, sogar Verachtung.

„O, welche schreckliche Wandlung.

„Hier bin ich die Gebieterin über ein großes Volk, dort vielleicht eine reiche Vornehme, die den Launen weniger Treugebliebenen ausgesetzt ist.

„Und Marfori? War er es wirklich werth, daß man so viel Herrlichkeit und so viel Glanz seinetwegen dahingab?“

Die Königin, welche, als man gebieterisch Entsagung des Günstlings von ihr erheischte, so hartnäckig gewesen, so standhaft in ihrer Liebe, war jetzt, wo man sie sich selbst überließ, wieder wankelmüthig geworden.

Dazu mochte das Betragen des Günstlings, der sich in seiner Stellung für unentbehrlich, für felsenfest sicher hielt, nicht wenig beitragen.

„O, Marfori,“ sagte die Königin einmal zu ihm, „wie vie opfere ich für Sie.“

„Darüber brauchen Eure Majestät nicht zu seufzen,“ entgegnete dieser, „es ist ja so leicht, mich los zu werden, Sie dürfen mich nur gehen heißen, dann entferne ich mich auf der Stelle, und lasse mich nie wieder vor Ihnen blicken.“

Das war hart, herz- und lieblos; der Schmerzensschrei einer unglücklichen Frau fand einen kalten Widerhall in dem Herzen des geliebten Mannes.

Thränen entströmten den Augen der Königin, wie viele

hatte sie schon vergossen, aber keine waren so bitter, wie die jetzigen.

Der Günstling ging in sich, er fühlte, wie tief er die Königin verletzt haben mußte.

„O, Majestät, ich flehe um Verzeihung für die mir unbedachtsam entschlüpften Worte," sprach er, indem er sich zu den Füßen seiner Gebieterin stürzte, „ich beabsichtigte nicht, Sie zu betrüben."

Der schöne Kniende dünkte der armen Verblendeten so hinreißend schön, daß sie ihm nicht nur vergab, sondern alles Leid vergaß, um in Liebeswonne zu schwelgen.

Als aber der Rausch verflogen, blieb bei Isabella der Stachel des Mißtrauens zurück, und ein neuer Kummer gesellte sich zu dem alten. — — —

Es mußte aus Spanien geschieden sein.

Langsamer, als jemals, geschahen die Vorbereitungen zur Abreise, und feindseliger, als jemals, zeigten sich Alle, die nicht unmittelbar zum Hofhalte gehörten.

Mit frechen Blicken verfolgten die San Sebastianer die Majestäten und Infanten auf Schritt und Tritt; selbst der Infant Don Sebastian, der sonst nicht unbeliebt war, erfuhr schadenfrohe Kundgebungen von Seiten des Publikums.

Nun* packte und raffte man alles bewegliche Gut im Rathhause zusammen, denn dahin war Ihre Majestät zuletzt in Folge der Unruhen gezogen.

Kisten und Kasten waren aus dem Innern Spaniens gekommen, sie wurden nach dem Bahnhof geschafft. Ihrer Majestät gewaltiges Eigenthum aufzupacken, erforderte eine geraume Zeit.

Isabella war jede Verlängerung des Aufenthalts ganz lieb, denn es schien, als ob sie jeden Augenblick einer günstigen Wendung ihres Geschickes entgegensah, jede Sekunde, die der Abreise näher rückte, schmerzte sie.

Die Stunden verrannen, aber Niemand kam, sie zurückzuhalten.

Jetzt fuhren die Hofwagen vor.

Zum letzten Mal erschien Isabella als gebietende Königin im eigenen Lande; zum letzten Male empfing sie die Ehren, die ihr gebührten, aus eigenem Antriebe von den wenigen Getreuen, und aus Höflichkeit von den lachenden Feinden.

Der König und die Königin stiegen ein. Ihre Majestät

warf mit ihren umflorten Augen noch einmal einen langen
Blick auf San Sebaſtian und die hineinragenden Gebirge,
auf den Hafen und das Meer, wo vor Kurzem noch eine
ſtattliche Flotte, des Winkes Ihrer Majeſtät gewärtig,
ankerte, jetzt aber zu ihren Feinden übergegangen war.

Dieſes Ereigniß mußte Ihre Majeſtät wohl beſchäftigen, denn
ſie warf noch einmal ihr thränenerfülltes Auge auf den Hafen.

Man fuhr nach dem Bahnhof, dieſer war ſchmucklos; Iſabella
war ja nicht mehr Königin, ſie war eine hülfsbedürftige
Flüchtige, wozu brauchte man ihr noch länger Ehrerbietung
zu beweiſen?

Eine Compagnie Hellebardiere und Truppen vom Geniecorps
hatten jedoch eine Ehrenwache bezogen.

Der Oberſt dieſes Regiments mußte ein hervorragender Anhänger der Königin, oder ſo edelmüthig, ſein, der gefallenen Majeſtät
die ſchuldige Ehrerbietung nicht zu verſagen.

Die Königin trat in den Warteſaal, der Hof folgte ihr.

Natürlich war ganz San Sebaſtian aus Neugierde auf den
Beinen, um ſeine fliehende Königin abreiſen zu ſehen.

Die Bürger verhielten ſich anſtändig, ſie waren ſich der traurigen
Erhabenheit des Augenblicks bewußt.

Stille herrſchte.

Da trat zuerſt Marfori aus dem Warteſaal, und auf einige
Stadtdamen zu, die dort Platz genommen.

Die Damen wichen dem Günſtling aus, und riefen:

„Pfui, Pfui!“

Es äußerte ſich in ihnen nur der allgemeine Unwille, welcher
einſtimmig über den Mann herrſchte, dem die öffentliche Stimme die
Schuld beimaß, das ſpaniſche Königshaus in's Verderben ge-
ſtürzt zu haben.

Dann erſchien der Pater Claret, er wollte den Segen ertheilen,
aber Niemand verlangte darnach.

Er war der zweite und noch verderblichere Todtengräber eines von Geiſtlichen und Günſtlingen beherrſchten
Geſchlechts.

Die Nonne Patrocinio erſchien nicht. Wollte ſie ſich nicht
demüthigen laſſen, oder hatte es einen andern Grund?

Pater Claret war an die Mißachtung der Menſchen gewöhnt; er
ſchritt feſten Fußes auf den Salonwagen los, und ſeine violette
Soutane (langes Ordenskleid) verſchwand im Innern deſſelben.

Jetzt erschienen der König und die Königin Arm in Arm. Die Königin führte den in tiefer Trauer einherschreitenden Prinzen von Asturien an der Hand, der junge Prinz schien seine Lage wohl zu fühlen; hinter ihm folgten die drei Prinzessinnen, sie hüpften und lachten, die unschuldigen Kinder, die von dem Leide, das sie und die ihrigen betroffen, keine Ahnung hatten, sie bezeigten ihre Freude, daß es auf die Reise ging.

Wie viel Schönes würden sie dort schauen, wie viele schöne Sachen von der Mama geschenkt bekommen,

Sorgloses, beneidenswerthes Kinderherz, das den Kummer so bald verschmerzt, und nichts als Freude kennt.

Die Ehrenwache präsentirte das Gewehr, die Trommeln schlugen den Königsgruß.

Jetzt waren alle eingestiegen; König und Königin standen auf der Gallerie, und verwandten keinen Blick von Land und Leuten der Heimath.

Sie beherrschten entschlossen ihre Empfindungen, aber auf jeder Muskel des Gesichts prägte sich der Schmerz aus.

Die Zuschauer waren über das so große Unglück gerührt, sie verhielten sich schweigend; einige Damen der Stadt unterbrachen die Stille durch Weinen und Schluchzen.

Da drängte sich Marfori barsch durch die selbst mit entblößten Häupter Dastehenden. Er stieß mehrere Bürger, die ihm im Wege standen, unsanft bei Seite, und sprang plump in den Salonwagen, von wo er die Menge mit unverschämten Blicke musterte.

Das war zu arg. Wie mit Zauberschlag hatte sich die Stimmung der Anwesenden umgewandelt, das Mitgefühl war der Entrüstung gewichen.

Ein Gemurmel lief durch die Reihen, und drohende Fäuste streckten sich dem unhöflichen Günstling entgegen.

Die Königin schüttelte mißbilligend das Haupt, sie drückte das schon von Thränen durchnäßte Taschentuch an die Augen.

Es läutete das letzte Mal, die Majestäten stiegen ein, die Locomotive pfiff, und der Zug setzte sich langsam in Bewegung.

Die Trommeln wirbelten wiederum, und das spanische Musikcorps der Garnison von San Sebastian blies, wahrscheinlich zum letzten Mal, den Königsmarsch für die Königin Isabella.

Lassen wir den Zug mit seinen leidbedrückten Insassen der französischen Grenze zueilen, und sehen wir uns noch einmal in San Sebastian nach einer Person um, die in unserer Geschichte eine für das Herrscherhaus verderbliche Rolle spielte.

Wir meinen die Nonne Sor Raphaele del Patrocinio.

Wo steckte sie?

In San Sebastian.

Warum war sie nicht bei der Königin?

Sie hatte sich durch ihren Kleinmuth mißliebig gemacht.

Die Nonne hatte so lange geheult und gewehklagt, bis Ihre Majestät sie gebeten, sich, wenn auch nur eine Zeit lang, von ihr zu entfernen.

Sie wußte sich nicht, wie Pater Claret, mit Würde in ihr Geschick zu finden.

Sie hatte sich in eins von den unzähligen Nonnenklöstern zurückgezogen, die in neuerer Zeit in Spanien, wie die Pilze, aufgeschossen waren.

Die Klöster beherbergten, beiläufig gesagt, die große Anzahl von 15000 Nonnen.

Als die Nonne Patrocinio die Abfahrt der Majestäten erfuhr, litt es sie nicht länger in ihrer engen Zelle.

„Himmel", schrie sie, „Satan's Reich beginnt, uns aber, Bräuten Jesu, und mir zuvörderst, wird man wegen meines Einflusses bei Ihrer Majestät der Königin Isabella nachstellen.

„Die heilige Jungfrau weiß, was für Missethaten man mir aufbürdet, dem unschuldigen Lamm des Herrn. Ich muß fliehen, weit weg fliehen, der Untergang alles Heiligen ist gekommen", so jammerte die Schwärmerin.

Zu einer Frau einfachen Standes, einer Obsthändlerin, floh sie, die ihr mit aller Inbrunst des Herzens anhing.

„Mein Ende nahet hier", sagte die Nonne, „wo des Bösen Reich beginnt, hilf mir von diesem Boden weg, wo bald die Hölle sich unter Euren Füßen aufthun und Euch Alle verschlingen wird."

„Wie soll ich Euch retten, ehrwürdige Mutter, Euch, die Allwissende, ich armes Geschöpf?" fragte die Frau.

„Leihe mir einige von Deinen Kleidern, ich will sie anziehen, will weg, weit weg von hier in ein französisches Kloster. Gehe ich als eine Händlerin, so erkennt man mich vielleicht nicht, und ich entgehe den Schandbuben, die mich zum Ziel ihres Spottes machen."

„Mein ganzes Vermögen steht Ihnen zu Diensten, ehrwürdige Mutter," betheuerte die Obsthändlerin.

„Nein, nein, ich will nur einen Anzug von Dir, Du bist eine fromme Dienerin des Herrn, sei dafür gesegnet."

Die Nonne zog die ihr gereichten Gewänder an, und brach zu Fuß auf, um den nächsten Bahnzug zu benutzen, und der Königin Isabella nachzueilen.

Sie schritt eilenden Fußes durch die ziemlich belebte Stadt.

„He, da wandert ja Schwester Patrocinio als Obsthändlerin einher," rief ein ehemaliger Hoflakai, der zurückgeblieben war.

Der Ruf verhallte nicht ungehört.

Im Nu hatten sich eine Masse Buben gesammelt, andere strömten aus den Häusern.

„Warum bist Du nicht bei der Königin, Mütterchen? Hast sie wohl auch verlassen, weil sie nicht mehr das Land regiert.

„Ja, ja, Dein Segen ist zum Fluch geworden, es ist nicht eingetroffen, was Du gesagt hast.

„Ha, ha, Mütterchen, Du willst jetzt wohl Obst verkaufen, Du wirst auch guten Absatz haben, es giebt eine Menge von frommen Frauen, die Dir ihre Kundschaft geben werden.

„Aber so gut, wie im königlichen Schlosse, wirst Du es nicht mehr haben.

„Eine Königin wird Dich nicht mehr ehren und pflegen, die Hofleute sich nicht mehr vor Dir bücken, in glänzenden Hallen wirst Du nicht mehr wandeln, an königlicher Tafel nicht mehr speisen."

So tönte es wild durcheinander.

„Und dem Lande durch Deine Ränke kein Unheil mehr zufügen," ergänzten mehrere Bürger.

„Nichtswürdige Frevler, Ihr vergreift Euch an der Braut des Herrn; Kinder Belials, Rotte Corah, der Herr wird Euch vernichten, Pech und Schwefel über Euch regnen lassen, wie über Sodom und Gomorrah, so daß Eure Stadt von der Erde verschwindet.

„Gehet in Euch, bekehret Euch, thut Buße, kehret zu Eurer Königin von Gottes Gnaden zurück, sonst treffen Euch Gottes Blitze unversehens."

Und die Nonne flüchtete sich in ein nahes Kloster, dessen Thür sich hinter ihr schloß.

Eine Stunde später war es ihr dennoch geglückt, den Bahnhof unerkannt zu erreichen, und der geflüchteten Königin Isabella II. nachzueilen.

- - -

Dreiunddreißigstes Kapitel.

Befreiung der Märtyrer aus den Kerkern.

Die Stunde der Freiheit hatte für das spanische Volk geschlagen.

Von seinen Triumphen und Siegen, von den Niederlagen seiner Gegner, haben wir schon erzählt. Die Gefangenen, die in den Kerkern Schmachtenden, die in der Verbannung Hinsiechenden, sollten befreit werden.

Serrano, Prim und Topete standen jetzt an der Spitze einer vorläufig eingesetzten Regierung.

Sie kannten die ganze Tücke, die ganze Grausamkeit der spanischen Staatsmänner der letzten Zeiten, sie hatten sie mehr als einmal an sich selbst erfahren.

Wenn sie, seit Langem die Ersten und Tüchtigsten im Staat, wegen ihrer freien Gesinnungen als gemeine Verbrecher behandelt wurden, was mußte erst Denen widerfahren sein, die unbekannt und unbeachtet, aus den unteren Schichten des Volks stammend, den Zorn der Gewalthaber erregt hatten.

Der milde Serrano war es, der im Rathe der Liberalen den Antrag stellte, die Kerker zu öffnen, und die gefangenen Liberalen und Demokraten zu befreien.

Diese That indeß mußte von selbst erfolgen, sie war eine einfache Folge des Sieges der Freiheit.

Serrano ging weiter; er setzte den Beschluß durch, sämmtliche Kerker und Strafkolonien durch zuverlässige Männer bereisen zu lassen.

„Ich vermuthe," meinte der Marschall, „die vorige Regierung hat mit unsern Gesinnungsgenossen gar arg gewirthschaftet. Spanien, das Land der Scheiterhaufen und der Ketzergerichte, hat namentlich an

Narvaez und seinem Gelichter Männer gehabt, die dem Torquemada*) an Grausamkeit nichts vorzuwerfen hatten."

„Das war ein guter Gedanke von Ihnen, Herr Marschall," entgegnete Prim, „man muß alle Schandthaten der früheren Regierung aufdecken, damit ihr Andenken in den Gemüthern des Volks auf ewig verhaßt bleibe, und man nicht daran denkt, die Bourbonen zurückzurufen."

Unter Riveros Leitung ging nun eine Comission an die Prüfung der Kerker.

Zunächst richtete man seine Augen auf die Kerker im Fort Monjuich in Barcelona, auf das Gefangenhaus in Sevilla, auf die Casematten von Corunna.

Welcher Anblick öffnete sich den Kommissaren.

Luft- und lichtlose Zellen unter den Dächern, auf welche die heiße Sonne einen großen Theil des Jahres brannte, und die Leute, die unter ihnen an Ketten geschmiedet, hausten, wahnsinnig machte, gleich wie die unter den Bleidächern von Venedig Eingekerkerten; oder dunkle unterirdische Gewölbe, in welche aus dem nahen Meer das Wasser einsickerte, die nässende Feuchtigkeit mit Molch und Kröte die Gefangenen heimsuchte, und ihnen die heftigsten Krankheiten, namentlich Gliederreißen, zuzog.

„Himmel, das ist eine gräßliche Mission," äußerte Rivero gegen Moreno, der ihm beigegeben war.

Sie hatten eben in einer Oubliette (ein Kerker, worin der Gefangene vergessen wird) unter einem Haufen von Schmutz, auf einem Lager von faulem Stroh, ein Skelett von einem Menschen aufgefunden, den die spärlichen Lumpen kaum bedeckten.

„Beim heiligen Kreuz," bemerkte Moreno, „welch ein Ort, der Moderduft benimmt mir die Luft; wie das Wasser an den dicken Mauern niederriefelt, und das Luftloch da oben, das in dem Nebelbunst kaum sichtbar ist, läßt kein Licht ein.

„Sieh, wie es da am Boden huscht. Vor der Ratte könnte man Reißaus nehmen, wenn man sich nicht gegen Alles gewappnet hätte."

„Und zu denken, Moreno, daß einen das nämliche Schicksal hätte treffen können," entgegnete Rivero.

„Wir haben Glück gehabt, Rivero. Wer weiß, ob ich Jahre lang heimlicher Verschwörer gewesen wäre, wenn ich eine solche Strafe gekannt."

---

*) Großinquisitor, der die Mauren und Juden verbrennen ließ.

Sie öffneten einen anderen Kerker.

„Ha, armer Teufel, wer seid Ihr," rief Rivero dem Gefangenen zu, der sein wildes, bärtiges Gesicht mit dem verworrenen um das Haupt geschlungenen Haar jetzt dem Lichte und den Männern und ihrem Gefolge zuwandte, die sein unter der Citadelle von Alikante gelegenes Verließ besuchten.

„Wer ich bin? Wozu? Ein Todter, ein lebendig Begrabener!

„Wer seid Ihr? Giebt es denn noch Menschen in der Welt, habe lange keinen gesehen. Ja, Ihr scheint welche zu sein.

„Ha, Ihr wollt mich zum Richtplatz führen! Endlich, endlich schlägt die Stunde!

„Willkommen, Tod! Besser fort aus der Welt, als hier im modernden Kerker."

„Ihr seid im Irrthum, mein Lieber, wir bringen Euch die Freiheit."

„Freiheit, Freiheit, ein schönes Wort. — Aber ist's auch keine — Täuschung? — Nein, — Isabella regiert, — die begnadigt nicht, nein, ich glaub's nicht.

„Und wenn sie mich auch begnadigen wollte, ich will ihre Gnade nicht, ich bin ein todter Mann und will einer bleiben."

„Und doch, mein Theurer, ist es so, Isabella regiert nicht mehr. Fort ist sie aus dem Lande. Das Volk herrscht und das Volk will nicht, daß eins seiner Kinder leidet. Es züchtigt nicht einmal seine Unterdrücker, wie sie es verdienen."

„Isabella regiert nicht mehr. Sie ist aus dem Lande, hat denn das Volk sie nicht bestraft?"

„Nein, das Volk ist großmüthig, es vergiebt."

„Diejenige, die mich so viel hat leiden lassen," rief der Gefangene leidenschaftlich, „hat keine Strafe bekommen? Giebt es denn keine Gerechtigkeit mehr in der Welt."

„Wer seid Ihr, mein Lieber, was habt Ihr verbrochen," fragte Rivero nochmals.

„Ich? hm, es ist lange her, daß man mich nicht nach meinem Namen gefragt, daß ich meinen Namen nicht habe nennen hören, daß ich ihn schier vergessen haben könnte, wenn der Mensch es vermöchte.

„Nun denn, ich heiße: Alonzo de Gallago, ich verschwor mich noch mit einigen Republikanern während des Karlistenkrieges.

„Wir versuchten 1839 eine Erhebung in Andalusien gegen das despotische Regiment; der Aufstand wurde unterdrückt.

„Ich wurde gefangen; anfangs wurde ich noch gut behandelt, ich war noch jugendlich frisch. Don Garcia Lopez war mein Kerkermeister, er unterwarf mich tausend Quälereien, ich durfte nicht in die frische Luft und wurde in strenger Einzelhaft gehalten.

„Da wurde er plötzlich milder; ich zerbrach mir den Kopf, und ich sollte bald den Grund erfahren.

„Ich besaß eine bildschöne Frau; sie hatte den Unhold mehrmals um meine Freilassung, um mildere Haft, oder wenigstens um den Zutritt zu mir gebeten.

„Der Gouverneur hat sie barsch abgewiesen; mit einem Male wurde er freundlicher, er bewarb sich um die Gunst meines Weibes.

„Die Hülflosigkeit der Verlassenen, ihre Liebe zu mir, dessen Lage sie zu erleichtern, dem sie vielleicht die Freiheit zu erringen hoffte, förderten seine Bewerbungen.

„Sie erhörte ihn und wurde seine Geliebte.

„Sie kam jetzt öfter zu mir; ihre Befangenheit verrieth mir ihre Entehrung, sie gestand mir, als ich in sie drang, Alles.

„Im ersten Augenblick hätte ich die Treulose getödtet, aber ich besann mich. Ich verzieh' ihr, und meine Rache richtete sich gegen ihren Verführer.

„Eines Tages kam der Gouverneur in mein Zimmer. Ich stürzte wie ein Rasender auf ihn zu, und würgte ihn; er fiel leblos zu Boden. — — —

„Jetzt seht Ihr die Folgen meiner That. Achtundzwanzig Jahre sind seitdem verflossen, und achtundzwanzig Jahre habe ich in diesem Loche bei Wasser und kärglicher Speise zugebracht; ich habe seitdem nicht das Licht der Sonne geschauet, keine frische Luft geathmet, mit keinem Menschen gesprochen, denn ein stummer Schließer brachte mir alle vier und zwanzig Stunden meine Nahrung, er ließ sie mir durch die Fallthür hinab.

„Auf alle meine Fragen, meine Reden, die ich anfangs an ihn richtete, antwortete er mir nicht. Er machte mir nur ein Zeichen, daß er nicht reden könne.

„So verfloß die Zeit. Tausendmal war ich im Begriffe, mir den Kopf an diesen harten Mauern zu zerschellen, mir fehlten die Kräfte, meinen Vorsatz auszuführen.

„Ich hätte weder von Tag noch Nacht, von Jahr und Monat gewußt, wenn nicht die Langeweile mich zu allerhand Beschäftigungen gezwungen. So führte ich denn mit einem spitzen Holz an den Mauern die Zeitrechnung.

„Ja, ja, ich faß hier eine ewig lange Zeit, vielleicht wäre es beffer, Ihr hättet mich hier bis zu meinem Tode gelaffen, ich bin in der Welt zu nichts mehr nütze."

„Nein, das Volk läßt Niemand eine Sekunde mehr leiden, der für die Freiheit gekämpft; fo hart Sie bis jetzt gebettet gewefen find, Don Alonzo, fo fanft werden Sie fortan ruhen.

„Das Volk wird feine Invaliden der Freiheit ganz befonders pflegen, es baut ihnen Verforgungsanftalten, worin fie den Reft ihres Lebens forglos hinbringen können.

„Ift der Verführer Ihrer Frau an den Folgen der an ihm geübten Juftiz geftorben?"

„Ich habe weder von feinem Ende, noch von meiner Frau feitdem Etwas gehört. Die Welt ift feit jenem Augenblicke, wo ich den Elenden züchtigte, todt für mich gewefen." —

Man wollte den Unglücklichen nach der Wohnung des Kommandanten bringen.

Man forderte den Gefangenen auf, mit zu kommen.

Er vermochte es nicht.

Man war genöthigt, ihn in wohnlichere Räume zu tragen.

Er wurde gereinigt, und dann in ein gutes Bett gebracht.

Man verforgte ihn mit Wein und kräftigeren Nahrungsmitteln.

Als er fich erholt hatte, wurde er nach Madrid gebracht, wo man fämmtliche Freigelaffene in den Räumen eines der Königin gehörigen, jetzt dem Staate zugefallenen Haufes, unterbrachte, und fie auf Staatskoften unterhielt.

Die Frau des Unglücklichen war verfchollen.

Der Kerkermeifter war nicht todt, er war fpäter in großen Ehren eines natürlichen Todes geftorben. Seine Familie gehörte zu den Vornehmften des Landes. — — —

Aber diefes war nicht der einzige Fall, derfelbe wiederholte fich.

Hatte denn Gott für die Unmenfchen, die bis jetzt Spanien regiert hatten, keine Donnerkeile gehabt?

In zehn Kerkern haben fich folche unterirdifche Verliefe gefunden. Und den armen in Haft befindlichen Gefangenen ift es noch fchlechter gegangen, wie dem unglücklichen Alonzo.

Da ift ein Greis mit den Silberhaaren, er hatte feit einem halben Jahrhundert beinahe nicht gelebt. Ein Sanfedistenführer hatte ihn zur Zeit der Reaktion im Jahre 1823 einfperren laffen, weil er ein Freiwilligencorps gegen Franzofen und

Spanier des heiligen Glaubens (Samfediſten) Armee Ferdinands geführt, und eine Ortſchaft Alfaſua gegen die Landesfeinde auf's hartnäckigſte vertheidigt.

Die Begnadigungen haben ihn vergeſſen. Seine Glieder ſind erſtarrt, er kann ſich nicht regen, noch rühren.

Einem anderen armen Bauer ſind in der Trunkenheit unehrerbietige Worte gegen die Königin entſchlüpft. Er wurde verhaftet und verurtheilt.

Wegen Ueberfüllung ſeines Gefangenhauſes hat man ihn von einer Zelle zur andern, und zuletzt in ein kellerartiges Loch gebracht, wo er immer im Waſſer ſtand.

Sein Körper iſt über und über mit Wunden bedeckt, vom Ungeziefer zerfreſſen, er wird jetzt gepflegt, aber man erwartet trotz der ſorgfältigen Behandlung ſeinen Tod.

Jahrelang hatte die eiserne Natur des Unglücklichen den unbeachtet gebliebenen Wunden widerſtanden, jetzt, da der Arme geheilt werden ſoll, brechen ſeine Kräfte zuſammen.

Trotz ſeiner ungeheuren Schmerzen, ſah er dennoch verklärt aus.

„Der Himmel ſei geprieſen," ſprach er, „daß der Tag der Erlöſung gekommen, daß die Vergeltung endlich die Böſen trifft. Jetzt will ich gern ſterben, ich höre nicht mehr die Flüche der rohen Kerkermeiſter, ich empfange nicht ihre brutalen Fauſtſchläge, man ſpottet nicht mehr meiner, wenn ich um Hilfe gegen meine Krankheit bitte.

„Sanftmuth und Mitleiden umgeben mich, ſelbſt edle Frauen haben ſich meiner angenommen; Himmel, welch' ein Glücklicher bin ich!"

Der Unglückliche! er iſt genügſam, er iſt mit den ſpärlichen Gaben zufrieden, das ihm ein hartes Geſchick am Ende ſeiner Laufbahn ſpendet. — —

Ein Feſtmorgen brach in Madrid an. Es war, als ob man ein Auferſtehungsfeſt feierte.

Aus allen Provinzen, ſelbſt von Afrika, waren ſie zuſammen gekommen, die Opfer der Willkühr eines Narvaez' und Gonzalez Bravo.

Sie ſollten jetzt in feierlicher Verſammlung von der Junta Revolucionaria und der proviſoriſchen Regierung empfangen werden, die Märtyrer der Freiheit.

Sie ſammelten ſich zu einem Zuge.

Mein Gott, was war das für eine Schaar von Abgehärmten, Verkümmerten, Verkrüppelten, Blinden, Lahmen oder Lichtscheuen, an den Gliedern Gelähmten, eine solche Menge von Leidensgestalten hatte Madrid noch nie gesehen. Nur eine Minderheit von kräftigeren Männern hielt sich unter ihnen aufrecht.

Um Viele der so hart Getroffenen sammelte sich die Schaar der Freunde und Angehörigen; bald waren es Wohlhabende, welche die noch eben in Lumpen Einhergehenden herzten und küßten; bald waren es die ebenso zerlumpten Weiber und Kinder, die sich an die Fersen und an den Hals der Jahrelang entbehrten, jetzt durch Kerkerluft, harte Behandlung und schmale Kost geschwächten Ernährer hingen.

Ein trauriger und doch so fröhlicher Zug.

Denn von allen Seiten drängten sich die großmüthigen Madrilenen an die Bedürftigen, und steckten ihnen Geld zu, forderten die Angehörigen auf, sich bei ihnen Kleidungsstücke und Nahrungsmittel zu holen, boten ihnen Obdach, luden sie zum heutigen Fest, dem Fest der Auferstandenen, als Gäste mit Weib und Kind in ihr Haus.

Die eben noch Elenden, die unter der Mißhandlungen ihrer Peiniger fast die Menschenwürde vergessen hatten, riefen weinend: „O, es giebt doch noch gute Menschen, die Menschlichkeit ist noch nicht von der Welt verschwunden.

„Dank, dank Euch, für Eure Güte," riefen sie ihren Wohlthätern zu. „Wir werden Euch vergelten, wenn es in unserer Macht steht."

„Schon gut," entgegneten die edlen Herzen, und unwillig, daß sie wegen solcher Kleinigkeit so hochgepriesen wurden, verloren sie sich unter die Menge, die halb mitleidig, halb jubelnd, diese Blutzeugen betrachteten.

Endlich setzte sich der Zug in Bewegung.

Nicht Fahnen flatterten, nicht Trommeln wirbelten, nicht Trompeten schmetterten.

Es war ein ruhiger, stiller Zug.

Da waren die Artilleristen von San Gil, die sich 1866 wider die Regierung empört hatten, und mehrere Zeitungsredakteure, unter ihnen der Redakteur der Democracia, der wegen verschiedener Preßprozesse bestraft, nach und nach zu hundert und zwei Jahren Kerker verurtheilt worden war.

Die Meisten waren in Sträflingskleidern.

So ging der Zug von der Puerta del Sol durch die Carrera San Geronimo über die Plaza de Las Cortes

nach dem Cortespalaſt, mitten hinein in die prächtige
Säulenhalle, die das Stockwerk zu ebener Erde faſt ganz
einnimmt.

Hier wurden ſie von den Regierungs= und Stadtbehörden, und
zahlreichen Anweſenden aus allen Ständen auf's Beſte empfangen.

„Märthrer der Freiheit," redete Serrano ſie an, „wenn Jemand
ſich über den Triumph des Volkes zu freuen hat, ſo ſeid
ihr es; in Eure ſchauerlichen Kerker iſt der Ruf Freiheit, Frei=
heit, wie der Jubelklang der himmliſchen Poſaune am Tage des
jüngſten Gerichts hineingedrungen.

„Ihr ſeid jetzt frei; aber leider ſehe ich, daß Vielen unter Euch
die Freiheit allein wenig nützt; die Blinden, die Lahmen, die Abge=
zehrten, in denen der Keim einer ſchweren Krankheit, die Gelähmten,
die ſich hierher haben tragen laſſen, können nicht arbeiten, ihren
Lebensunterhalt durch die eignen Hände ferner nicht gewinnen.

„Der Staat hat gegen Euch Verpflichtungen, der Staat wird
Euch nicht darben laſſen, Ihr ſeid alle Penſionäre deſſelben.

„Und wenn der Staatsſchatz kein Geld für Euch beſäße, ſo
würde der Edelmuth der Nation es beſitzen.

„Nicht wahr, meine Mitbürger, Sie werden keinen von dieſen
Unglücklichen verkommen laſſen."

„Nein, nein," rief man von allen Seiten, „ſie ſollen im Ueber=
fluß leben. Ganz Madrid und die großen Städte des Landes
werden ihr Scherflein für die Invaliden der Freiheit
hergeben." —

Der Redakteur der Demokrazia nahm im Namen der Erlöſten
das Wort, und ſagte:

„Ich, der von allen meinen Leidensgenoſſen wohl die längſte
Haft zu beſtehen gehabt hätte, nehme mir als Höchſtbeſtrafter die
Freiheit, dem Herren Präſidenten der Regierung, die uns aus unſern
Banden und Feſſeln erlöſt hat, einige herzliche Worte das Dankes zu
widmen.

„Es ſind viele unter uns, welchen die Grauſamkeit unſerer unbarm=
herzigen Tyrannin Glück und Geſundheit, Hab und Gut geraubt hat,
es iſt wohl mehr als billig, daß die Nation dieſen einen Erſatz für
ihre Leiden bewillige.

„Wir Geſunden und Rüſtigen lehnen jeden Lohn ab, wir werden
unſer Brod wohl verdienen.

„Unſere Gegner ſind glücklicher Weiſe bei Zeiten unſchädlich ge=
macht worden, um uns nicht ebenfalls in's höchſte Verderben zu ſtürzen.

„Gott sei in seiner Allgüte dafür gedankt.

„Er gebe, daß Spanien zum letzten Mal eine Schaar so unglücklicher Märthrer sehe, wie sie wohl kein anderes Land aufzuweisen hat.

„Noch einmal spreche ich im Namen meiner Gefährten den heißesten Dank für das Mitgefühl und die Huldigung aus, die man uns heute zollt, und die der schönste Lohn für unsere Leiden ist."

„Wir stimmen dem Sprecher bei, daß wir nichts verlangen," riefen die Gesunden unter den Gefangenen.

Der feierliche Akt war vorüber, und nun begann eine zweite Scene. Die schönsten Damen der Stadt ließen es sich nicht nehmen, die elendesten der Gefangenen mit nach Hause zu nehmen, und sie dort für einige Tage persönlich zu hegen und zu pflegen.

Die zartesten Aufmerksamkeiten wurden ihnen zuge- wendet, sie wurden fast mit Zärtlichkeiten überhäuft, so daß die Armen nicht wußten, wie ihnen zu Muthe war.

Endlich bezogen sie die für sie bestimmten Wohnung. Jede große Stadt bat sich eine Anzahl von ihnen aus.

Sie waren endlich, in der Mitte ihrer Landsleute, aller Sorge überhoben.

Spanien belohnte reichlich seine Märthrer.

———————

Vierunddreißigstes Kapitel.

Die Aufhebung der Klöster in Spanien.

„Wollen wir die Freiheit vor Beeinträchtigungen sicher stellen, so müssen wir den Kampf gegen die Geistlichkeit beginnen," sprach Serrano zu Prim, als man sich in einer Verhandlung die jetzige Lage des Staates nach allen Seiten vergegenwärtigte.

„Der Erzbischof von Toledo, der Patriarch von Indien, der Erzbischof von Burgos, und Peter Claret sind die einflußreichsten Rathgeber der Königin gewesen; sie waren es vorzugsweise, welche die schlimmsten Maßregeln anordneten.

„Spanien wäre ein Hausgut des Papstes geworden,

das Land wäre gezwungen worden, den Streit für die Kirche mit der ganzen Welt aufzunehmen, hätte Isabella weiter regiert.

„Wie vermögen wir diese ohne Zweifel über ihre Niederlage erbitterten Widersacher zu beschwichtigen, oder zu überwinden?" schloß Serrano.

„Mit den Geistlichen im offenen Kampfe zu ringen, ist sehr schwer," entgegnete Prim, „sie haben in vielen Provinzen eine große Gewalt über das Volk."

„Das sehe ich auch," äußerte Serrano „erlassen wir Verfügungen, die ihre Befugnisse oder ihre Einkünfte schmälern, so werden sie gleich über Gewaltthaten schreien, es wird heißen:

„Die Religion unserer Väter ist in Gefahr, die Gottlosen wollen sie unterdrücken, sie wollen uns zu Ketzern oder Götzendienern machen."

„Man wird von allen Kanzeln gegen uns predigen," fuhr Prim fort, „und die Folge wird nicht ausbleiben, die fanatische Menge wird gegen uns aufstehen."

„Glauben Sie," fragte Serrano besorgt, „daß die Geistlichkeit im Stande sein wird, unserer Revolution erfolgreich entgegenzutreten?"

„Wenn sie es geschickt anstellt, gewiß!"

„Wir vermeiden wir also thunlichst einen offnen Kampf mit diesen gefährlichen Männern?" fragte Serrano.

„Indem wir nicht selbst gegen sie handeln, sondern die Provinzial- und Stadt- und Ortschaftsbehörden die Sache in die Hand nehmen lassen.

„Zunächst gilt es, die Klöster zu beseitigen, das wird ein Hauptschlag gegen die Uebergriffe der Geistlichen sein.

„Seit dem Jahre 1835 sind die Klöster aufgehoben. Das Gesetz, das keine Klöster in Spanien gestattet, besteht noch, es braucht blos wieder in Kraft gesetzt zu werden.

„Isabella und ihre Rathgeber haben es einschlummern lassen, ja das Gegentheil davon ausgeführt.

„So ist Spanien der Aufenthaltsort zahlreicher Mönche (etwa 24000) und Nonnen (etwa 15000) geworden, achthundert Klöster erheben sich aller Orten.

„Und von welcher Bedeutung es für uns ist, diesem Treiben entgegenzutreten, brauche ich Ihnen nicht zu sagen.

„Aber wir dürfen es nicht offen thun, sonst stecken wir unsere Hände in ein Wespennest.

„Wir richten an die Junten (Behörden) der Städte die Mahnung, die in ihrem Bereiche liegenden Klöster kurzweg aufzuheben.

„Die in denselben wohnenden Mönche und Nonnen werden dann angewiesen, sie zu verlassen, in die Welt einzutreten, und sich bürgerlichen Beschäftigungen zu widmen.

„Es wird diesen Ordenspriestern und Klosterfrauen der möglichste Beistand von Seiten des Staates verheißen.

„Den alten und schwachen Mitgliedern der heiligen Brüderschaften werden weltliche Spitäler als künftige Wohnorte bezeichnet.

„Die Klostergüter gelangen entweder in den Besitz des Staates oder den der Gemeinde.

„Diese Confiscation wird eine neue Geldquelle für den Staat werden, und er kann deren nicht genug besitzen, denn er ist arm wie eine Kirchenmaus.

„Die Ernährung so vieler Mönche und Nonnen kostete unserem Volke große Summen, die es wird sparen, oder zu anderen Zwecken verwenden können."

„Wohlan," erwiederte Serrano, „es geschehe, lieber Prim, wie Sie gesagt haben."

Der von Beiden gefaßte Beschluß erhielt die Beistimmung der übrigen Mitglieder der einstweiligen Regierung.

Die Weisungen ergingen an die Gemeinde- und Landbezirks-Behörden der Hauptstadt und der Provinzen. Es hatte deren aber nicht einmal bedurft.

Bei den ersten feindseligen Kundgebungen, welche die Bewohner vieler Städte, wie die von Cadix, Sevilla, Barcelona, Valencia, Malaga, Saragossa in der ersten Aufwallung gegen die Klöster gemacht hatten, waren die Mönche und Nonnen aus denselben geflohen.

Jetzt wurde nun nachträglich das Gesetz von 1835 wegen Aufhebung der Klöster wieder bekannt gemacht, doch drang man nicht auf die Ausführung derselben.

Die Junta von Aranjuez behielt vielmehr ihre Klöster bei, wogegen man nicht einschritt.

Die geflohenen Mönche und Nonnen hatten sich einige Zeit bei frommen Leuten verstedt gehalten.

Da sie aber sahen, daß das Volk ruhig blieb, und die einzelnen von ihnen, welche sich in die Oeffentlichkeit wagten, unbehelligt ließ,

so wimmelte es bald von braunen, weißen und grauen
Kutten in den Straßen der Städte.

Ganze Züge von Nonnen oder Mönchen zogen durch
die Straßen von Madrid, ein Anblick, den man in dieser
Weise kaum jemals gehabt hatte.

Die armen bisher von der Welt abgeschiedenen Nonnen thaten wie
schüchterne Tauben, die unter Raubvögel gerathen sind. —

„Man hätte uns ruhig in unsern Wohnsitzen lassen sollen,"
sagte die Aebtissin des Klosters Santa Maria in Avila zu einer älteren
Schwester, als sie scheu die Straßen von Madrid durchwanderte, „wir
führten ein Gott wohlgefälliges Leben.

„Ich finde mich nicht in dieses weltliche Treiben; mich ängstigt
jeder Blick, den ein Mann auf mich wirft."

„Ihr habt Recht, Frau Aebtissin, ich sehne mich auch in meine
liebe Einsamkeit mitten in die Berge unter den schattigen Orangen-
hain unseres Klostergartens und in unsere kleine epheuumschattete Kirche
zurück, in welcher wir in seliger Gemeinschaft mit den Heiligen so süße
Stunden zubrachten.

„Wie schön war es, noch bei sternbesäetem Himmel aus unserer
Zelle in die Kirche zu wallen, und dort unter lieblichem Orgelklang
das Paternoster und Ave Maria zu beten, und dann in schauriger
Andacht den Aufgang der Sonne zu beobachten.

„Dann die geistlichen Uebungen vorzunehmen und bis zum Besper-
gebet zu verweilen, und dem lieben Gott und allen seinen Heiligen heißen Dank für die erhaltene Gesundheit und unsere tägliche
Bedürfnisse abzustatten; und nach dem abgehaltenen Abendgottesdienst
unser hartes Lager mit dem seligen Bewußtsein zu besteigen, durch
unser musterhaftes Leben und unsere Kasteiung nicht nur
unser ewiges Seelenheil sicher zu stellen, sondern auch den
süßen Lohn im Jenseits zu empfangen."

„Und nun", ergänzte die Aebtissin, „haben sie uns aus unserem
Asyl vertrieben; was wir nur hier in dem Wirrwarr sollen, wohin
uns wenden?"

„Haben Eure Ehrwürden keine Verwandte?"

„Ich habe wohl welche, ehrsame Bürgersleute, aber ihnen mag
ich nicht zur Last fallen, nein, lieber darbe ich."

„O nein, das sollen Sie nicht; es giebt noch immer mitleidige
Gemüther in dem heiligen Spanien. Wenn die Gottlosen jetzt die
Oberhand haben und die Bräute Christi in das Elend schicken, so

haben sie doch nicht vermocht, alle Frömmigkeit aus den Gemüthern der Leute zu reißen.

„Hoch und Gering werden sich eine Ehre daraus machen, uns mit Wohlthaten zu überhäufen.

„Schon heute giebt es gläubige Seelen, die fürchten, daß unsere Noth den Zorn Gottes über das Land ausgießen wird, und sie werden bemüht sein, unser Geschrei zu mildern, um das Böse von sich abzuwenden."

Hier kamen einige Arbeiter, die ihren Spott über die armen Klosterschwestern ausließen:

„Es muß Euch wunderlich vorkommen, Ihr Damen, alles fremd in dieser weltlichen Stadt; Ihr seht so aus, als ob Ihr in einen Winkel kriechen möchtet.

„Es wird schon anders werden, wenn Ihr nur erst das Leben hier gekostet habt. Man gewöhnt sich leicht an die Freuden der Welt, aber man entsagt ihnen schwer."

„Lästert uns nicht, lieber Mann," sagte die Aebtissin, ihr Blick schauete ihn so offen an, es lag eine solche Güte in ihrem Wesen, eine solche Aufrichtigkeit in ihren Worten, daß der Mann stutzte.

„Wir fragen nichts nach dem Irdischen und Vergänglichen, wir sind mit dem Himmel vermählt. Uns belebt eine göttliche Inbrunst, die uns das ganze Treiben hienieden als nichtig erscheinen läßt.

„Ihr Weltlichen sagt, wir thäten nichts, als beten, das sei kein nützliches Thun.

„Nun, wir beten nicht allein für unser Seelenheil, sondern auch für das Eurige.

„Wir glauben, daß nach dem Tode der himmlische Vater Allen gerechten Lohn ertheilt, und wir flehen hienieden, daß er mit Allen milde in's Gericht gehe.

„Was unser sonstiges Thun betrifft, so speisen wir die Armen, pflegen die Kranken, unterrichten die Jugend, trösten die Sterbenden.

„Sind dies so tadelnswerthe Handlungen? Ihr tadelt uns als Müßiggängerinnen, und den Reichen läßt Ihr gutwillig ihre Lust."

„Bei Gott, sie hat Recht," rief man in dem Volkshaufen, der sich schnell gebildet hatte.

„Und," fuhr die Nonne kühner fort, „ist denn unsere Lebensweise behaglich?

„Unsere Verläumder sagen uns viel Schlimmes nach, können sie es uns beweisen?

„Wir Nonnen find keusch und züchtig, mäßig und hart gegen uns, sonst aber harmlos, ja einige thätig für das Wohl der Menschheit."

„Ehrwürdige Mutter, geben Sie uns Ihren Segen," tönte es von mehreren Seiten; viele knieeten.

Die Aebtissin segnete das Volk.

Dann traten einige Damen vor, die das Gespräch mit angehört und über die muthigen Nonnen sich gefreut hatten, die ihre Sache so gut vertheidigen.

Die Damen luden sie sofort nach ihren Häusern ein, und verbürgten sich, für sie zu sorgen. Sie rechneten es sich zur höchsten Ehre an, ein so gutes Werk an den Dienerinnen Gottes zu thun.

Auch Frauen niederen Standes drängten sich an die frommen Schwestern, ihnen ihre Hilfe anzubieten. Man dankte ihnen, aber sie folgten den unter der Führung der Damen Fortgehenden.

Auch einige Freigeister befanden sich unter der Menge, welche die Nonne so schnell zu ihren Gunsten bekehrt hatte.

„Es ist unklug," meinte der Eine, „solche harmlose Geschöpfe so ohne Weiteres in die Welt hinaus zu stoßen, wo sie nichts anzufangen wissen."

„Man kann bei solchen Dingen nicht zart genug zu Werke gehen," entgegnete der Andere, „und die Klöster, glaube ich auch, sind umsonst so verrufen." — — —

Nicht derselben Ansicht, wie die älteren Nonnen, waren die jüngeren, eben erst aus der Welt geschiedenen Nonnen.

„Die Aufhebung der Klöster konnte nicht gelegener kommen," sprach eine Novize zu einer jungen, keck in die Welt blickenden Schwester, als sie sorglos den Prado in ihren Ordenskleidern durchwandelten, und mit neugierigen Augen die schönen Equipagen der Granden, die goldstrotzenden Offiziere, das bunte Volksgewühl betrachteten, und sich an dem Singen und Tanzen und Zitterspielen von Zigeunerinnen und andalusischen Majas ergötzten.

„Es wäre mir schwer geworden, mein junges Leben in den engen Klostermauern zu verbringen, nur das Stückchen Himmel über mir und das dürftige Gärtchen vor mir. Das ewige Fasten, Kasteien und das Beten waren Alles Dinge, die mir nicht behagten."

„Mir auch nicht," lachte das heitere Nönnchen, das neben der

Novize einherschritt, „was das hier für ein neues Leben ist, wie einen Alles anlächelt; ich wäre beinahe erstickt in dem Kloster.

„Wie viele Male, wenn ich von meinem Brevier (Gebetbuch) durch mein vergittertes kleines Fenster hinschauete in die Himmels- und Bergfernen, habe ich mich in die Welt hinausgesehnt; wie oft lag ich schlaflos in der Nacht, dachte an meine angenehme Kindheit, an meine Freundinnen, mit Denen ich gespielt, meine Eltern, besonders meine gute Mutter, die mich so zart gepflegt.

„Nun war ich so allein, so verlassen in den dicken, kalten Klostermauern; nein, das war nicht zum Aushalten, und immer quälte mich der Gedanke, daß ich auf ewig hier eingeschlossen bliebe, nie wieder mit lieben Menschen, die mir gefielen, leben sollte, meine Liebe, meine Freuden und Leiden in mein Herzen verschließen, nur immer kalt, fromm, andächtig sein sollte, nur ein beschauliches und erbau- liches Leben führen.

„Nein, das war zu hart, für ein liebesehnendes Herz, wie ich es besitze.

„Als ich nun mich an Schwester Veronika, eine liebevolle Frau, wandte, die mir mit aller Güte entgegen kam, um das, was mich bedrückte, ihr zu enthüllen, da entgegnete sie streng:

„Das sind alles eitle Regungen der Weltlust, Du mußt sie von Dir thun, mein Kind, sie mit aller Kraft unterdrücken.

„Es ist hier verboten, von dergleichen Dingen zu sprechen, das duldet die Ordensregel nicht.

„Kämpfe nur wacker mit Deinen sinnlichen Trieben, Du wirst sie wohl bezwingen.

„Ich habe auch lange mit mir gerungen, bevor ich den Sieg über mich gewonnen.

„Das geht uns Allen so.“ —

„Die gute Schwester hatte schön sprechen; sie war fünfzig Jahr alt, und dreißig davon im Kloster gewesen.

„Aber ich sollte mit meinen achtzehn Jahren auf alle Freuden des Lebens, alle Regungen des Herzens verzichten.

„Das war mir ein zu schrecklicher Gedanke; ich wurde beinahe rasend, wenn ich über meine Zukunft nachsann.

„Da erscholl vor zwei Tagen wilder Lärm vor unserem Kloster; wir eilten in das Sprachzimmer, das einen weiten Ausblick bot.

„Eine Masse Volks hatte sich versammelt, und wild durchein- ander schrie es: Heraus mit den Nonnen.

„Die Aebtissin eilte an die Pforte, sie bat, flehte und beschwor die Aufrührer, unser Kloster in Ruhe zu lassen.

„Das Volk wollte von nichts hören; es drohete die Thüren einzuschlagen, wenn wir nicht sofort herauskämen.

„Unsere Aebtissin traute aber dem Frieden nicht. Sie fürchtete, wenn wir unter die Volksmenge träten, würden wir mißhandelt werden.

„Sie forderte uns daher auf, unsere wenigen Habseligkeiten schnell zusammen zu raffen, und uns dann um sie zu schaaren.

„Wir thaten, wie befohlen; dann geleitete uns die Vorsichtige zu einer Hinterpforte, von wo wir uns unbemerkt ins Freie flüchteten.

„Das Volk lärmte noch vor dem Kloster, als wir uns schon längst in alle Winde zerstreuet hatten.

„Mir kam die Freiheit ganz unerwartet, denn von den Weltbegebenheiten drang nichts in unser Kloster.

„Unsere älteren Schwestern waren in Verzweiflung; aber ich athmete die freie Luft in vollen Zügen, begab mich nach der nahen Eisenbahn, und fuhr mit dem nächsten Zuge nach Madrid.“

„Und wie wunderbar, daß wir uns hier trafen, Schwester Angelika,“ sagte die Novize.

„Ja, liebe Ursula, und hier erfuhr ich auch, daß Du im Begriffe seiest, den Schleier zu nehmen. Was hat Dich dazu bewogen?“

„Meine Eltern wollten es, Angelika, wir sind viele Geschwister, und sie sahen im Kloster eine Versorgung für mich, ich will mir aber lieber die Hände wund arbeiten, als im stillen Kloster bis ans Ende meiner Tage ausharren.“

„Nun, arbeiten brauche ich zu Hause, wohin ich morgen zurückkehre, nicht. Meine gute Mutter hatte in einer schweren Krankheit ihrem Beichtiger gelobt, mich, ihr einziges Kind, dem Herren für's Leben zu weihen, und ich widersetzte mich dem Wunsche der armen Leidenden nicht; wenn mich etwas in meinem stillen Klosterleben, gegen welches meine lebhafte Natur sich sträubte, tröstete, so war es der Gedanke, daß ich meiner Mutter Wunsch erfüllte.

„Nun aber bin ich meiner Bürde ohne mein Zuthun enthoben, und danke Gott dafür.

„Komm mit mir, Ursula, vorläufig kannst Du uns in der Wirthschaft helfen. Meine Eltern sind wohlhabende Leute, die Dich mit offenen Armen empfangen werden, später findet sich das Weitere.“

„Dank, Dank, Angelika, ich nehme Deinen Vorschlag an."

Am anderen Morgen fuhren die ehemaligen Nonnen in die Heimath Angelika's. — — — — — — —

Wie viele Eltern freuten sich, ihre Töchter, von denen sie für immer sich geschieden glaubten, wieder an ihr Herz zu drücken; und in wie vielen Herzen der jungen Mädchen zog die Hoffnung ein, das Leben nicht einsam, sondern an der Seite eines geliebten Mannes zuzubringen. — — —

Mehr noch als Mönche und Nonnen hatten die Jesuiten von den an's Ruder gekommenen Liberalen zu leiden.

Sie wurden kurzweg aus Spanien ausgewiesen.

Es war ein wahrer Exodus (ein Auszug aus Egypten) der Geistlichkeit aus Spanien.

Unbarmherzig hatten sie früher die Mauren und Juden vertrieben, jetzt traf sie dasselbe Schicksal.

Bleich und stumm, mit bebenden Lippen, saßen sie in den Eisenbahnwagen, welche der Grenze zufuhren.

Was mochte in ihrer Seele vorgehen, als sie dem schönen Lande mit seinen Reichthümern, die besonders der Geistlichkeit zu Gute kamen, den Rücken wandten?

Nirgends waren sie höher verehrt worden.

„Himmel!" rief der Provinzial der Jesuiten in einer Versammlung, „daß uns auch dieses Land, eine der Hauptburgen des Glaubens, verschlossen werden muß."

„Ich sah von jeher das Unheil kommen," entgegnete der Kardinal-Erzbischof von Toledo, „und suchte es seit Langem vorzubeugen."

„Aber wir leben in einer gottlosen Zeit, alle Vorsicht ist fruchtlos."

„Ich wähnte unsere Sache unter dem Regiment Gonzalez Bravo's so sicher, nach langen Kämpfen hatten wir uns die weltliche Gewalt dienstbar gemacht, und konnten einer sichern Herrschaft entgegensehen.

„Alles vereinigte sich, mich glauben zu lassen, daß Spanien dazu bestimmt sei, den Kampf für den heiligen Glauben in Italien auszufechten, und dort unsere mehr als tausendjährige Herrschaft wieder aufzurichten.

„Da kommt der Aufruhr wie ein Dieb in der Nacht, und stößt alle meine Berechnungen um; welch' ein Mißgeschick, da ich das Ziel meiner langjährigen Bestrebungen vor Augen sah; es ist zum Verzweifeln."

„Was ist nun zu thun, Eminenz?" fragten einige Bischöfe.

„Nichts! für den Augenblick."

„Sie müssen fort, Hochwürden, und wir Bischöfe werden genöthigt sein, uns den neuen Machthabern anzuschließen."

„Der Rotte Korah?"

„Leider, sonst verlieren wir Alles. Der Patriarch Don Thomas Iglesias von Indien hat nicht einmal einen allgemeinen Beschluß von unserer Seite abgewartet, sondern ist der Regierung schon beigetreten.

„Er ist eine Stütze des Glaubens! Wenn diese wankt, was sollen dann die Schwächern thun."

„Wir fügen uns jetzt der Nothwendigkeit," entgegnete der Kardinal, „aber noch hoffen wir, es wird wohl eine bessere Zeit für uns kommen.

„Das spanische Volk ist gut katholisch, es wird sich seinen Hirten wieder zuwenden, wie es sich von ihnen jetzt abgewandt.

Der Provinzial seufzte. — — — — — — —

Der nächste Zug brachte den Kardinal-Erzbischof von Toledo und viele Andere nach Frankreich.

Ihnen entgegen kam aber ein anderer Zug mit lauter jubelnden Menschen. Es waren Flüchtlinge, die in der Fremde sich kümmerlich ernährt, da ihnen in der Heimath Kerker oder Tod gedroht hatte.

Als diese an den Geistlichen vorbeifuhren, brachen sie in ein wahres Triumphgeschrei aus.

„Die Mönche fliehen, da ist es in der Heimath gut Hütten bauen," jauchzte man.

Während die Einen trauerten, freueten sich die Andern.

Die Geistlichen aber murmelten Verwünschungen über Verwünschungen gegen das undankbare Land, das sie ausstieß.

Aber grinsend dachten sie: „Wir haben uns versorgt, wir brauchen nicht zu darben."

Die Sage ging allgemein, sie hätten mit Goldstücken gefüllte Säcke mitgenommen.

———

Die Zusammenkunft der entthronten Königin Isabella II. mit dem Kaiser Napoleon III. in La Negresse.

Der Zug, der die entthronte Königin Isabella II. und ihr Gefolge nach Frankreich entführte, flog in schnellster Gangart auf dem eisernen Geleise dahin.

Man hoffte, ohne weitere Belästigung auf den fremden Boden des Nachbarreiches zu gelangen; aber man täuschte sich.

Die Gebirgsbahn zwischen Spanien und Frankreich windet sich in unzähligen Windungen an den steilen Hängen, und über die finstern Schluchten der spanischen Sierras (Bergketten), und den französischen Pics hinauf und hinab.

Da verbot sich die Eile von selbst.

Als ob die Fama (Gerücht) tausend Zungen hätte, so war die Kunde von der Flucht der Königin in die Nähe und die Ferne erschallt.

Wie höhnende Rachegeister der Hölle entstiegen die in den Bergen wohnenden Bauern ihren versteckten Hütten, und begaben sich auf den Weg der fliehenden Königin, nicht zum Gruße, sondern zur Verhöhnung; und zu ihnen gesellten sich Spanier aus allen Provinzen, die sich allmählig eingefunden und diesen Augenblick abgewartet zu haben schienen, um der lang verhaltenen Abneigung gegen Ihre Majestät Ausdruck zu verleihen.

Die ganze Bahn entlang fuhr der Zug zwischen neugierigen Menschenhaufen hin; deren Geschrei fortwährend in den Salonwagen hincintönte, kein mitfühlendes Wort wurde gehört.

„Muera, muera esta . . . . . (Tod, Tod jener . . . . .")

(ein unübersetzbares Schimpfwort folgt) hallte es die Reihen entlang.

Die Königin schrie auf vor Schmerz.

„Auch das noch," stöhnte sie, „und in der Gegenwart meines Gefolges und meiner Kinder.

„Haben denn die Menschen Herzen von Stein?

„So lange ich im Glück war, krochen sie um mich, wie harmloses Gewürm, Niemand wagte seine Stimme gegen mich zu erheben.

„Jetzt zischt das feige Schlangengezücht mich mit giftiger Zunge an.

„Ich soll den Kelch der Bitterkeit bis auf die Hefe leeren.

„Nur zu! nur zu! Wappnen wir uns mit eiserner Gleichgültigkeit."

„Denken Sie an den Herrn, Majestät, auch ihn verspotteten die Menschen, und er trug sein Leid in Geduld," tröstete Pater Claret. Jämmerliche Lästerung!

Die Schuldbeladene fühlte wohl, daß sie die Beschimpfung verdient habe.

Die Königin schwieg, und weinte still vor sich hin. — — — — Man gelangte nach Irun.

Der Zug hielt.

Der Bahnhof war mit Menschen angefüllt. Dieselben Flüche, dieselben Verwünschungen ertönten.

Marfori war dreist genug, sich der Menge zu zeigen.

Tausend Blicke schienen ihn zu durchbohren, tausend Zungen schleuderten die giftigsten Schimpfworte gegen ihn, tausend Fäuste streckten sich ihm entgegen.

Besonders zeichnete sich eine ältliche Frau, deren Gesicht noch Spuren von Schönheit trug, das aber jetzt durch die Leidenschaften bis zur Unkenntlichkeit entstellt war, bald durch ihr Triumphgeschrei, bald durch ihre zügellosen Spottreden und Verhöhnungen aus.

Es war Elvira de Xeres, die Bluträcherin, welche aus der Tiefe Andalusiens herbeigeeilt war, um das Ende des Königthums zu schauen, und sich an dem Anblick ihrer Todfeindin Isabella als einer Flüchtigen und vom Unglück Tiefgebeugten zu weiden.

„Ha, die Stunde der Vergeltung hat geschlagen," schrie sie, „da fliehen sie, die das arme Spanien so grausam und so lange geknechtet haben, o Ihr Todten, Ihr im Kampfe für die Freiheit Gefallenen, oder wehrlos von Euren Unterdrückern Hingemordeten, oder in der Verbannung an pestartigen Fiebern Hingesiechten, könntet Ihr diesem Schauspiel der gefallenen bourbonischen Herrlichkeit beiwohnen, Ihr würdet in Jubelhymnen zu Ehren der gerechten Nemesis (Vergeltung) ausbrechen.

„Mir wenigstens ist es vergönnt gewesen, diesen genußreichen Anblick zu haben.

„Nun will ich gern sterben.

„Himmel, thue Dich auf, empfange eine Seele, die von des Geschickes Schlägen niedergedrückt ist, die kein Glück mehr auf Erden zu hoffen hat.

„Vielleicht war meine Rachgier sündhaft, aber mein armes niedergeworfenes Sein war nur mit dem einen Gefühl erfüllt.

„Vergieb mir, Gott, wenn ich dieser Leidenschaft zu sehr gefröhnt!

„Ha! Wie wird mir.

„Ich sehe ihn, meinen schönen Benito — Isolabella, ha, ich umarme ihn. — O, Gott! — —"

Hier stürzte sie vor Aufregung leblos zusammen.

Die übrigen Zuschauer hatten bei dem wilden Geschrei der beinahe Wahnsinnigen geschwiegen. Es schien ihnen einzuleuchten, daß aus dem Munde der Zürnenden ein größerer Ingrimm spreche, als sie alle gegen die Herrscherin hegten.

Jetzt trugen sie die Leblose in den Wartesaal. — —

Die Königin hatte die Rede Elvira's zerknirscht vernommen. Sie hatte nicht mehr an das Hoffräulein gedacht, das vor langen Jahren an ihrem Hofe gewesen. Aber das Unglück schärft das Gedächtniß, und dunkle Erinnerungen stiegen in ihr auf.

Isabella zuckte erschüttert zusammen. — — — —

„Majestät, was ist das" rief Marfori.

Ihre Majestät schreckte auf.

Von Frankreich kam ein Zug in den Bahnhof gefahren. Das Jubel- und Freudengeschrei der Passagiere schallte laut und schreiend zum königlichen Zug hinüber.

Es verwandelte sich augenblicks in Hohn und Spott, als man den Marfori und die violette Mönchsgewand des Pater Claret in dem königlichen Wagen erkannte.

Aber das Alles war es nicht, was Marfori zu dem überraschten Ausrufe bewogen hatte.

Man war an diesem Tage so gewohnt, von dem wüthendem Volke insultirt zu werden, daß man auf ein Paar häufiger oder seltener ausgestoßene boshafte Worte gar nicht achtete.

So wurde Marforis Aufmerksamkeit auch durch die besondere Ehrerbietung erregt, die man einigen mit dem Zuge angekommenen Damen und Kindern erzeigte, welche in Begleitung eines hochgewachsenen, älteren Mannes in Generalsuniform ausgestiegen waren, und auf dem Perron

promenirten, bis ein königlicher Salonwagen an den nach
Spanien bestimmten Zug angehangen war.

Auch fand sich ein Karabinierkorps mit der gelbrothen Fahne,
den neuen Farben Spaniens, ein, das als Eskorte den angekommenen
Zug begleiten sollte

Der Zug der Königin hatte in Irun halten müssen, da auf
der eingeleisigen Bahn der von Frankreich kommende verspätete Zug
erst erwartet werden mußte.

So führte der Zufall das wenig von der Königin
erwünschte Zusammentreffen beider Züge herbei.

Isabella war neugierig geworden, sie war froh, sich den peinlichen
Empfindungen auf einige Augenblicke entreißen zu können, es war
aber nichts Angenehmes, sondern ein Verdruß mehr, das
ihrer harrte.

„Wem erweis't man denn jetzt in Spanien königliche
Ehren?" fragte sie, indem sie sich auf die Lippen biß.

„Ha, jetzt erkenne ich die Damen und den Herrn," antwortete Marfori, die Königin sarkastisch anblickend, „es ist die Marschallin Serrano, Herzogin de la Torre, und deren Schwester, so wie die Kinder des Marschalls.

„Der Begleiter derselben ist der unermüdliche Revolutionär, der jetzt unglücklicher Weise seinen ruchlosen
Zweck erreicht hat, der General Pierrad."

Der Königin fuhr diese Kunde, wie ein Dolchstich,
durch's Herz.

„Wollen denn heute meine Demüthigungen kein Ende
nehmen," ächzte Isabella.

Da zog ihre glückliche Nebenbuhlerin, die Gemahlin des einst-
geliebten Mannes, dessen Leben mehr als ein Mal in ihrer
Hand gewesen war, und den sie nur im Andenken an ihre
frühere Liebe geschont hatte, gleichsam als Königin in
Spanien ein.

Um ihren Aerger zu vergrößern, schrie jetzt die Menge, welche
die Gemahlin des Befreiers von Spanien und ihren Begleiter erkannt
hatte, mit Ohren betäubendem Lärm:

„Y Viva Donna Serrano, y Viva la duquesa (Herzogin)
de la Torre, y Viva la esposa (Gattin), del libertador (Befreier) de Espanna, y Viva el General Pierrad u. s. w."

Da endlich pfiff die Lokomotive des Königszuges.

Und fort ging es von dem verhaßten Boden Spaniens.

Die Liebe der Königin zu dem Lande ihrer Geburt hatte sich gewaltig abgekühlt; zuviel des Hasses hatte sie in den letzten Stunden erfahren. Und nun noch das letzte:

„Abajo Isabella, abajo los Borbones, mueran por siempre, (nieder mit ihnen für immer); fuera de Espanna, (heraus aus Spanien)" tönte es hinterdrein von Seiten der Zuschauer, die noch eben der Marschallin Serrano zugejauchzt hatten.

„Aï que dolor, aï que pena Dios mio (oh welch' ein Schmerz, oh welche Pein, mein Gott)," seufzte die Königin mit letzter Anstrengung, dann sank sie bewußtlos in die Kissen des Sophas, auf dem sie saß.

Die begleitenden Damen sprangen herbei, und brachten Ihre Majestät durch starke Essenzen wieder zum Bewußtsein. Das ganze Reisegeleit war wie zu Boden geschmettert von so großem Haß. Jedes Gespräch verstummte.

Jetzt nahete man sich der Bidassoa (Spaniens Grenzfluß), auf dessen Fasaneninsel zwischen Mazarin und Luis de Haro der Pyrenäische Friede geschlossen wurde.

Trotz aller Kränkungen warf die Königin noch einen Scheideblick auf Spaniens letzten Fleck.

Es war die letzte Schmerzäußerung. — — — —

Hendaye, die erste französische Station wurde sichtbar, man fuhr in den Bahnhof.

Die Königin schaute mit den gerötheten Augen und der merklich zuckenden Unterlippe auf die gaffende Bevölkerung, denn ihre Ankunft war bekannt, und Alles war zusammengeströmt, um die flüchtige Majestät zu sehen.

Gleichgültigkeit und Neugierde drückte sich in allen Zügen aus.

„Cest un beau gaillard (es ist ein schöner Bursche)", lachten einige Offiziere, indem sie auf Marfori wiesen, der sich, wie immer, vordrängte.

Noch andere Leute kamen hinzu.

„Ja, ein prächtiger Mensch," spottete ein Landmann, „aber ihm scheinen unsere Lobeserhebungen nicht zu gefallen, er sieht sehr ungnädig aus."

„Mag er doch, der Herr ist kein Prinz, und er muß sich schon Manches gefallen lassen. Seine Stellung erregt allenthalben zu viel Mißfallen," entgegnete ein Städter.

Noch hatte Isabella die Königin nicht von sich gelassen; ihre

Hellebardiere und eine Abtheilung spanischer Pioniere, die ihr gefolgt, erwiesen ihr die königlichen Ehren; ein Trost für das arme, eitle Herz.

Der Gesandte Mon und ein französischer General, die der Kaiser Napoleon der Königin Isabella zur Begrüßung geschickt, stiegen hier ein. Die Miene der Königin erhellte sich, es war wieder ein Zeichen der Verehrung. Wie wohl that ein solches der armen Gestürzten.

„Seien Sie mir willkommen, meine Herren, herzlich willkommen!" sagte die Königin.

„Wir bringen Eurer Majestät unsere ergebenste Huldigung," erwiederte der Gesandte Mon, sich tief verneigend, und die Hand der Monarchin küssend.

„Und ich," fuhr der französische General fort, „bin von meinem erhabenen Gebieter beauftragt, Eure Majestät die innigste Gastfreundschaft auf französischer Erde anzubieten. Se. Majestät der Kaiser stellt Eurer Majestät das Schloß von Pau zur Verfügung."

„Dank, herzlichen Dank dem großen Kaiser, der einer Unglücklichen so edelmüthig gedenkt.

„Ich werde das Anerbieten Seiner Majestät annehmen."

Und weiter ging der Zug in die französischen Auen durch einen gewaltigen Tunnel in die Finsterniß hinab.

Man näherte sich Biarritz. Die Station La Negresse folgte.

Hier endlich traf Ihre Majestät mit dem Kaiser und der Kaiserin, sowie mit dem kaiserlichen Prinzen zusammen.

„Honneur au malheur! Ehre dem Unglück!" hatte Napoleon geäußert, ähnlich dem großen König, Ludwig XIV. Dieser gebrauchte diese Worte zuerst bei einer ähnlichen Gelegenheit, als die Gemahlin des unglücklichen, später enthaupteten Karl I. von England mit ihrem Sohne, dem Prinzen Karl von Wales, nachmaligen Karl II. von England, vor dem siegreichen aufrührischem brittischen Volke nach Frankreich floh; es war in den Vierziger Jahren des siebenzehnten Jahrhunderts.

Napoleon III. empfing die spanische, entthronte Königin mit ihren Kindern ebenso ritterlich, wie Ludwig XIV die vertriebene englische Königin mit ihrem Sohne. — —

Der von Spanien kommende Zug hielt, und alsbald stieg die spanische Königsfamilie mit ihrem Gefolge aus.

Voran schritt die Königin Isabella, den Prinzen von Asturien (Kronprinzen) an der Hand. Ihr folgten Pater Claret, dann der König Franz d'Assis in Generaluniform mit entblößtem Haupte, links von ihm die Nonne Patrocinio (sie hatte sich dem Gefolge in Saint-Jean de Luz angeschlossen), hinter diesen, und zwar Claret zunächst, stand Marfori in bürgerlicher Kleidung; dann folgte ein spanischer General.

Der spanischen Königsfamilie trat zunächst die kaiserliche Familie entgegen, und zwar zuerst die Kaiserin Eugenie; trotz der Traurigkeit und Abgespanntheit, die ihr ganzes Wesen verrieth, in der modernsten Toilette und von Diamanten strotzend.

Frankreichs Herrscherin ergriff die Hand Isabella's mit so herzlichem Drucke, es sprach sich in ihrer Haltung so viel Mitgefühl für ihre Souverainin, wie sie die Königin von Spanien nannte, aus, daß diese, ganz gerührt, die bitteren Empfindungen vergaß, welche ihr Herz unter den empfangenen Eindrücken stundenlang zusammenge-krampft hatten.

Neben der Kaiserin hielt sich der kaiserliche Prinz mit verwun-dertem Gesicht auf.

Der kleine Mann konnte sich die Sache nicht erklären, hätte er die ganze Tragweite des sich vor ihm abspielenden Dramas (Schau-spiels) erkannt, er würde nachdenklicher und betrübter gewesen sein.

Hinter Beiden stand der Kaiser Napoleon von Frankreich; auf seinem ehernen, verschlossenen Antlitz mit den herabgezogenen Augenlidern, konnte man die Empfindungen nicht lesen, die ohne Zweifel in seinem Innern wogten.

War es Herzeleid oder Besorgniß vor der Zukunft, vor dem immer wieder erwachenden Volksgeiste, der solche welterschütternden Erlebnisse hervorrief, wie das der ein Asyl suchenden Königin es war.

Hinter dem Kaiser Napoleon, ganz im Hintergrunde, befanden sich zwei französische Generale, die zum Gefolge des Kaisers gehörten.

Man hatte nicht verhindern können, daß die ganze, recht zahl-reiche Badegesellschaft von Biarritz sich in der unfernen Ortschaft La Négresse einfand.

Denn seit mehreren Tage war man auf eine solche Zusammenkunft zwischen den Herrschern zweier großen Länder gespannt.

Der unglücklichen Königin Isabella war natürlich eine solche Zuschauermenge sehr unangenehm.

Sie hätte lieber ihren Schmerz und ihre Scham in die tiefste Einsamkeit verborgen.

Ja, wenn sie als gefeierte Königin von Spanien in das schmucke Biarritz eingezogen wäre, und mit Festlichkeiten und Vergnügungen von der Gastfreundschaft ihrer kaiserlichen Wirthe überhäuft worden wäre, wie früher, dann hätte sie gern einen möglichst zahlreichen Kreis von huldigenden Personen um sich geschaart, ihre Eitelkeit hätte in solcher Verehrung eine behagliche Befriedigung gefunden; aber diese neugierige Menge, die spähend in der Ferne stand, und jede Muskel ihres Gesichts, jede ihrer Bewegungen prüfte, war ihr ungeheuer lästig, sie entzog sich soviel als möglich diesen Gaffern.

Isabella befand sich in einer sehr peinlichen Lage.

Sie sagte sich selbst, das Kaiserpaar lasse sie schon ihre Abhängigkeit fühlen.

Ihr, die früher als Herrscherin eines großen Reiches nicht feierlich genug aufgenommen werden konnte, ihr bewilligte man möglichst verstohlen ein Gehör von zwanzig Minuten an einer Haltstelle der Eisenbahn, die wenig besucht gewesen wäre, wenn nicht die Neugierde diese unbequeme Menge herbeigelockt hätte.

Die anfangs sanfteren Gefühle, die in ihr bekümmertes Herz eingezogen waren, wichen minder angenehmen.

„Majestät," bat die Kaiserin Eugenie, die in der Seele der Königin Isabella lesen mochte, „ziehen wir uns möglichst schnell in den Wartesaal zurück. Ich begreife Ihren Zustand vollkommen. Wir wollten Ihnen möglichst im Geheimen unsere heißen Empfindungen ausdrücken, aber die Badegäste belauerten uns auf Schritt und Tritt.

„Da ist denn diese ungerufene Menge hier."

Und die Kaiserin zog die Königin in den Wartesaal, den sie für den Zweck eigens in der Geschwindigkeit hatte ausstatten lassen.

Eine wohlbesetzte Tafel sollte die ermüdeten und betrübten Reisenden erquicken.

Rings herum waren die schwellenden Divans zum Ruhen aufgestellt.

So führte die Kaiserin die Königin mit dem Prinzen von Asturien in diese Räume, ihnen folgte der Kaiser mit dem kaiserlichen Prinzen, den König Franz geleitend, endlich erschienen auch der Infant Don Sebastian und die drei kleinen Prinzessinnen.

Das Gefolge blieb draußen, zum Aerger Marfori's, der seine Person nicht genug in den Vordergrund drängen konnte. — — —

„So, Majestät, nun können wir das, was wir auf dem

Herzen haben, getrost einander mittheilen," sagte die Kaiserin, indem sie die Königin nach einem Divan im Hintergrunde des Saales zog.

„O, Majestät," jammerte Isabella, „Sie können sich nicht vorstellen, was ich seit meiner Abreise in San Sebastian gelitten habe; es war zu schrecklich.

„Was habe ich denn meinem Volke gethan, daß es so wüthend auf mich ist?

„Ich bin von meinen Spaniern so hart behandelt worden, wie sie kaum gegen das verabscheuenswertheste Wesen verfahren haben würden.

„Ich habe keine Ahnung davon gehabt, daß ich bei meinem Volke so verhaßt war.

„Vor Kurzem haben sie mich noch wie fast eine Göttin in den Himmel gehoben; wo ich auch hin kam, fand ich dieselbe Ehrerbietung, dieselbe anscheinende Ergebenheit, dieselbe Schmeichelei.

„Alles Dieses hat sich seit kurzer Zeit in eine Frechheit, in eine Unverschämtheit gegen mich verkehrt, wie ich sie an den mich umgebenden Menschen niemals wahrgenommen habe.

„Hätte ich jemals eine Vorstellung davon gehabt, daß ein solcher Groll gegen meine Regierung herrsche, ich würde mich bemüht haben, denselben in das Gegentheil zu verwandeln, ich würde Alles gethan haben, mir die aufrichtige Liebe des Volkes zu erwerben."

„O, Majestät, geben Sie sich doch diesem zügellosen Kummer nicht hin," tröstete die Kaiserin ihren hohen Gast, „Sie reiben sich ja auf.

„O, ich kann mich ganz in Ihre Lage hineindenken, ja, ja, es muß schrecklich sein, den Zornesausbrüchen des Volkes so wehrlos Tage lang ausgesetzt zu sein.

„Aber Majestät haben diese Folter überstanden; suchen Sie das Vergangene zu vergessen.

„Mögen Sie in einer ungetrübten Zukunft, in einem stillen Privatleben Frieden und Freuden finden, die Ihnen auf dem Thron niemals zu Theil geworden sind.

„Bestand doch Ihr ganzes Leben während Ihrer Regierung aus einer Reihe von aufregenden Ereignissen, die an Ihrem Gemüthe zehren mußten.

„Was für einen Werth konnte dieser Thron mit seinen fortwäh=
renden Aufständen und Erschütterungen für Eure Majestät haben?

„Ich, an Ihrer Stelle, hätte mich schon längst zurückgezogen, und
die mir nothwendige Ruhe, den ungestörten Genuß des Lebens ge=
sucht; das unruhige Volk aber mit seinen ehrgeizigen Generalen, die
sich um die Herrschaft streiten, im Stiche gelassen.“

Isabella blickte verwundert zu der Kaiserin auf.

„Wer aber einmal Herrscher gewesen, verzichtet ungern,“ seufzte
die Königin.

„Sie haben recht, Majestät; ich predige Andern, was ich selbst
nicht thue. Da aber für Sie diese Frage gelöst ist, härmen Sie sich
nicht zu sehr über die Entscheidung des Verhängnisses.“ — —

Die Zeit des Scheidens war gekommen.

Der Kaiser hatte schon mehrmals seine Augen unge=
duldig auf die plaudernde Gruppe gelenkt.

Die Kaiserin bemerkte die Stimmung ihres Gatten.

Sie brach das Gespräch ab, und geleitete die spanischen Gäste an
die Tafel, wo diese einen Imbiß einnahmen.

Die Königin rührte fast nichts von den Speisen an. — — —

Man trat in's Freie.

Hier harrte schon eine große Anzahl spanischer Flücht=
linge, Anhänger Isabella's, die gekommen waren, ihrer
geliebten Königin den Zoll ihrer Anhänglichkeit darzu=
bringen. —

Diese spanischen Flüchtlinge trieb das eigene böse Gewissen in
die Fremde, sie wähnten, daß sie die Vergeltung für ihre Unthaten
treffen würde.

Ihre Furcht war unbegründet.

Die Freisinnigen, welche jetzt in Spanien regierten, waren fast
zu milde; keinem der früheren Unterdrücker geschah ein Leid.

Der General Calonge, der noch eben gar arg in Santander,
das er erobert hatte, gehaust, wurde von Bauern gefangen, und von
diesen an die Behörden ausgeliefert, aber sofort wieder auf freien
Fuß gestellt.

Isabella's Eitelkeit fühlte sich durch die Kundgebung der Flücht=
linge geschmeichelt.

Sie musterte die vornehme Gesellschaft, es waren Minister,
Generale, Herzöge, Marquis; für sie war die Verbannung eine Ver=
gnügungstour, denn alle waren mit Geld versehen.

„Freunde,“ sagte Isabella, „Ihr Anblick thut mir nach so vielen

Herzog von Rianzares, Gemahl der Königin Christina.

Kränkungen ordentlich wohl; er ist ein Lichtstrahl in dem Düster meines Daseins. Ich danke Ihnen deßhalb innig für die mir bereitete Ehrenbezeugung.

„Leben Sie wohl. Baldiges Wiedersehen in unserem schönen
Spanien. Esperamo! (Laßt uns hoffen!)“

Isabella war ganz heiter geworden.

Sie besaß also noch Freunde, die ihr helfen würden, ihren Thron
wieder zu erobern. Die Kaiserin hatte zwar zur Entsagung gerathen,
und Isabella hatte de- und wehmüthig, dieses Wort als Glaubenssatz
in ihr Gemüth aufgenommen, aber sich fügen, hatte die Königin
von Spanien während ihres ganzen Lebens nicht gelernt.

Was sie sich eben vorgenommen, war daher in alle Winde verflogen, als sie ihre Freunde sah.

Aber an diesem Unglückstage sollte Isabella jede Freude ge-
trübt werden.

Der liberalen Flüchtlinge waren so viele, ihre Sehnsucht, in's
geliebte lang entbehrte Vaterland zurückzukehren, so groß, daß die
französischen Eisenbahndirektionen Zug auf Zug nach Spanien ab-
lassen mußten.

Es war in Paris ein wahrer Tumult gewesen, so ungestüm hatten
die heißblütigen Spanier ihre Fortschaffung verlangt.

Jetzt nun näherte sich der zweite Zug an diesem Tag, der mit
den rückkehrenden Feinden Isabella's besetzt war.

Noch einmal hatte die Königin von der Kaiserin Abschied genommen, noch einmal hatten sie sich umarmt. Dann
war Isabella in den Salonwagen gestiegen, hinter ihr ihr
Gemahl, dann der Prinz von Asturien, die übrigen Kinder,
Pater Claret, Sor Raphaele del Patrocinio und Marfori.

Die Königin war indessen wieder mit dem Grafen Espeleta auf
die Galerie hinausgetreten, sie wollte bis zum Abgange mit der unten
stehenden kaiserlichen Familie im Verkehre bleiben.

Auch Herr Marfori hatte sich das Vergnügen gemacht, und seine
eitle Persönlichkeit auf der Galerie zur Schau gestellt; auf seinem Rocke
prangte ein großer Ordensstern vom Orden Karls III. Er beachtete
es nicht, daß einige französische Offiziere, die in der Nähe des Per-
rons sich aufhielten, ihn zur Zielscheibe ihres Spottes ersahen.

„Das ist ein schmucker Bursche“, lachte der eine ganz laut, „er
sieht mir ganz aus, als ob er außerordentliche Fähigkeiten in jeder
Hinsicht besitze.“

„Aber ein Reich würde ich doch um seinetwillen nicht
geopfert haben“, antwortete ein Anderer.

Die Herren thaten sich, trotz der hohen Gesellschaft, durchaus
keinen Zwang an.

Sie wiesen ganz gemüthlich auf den Gegenstand ihres Gespräches.
Und dieser schien gar nicht verletzt zu sein, er hielt ihnen mit
einer unbeschreiblichen Gleichgültigkeit Stand.

Was scheerte ihn auch die übrige Welt, er hatte ja seine
Isabella.

Plötzlich rief die Königin Isabella:

„Non hè dado un abrazzo a la imperatriz (ich habe die
Kaiserin noch nicht geküßt)", und sie machte eine Bewegung herab-
zusteigen.

„Subo, subo, a recibirlo (Ich komme, ich komme hinauf,
Ihren Kuß zu empfangen)," gab die Kaiserin Eugenie zurück.

Sie eilte die Treppe zur Galerie des Salonwagens hinauf, Ihrer
Souveränin ihre Liebe und Hochachtung zu beweisen.

Die Kaiserin Eugenie hielt der Königin Isabella die Wange hin,
welche Isabella inbrünstig küßte, aber als die Königin auch die
andere Wange Eugenia's küssen wollte, traf sie die leere
Luft. —

Der Kaiser Napoleon war während des ganzen Zusammenseins
sehr höflich, aber auch sehr zurückhaltend gewesen; er hatte zwar die
Hand der Königin, und den Prinzen von Asturien geküßt, dem Könige
Franz d'Assis aber nur eine steife Verbeugung gemacht.

Jetzt stand er auf einem Damm am Rande der Eisenbahn entblößten Hauptes, neben sich den kaiserlichen Prinzen.

Alle Anwesenden waren sehr gerührt, die Thränen
der schönen Kaiserin Eugenia flossen.

Da wurde der feierlich traurige Akt durch einen argen Mißton
unterbrochen.

Der vorhin erwähnte Zug, der mit ehemaligen, durch Isabella's
Strenge Vertriebenen gefüllt nach Spanien fuhr, war angekommen.

Die Königin und ihren Marfori erblicken, und in ein
wildes Geschimpfe gegen Beide ausbrechen, war eins.

Die Kaiserin bebte, und hielt sich mit Mühe aufrecht; des Kaisers
Stirnadern schwollen vor Zorn, die Königin stöhnte laut auf, und
barg ihr Gesicht in ihr Tuch.

Der Graf Espeleta brach vor Schmerz zusammen, nur Marfori
war von unverwüstlicher Ruhe. —

Der ganze Vorgang dauerte eine Sekunde, die Frevler eilten
unaufhaltsam der spanischen Grenze zu, wo sie vor der französischen
Justiz sicher waren.

Nun erfolgte ein letztes Augenwinken, ein letztes Wehen mit dem

Taschentuch seitens der Kaiserin, eine letzte förmliche Verbeugung des Kaisers, eine letzte Erwiderung Isabella's, und der Zug, der die noch eben wieder so hartgekränkte Königin von Spanien trug, führte dieselbe ihrem neuen Wohnsitze, dem alterthümlichen Schlosse Pau, mit seinen vielen Thürmen und Thürmchen, seinen Erkern und Söllern, zu, welches den schlauen Bearner, den einzigen protestantischen, dann abtrünnigen König Heinrich IV, (1589—1610) den besten der Bourbonen, so oft in seinen Mauern beherbergt hatte.

Sechsunddreißigstes Kapitel.

Prim's und Serrano's Einzug in Madrid.

Der Himmel hatte über den Fall Isabella's unendliche Thränen geweint, es hatte mehrere Tage in Strömen geregnet.

Da begann es sich am 6. Oktober 1868 aufzuheitern.

Mit dem bessern Wetter kam auch das Volk aus seinen Hütten, Häusern und Palästen hervor.

Es galt den Einzug Prim's und Serrano's, die Befreier des Vaterlands, und die Sieger von Alkolea, zu feiern.

Prim hatte jahrelang den Widerstand gegen die schlimmste Mißregierung zu offenen Ausbrüchen angefacht, und die freiheitliche Sache schließlich trotz des Mißtrauens zum glücklichen Ende führen helfen.

„Wohlan," sprach ein Schmied, „morgen kommen Serrano und Prim in die Stadt, wir wollen sie feiern wie die Götter."

„Den Serrano und seine Soldaten lasse ich gelten," entgegnete sein Nachbar, „sie sind muthig für die Freiheit ihres Vaterlandes mit dem Leben eingestanden.

„Aber für Prim habe ich keine große Zuneigung."

„Warum nicht?"

„Prim hat sich bei den letzten Aufständen selten in's Land gewagt, er hat Andere für sich bluten lassen."

„Möglich, daß Viele ihm seine Zurückhaltung zum Vorwurf machen, ich nicht."

„Ihr seid also dem Herrn General sehr zugethan, der Andere sich die Finger verbrennen läßt, während er selbst die seinen vom Feuer fern hält."

„Sicherlich, Prim ist von jeher ein Mann des Volkes gewesen, kein knechtischer Günstling, er ist seit Jahren die Seele der Bewegung gegen Narvaez und Genossen; und wenn er seine Person von den letzten Kämpfen zurückgehalten hat, so geschah das sicherlich nicht aus Feigheit, sondern aus Klugheit.

„Kurz und gut, ich halte es mit Prim, mögen es Andere mit Serrano halten."

„Darum keine Feindschaft, mein Freund; die Hauptsache ist, daß wir unser Städtchen morgen recht schön herausputzen." — —

Und das geschah von allen Seiten. Da schleppten die mit Maulthier bespannten zwei- und vierrädrigen Karren herbei, was an Laubwerk und Blumen nah' und fern vorhanden war.

Es war ein Rennen und Jagen durch die Straßen, ein ohrenbetäubender, nervenerschütternder Lärm, wie er seit der Thronbesteigung Isabella's nicht geherrscht. —

Hier flochten patriotische Jungfrauen Guirlanden, die an den Häusern aufgehängt wurden; dort bauete man Triumphbogen, und verzierte sie mit Sinnbildern der Freiheit, Triumphschildern und Sinnsprüchen; die Göttin mit der phrygischen Mütze, einer Art Zipfelmütze (d. h. die Figur der Freiheit) wurde überall angebracht.

Ueberall sah man Inschriften: „Tod den Tyrannen!" „Es lebe die Nation!" „Es lebe das Volk!" „Viva la soberania nacional," und andere.

Ehrenpforten erhoben sich an der Puerta del Sol, der Alcalader Toledo= und der Atochastraße.

Die Paläste der Großen waren von oben bis unten mit rothgelben Bändern, rothen Flaggen mit weißem Kreuze in der Mitte, Bannern und Fahnen und Wimpeln geschmückt; dazwischen hingen bunte Lampen und Gassterne.

Da waren die zahlreichen Springbrunnen der Stadt zu feuerspeienden Brunnen umgeschaffen.

„Das wird ein Fest werden," jubelten die Knaben, Spaniens heranwachsende Jugend, die selbst mit kleinen Gewehren und Säbeln bewaffnet über die Festplätze schwärmten.

Der Festmorgen brach an.

Faſt die ganze Nacht war man mit den Feſtvorberei-
tungen beſchäftigt geweſen.

Schon früh läuteten die Glocken von allen ſiebenund-
ſiebzig Kirchen, Klöſtern und Kapellen die Feierlichkeit ein.

Aus den Vorſtädten wogte es in zahlloſen Maſſen auf die Wege,
die der Zug nehmen ſollte.

Aber die Volksmaſſen beſtanden nur aus Frauen, Kindern und
Greiſen.

Die Jünglinge und Männer hatten ſich bewaffnet, und
bildeten eine Nationalgarde von achtzigtauſend Mann.

Der Morgen lachte golden auf die Menge nieder.

Die Balcons der Häuſer auf der Puerta del Sol und der Al-
calaſtraße füllten ſich mit einem prächtigen Damenflor in Balltoiletten,
wie ihn keine zweite Stadt der Welt aufweiſen konnte.

Hei, wie die Fächer klappten und geſchwungen wurden, wie die
Augen ſpielten, und nach allen Seiten umſchaueten.

Es waren nur wenige Cavaliere da, die mit den Schönen das
Liebesſpiel begannen, die ihre Augen auf die geſchmückten Gruppen,
die mit Laubwerk, Blumen, roth und gelben Lampen, roth und gelbem
Flaggenſchmuck, roth und gelben Teppichen überladenen Häuſern richten konnten.

Die Stutzer und ſonſtigen Elegants hatten für die ſehnſüchtigen
Sennorita's heute wenig Zeit, denn ſie paradirten in Wehr und
Waffen als Spalier an den Straßenſeiten und dem Prado entlang,
und nur die naheſtehenden vielleicht völlig fremden Herren konnten hin
und wieder verſtohlen einen zündenden Augenaufſchlag an die ihm
gegenüber auf den Altanen ſitzenden, ſtehenden, tänzelnden, oder plaudern-
den Damen ſchleudern.

Denn ſie mußten ſtundenlang die ſtraffe militäriſche Mannszucht
beobachten.

Die Freiheit koſtete nicht allein Blut, ſondern auch Schweiß,
denn Alles ſchwitzte unter den noch immer heißen Strahlen der
Oktoberſonne.

Aber der Spanier iſt ein Kind des Südens, die Hitze iſt ſein
Element, und die Meiſten ſonnten ſich ganz behaglich nach den voran-
gegangenen Regentagen.

Doch wurden einige ungeduldig.

„Daß die Heiligen in ihrem Zorne mich heute auch zum Waffen-
knecht wider Willen machen mußten, ſchmollte ein feiner Elegant zu

seinem gleichgesinnten Waffengefährten, „ich wäre lieber ein Weiber=
knecht, und säße als Zuschauer auf einem der mit schönen, jungen
Damen geschmückten Balkone."

„Mir wäre es wahrlich auch lieber," entgegnete der Andere,
„mich von Lilienarmen umschlingen zu lassen, und auf schwellenden
Polstern mit meiner Novia (Liebchen) heiße Küsse zu wechseln, als
mir von dieser schweren Schießwaffe die Schultern wund drücken zu
lassen. Aber Geduld, denn der Zug kann nicht mehr lange auf sich
warten lassen." — —

„Die Herren Generale lassen aber lange auf sich warten," brummte
ein Arbeiter, der mit seinen Kameraden die eine Seite des Prado be=
setzt hielt, „nichts rechtes im Magen, und den ganzen Tag hier
schwitzen, das gefällt mir gar nicht." ·

„Na, na, nur nicht gleich so ungeduldig, Juan, höre den hüb=
schen Marsch, den unser Musikkorps spielt, und an der Ecke der Alkala=
straße wird noch ein hübscherer geblasen."

„Da fangen sie auch an der Fuente Castellana an," meinte sein
Nachbar, „Gott behüte meine Ohren, da kann man ja taub werden."

„Die Königin und der Hof ist weg," sagte der Juan,
„ob aber Serrano und Prim es besser machen werden, weiß
ich nicht, schon daß sie uns von heut früh 9 Uhr bis Nachmittag
4 Uhr hier stehen lassen, das ist mir zuwider."

„Dafür können die Generale doch nicht, daß sie so spät kommen,
und das Volk von Madrid auf sich warten lassen. Sie kommen ja
auf der Eisenbahn, bringen ein hübsches Truppenkorps
mit, und wer weiß, wie sie unterwegs aufgehalten werden."

Hier wurden die ungeduldigen Arbeiter in ihrem Murren durch
ein willkommenes Ereigniß gestört.

Die Stadtbehörde ließ nähmlich Erfrischungen unter sie aus=
theilen.

„Na, Juan, bist Du nun zufrieden?"

„Hm, das muß man sagen, es ist zu sehen, daß das
Volk kommandirt, so etwas hat sich unter Isabella nicht
zugetragen.

„Brummten wir da, steckte man uns in's Loch; Erfrischungen
gab man uns zwar auch, aber es war nur Wasser und Brod."

„Y Viva Serrano! Y Viva Prim!" schrie Juan, indem er
das ihm gereichte Glas hoch schwenkte, und nach dem Hoch mit einem
Zuge leerte.

Seine Geduld sollte nicht lange mehr auf die Probe gestellt werden.

Am Bahnhofe von Sarragossa, das war der Ort, wo Generale und Truppen ankamen, und von wo aus der Zug beginnen sollte, wurde es lebhaft.

Am Prado und in den Straßen rührte sich die Menge, die Nationalgarden nahmen ihre Waffen wieder in die Hand, und die in die Kafé's Gelaufenen stellten sich wieder in Reih und Glied.

Jetzt fingen sämmtliche Glocken der Stadt Madrid an, zu läuten, und die auf der Plaza Mayor, der Plaza del Oriente, der Plaza del Palacio aufgefahrenen Kanonen an, zu donnern.

Dazwischen tönte der Volksjubel, was das Zeug halten wollte.

Jetzt schmetterte das Musikkorps eines Husarenregiments, welches die Spitze des Zuges bildete, den Prado herauf, und der Zug kam heran.

Zunächst das Husarenregiment im vollen Galla.

Dann Prim, Serrano und Pierrad in Paradeuniform mit Lorbeerkränzen um Haupt und Arm, selbst auf den Köpfen ihrer Rosse.

Vor Allen leuchtete der Cid von Spanien, der Held von Castillejos, wie ihn die Masse fortwährend zujauchzend nannte, der schlanke hübsche General Prim mit dem braunen Teint und den feurigen Augen, wie er elegant und graziös seinen Streithengst tummelte, und unter sich tanzen ließ, und mit unvergleichlicher Liebenswürdigkeit nach allen Seiten grüßte; ein unbeschreibliches Bild männlicher Anmuth.

Die Damen klatschten ihm fast wahnsinnig Beifall, und überschütteten ihn mit einem Blumen- und Lorbeerregen.

Auch der Marschall Serrano erntete unendlichen Beifall, die Viva's wollten kein Ende nehmen.

Der tapfere, unermüdliche, wilde Pierrad, der in zwanzig Kämpfen für die Freiheit hundertfach geblutet, wurde sicherlich nicht nach seinem Verdienst gewürdigt*).

---

*) In dem Aufstande am 22. Juni 1866 erhielt Pierrad, der denselben leitete, zwölf Wunden, hinterher hielt er sich Tag und Nacht in einem trockenen Brunnen versteckt. Serrano kommandirte damals die königlichen Truppen wider den Republikaner Pierrad, und bekämpfte ihn auf Leben und Tod. Und jetzt ritten Serrano und Pierrad einträchtig neben einander. Isabella war verjagt; wie hatten sich die Zeiten geändert.

Der General Pierrad, größer von Wuchs als seine Nebenmänner, lächelte fein.

Was fragte er nach dem Beifall der Menge, hatte er doch seine Schuldigkeit gethan.

Hinter diesen Hauptpersonen des Dramas ritten zunächst einige Hundert Offiziere, unter ihnen: Caballero de Rodas, Salazar, die sich bei Alcolea besonders ausgezeichnet hatten, Echague, Isquierdo, Buceta De Lacy und so weiter.

Sodann folgte diesem glänzenden Stabe: das Bürger= heer, Deputationen der Nationalgarde, die Freiwilligen der Freiheit, der Zug der Kaufleute mit gewaltigen Triumpf= schildern, den Gott Merkur darstellend, wie er die Göttin der Freiheit krönt.

Viele Einzelne von ihnen trugen auf silbernen Stangen und Stäben Sinnsprüche in überschwenglicher Sprache.

Die Metzger kamen jetzt heran mit Fahnenschwenkern, Purzel= baumschlägern und mächtigen Beilen.

Auf einem ihrer Schilder wurde Narvaez von einem Metzger hingerichtet.

Hinter ihnen marschirten andere Gewerke.

Da erscholl im vollen Chor die Marseillaise, die französische drei= farbige Fahne wehete hoch in den Lüften.

Diese Franzosen waren sicherlich nicht als Feinde in Madrid ein= gezogen, sie waren Verbündete der spanischen Nation, und ernteten dafür nun den unaussprechlichen Beifall der Zuschauer, die sich unbändig viel auf diese Freundschaft zu gute thaten.

An sie schloß sich eine Schaar Italiener unter dem Tenor der Madrider Oper, der sie mit gewaltigem Aufwande von Pomp führte, ihre Musik spielte den Garibaldimarsch.

Eine trauerumflorte Fahne deutete auf das geknechtete Rom.

Die einzelnen Mitglieder der Deputation trugen Sinnsprüche, welche den Papst und die Geistlichkeit zum Gegenstande, nicht des Lobes, hatten.

Dann rückten endlich die Sieger von Alcolea ein, da waren die Jäger von Simancas, von Barbastro (eben keine Freunde der Frei= heit), die von Madrid, ihren Landsleuten in wilden Weisen ihr Jubel= geschrei über die gestürzte Knechtschaft zurufend, die Gewehre mit Blumen und Laub geschmückt.

Dann kam das alte Gardegrenadier=Regiment Königin,

jetzt das Regiment der Freiheit, nach altnapoleonischem Schnitt gekleidet, mit Bärenmützen und rothen Aufschlägen, die über die ganze Brust gingen, alte verwitterte, mit Narben bedeckte Gesichter, ganz wie die alte Garde des ersten Kaisers von Frankreich.

So folgte Regiment auf Regiment.

Als die Generale vom Prado aus in die Alcalastraße einbogen, kamen sie an einen gewaltigen Triumphbogen, der aus Laubwerk, Guirlanden und Schildern mit den Namen: Topete, Serrano und Prim, oder: Es lebe Prim, es lebe Serrano und Topete zusammengesetzt war.

Ueberall hatte man auch die Porträts der Gefeierten angebracht.

Als die Generale unter der Ehrenpforte waren, flogen hunderte von Tauben, mit Freiheitsbändern geschmückt, unter den Hochrufen der Menge und den Schwenken der Tücher von den benachbarten Söllern in die Lüfte.

So bewegte sich der Zug durch die Alcalastraße, über die Puerta del Sol und die Calle Mayor bis in die Gegend des Königsschlosses, und von dort wieder zurück auf die Puerta nach dem an derselben liegenden Regierungspalast, wo die Regierungsjunta, an deren Spitze Madoz und Rivero standen, die Generale erwarteten.

Diese wildbewegte feurige Menge, wie sie sich Kopf an Kopf auf dem Platze und den anstoßen Straßen drängte (sie wurde auf 200,000 Köpfe geschätzt), bot ein imposantes Schauspiel dar, und über dieser Menge schwebte, gleichsam wie ein Chor von Engeln, der prächtige Damenflor, der sich in seinen bunten Trachten aus dem grünen Laub- und dem farbigen Blumen-Schmuck der Häuser noch lieblicher abhob.

Vor dem Regierungspalast stiegen die Generale unter dem nochmaligen fast wahnsinnigen Jubel des Volkes ab.

Sie schritten die Treppen hinauf, und Prim erschien mit Serrano und Topete auf dem Balcon.

War der Lärm bisher noch nicht laut genug gewesen, so wurde er jetzt noch betäubender.

Der Beifall wollte kein Ende nehmen.

Prim begann:

„Mitbürger!

„Die Freiheit hat gesiegt, die Tyrannen sind aus dem Lande gejagt, das Joch, was das spanische Land Jahre

lang getragen, ist abgeschüttelt. Alle freisinnigen Männer, welche früher mit einander in Zwietracht gelebt, haben
sich zum Siege der Freiheit mit einander vereinigt.

„Deshalb ist die Umwälzung, die Volkserhebung so
überraschend schnell geglückt, und der morsche Thron so
schnell zusammengefallen.

„Madrilenen! Ihr habt durch Euer weises und mäßiges
Benehmen in diesen Tagen der Unruhe die Hochachtung der
Welt erworben; ich spreche Euch dafür im Namen der spa-
nischen Nation den Dank aus.

„Hier stehen die beiden Männer," (er wies auf Serrano
und Topete, die neben ihn getreten waren, ein wilder Beifallsjubel
unterbrach die Rede).

„Hier stehen die beiden Männer," wiederholte er,
„welche an der Spitze der Marine und eines großes Theils
des Landheeres den Kampf für die Freiheit glücklich
beendet, und unser Vaterland aus den Banden der Knechtschaft für immer, so hoffe ich, erlöst haben."

Er umarmte Beide.

Wiederum wurden die Lüfte von dem Beifallssturm des Volkes
erschüttert.

„Wir haben schon einmal von Freiheit geträumt," fuhr
Prim fort, „wir haben sie genossen, uns die Früchte aber
entgehen lassen; dieses Mal wird es anders sein.

„Ich bin überzeugt, daß dieses die letzte Revolution in
Spanien war.

„Noch eins empfehle ich Euch, Mitbürger, haltet gute
Freundschaft mit Euren Brüdern, den Soldaten des Land-
heers und der Flotte. Sie haben die unerträgliche Knechtschaft,
unter welcher Ihr seufztet, von Euch abgewälzt, und Eure
Bedränger aus dem Lande gejagt.

„Daher heget und pfleget sie, erweiset ihnen alle mögliche Dankbarkeit. Der Bürger schließe mit dem Krieger,
der doch nur sein Bruder ist, ein ewiges Bündniß."

(Allgemeiner Beifall.)

„Und nun: Es lebe das Volk von Madrid, hoch der Volksherrschaft, es lebe die spanische Nation! Es lebe das Land-
heer und die Flotte! Es lebe der Herzog de la Torre (Serrano), es lebe Topete und Pierrad!"

Nach dieser Rede zog sich der General Prim unter Beifall in den Palast zurück.

Aber das Volk ruhete nicht, bis er zum zweiten Mal erschien. Diesmal trug er eine rothe Fahne mit weißem Kreuze in der Hand. Es war dies die Fahne, die er in der Maurenschlacht bei Castillejos seinen Truppen siegreich voran in den Feind getragen hatte. Er schwenkte sie hoch in der Luft über allem Volke.

Dann sprach er:

„Mit diesen Zeichen habe ich über die Ungläubigen gesiegt, mit diesem Zeichen werdet Ihr, Söhne der Freiheit, die spanischen Thrannen besiegen, die Euch unter ihr Joch beugen wollen."

Neuer Beifall. — — — — — — — — — — — —

Jetzt war es dunkel geworden. Hoch flackerte eine Guirandole von feurigen Schlangen an dem Thurm der Atochakirche auf, andre wirbelten an andern Thürmen und Klöstern empor, und krochen an den Mauern bis zur Erde.

Wie die Geistlichkeit ihre Tempel mit Lichterglanz geschmückt, so strahlten auch die Paläste der Herzöge von Medina celi, von Sesto, von Abrantes in smaragdgrünen, rubinrothen oder saphirblauen Glanz der bunten Lampen, die in Bildern und Figuren zusammengestellt, das Auge entzückten.

Die zahlreichen Springbrunnen im Prado, auf der Puerta del Sol und anderen Plätzen spieen Feuergarben, und die Musikchöre spielten die Marseillaise, die Siegeshymne und den Garibaldimarsch.

Die Madrider schwammen in einem Meer von Entzücken, sie hatten auch wohl unter Isabella gejubelt, auch wohl sich ergötzt und getanzt und illuminirt, aber es war nur eine künstliche Freude gewesen, sie kam nicht von Herzen.

„Heute Abend geht es nach meinem Geschmack," lachte ein ächter Spanier, der an solchen Schaulustbarkeiten sich nicht satt sehen konnte.

„Nun, an solchen Schauspielen haben wir wohl niemals Mangel gehabt," meinte sein Nebenmann, „es gab wohl unter ihrer entthronten Majestät mehr als ein Geburtstag, mehr als eine Kindtaufe oder Hochzeit, aber das Herz war einem nicht so dabei, wie diesmal."

„Ich bin immer lustig, wenn es Musik und Feuerwerk giebt, und ich einige Maravedis zu einem Glase Wein und Brod in der Tasche habe."

„Das ist nicht bei mir der Fall, bei mir muß die Festlichkeit einen triftigen Grund haben, und das hat sie heute."

„Wie so?"

„Du kannst noch fragen, Gevatter?

„Feiert nicht heute das Volk das Fest seiner Befreiung von dem unerträglichen Joch, das Isabella, Narvaez und Gonzalez Bravo uns auferlegt haben?"

„Ja so, da sagst Du nichts Neues, aber ich habe keinen richtigen Begriff von dieser Freiheit. Was bedeutet sie?"

„Nun, ich will es Dir erklären; Du kannst jetzt reden, wie Dir's um's Herz ist, Du kannst frei auf der Straße einhergehen, Du kannst Dein Liedchen nach Herzenslust singen, kein Gensd'arm wird Dich mehr von oben bis unten mustern, und wenn Du ihm ein schiefes Gesicht machst, oder ihm sonst Deine Nase nicht gefällt, Dich beim Kragen nehmen und nach dem Salabero (Stadtgefängniß) schleppen, wo sie Dich durchprügelten, bei Wasser und Brod sitzen ließen, bis Du windel= weich warst, oder gar nicht mehr an's Tageslicht kamst."

„Du bist gar gelehrt, Gevatter, aber ist es wirklich so, wie Du sagst?"

„Du kannst noch daran zweifeln? Das Volk herrscht! Wir herrschen ja!"

„Das will mir noch nicht einleuchten; und dann ist es noch eine Frage, ob wir immer von der Polizei unbelästigt bleiben werden."

„In aller Ewigkeit, Ungläubiger."

„Hm, Hm! — Noch Eins, Gevatter; giebt die Freiheit auch Brod?"

„Das glaube ich nicht," entgegnete der Freiheitsbegeisterte verlegen.

„Nun, dann gehe mir mit Deiner Freiheit. Ich will lieber den Mund halten, kein Liedchen singen, nicht auf der Straße toben, mich nicht an der Polizei vergreifen, wenn ich nur Arbeit und zu essen habe."

„Hast Du für nichts anderes Sinn, als nur Deinen Magen zu füllen?"

„O, doch! Du siehst ja, daß ich an allen diesen hübschen Dingen, die wir hier sehen und hören, Gefallen finde. Aber vor allen Dingen muß ich einen vollen Magen haben, wie heute, wenn ich mich amü= siren soll."

„Nun, wenn Du fleißig arbeitest, dann wirst Du wohl so viel verdienen, um Dich sättigen zu können."

„Wenn es nur immer Arbeit giebt; aber die Fabriken haben ihre Arbeit eingestellt, seit die Revolution begonnen hat, und wir hungern;

wenn Eure Freiheit keine anderen Früchte trägt, dann ist sie nicht nach unserem Geschmack."

Und wie dieser Arbeiter dachte, so gab es noch Tausende in Madrid; sie waren brodlos, und von der verkündigten Freiheit konnten sie nicht leben.

Einen Monat nach dem Triumphe des Volkes beschäftigte die Stadt 13000 Arbeiter.

Das waren die Nachwehen der Erholung.

Die Günstlinge und Generale hatten das Land so verwahrlost, wie wir schon früher erzählt, daß das fruchtbare Spanien in Elend und Hungersnoth war.

Diese Erbschaft empfingen die Männer des Volks, und sie hatten schwer an der Bürde zu tragen, die sie ihnen auflegte.

Zum Glück überwanden sie diese Schwierigkeit. — —

Aber heute hatte man noch nicht mit so ernsten Dingen zu schaffen, und wenn auch einige darbten, so schwiegen sie.

Gespräche, wie das vorhin erzählte, waren selten.

Die Reichen waren heute so freigebig, ob aus Freude über die ohne Blutvergießen in Madrid errungene Freiheit, oder aus Furcht vor dem Volk, von denen viele Tausende bewaffnet waren, läßt sich nicht sagen.

Sie gaben reichlich Almosen; ja bei einigen spieen die erleuchteten Springbrunnen Wein, und Tafeln standen auf offener Straße mit allerhand Speisen.

Von diesen Speisen empfing jeder, der herantrat, durch angestellte Bediente.

Natürlich vervollständigte diese Speisung den Volksjubel. — —

Man jubilirte heut, und man jubilirte morgen und übermorgen, die ganze Woche.

Die Armen aber priesen die eingezogene Freiheit, als eine Heilige, die vorzüglicher sei, als alle anderen Heiligen, denn sie gewähre Brot und Vergnügen ohne Arbeit. — —

Prim zog noch oft in vollem Gepränge durch die Straßen, redete noch oft das Volk an, und erntete, wenn möglich, einen immer größeren Beifall.

An Stiergefechten fehlte es auch nicht. Da kam der alte Cuchares, der Fürst der Torreadores (Stierkämpfer), und brachte im Frack und mit der größten Eleganz einige der wüthendsten Stiere aus den Steppen Estremadura's zu Boden, und mit ihm wetteiferte ein zweiter, nicht minder geschickter Matador Pucheta, der neun Stiere erlegte.

Das war Prim's und Serrano's Einzug, die wonnig= sten Tage Madrids seit Jahren, denn sie wurden nicht durch die im Hintergrunde drohende Thrannei verdunkelt.

Noch aber quälte sich das spanische Volk nicht mit dem Gedanken, wer es später beherrschen solle, ob ein König oder ein Präsident.

Siebenunddreißigstes Kapitel.

Die Hochzeit auf dem Schlosse de la Seda.

Mit der Entthronung der Königin Isabella, und dem Einzuge Prim's und Serrano's in Madrid, schien in Spanien die Ruhe und der Friede eingekehrt zu sein.

Die Männer des Volks hatten gesiegt, die Bourbonen waren feige aus ihrem Reiche geflohen. Niemand weinte ihnen eine Thräne des Mitleids nach.

Lassen wir sie mit ihrer Trauer, vielleicht auch Reue, wenn sie überhaupt dergleichen Gefühle hegen, in dem Vergnügungsbabel Paris zurück, und treten wir in einen Kreis wahrhaft fröhlicher Menschen, welche unter der Zuchtruthe, welche das frühere Herrschergeschlecht über das Land geschwungen, gar arg gelitten hatten, jetzt aber tief auf= athmeten, da das Ende ihrer Leiden gekommen war.

Wir begeben uns in das Schloß Eduardo de la Seda's.

Es ist ein schöner Oktobermorgen des Jahres 1868, wo wir die andalusischen Gelände besuchen.

Ein heiterer Himmel lachte über die gesegneten Auen, welche das Schloß umgaben, und im Edelsitze selbst regte es sich besonders emsig.

Mehr als je waren die Gemächer mit aller Pracht geschmückt, mehr als je war eine zahlreiche Dienerschaft unter der Aufsicht der Frau Geronima geschäftig, für die Gäste zu sorgen.

Auch nach Außen hin leuchtete das Schloß im bunten Fahnen= und Flaggenschmuck und Laubgewinde weit in die Ferne, zum Zeichen, daß ein Jubelfest in dessen gastlichen Hallen gefeiert wurde.

Hell strahlte die Freiheitssonne über dem nun glücklichen Spanien, und die Hochzeit sollte gefeiert werden zwischen zweien Liebenden,

Enriquez de Alar und Juana de la Seda, wie man ihnen am Verlobungstage nach Narvaez' Tod versprochen hatte.

Der junge Mann hatte nicht so bald die Freiheitsfahnen über die spanischen Berge ihren Triumphzug beenden sehen, als er zu Eduardo geeilt war, um ihn an sein Wort zu mahnen.

„Nun, Vetter Eduardo," sagte Enriquez bittend, „erfüllt Euer Versprechen, und vereinigt mich mit meiner geliebten Juana."

„So schnell geht es nicht, junger Herr Schwiegersohn," scherzte Eduardo. „Hierin haben auch die Frauen ein Wort mitzureden. Was meinst Du, Geronima?"

„Ich bin damit einverstanden, daß das Vermählungsfest von heute ab über vierzehn Tage gefeiert werde."

„Und Du Juana?" fuhr der Vater lächelnd fort.

„O, Papa!" hauchte das junge Mädchen tief erröthend, und barg ihr Köpfchen an die Brust ihres geliebten Enriquez, der sie schon lange umfaßt hielt, und selig auf sein Bräutchen herniedersah.

„Das ist noch ein wenig lang, nicht wahr, liebe Juana," meinte dieser halb schmollend.

„Der junge Herr muß sich schon so lange gedulden," sagte lächelnd die Hausfrau. — —

Heute war dieser vierzehnte Tag angebrochen. Alars, Sequanilla und Martinez nebst Gemahlinnen, und viele Freunde von nah und fern, waren schon erschienen, und man harrte noch eines hohen Gastes.

„Ob der viel beschäftigte General Prim wohl gerade jetzt kommen wird?" meinte Eduardo.

„O, ich glaube es gewiß," sagte Pedro de Sequanilla, „wir feiern ja zugleich mit diesem Hochzeitsfest den Triumph des Vaterlandes über unsere Unterdrücker."

Sie hatten noch nicht ausgeredet, als schon ein mit sechs Maulthieren bespannter Reisewagen heranrasselte.

In demselben saß im weißen Käppi, welches mit einer starken Goldborde versehen war, (die Kopfbedeckung der spanischen Reiter), und einfachen Uniformrock mit zwei goldnen Sternen der Held von Spanien, der gefeierte General Don Juan Prim.

„Ich dachte schon, Sie würden nicht kommen?" begrüßte Eduardo ehrerbietig den ersten Krieger Spaniens.

„Ich sollte," bemerkte Prim, „meine alten Waffengefährten aus dem marokkanischen Kriege, die Streiter in so vielen Freiheitskämpfen, vergessen?

„Das wäre unverantwortlich gewesen.

„Ich habe mich in Madrid auf einige Tage beurlaubt, so noth=
wendig meine Gegenwart auch dort ist, und bin hier, das Hochzeits=
und Freiheitsfest nach Gebühr zu begehen.

„Ah! da sind die jungen Leute," fuhr er fort, die Brautleute im
Schmucke ihres Ehrentages erblickend, „fürwahr ein allerliebstes Paar!
Wie sie erröthen!

„Nun Kinder," wendete er sich zu Enriquez und Juana, die
Arm in Arm, von ihren Eltern, Verwandten und Hochzeitsgästen
umgeben, ihm entgegengetreten waren., „ich wünsche Euch bessere Zeiten,
wie wir sie gehabt, ein von Stürmen und Ungemach freieres Leben.

„Es gehörte eben eine eiserne Natur, wie die unsere, dazu, um
alle die Fährlichkeiten zu bestehen, die wir durchgemacht haben, alter
Freund," richtete er seine Rede an Juan de Alar, der ernst, aber doch
freudig, ihm die Hand schüttelte.

„Nun ist Alles vorüber, Freund Prim," entgegnete Juan de
Alar, „und wie ich hoffe, auf lange. Ich weiß nicht, welche Wand=
lung mit mir vorgegangen ist, mein alter Trübsinn ist ganz verschwun=
den, mir lächelt Alles an, wie seit langer, langer Zeit nicht."

„Kein Wunder," entgegnete Prim, „wenn zwei so blühende Kin=
der Ihnen die Sorgen von der stark gefurchten Stirn zu verscheuchen
suchen."

„Es ist Zeit, meine Herren," sprach jetzt Eduardo, „wir dürfen
den Pfarrer in seiner hübschen Kirche nicht warten lassen!"

Der Zug setzte sich mit Fahnen und Musik in Bewegung.

Die schmucke Kirche mit ihrem schönen Altargemälde, ihren heiligen
Statuen, war gedrängt voll Landleute, denn wie ein Lauffeuer war
die Kunde von der auf Eduardo's Schloß bevorstehenden Festlichkeit
durch die Umgegend geeilt.

Die Landleute, unter ihnen die Majo's mit ihren Maja's,
(Stutzern und Dorfschönen) waren im bunten Farbenschmuck der silber=
beknöpften Jacken, der schneeweißen Wäsche, der bluthrothen Schärpe
und den eng anliegenden Beinkleidern, den lang wallenden Mantillen,
seidenen, befranzten Röckchen, und den rothen Atlasschuhen der Frauen
herbeigeeilt, um mitzujubeln.

Der Pfarrer las das Hochamt, von seinen weiß gekleideten, Weih=
rauchfässer schwingenden, Chorknaben umgeben.

Dann segnete er das liebliche Brautpaar, nachdem er sie in er=
greifender Rede zur ehelichen Treue ermahnte.

Dann kehrte der Zug nach dem Schlosse zurück; seine Theil-
nehmer waren jedoch zahlreicher geworden, denn man hatte zur Seite
der Braut den General Prim erkannt, und nur die Heiligkeit
des Ortes verhinderte, daß das Volk seinem geliebten Befreier eine
begeisterte Aufnahme bereitete.

Noch war man im ersten Freiheitsrausche, noch hatte kein Mißton in diesen Gegenden das Volk ernüchtert.

Als die Gäste das Freie betraten, brauf'te die Volkslust hoch
auf. Jauchzender Zuruf erscholl von allen Seiten zum
Lobe des Helden, immer mehr Leute strömten aus den nahen
und ferneren Ortschaften zur Begrüßung des Generals
Prim herbei.

Frauen, Kinder, Greise kamen mit flatternden Fahnen und
Musik in langen Prozessionen herbei, den Helden zu begrüßen.

Die Hochzeit Enriquez' und Juana's waren zum Volksfest der
ganzen Gegend geworden.

Die Gemeinden zogen unter ihren Alkalden (Vorstehern) vor das
Schloß, und verlangten stürmisch Prim zu sehen.

Die Gesellschaft hatte sich eben zur Tafel gesetzt, als draußen
die Menge ungeduldiger wurde.

Man schob gern die Tischfreuden auf einige Augenblicke hinaus,
um den Wunsch der begeisterten Andalusier zu befriedigen.

Prim trat von Juan de Alar, Eduardo de la Seda,
Pedro de Sequanilla und José Martinez begleitet, auf
den mächtigen Balkon des Schlosses.

Ein Regen von Lorbeer- und Blumenkränzen ergoß sich über
den General und seine Begleiter.

Enriquez und Juan, sich innig umschlungen haltend, schaueten
hinter den ernsten Männern hervor, ein liebliches Bild der frischen
Jugend bietend.

Neben ihnen wurden die Damen Geronima, Sicula, Juliana
und Ines sichtbar.

Das fesselnde Adlerauge Prims flog über die begeisterte Schaar, die im wilden Jauchzen ihren Empfindungen
Ausdruck verlieh.

„Mitbürger!" sprach er, „ich danke Euch für die Huldigung, die Ihr mir zollt, das Land schlägt mein Verdienst
viel zu hoch an.

„Noch einmal meinen Dank. Ich werde ihn dem spanifchen Volke auch dadurch bezeigen, daß ich bis zum letzten Athemzuge mit meinem Arm seine Freiheiten vertheidigen werde.

„Hier, Mitbürger," fuhr er fort, indem er auf Juan be Alar, Eduardo de la Seda, Pedro und Martinez wies, „dies sind auch Männer, die für die Freiheit gelitten und gestritten. Ich empfehle Sie Euch als die hervorragendsten Freiheits- und Vaterlandsfreunde und meine treuesten Gefährten in dem harten Kampfe, den wir eben überstanden. Wenn Ihr mich feiert, dürft Ihr sie nicht übergehen."

Ein donnerndes Hoch wurde nun auch diesen Freunden ausgebracht.

„Nun, Spanier, wünsche ich, daß unsere eben errun= gene Freiheit wie ein Fels im Meere feststehe, den die um= brandenden Fluthen des Oceans Jahrhunderte lang nicht erschüttern können."

Weit hinein in die Berge erscholl der Beifall der Menge und weckte die Echo's.

Sodann zogen Prim und die Gesellschaft sich zur Tafel zurück.

Aber auch vor dem Schlosse wollte die Freude, die dort, wie in demselben herrschte, kein Ende nehmen.

Das war ein Kastagnettengeklapper, ein Mandolinengeklimper, ein Fandango= und Bolerotanzen bis tief in die Nacht, wie bei jeder Gelegenheit in diesem Sonnenthal der Erde.

In dem Schlosse aber ging es nicht minder hoch her.

Man gab sich den Freuden der Tafel ohne Rückhalt hin, und war auch sonst in heiterer, ausgelassener Stimmung. Denn klarer sah man jetzt in die Zukunft als am Verlobungstage.

Da war nur Narvaez gestorben, seine Werkzeuge beherrschten das Land weiter, man besorgte langwierige, harte Kämpfe, um die Befreiung Spaniens.

Zu diesem war es glücklicher Weise nicht gekommen.

„Nun, alter Freund Juan," meinte Pedro, „die Prophezeiung, die Du im April dieses Jahres bei der Verlobung unserer jungen Leute aussprachst, ist eingetroffen. Freuest Du Dich nicht darüber?"

„Sicherlich, Pedro, und daß dabei nicht allzuviel Blut geflossen, dafür danke ich dem Schöpfer aus vollem Herzen."

„Der Wunsch ist zwar lästerlich," meinte Pedro, „aber ich hätte gern gesehen, daß ich beim Austreiben der verwünschten Tyrannen hätte helfen können."

„Laß es gut sein, Pedro. Vor Allem müssen wir uns Glück wünschen, daß Spanien frei ist, und daß eine schwache Königin nicht mehr gegen die Wohlfahrt des Landes ihre Ränke spinnen kann."

„Das ist wahr," sagte Pedro, „und ich sollte meinen, wir hätten uns genug um die Freiheit unseres Vaterlandes gemühet."

„Das Zeugniß kann ich Euch geben, meine Freunde," fiel hier Prim ein, „daß es in Spanien, selbst mich nicht ausgenommen, Wenige giebt, die eifriger für die Rechte des Volkes eingestanden sind, als Ihr."

„Das ist für uns sehr schmeichelhaft," dankte Eduardo, aus so gefeiertem Mund ein solches Lob zu vernehmen.

„Nun, von Aufstand zu Aufstand haben wir uns herumgetummelt," lachte Pedro, „es mögen wohl so einige zwanzig Straßenkämpfe sein, bei denen wir uns betheiligt haben.

„Und arg in der Klemme sind wir auch gewesen; namentlich war ich damals bei der Erhebung in Barcelona in großer Gefahr."

„Am 22. Juni 1866 ging es Ihnen auch hart an's Leben, Freund José (Martinez)", fiel Enriquez ein. „Wenn man Sie damals erwischt hätte, würde O'Donnel nicht viel Umstände mit Ihnen gemacht haben."

„Das war es ja eben," lachte Martinez, „ich habe immer Glück gehabt, aber Ihr, Juan und Eduardo, weniger."

„Ja, ja," seufzte Juan, „wir haben leider die Schrecken der Kerker in Sevilla nur zu genau kennen gelernt."

„Ei was, Onkel," ermunterte hier Eduardo, „sehen Sie doch nicht trübselig drein. Die damaligen Leiden sind überstanden, sie kehren hoffentlich nicht wieder? Nicht wahr, Herr General?" wandte er sich gegen Prim.

„Ich habe es schon jüngst in Madrid ausgesprochen," erwiederte Prim, „es ist meine feste Ueberzeugung, Spanien gehe dieses Mal unberührt von heftigen inneren Erschütterungen einer sicheren Zukunft entgegen."

„In der Hoffnung, daß Sie, Herr General Prim, wahrgesprochen," sagte Pedro, indem er aufstand und sein gefülltes Glas hochhielt, „trinke ich auf einen ewigen inneren Frieden Spaniens."

Alle stimmten in diesen Trinkspruch ein.

Der Jubel verbreitete sich unter die Landbevölkerung, die vor dem Schlosse den Tag beging.

Nachdem wieder Stille eingetreten war, nahm Martinez das Wort:

„Reuet es etwa Einen unter uns, daß wir unsere letzten Kräfte daran gesetzt haben, unser Vaterland von der Schmach zu erlösen, die auf ihm lastete?"

„Nein! nein!" schrieen die Freunde im Chor, „wir rechnen es uns zum höchsten Glücke an, daß es uns vergönnt war, unseren schwachen Arm und Kopf dem Vaterland zu reichen."

„Würden wir nicht wieder," fuhr Martinez fort, „mit unserer Person, mit unserem Hab und Gut für unsere schöne Heimath einstehen, wenn dieselbe unserer Hilfe bedürfte?"

„Ja! ja! das würden wir mit ganzem Herzen, wir schwören das beim Allmächtigen.

Alle hatten sich erhoben, und streckten die Hände empor.

„Alles für das Vaterland, Alles für die Freiheit!"

„Wir kämpfen für sie bis in den Tod!"

Abermals klirrten die Gläser zusammen, und wieder gelangte der Spruch hinaus vor das Schloß, und wiederum kehrte von dort durch die offenen Thüren der nämliche Wiederhall zurück.

Die Landleute hatten den im Saal geleisteten Schwur vernommen.

Auch sie hatten dem Vaterlande feierlich bis zum letzten Blutstropfen unverbrüchliche Treue geschworen.

Zum dritten Mal erhob jetzt Martinez sein Glas.

„Mit dem Spruche bringe ich dem Schöpfer mein Gas, daß er uns aus so vielen Gefahren glücklich errettet, und zufrieden und gesund erhalten hat, bis auf diesen Tag; und daß er uns vergönnt hat, das Ende der Thrannei zu schauen."

„Gott sei gelobt und gepriesen für den Beistand, den er uns in allen Nöthen geleistet hat," hallte es feierlich in der Tischrunde wieder.

„Nun noch eins," hob Martinez an. „Hat Einer von der Gesellschaft über Elvira de Xeres, die Bluträcherin, unsere theure Genossin im Kampf, etwas gehört?"

„Ja wohl," entgegnete Juan stockend: „Auch sie hat das Ende der Thrannei geschaut, sie hat ihrer Todfeindin, der letzten Bourbonin, beim Scheiden vom spanischen Boden die letzten Verwünschungen nachgerufen.

„Die Aufregung und der Gram um ihren geliebten Benito hatte aber ihre letzten Kräfte aufgezehrt.

„Ihre Laufbahn endete, als sie sich an der Vernichterin ihres Lebensglücks gerächt sah.

„Weihen wir ihrem Andenken aufrichtige Trauer."

Die Gesellschaft wurde ernst gestimmt. Eine Weile trat eine Pause ein, dann hob Pedro an:

„Wir sind hier beim fröhlichen Feste, darum laßt uns lustig sein."

„Ueber allen unsern Reden haben wir des Brautpaars, der Damen, und Gott weiß, wen Alles vergessen.

„Also ein Lebehoch den Neuvermählten; sie mögen ein glückliches Leben führen von nun an bis in alle Ewigkeit.

„Möge nie die Sorge sie heimsuchen, möge nie am Heerde die Zwietracht herrschen.

„Lustig mögen sie durch das Leben wandeln, von blühenden Kindern umgeben, dies ist mein aufrichtigster Wunsch."

„Hoch das Brautpaar" wiederholten Alle.

Und „hoch das Brautpaar" hallte es von draußen herein.

Jetzt erhob sich Enriquez und sagte: „Meinen herzlichsten Dank, Onkel Pedro; mögen Sie bis an das Ende der Tage so lustig und heiter, wie heute, bleiben, und durch Ihre frohe Laune alle Welt ergötzen und gewinnen."

Der Trinkspruch fand Beifall, man stieß an.

Prim hatte eine Zeitlang still gesessen.

Jetzt stand auch er auf:

„Ich bringe dieses Glas" sprach er, „den an der Tafel anwesenden Damen, unter ihnen insbesondere den wackeren Gemahlinnen meiner Freunde, die ihnen auf ihrem harten Lebenswege so treu zur Seite gestanden. Die Zukunft ist lichter geworden, als die Vergangenheit es war.

„Mögen wir noch oft beisammen sein, und uns ebenso froh und glücklich fühlen, wie heute!"

„Den Frauen hoch," jubelten Alle.

Dies waren die Glanzpunkte des Festes.

Man saß noch eine Zeit lang bei Tische, dann erhob man sich, um sich bis zu später Stunde in traulicher Plauderei in den dichten Laubgängen des Gartens und Parkes zu ergehen, oder in den traulichen Gemächern der Unterhaltung bei einem Glase Wein zu pflegen.

Achtunddreißigstes Kapitel.

Isabella II. in der Verbannung.

Das kaiserliche Schloß in Pau, wohin sich die vertriebene Königin Isabella von Spanien zurückgezogen hatte, war ein leidlich hübscher Aufenthalt, zumal der Kaiser Napoleon und die Kaiserin Eugenia, so viel in ihren Kräften stand, dazu beigetragen hatte, das Schloß, so wie seine wunderschönen Umgebungen, aufs Wohnlichste zu gestalten.

Aber eine eben erst entthronte Königin konnte nirgends zufrieden und glücklich leben, wäre es auch im Paradies gewesen.

Ihre Majestät hatte ganz andere Dinge im Kopfe, als ihren Wohnort.

Pau war der Königin nicht etwa nach Laune und Willkühr vom Kaiser Napoleon als Residenz angewiesen worden, sondern Isabella hatte es sich absichtlich erbeten, um Spanien nahe zu sein.

Sie hoffte immer noch, daß man sie zurückrufen werde, wenn die erste Aufwallung der Spanier sich gelegt hätte.

Und wenn das nicht der Fall war, so schmeichelte sie sich, in der Nation und im Heere genug Anhang zu haben, um eine gewaltsame Wiedereinsetzung zu erzwingen.

„Wir dürfen Spanien nicht aus den Augen lassen," sagte sie zu Marfori, als sie eines Morgens ihr „gewöhnliches Plauder- und Schäferstündchen" mit ihm abhielt, nachdem sie vorher gar andächtiglich die Messe gehört.

Sie that sich jetzt weniger Zwang in ihren Neigungen an, als jemals.

Sie hatte um Marfori's Willen einen Thron geopfert, warum sollte sie jetzt seine Gesellschaft entbehren.

„Eure Majestät haben recht," entgegnete der Günstling, indem er sich behaglich in die Ecke des Divans lehnte, auf welchem er mit seiner Gebieterin saß.

Die Ehrfurcht, die Marfori früher in Gegenwart Ihrer Majestät, auch wenn sie allein waren, beobachtet hatte, war einem ungezwungenerem Benehmen gewichen.

Isabella hatte diese Veränderung nicht ohne Empfindlichkeit bemerkt, aber sie schwieg dazu, denn der Günstling war ihr unentbehrlich geworden, und sie konnte dem Ehrgeizigen nicht mehr glänzende Ehrenstellen verleihen, wie sonst.

„Eure Majestät haben Recht," wiederholte Marfori, „die Feinde, welche gegen Eure Majestät so großen Erfolg gehabt haben, verdankten denselben nur ihrer augenblicklichen Einigkeit. Sie werden sich in Kurzem von einander trennen.

„Prim nnd Pierrad haben ihr Lebelang dem Marschall Serrano feindselig gegenüber gestanden, und Topete ist seiner ganzen Richtung nach königlich gesinnt, das ist ein Mann, den wir für unsere Zwecke brauchen können."

„Da gießen Sie ja die Hoffnung, wie süßen Balsam in mein tief verwundetes Herz," sprach Isabella, indem sie ihren Günstling innig umarmte. „Sie sind ein Mann ohne Gleichen. — Aber wie den Topete gewinnen?"

„Natürlich durch schmeichelhaftes Vertrauen und glänzende Verheißungen," entgegnete Marfori; „vorläufig dürfen wir aber diesen Weg nicht betreten. Wir müssen hier ruhig die Entwickelung der Verhältnisse in Madrid abwarten, und, wenn der geeignete Zeitpunkt gekommen ist, uns an den Admiral wenden."

„Was soll ich aber jetzt thun?" fragte die Königin weiter.

„Ihre Rechte auf den spanischen Thron durch Wort und Schrift als unveräußerlich darstellen, und der Welt versichern, daß Sie unter keiner Bedingung dieselben aufgeben."

„Das ist blutwenig; darüber wird man lachen, Marfori."

„Aber es ist das Einzige, was vorläufig zu bewerkstelligen möglich ist.

„Eine solche Kundgebung seitens Eurer Majestät ist nicht so lächerlich, als Sie denken.

„Sie bezeugt den festen Willen Eurer Majestät, Ihre Ansprüche unter allen Umständen aufrecht zu erhalten, und stärkt Ihre Anhänger im In- und Auslande."

„Es muß also ein Schriftstück sein, in welchem ich gegen die bestehenden Zustände Spaniens feierliche Verwahrung einlege, und den Spaniern kundthue, daß ich entschlossen bin, die jetzige Ordnung der Dinge, sobald ich die Macht dazu habe, umzustoßen."

„So ist es, Majestät. Ich werde in den nächsten Tagen Eurer Majestät ein solches Schriftstück zur Ansicht und Beurtheilung vorlegen."

„Thun Sie das, Geliebter."

Ihre Majestät war der ernsten Unterhaltung müde, und ging zu einem Gespräche über, das ihr mehr zusagte.

Sie war die lebenslustige Isabella wieder.

Am anderen Tage, es war am dritten October, brachte Marsori den Protest Isabella's an die spanische Nation.

Er lautet:

„Spanier!

„Eine in keinem anderen Lande dagewesene Verschwö-rung hat Spanien in die Schrecknisse einer Revolution gestürzt.

Truppen der Land- und Seemacht, deren Dienste ich immer gern belohnt habe, vergaßen ihre glorreiche Ver-gangenheit und brachen ihren Eid; sie wendeten sich gegen mich. Mit ihnen vereinigte sich ein Theil der Armee.

Eine Reihe von Abfällen beleidigen meinen Stolz als Spanierin — und meine Würde als Königin.

Mögen meine Feinde nicht wähnen, daß die Staats-gewalt, die so hohen Ursprungs ist, übertragen oder unter-drückt werden kann durch die eingreifende Gewalt von Re-bellen.

Wenn sich auch Stadt und Land den Empörern unter-werfen, so wird bald das allgemeine Gefühl erwachen und zeigen, daß Verfinsterungen der Vernunft in Spanien nur vorübergehend sind.

Bis dieser Augenblick kommt, habe ich es für ange-messen gefunden, meine Sicherheit in den Staaten meines erhabenen Bundesgenossen zu suchen, um zu handeln, wie es mir meine Eigenschaft als Königin auferlegt, und die Pflicht, meinem Sohne die Rechte zu übertragen, die durch meine fünfunddreißigjährige Regierung gewonnen wor-den sind.

Ich beeile mich hiermit, gegen die in Spanien gesche-nen Begebenheiten eine ausdrückliche und feierliche Ver-wahrung einzulegen. Meine Ahnen haben langwierige Kämpfe gegen unrechtmäßige Gewalt glücklich bestanden; ich hoffe, das nämliche Glück zu haben.

Ein Königthum, welches funfzehnhundert Jahre bestan-den hat, geht nicht in vierzehn Tagen voll von Meineid und Untreue unter.

Spanier, bleibet treu, verlasset Eure Verführer; tretet

zu Eurer Königin über, und vertheidiget ihr Recht, dessen versehe ich mich von Eurer Gewissenhaftigkeit.

Isabella II, Königin von Spanien."

Dies ist der Auszug dieses wunderlichen Schriftstücks.

Marfori erhielt von der Königin die Erlaubniß, dasselbe zu veröffentlichen. — — —

Es machte aber gar keinen Eindruck auf die Spanier, und die öffentliche Meinung spottete darüber. — —

Doch Isabella war noch nicht ganz verlassen.

Dies zeigte sich an ihrem Geburtstage, dem 10. October.

Im Schlosse zu Pau war an diesem Tage viel Leben.

Ihre Majestät hatte die Nacht vorher geweint.

Wie ganz anders war im vorigen Jahr ihr Geburtstag gefeiert worden.

Sie war damals noch in Madrid gewesen, nicht ahnend, daß sie im nächsten Jahr als Vertriebene und Gedemüthigte auf fremdem Boden weilen würde.

Die Glocken von hundert Kirchen hatten damals geläutet, die Kanonen gedonnert, die Musikcorps der Garnison ihr ein Morgenständchen gebracht. Den ganzen Tag hatte sie im Thronsaal des königlichen Schlosses von Abgeordneten, von allen Behörden und Staatskörpern, die wärmsten Glückwünsche empfangen.

Lauter heuchlerische Versicherungen, wie sich jetzt herausstellte!

Jetzt war sie einsam auf einem entlegenen Schlosse. Wenige kümmerten sich um sie, Wenige wußten überhaupt, daß ihr Geburtstag war.

Nachdem sie sich satt geweint, schlief sie endlich ein, und erwachte erst spät am Morgen.

Ihre getreue Kammerzofe begrüßte sie mit dem herzlichsten Glückwunsch und einem riesigen Bouquet.

„Du bist mir treu, Gregoria, Du brauchst es nicht auszusprechen, ich weiß es, denn Du bist mir in die Verbannung gefolgt."

„Ich folge Eurer Majestät bis an das Ende der Welt," betheuerte Gregoria „ich verlasse Sie nicht, mag kommen, was da will.

„Es sind auch noch mehr da, als Sie denken, die treu an Eurer Majestät hangen," fuhr Gregoria fort.

„So?" fragte Isabella verwundert und doch freudig.

Gregoria sagte nichts weiter, nur meinte sie:

„Eure Majestät müssen heute die Galatoilette anlegen, wie Sie bei solchen Festlichkeiten in Madrid zu thun pflegten."

„Wenn Du es meinst, gutes Wesen, so soll es geschehen."

Die Königin kleidete sich nach den Anordnungen Gregoria's an; darauf ließ sie sich in den Hauptsaal des Schlosses führen.

Es war zwar nicht der Thronsaal des Schlosses von Madrid mit seinen werthvollen Kunstschätzen, aber immerhin eine ansehnliche Räumlichkeit, die vom Kaiser Napoleon fürstlich ausgestattet war.

Ha! Wie freudig glänzten Isabella's Augen, als sie eintrat.

Eine Art Thronsessel war für Ihre Majestät errichtet. Auf einer langen Tafel waren die reichen Geschenke ausgebreitet, die von Nah und Fern eingetroffen waren.

In den anstoßenden Gemächern harrten spanische Generale und Deputationen aus verschiedenen Ortschaften Spaniens, um ihre Glückwünsche darzubringen.

Was die Königin am meisten freuete, war die Anwesenheit des Grafen und der Gräfin Girgenti, die eigens an diesem Tage hergekommen waren, um die erhabene Mutter zu begrüßen.

Natürlich war Marfori nach Gregoria der erste gewesen, der die Königin mit den wärmsten Glückwünschen und Zärtlichkeiten überhäuft hatte.

Isabella hatte dem Geliebten in nicht minder feuriger Weise gedankt.

Ein Musikkorps der nahen Garnison brachte das übliche Ständchen.

Sicherlich, dies war ein Sonnenscheintag nach so vielen finstern Unglückstagen. — — — — — — — — — — —

Aber der Lichtstrahl verflog, und das alte Dunkel trat wieder ein.

Isabella befand sich in augenblicklicher Geldverlegenheit, obgleich sie so vorsorglich gehandelt, und versucht, den Staatsschatz den Augen der Rebellen zu entziehen.

Eines Morgens berief sie einen ihrer Getreuen, einen General, in ihr Kabinet.

„Herr General," begann sie, „sind Sie mir auch wirklich treu? Ist Ihre Versicherung der Anhänglichkeit an mich nicht ebenso erdichtet, als die vieler Andern?"

„O, Majestät! Sie denken schlecht von mir, beweist denn nicht meine Anwesenheit an hiesigem Ort, daß ich es mit Eurer Majestät gut meine."

„Nun, so will ich Sie auf die Probe stellen," fuhr Isabella fort.

„Ich habe in Madrid eine ziemliche Anzahl von Kisten mit Kleinodien und Geldern auf einem abgelegenen Speicher

in der Calle des los Ambajadores Nr. 15 (Gesandten=
straße) versteckt.

„Ich ersuche Sie, nach der Hauptstadt zu eilen, und
dieselben hierher zu schaffen."

„Erlauben mir Eure Majestät eine Frage?"

„Sehr gern, Herr General."

„Sind die Kleinodien Ihr Privateigenthum?"

„Zum Theil ja, zum Theil gehören Sie dem Staats=
schatz. Ich sehe nicht ein, warum ich meinen Feinden, die
meine Privatgüter mit Beschlag belegen, Werthstücke lassen
soll, die zwar nicht mein sind, aber doch in meinen Händen."

„Ich mache Ihnen auch aus Ihrer Handlungsweise keinen Vor=
wurf, Majestät, nur möchte ich nicht gern bei der Ausführung meines
Auftrages, wenn ich ertappt würde, als Dieb bestraft werden."

„So zögern Sie, die Sendung zu übernehmen; sagte ich nicht,
daß Ihre Anhänglichkeit eine sehr enge Grenze hätte?"

„O, Majestät, reden Sie doch nicht so hart; was ich vollbringen
soll, ist eine sehr heikliche Sache, es greift an meine Mannesehre."

„Aber es ist für mich eine Lebensfrage, so viele Gelder und
Werthsachen als möglich in die Hand zu bekommen.

„Ich bedarf ihrer zunächst zum Unterhalt meiner Familie, und
dann zu Unterstützung meiner Freunde in Spanien, welche bestrebt
sind, mich, oder doch wenigstens meinen Sohn, wieder auf
den Thron zu setzen.

„Ist der Einsatz, den Sie für diese große Sache wagen, denn
so ungeheuer, Herr General?"

„Nun wohl, Majestät, ich will das mir gebotene Unternehmen
ausführen."

Der General verabschiedete sich.

Er nahm die nöthigen Papiere mit, um den verborgenen Schatz
zu heben. Es war ein wunderlicher Schatzgräber. — — — —

„Sie wissen, Sennor, das Nöthige," sagte der General, in
Madrid angekommen, zu dem Agenten, an den er gewiesen war, „sind
die Kisten, die ich holen soll, noch an dem bewußten Orte?"

„Freilich," entgegnete der Agent, „ich habe mich eben erst davon
überzeugt."

„Wann kann ich sie per Eisenbahn über die Grenze schaffen
lassen?" fragte der General.

„Für jetzt ist es unmöglich. Die jetzige Regierung ist natürlich sehr überrascht gewesen, als sie nur sehr wenig Geld in den Kassen des Staatsschatzes fand, und daß auch viele Kleinodien fehlten.

„Man forschte, und jetzt ist man uns auf der Spur.

„Ich habe in der Gegend des Speichers viele verdächtige Leute, die, wie ich weiß, in Diensten der Regierung stehen, herum= schleichen sehen.

„Sollte es uns dennoch gelingen, die Kisten heimlich aus dem Speicher zu holen, so werden zum Ueberfluß die abgehenden Güter einer genauen Untersuchung unterworfen, und eine Entdeckung wäre unvermeidlich.

„Also, wie gesagt, für den Augenblick ist nichts zu machen."

Der General verabschiedete sich ärgerlich von dem Agenten.

Am andern Tage las er in der amtlichen Zeitung, daß in einem Speicher des Hauses Nr. 15 in der Calle de los Ambajadores einundfunfzig Kisten mit Kleinodien, welche theils der Königin, theils dem Staats= und Kronschatze ge= hörten, gefunden worden waren.

Vielleicht hatte der Agent der Königin, der von dem Verstecke wußte, dasselbe an Prim, Serrano oder Topete, einen der jetzigen Regenten, verrathen.

Der General kehrte nach Pau zurück, da seine Sendung erledigt war. — — —

Nicht besser glückte eine Unternehmung des Generals Zapatero nach dem Escorial.

Zapatero hatte schon die Werthsachen, welche von der Königin dort verborgen waren, bei sich, als er auf frischer That verhaftet wurde, und ihm die Bijoux und Gelder bis auf Vierzigtausend Franken, die er als Eigenthum der Kö= nigin nachwies, abgenommen wurden. — —

Die Königin wiegte sich indessen in den schönsten Hoffnungen.

„Nun, lieber Marfori," sprach sie eines Morgens zu ihrem Günst= ling, indem sie höchst liebevoll zu ihm aufsah, „jetzt werden wir bald reiche Geldmittel in Händen bekommen.

„Ich habe schon Boten nach Madrid geschickt, die die Schätze heben sollen.

„Wir werden sie dazu benutzen, unseren Feinden in Spanien die Hölle heiß zu machen."

„Ihr Anhang," erwiederte Marfori, „namentlich im Heere,

vergrößert sich von Tag zu Tag. Ganze Truppentheile, wie die Jäger von Barbastro, singen Lieder zum Lobe Eurer Majestät, sie wollen nach Frankreich marschiren, und sich Eurer Majestät zur Verfügung stellen."

„Wäre denn mein Stern noch nicht untergegangen, beginnt er wieder zu leuchten! Dann habe ich doch Recht, wenn ich mich weigere, zu Gunsten meines Sohnes abzudanken, wie man von mir fordert."

„Zu diesem Schritte haben Sie noch immer Zeit, Majestät," bemerkte Marfori. „Wenn Sie Ihre Rechte an den Thron aufgeben, so werfen Sie den letzten Glanz von sich, der Sie umgiebt." — —

In diesem Augenblick unterbrach der König Franz d'Assis, der mit einem Zeitungsblatt in der Hand hereintrat, die Unterredung.

„Haben Eure Majestät das heutige Journal schon gelesen?" fragte er.

„Nein," entgegnete Ihre Majestät, verwundert zu ihrem Gemahl aufschauend.

„Dann lesen Sie diese Stelle."

Die Zeitung berichtete über die Entdeckung des von der Königin Isabella verborgenen Schatzes durch die provisorische Regierung in Spanien.

Der Schlag traf die Monarchin schwerer, als mancher andere, der auf sie in diesen Unglückstagen gefallen war.

„So bin ich wieder um eine Hoffnung ärmer geworden," weinte sie. „Schlägt denn Alles fehl? Lächelt das Glück mir gar nicht mehr?

„O, der Traum der Schwesternacht hat sich schauerlich erfüllt. Die Geier hacken nach mir, der am Boden liegenden, die sich nicht mehr regen kann.

„Das sind die Verläumder, die Spötter, die Schadenfrohen, die jetzt über mich herfallen, über mich den Stab brechen, und ich, die Königin ohne Land, ohne Macht, ohne Geld, kann nichts thun, als hier still sitzen, sie nicht verscheuchen." — —

Aber nicht allein die Kunde von den verlorenen Kostbarkeiten hatte Isabella betrübt, ein anderer Artikel, den Ihre Majestät bei dieser Gelegenheit bemerkt, hatte sie gleichzeitig zu diesem Schmerzensausbruch veranlaßt.

Die Zeitung hatte die Königin auf's Heftigste persönlich geschmäht. Die Königin duldete jetzt dieselben Qualen, die ihre Werkzeuge O'Donnel und Narvaez vielen ihrer Unterthanen bereitet hatten.

Nach diesem Mißgeschick störte weder etwas Gutes, noch etwas Böses das Stilleben Ihrer Majestät in Pau.

Isabella las jeden Morgen die Zeitungen. Sie ließ die Schmäh-artikel, die über sie geschrieben wurden, über sich ergehen, ohne die Lippen zu zucken.

Begierig forschte sie in den Nachrichten über Spanien, ob noch kein Zwiespalt zwischen Prim, Serrano und To-pete, oder diesen Gewalthabern einerseits, und den Repu-blikanern Garrido Pi y Margall und Castelar andererseits, entstanden, oder doch in Aussicht war.

Aber es wollte kein rechter, echter Bürgerkrieg zwischen den Frei-sinnigen und den rothen Königshassern ausbrechen, wobei Frau Isabella im Trüben zu fischen hoffte.

Sie begnügte sich auch natürlich nicht mit den Zeitungen. — —

„Da schreibt mir," sprach sie eines Tages zu Marfori, „Don Alonzo aus Burgos, der getreuesten und frommsten Provinz, daß er vergebens die Leute zu einer Erhebung für mich treiben wollte, der Erzbischof selbst, mein treuer Freund, habe bei der Fruchtlosigkeit von der Unternehmung abgerathen.

„Ebenso meldet Rodrigo, daß er vergebliche Versuche für mich in Alt-Castilien anstellte.

„Mendez schreibt aus Murcia, die Spanier seien der innern Zwistigkeiten müde, sie ertrügen jetzt lieber die Hungersnoth, als daß sich eine Hand gegen die jetzigen Machthaber rühre.

„Nur Ruhe, nur Friede, sei der Ruf im ganzen Lande.

„Nur die Andalusier machten hierin eine Ausnahme.

„Sie rührten sich, aber nicht für einen König, sondern für einen Freistaat ohne König. Unter sämmtlichen siebzehn Millionen findet sich keine noch so winzige Zahl, die meinen Namen zu ihrem Panier macht.

„Das ist schrecklich." — — — — — — — — — —

Der eintönige Landaufenthalt der Königin Isabella in Pau war also zwecklos.

Ihre Majestät hatte von Pau aus, das so nahe an der spanischen Grenze lag, gehofft, Spanien für sich aufzuwie-geln, und sich wieder auf den Thron zu setzen.

Sie hatte sich aber in ihrer lebhaften Einbildungs-kraft die Sache eine Zeitlang als sehr leicht ausgemalt.

Sie verkehrte auch ungehindert mit den ihr Ergebenen, aber es waren Generale ohne Heer, über die sie zu verfügen hatte, und diese genügten nicht. — — —

„Es ist recht langweilig in diesem einsamen Schlosse," stöhnte sie eines Tages zu Marfori, als sie wieder ihrer Neigung nachhingen, „wie ganz anders war es in dem lebhaften Madrid.

„Oh, noch im vorigen Jahre, wie viel Bälle, wie viel Abend= gesellschaften, wie viel Feste, wie viel Lustbarkeiten! Wie viel Leben auf den Straßen und auf dem Prado.

„Hier dieser trübe Himmel, diese Oede, wir leben ja wie Einsiedler.

„Gestürzt bin ich vom schönsten Thron der Welt; aber immer und ewig mag ich über meinen Fall nicht trauern. Wohlan! Auf nach dem fröhlichen Paris, genießen wir, was das Leben uns noch bietet."

„Das ist recht, Majestät," sagte der Günstling, damit bin ich völlig einverstanden. „Dies Schloß ist ja nichts weiter, als ein Kerker, in dem man vor Langerweile wahnsinnig werden möchte."

„Lieber will ich in Paris den tausend und aber tausend Pfeilen des Witzes und des Spottes trotzen, als hier in diesem traurigen Schlosse, das nur von der Vergänglichkeit menschlicher Größe erzählt, länger verweilen.

„Hinein denn in's volle Menschenleben, und greifen wir zu, wo es am Schönsten ist."

Ihre Majestät unterhandelte also mit ihrem erhabenen Bundes= genossen wegen eines Aufenthaltes in Paris.

Dieser wurde ihr nach Ueberhebung mancher Schwierigkeiten endlich zugestanden.

Sie kam darauf nach der französischen Hauptstadt.

Es war dort doch nicht so schön, wie Isabella anfangs ge= dacht hatte.

Sie und ihr Marfori mußten förmlich Spießruthen laufen, Neugierige und Spötter verfolgten sie auf Schritt und Tritt.

Sie durften sich nirgend zeigen, ohne begafft und verhöhnt zu werden.

Aber Sennor Marfori hielt den Sturm der öffentlichen Meinung wacker aus, und Isabella kämpfte nicht minder tapfer gegen das ihr zugefügte Ungemach.

Endlich war Paris der Aufmerksamkeit überdrüssig, die es der entthronten Königin von Spanien und ihrem Intendanten widmete.

Die Königin von Spanien und ihr Marfori wurden in dem Wirrwarr der großen Stadt vergessen, und lebten und genossen nun ungestört.

Der Umgang der Königin mit der kaiserlichen Familie war, wenigstens öffentlich, ein sehr beschränkter.

Doch gab die Kaiserin ihr Mitgefühl für ihre Souveränin, die Königin von Spanien, auf jede Weise zu erkennen.

Der Prinz von Asturien wurde in die Gesellschaft des kaiserlichen Prinzen gezogen. — — —

Noch ein Vergnügen verschaffte die Kaiserin der Königin Isabella.

Die gegenwärtige spanische Regierung hatte den größten Theil der Garderobe der Königin von Spanien in Madrid zurückbehalten.

Alle Beschwerden Isabella's über diese Beschlagnahme ihrer Kleider waren abschlägig beschieden worden.

Jetzt wandte sich Isabella an die Kaiserin Eugenia.

Auf eine Bitte derselben ließ sich der französische Gesandte in Unterhandlungen mit der spanischen Regierung über die von letzterer annektirten Kleidungsstücke ein.

Das Ergebniß war die Herausgabe derselben, ein Erfolg, zu dem der Gesandte von allerhöchst schöner Hand beglückwünscht wurde.

Eines Tages kam ein ganzer, einzig und allein mit der Garderobe der Königin Isabella befrachteter Eisenbahnzug in Paris an.

Es wird hierbei bemerkt, daß die Königin die Gewohnheit hatte, sich zu jedem neuen Kleide auch einen passenden Hut, Sonnenschirm und Fächer anzuschaffen.

So lebt denn die Königin Isabella mit ihrem Marfori scheinbar glücklich und zufrieden, und scheint über Theater und Wettrennen und Redouten ihren Thron ganz vergessen zu haben.

Sie wird auch wohl nimmer nach Spanien zurückkehren, es sei denn, daß ihr Sohn doch einst den Thron seiner Väter wieder besteigt, und dadurch seiner Mutter, der jetzt entthronten Königin, die Rückkehr in die Heimath gestattet wird.

Neunundbreißigstes Kapitel.

Don Carlos versucht, nach der Entthronung der Königin Isabella, den spanischen Thron zu erlangen.

Die Umwälzung in Spanien war so schnell, wie die Wandlung einer Theaterdecoration, vor sich gegangen.

Isabella war geflohen, ihre Minister waren ihr gefolgt, oder vielmehr voran gegangen.

Endlich waren ihre Generale, von ihren Truppen verlassen, vom spanischen Boden gewichen.

Ihre Mutter, die ehemalige Königin Regentin, Maria Christina, weilte unterdessen ganz gemüthlich mit Gemahl und Kindern in dem kleinen asturischen Hafenort Gijon, um die Seebäder zu gebrauchen, die nirgends so kräftig sind, als in dem heimtückischen Golf von Biscaya, dieser Einbuchtung des atlantischen Oceans, woran Gijon liegt.

„Nun ist Isabella also doch vom Thron gestürzt, von welchem zu steigen so schwer ist, als ins Grab," sagte Christine eines Tages zu Munoz.

„Es wird uns, Frau Gemahlin," sagte der Herr Herzog von Rianzares, „wohl auch nichts weiter übrig bleiben, als auch diesen Boden unseres Vaterlandes zu verlassen, der mir unter den Füßen nachgerade auch zu brennen anfängt. Finden Sie es nicht auch, Christina?"

„O, schon seit einigen Tagen wollte ich Sie auffordern, zu unserer Abreise Vorbereitungen zu treffen.

„Die sonst so ruhigen Asturier sind ja rein toll geworden. Ihr aufrührerisches Geschrei: **Nieder mit den Bourbonen** gellt mir Tag und Nacht in den Ohren.

„Als ich gestern aus dem Bade zurückkam, kamen mir Volks= haufen entgegen, welche mir spöttisch zuriefen:

„Die Luft ist hier seit einiger Zeit für hohe Personen sehr ungesund geworden, wir glauben, dieselben thun gut, zusagendere Orte für ihren Aufenthalt zu wählen."

„Was für spöttische Blicke sie dabei auf mich richteten.

„Frau Munoz, meinten einige, könnte wohl bei uns bleiben,

aber die Königin Christina mag das spanische Volk ebenso wenig, als die Königin Isabella.

„Die Leute drohten weiter nicht, es schien mir ein freundschaftlicher Wink zu sein, den sie mir gaben.

„Ich denke ihn zu befolgen."

„Ich rathe auch dazu, ehe es zu spät wird, und ehe wir ernstlicheren Beschimpfungen, wenn nicht gar einer Verhaftung, ausgesetzt sein wollen," entschied Munoz.

Der Entschluß wurde ausgeführt.

Am zweiten Tage nach dieser Unterredung ankerte der Dampfer Bougainville, von der französischen Regierung auf eine Bitte Christinens gesendet, im Hafen von Gijon, und entführte die Königin Christine mit Gemahl und Kindern nach Frankreich, wo sie sich seitdem in Sainte Adresse bei Havre aufhält.

So hatte die letzte Bourbonin wahrscheinlich auf Nimmerwiederkehr Spanien verlassen.

Die früher mehrere Mal Vertriebene hatte noch jedesmal den Weg in das Land der Kastanien zurückgefunden.

————————————

Das spanische Volk hatte nun endlich die Gewalt, die Regierung des Landes nach seinem eigenen Willen zu gestalten.

Zunächst war schon nach der Landung und den ersten Erfolgen der verbannten Generale eine vorläufige Regierung, an deren Spitze Serrano und Topete standen, in Sevilla zusammengetreten, welche die oberste Leitung des Staates, statt der Königin, in die Hände nahm.

Nach dem vollständigen Siege des Volkes über die Anhänger der Königin siedelte diese Regierung nach Madrid über.

Dem Marschall Serrano und dem Admiral Topete gesellte sich als dritter Herrscher Spaniens nach seinem Einzuge Prim zu.

Diese drei trafen weitere Maßregeln.

Die bis dahin freisinnige oberste Junta unter Madoz, Rivero und Anderen legte die Gewalt in ihre Hände nieder.

Darauf wurde von sämmtlichen Bürgern in Madrid eine neue Stadtbehörde gewählt.

Rivero wurde erster Bürgermeister.

In den Provinzen hatten sich freisinnige Behörden aus dem

90*

Volke gebildet, welche an die Stelle der Königlichen traten, und ihre Bezirke verwalteten.

Allmählig legten diese Behörden ihre Aemter nieder, und andere wurden durch allgemeine Wahlen an ihre Stelle gesetzt.

Nur an wenigen Orten wurde die Ruhe gestört.

Die Verwaltung ging ihren gewöhnlichen Gang, nur daß meistentheils andere Beamte die Stellen der königlich Gesinnten übernahmen.

Die Regierung verfügte vor Allem, daß die protestantische und mosaische Religion in Spanien ausgeübt werden könnte.

Endlich traf man Anordnungen zur Wahl neuer Stände, indem man alle erwachsenen Männer für berechtigt erklärte, Abgeordnete für den Congreß zu wählen, welche berathen sollten, ob Spanien einen erblichen König, oder nur einen vom Volk für eine bestimmte Zeit erwählten, obersten Beamten (Präsidenten) haben sollte.

Ehe es jedoch zu den neuen Wahlen kam, störten Umtriebe der Karlisten und Isabellisten die Ruhe des Landes.

„Das Treiben der Gottlosen ertrage ich nicht länger," wüthete eines Tages der Bischof von Burgos, ehemaliger Erzieher des Prinzen von Asturien, gegen einen seiner Untergebenen.

„Was sollen wir denn aber wider sie unternehmen?"

„Mag es sein, was es will, sie müssen auf jeden Fall gezüchtigt werden.

„Man muß ihnen zeigen, daß das Volk noch gut katholisch ist, und die Ketzer nicht will, die sie in's Land locken, und denen sie Aemter und Würden übertragen."

„Unser gutes braves Volk will dergleichen sicherlich nicht, bischöfliche Gnaden, alle Heiligen seien gepriesen; die Heiden, welche jetzt an der Herrschaft sind, werden beim nächsten Anlaß sehen, daß ihre Gottlosigkeit nicht in's Volk gedrungen ist, und das Volk die Religion seiner Väter hoch hält und sich seine Heiligthümer nicht nehmen läßt."

„Wir müssen uns bestreben, diese fromme Gesinnung im Volke wach zu halten, und von den Kanzeln stets gegen das jetzige Heidenregiment predigen."

„Das denke ich auch, Herr Bischof, und die nämlichen Gesinnungen hegen alle Verkünder des heiligen Wortes im Lande." ——

Der durch Aufreizungen aufgestachelte Glaubenseifer des Volkes von Burgos sollte sich bald in schlimmerer Weise äußern, als den Geistlichen lieb war.

Der Regierung war zu Ohren gekommen, daß die in den Kirchen aufgehäuften Kostbarkeiten bei Seite geschafft und außer Landes geführt würden.

Die Civilgouverneure jeder Provinz wurden daher beauftragt, ein Verzeichniß der Kostbarkeiten aufzunehmen, die sich in der Kirche vorfänden.

Die Aufbewahrer dieser Heiligthümer wurden sodann für das Verschwinden derselben verantwortlich gemacht.

Eines Tages trat der betreffende Beamte in die Domkirche von Burgos, um die Schätze dieser überaus reichen Kirche zu besichtigen, und den Bericht darüber an die Regierung zu entwerfen.

In ganz kurzer Zeit erfuhr die Bevölkerung die durch den Beamten vorzunehmende Handlung.

„Man will uns unsere Heiligthümer rauben," schrie einer aus dem Pöbel dieser frommen Stadt, der sich in den Straßen zusammenrottete.

„Schlagt sie todt," gab ein anständig gekleideter Mann zurück, „diese ketzerischen Hunde, die die Tempel schänden, und den Fluch der heiligen Jungfrau, Pest und Verderben über das heilige Land bringen."

„Ja, ja, tödten wir sie, damit das drohende Unheil von uns abgewendet werde," tönte es aus der wilden Horde.

„Seid ruhig Leute, es geschieht ja nichts Unrechtes. Der Gouverneur nimmt ja nur ein Verzeichniß der in den Kirchen vorhandenen Kostbarkeiten auf," äußerte ein vernünftiger Bürger, der gerade hinzukam.

„Das ist auch so ein Sohn Belials," entgegnete ein mit heiligen Bildern geschmückter Arbeiter. „Warte, wir wollen Dir den Unglauben austreiben."

Er riß den Mahner zu Boden, trat ihn mit Füßen, die Uebrigen schlugen mit Knitteln und Fäusten auf ihn, und ließen den arg Zugerichteten leblos liegen.

Dann stürzte die Horde, welcher die zusammengerufene Nationalgarde Widerstand zu leisten nicht im Stande war, oder nicht Lust dazu hatte, in den Dom, fiel über den Gouverneur her, der eben aus der Kirche trat, nachdem er den gewünschten Auftrag ausgerichtet hatte, warf ihn nieder, zerspaltete ihm das Haupt, und schleifte die verstümmelte Leiche unter Triumphgeschrei durch die Straßen.

Aber es war ein ohnmächtiger Versuch, die Menge gegen die bestehende Ordnung aufzuwiegeln.

Truppen rückten sofort ein; die Mörder flohen feig vor ihnen.

Die über den Meuchelmord entrüsteten Einwohner leisteten den

Glaubenswüthigen nicht nur keinen Beistand, sondern lieferten sie sogar den Behörden aus. Sie erlitten die ihnen gebührende Strafe.

Zu der nämlichen Zeit, als dieses scheußliche Ereigniß sich in Burgos zutrug, fand in Paris eine Zusammenkunft statt, die mit diesem Ereignisse in Verbindung stand.

In dem Zimmer eines Hôtels unterhält sich ein junger Mann mit ausdruckslosem Gesicht, mit einem ergrauten Krieger, an dem, obwohl er bürgerliche Kleidung trug, jeder Zoll ein Militär ist, aus dessen heimtückischen Zügen vor Allem die wilde Grausamkeit hervorleuchtet.

Der junge Mann ist Don Carlos, der Enkel des alten Don Carlos, Bruder Ferdinand VII.; der ältere: Don Ramon Cabrera, Graf von Morella, wohlbekannter ehemaliger Generalissimus des Carlistenheeres.

„Wie steht es mit unserer Sache, Herr General?" fragte Don Carlos gespannt.

„Sehr schlecht, Majestät. Die Basken, die für Ihren Großvater so tapfer gefochten, sind entweder alte Männer ohne Einfluß, oder todt.

„Ich habe vergebens meine Agenten alle Städte und Dörfer durchstreifen lassen, Niemand will von einer Auflehnung gegen die jetzige Regierung etwas wissen."

„Dennoch," entgegnete Don Carlos, „will ich meine Sache nicht aufgeben. Die Königin Christina hat mich wissen lassen, daß sie mich unterstützen will, wenn ich ihren Enkel, den Prinzen von Asturien, zu meinem Nachfolger ernenne; der Herzog von Modena hat mir Geld zur Ausrüstung eines Heeres angeboten, wenn ich den Kampf gegen die jetzt am Ruder befindlichen Revolutionäre beginnen will.

„Auch sieht man mich von gewisser (französischer Seite) lieber auf dem Throne, als den Orleans, Herzog von Montpensier."

„Wenn Eure Majestät Geld aufbringen könnten," erwiederte Cabrera, „mache ich mich anheischig, ein Heer zusammenzubringen.

„Heiliges Kreuz, wie würde ich mich freuen, diese heidnischen Liberalen wieder einmal meinen Arm fühlen zu lassen.

„O, ich habe mich noch nicht genug für meine von ihnen ermordete alte Mutter und Geschwister gerächt!"

Wildes Feuer sprühete aus seinen kleinen Augen.

„In diesen Tagen," fuhr Don Carlos fort, „wird das Volk von Burgos einen Kreuzzug gegen die nichtswürdigen Ketzerfreunde eröffnen, die das Land mit Ungläubigen überschwemmen wollen. Die Kunde davon, daß diese Bewegung im Werke ist, kommt mir aus sicherer Quelle zu."

„Desto besser," rief Don Carlos, „so hätten wir aus diesen Glaubenskriegern ein Heer, das die Fahnen des rechtmäßigen Königs aufstecken würde. An diesen Kern würden sich ohne Zweifel viele Basken schließen." — — — —

Der Ausbruch von Burgos erfolgte, hatte aber keine andere Wirkung, als daß die spanische Nation noch mehr gegen die Urheber erbittert wurde, was natürlich für Don Carlos nicht von Nutzen war.

Die große Mehrheit der Spanier wollten sich für ihre alten Staatseinrichtungen durchaus nicht wieder begeistern.

Alle Verführungen fruchteten nichts.

Die carlistischen Uniformen waren dem Gerüchte nach schon fertig, die Soldaten aber, die sie anzogen, fanden sich ebenso wenig, wie das nöthige Kleingeld zur Anwerbung eines baskischen Heeres.

Don Carlos lebte unterdessen in Freuden in Paris.

Der alte gichtbrüchige Cabrera, der im günstigsten Fall wegen seiner gebrochenen Gesundheit nicht einmal ein Heer zu führen vermocht hätte, kehrte verbissen und ingrimmig genug nach London zurück, wo er seinen Wohnsitz seit langen Jahren hatte. — — —

Vierzigstes Kapitel.

Serrano wird von den Kammern zum Regenten von Spanien ernannt.

Alle Versuche der Isabellisten und Carlisten, die bestehende Ordnung in Spanien umzustürzen, waren gescheitert. —

Die Kammern wurden gewählt; das Volk ernannte sie mit einer Machtvollkommenheit, wie sie bis dahin in Spanien nicht bekannt war. Diese Kammern sollten nun beschließen, ob Spanien ein Königreich bleiben, oder ein Freistaat werden sollte.

Die Mehrheit der Gewählten war für die Beibehaltung des Königthums.

Kaum war das Ergebniß der Wahlen bekannt, so traten Prim, Serrano und Topete zu einer Besprechung zusammen.

„Wir sind nun an den Augenblick gekommen," sprach Prim, „wo wir den in diesen Tagen zusammentretenden Kammern Vorschläge zur neuen Gestaltung des Landes machen müssen. Ueberlegen wir, was zu thun sei."

„Die Mehrzahl der Gewählten," bemerkte Topete mit großer Genugthuung, „wollen einen König für unser Land, das scheint mir ausgemacht."

„Kein Zweifel, Herr Admiral," sprach Serrano.

„Ich bin derselben Ansicht, wie Sie," pflichtete Prim bei.

„Wir müssen demgemäß handeln? fuhr Topete fort.

„Das ist aber nicht leicht," warf Prim ein.

„Mir scheint es nicht so schwer; Herr General," antwortete Topete.

„Wie so?" fragte Prim.

„Ich ersuche, den Cortes (Abgeordnetenhaus) eine Vorlage zu machen, worin wir ihnen den Herzog von Montpensier, Schwa= ger der Königin Isabella, Gemahl der Infantin Luisa von Spanien, zum Könige empfehlen.

„Das ist leichter gesagt, als gethan, Herr Admiral, ich bin der Meinung, die Mehrheit der Cortes will keinen Bourbonen als Herr= scher," wendete Serrano ein.

„Auch ich bin der Ansicht des Herrn Marschalls," bekräftigte Prim.

„Nun, dann nehme ich meinen Vorschlag zurück.

„Aber wen schlagen wir denn der spanischen Nation zum erblichen Regenten vor?"

„Der Herzog von Aosta, Sohn des Königs Viktor Emanuel von Italien, der Prinz Alfred von England, der König Don Fer= nando von Portugal sind als Bewerber um den erledigten Thron Spaniens aufgestellt.

„Der König von Portugal, Vater des regierenden Königs Don Luis, scheint im spanischen Volke den meisten Anklang zu finden. Es ist ein bescheidener, freisinniger Herr, der auch in Portugal sehr be= liebt ist."

Prim stimmte nickend seinem Collegen bei.

„Es ist aber eine Frage," begann Topete, „ob Don Fernando die Krone Spaniens nimmt?"

„Wir kämen ja," erwiderte Serrano, „durch unsere Gesandten die Frage an seine Majestät stellen, ob er, wenn man ihm die Königs- würde antrüge, geneigt sei, vom Thron Besitz zu nehmen."

„Wir nehmen Ihren Vorschlag an, Herr Marschall," entgegneten Prim und Topete.

Die Kammern waren unterdessen zusammengetreten.

Schon in den ersten Tagen versammelten sich die Königlich Ge- sinnten unter dem Vorsitze Olózaga's.

Serrano theilte ihnen die Schritte mit, welche sie gethon, um den König Don Fernando zu veranlassen, sich über die Annahme oder Ab- lehnung der spanischen Krone auszusprechen.

Die Cortesmitglieder schenkten diesen Schritten Prims, Serrano's und Topete's volle Beistimmung.

Da machte ein Brief des Königs Don Fernando, der in den Zeitungen eingerückt war, und der jede Unterhand- lung mit dem spanischen Gesandten wegen Annahme der Krone ablehnte, der Freude dieser Leute ein Ende, die um jeden Preis schnell einen König haben wollten.

Der Brief erregte außerdem selbst bei den größten Königsfreunden durch den herben Ton, in dem er abgefaßt war, die höchste Erbitterung.

Die Cortes beschlossen zunächst, eine neue Verfassung zu berathen.

Es sollte vorläufig unentschieden bleiben, wer das Land regieren werde.

Die Mehrzahl der Kammern hatte aber durch ihr Auftreten die Minderzahl der Abgeordneten gereizt, welche für die reine Volksherrschaft ohne jegliches Königthum stimmten.

„Kaum hat mit Mühe das spanische Volk die Fesseln abgestreift, die ihm das Königthum auferlegt," sprach Castelar zu Garrido, „da rennen seine Vertreter mit vollem Eifer schon wieder in das Joch. Sie sind wie die Frösche, die absolut den Kranich, der sie auffrißt, vom Jupiter (Gott) zum König erbitten."

„Wir können's leider nicht hindern," stöhnte Garrido.

„Es darf aber nicht geschehen," sprach Ochoa, der diese Worte hörte, „und sollte das Land in ein Meer von Blut getaucht werden."

„Um aller Heiligen willen, fanget keinen Bürgerkrieg an," warnte Garrido.

„Ich wiegele das Volk des Südens," rief Ochoa, „bis zu den Weibern den Kindern und Greisen auf, ehe ich zugebe, daß das Land wieder in die Tyrannei verfalle."

„Seid Ihr denn nicht zu überreden, Ruhe zu halten, so ver-

sucht Euer Heil. Wir waschen unsere Hände in Unschuld ob des ver=
gossenen Blutes, nur auf ruhigem Wege streben wir nach der Freiheit,
auf keinem andern," entschied Castelar.

Die Republikaner trennten sich in Zwietracht. — — —
Eine Woche später brachen Unruhen in Sevilla aus, sie wurden
gedämpft, in Cadix, Malaga, Xeres de la frontera, kam es zu gewal=
tigen Straßenschlachten, in welchen der General Caballero de Rodas
die Insurgenten bezwang.

Man meinte, Carlisten und Isabellinos, hätten die
kampflustigen Bewohner dieser Städte aufgehetzt.

Aber wie sich herausstellte, hatten weder Don Carlos noch Isa=
bella Anhänger an diesen Orten; dieselben sind und bleiben freigesinnt.

Selbst die Niederlagen in den Straßenkämpfen, die sie erlitten,
haben ihre Gesinnung nicht verändert, im Gegentheil, sie sind die
Hauptherde, von den aus in ganz Spanien Anhänger für den Freistaat
geworden wurden.

— — — — — —

„Wir können uns beglückwünschen," meinte Prim zu seiner Frau
eines Tages, „daß es bis jetzt zu keinem größeren Bürgerkriege ge=
kommen ist und daß wir Herren dieser Brauseköpfe von Republikanern
geworden sind."

„Du sprachst, als Du und Serrano Isabella und ihre Anhänger
vertrieben hatten, von Ruhe in diesem Lande, von einer letzten
Revolution, lieber Juan.

„Ich widersprach Dir nicht, aber ich schüttelte den Kopf, ich
dachte an mein armes Vaterland Mexiko. Dort herrscht auch kein
König, und wie viele, wie blutige Unruhen gab es da?

„Ich ahnte, daß auch hier der innerliche Zwist mit der
Verjagung der Königin nicht aufhören würde, ich habe
Recht gehabt."

„Leider," seufzte Prim, ich wollte, ich könnte Dich Lügen strafen.

„Um die Wahrheit zu sagen; ich glaubte selbst nicht an
meine Worte, als ich sie sprach. Aber sollte ich dem Volke selbst
das Schlimme vormalen, als es im vollsten Jubel über die eben er=
rungene Freiheit war? Durfte ich in dem Volke gleich Anfangs Ab=
neigung gegen unsere Sache erregen? Das wäre thöricht gewesen."

„O, daß wir doch in einem ruhigen Staate lebten," sprach Ca=
tharina, „wie es so viele in Europa giebt, daß wir, kaum zur Ruhe
gekommen, nicht immer wieder zu neuen Kämpfen aufgeschreckt würden,
und neue Gefahren bestehen müßten.

„Ich wäre zufrieden, Juan, wenn Du eine weniger glänzende Stellung einnähmeſt, wenn wir aber dafür in Frieden uns unſern Kindern und den Freuden des Lebens weihen könnten."

„Aber ich," entgegnete Prim, „möchte um Alles in der Welt nicht unſer armes Volk ſeinem Geſchicke überlaſſen."

„Die ſpaniſche Nation iſt eine edle; kann ſie dafür, daß ſie Jahrhunderte lang von ihren Herrſchern und deren Günſt= lingen in Unwiſſenheit, Verdummung und hartem Druck ge= halten wurde?

„Wir leiden an den Nachwehen einer finſteren Zeit, wo das pein= liche Ketzergericht (Inquiſition) ſeine fluchwürdige Schreckensherrſchaft über dieſes wohlhabende Land ausbreitete; und deſſen einſichtigſte und fleißigſte Familien, weil ſie andern Glaubens waren, als auch die Mehrzahl von Bewohnern, in die Fremde trieb.

„Dies Glaubensgericht verwüſtete unſere Fluren mehr, als es der blutigſte Krieg gekonnt.

„Wir haben geſtrebt und geblutet, die Finſterniß zu erhellen, jetzt iſt es uns gelungen, aber noch ſind zu viel Geiſter umdüſtert, als daß es volles klares Licht werde.

„Unaufhaltſam bringt jedoch die Helle in die Gemüther.

„Ich ſehe, wie in einer nicht fernen Zukunft das klarſte Licht der Vernunft und des Fortſchritts über Spanien ſtrahlen wird."

„Ich wünſche, Juan, daß Du wahr geſprochen; Du haſt mir durch Deine Worte neue Hoffnung eingeflößt, ich war ganz muthlos geworden."

„Verzage nicht, Theure; wir kommen ſicher an's Ziel." — — —
Prim ſprach dieſes Mal wahr.

Die Cortes entwarfen und beſchloſſen eine Verfaſſung, welche dem Volke die größten Freiheiten gewährte.

Nur an der Ueberzeugung, daß das Land einen König haben müſſe, hielt die Mehrzahl feſt.

Ueber die Perſon dieſes Königs konnten ſie ſich jedoch nicht einigen.

Der Herzog von Montpenſier und Don Carlos warben ernſtlich um den Thron Spaniens.

Sie fanden bis jetzt weder in den Cortes, noch in der Nation, hinreichende Anhänger.

Die königlich Geſinnten ſchwankten hin und her; nur die Re= publikaner wußten, was ſie wollten; ſie ſchritten unbeirrt auf ihr Ziel los.

Sie scheinen, wie jüngst verlautet, einen großen Theil des Landes für sich gewonnen zu haben.

*   *   *

Die Juni-Sonne des Jahres 1869 bestrahlte das Land des Weines und der Gesänge, und dasselbe schickte sich wiederum an, ein Volksfest zu feiern, wie es deren so oft und so gut veranstaltete. Das genügsame Volk ist ja nicht so von den Sorgen des Lebens in Anspruch genommen, als die Nationen im kalten Norden. Der Spanier genießt daher das Leben, wann und wie er kann; das geringste, freudige Ereigniß giebt ihm Anlaß zu einer Feier; dieselbe wird dann mit einer Begeisterung begangen, von welcher wir keine Ahnung haben. Das heutige Fest aber würde auch in einem anderen Lande von der größten Bedeutung gewesen sein. Die Verfassung, welche dem spanischen Volke so viele Freiheiten schenkte, wie es nie gehabt, sollte nach ihrer Vollendung beschworen werden, und für das Land in Kraft treten.

„Ein solches Fest lasse ich mir gefallen," sprach ein ernster Madrilene, als er Morgens aus seinem Hause trat und wahrnahm, wie das putzsüchtige Madrid sein Festgewand angezogen hatte.

Hei, wie die Flaggen und Fahnen, die Blumen und Laubgewinde in der lauen Sommerluft flatterten, wie Männer, Frauen und Kinder im Sonntagsstaate durch die Straßen wallten.

„Heute giebt es ein gutes Fest" riefen die Lustwandelnden einander zu, sie waren schon früh auf den Beinen, denn überall gab es etwas Sehenswerthes zu schauen.

„Der heutige Freudentag ist ungetrübt," jauchzten die Volksmassen einander zu, „wir brauchen nicht zu befürchten, daß der morgende ein Trauertag sei, wo wir unser Blut im Straßenkampfe gegen Tyrannen vergießen."

„Gott gebe, daß die schlimme Zeit nie wiederkehre," sprach eine abgehärmte Frau, deren Gesicht durch die Freude über die Gegenwart ganz verklärt wurde, „die Vergangenheit hat mir genug Thränen gekostet."

Jetzt wallte ein feierlicher Festzug nach dem Cortespalast.

Es waren die Landes- und die städtischen Behörden, die in das Haus der Cortes kamen um die neue Verfassung mit silbernen und goldenen Federn zu unterzeichnen und zu beschwören.

Vor zwei Jahren hatte Narvaez die Volksvertreter wie einen Haufen lästigen Gesindels behandelt, und sie außer Land gejagt oder geschickt; jetzt vereinigten die von allem Volk gewählten Vertreter die oberste Gewalt in sich.

Die Handlung ging in dem Cortespalast vor sich.

Draußen donnerten die Kanonen der auf die Verfassung vereidigten Artillerie, und läuteten die Glocken der Kirchen, freilich, wider den Willen der eingeschüchterten Geistlichkeit; aber der Volksjubel übertönte beinahe Glockenklang und Geschützdonner.

Nach Unterzeichnung der Verfassung und der Vereidigung auf dieselbe zogen die uniformirte Nationalgarde, die Freiwilligen der Freiheit und die Besatzung in Parade vor den Volksvertretern und den Regierungsbehörden vorüber.

Festliche Bankette, Volkslustbarkeiten und Erleuchtung der Stadt, Abbrennung von Feuerwerk, Stiergefecht füllten den Nachmittag und Abend aus.

In allen Städten und Dörfern Spaniens feierte man den Abschluß des Freiheitswerkes ungestört.

Ja, in San Sebastian fanden sich Concha und einige andere Generale, die man für Anhänger Isabellas hielt, auf dem Rathhause ein, um ihren Eid auf die Verfassung zu leisten. — — — — —

Der durch wiederholte Gewaltthat Narvaez' gleichsam entweihete Palast des Marschall Serrano war festlich geschmückt und erleuchtet.

Die Salons in demselben waren gedrängt voll von Besuchern.

Die bekanntesten und vornehmsten Familien in Madrid, die Männer der Wissenschaft und Kunst, die Staatsmänner aller Farben hatten sich eingefunden, um Seine Hoheit, den Marschall, als Regent von Spanien, zu huldigen und zu beglückwünschen. So war dieser wegen seiner Milde und Güte allgemein beliebte Mann zur höchsten Würde des Landes durch den feierlichen Beschluß der Volksvertreter gelangt.

Serrano's Ernennung durch die Kammern zum Regenten von Spanien hatte im ganzen Lande Beifall gefunden.

Eben war eine von der Kammer abgesandte Deputation gekommen, um ihm die Nachricht von seiner Erhöhung zu bringen.

Serrano hatte in feierlicher Rede der Deputation seinen Dank
für das ihm geschenkte Vertrauen ausgesprochen.

„Sie wissen, meine Herren," sprach er zu den Cortesmitgliedern
„daß ich niemals nach einer so hohen Würde gestrebt habe.

„Ich habe mehr als einmal ausgesprochen, daß ich willens sei,
jedes hervorragende Amt niederzulegen, wenn ich es thun könnte,
ohne der Wohlfahrt des Volkes nahe zu treten.

„Nun aber nöthigt mich das Volk, die höchste Würde des
Landes anzunehmen.

„Ich werde dem spanischen Volk nie meinen Kopf und
Arm verweigern.

„Deshalb lehne ich die mir angebotene Würde nicht
ab, und spreche den Volksvertretern für das in mich gesetzte
Vertrauen meinen herzlichsten Dank aus.

„Ich bin mir wohl die Verantwortlichkeit bewußt, die mir die
neue Würde auferlegt, ich werde daher nach den strengsten Grund=
sätzen des Rechtes mein Amt üben.

„Ich habe als höchster Beamter das Land verwaltet, seit dem
ich und meine Collegen Prim und Topete es von den Banden und
Fesseln der gewaltthätigen Bourbonenherrschaft befreit haben, und ich
darf mit Genugthuung auf diese meine Thätigkeit zurückblicken.

„Wohl haben Aufstände in den Provinzen stattgefunden; sie konn=
ten leider zu meinem größten Bedauern nicht ohne Blutvergießen
unterdrückt werden.

„Aber ihre Anstifter haben gesehen, daß das Volk ihnen auf
ihrer schändlichen Bahn nicht folgte.

„Sie haben sich beruhigt, zumal sie wahrnahmen, daß wir nur
die Strenge, so weit als nothwendig, walten ließen.

„Wir haben Niemand an Leib und Leben gestraft,
Niemand verbannt, ja die Eingekerkerten freigelassen.

„Wir haben es feierlich verkündet, daß unsere Gegner ihre
Meinungen unter das Volk verbreiten können, so lange sie dasselbe
nicht zum Aufruhr reizen und blutige Auftritte herbeiführen.

„Unsere vornehmsten Gegner, die Republikaner, haben unsere
Milde anerkannt; sie fügen sich der bestehenden Ordnung.

„Hoffen wir, daß das letzte Bürgerblut durch Bruderhand ge=
flossen ist; hoffen wir, daß Spanien endlich der Ruhe genieße,
die ihm zur Hebung seines Wohlstandes so nothwendig ist.

„Ich, meine Herren, kann Ihnen die Versicherung geben,
daß um meinetwillen kein Tropfen Blut vergossen werden wird.

„Ich werde mich und die Meinen lieber in die tiefste Vergessenheit begraben, als daß ich mein Gewissen mit dem Morde eines spanischen Bürgers belaste.

„Es lebe die Volkssouveränetät, es lebe die Freiheit! Es lebe die spanische Nation! Möge sie des Glückes theilhaftig werden, das ihr, wegen ihrer Bestrebungen und ihrer erduldeten Drangsale, mehr als jedem anderen Volke gebührt!"

Heran drängten sich die Vornehmsten und Edelsten des Landes, um dem geliebten Mann, sowie seiner Gemahlin, zu huldigen, die in einem Meere von Wonne schwamm. Dann folgte die Feier des Abends mit großer Pracht.

Der herumirrende verhaßte Pezuela kam nicht mit seinen Soldaten, die fröhliche Versammlung zu schrecken und auseinander zu sprengen.

Denn die entthronte Isabella war nicht in Madrid, und Pezuela befehligte keine Soldaten mehr.

Die in Paris lebende Isabella dachte auch nicht mehr an Staatsangelegenheiten, sondern an den blauen Anzug, den sie beim nächsten Wettrennen im Bois de Boulogne (Volksgarten) tragen würde.

Isabella war entthront, und Serrano, den sie undankbar von sich gestoßen, und als Verbrecher behandelt, herrschte über Spanien.

„Siehst Du, Theure," sprach Serrano zu seiner Gemahlin nach ... man nicht verzagen muß; es ist noch nicht lange ... mich als einen Todten, und wolltest Dich nicht ... Entflohenen knieen, und um Gnade ... ilt.

... a."

... cisco, ich will niemals wieder muth... wieder verzweifeln!" sprach die Edle, indem sie ihrem ... e Arme sank.

Die Tyrannei hat ihr Ende erreicht; Serrano herrscht über Spanien; Isabella lebt als eine entthronte Königin in Paris.

Welche Vergeltung!

Möge in das schöne Spanien nun endlich dauernder Friede eingekehrt sein.

—————

Schluß des Werkes.

Inhalts-Verzeichniß des fünften Bandes.

Druck v ... ung & Haberlandt in Berlin, Dresdener Str. 77.